Finanzielle Unterstützungsleistungen der Aktiengesellschaft zugunsten ihrer Aktionäre

Schriften zum Gesellschafts-, Bilanz- und Unternehmensteuerrecht

Herausgegeben von Barbara Grunewald und Joachim Hennrichs

Band 31

Zur Qualitätssicherung und Peer Review der vorliegenden Publikation

Die Qualität der in dieser Reihe erscheinenden Arbeiten wird vor der Publikation durch den Herausgeber der Reihe geprüft.

Notes on the quality assurance and peer review of this publication

Prior to publication, the quality of the work published in this series is reviewed by the editor of the series.

Oliver Markmann

Finanzielle Unterstützungsleistungen der Aktiengesellschaft zugunsten ihrer Aktionäre

PETER LANG

Bibliografische Information der Deutschen Nationalbibliothek
Die Deutsche Nationalbibliothek verzeichnet diese Publikation in der Deutschen Nationalbibliografie; detaillierte bibliografische Daten sind im Internet über http://dnb.d-nb.de abrufbar.

Zugl.: Berlin, Freie Univ., Diss., 2017

D 188
ISSN 1867-500X
ISBN 978-3-631-77447-2 (Print)
E-ISBN 978-3-631-77454-0 (E-PDF)
E-ISBN 978-3-631-77455-7 (EPUB)
E-ISBN 978-3-631-77456-4 (MOBI)
DOI 10.3726/b14921

Peter Lang – Berlin · Bern · Bruxelles · New York · Oxford · Warszawa · Wien

Diese Publikation wurde begutachtet.

www.peterlang.com

Vorwort

Wenn es stimmt, dass was lange währt, endlich gut wird, dann müsste die vorliegende Arbeit ziemlich gut sein. Gleichwohl gilt auch hier, dass jede Regel eine Ausnahme hat. Insofern liegt es am Leser zu beurteilen, welcher Grundsatz zur Anwendung kommt.

Die vorliegende Arbeit wurde unter dem Titel „Finanzielle Unterstützungsleistungen der Aktiengesellschaften zugunsten ihrer Aktionäre" im Wintersemester 2016/2017 von dem Fachbereich Rechtswissenschaft der Freien Universität Berlin als Dissertation angenommen. Mit der mündlichen Prüfung über das Thema „Zweifelsfragen zur (analogen) Anwendung des § 179a AktG" wurde das Promotionsverfahren am 14. März 2017 abgeschlossen.

Vielen Menschen ist für das Gelingen dieser Arbeit zu danken. Mein besonderer Dank gilt meinem Doktorvater, Herrn Prof. Dr. Martin Schwab, der nicht nur meine Dissertation mit Interesse und wertvollen Anregungen betreut hat, sondern mir darüber hinaus auch große Freiheiten gewährte. Dank geht auch an Herrn Prof. Dr. Christian Armbrüster für die zügige Erstellung des Zweitgutachtens.

Vor allem aber danke ich von Herzen meinen Eltern, die mir stets jede erdenkliche Unterstützung haben zukommen lassen. Die Verwirklichung meiner Ziele wäre ohne sie nicht denkbar.

Berlin, im Juli 2018 *Dr. Oliver Markmann*

Inhaltsübersicht

Inhaltsverzeichnis

Einleitung

Die Verselbständigung der juristischen Person geht bei der Aktiengesellschaft so weit, dass die Gesellschaft sogar ihr eigenes Mitglied werden kann. Da liegt es nicht fern, dass sie auch Dritten dabei helfen kann, ihr Mitglied zu werden. Rechtlich kann das nicht unbegrenzt möglich sein.

Die vorliegende Arbeit greift aktuelle Diskussionen im Kapitalerhaltungsrecht der Aktiengesellschaft auf, stellt die derzeitigen Streitstände dar und würdigt diese kritisch. *Sedes materiae* sind die §§ 71a und 57 AktG. Insbesondere im Bereich des Kapitalschutzes bei Verschmelzungssachverhalten verbleibt der Rechtswissenschaft noch ein enormer Raum für Überlegungen, da Gerichtsentscheidungen bisher – soweit ersichtlich – kaum ergangen sind.

Um den Gegenstand und das Ziel der vorliegenden Untersuchung verständlich zu machen, werden im ersten Teil der Bearbeitung die dogmatischen Grundlagen für die später folgende Beurteilung der aufgeworfenen Probleme gelegt. Hierbei wird ein Schwerpunkt auf die Einordnung des § 71a Abs. 1 S. 1 AktG im Gefüge des Kapitalerhaltungsrechts gelegt, denn bisher hat diese Norm keine eindeutigen Konturen erfahren. Zudem werden die historischen Wurzeln sowie die Genese der Vorschrift nachgezeichnet. Wer sich zudem über die Reichweite des § 71a AktG Gedanken macht, kommt nicht umhin, die Norm auch im Gefüge anderer Vorschriften des Aktienrechts zum Gläubigerschutz zu beleuchten. Einen Schwerpunkt bildet hierbei das Verhältnis des § 71a AktG zu § 57 AktG; auch auf das Verhältnis zu den Gläubigerschutznormen im Konzern wird eingegangen.

Im Weiteren teilt sich die Arbeit in die Betrachtung von transaktionsmotivierten Unterstützungsleistungen und unternehmerisch motivierten Unterstützungsleistungen.

Die transaktionsmotivierten Unterstützungsleistungen werden im zweiten Teil zunächst anhand der Kapitalerhaltung bei Verschmelzungen in verschiedenen Spielarten beleuchtet. Dies erfolgt zuerst abstrakt und wird dann anhand zweier Entscheidungen des Landgerichts und Oberlandesgerichts Düsseldorf sowie einer Entscheidung des Landgerichts Hamburg konkretisiert. Ferner beschäftigt sich die Arbeit mit Abbruchklauseln, sog. Break-Fees. Da auch deren Einordnung und aktienrechtliche Zulässigkeit bis heute nicht endgültig geklärt ist.

Im dritten Teil werden sowohl das Cash-Pooling – in gedrängter Darstellung – sowie die Zulässigkeit von Präsenzboni als Teil von unternehmerisch motivierten Unterstützungsleistungen behandelt.

1. Teil: Dogmatische Grundlagen

1. Einleitung

Das folgende Kapitel soll die dogmatischen Grundlagen der zentralen Kapitalerhaltungsvorschrift des § 57 AktG und insbesondere des Umgehungsverbots nach § 71a Abs. 1 S. 1 AktG abbilden. Das Verbot der Einlagenrückgewähr ist bereits durch Schrifttum und Rechtsprechung konturenscharf diskutiert und auch schon mehrfach besprochen worden[1]. Daher können die grundlegenden dogmatischen Erwägungen in der gebotenen Kürze dargestellt werden. Anders verhält es sich mit dem Umgehungsverbot des § 71a Abs. 1 S. 1 AktG. Dieses ist bisher im Schrifttum eher stiefmütterlich behandelt worden und fand noch keine Konturierung durch die höchstgerichtliche Rechtsprechung. Schon die Bestimmung des Schutzzwecks stellt sich als überaus schwierig dar. Die später vorzunehmende Behandlung der verschiedenen finanziellen Unterstützungsleistungen wird immer wieder auf die hier dargestellten dogmatischen Erwägungen zurückgreifen und anhand dieser versuchen, den aufgeworfenen Fragen eine Lösung zuzuführen. Zudem gab es im Jahr 2008 sowohl durch den Gesetzgeber als auch durch den Bundesgerichtshof (nachfolgend der „**BGH**") einschneidende Veränderungen im Verständnis des Grundsatzes der Vermögensbindung und beim Verbot der finanziellen Unterstützungsleistung, welche bislang wenig diskutiert wurden[2]. Hier besteht insbesondere aus Sicht der Praxis ein Bedürfnis, Rechtssicherheit im Umgang mit dem Kapitalschutzregime zu erhalten. Zwar kann dies eine wissenschaftliche Abhandlung nur bedingt vermitteln, da letztlich höchstrichterliche Entscheidungen hier einzig relevant sind, jedoch können durch diese Arbeit zumindest Tendenzen aufgezeigt werden.

Praktische Relevanz haben der Grundsatz der Vermögensbindung und des Verbots der finanziellen Unterstützungsleistung in dem hier zu untersuchenden Kontext besonders bei der Akquisitionsfinanzierung. Durch die Finanzkrise sind Kredite teurer geworden[3], sodass für Investoren alternative Finanzierungsstrukturen interessant sind, dazu zählt eben auch die konzerninterne Fremdfinanzierung.

1 *Bayer*, in: Müko-AktG, 3. Aufl. 2008, § 57 Rn. 7 ff; *Cahn/v. Spannenberg*, in: Spindler/Stilz, § 57 Rn. 14 ff. jeweils mit umfangreichen weiteren Nachweisen.

2 Vgl. hierzu *Altmeppen*, ZIP 2009, 49 ff.; *Kiefner/Theusinger*, NZG 2008, 801 ff.; Noudushani, Der Konzern 2008, 385 ff.; *ders.*, Börsen-Zeitung v. 05.11.2008, S. 2; *Drygala/Kremer*, ZIP 2008, 1289 ff.; *Winter*, DStR 2007, 1484 ff.

3 *FAZ* v. 28.11.2008 „Finanzierungskosten der Unternehmen steigen" – abrufbar unter http://www.faz.net/aktuell/finanzen/anleihen-zinsen/banken-und-kreditvergabe-finanzierungskosten-der-unternehmen-steigen-1230447.html (abgerufen am 24.1.2010).

2. Dogmatik des Verbots der Einlagenrückgewähr nach § 57 AktG

2.1 Grundsatz der Vermögensbindung

Im Aktienrecht ist gem. § 57 Abs. 1 S. 1 AktG jede Leistung an den Aktionär untersagt, soweit nicht gesetzliche Ausnahmen zugelassen sind oder die Leistung aus dem Bilanzgewinn erfolgt. Im Unterschied zu § 30 GmbHG kommt es gerade nicht darauf an, ob durch die Leistung das zur Deckung des Grundkapitals erforderliche Vermögen oder die gesetzlichen Rücklagen angegriffen werden[4]. Bei der Vermögensbindung können demnach drei Stufen festgestellt werden[5]: (i) Nach dem Wortlaut des Gesetzes dürfen den Aktionären die Einlagen nicht zurückgewährt werden. Das zur Deckung des Grundkapitals erforderliche Vermögen darf an die Aktionäre nur nach Auflösung der Gesellschaft unter Beachtung der Vorschriften über das Liquidationsverfahren zurückgelangen. Sogar der Preis für den unerlaubten Erwerb eigener Aktien ist als Einlagenrückgewähr anzusehen, § 57 Abs. 1 S. 2 AktG. Zudem (ii) schreibt das Gesetz die Bildung einer gesetzlichen Rücklage vor, § 150 Abs. 1 AktG. Diese Rücklage darf nach § 150 Abs. 3 AktG nur zu den im Gesetz vorgesehenen Zwecken aufgelöst werden. Ferner dürfen für die vorgesehenen Maßnahmen keine anderen Gewinnrücklagen zur Verfügung stehen. (iii) Vor der Auflösung der Aktiengesellschaft darf nur der Bilanzgewinn nach § 57 Abs. 3 AktG unter die Aktionäre verteilt werden. Aufgrund dieser weitreichenden Bindung des Grundkapitals spricht man im Aktienrecht auch von einer umfassenden Vermögensbindung[6]. Das Verbot der Einlagenrückgewähr dient vorrangig dem Schutz der Gläubiger[7]. Daher unterliegt das Gesellschaftsvermögen in seiner Gänze – bis auf die aufgrund Gewinnverwendungsbeschlusses auszuschüttende Dividende – bis zur Auflösung der Aktiengesellschaft der gesellschaftlichen Zweckbindung.

Gerade dieses Prinzip einer umfassenden Vermögensbindung, welches vor allem wirtschaftshistorische Wurzeln aufweist[8], erfordert eine extensive Auslegung des Wortlauts. Erfasst ist demnach nicht nur die Rückgewähr der bereits geleisteten Rücklage, vielmehr jede Zuwendung der Gesellschaft an einen Aktionär außer-

---

4 *Henze*, in: GK-AktG, 4. Aufl. 2001, § 57 Rn. 10 f.; *Hüffer*, § 57 Rn. 2; *Bayer*, in: MüKo-AktG, 3. Aufl. 2008, § 57 Rn. 7.

5 Nach *Henze*, WM 2005, 717, 720.

6 *Hüffer*, § 57 Rn. 1.

7 *Fleischer*, WM 2007, 909, 910; *Bayer*, in: MüKo-AktG, 3. Aufl. 2008, § 57 Rn. 1 f.; *Henze*, in: GK-AktG, 4. Aufl. 2001, § 57 Rn. 7; *Hüffer*, § 57 Rn. 1; *Fleischer*, in: K. Schmidt/Lutter, § 57 Rn. 3; a.A. *Drygala*, in: KK-AktG, 3. Aufl. 2011, § 57 Rn. 9 f., der darin die Pflicht zur Teilnahme am unternehmerischen Risiko erblickt

8 Anschaulich zu den Aktienrückkaufprogrammen während der Weltwirtschaftskrise 1929–1931 und den damit zusammenhängenden Liquiditätsengpässen *Schander*, ZIP 1998, 2087, 2087.

halb der Verteilung von Bilanzgewinn und gesetzlicher Ausnahme[9]. Daneben sollen nach wohl herrschender Ansicht im Schrifttum aber auch die Gleichbehandlung der Aktionäre[10], die Erhaltung der gesetzlichen Kompetenzordnung[11] sowie die Gewährleistung eines zutreffenden Gewinnausweises[12] Regelungsziele des § 57 AktG sein.

2.2 Sachlicher Anwendungsbereich

Aus diesem schon umfassenden Anwendungsbereich des § 57 Abs. 1 S. 1 AktG ergibt sich zugleich, dass die Erwähnung von Zinszahlungen in § 57 Abs. 2 AktG und die Wiederholung des Kapitalbindungsgedankens in § 57 Abs. 3 AktG lediglich deklaratorischer Natur sind[13]. Entscheidend für die Beurteilung, ob eine Einlagenrückgewähr[14] vorliegt, ist eine wertmäßige Betrachtungsweise, eine gegenständliche Beurteilung scheidet nach herrschender Meinung aus[15].

Daneben wird im Schrifttum[16] und wurde in der Rechtsprechung diskutiert, ob auch eine subjektive Komponente auf Seiten der der Aktiengesellschaft (sog. *causa societatis*) vorliegen müsse. Dies wird jedoch von der herrschenden Meinung abgelehnt, denn sonst wäre der vom Gesetz gewollte Vermögensschutz zugunsten der Gesellschaft und der Gläubiger nicht mehr wirksam gesichert[17].

2.2.1 Ausschüttung mit angemessener Gegenleistung

§ 57 Abs. 1 und Abs. 3 AktG sind nach ganz herrschender Meinung so zu verstehen, dass jede Leistung[18] an die Aktionäre aus dem Vermögen der Aktiengesellschaft un-

---

9 *Bayer*, in: MüKo-AktG, § 57 Rn. 7; *Cahn/v. Spannenberg*, in: Spindler/Stilz, § 57 Rn. 14; *Fleischer*, in: K. Schmidt/Lutter, § 57 Rn. 9; *Henze*, in: GK-AktG, § 57 Rn. 9; *Hüffer*, § 57 Rn. 2.

10 *Bitter*, ZHR 168 (2004), 303, 310 f.; *Bayer*, in: MüKo-AktG, 3. Aufl. 2008, § 57 Rn. 2; *Henze*, in: GK-AktG, 4. Aufl. 2001, § 57 Rn. 7.

11 *Schön*, in: FS Röhricht, S. 559, 565; *Bayer*, in: MüKo-AktG, 3. Aufl. 2008, § 57 Rn. 2; *Henze*, in: GK-AktG, 4. Aufl. 2001, § 57 Rn. 7.

12 m.w.N. *Cahn/v. Spannenberg*, in: Spindler/Stilz, § 57 Rn. 4.

13 *Lutter*, in: KK-AktG, § 57 Rn. 5; *Cahn/v. Spannenberg*, in: Spindler/Stilz, § 57 Rn. 83, 114; *Hüffer*, § 57 Rn. 30 f.

14 Einlagen sind bei der Gründung mit der Aktienübernahme und bei der Zeichnung junger Aktien aus einer Kapitalerhöhung zu leisten, §§ 2, 29, 185 AktG.

15 *Henze*, in: GK-AktG, § 57 Rn. 8; *Hüffer*, § 57 Rn. 2; *Lutter*, in: KK-AktG, § 57 Rn. 5.

16 Dafür: *Flume*, ZHR 144 (1980), 18, 19 ff.; *Sieker*, ZGR 1995, 250, 261; *Bezzenberger*, S. 232 ff.; dagegen: *Henze*, in: GK-AktG, 4. Aufl. 2001, § 57 Rn. 47; *Bayer*, in: MüKo-AktG, 3. Aufl. 2008, § 57 Rn. 45; *Hüffer*, § 57 Rn. 11; *Cahn/v. Spannenberg*, in: Spindler/Stilz, § 57 Rn. 24.

17 *BGH* AG 1987, 205; *Rieckers*, in: Münch Hdb AG, § 16 Rn. 57; *Lutter*, in: KK-AktG, § 57 Rn. 23 ff.; *Raiser/Veil*, § 19 Rn. 7.

18 Gegen die herrschende Meinung aber neue Bestrebungen im Schrifttum: *Henze*, AG 2004, 406 ff.; *ders.*, WM 2005, 717, 721; *ders.*, NZG 2005, 115, 120; *Altmeppen*, ZIP 2006, 1025, 1030; *Schön*, in: FS Röhricht, 559, 562 ff.

zulässig ist, wenn sie außerhalb der ordnungsgemäßen Gewinnausschüttung des Bilanzgewinns erfolgt und nicht ausnahmsweise aufgrund einer speziellen gesetzlichen Regelung zugelassen ist[19]. Grundsätzlich erfasst das Verbot offene und auch verdeckte Vermögensabflüsse[20]. Dennoch werden marktübliche Umsatzgeschäfte von dem strikten Verbot ausgenommen[21]. Für die Angemessenheit der Gegenleistung gilt ein objektiver Maßstab: Entscheidend ist, ob ein ordentlicher und gewissenhafter Geschäftsleiter das Geschäft zu den vereinbarten Konditionen abgeschlossen hätte[22]. *Fleischer*[23] beurteilt dies anhand einer zweiaktigen Prüfung: Zunächst sei danach auf die Vollwertigkeit des Gegenleistungsanspruch nach § 57 Abs. 1 S. 2 AktG abzustellen. In einem zweiten Schritt müsse dann die Einhaltung des Deckungsgebots – also ob der Zahlungsanspruch gegenüber dem Aktionär/Leistungsempfänger auch wertmäßig (nach Marktwerten) den geleisteten Gegenstand deckt[24]. Der bisher von der Rechtsprechung vorgenommene Drittvergleich geht daher weitestgehend im § 57 Abs. 1 S. 3 2. Alt. AktG auf[25].

2.2.2 Ausschüttung ohne Gegenleistung

Nach dem zuvor Gesagten sind Ausschüttungen ganz ohne Gegenleistung gänzlich unzulässig[26]. Anknüpfungspunkt ist dabei schon die Verpflichtung zur späteren Leistung und nicht erst die Vornahme[27]. Im Rahmen dieser Arbeit sind insbesondere die Aufnahme und Weiterleitung eines Darlehens der Zielgesellschaft an die Erwerbergesellschaft[28] und die befreiende Schuldübernahme[29] von Interesse.

2.2.3 Verdeckte Gewinnausschüttung

Für die Wissenschaft und die Praxis interessant sind daher die Fälle der verdeckten Vermögensausschüttung. Hier folgt die Zuwendung an den Aktionär unter dem Deckmantel eines anderen Rechtsgeschäfts. Es kommen vielfältige Gestaltungen in

---

19 *Hüffer*, § 57 Rn. 2; *Henze*, in: GK-AktG, 4. Aufl. 2001, § 57 Rn. 8 f., 181; *Bayer*, in: MüKo-AktG, 3. Aufl. 2008, § 57 Rn. 7 ff.

20 *Bayer*, in: MüKo-AktG, 3. Aufl. 2008, § 57 Rn. 25.

21 *Bayer*, in: MüKo-AktG, 3. Aufl. 2008, § 57 Rn. 26 ff.

22 *BGH v. 01.12.2008*, - II ZR 102/07 (BGHZ 179, 71 Rn. 9); *OLG Köln*, AG 2009, 584, 587; *OLG Koblenz*, AG 2007, 408, 409; *Cahn/v. Spangenberg*, in: Spindler/Stilz, § 57 Rn. 19.

23 *Fleischer*, in: K. Schmidt/Lutter, § 57 Rn. 41 ff.

24 Diese Sichtweise bestand auch schon vor der positivrechtlichen Festschreibung durch das MoMiG.

25 *Kiefner/Theusinger*, NZG 2008, 801, 806; *Fleischer*, in: K. Schmidt/Lutter, § 57 Rn. 44; zum GmbH-Recht *Heidinger*, in: Michalski, GmbHG, § 30 Rn. 71.

26 *Henze*, in: GK-AktG, 4. Aufl. 2001, §57 Rn. 25; *Hüffer*, § 57 Rn. 7; *Cahn/v. Spannenberg*, in: Spindler/Stilz, § 57 Rn. 18; *Drinhausen*, in: Heidel, § 57 Rn. 7.

27 *RG* v. 13.12.1935 – II 161/35 (RGZ 149, 385, 400); *Bayer*, in: MüKo-AktG, 3. Aufl. 2008, § 57 Rn. 11.

28 Zu dieser Konstellation *Schäffler*, BB-Special 9, 2006, 1, 2.

29 Als Mittel der Akquisitionsfinanzierung siehe *Diem*, § 49 Rn. 47.

Betracht. In der Praxis besonders häufig sind Austauschgeschäfte zwischen Aktionär und Aktiengesellschaft zu unangemessenen Konditionen, Zahlung unangemessen hoher Aufwandsentschädigungen, Beraterhonorare und vieles mehr, jeweils ohne entsprechende Gegenleistung des Aktionärs[30]

a) Drittvergleich bei Umsatzgeschäften

Um nicht jede verdeckte Gewinnausschüttung sogleich dem Verbot des § 57 AktG zu unterwerfen, ist dabei stets zu fragen, ob das betreffende Geschäft einem Drittvergleich standhält. Entscheidend ist auch hier, ob ein gewissenhafter und nach kaufmännischen Grundsätzen handelnder Geschäftsführer das Geschäft unter sonst gleichen Umständen mit einem Nichtgesellschafter abgeschlossen hätte[31]. Dabei ist stets eine wirtschaftliche Gesamtschau aller Vor- und Nachteile vorzunehmen. Ein erhöhter Erwerbspreis kann durch die Gewährung anderweitiger Vorteile kompensiert werden[32]. Negative Abweichungen müssen zumindest durch betriebliche Gründe gerechtfertigt sein[33].

Die Umsatzgeschäfte lassen sich grob in zwei Kategorien einteilen: In solche, bei denen ein Marktwert für die Gegenleistung ermittelbar ist und solche, bei denen kein Marktwert vorliegt[34]. Der oben skizzierte Drittvergleich bezieht sich denklogisch auf die Fälle, in denen ein Marktwert ermittelbar ist. Wenn kein Marktwert besteht, wurde bisher vertreten, dass ein Missverhältnis vorliegt, wenn Leistung und Gegenleistung signifikant voneinander abweichen, was *per se* für eine Vielzahl der Geschäfte bejaht wurde[35]. Dies lässt sich nach dem Inkrafttreten des MoMiG nicht mehr unbesehen anbringen. Vielmehr ist nunmehr zur Wertfeststellung auf hypothetische Marktwerte zurückzugreifen[36]: Anzuwenden sind danach marktübliche Bewertungsmethoden, mit denen sich der objektive Wert des betroffenen Vermögensgegenstandes näherungsweise bestimmen lässt.

b) Das Novemberurteil und die Rückkehr zur bilanziellen Betrachtungsweise

Die „November-Entscheidung" aus dem Jahr 2003 betraf die kapitalerhaltungsrechtliche Zulässigkeit aufsteigender Darlehen. Zwar erging diese Entscheidung zum GmbH-Recht, die tragenden Erwägungen wurden allerdings auch für das Aktien-

---

30 Verschiedene Fallgestaltungen bei *Bitter*, ZHR 168 (2004), 302 ff.

31 *BGH* v. 13.11.1995 – II ZR 113/94 (NJW 1996, 589, 590); *BGH* v. 13.11.2007 – XI ZR 294/07 (NZG 2008, 106, 107).

32 *Johannsen-Rath/Goslar*, AG 2007, 573, 580; *Hüffer*, § 57 Rn. 10.

33 *BGH* v. 1.12.1986 – II ZR 306/85 (NJW 1987, 1194, 1195); kritisch *Fleischer*, WM 2007, 909, 912 f.

34 *Mildner/Paschke/Politis*, in: Schwerdtfeger, GesR, § 57 AktG Rn. 12 ff.; *Cahn/v. Spannenberg*, in: Spindler/Stilz, § 57 Rn. 21 f.

35 *Bayer*, in: MüKo- AktG, 3. Aufl. 2008, § 57 Rn. 42.

36 *Fleischer*, WM 2007, 909, 912; *ders.*, in: K. Schmidt/Lutter, § 57 Rn. 13; *Drygala*, in: KK-AktG, 3. Aufl. 2010, § 57 Rn. 64; *Bezzenberger*, S. 229.

recht fruchtbar gemacht. Der BGH schloss sich den Vorarbeiten von *Stimpel*[37] und *Schön*[38] an und urteilte im Leitsatz, dass *„Kreditgewährungen an Gesellschafter, die nicht aus Rücklagen oder Gewinnvorträgen, sondern zu Lasten des gebundenen Vermögen der GmbH erfolgen, [...] auch dann grundsätzlich als verbotene Auszahlung von Gesellschaftsvermögen zu bewerten [sind], wenn der Rückzahlungsanspruch gegen die Gesellschafter im Einzelfall vollwertig sein sollte"*[39]. Danach greife die bislang verbreitet befürwortete rein bilanzielle Betrachtungsweise, wonach die Kreditvergabe bei Werthaltigkeit des Rückerstattungsanspruchs lediglich als Aktivtausch einzuordnen sei, mit Rücksicht auf Sinn und Zweck des Kapitalerhaltungsgrundsatzes zu kurz. Das Stammkapital sei nämlich nicht nur als bilanzmäßige Rechnungsziffer zu erhalten, sondern solle als Mindestbetriebsvermögen den Bestand der GmbH sichern und für die Gläubiger eine Befriedigungsreserve bilden[40]. Hiermit sei es nicht vereinbar, wenn reales Vermögen gegen zeitlich hinausgeschobene schuldrechtliche Ansprüche an die Gesellschafter fließe. Der Austausch liquider Haftungsmasse gegen zeitlich hinausgeschobene schuldrechtliche Forderungen verschlechtere nämlich sowohl die Vermögenslage der Gesellschaft als auch die Befriedigungsaussichten der Gläubiger, denn die Privatgläubiger des Gesellschafters erlangen einen vollstreckungs- und insolvenzrechtlichen vorrangigen Zugriff auf Vermögenswerte der Gesellschaft. Zuletzt ließ der BGH in einem *obiter dictum* noch eine Hintertür offen, indem er dahinstehen ließ, ob die Gewährung eines Darlehens aus gebundenem Vermögen ausnahmsweise zulässig sein könne, wenn die Darlehensvergabe (1) im Interesse der Gesellschaft liege, (2) dem Drittvergleich standhalte und (3) die Kreditwürdigkeit des Gesellschafters selbst bei Anlegung strengster Maßstäbe außerhalb jeden vernünftigen Zweifel stehe oder die Rückzahlung des Darlehens durch werthaltige Sicherheiten voll gewährleistet sei. Die Darlegungs- und Beweislast treffe insofern aber die Gesellschafter[41]

Mit dem MoMiG[42] ist der Gesetzgeber nunmehr wieder – positivrechtlich – zu einer bilanziellen Betrachtungsweise zurückgekehrt[43] und hat (u. a.) § 57 Abs. 1 AktG dahingehend ergänzt, dass Leistungen dann nicht als verbotene Auszahlung gelten, wenn sie *„durch einen vollwertigen Gegenleistungs- oder Rückgewähranspruch gegen den Gesellschafter gedeckt sind"*.

Damit hat der Gesetzgeber der Vorstellung eine Absage erteilt, dass Geschäfte mit Gesellschaftern grundsätzlich gefährlich seien[44] und deshalb das Verhältnis von Leistung und Gegenleistung *per se* kritisch zu beurteilen sei.

---

37 *Stimpel*, in: FS GmbHG, S. 335 ff.

38 *Schön*, ZHR 159, (1995), 351 ff.

39 *BGH* v. 24.11.2003 – II ZR 171/01 (BGHZ 157, 72).

40 *BGH* v. 24.11.2003 – II ZR 171/01 (BGHZ 157, 72, 75).

41 *BGH* v. 24.11.2003 – II ZR 171/01 (BGHZ 157, 72, 77).

42 Gesetz zur Modernisierung des GmbH-Rechts und Bekämpfung von Missbräuchen (MoMiG) v. 23.10.2008, BGBl. I 2008, 2026–2047.

43 Begr. RegE MoMiG, BT-Drs. 16/6140, S. 41; *Seibert*, GmbHR 2007, 673.

44 *Bayer*, in: MüKo-AktG, 3. Aufl. 2008, § 57 Rn. 42; *Westermann*, in: Bürgers/Körber, § 57 Rn. 5.

c) *Andere relevante Fallgestaltungen*

Oberthema dieser Arbeit sind die finanziellen Unterstützungsleistungen der Aktiengesellschaft zugunsten ihrer Aktionäre. Charakteristisch – aber nicht ausschließlich – ist dafür der Übergang von Vermögen der Aktiengesellschaft an die Aktionäre. Wie soeben gezeigt, ist gerade diese Konstellation aber auch für das Verbot der Einlagenrückgewähr maßgeblich. Insofern liegt es nahe, dass die später zu behandelnden konkreten Fallgestaltungen eine Relevanz im Sinne von § 57 AktG entfalten können. Zu diesem Zwecke sollen nunmehr die in Praxis und Schrifttum besonders diskutierten – weil relevanten – Einzelfälle in der gebotenen Kürze dargestellt werden.

aa) Darlehen

Besonders problematisch war bis zur Reform des Kapitalaufbringungs- und erhaltungsrechts durch das MoMiG die Vergabe von Darlehen der Aktiengesellschaft an ihre Aktionäre. Dies wurde nicht so sehr in der typischen Publikumsgesellschaft mit einem großen Streubesitz diskutiert, weil dort Darlehen, wenn überhaupt, dann regelmäßig zu marktüblichen Konditionen vergeben wurden. Relevanz entfaltete diese Fallgruppe vielmehr in der Konzerninnenfinanzierung, wenn durch so genannte Cash-Pool Systeme ein Liquiditätsausgleich zwischen den einzelnen Konzerngesellschaften erfolgen sollte.

An die Stelle des früher erforderlichen Drittvergleichs tritt durch § 57 Abs. 1 S. 3 AktG nunmehr die Vollwertigkeit des Rückzahlungsanspruchs gegen den Aktionär. Diese bilanzielle Betrachtungsweise führt dazu, dass die Vollwertigkeit des Rückzahlungsanspruchs der als Darlehen vergebenen Mittel nach bilanziellen Kriterien zu beurteilen ist. Mit Verweis auf § 253 HGB[45] kommt es auf die Einschätzung der Realisierbarkeit der Forderung an. Dagegen ist eine absolute Sicherheit der Forderung gerade nicht erforderlich[46], da dies vom Gesetzgeber in Abweichung von den Grundsätzen der Novemberentscheidung gerade nicht mehr gewollt ist[47].

Vollwertigkeit ist danach gegeben, wenn dem Rückgewähranspruch unter Berücksichtigung der (i) Bonität des Darlehensnehmers kein über das allgemeine Kreditrisiko hinausgehendes Risiko anhaftet oder (ii) hinreichende Sicherheiten bestehen. Inwiefern (iii) die Verzinsung eine Bedeutung spielt ist dagegen umstritten.

(1) Bonität des Schuldners

Selbstredend ist die zukünftige Durchsetzbarkeit des Rückzahlungsanspruchs maßgebliches Kriterium für die Beurteilung einer Darlehensvergabe unter dem Aspekt der verbotenen Einlagenrückgewähr[48]. Die Bonität des Schuldners beurteilt sich

45 Begr. RegE, BT-Drs. 16/6140, S. 41.
46 *Wand/Tillmann/Heckenthaler*, AG 2009, 148, 152.
47 *Drygala*, in: KK-AktG, 3. Aufl. 2011, § 57 Rn. 68; a.A.: *Hüffer*, § 57 Rn. 25 ff..
48 *BGH* v. 01.12.2008 – II ZR 102/07 („MPS“ NJW 2009, 850); *Ellrott/Schmidt-Wendt*, in: Bilanzkomm, § 253 Rn. 569.

dagegen nach seiner Vermögenslage[49] und der Laufzeit der Darlehensvereinbarung[50]. Virulent wird dies in dem hiesigen Kontext insbesondere bei Transaktionen, die mittels einer eigens dafür gegründeten und mit wenig Liquidität ausgestatteten Erwerbsgesellschaft durchgeführt werden. Gemeint sind damit typische Leveraged-Buy-Out Strukturen, bei denen der Erwerb der Zielgesellschaft über ein so genanntes Akquisitionsvehikel mit geringem Eigenkapital- und erheblichem Fremdkapitalanteil erfolgt.

Nach erfolgtem Vollzug der Transaktion beschränkt sich das Vermögen der Erwerbsgesellschaft in einem solchen Fall im Wesentlichen auf die Anteile am Zielunternehmen. Diese sind regelmäßig an die finanzierenden Banken als Sicherheit für die Akquisitionsfinanzierung verpfändet worden. Reicht die Zielgesellschaft der Erwerbsgesellschaft nunmehr ein Darlehen aus, hängt die Vollwertigkeit des Rückgewähranspruchs nach dem oben Gesagten von der Vermögens- und Ertragslage der Erwerbsgesellschaft ab, diese wiederum ist von der Ertragsanlage – nämlich den Dividendenzahlungen des Zielunternehmens – abhängig. Reicht diese aus, um die Verpflichtungen gegenüber der Banken erfüllen und das Darlehen an die Zielgesellschaft zurückzuzahlen, dürfte der Rückzahlungsanspruch vollwertig im Sinne des § 57 Abs. 1 S. 3 AktG sein[51].

(2) Besicherung des Darlehens

Die Besicherung eines Darlehens ist nach herrschender Ansicht in Rechtsprechung[52] und Literatur[53] dagegen nicht für das Vollwertigkeitskriterium des Rückzahlungsanspruchs maßgeblich. Sicherheiten haben danach keinen Einfluss auf die bilanzielle Betrachtung von Rückzahlungsansprüchen. Ob sich das Fehlen von marktüblichen Sicherheiten in einem höheren Zinssatz auswirken muss, ist umstritten[54]. Gleichwohl können bestellte Sicherheiten freilich Zweifel an der Bonität des Schuldners senken oder gar ausräumen[55].

(3) Bedeutung der Verzinsung

Umstritten ist, ob auch eine angemessene Verzinsung einen Einfluss auf die Vollwertigkeit bzw. auf die Möglichkeit der vollwertigen Aktivierung des Darlehens haben kann. Anknüpfend an das bisher Gesagte richtet sich auch dies nach bilan-

---

49 *BGH* v. 01.12.2008 – II ZR 102/07 („MPS" NJW 2009, 850); *Drygala/Kremer*, ZIP 2007, 1289, 1293.

50 *Drygala/Kremer*, ZIP 2007, 1289, 1293; *Fleischer*, in: K. Schmidt/Lutter, § 57 Rn. 47.

51 Siehe ausführlich zu diesen Konstellationen S. 93 ff.

52 *BGH* v. 01.12.2008 – II ZR 102/07 („MPS" NJW 2009, 850).

53 *Habersack*, ZGR 2009, 347, 354; *Kiefner/Theusinger*, NZG 2008, 801, 804; *Wand/Tillmann/Heckenthaler*, AG 2009, 148, 152; *Wirsch*, Der Konzern 2009, 443, 447.

54 So wohl *Hirte*, ZInsO 2008, 689, 692; *Heidinger*, in: Michalski, GmbHG, § 30 Rn. 205.

55 *Wirsch*, Der Konzern 2009, 443, 447; *Blasche/König*, GmbHR 2009, 897, 900.

ziellen Kriterien[56]. Zwar bleibt es ohne Rücksicht auf eine etwaige Verzinsung oder die Laufzeit des Kredites zunächst bei einem reinen Aktivtausch. Unverzinsliche Darlehen mit einer Laufzeit von bis zu einem Jahr verstoßen daher nicht schon *per se* gegen das Vollwertigkeitsgebot[57]. Etwas anderes soll für Darlehen mit einer Laufzeit von über einem Jahr gelten. Hier sei eine angemessene Verzinsung erforderlich[58]. Dies folge aus dem bilanzrechtlichen Niederstwertprinzip, nach denen Forderungen zu diskontieren sind, wenn ihre Laufzeit über ein Jahr beträgt[59].

Fraglich erscheint aber, ob nicht der Kapitalschutz erfordert, dass auch kurzfristige Kredite angemessen verzinst werden[60]. Dies würde jedoch einen Bruch mit der vom Gesetzgeber ausdrücklich gewollten bilanziellen Betrachtungsweise bedeuten und ist daher abzulehnen.

bb) Stellung von Sicherheiten

Von ebenso großer Relevanz wie die Darlehensgewährung für das hier zu behandelnde Thema ist die Stellung von Sicherheiten als ein wesentliches Instrument der Transaktionsstrukturierung. Nach ganz herrschender Meinung ist bei der Bestellung von Sicherheiten durch die Gesellschaft für einen Kredit, den einen Aktionär bei einem Dritten aufgenommen hat, von einem wertungsmäßigen Gleichlauf beider Problemkreise auszugehen[61]. Dem liegt der Gedanke zugrunde, dass die Gesellschaft, statt eine Sicherheit zu stellen, gegenüber dem Gesellschafter die Finanzierung auch gleich selbst hätte übernehmen können[62] (ähnlich einem Avalrecht). Konsequenterweise ist somit auch hier die Frage der Vollwertigkeit des Rückgriffsanspruchs das entscheidende Kriterium. Umstritten ist allerdings der Bezugspunkt. Nach der herrschenden Ansicht im Schrifttum erfolgt die Prüfung der Werthaltigkeit zweistufig. Zunächst ist dabei zu fragen, ob bei Bestellung der Sicherheit die Gefahr einer Inanspruchnahme konkret besteht und bei Bejahung dessen, ob der Rückgriffsanspruch der Gesellschaft gegen den Aktionär vollwertig ist[63]. Die Gegenansicht stellt bei der Beurteilung der

---

56 *Drygala/Kremer*, ZIP 2007, 1289, 1293 f.; *Winter*, DStR 2007, 1484, 1487.

57 *Drygala/Kremer*, ZIP 2007, 1289, 1293 f.; *Ballwieser*, in: MüKo-HGB, § 253 Rn. 60.

58 *Drygala/Kremer*, ZIP 2007, 1289, 1293 f.; *Gehrlein*, Der Konzern 2007, 771, 785; *Hüffer*, § 57 Rn. 25 ff.; *Kleindiek*, in: GK-HGB, 4. Aufl. § 253 Rn 73; dagegen *Rothley/Weinberger*, NZG 2010, 1001, 1003 ff.

59 *Ellrott/Schmidt-Wendt*, in: BeckscherBilanzkomm, § 253 Rn. 592; *Kleindiek*, in: GK-HGB, § 253 Rn. 73; *Ekkenga*, in: MüKo-GmbHG, § 30 Rn. 252.

60 So etwa *Eusani*, GmbHR 2009, 795, 797, *Mülbert/Leuschner*, NZG 2009, 281, 282; *Möller*, Der Konzern 2008, 1, 5.

61 *Altmeppen*, ZIP 2009, 49, 52; *Cahn*, Der Konzern 2009, 7, 9; *Drygala/Kremer*, ZIP 2007, 1289, 1295; *Freitag*, WM 2007, 1681, 1685; *ders*, in: K. Schmidt/Lutter, § 57 Rn. 59; *Ekkenga*, in: MüKo-GmbHG, 2010, § 30 Rn. 140.

62 *Drygala*, in: KK-AktG, 3. Aufl. 2011, § 57 Rn. 79.

63 *Cahn*, Der Konzern 2009, 7,9; *Eusani*, GmbHR 2009, 795, 799; *Kiefner/Theusinger*, NZG 2008, 801, 805; *Gehrlein*, Der Konzern 2007, 771, 785; *Drygala/Kremer*, ZIP 2007, 1289, 1295; *Fleischer*, in: K. Schmidt/Lutter, § 57 Rn. 59; *Drygala*, in: KK-AktG, 3. Aufl. 2011,

Vollwertigkeit auf den Zeitpunkt der Inanspruchnahme ab und kommt dann konsequenterweise zu dem Ergebnis, dass ein vollwertiger Rückgewähranspruch wohl nicht bestehen könne (sonst wäre auch nicht die Sicherheit in Anspruch genommen worden)[64]. Die herrschende Meinung überzeugt hier, da die besondere Gefährlichkeit von Sicherheiten eben von deren latenter Gefahr der Inanspruchnahme ausgeht. Insofern ist bereits in der Bestellung die an den Aktionär gegangene Leistung zu sehen[65] und daher auch auf den Zeitpunkt der Bestellung abzustellen.

cc) Transaktionsaffine Fälle

Neben den bereits benannten Fällen einer verbotenen Einlagenrückgewähr kommen gerade im Zuge von Unternehmenstransaktion noch weitere denkbare Leistungen der Aktiengesellschaft an ihre Aktionäre in Betracht. Zu denken ist hier vor allem an die Übernahme von Transaktionskosten. *Fridrich*[66] unterscheidet hier zwischen Transaction Fees[67] und Monitoring Fees[68] und wendet darauf auch die oben gemachten Grundsätze der Austauschverträge mit und ohne Gegenleistung an. Ferner muss hier auch an die in einem speziellen Kapitel behandelte Break-Fee gedacht werden.

2.2.4 Dividendenausschüttungen

Neben den Ausschüttungen mit und ohne angemessene Gegenleistung sind regelmäßig auch noch Dividendenausschüttungen Gegenstand des Verbots der Einlagenrückgewähr. Grundsätzlich ließen sich diese auch unter dem Aspekt der verdeckten Gewinnausschüttungen diskutieren. Dennoch unterscheiden sie sich von den verdeckten Ausschüttungen durch die generelle Zulässigkeit von Dividendenausschüttung, § 57 Abs. 3 AktG. Im Kontext des Oberthemas kommen überhöhte Dividendenausschüttungen insbesondere durch Refinanzierung von Unternehmenstransaktionen in Betracht[69]. *Schneider*[70] sprach in diesem Zusammenhang sogar von

---

§ 57 Rn. 79; Wicke, GmbHG, § 30 Rn. 12; *Altmeppen*, in: Roth/Altmeppen, GmbHG, § 30 Rn. 144 ff.

64 *Tillmann*, NZG 2008, 401, 404; *Dampf*, Der Konzern 2007, 157, 165 ff.; *Vetter*, in: Goette/Habersack, § 4 Rn. 76.

65 *OLG Hamburg*, AG 1980, 275, 278 f.; *OLG München*, AG 1980, 272 f.; *OLG Düsseldorf*, AG 1980, 273, 274; *OLG Koblenz*, AG 1977, 231 f.; *Mülbert*, ZGR 1995, 578, 586 ff.; *Henze*, in: GK-AktG, 15. Lief. 2000, § 57 Rn. 70 f.; *Bayer*, in: MüKo-AktG, 3. Aufl. 2008, § 57 Rn. 104 *Hommelhoff*, in: Lutter/Hommelhoff, GmbHG, § 30 Rn. 36.

66 *Fridrich*, S. 171 ff.

67 Kosten, die in erster Linie für die anwaltliche Beratung und die Vermittlung durch Investmentbanken anfallen.

68 Kosten der kontinuierlichen Überwachung der Geschäftsentwicklung des übernommenen Unternehmens.

69 Hierzu bereits *Lutter*, in: FS Steindorff, S. 125 ff., der dies unter dem Stichwort „asset stripping" diskutiert; siehe auch *Schroeder*, S. 191 und *Fridrich*, S. 182 f.

70 *U.H. Schneider*, NZG 2008, 888, 889.

„Superdividende" und macht dies an dem Beispiel des dänischen Telekommunikationsunternehmens *TDC A/S* fest. Dieses wurde 2005/06 von einem Konsortium von Finanzinvestoren für 14,5 Mrd. € erworben. Wenige Monate später haben sich die neuen Aktionäre eine Dividende in Höhe von 4,5 Mrd. € auszahlen lassen, was 28 € pro Aktie entsprach, obwohl zu diesem Zeitpunkt 0,56 € pro Aktie üblich waren. Problematisch daran ist, dass diese Dividende nicht am Markt verdient wurde – also nicht Ausdruck eines hohen Gewinns ist –, sondern auf einschneidenden tatsächlichen und bilanziellen Umstrukturierungen beruht: Finanziert wird die überhöhte Dividende durch Auflösung der Rücklagen, Neubewertung der Rückstellungen und die Auflösung von stillen Reserven. Nicht zuletzt wird das Grundkapital herabgesetzt.

Man mag dieses Vorgehen als unmoralisch empfinden und als Eigenkapitalraub[71] kritisieren, jedoch geschieht dies in aller Regel innerhalb des von §§ 174, 172, 58 AktG vorgegebenen Korsetts der legalen Gewinnausschüttung. Dies ist letztlich auch der entscheidende Unterschied zu den oben diskutierten Konstellationen der verdeckten Gewinnausschüttung. Zwar fließt in beiden Fällen Liquidität von der Aktiengesellschaft auf ihre Aktionäre, jedoch erfolgt dies bei erhöhten Dividenden im legalen Rahmen. In der Literatur ist daher eine Ansicht im Vordringen, welche zwar *Schneiders* Bedenken erkennt, aber streng am Gesetz keinen Raum für eine verbotene Einlagenrückgewähr sieht[72]. Vielmehr könnte man in der grundsätzlichen Zulässigkeit des Veräußerns vom Tafelsilber der Aktiengesellschaft den rechts- und wirtschaftspolitischen Willen erblicken, entweder regelmäßig Dividenden in angemessener Höhe auszuschütten oder aber die liquiden Mittel zu investieren. Eine Thesaurierung wäre demnach nicht gewünscht.

Die zuletzt genannte Ansicht ist grundsätzlich auch aus Sicht des Managements zu begrüßen. Denn das „tote" Kapital, welches sich etwa erst durch das Auflösen von stillen Reserven heben lässt, kann durchaus für Investitionen oder aber Ausschüttungen an die Aktionäre genutzt werden, wodurch beispielsweise eine einfache Form der Kurspflege erreicht wird. In jedem Fall besteht ein Spannungsverhältnis zwischen dem Interesse der Aktiengesellschaft, zur Sicherung der Zukunft der Aktiengesellschaft gewisse Risikopolster aufzubauen, und dem Interesse der Aktionäre möglichst hohe Dividendenausschüttungen zu erhalten. Dieses Verhältnis ist mit den soeben skizzierten Argumenten jedoch keinesfalls apodiktisch zugunsten eines überbordenden Risikopolsters zu entscheiden.

2.3 Persönlicher und zeitlicher Anwendungsbereich

Als Leistungsempfänger im Sinne des § 57 Abs. 1 S. 1 AktG kommen expressis verbis zunächst einmal nur Aktionäre in Betracht. Dies bedeutet, dass der Leistungsempfänger zum Zeitpunkt der Leistung Inhaber von Aktien der gewesen sein muss.

71 *U.H. Schneider*, AG 2006, 577, 579.
72 *Schroeder*, S. 191 f.; *Fridrich*, S. 182 ff.

Der Wortlaut des § 57 AktG verbietet expressis verbis nur die Gewährung einer Leistung an die Aktionäre. Auch hier kommen über die Überlegungen der extensiven Anwendung des Verbots zum Tragen. Danach muss – um auch missbräuchliche Gestaltungen erfassen zu können – § 57 AktG auch auf ehemalige und künftige Aktionäre Anwendung finden[73].

2.3.1 Zukünftige und ehemalige Aktionäre

Nach herrschender Meinung ist das Verbot der Einlagenrückgewähr auch gegenüber ehemaligen und zukünftigen Aktionären anwendbar[74]. Dies gebietet der Schutzzweck der Norm, welcher zugleich Umgehungen verhindern will. Problematisch ist hier allenfalls die zeitliche Reichweite des Verbots. Statt starrer Fristen[75] erscheint es daher vorzugswürdig auf einen engen zeitlichen und sachlichen Zusammenhang abzustellen[76], welcher im Einzelfall zu ermitteln ist. Dies steht freilich in einem Spannungsverhältnis zu der Einschränkung der wirtschaftlichen Flexibilität von Aktionären und Aktiengesellschaft. Denn nach dem Ausscheiden aus der Aktionärsstellung dürfen diese nicht über Gebühr durch das Verbot der Einlagenrückgewähr behindert werden, ähnliches gilt im Vorfeld des Erwerbs einer Aktionärsstellung.

Daher haben Rechtsprechung[77] und Schrifttum[78] als weiteres Korrektiv des weiten Anwendungsbereichs von § 57 AktG den so genannten Funktionszusammenhang entwickelt. Dieser liege vor, wenn die Leistung der Aktiengesellschaft an den Aktionär *societatis causa* (also geraden wegen/aufgrund der Gesellschafterstellung) erfolge. Ein solcher Funktionszusammenhang werde aber vermutet, sofern ein enger sachlicher und zeitlicher Zusammenhang von Leistung und Aktionärsstellung bestehe[79].

---

73 *OLG Frankfurt*, AG 1996, 324; *Canaris*, in: FS Fischer, 1979, S. 31 ff.; *Cahn/v. Spannenberg*, in: Spindler/Stilz, § 57 Rn. 54; *Bayer*, in: MüKo-AktG, § 57 Rn. 11, 49 ff.

74 *BGH* v. 13.11.2007 – XI ZR 294/07 (NZG 2008, 106); *OLG Frankfurt a.M.*, WiB 1996, 163, 164; *Nodoushani*, NZG 2008, 291, 291 f.; *Johannsen-Roth/Goslar*, AG 2007, 573, 580; *Habersack*, in: FS Röhricht, 155, 162 f.; *Canaris*, in: FS Fischer, 1979, 31, 32 f.; *Hüffer*, § 57 Rn. 17; *Bayer*, in: MüKo-AktG, 3. Aufl. 2008, § 57 Rn. 51; *Drygala*, in: KK-AktG, § 57 Rn. 119.

75 *Fleischer*, in: FS Canaris, 2007, Bd. II, S. 71 ff. *Henze*, in: GK-AktG, 4. Aufl., § 57 Rn. 80; *Hüffer*, § 57 Rn. 18; für eine Grenze von 6 Monaten noch *Lutter*, in: KK-AktG, 2. Aufl. 1988, § 57 Rn. 40.

76 *Cahn/v. Spannenberg*, in: Spindler/Stilz, § 57 Rn. 54 f.; so jetzt auch im Gegensatz zur Vorauflage *Drygala*, in: KK-AktG, § 57 Rn. 119; *Fleischer*, in: K. Schmidt/Lutter, § 57 Rn. 3; *Bayer*, in: MüKo-AktG, 3. Aufl. 2008, § 57 Rn. 57.

77 *BGH* v. 13.11.2007 – XI ZR 294/07 (NZG 2008, 106, 106).

78 *Canaris*, in: FS Fischer, 31, 32; *Cahn/v. Spannenberg*, in: Spindler/Stilz, § 57 Rn. 54; *Drinhausen*, in: Heidel, § 57 Rn. 52; *Bayer*, in: MüKo-AktG, 3. Aufl. 2008, § 57 Rn. 57; *Henze*, in: GK-AktG, § 57 Rn. 80.

79 *BGH* v. 13.11.2007 – XI ZR 294/07 (NZG 2008, 106, 106); *Lutter/Wahlers*, AG 1989, 1, 10; *Drinhausen*, in: Heidel, § 57 Rn. 42; *Cahn/v. Spannenberg*, in: Spindler/Stilz, § 57 Rn. 54; *Henze*, in: GK-AktG, § 57 Rn. 80.

Zumindest im Hinblick auf ehemalige Aktionäre bezweifeln *Cahn/v. Spannenberg*[80] aber das Eingreifen einer Vermutungsregel: Zum Zeitpunkt der Leistungszusage liege ein gesellschaftsrechtlich vermittelter Einfluss auf die Verwaltung der Gesellschaft nicht mehr vor. Dem begegnet *Brosius*[81] mit dem Argument, dass die widerlegbare Vermutungsregel gerade dazu diene, einen mangelnden gesellschaftsrechtlichen Zusammenhang zu überwinden. Diese Ansicht von *Brosius* scheint sehr weitgehend und methodisch nur schwer begründbar. Denn eine Vermutung soll den Beweis erleichtern, aber nicht ein bisher nicht vorliegendes Tatbestandsmerkmal begründen – zumal *Brosius* selbst von einer *widerleglichen* Vermutung ausgeht.

Aufbauend auf den zuvor gelegten Grundlagen ist nunmehr anhand konkreter Fallkonstellationen zu klären, ob ein Verstoß gegen das Verbot der Einlagenrückgewähr bejaht werden kann. Bereits jetzt zeigt sich aber, dass die Vor- und Nachverlagerung des persönlichen Anwendungsbereichs der Norm eine besondere Relevanz im Bereich der fremdfinanzierten Unternehmensübernahmen entfalten kann.

Die von *Brosius*[82] zwar aufgeworfene, aber nicht beantwortete Frage, ob es sich bei der extensiven Anwendung des § 57 AktG auch auf zukünftige und ehemalige Aktionäre um eine entsprechende oder direkte Anwendung handelt, hat durchaus Relevanz für die Bestimmung des Schutzbereichs der Norm. Um diesen Zweck gerecht zu werden, erscheint es überzeugend, bei § 57 AktG einen teleologisch motivierten weiten Aktionärsbegriff zu verwenden und die Norm direkt auf zukünftige und ehemalige Aktionäre anzuwenden.

2.3.2 Der faktische Aktionär

Seit der Entscheidung des *BGH* vom 13.11.2007[83] ist nunmehr auch höchstrichterlich bestätigt, dass auch der faktische Aktionär vom weiten Aktionärsbegriff des § 57 AktG umfasst ist. Dies wurde zuvor bereits vom Schrifttum konsequent vertreten[84]. Nach der Entscheidung des BGH fielen unter den Aktionärsbegriff nämlich nicht nur Personen, die im Zeitpunkt des Leistungsempfangs formell Aktionär seien, sondern auch faktische Aktionäre, die wirtschaftliche betrachtet eine Aktionärsposition bekleiden[85]. Beispielhaft sind hier treugebende Dritte[86]

80 *Cahn/v. Spannenberg*, in: Spindler/Stilz, § 57 Rn. 55.

81 *Brosius*, S. 117 f.

82 *Brosius*, S. 118.

83 *BGH* v. 13.11.2007 – XI ZR 294/07 (NZG 2008, 106)

84 *Bayer*, in: MüKo-AktG, 3. Aufl. 2008, § 57 Rn. 59; *Cahn/v. Spannenberg*, in: Spindler/Stilz, § 57 Rn. 68 f.; *Henze*, in: GK-AktG, § 57 Rn. 81; *Fleischer*, in: K. Schmidt/Lutter, AktG, § 57 Rn. 31.

85 *BGH* v. 13.11.2007 – XI ZR 294/07 (NZG 2008, 106, 106); *OLG Hamburg*, AG 1980, 275, 278.

86 *Noudushani*, NZG 2008, 291, 291 f.

oder Inhaber aller Anteile eines Rechtsträgers, der seinerseits Aktionär der zuwenden Gesellschaft ist, zu nennen[87].

2.3.3 Zurechnung einer Leistung an den Aktionär

Von § 57 AktG werden auch Leistungen an Dritte umfasst, die im wirtschaftlichen Ergebnis einer verdeckten Einlagenrückgewähr entsprechen. Hier ist vor allem an Leistungen zu denken, die dem Aktionär zuzurechnen sind. Maßgeblich für die Einbeziehung eines Dritten in das Verbot der Einlagenrückgewähr ist zunächst, ob (i) es sich bei der Leistung an den Dritten um eine mittelbare Leistung an einen Aktionär handelt oder aber ob zwischen dem Dritten und einem Aktionär gar eine enge rechtliche oder persönliche Verbundenheit besteht. Beispielhaft liegt eine verbotene Einlagenrückgewähr dann vor, wenn die Aktiengesellschaft an einen Dritten für Rechnung des Aktionärs leistet[88]. Selbiges muss gelten, wenn der Dritte mit einem Aktionär in einem engen Verwandtschaftsverhältnis steht[89] oder ein mit einem Aktionär verbundenes Unternehmens im Sinne des § 15 AktG ist[90]. Der Aktionär muss entweder (ii) die Aktiengesellschaft zur Leistung an den Dritten veranlassen[91] (iii) oder einen wirtschaftlicher Vorteil[92] durch die Leistung an den Dritten erlangen.

Insbesondere in den später zu erörternden Transaktionsstrukturen sind Anweisungen des Erwerbers oder des Veräußerers von Aktien an die Aktiengesellschaft zur Leistung an einen Fremdkapitalgeber denkbar[93]. Problematisch dürfte hier allerdings der Nachweis der Anweisung sein. Mit der bestehenden Kasuistik könnte aber möglicherweise auf den eintretenden wirtschaftlichen Vorteil für den Erwerber oder Veräußerer der Aktien abgestellt werden.

87 *BGH,* v. 21.09.1981 – II ZR 104/80 (BGHZ 81, 311, 315); *BGH* v. 24.11.2003 – II ZR 171/01 (157, 72, 75); Brosius, S. 118; *Michalski,* AG 1980, 261, 266; *Henze,* in: GK-AktG, § 57 Rn. 82; *Cahn/v. Spannenberg,* in: Spindler/Stilz, § 57 Rn. 68.

88 *BGH* v. 13.11.2007 – XI ZR 294/07 (NZG 2008, 106, 106).

89 *BGH* v. 28.09.1981 – II ZR 223/80 (ZIP 1982, 1332); *BGH* v. 13.11.1995 – II ZR 113/94 (ZIP 1996, 68); *Canaris,* in: FS Fischer, 1979, 31 ff.

90 *BGH* v. 21.09.1981 – II ZR 104/80 (BGHZ 81, 311); *Cahn/v. Spannenberg,* in: Spindler/Stilz, § 57 Rn. 77.

91 *BGH* v. 11.10.1956 – II ZR 47/55 (WM 1957, 61); *OLG Düsseldorf* v. 24.10.1979–11 U 47/79 (AG 1980, 273); *OLG Hamburg* v. 23.05.1980–11 U 117/79 (AG 1980, 275, 278); *Bayer,* in: MüKo-AktG, 3. Aufl. 2008, § 57 Rn. 68; *Henze,* in: GK-AktG, § 57 Rn. 88; *Fleischer,* in: K. Schmidt/Lutter, § 57 Rn. 31.

92 *OLG Hamburg* v. 23.05.1980–11 U 117/79 (AG 1980, 275, 278); *OLG Hamburg,* WM 1987, 1163, 1167; *OLG Düsseldorf,* AG 1979, 290, 291; *Drinhausen,* in: Heidel, § 57 Rn. 56; *Hüffer,* § 57 Rn. 19.

93 *Brosius,* S. 120.

2.4 Rechtsfolge eines Verstoßes gegen § 57 AktG

2.4.1 Meinungsstand und Problemstellung

Einigkeit besteht zunächst dahingehend, dass die Gesellschaft ein gegen § 57 AktG verstoßendes Rechtsgeschäft nicht erfüllen muss und auch nicht erfüllen darf – § 57 AktG vermittelt insofern ein Leistungsverweigerungsrecht und ein Leistungsverweigerungsgebot[94] und wirkt damit sowohl präventiv als auch repressiv. Uneinigkeit besteht hingegen, welche Rechtsfolge sich aus einem Verstoß gegen das Verbot der Einlagenrückgewähr ergibt.

Verbotene Leistungen nach § 57 AktG sind nach § 62 AktG zurückzuerstatten. Nach der bis vor kurzem noch herrschenden Meinung[95] waren Rechtsgeschäfte, die gegen § 57 AktG verstoßen, nach § 134 BGB nichtig. Dies sollte bei offenen Verstößen sowohl für das schuldrechtliche Verpflichtungs- als auch für das dingliche Erfüllungsgeschäft gelten[96]. Als Rechtsfolge hätte grundsätzlich eine bereicherungsrechtliche Rückabwicklung des gesamten von der Gesellschaft mit dem Aktionär geschlossenen Rechtsgeschäfts erfolgen müssen. Die sich daraus ergebenden Konkurrenzprobleme des allgemeinen Bereicherungsrechts zu § 62 AktG werden von den Vertretern dieser Ansicht zugunsten des spezielleren § 62 AktG gelöst[97].

Der *BGH* hat sich mit einem Urteil vom 12. März 2013[98] dagegen einer im Vordringen befindlichen Meinung angeschlossen und sich vom Nichtigkeitsdogma verabschiedet. Danach seien bei einem Verstoß gegen § 57 AktG weder das Verpflichtungs- noch das Erfüllungsgeschäft nichtig[99]. Zwar enthalte § 57 AktG ein gesetzliches Verbot im Sinne des § 134 BGB. Gleichwohl überlagere die spezialgesetzliche Vorschrift des § 62 AktG die sonstige Nichtigkeitsfolge von § 134 BGB. Der *BGH* zieht zur Begründung den Wortlaut des § 134 heran, wonach ein solches Rechtsgeschäft nur nichtig ist, wenn sich nicht aus dem Gesetz ein anderes ergibt.

---

94 *Bayer*, in: MüKo-AktG, 3. Aufl. 2008, § 57 Rn. 155; *Fleischer*, in: K. Schmidt/Lutter, § 57 Rn. 52; *Laubert*, in: Hölters, § 57 Rn. 28.

95 *OLG Hamburg* v. 23.05.1980–11 U 117/79 (AG 1980, 275, 279); *OLG Düsseldorf* v. 24.10.1979–11 U 47/79 (AG 1980, 273, 274); *OLG München* v. 11.07.1979–15 U 1532/78 (AG 1980, 272, 273); *OLG Koblenz* v. 10.02.1977–6 U 847/75 (AG 1977, 231, 232); *Bayer*, in: MüKo-AktG, 3. Aufl. 2008, § 57 Rn. 154; *Henze*, in: GK-AktG, § 57 Rn. 200; *Rieckers*, in: Münch Hdb AG, § 16 Rn. 96.

96 RGZ 77, 71, 72 f.; RGZ 107, 161, 166 ff.; RGZ 149, 385, 400; *Sonnenhol/Stützle*, WM 1983, 2, 5 f.; *Hüffer*, 9. Aufl. 2010, § 57 Rn. 23; so noch *Lutter*, in: KK-AktG, 2. Aufl. 1988, § 57 Rn. 62 f.; nunmehr *Drygala*, in: KK-AktG, 3. Aufl. 2011, § 57 Rn. 132 ff. ablehnend.

97 *BGH* v. 23.06.1997 – II ZR 220/95 (BGHZ 136, 125); *Henze*, in: GK-AktG, 4. Aufl. 2000, § 57 Rn. 265; *Lutter*, Kapital, S. 378; *Lutter*, in: KK-AktG, § 57 Rn. 62; *Hefermehl/Bungeroth*, in: Geßler/Hefermehl/Eckhardt/Kropff, § 62 Rn. 26; *Hüffer*, 9. Aufl. 2010, § 57 Rn. 25.

98 *BGH* v. 12. März 2013 – II ZR 179/12 (BGHZ 196, 312 ff., Rn. 14 ff.).

99 Ebenso *OLG München* v. 10. Mai 2012–14 U 2175/11 (NZG 2012, 706); *Hüffer*, AktG, § 57 Rn. 32

Diese andere Rechtsfolge sieht der *BGH* und Teile der Literatur aber gerade in § 62 AktG.

Ergänzend stellt sich die Frage, ob dieser Rechtsprechungswandel auch Folgen für die sog. verdeckten Verstöße gegen die aktienrechtliche Kapitalerhaltungsvorschrift des § 57 AktG zeitigt. Dies sind typischerweise Austauschgeschäfte zwischen Aktionär und Aktiengesellschaft, bei denen Leistung und Gegenleistung in einem objektiven Missverhältnis zulasten der Aktiengesellschaft stehen. Die bereits skizzierte, früher herrschende Meinung forderte Nichtigkeit nur für das Kausalgeschäft, nicht dagegen für das Vollzugsgeschäft[100]. Der *BGH* bezieht in seinem soeben erwähnten Urteil aus dem Jahr 2013 dazu keine Stellung und nimmt keine Unterscheidung zwischen offenen und verdeckten Verstößen gegen § 57 AktG vor, allerdings lassen sich Tendenzen erkennen.

Neben dem Nichtigkeitsdogma der vormals herrschenden Meinung vertritt eine Meinung im Schrifttum eine Wertausgleichslösung: Danach schütze das Verbot der Einlagenrückgewähr nicht das Vermögen der Gesellschaft in seiner gegenständlichen Zusammensetzung, sondern nur seinem Wert nach[101] und könne daher kein Schutzgesetz im Sinne des § 134 BGB darstellen. Daher sei § 62 AktG eine abschließende Regelung bei Verstößen gegen die Kapitalerhaltungspflicht. Ein Rechtsgeschäft, das gegen § 57 AktG verstößt, ist demnach nicht nichtig. Der etwaige eingetretene Verlust werde vielmehr nach § 62 AktG ausgeglichen werden. Für diese Ansicht sprächen vor allem der ausreichende Schutz über § 62 AktG sowie die Vermeidung eines komplizierten Nebeneinanders von gesellschaftlichen Rückgewähr- und zivilrechtlichen Bereicherungsansprüchen[102]. Der *BGH* hat in seinem oben erwähnten Urteil ausgeführt, dass er nicht den Leistungsaustausch mit dem Aktionär als solchen missbillige, sondern vielmehr dessen unangemessene Bedingungen[103]. Dies zeigt, dass der BGH mit den Vertretern der Wertausgleichslösung ein wertmäßiges und nicht sachbezogenes Verständnis zugrunde legt. Auch der Verweis des *BGH* auf die Änderungen im GmbH Recht im Zuge des MoMiG zeigt in diese Richtung.

Beide Ansichten können im konkreten Einzelfall jeweils Schwächen aufweisen, die durch die andere Ansicht kompensiert werden. Daher mag es charmant erscheinen, entweder dem Aktionär oder der Aktiengesellschaft ein Wahlrecht zwischen beiden Abwicklungsmodi zuzusprechen[104]. Davor kann allerdings nur

---

100 *Lutter*, in: KK-AktG, 2. Aufl. 1988, § 57 Rn. 69 f. ; *Hüffer*, 9. Aufl. 2010, § 57 Rn. 23 a.E.

101 *Joost*, ZHR 149 (1985), 419, 421, 435; K. Schmidt, GesR, § 29 II 2 b) aa); *Wilhelm*, FS Flume, S 337, 387; *Ballerstedt*, S. 128 ff.; *Einsele* NJW 1996, 2681, 2686; *Röhrkasten* S 38 ff; *Rosengarten* ZHR 168 (2004), 708, 719 ff.; *Servatius*, in: Wachter, § 57 Rn. 39; *Bayer*, in: MüKo-AktG, 3. Aufl. 2008, § 57 Rn. 152 ff.

102 *Wilhelm*, FS Flume, S. 337, 384 ff.; *Flume*, ZHR 144 (1980), 18, 23 ff.; *Joost*, ZHR 149 (1980), 419, 421 ff.; *Cahn*, Konzern, S. 114 ff.; *Bayer*, in: MüKo-AktG, 3. Aufl. 2008, § 57 Rn. 161.

103 *BGH* v. 12. März 2013 – II ZR 179/12, Rn. 19 (BGHZ 196, 312).

104 m.w.N. *Cahn/v. Spannenberg*, in: Spindler/Stilz, § 57 Rn. 96.

gewarnt werden, denn die jeweils wahlberechtigte Partei würde den für sie günstigsten Abwicklungsmodus wählen. Dies widerspricht jedoch dem Schutzzweck des § 57 AktG – nämlich dem umfassenden Kapitalschutz. *Cahn/v. Spannenberg*[105] sehen dieses Problem zwar auch, wollen dennoch im Einzelfall beurteilen, welche Art des Ausgleichs dem Ziel der Werterhaltung am nächsten kommt. Dabei stellt sich freilich die Frage, wer diese Beurteilung vornehmen soll und ob dies nicht im Ergebnis doch auf ein Wahlrecht entweder für die Aktionäre oder die Aktiengesellschaft hinausläuft.

2.4.2 Stellungnahme

Im Ergebnis ist die Meinung vorzugswürdig, welche nunmehr in großen Teilen vom *BGH* vertreten wird. § 62 AktG ist eine scharfe Sanktionsnorm, die objektive Schmälerungen des Kapitals ausreichend kompensiert. Dies zeigt zugleich auch, dass § 57 AktG einen vermögensbezogenen Schutz bietet und eben keinen sachbezogenen. Deshalb macht eine Erstreckung der Nichtigkeitsfolge auf das Erfüllungsgeschäft auch rechtssystematisch keinen Sinn. Zudem ergibt sich aus § 57 AktG selbst, dass der Aktionär eine Erfüllung aus dem verbotenen Rechtsgeschäft nicht verlangen kann[106], auch aus diesem Aspekt bedarf es keiner Nichtigkeitsfolge. § 57 AktG will nicht den Leistungsaustausch schlechthin verbieten – was letztlich eine Nichtigkeitsfolge bedeuten würde – sondern nur die Schmälerung des Gesellschaftsvermögens[107]. Hiermit ließen sich auch die Überlegungen zum Drittvergleich begründen: Wäre durch § 57 AktG ein Leistungsaustausch *per se* verboten, bräuchte es dies nicht. Dafür spricht im Übrigen auch die jüngst ergangene Änderung von § 57 AktG und § 30 GmbHG durch das MoMiG, welche den bereits im Schrifttum vertretenen konzeptionellen Gleichlauf beider Vorschriften[108] herausstellt: Der Wortlaut der neuen aktienrechtlichen Bestimmung entspricht den Ausnahmen vom Grundsatz der Erhaltung des Stammkapitals für GmbH. Zudem wird auch in der Gesetzesbegründung pauschal auf die Begründung zum GmbH-Recht verwiesen[109].

Zwar sieht *Servatius*[110] aus insolvenzrechtlicher Sicht ein Bedürfnis der Nichtigkeit des Erfüllungsgeschäfts, jedoch ist nicht ersichtlich, warum die Aktiengesellschaft bei einer Insolvenz des Leistungsempfängers (Aktionär) besser gestellt sein soll, als dessen übrige Gläubiger.

---

105 *Cahn/v. Spannenberg*, in: Spindler/Stilz, § 57 Rn. 97; in diese Richtung wohl auch *Bayer*, in: MüKo-AktG, 3. Aufl. 2008, § 57 Rn. 56 ff.

106 *K. Schmidt*, GesR, § 29 II 2 b) aa); *Joost*, ZHR 149 (1985), 419, 436.

107 *Bitter*, ZHR 168 (2004), 302, 343.

108 So etwa *Rosengarten*, ZHR 168 (2004), 708, 721 ff.; *Drinhausen*, in: Heidel, § 57 Rn. 53; *Fleischer*, in: K. Schmidt/Lutter, § 57 Rn. 74; *Bayer*, in. MüKo-AktG, 3. Aufl. 2008, § 57 Rn. 163.

109 RegE (MoMiG), BT-Drs. 16/6140 v. 25.07.2007, S. 52.

110 *Servatius*, in: Wachter, § 57 Rn. 39.

Weiter weist die Rückabwicklung über § 62 AktG nicht die Schwächen der §§ 814, 817 S. 2 und 818 Abs. 3 BGB auf und unterliegt nicht der regelmäßigen, kurzen Verjährung des § 195 BGB, sondern der zehnjährigen Verjährung des § 62 Abs. 3 AktG. Die Verjährung nach § 195 BGB kann zwar je nach Beginn sehr lang sein, als absolute Obergrenze ist wohl aber auch hier § 199 Abs. 4 BGB heranzuziehen. Dies hat den Vorteil, dass eine Geltendmachung der Rückgewähransprüche wegen Verstößen gegen § 57 AktG auch nach Ablauf einer kompletten Vorstandsbestellung über eine Amtszeit von fünf Jahren noch möglich ist. Wobei sich wegen des subjektiven Elements in § 199 Abs. 1 Nr. 2 BGB hier durchaus Redundanzen ergeben können. Dennoch kann die (potenziell längere) Verjährung des § 62 Abs. 3 AktG nicht allein als Argument für die Wertausgleichslösung angeführt werden, denn wenn zugleich auch ein Anspruch aus § 985 BGB besteht, greift freilich die dreißigjährige Verjährung des § 197 Abs. 1 Nr. 1 BGB ein.

Zusätzlich verleiht § 66 Abs. 2 AktG dem Rückgewähranspruch des § 62 AktG Schärfe. Danach darf der Aktionär nicht von der Rückgewährpflicht befreit werden und es darf damit zudem nicht aufgerechnet werden.

3. Dogmatik des Verbots der finanziellen Unterstützungsleistung des Aktienerwerbs nach § 71a Abs. 1 S. 1 AktG

3.1 Einleitung

Die mit fremdfinanzierten Unternehmenskäufen regelmäßig verbundene hohe Belastung der Ziel-Gesellschaft mit Verbindlichkeiten und Sicherungen wirft zuvorderst vor allem Kapitalschutzfragen auf. Einschlägig sind dabei vor allem das Verbot der Einlagenrückgewähr nach § 57 AktG bzw. § 30 GmbHG sowie das Verbot der Umgehungsgeschäfte in § 71a Abs. 1 S. 1 AktG. Diese Regelungen dienen unter anderem dem Schutz der Kapitaleingangskapitalisierung[111] eines Unternehmenskaufs.

3.2 Telos des § 71a Abs. 1 S. 1 AktG

Die Systematik des § 71a Abs. 1 S. 1 AktG lässt sich nur begreifen, wenn zuvor der Schutzzweck genau erörtert wurde. Dieser ist, allerdings entgegen der insofern eindeutigen Überschrift, noch immer umstritten. Die Auslegungsschwierigkeiten rühren vornehmlich daher, dass § 71a Abs. 1 S. 1 AktG keine gewachsene Vorschrift ist, sondern ein Auswuchs der Rechtsangleichung im europäischen Gesellschaftsrecht. Die Entstehungsgeschichte des § 71a Abs. 1 S. 1 AktG hat zu der fundamentalen Frage geführt, wie § 71a Abs. 1 S. 1 AktG als Produkt eines angeglichenen europäischen Gesellschaftsrechts zu verstehen und auszulegen ist. Daher soll an dieser Stelle zunächst ein kurzer rechtshistorischer Abriss über die Entwicklung der „Financial Assistance" und der darauf folgenden Implementierung dieser in das deutsche Gesellschaftsrecht erfolgen.

3.2.1 Rechtshistorische Grundlagen

§ 71a Abs. 1 AktG befindet sich seit dem 1. Juli 1979 im Aktiengesetz. Diese Regelung beruht auf Art. 23 Abs. 1 der Kapitalrichtlinie von 1976[112], die seinerseits auf Bestreben der britischen Regierung in die Kapitalrichtlinie aufgenommen wurde.

---

111 *Eidenmüller*, ZHR 171 (2007), 644, 660.

112 Zweite Richtlinie des Rates der Europäischen Gemeinschaften zur Koordinierung des Gesellschaftsrechts vom 13.12.1976 (Kapitalrichtlinie) (77/91/EWG) ABl. EG 26 v 31.01.1977 S. 1 ff.

a) Deutsche Entwicklung

Das Verbot der finanziellen Unterstützung des Aktienerwerbs war vor der Implementierung des § 71a Abs. 1 AktG keineswegs gänzlich unbekannt in der deutschen Rechtslandschaft. Schon das Reichsgericht urteilte 1934:

> *„Hiernach ist der Tatbestand einer nach den §§ 213, 215 HGB* (a.F.) *verbotenen Rückzahlung der Einlage an einen Aktionär, nämlich die Kommanditgesellschaft, gegeben. Verfehlt ist der gegenteilige Standpunkt des Berufungsgerichts, der auf der, rechtsirrigen Auffassung beruht, dass der Tatbestand der verbotenen Rückzahlung der Einlage deshalb nicht vorliege, weil die genannte Beklagte nicht Erstzeichnerin der Aktien sei [...]. Entscheidend für die Frage, ob aus dem Stammvermögen einer Aktiengesellschaft einem Aktionär in einer nach § 213 HGB unzulänglichen Weise Werte zugeführt worden sind, ist stets, ob der Gesellschaft vor, bei oder nach Eingehung der Leistungspflicht eine vollwertige Gegenleistung zugeflossen ist, so dass die Leistung der Gesellschaft ohne Minderung des zur Erhaltung des Stammkapitals erforderlichen Vermögens der Gesellschaft möglich war. Nun kann aber nach dem Inhalt der vom Beklagten überreichten Aktennotiz nicht angenommen werden, dass der Beklagte die zum Aktienerwerb geleisteten Zahlungen erstattet hat. Denn in jenem Schriftstück heißt es wörtlich: „ Da Herrn D trotz eigenen großen Vermögens flüssige Mittel gegenwärtig nicht zur Verfügung stehen, hat die Aktiengesellschaft Darlehen in entsprechender Höhe aufgenommen“‘*[113].

Mithin hat schon das Reichsgericht die Gewährung von Darlehen und die Leistung von Sicherheiten an den Erwerber von Aktien der Gesellschaft als verbotene Einlagenrückgewähr – mit der Folge der Rückforderbarkeit durch die Gesellschaft – angesehen. Die in § 71a Abs. 1 S. 1 AktG aufgestellte Regel hatte zwar keine Entsprechung im Handelsgesetzbuch von 1897, jedoch war dieses Konzept durch Richterrecht bereits geprägt worden. Freilich wurde vom Reichsgericht der Weg über allgemeine Kapitalerhaltungsvorschriften gewählt. So ließ sich danach die finanzielle Unterstützung des Aktienerwerbs in Form von Gewährung von Darlehen und der Stellung von Sicherheiten an den Erwerber der Aktiengesellschaft als verbotene Einlagenrückgewähr behandeln[114]. Allerdings erfuhr dieses von der Rechtsprechung entwickelte Konzept keine gesetzliche Festschreibung.

---

113 RGZ 146, 84, 94 ff.

114 RG JW 1930, 3730; *Flechtheim*, in: Düringer/Hachenburg, § 213 Anm. 9; *Ritter*, § 52 Anm. 3c; *Barz*, in: GK-AktG, § 57 Anm. 13.

b) Kodifikation durch Umsetzung der Kapitalrichtlinie[115]

Die Financial Assistance wurde erst mit der Umsetzung der sog. Zweiten Kapitalrichtlinie[116] in nationales Recht kodifiziert[117]. Dies erfolgte durch das sogenannte Durchführungsgesetz zur Umsetzung der Zweiten EG-Richtlinie vom 13. Dezember 1978 (DurchfG)[118]. Durch Art. 1 Nr. 15 DurchfG wurden nach dem ebenfalls geänderten § 71 AktG die jetzigen §§ 71a bis 71e AktG eingefügt. Die für die neue Regelung des § 71a Abs. 1 AktG maßgebliche Richtlinienbestimmung ist Art. 23 der Zweiten EG-Richtlinie[119] und lautet:

> *„(1) Eine Gesellschaft darf im Hinblick auf den Erwerber ihrer Aktien durch Dritte weder Vorschüsse geben noch Darlehen gewähren noch Sicherheiten leisten.*
> *(2) Absatz 1 gilt nicht für Rechtsgeschäfte, die im Rahmen der laufenden Geschäfte der Banken und anderer Finanzinstitute getätigt werden, und auch nicht für Geschäfte, die im Hinblick auf den Erwerb von Aktien durch oder für Arbeitnehmer der Gesellschaft oder einer mit ihr verbundenen Gesellschaft getätigt werden. Diese Geschäfte dürfen jedoch nicht dazu führen, dass das Nettoaktivvermögen der Gesellschaft den in Artikel 15 Absatz 1 Buchstabe a) genannten Betrag unterschreitet.*
> *(3) Absatz 1 gilt nicht für Geschäfte, die im Hinblick auf den Erwerb von Aktien nach Artikel 20 Abs. 1 Buchstabe h) getätigt werden.“*

Mit dem Gesetzesbeschluss des Deutschen Bundestag vom 09. November 1978[120] kam der deutsche Gesetzgeber der von Art. 43 Abs. 2 S. 2 der Zweiten EG-Richtlinie[121] geforderte Umsetzungsfrist von 2 Jahren nach[122].

---

115 Zweite Richtlinie des Rates der Europäischen Gemeinschaften zur Koordinierung des Gesellschaftsrechts vom 13.12.1976 (Kapitalrichtlinie) (77/91/EWG) ABl. EG 26 v 31.01.1977 S. 1 ff.

116 Zweite Richtlinie des Rates der Europäischen Gemeinschaften zur Koordinierung des Gesellschaftsrechts vom 13.12.1976 (Kapitalrichtlinie) (77/91/EWG) ABl. EG 26 v 31.01.1977 S. 1 ff.

117 Eine detaillierte Auseinandersetzung mit dem deutschen Gesetzgebungsverfahren des § 71a Abs. 1 AktG findet sich bei *Schroeder*, S. 7 ff.

118 BGBl. I 1978, S. 1956.

119 ABl.EG 1977 L 26/8.

120 BT-Drucks. 511/78.

121 Zweite Richtlinie des Rates der Europäischen Gemeinschaften zur Koordinierung des Gesellschaftsrechts vom 13.12.1976 (Kapitalrichtlinie) (77/91/EWG) ABl EG 26 v 31.01.1977 S. 1 ff.

122 Die Richtlinie ist der Bundesregierung am 17.12.1976 zugegangen, daher musste sie – um die Umsetzungsfrist zu wahren – bis zum 18.12.1978 in nationales Recht transformiert werden.

c) Entstehungsgeschichte des Art. 23 Abs. 1 der Zweiten EG-Richtlinie und aktuelle Reformbestrebungen

Die Geschichte der Zweiten EG-Richtlinie wurde bereits 1995 erschöpfend in der Dissertation von *Schroeder*[123] dargestellt. Daher wird das Augenmerk hier eher auf die aktuelleren Entwicklungen gelegt.

Das Verbot der „Financial Assistance" wurde in verschiedenen Staaten als Fremdkörper im homogenen Aktienrecht angesehen, welcher abgeschafft oder zumindest abgemildert werden sollte[124]. Die vom deutschen Gesetzgeber gewählte Mechanik zur Regelung der Umgehungstatbestände wurde insbesondere von *Lutter*[125] kritisiert und als *„unheilvolle Verweisungstechnik"* bezeichnet. Diese Kritik und noch weitere Bedenken der anderen Mitgliedsstaaten an der Umsetzung des Verbots der Financial Assistance griff die Kommission schließlich auf. Dazu wurden von ihr mehre Arbeitsgruppen eingesetzt. Aufbauend auf den Vorarbeiten der *SLIM*-Arbeitsgruppe[126] und der sogenannten *High-Level Group*[127] ist als Bestandteil eines bereits 2003 beschlossenen *Aktionsplanes zur Modernisierung des Gesellschaftsrechts und der Verbesserung der Corporate Governance in der EU*[128] am 06. September 2006 die EG-Änderungsrichtlinie[129] (nachfolgend die „**Kapitaländerungsrichtlinie**") in Kraft getreten. Die Richtlinie, die von den Mitgliedstaaten bis zum 15. April 2008

123 *U. Schroeder*, S. 15 ff.

124 *Wymeersch*, ZGR 2001, 294, 310.

125 *Lutter*, in: Kölner Komm, § 71d , Rn. 30.

126 Simpler Legislation for the Internal Market. Im Rahmen der 1996 gestarteten Initiative erarbeitete eine elfköpfige Gruppe europäischer Gesellschaftsrechtler Vorschläge zur Veränderung der Kapitalrichtlinie. Die Kommission berichtet über die Ergebnisse der vierten Phase der SLIM-Initiative KOM (2000) 56 endg. Dort findet sich auch eine Zusammenfassung der Vorschläge der SLIM-Arbeitsgruppe, diese sind – abrufbar unter http://eur-lex.europa.eu/LexUriServ/LexUriServ.do?uri=COM:2000:0056:FIN:DE:PDF (abgerufen am 27.2.2009).

127 High Level Group of Company Law Experts. Sie legte ihren Bericht, den sog. SLIM-Plus-Vorschlag, am 04.11.2002 vor – abrufbar unter: http://ec.europa.eu/internal_market/company/docs/modern/report_de.pdf.

128 Mitteilung der Kommission an den Rat und das Europäische Parlament – Modernisierung des Gesellschaftsrechts und Verbesserung der Corporate Governance in der Europäischen Union – Aktionsplan KOM (2003) 284, NZG 2002, Sonderbeilage zu Heft 13 – ll abrufbar unter http://eur-lex.europa.eu/LexUriServ/LexUriServ.do?uri=COM:2003:0284:FIN:DE:PDF.

129 Richtlinie des Europäischen Parlaments und des Rates vom 06.09.2006 (2006/68/EG) zur Änderung der Richtlinie 77/91/EWG des Rates in Bezug auf die Gründung von Aktiengesellschaften und die Erhaltung und Änderung ihres Kapitals ABl.EU v 25. 09.2006 L 264/32 ff.

umgesetzt werden musste, ändert die Kapitalrichtlinie[130] von 1976[131] und enthält unter anderem Erleichterungen für den zulässigen Erwerb von eigenen Aktien, die Sacheinlagenprüfungen und die finanzielle Unterstützung des Aktienerwerbs Dritter durch die Aktiengesellschaft, die sogenannte „Financial Assistance". Die Initiative zu diesen Änderungen beruht im Wesentlichen auf den Überlegungen, das Prinzip des festen Grundkapitals in der Aktiengesellschaft wenn nicht abzuschaffen, so doch künftig flexibler zu gestalten und damit für die Praxis der Unternehmensfinanzierung besser handhabbar zu machen[132]. Dieses Anliegen wurde jedoch nicht ausnahmslos positiv aufgenommen[133].

aa) Current Challenges – SLIM Solutions

Die Kommission hatte im Rahmen ihrer bereits im Oktober 1998 eingeleiteten vierten Phase der *SLIM-Initiative* eine Arbeitsgruppe für das Gesellschaftsrecht eingesetzt. Das grundlegende Ziel von *SLIM* bestand darin, das Funktionieren des Binnenmarktes durch das Aufzeigen von Wegen zur Vereinfachung und Verbesserung der einschlägigen Gesetzgebung zu fördern. Deutschland war in dieser *SLIM*-Arbeitsgruppe zum Gesellschaftsrecht durch die Rechtsanwälte *Kallmeyer* und *Rasner*[134] vertreten, geleitet wurde sie durch den belgischen Unternehmensrechtler *Eddy Wymeersch*, Professor an der Universität von Gent[135]. Die *SLIM*-Arbeitsgruppe konnte verhältnismäßig schnell einen internen Konsens herstellen und hat ihre Vorschläge in lediglich drei Sitzungen im Jahre 1999 erarbeitet[136].

Die von der *SLIM*-Gruppe in ihrem Abschlussbericht von September 1999 ausgesprochenen Empfehlungen zur Vereinfachung der Kapitalrichtlinie[137] gelten als Kompromiss eines weitgefächerten Meinungsspektrums[138] und sahen unter anderem

---

130 Aufgrund ihres Regelungsschwerpunktes wird die Zweite Gesellschaftsrechtliche Richtlinie als Kapitalrichtlinie bezeichnet, vgl. *Schwarz*, Europäisches Gesellschaftsrecht, Rz. 571.

131 Zweite Richtlinie des Rates der Europäischen Gemeinschaften zur Koordinierung des Gesellschaftsrechts vom 13.12.1976 (Kapitalrichtlinie) (77/91/EWG) ABl EG 26 v 31.01.1977 S. 1 ff.

132 Siehe dazu: *van Hulle*, EWS 2000, 521 ff.; *Wiesner*, EuZW 1998, 619.

133 Kritisch die *Arbeitsgruppe Europäisches Gesellschaftsrecht*, ZIP 2003, 863, 873; *Bayer*, BB 2004, 1, 8.

134 Vgl. dazu *Seibert*, in: RWS-Forum 15, Gesellschaftsrecht 1999, 323, 326.

135 *Neye*, ZIP 1999, 1944, 1944.

136 *Kallmeyer*, AG 2001, 406, 407.

137 Empfehlungen der SLIM-Arbeitsgruppe „Gesellschaftsrecht" zur Vereinfachung der Ersten und Zweiten Richtlinie auf dem Gebiet des Gesellschaftsrechts, September 1999, abgedruckt in ZIP 1999, 1944 ff.

138 Protokoll der Europäischen Kommission

die Reduzierung der Regelungen zur finanziellen Unterstützung *„auf ein praktikables Mindestmaß“* vor[139].

Nach den Vorschlägen der *SLIM*-Gruppe sollte dies etwa durch die Beschränkung der finanziellen Unterstützung auf den Betrag des ausschüttungsfähigen Nettovermögens erreicht werden oder sich gar in der alleinigen Beschränkung des Verbots auf die Zeichnung neuer Aktien erschöpfen (also ein Verbot, welches lediglich im originären Aktienerwerb Wirkung entfaltet). Diese weitgehenden Liberalisierungsgedanken gehen auf den Vorsitzenden der Arbeitsgruppe, *Eddy Wymeersch*, zurück, einem entschiedenen Gegner des Verbots der Financial Assistance[140].

Die Vorschläge *SLIM*-Gruppe riefen geteilte Reaktionen hervor: Von der *Kommission*[141] wurden die Vorschläge begrüßt und als Schritt in die richtige Richtung gewertet. Von besonderer Brisanz ist dagegen, dass gerade die britische Regierung die ersatzlose Streichung des Verbots des Art. 23 Kapitalrichtlinie und somit eine weitergehende Reform forderte[142]. Wie sich später noch zeigen wird, kam das Verbot der finanziellen Unterstützung erst auf Drängen der britischen Regierung in den 1970er Jahren in die europäischen nationalen Rechtsordnungen. Dieses gewandelte britische Verständnis des Verbots der finanziellen Unterstützung wird von britischer Seite mit möglichen positiven Effekten der Financial Assistance begründet[143]. Dagegen stehen einige namenhafte deutsche Rechtswissenschaftler einer Liberalisierung des Verbots der finanziellen Unterstützung des Aktienerwerbs sehr kritisch gegenüber: *Drygala*[144] etwa sieht in dem Reformvorhaben eine Gefahr für den Gläubigerschutz, die nicht durch praktische Erwägungen zu rechtfertigen sei. Auch dänischen Juristen gehen die von der SLIM-Initiative vorgeschlagenen Änderungen zu weit: Sie schlagen stattdessen vor, die Zulassung

---

139 Empfehlungen der SLIM-Arbeitsgruppe „Gesellschaftsrecht“ zur Vereinfachung der Ersten und Zweiten Richtlinie auf dem Gebiet des Gesellschaftsrechts, September 1999, abgedruckt in ZIP 1999, 1944 ff.

140 *Wymeersch*, FS Drobnig, S. 725 ff.

141 Bericht der Kommission an das Europäische Parlament und den Rat vom 4. Februar 2000 – Ergebnisse der vierten Phase der SLIM-Initiative, KOM (2000) 56 endg., S. 5 f.

142 Stellungnahme Großbritanniens zu den Empfehlungen der SLIM-Arbeitsgruppe an die Europäische Kommission vom Oktober 1999, S. 8 zitiert nach *Baldamus*, S. 39 ff.

143 In der Tat sind auch in Deutschland einige Studien zu dem ökonomischen Effekten von Leveraged Buy-Outs und damit verbundene finanzielle Unterstützungen durch die Zielunternehmen ergangen, doch lassen sich daraus weder wohlfahrtsfördernde noch überdurchschnittliche Risiken für die Zielunternehmen belegen: *Bericht des BMF*, zitiert in *FAZ* v. 05.03.2007 Nr. 54, S. 16; *Bundesverband deutscher Kapitalbeteiligungsgesellschaften*, Zur Rolle von Private Equity und Venture Capital in der Wirtschaft, Oktober 2005 – abrufbar unter: www.bvk-ev.de/media/file/55.pe_wirtschaft.pdf (abgerufen am 30.4.2010).

144 *Drygala*, AG 2001, 291, 296.

der finanziellen Unterstützung von einer Liquiditätsprüfung des Erwerbers und der Kompensation des finanziellen Risikos durch das Einbringen von Know-How abhängig zu machen[145].

bb) Experten unter sich – Einsetzung der High Level Group

Die daraufhin eingesetzte *Hochrangige Gruppe von Experten auf dem Gebiet des Gesellschaftsrechts* (*High Level Group – HLG*), unter der Führung von *Jaap Winter*, stimmte den Ergebnissen der SLIM-Initiative im Wesentlichen zu, ergänzte die Vorschläge jedoch um wichtige Ideen[146]. Danach sollte parallel zu dem Mechanismus des Erwerbs eigener Aktien eine finanzielle Unterstützung des Aktienerwerbs im Umfang der ausschüttungsfähigen Rücklagen zulässig sein. Grundsätzlich solle dafür ein Aktionärsbeschluss herbeigeführt werden. Darüber hinaus sollte die Hauptversammlung das Leitungs- oder Verwaltungsorgan für einen begrenzten Zeitraum (z. B. von fünf Jahren) dazu ermächtigen dürfen, das Unternehmen durch eine finanzielle Unterstützung innerhalb der Grenzen der ausschüttungsfähigen Rücklagen zu verpflichten. Wenn diese Möglichkeit erlaubt würde, sollte eine Offenlegungspflicht hierfür gelten[147].

Im Rahmen ihrer zweiten Arbeitsphase hat die *HLG* am 24. Mai 2002 eine Online-Konsultation gestartet, die bis zum 21. Juni 2002 andauerte. Grundlage der Befragung war ein umfassender Fragenkatalog, der sich auf die vorbezeichneten Themengebiete erstreckte, im Kapitel 3.3. auch auf das Recht der Kapitalaufbringung und Kapitalerhaltung. Darin wurde den befragten Parteien vorgestellt, in welchem Maße eine Reform der Kapitalaufbringung und -erhaltung nach Vorstellung der *HLG* erfolgen sollte. Als Ergebnis wurde ein auf den *SLIM*-Vorschlägen („SLIM-Plus") aufbauendes Konzept vorgestellt. Doch auch dieses wurde von Vertretern des deutschen Schrifttums kritisiert, so heißt es etwa in der Stellungnahme der Arbeitsgruppe Europäisches Gesellschaftsrecht[148]:

> *„Das Verbot der finanziellen Unterstützung des Aktienerwerbs verfolgt einen doppelten Schutzzweck. Zum einen sichert es das Verbot des Erwerbs eigener Aktien gegen allfällige Umgehungsgeschäfte ab und wäre daher ohnehin nur in enger Abstimmung mit diesen Verbotstatbeständen abänderbar. Zum anderen verhindert Art. 23 Kapitalrichtlinie fremdfinanzierte Unternehmenskäufe, bei denen das Vermögen der Zielgesellschaft zur Besiche-*

145 *Hansen/Sørensen*, EBLR 2003, 3, 20 ff.

146 Bericht der Hochrangigen Gruppe von Experten auf dem Gebiet des Gesellschaftsrechts über moderne gesellschaftsrechtliche Rahmenbedingungen in Europa vom (*HLG*) 04.11.2002 – abrufbar unter: http://ec.europa.eu/internal_market/company/docs/modern/report_de.pdf (abgerufen am 22.3.2009).

147 Bericht *HLG*, S. 15, 92 ff.

148 Zur Entwicklung des Europäischen Gesellschaftsrechts: Stellungnahme der Arbeitsgruppe Europäisches Gesellschaft zum Report oft he High Level Group of Company Law Experts on a modern Regulatory Framework for Company Law in Europe, abgedruckt in: ZIP 2003, 863, 873.

rung der Erwerbsfinanzierung eingesetzt wird. Ob solche Transaktionen wünschenswert sind (z.B. wegen der disziplinierenden Wirkung eines gestiegenen Verschuldungsgrades oder der erleichterten Möglichkeit eines Management Buyout) oder ob sie wegen der ihnen immanenten Risiken und Missbrauchsgefahren unterbunden werden sollen, bedürfen einer rechtspolitischen Grundsatzdebatte, die noch aussteht."

Diese kritische Stellungnahme der *Arbeitsgruppe Europäisches Gesellschaftsrecht* war jedoch nur eine von vielen Antworten, die die *HLG* auf die von ihnen versandten detaillierten Fragenkataloge zur Entwicklung des europäischen Gesellschaftsrechts erhielt. Insgesamt machten 119 Personen und Institutionen Gebrauch von der Möglichkeit an der Fortentwicklung des europäischen Gesellschaftsrechts durch Stellungnahmen teilzunehmen. Die Auswertung ergab dabei, dass der Großteil der Befragten zumindest im Grundsatz die Vorschläge der *HLG* unterstützten[149]. All diese Vorarbeiten konnte die Kommission für eine Reform des Gesellschaftsrechts verwenden.

cc) Action Plan – A Plan to Move Forward

Der im Mai 2003 verabschiedete *Aktionsplan der Kommission zur Modernisierung des Gesellschaftsrechts und zur Verbesserung der Corporate Governance*[150] verfügte nunmehr über ein grundsolides Fundament, da er in wesentlichen Teilen die Vorarbeiten der *HLG* aufgriff; in dem hier relevanten Verbot der Financial Assistance wich der Aktionsplan jedoch vollständig von den zuvor erarbeiteten Konzepten ab[151]. Vielmehr wagte die Kommission noch keine umfassenden Änderungen im Kapitalaufbringungs- und -erhaltungssystem. Zunächst wollte die Kommission untersuchen, wie ein mögliches alternatives System aussehen könnte und ob es für Aktionäre und Dritten einen vergleichbaren Schutz biete. Zu diesem Zweck gab die Kommission mittelfristig eine Studie über die Realisierbarkeit einer Alternative zum Kapitalerhaltungssystem in Auftrag (sogenannte *Machbarkeitsstudie).*

dd) Expertengutachten

Parallel zu den Bestrebungen der Kommission haben auch externe Stellen Vorschläge zur Änderung des Gesellschaftsrechts in Europa erstellt und diese der Kommission zukommen lassen.

---

149 Siehe Anh. 3, S. 149 ff. des Abschlussberichts der HLG.

150 KOM (2003) 284 endg. Mitteilung der Kommission an den Rat und das Europäische Parlament: Modernisierung des Gesellschaftsrechts und Verbesserung der Corporate Governance in der Europäischen Union – Aktionsplan vom 21.05.2003 – abrufbar unter: http://eur-lex.europa.eu/LexUriServ/LexUriServ.do?uri=COM:2003:0284:FIN:DE:PDF.

151 Ibd. (Siehe Aktionsplan (Fn. 39)) 3.3 S. 21 f.

(1) Rickford – 2004

Die vom britischen *Accounting Standards Board* und dem *Company Law Centre* des *British Institute of International and Comparative Law* angeregte Arbeitsgruppe unter der Leitung von *Jonathan Rickford*[152] beschäftigte sich auch mit dem europäischen Kapitalschutz und legte 2004 mit ihrem Bericht einen konkreten Reformvorschlag vor[153]. Aufgrund der Case-Law Orientierung dieser Arbeitsgruppe überrascht es wenig, dass das bestehende kontinentaleuropäisch geprägte Kapitalschutzsystem als

> *„incomplete, dysfunctional, avoidable and unsuccessful as a harmonization measure [...]"*

bezeichnet wurde. Im Ergebnis hat sich die *Rickford-Gruppe* für eine weitergehende Reform der Kapitalrichtlinie ausgesprochen und damit für eine Abschaffung des obligatorischen europäischen Kapitalschutzsystems, insbesondere auch im Hinblick auf das Verbot der Financial Assistance. Stattdessen sieht der Vorschlag der *Rickford-Gruppe* die Einführung eines Solvenztests, erweitert durch eine strengere Vorstandshaftung, vor. Diese soll neben einer zivilrechtlichen Haftung auch strafrechtliche Sanktionen sowie ein mehrjähriges Berufsverbot umfassen[154].

(2) Lutter – 2006

Vor dem Hintergrund des umfangreichen Reformvorschlags der *Rickford-Gruppe* hat sich in Deutschland eine interdisziplinäre Arbeitsgruppe um *Marcus Lutter* zusammengefunden. Deren Ergebnisse wurden im Juli 2006 veröffentlicht[155]. Um sowohl der kontinentaleuropäischen als auch der britischen Rechtstradition gerecht zu werden, waren beide Seiten in der Arbeitsgruppe vertreten. Die *Lutter*-Gruppe hat mit ihrem Reformverschlag versucht einen Kompromiss zwischen dem kontinentaleuropäisch geprägten Kapitalerhaltungssystem der Kapitalrichtlinie und dem Vorschlag der *Rickford*-Gruppe zu finden. Im Ergebnis empfiehlt die *Lutter*-Gruppe den Fortbestand der Kapitalrichtlinie. Am Konzept des Mindestkapitals für Aktiengesellschaften wurde festgehalten, flankierend sollen eine bilanzielle Kapitalerhaltung und gegebenenfalls auch ein Solvenztest dem Schutz des Unternehmens dienen[156]. Aussagen zur Financial Assistance traf *Lutter* allerdings nicht. Das Festhalten an der Kapitalrichtlinie in ihrer damaligen Form spricht aber dafür, dass die *Lutter-Kommission* grundsätzlich auch am Verbot der Financial Assistance festhalten möchte.

---

152 Vormals schon Mitglied der HLG.

153 *Rickford*, EBLR 2004, 919, 986, 996.

154 *Rickford*, EBLR 2004, 919, 980 f.

155 *Lutter*, in: *Lutter*, Kapital der AG, S. 2–14.

156 Ibd. S. 7.

(3) IDW – 2006

Auch das *Institut der Wirtschaftsprüfer* hat sich mit einer Reform des Gesellschaftsrechts befasst, kam aber mit einigen kleinen Abweichungen zum gleichen Ergebnis wie die *Lutter-Kommission*[157].

ee) Die Kapitaländerungsrichtlinie

Am 6. September 2006 wurde die Kapitalrichtlinie schließlich – nach den Vorschlägen des Aktionsplans[158] und den dazu ergangenen Ergänzungen verschiedener Experten – geändert[159]: Zukünftig ist den Mitgliedstaaten gestattet, den Erwerb eigener Aktien in größerem Umfang als bislang zuzulassen. Bislang war das zulässige Erwerbs- und Bestandsvolumen in Deutschland durch das Aktiengesetz grundsätzlich auf 10 % des Grundkapitals beschränkt; künftig können die Mitgliedstaaten Unternehmen erlauben, eigene Aktien im Umfang des Nettoaktivvermögens zu erwerben. Zudem kann die zeitliche Höchstgrenze für die Geltungsdauer einer Ermächtigung der Hauptversammlung zum Aktienrückerwerb von 18 Monaten auf fünf Jahre verlängert werden. Zudem soll die Prüfung der Werthaltigkeit einer Sacheinlage durch einen externen Prüfer insbesondere dann wegfallen, wenn börsennotierte Wertpapiere in die Aktiengesellschaft eingebracht werden oder für den Einlagegegenstand ein geprüfter Jahresabschluss aus dem letzten Geschäftsjahr oder ein früherer Sachverständigenbericht existiert, der nicht älter als sechs Monate ist. Ist der darin zum Ausdruck kommende Wert nach Ansicht des Vorstands noch zutreffend, erfolgt eine sachverständige Bewertung und Prüfung nur, wenn dies mindestens 5 % der Aktionäre verlangen.

Wichtigster Aspekt der Neuregelung – für diese Untersuchung – ist aber die Erleichterung der Financial Assistance, die für deutsche Aktiengesellschaften bislang grundsätzlich unzulässig ist. Nach dem neuen Art. 23 Abs. 1 heißt es:

> *„Wenn ein Mitgliedstaat es einer Gesellschaft gestattet, im Hinblick auf einen Erwerb eigener Aktien durch einen Dritten unmittelbar oder mittelbar Vorschüsse zu zahlen, Darlehen zu gewähren oder Sicherheiten zu leisten, so macht er solche Geschäfte von der Erfüllung der in den Unterabsätzen 2, 3, 4 und 5 genannten Bedingungen abhängig. Die Geschäfte sind unter der Verantwortung des Verwaltungs- oder Leitungsorgans vorzunehmen und müssen zu fairen, marktüblichen Konditionen abgewickelt werden, insbesondere in Bezug auf die der Gesellschaft gezahlten Zinsen und die Sicherheiten, die ihr für die in Unterabsatz 1 genannten Darlehen oder Vorschüsse geleistet werden. Die*

---

157 *IDW*, Neukonzeption der Kapitalerhaltung, S. 1–7 – abrufbar unter http://www.idw.de/idw/generator/id=383272.html (abgerufen am 2.5.2009).

158 KOM (2004), 0730 endg – abrufbar unter: http://eur-lex.europa.eu/LexUriServ/LexUriServ.do?uri=COM:2004:0730:FIN:DE:PDF (abgerufen am 2.5.2009).

159 Richtlinie 2006/68/EG des Europäischen Parlaments und des Rates vom 6. September 2006, ABl. EG Nr. L 264, S. 32–36.

Kreditwürdigkeit des Dritten oder — im Falle von Geschäften mit einer Vielzahl von Parteien — jeder dieser Parteien muss in angemessener Weise überprüft worden sein.
Das Verwaltungs- oder Leitungsorgan legt das Geschäftsvorhaben der Hauptversammlung vorab zur Genehmigung vor; diese wird nach den Vorschriften des Artikels 40 über die Beschlussfähigkeit und die Mehrheit tätig. Das Verwaltungs- oder Leitungsorgan legt der Hauptversammlung einen schriftlichen Bericht vor, aus dem die Gründe für das Geschäft, das Interesse der Gesellschaft an dem Geschäft, die Konditionen des Geschäfts, die mit dem Geschäft verbundenen Risiken für Liquidität und Solvenz der Gesellschaft und der Preis hervorgehen, zu dem der Dritte die Aktien erwerben soll. Dieser Bericht wird gemäß Artikel 3 der Richtlinie 68/151/EWG beim Register zur Offenlegung eingereicht.
Die Dritten insgesamt gewährte finanzielle Unterstützung darf zu keinem Zeitpunkt dazu führen, dass das Nettoaktivvermögen unter den in Artikel 15 Absatz 1 Buchstaben a und b genannten Betrag absinkt; dabei wird auch jede Verringerung des Nettoaktivvermögens berücksichtigt, die infolge des Erwerbs ihrer eigenen Aktien durch die Gesellschaft oder auf Rechnung der Gesellschaft nach Artikel 19 Absatz 1 möglicherweise eingetreten ist.
Die Gesellschaft stellt auf der Passivseite der Bilanz eine nicht ausschüttbare Rücklage in Höhe des Betrags der insgesamt gewährten finanziellen Unterstützung ein.
Erwirbt ein Dritter mit finanzieller Unterstützung der Gesellschaft eigene Aktien der Gesellschaft im Sinne von Artikel 19 Absatz 1 oder zeichnet er Aktien, die anlässlich einer Erhöhung des gezeichneten Kapitals emittiert wurden, so muss dieser Erwerb zu einem angemessenen Preis stattfinden.“

Zwar hebt die Änderungsrichtlinie das grundsätzliche Verbot der Financial Assistance nicht vollständig auf, jedoch gibt sie ein kompliziertes Verfahren vor, wonach Aktiengesellschaften die Unterstützung des Erwerbs ihrer Aktien durch einen Dritten gestattet werden kann. Erlaubt sind danach nur Unterstützungshandlungen, die (1) auf Initiative und Verantwortung des Vorstandes stattfinden, (2) zu fairen und marktüblichen Konditionen eines Drittgeschäfts erfolgen, d.h., insbesondere eine marktübliche Verzinsung und Besicherung vorsehen. Hierdurch soll den „besonderen Interessen der Gesellschaft an der Gewährung einer solchen Unterstützung Rechnung getragen werden [...] ohne den notwendigen Schutz der Minderheitsaktionäre und Gläubiger zu gefährden“[160]. Dies ließe sich – entgegen den frühen Erfahrungen der Financial Assistance – dadurch rechtfertigen, dass „es in ganz bestimmten Fällen durchaus im Interesse der Gesellschaft sein kann, den Erwerb von Aktien der Gesellschaft durch einen Dritten zu unterstützen.“ Ferner (3) muss die Kreditwürdigkeit des Dritten ordnungsgemäß überprüft worden sein und (4) die Gesellschaft muss ihre Liquidität und Solvenz in den nächsten fünf Jahren erhalten können.

160 Arbeitsunterlage der Kommission – Ausführliche Erläuterungen zur Richtlinie des Europäischen Parlaments und des Rates zur Änderung der Richtlinie 77/91/EWG des Rates für die Gründung der Aktiengesellschaft und die Erhaltung ihres Kapitals, S. 4 – 11 abrufbar unter: http://ec.europa.eu/internal_market/company/docs/capital/2004-proposal/explanation_de.pdf (abgerufen am 2.2.2009).

Nach bisheriger Lage der Dinge scheut sich der deutsche Gesetzgeber vor solch tiefgreifenden Änderungen der Financial Assistance. Einige von der Kapitaländerungsrichtlinie vorgegebene Änderungen wurden bereits durch das *ARUG*[161] in deutsches Recht umgesetzt. Nach telefonischer Auskunft aus dem Bundesministerium der Justiz vom 01. Januar 2012 ist eine Liberalisierung der Financial Assistance auf absehbare Zeit allerdings nicht geplant.

Parallel denkt die Kommission bereits darüber nach, den Kapitalschutz wieder vollständig in die Hände der Mitgliedstaaten zu legen. Ob die Kommission sich auf die gegenwärtigen Änderungen beschränken oder künftig auch an den Grundfesten des Kapitalaufbringungs- und Erhaltungsprinzips rütteln wird, bleibt abzuwarten. Sofern das derzeitige Kapitalaufbringungs- und Erhaltungssystem dogmatisch auf neue Füße gestellt würde, hätte dies denknotwendig auch Auswirkungen auf die hier interessierende Financial Assistance. Im Jahr 2006 gab die Kommission daher eine Machbarkeitsstudie in Auftrag, um mögliche Alternativen zum derzeitigen Kapitalschutz auszuloten.

ff) Machbarkeitsstudie

Aufbauend auf den Vorschlag der HLG kündigte die EU-Kommission in dem bereits erwähnten Aktionsplan von 2003 eine Studie über die Realisierbarkeit einer Alternative zum bestehenden Kapitalerhaltungssystem und damit zu weiteren Änderungen der Kapitalrichtlinie an[162]. Nach einem Ausschreibungsverfahren wurde 2006 die deutsche Wirtschaftsprüfungsgesellschaft KPMG mit der Durchführung dieser Machbarkeitsstudie beauftragt. Die Studie sollte Auskunft darüber geben, ob ein alternatives Kapitalerhaltungssystem die Effizienz europäischer Unternehmen steigern kann. Im Februar 2008 wurden die Ergebnisse der Studie veröffentlicht[163]. Die Machbarkeitsstudie kommt zu keinem eindeutigen Ergebnis, wonach eines der existenten oder diskutierten Kapitalerhaltungssysteme dem in der EU implementierten System deutlich überlegen ist.

Inzwischen hat auch die EU-Kommission eine Stellungnahme zu den Ergebnissen der Studie abgegeben[164]. Für die Kommission ergibt sich aus den Ergebnissen kein

---

161 *Gesetz zur Umsetzung der Aktionärsrechterichtlinie* (ARUG) v. 30.07.2009, BGBl. I 2009, S. 2479.

162 KOM (2003) 284 endg. Mitteilung der Kommission an den Rat und das Europäische Parlament: Modernisierung des Gesellschaftsrechts und Verbesserung der Corporate Governance in der Europäischen Union – Aktionsplan vom 21.05.2003 –abrufbar unter: http://eur-lex.europa.eu/LexUriServ/LexUriServ.do?uri=COM:2003:0284:FIN:DE:PDF, S. 21, 30 (abgerufen am 7.2.2009).

163 *KPMG* (Hrsg.), Machbarkeitsstudie, 2008, S. 1 ff.

164 Results of the external study on the feasibility of an alternative to the Capital Maintenance Regime of the Second Company Law Directive and the impact of the adoption of IFRS on profit distribution, vom 25.03.2008 – abrufbar unter: http://ec.europa.eu/internal_market/company/docs/capital/feasbility/markt-position_en.pdf (abgerufen am 7.2.2009).

unmittelbarer Handlungsbedarf für eine weitere Änderung der Kapitalrichtlinie. Es bleibt daher abzuwarten, ob in naher Zukunft weitere Änderungen an der Kapitalrichtlinie vorgenommen werden. Insbesondere das Verbot der finanziellen Unterstützung des Aktienerwerbs ist vorrangig ökonomischen Gegebenheiten geschuldet und keineswegs rechtlich zwingend. Daher ist es durchaus möglich, dass durch weitere Studien sogar ein wohlfahrtsfördernder Effekt in der Financial Assistance gesehen werden kann. Dieser Prozess lässt sich allerdings nur nachvollziehen, wenn vorher die historischen Grundlagen des Verbots der finanziellen Unterstützung dargelegt werden.

d) Historischer Ursprung der Financial Assistance[165]: Das Case Law des Vereinigten Königreichs und der Companies Act 1948

Als gesichert gilt heute, dass der Wortlaut der Kapitalrichtlinie in dem hier maßgeblichen Punkt des Verbots der finanziellen Unterstützungsleistung auf britische Einflüsse zurückgeht[166]. Die ursprüngliche Richtlinie enthielt noch kein Verbot der Financial Assistance und wurde erst auf Bestreben der britischen Delegation – nach deren Beitritt zur Europäischen Wirtschaftsgemeinschaft (EWG) am 01. Januar 1973 – aufgenommen. Das Case Law in Großbritannien hatte ein der Richtlinienvorschrift ähnliches Verbot der finanziellen Unterstützungsleistung des Aktienerwerbs eigener Aktien entwickelt und daher einen enormen Einfluss auf die Implementierung der europäischen Regeln.

Die britische Entwicklung des Verbots der Financial Assistance ist keine ruhmreiche Geschichte des britischen Gesellschaftsrechts. Schon die Gründe für ihre Einführung waren eher dürftig; ferner hat sich die Regelung als fähig erwiesen, Transaktionen, welche von allen Seiten als völlig harmlos angesehen werden, als rechtswidrig zu verreißen[167]. Erstaunlicherweise war die Vorschrift bisher gegen sämtliche tiefgreifende Reformversuche resistent, welche die heutigen Probleme beseitigt hatten.

Um das britische Gesellschaftsrecht für das 21. Jahrhundert wettbewerbsfähiger zu gestalten – indem ein einfacherer, modernerer und kostengünstigerer Rahmen für wirtschaftliches Handeln geschaffen werden sollte – initiierte im März 1998 das *Department of Trade and Industry* (DIT) eine umfassende Untersuchung des englischen Gesellschaftsrechts (Company Law Review)[168], die von der *Company Law Review Steering Group* geleitet wurde[169]. Diese Expertengruppe, bestehend aus den führenden Vertretern der jeweiligen beruflichen Standesorganisationen, legte

165 Vgl. hierzu die sehr ausführliche Darstellung der Entwicklung der englischen „Financial Assistance“ von *Schroeder*, S. 20 ff.

166 *Fleischer*, AG 1996, 494, 495; *Lutter*, in: KK-AktG, § 71a Rn. 1.

167 *Gower and Davies'*, S. 13–26.

168 *Lembeck*, NZG 2003, 956, 957.

169 Zur Zusammensetzung der *Steering Group* siehe: http://www.dti.gov.uk/cld/final_report/anx_e.pdf (abgerufen am 12.6.2009).

ihren Abschlussbericht am 26. Juli 2001 dem zuständigen Secretary of State vor[170]. Die *Steering Group* legte in ihren Ergebnissen schließlich dar, dass es, um die gesteckten Ziele zu erreichen, zunächst erforderlich sei die *private company*[171] aus dem Anwendungsbereich der verbotenen Financial Assistance herauszunehmen; dieser Reformvorschlag wurde daraufhin im *Companies Act 2006* umgesetzt. Weitere von der *Steering Group* geforderte Reformen bezüglich der Financial Assistance bei *public companies* wurden jedoch nicht umgesetzt[172]. Vielmehr vertrat die Regierung die Ansicht, dass die zu erwartende Kapitaländerungsrichtlinie keine nennenswerten Veränderungen im Bereich der Financial Assistance bringen werde, das Verbot also erhalten werden müsse[173]. Auch die seitdem ergangene Reform der Kapitalrichtlinie hat die britische Regierung als nicht signifikante Änderung der betreffenden Vorschriften betrachtet und sah daher keinen Bedarf für eine Liberalisierung der nationalen Regelungen[174].

Die Reform des Verbots der Financial Assistance wurde insbesondere damit begründet, dass die Zielrichtung des Verbots, nämlich solche Transaktionen zu verhindern, die potentiell die Insolvenz der Gesellschaft zur Folge haben, bereits durch die Verhaltenspflichten der Geschäftsleiter und durch das Insolvenzrecht sanktioniert würden und die zusätzlichen Compliance-Kosten (für die Durchführung der *Whitewash Procedures* oder anderer Vermeidungsstrukturen) und die Beschränkung der Finanzierungsfreiheit der Anteilseigner nicht gerechtfertigt seien[175].

Im Gegensatz zur Entwicklung des Kapitalerhaltungsregimes geht die Entwicklung des Verbots der Financial Assistance nicht auf Richterrecht des ausgehenden 19. Jahrhunderts zurück[176]. Vielmehr ist dieses Konzept die Frucht einer Gesetzesnovelle als Reaktion auf die Empfehlungen der sog. *Greene-Kommission* von 1926[177].

---

170 DTI, Final Report, Bd. 1 (URN 01/942) u. 2 (01/943), 2001 – abrufbar unter: http://www.classfn.com/Companies%20Formation/modern_company_law/modern_company_law.html (abgerufen am 12.6.2009).

171 Ähnlich der deutschen GmbH, jedoch nicht deckungsgleich, vgl. dazu: *Just*, Limited, I Rn. 14; *Heinz*, Limited, Rn. 1 ff.

172 *Company Formation and Capital Maintenance*, 3.42, 3.43 – abrufbar unter: http://webarchive.nationalarchives.gov.uk/+/http://www.bis.gov.uk/files/file23277.pdf (abgerufen am 12.6.2009).

173 DTI, Company Law Reform, Cm. 6456, März 2005, S. 41–43 – abrufbar unter: http://webarchive.nationalarchives.gov.uk/+/http://www.dti.gov.uk/files/file13958.pdf (abgerufen am 12.6.2009).

174 DTI, Implementation of Companies Act 2006: A Consultative Document, February 2007, 4.6, 4.7 – abrufbar unter: http://webarchive.nationalarchives.gov.uk/+/http://www.bis.gov.uk/files/file37972.pdf (abgerufen am 28.8.2009).

175 *Company Law Review Steering Group*, Company Formation and Capital Maintenance, Ziff. 3.41 f.

176 Siehe dazu *Trevor v. Whitworth*, App. Cas. 1887, Bd. 12, S. 409.

177 Company Law Amendment Committee, Cmnd. 2657 (1926).

Diese Kommission wurde vom *Board of Trade* zur Erarbeitung von Reformvorschlägen auf dem Gebiet des Gesellschaftsrechts eingesetzt[178]. Diese – nach ihrem Vorsitzenden *Wilfrid Lord Greene* – benannte *Greene-Kommission* begründete ihren Vorschlag für ein Verbot der „Financial Assistance" wie folgt:

> *„In den letzten Jahren kam eine Praxis auf, die wir als hochgradig missbräuchlich ansehen: Danach einigt sich ein Konsortium von Käufern auf den Erwerb von Gesellschaftsanteilen von den aktuellen Anteilseignern, wobei der Kaufpreis durch einen kurzzeitigen Bankkredit für ein oder zwei Tage bereitgestellt wird, Mitglieder des Konsortiums werden sodann zum Geschäftsleiter ernannt und ersetzen somit die alte Geschäftsführung. Daraufhin wird dem Konsortium umgehend ein Kredit aus dem Gesellschaftsvermögen gegeben (häufig ohne Besicherung) um den Bankkredit zu bedienen. In Wirklichkeit zahlt somit die Gesellschaft den Erwerb ihrer eigenen Aktien."*[179]

Diese neue missbrauchsanfällige Finanzierungsform von Unternehmenstransaktionen veranlasste die Kommission dazu, das Verbot der finanziellen Unterstützung des Anteilserwerbs zu empfehlen. Die Vorschläge der *Green-Kommission* erwuchsen schließlich als s. 45 des *Companies Act 1929* in Gesetzeskraft[180].

Das im Rahmen des *Companies Act 1948*, s. 54 novellierte Verbot der Financial Assistance offenbarte nunmehr die Schwierigkeiten bei der Ausarbeitung eines Verbots, das allein auf den festgestellten Missbrauch gerichtet war: Die Norm wurde rasch als unverständlich – durch ihre unbestimmte Formulierung – und als nicht zielgerichtet angesehen, da sie auch unbedenkliche Transaktionen sanktionierte, bei den bedenklichen Transaktionen jedoch nicht eingriff.

Die Vorschrift im Companies Act 1948, s. 54 lautete schließlich:

> *„Es ist einer Kapitalgesellschaft verboten, finanzielle Unterstützungsleistungen zum Zwecke oder in Verbindung mit einem bereits geschehenen oder noch zu geschehenden Erwerbs von Aktien der Kapitalgesellschaft oder der Zeichnung und Ausgabe von Aktien durch Dritte, oder wenn die Kapitalgesellschaft eine Tochtergesellschaft ist, durch ihre Mutter, zu gewähren; ungeachtet, ob die Unterstützung direkt oder indirekt, in der Form eines Darlehens, einer Bürgschaft, Sicherheitsleistung oder in sonstiger Weise erfolgt."*

Im Gegensatz zu der Vorgängervorschrift erstreckte sich das Verbot des Companies Act 1948 nun auch auf die finanzielle Unterstützung des originären Erwerbs, also auf den Erwerb von Aktien aus einer Kapitalerhöhung der Gesellschaft oder einer Neugründung. Seitdem wurde auf die Unterscheidung zwischen Kapitalaufbringung und Kapitalerhaltung weitgehend verzichtet und die Regeln der Financial Assistance auch dort angewendet, wo es um die Zeichnung von neu emittierten Aktien geht[181].

---

178 Vgl. hierzu den Bericht des Company Law Amendment Committee, Cmnd. 2657 (1926).

179 Company Law Amendment Committee, Cmnd. 2657 (1926).

180 Zu den historischen Gegebenheiten in Deutschland siehe ausführlich *Maltschew*.

181 *Schroeder*, S. 29; *Instone*, JBL 1980, 99, 101.

Als Reaktion darauf empfahl die am 10. Dezember 1959 eingesetzte *Jenkins-Kommission* eine andere Herangehensweise, die bezüglich der Regelungen der *private companies* schon sehr den Regelungen des Companies Act 1981 ähnelte[182]. Diese Vorschläge wurden seinerzeit allerdings nicht aufgegriffen und waren mit dem Inkrafttreten der Kapitalrichtlinie[183] 1976 nicht mehr praktikabel.

Im Jahre 1980 traten zwei Fälle[184] in den Fokus der Öffentlichkeit, die die juristische und wirtschaftliche Fachwelt in Aufregung versetzten. Diese Fälle deuteten an, dass der Anwendungsbereich des Verbots noch größer als zunächst angenommen war und dadurch das Risiko des Verbots vollkommen unbedenklicher Transaktionen stieg. Es entwickelte sich das Bewusstsein etwas an dem Verbot ändern zu müssen, was im Rahmen des Companies Act 1981 Eingang in den Gesetzestext finden sollte.

Bezüglich des nun in sec. 42–44 Companies Act 1981 geregelten Verbots der Financial Assistance versuchte der Gesetzgeber für die Rechtsform der *public company* zumindest die mit *Belmont Finance Corp v. Williams Furniture* entstandenen Unsicherheiten des Tatbestands zu beseitigen[185] und somit den Anwendungsbereich wieder zu begrenzen. Der äußere Eindruck lässt auf ein Gelingen dieses Unterfangens deuten[186], inhaltlich war jedoch auch diese Vorschrift zu unbestimmt. Seit dieser Reform der Vorschrift enthält sie diverse Ausnahmen vom generellen Verbot. Im Bereich der *private company* wurden weitgehend die Vorschläge der *Jenkins-Kommission* umgesetzt, was zu einer Liberalisierung der Financial Assistance bei der *private company* führte.

Nach dem Urteil des *House of Lords* in *Brady v. Brady*[187] entbrannte erneut eine Diskussion um die Reichweite des Anwendungsbereichs der Financial Assistance, woraufhin die britische Regierung weitere Liberalisierungen auf diesem Gebiet ankündigte[188].

Bevor jedoch die angekündigten Reformen implementiert werden konnten, wurde die *Company Law Review Steering Group* eingesetzt, mit den oben beschriebenen Resultaten.

Der gegenwärtige Wortlaut der Norm lässt eine Reihe von Ausnahmen von dem Verbot der finanziellen Unterstützungsleistung des Erwerbs eigener Aktien zu. Die signifikantesten Unterschiede zu dem Verbot des Companies Act 1948 sind zunächst

---

182 Cmnd. 1749 (1962), §§ 170–186.

183 Zweite Richtlinie des Rates der Europäischen Gemeinschaften zur Koordinierung des Gesellschaftsrechts vom 13.12.1976 (Kapitalrichtlinie) (77/91/EWG) ABl EG 26 v 31.01.1977 S. 1 ff.

184 Belmont Finance Corp v. Williams Furniture Ltd (No 2) [1980] 1 All E.R. 393, CA; Armour Hick Northern Ltd v. Whitehorse [1980] 1 W.L.R. 1520.

185 *Schroeder*, S. 41.

186 Der Umfang der Vorschrift wuchs auf das Siebenfache an.

187 [1989] A.C. 755, H.L.

188 DTI, Company Law Reform: Proposal for Reform of Sections 151–158 of the Companies Act 1985 (1993); DTI Consultation Paper on Financial Assistance (November 1996).

die vollständige Ausnahme der *private companies* vom Anwendungsbereich der Vorschriften. Die Vorschriften gelten nur noch für die *public companies*[189].

Ferner sind nunmehr ausdrücklich die finanzielle Unterstützung bei Dividendenerklärungen[190], Aufteilung des Gesellschaftsvermögens wegen Liquidation, Kapitalherabsetzung oder Rückkauf eigener Aktien ausgenommen. Aufgrund dieses Regel-Ausnahme-Prinzips hat die Definition der Financial Assistance in sec. 677 Companies Act 2006 einen enorm breiten Anwendungsbereich, wodurch nahezu alle erdenklichen Transaktionsformen zunächst einmal erfasst sind. Erst in einem zweiten Schritt kann dann die konkrete Transaktion im Einzelfall unter eine Ausnahmeregelung subsumiert werden und unterfällt nicht dem Verbot.

Das heutige Verbot der Financial Assistance des Companies Act 2006 Section 678 ist wie folgt formuliert:

> *„Sofern eine Person Anteile an einer Aktiengesellschaft (public company) oder ihren Tochtergesellschaften erwirbt oder erwerben möchte, ist es der Gesellschaft untersagt, dem Erwerber vor oder während der Übernahme direkte oder indirekte finanzielle Unterstützungsleistungen zum Zwecke des Erwerbs zu gewähren."*

Die neue Regelung wird auch weiterhin einen großen Interpretationsspielraum erlauben. Obwohl die betreffenden Normen unzählige Male kommentiert wurden und Gegenstand zahlreicher Entscheidungen waren, wird das britische Verbot der Financial Assistance auch weiterhin Gegenstand vieler Kontroversen sein: *Lord Seebohn* bezeichnete das Verbot der Financial Assistance im Rahmen der Debatte um sec. 54 Companies Act 1948 sogar als „große Plage für alle im Banksektor Tätigen"[191]. Trotzdem muss festgestellt werden, dass das Mutterland der Financial Assistance nunmehr auch bei der Liberalisierung derselben maßgeblich voranschreitet. Durch die Änderungen des Companies Act 2006 ist in England die Financial Assistance für private companies vorbehaltlos erlaubt, bis dies auch auf die public companies ausgeweitete wird, ist lediglich eine Frage der Zeit.

Zusammenfassend lässt sich sagen, dass der historische Anlass der britischen Vorschriften die Risiken von hochgradig fremdfinanzierten Unternehmensübernahmen war.

3.2.2 Schutzzweck des § 71a Abs. 1 S. 1 AktG

a) Bisheriger Diskussionsstand

Aufbauend auf die historischen Ausführungen zur Entwicklung des § 71a Abs. 1 S. 1 AktG wird nunmehr die bisherige Diskussion um den Schutzzweck des Verbots

---

189 Vgl. sec. 678 et seq. CA 2006.

190 Die Entscheidung darüber, ob Dividenden an die Gesellschafter ausgezahlt werden, steht den Direktoren zu.

191 Kommentar von *Lord Seebohn* in der Debatte um die Einführung des sec. 54 CA 1948, zitiert von B.G. Pettet, Developments in the Law of Financial Assistance for the Purchase of Shares, [1988] 3 JBIL 100.

des § 71a Abs. 1 S. 1 AktG dargestellt und sodann weiterentwickelt. Geht es um Fragen des tatbestandlichen Verständnisses des § 71a Abs. 1 S. 1 AktG, so ist für eine am Sinn und Zweck der Norm orientierte Auslegung auch immer nach dem materiellen Regelungszweck des § 71a Abs. 1 S. 1 AktG zu fragen[192]. § 71a Abs. 1 S. 1 AktG hat einen offenen Tatbestand mit Regelbeispielen[193]. Soll die Norm nun auf andere als die ausdrücklich genannten Fälle angewandt werden, kommt es auf den Normzweck an. Dieser ist jedoch, entgegen der insofern eindeutigen Überschrift, noch immer umstritten. Brisanz hat die Meinungsstreitigkeit um den Schutzzweck und damit die Reichweite der Norm im Rahmen der sog. *„Babcock-Borsig/HDW"*-Entscheidung des *OLG Düsseldorf*[194] erfahren. Gegenstand der Kontroverse war die Frage, ob § 71a Abs. 1 S. 1 AktG der Verhinderung von Finanzierungstechniken im Zuge von Leveraged Buyouts (LBOs) dient und daher weit auszulegen sei. Dies ist insbesondere für die der Transaktion häufig nachfolgenden Umwandlungen von Bedeutung. Andererseits kann der Norm aber auch eine rein klarstellende Funktion zukommen, wodurch lediglich die ohnehin in den §§ 71 ff. AktG enthaltenden Wertungsgesichtspunkte für die Unterstützung des Aktienerwerbs konkretisierend wiedergegeben werden.

Die Motive des deutschen und des europäischen Gesetzgebers sind bedauerlicherweise größtenteils unklar[195] und können nur am Rande herangezogen werden.

aa) Umgehungsschutz

Den traditionellen Auslegungskanones folgend wird grundsätzlich mit der Wortlautauslegung begonnen. § 71a AktG ist mit einer amtlichen Überschrift versehen, daher kann auch diese zur Wortlautauslegung herangezogen werden. Plastisch spricht die Überschrift von *„Umgehungsgeschäften"*. Zunächst fragt sich daher, vor welchen Umgehungen geschützt werden soll. Die Stellung des § 71a AktG nach den Regelungen zum Erwerb eigener Aktien in § 71 AktG lässt darauf schließen, dass der relative Bezug zu den dort genannten Geschäften liegen soll. Ein direkter Hinweis im Tatbestand des § 71a Abs. 1 S. 1 AktG auf Fälle des § 71 AktG existiert hingegen nicht. Für diese Ansicht streitet auch die systematische Stellung des Art. 23 KapRL. Auch hier steht das Verbot der Financial Assistance unmittelbar nach den Regelungen zum Erwerb eigener Aktien. Ferner spricht auch eine wirtschaftliche Betrachtungsweise für diesen Bezug: Die Aktiengesellschaft erwirbt zwar keine eigenen Aktien, wird wirtschaftlich aber mit ähnlichen Folgen belastet: Bei einem Kursverfall der eignen Aktien kann nämlich der Kredit an den Aktionär ausfallen, so

192 Siehe vor allem die spätere Diskussion um die Anwendbarkeit des § 71a Abs. 1 AktG bei einer Transaktion nachfolgenden Umwandlung.

193 *Oechsler*, in: MüKo-AktG, 3. Aufl. 2008, § 71a Rn. 19; *Hüffer*, § 71a Rn. 2; *Block*, in: Heidel, § 71a Rn. 7.

194 *OLG Düsseldorf*, Urteil v. 28.09.2006 - I-5 U 6/06 (NZG 2007, 273 ff.).

195 Ausführlich dazu *Schroeder*, S. 10 ff.; BT-Drs. 8/1678, S. 16.

dass dann der für den Erwerb eigener Aktien charakteristische sogenannte Doppelschaden[196] auch bei einem Geschäft nach § 71a AktG vorliegt.

Exkurs zum Doppelschaden

Die These, dass sich geschäftliche Verluste bei zuvor erfolgtem Erwerb eigener Aktien doppelt negativ auswirken können, beruht um Wesentlichen auf den folgenden zwei Erwägungen:

(i) Zunächst trifft der geschäftliche Verlust die Aktiengesellschaft selbst. Denn beim Ausfall eines Schuldners muss die entsprechende Forderung in der Bilanz entsprechend abgeschrieben bzw. wertberichtigt werden. Dies führt zu einem unmittelbaren Vermögensverlust der Aktiengesellschaft[197].

(ii) Bis zum Inkrafttreten des Bilanzrechtsmodernisierungsgesetzes[198] („**BilMoG**") mussten eigene Aktien in der Bilanz der Aktiengesellschaft als Umlaufvermögen zum Anschaffungspreis aktiviert werden. Durch den oben bereits beschriebenen Vermögensverlust der Aktiengesellschaft findet regelmäßig zugleich eine Neubewertung der Aktien statt, die wiederum zu einer Kurskorrektur nach unten führt. Als Folge musste dann auch der Wert der eigenen Aktien im Umlaufvermögen korrigiert werden; diese zweifache Berücksichtigung des gleichen geschäftlichen Vorgangs begründete den sog. Doppelschaden.

Der Gesetzgeber reagierte auf diese Gefahren, indem er die Neutralisierung der eigenen Aktien in der Bilanz durch die Bildung einer Rücklage nach § 272 Abs. 4 HGB vorgeschrieben hatte. Da dem Anschaffungswert nunmehr eine Rücklage in gleicher Höhe gegenüberstand, wurden die Aktien in der Bilanz bereits als wertlos behandelt. Erwiesen sich die Aktien bei einer späteren Veräußerung doch als werthaltig, führte dies durch die Auflösung der Rücklage zu einem Bilanzgewinn. Gleichwohl verminderten sich dadurch die in der Bilanz nicht abgebildeten finanziellen Reserven der Aktiengesellschaft. Denn die Aktiengesellschaft hat in diesem Fall Kapital aufgewendet und erhielt im Gegenzug einen höchst unsicheren Gegenwert (eigene Aktien). Durch etwaige eintretende Kursverluste der (eigenen)Aktien wurde die Aktiengesellschaft zweifellos ärmer, auch wenn sich dies aufgrund der aus Vorsichtsgründen zu bildenden Rücklage in der Bilanz nicht zeigte. Durch die Pflicht zur bilanziellen Neutralisierung der eigenen Aktien konnte der gezeigte Katalysatoreffekt zwar gemindert, aber nicht beseitigt werden.

---

196 Dazu sogleich.

197 Historisch dazu *Oechsler*, in MüKo AktG, § 71 Rn. 29: Im Zuge der Weltwirtschaftskrise 1929–1931 wurde der Erwerb eigener Aktien zum Katalysator eben dieser. Als sich die Börsenkrise zu einer allgemeinen Wirtschaftskrise ausweitete, wirkten der Liquiditätsverlust, den diese Rückkäufe mit sich brachten und die gleichzeitigen Abschreibungen in den Bilanzen für viele Unternehmen tödlich.

198 Gesetz zur Modernisierung des Bilanzrechts vom 29. Mai 2009 veröffentlicht in BGBl. 2009, 1102 ff.

Zu einer gänzlich anderen bilanziellen Behandlung von eigenen Anteilen führte das BilMoG[199]. Eigene Anteile sind danach nunmehr gemäß § 272 Abs. 1a und 1b HGB grundsätzlich auf der Passivseite offen vom gezeichneten Kapital abzusetzen. Dadurch ist es dem Gesetzgeber nunmehr gelungen, den Erwerb eigener Aktien tatsächlich erfolgsneutral in der Bilanz abbilden zu können. Das grundsätzliche Problem, dass durch den mit geschäftlichen Verlusten eintretende Kursverlust finanzielle Mittel der Aktiengesellschaft vernichtet werden, wird aber auch durch das BilMoG nicht gelöst. Denn spätestens bei einer Veräußerung der eigenen Anteile, nach eingetretenem Kursverlust, wird die Minderung des Eigenkapitals deutlich[200].

Unabhängig von der bilanziellen Behandlung mindert die Zahlung des Erwerbspreises das für die Finanzierung der Geschäftstätigkeit verfügbare Eigenkapital der Aktiengesellschaft und führt unabhängig von Verlusten zu einer unproduktiven Bindung von Mitteln[201]. Gerade dies ist allerdings auch Ausdruck gesetzgeberischen Willens, wonach die Nichtbilanzierbarkeit der eigenen Aktien letztlich bestätigt, dass es sich um nicht werthaltige Vermögensgegenstände handelt.

Insofern hat der Doppelschaden nicht mehr seine ursprüngliche Bedeutung, die auf das Verhältnis zwischen dem Wertverlust der eigenen Anteile und dem damit verbundenen Verlust des Börsenkurses abstellte. Gleichwohl ist der Doppelschaden nunmehr darin zu sehen, dass die Aktiengesellschaft des Kaufpreises Liquidität verliert und als Gegenleistung einen mit dem eigenen Bonitätsrisiko belasteten Gegenstand erhält[202].

In diesem Schutz vor Umgehungen der in § 71 AktG angelegten Gefahren sieht die herrschende Meinung den Zweck des § 71a Abs. 1 S. 1 AktG[203].

Damit wirkt die Vorschrift der Gefahr des eben erwähnten Doppelschadens bei der Aktiengesellschaft entgegen. Dieser kann dadurch entstehen, dass der Aktienerwerber die ihm von der Aktiengesellschaft gewährte Unterstützung nicht zurückgewähren kann oder die von der Gesellschaft gestellten Sicherheiten verwertet werden, mit der Folge, dass dann die Aktiengesellschaft neben dem unmittelbaren Vermögensverlust auch einen Wertverlust ihrer Aktien erleidet, was zu einer weiteren Minderung des Vermögens des Aktienerwerbers und einer Beschränkung seiner Leistungsfähigkeit führen kann[204]. Insofern sprechen *Grigoleit/Rachlitz* zutreffend auch von einer *Verlustspirale*[205]

---

199 Ausführlich zu den Neuerungen des BilMoG *Kessler/Suchan*, in: FS Hommelhoff, S. 509 ff und *Kropff*, ZIP 2009, 1137 ff.

200 Siehe hierzu das Beispiel von *Bruckmeier/Zwirner*, DStR 2010, 1640, 1641 ff.

201 *Cahn*, in: Spindler/Stilz, § 71 Rn. 17.

202 *Grigoleit/Rachlitz*, in: Grigoleit, AktG, § 71 Rn. 6; *Kitanoff*, S. 52 ff.

203 *Lutter/Drygala*, in KK-AktG, § 71a, Rn. 6; *Lutter/Wahlers*, AG 1989, 1, 9; *Nuyken*, ZIP 2004, 1893; *Oechsler*, ZHR 170 (2006), 72, 81; *Schneider*, NZG 2007, 888, 891; *Rieckers*, Münch Hdb AG, § 15, Rn. 39; Klass, S. 22 ff, 33 ff; Stellungnahme der *Arbeitsgruppe Europäisches Gesellschaftsrecht*, ZIP 2003, 863, 873; *Ludwig*, in: FS Happ, 131, 134; *Merkt*, in: GK-AktG, § 71a, Rn. 1; *LG Göttingen*, WM 1992, 1373, 1375.

204 *Seibt*, ZHR 171 (2007), 282, 299;

205 *Grigoleit/Rachlitz*, in: Grigoleit, AktG, § 71a Rn. 4.

Schroeder[206] dagegen differenziert bei der Wortlautauslegung zwischen den verschiedenen Gefahren, die mit einem Erwerb eigener Aktien einhergehen können: In den Fällen des § 71a Abs. 1 S. 1 AktG erwerbe die Aktiengesellschaft gerade keine eigenen Aktien, sondern lediglich einen Rückgewähranspruch gegen den Erwerber. Mithin habe die Aktiengesellschaft lediglich das Insolvenzrisiko des Darlehensnehmers zu tragen und nicht das für den Erwerb eigener Aktien charakteristische Risiko des Doppelschadens. Daher könne der Zweck nicht nur in einem Umgehungsverbot liegen. *Schroeder* fordert aufgrund einer vorgenommenen historisch-teleologischen Auslegung des Art. 23 KapRL und unter Heranziehung der Gesetzeshistorie der englischen Ursprungsnorm eine mehrdimensionale Schutzrichtung. Danach soll die Vorschrift neben dem reinen Verbot der Gesetzesumgehung auch einen Schutz des Gesellschaftsvermögens vor Heranziehung zur Erwerbsfinanzierung gewährleisten.

Auch *Hüffer*[207] sieht im Verbot des § 71a Abs. 1 S. 1 AktG keinen reinen Umgehungsschutz und fordert ohne nähere Begründung eine Ergänzung *„durch Vermögensschutz"*.

Cahn[208] dagegen verneint den Umgehungsschutz als legitimen Zweck des Verbots des § 71a Abs. 1 S. 1 AktG gänzlich. Er sieht schon die Gefahr des Doppelschadens nicht zwangsläufig als gegeben an. Vielmehr könne der Aktienerwerber über weiteres Vermögen verfügen, so dass er nicht zwangsläufig beim Kursverfall auch in Schieflage geraten müsse. Ferner könne der Erwerber die Aktien beim Verfall des Kurses bereits wieder veräußert haben und wäre dadurch auch nicht von den Kursverlusten betroffen. Zudem – dabei bezieht er sich zu Recht auf die herrschende Meinung – greife das Verbot selbst dann ein, wenn der Erwerb eigener Aktien durch die Gesellschaft erlaubt wäre: § 71a Abs. 1 S. 1 AktG enthält keinen Hinweis auf § 71 AktG, daher wird das Umgehungsverbot in der Anwendung auch nicht auf die in § 71 AktG angelegten Fälle beschränkt. Dies aber führe dazu, dass der Umgehungsschutz weiter ausgestaltet sei, als die umgangene Norm selbst und daher kein Umgehungsschutz gewollt sein könne.

Klass[209] hingegen hat in seiner Dissertation – mit der herrschenden Meinung – ein Umgehungsverbot des § 71a Abs. 1 AktG bereits vorausgesetzt. Er befasste sich daher tiefgründig mit der methodischen Bewertung des Schutzzwecks des § 71a Abs. 1 AktG und versuchte eine allgemeine Einordnung der Vorschrift in die Gesetzesumgehung im Gesellschaftsrecht. Dabei wies er auf eine methodische Unterscheidung zwischen echten und unechten Umgehungsgeschäften hin. Echte Umgehungsgeschäfte stellen danach nur einen Unterfall der generalklauselartig formulierten Verbotstatbestände dar. Dagegen weisen unechte gesetzliche Umgehungsvorschriften zwar häufig einen ähnlichen tatsächlichen Sachverhalt mit

206 *Schroeder*, S. 107 ff.
207 *Hüffer*, § 71a, Rn. 1.
208 *Cahn*, in Spindler/Stilz, § 71, Rn. 8; auch *Block*, in: Heidel, § 71a, Rn. 1 hält die Überschrift „Umgehungsgeschäfte" für *irreführend* und zu kurzgreifend.
209 *Klass*, S. 23 ff.

dem der umgangenen Norm auf, jedoch zwingen die rechtlichen Wertungen nicht zwangsläufig zu der gleichen rechtlichen Behandlung[210]. Anders ausgedrückt vermitteln *unechte* gesetzliche Umgehungsverbote eine materiell andere Rechtsfolge als die umgangene Norm, wohingegen bei *echten* gesetzlichen Umgehungsverboten materiell die gleiche Rechtsfolge eintritt, die auch bei entsprechender Anwendung der umgangenen Norm Anwendung fände. Da es sich bei der eigenständig angeordneten Rechtsfolge des § 71a Abs. 1 S. 1 AktG um die auf den konkreten Umgehungssachverhalt angewandte entsprechende Rechtsfolge des § 71 AktG handelt, sei § 71a Abs. 1 S. 1 AktG ein echtes gesetzliches Umgehungsverbot. Dies führe dazu, dass bei der Auslegung des Umgehungsverbots des § 71a Abs. 1 S. 1 AktG immer auch die Schutzrichtung des § 71 AktG mit einbezogen werden müsse[211]. Das eröffnet nach dem zuvor Gesagten dem Umgehungsverbot des § 71a Abs. 1 S. 1 AktG eine Vielzahl weiterer Schutzzweckbestimmungen und kommt im Ergebnis auch einem mehrdimensionalen Schutzzweck – ähnlich wie *Schroeder* – gleich.

Zusammenfassend lässt sich sagen, dass die dem Eigenerwerb immanente Gefahr des Doppelschadens verlangt, dass dem § 71a Abs. 1 S. 1 AktG immer (auch) die Funktion eines Umgehungsverbotes beizumessen ist. Dabei kann es m.E. dahinstehen, ob sich dieses Risiko in einem echten finanziellen Schaden zeigt, oder – wie von *Schroeder* vertreten – lediglich das Insolvenzrisiko steigen lässt. In beiden Fällen besteht die abstrakte Gefahr, dass der Kredit- bzw. Sicherheitennehmer als Schuldner geschädigt wird und ausfällt. Beides hätte negative Folgen für die finanzierende Aktiengesellschaft.

Cahns ablehnende Haltung gegenüber der Einordnung des § 71a Abs. 1 AktG als Umgehungsverbot muss kritisch betrachtet werden. Es geht bei den Gefahren des § 71a Abs. 1 S. 1 AktG nicht um konkrete Gefährdungen der Aktiengesellschaft, sondern um die abstrakte Möglichkeit der Gefährdung durch die in § 71a Abs. 1 S. 1 AktG genannten Tatbestände. Der Schaden für die Aktiengesellschaft dürfte in solchen Fällen enorm sein, daher sollte nicht mit spekulativen Elementen argumentiert werden, wie möglicherweise zusätzlich bestehendem Vermögen des Erwerbers eigener Aktien. Der Tatbestand des § 71a Abs. 1 S. 1 AktG beschreibt die typische Konstellation eines stark fremdfinanzierten Unternehmenskaufs[212]. Zum Erwerb der Zielgesellschaft werden dabei regelmäßig vermögenslose Akquisitionsvehikel genutzt. Deren einzige Aktiva die Gesellschaftsanteile sind. Mithin entspricht *Cahns* Argumentation in diesem Punkt nicht den tatsächlichen Abläufen in der Praxis. Auch seine Bedenken, dass bei solch einer Auslegung das Umgehungsverbot stärker ausgestaltet sei als die umgangene Norm selbst, kann nicht kritiklos anerkannt werden. Durch die Normierung eines Umgehungsverbots soll dem Rechtsanwender Rechtssicherheit vermittelt werden. Diese Rechtssicherheit soll nicht durch eine übermäßige tatbestandliche Anlehnung an die umgangene Norm konterkariert

210 Ibd. S. 24.
211 Ibd. S. 44.
212 *Oechsler*, in: MüKo-AktG, § 71a, Rn. 4.

werden. Daher kann der Umgehungsschutz durchaus stärker ausgestaltet sein als bei der umgangenen Norm. Anderenfalls bedürfe es keines Umgehungsschutzes.

bb) Erschwerung von Übernahmefinanzierung aus Geschäftsmitteln außerhalb der legalen Gewinnausschüttung

Umstritten ist, ob § 71a Abs. 1 S. 1 AktG der Verhinderung von Finanzierungstechniken im Zuge von Leveraged Buyout Transaktionen dient. Ein großer Teil des Schrifttums sieht in dem Verbot des § 71a Abs. 1 S. 1 AktG nicht nur ein Verbot von Umgehungen, sondern zugleich eine rechtliche Bewertung der Finanzierung von Gesellschaftstransaktionen[213]. Das Verbot diene dazu, das Gesellschaftsvermögen vor Übernahmen unter Verwendung des eigenen Vermögens der Zielgesellschaft außerhalb der legalen Gewinnausschüttung zu schützen. Für diese Ansicht stehe zunächst einmal die Gesetzesgenese, denn historisch sollten im englischen Recht missbräuchliche Varianten des Leveraged Buy-out verhindert werden[214].

Auch *Oechsler*[215] sieht grundsätzlich eine Verbindung zwischen § 71a Abs. 1 S. 1 AktG und der speziellen Kreditfinanzierung von Unternehmenstransaktionen, er spricht der Norm daher zutreffend einen *„Take-over-Bezug"* zu. Begründet werde dies durch den zeitlichen Anwendungsbereich des Verbots der Financial Assistance. § 71a Abs. 1 S. 1 AktG erfasst nach herrschender Meinung nicht nur finanzielle Unterstützungen im Vorfeld einer Unternehmenstransaktion, sondern auch im Nachgang. Daher beschreibe § 71a Abs. 1 S. 1 AktG den typischen Ablauf eines Leveraged Buyout, bei dem der Bieter eine Zwischenfinanzierung eingehe, endgültig aber seine Schulden durch Belastungen des Vermögens der Zielgesellschaft bediene. Um den daraus resultierenden Gefahren wirksam zu begegnen, verbiete § 71a Abs. 1 S. 1 AktG diese bestimmte Art der Akquisitionsfinanzierung[216]. § 71a Abs. 1 S. 1 AktG zwinge dem Erwerber der Aktien dadurch eine externe Finanzierung durch andere Geldgeber auf[217]. Die externen Geldgeber würden dabei im eigenen Interesse eine sorgfältige Risikoanalyse der geplanten Transaktion durchführen. Damit wird eine Seriositätsschwelle für Übernahmeversuche begründet, die die Aktiengesellschaft vor den Belastungen durch unprofessionell finanzierte Übernahmeversuche schütze[218]. Die Norm schützt die Aktiengesellschaft vor Interessenten, denen es nur um

---

213 *Lutter/Drygala*, KK-AktG, § 71a, Rn. 9 ff.; *Schroeder*, S. 113 f.; *Fleischer*, AG 1996, 494, 506; *Hüffer*, § 71a, Rn. 1, 3, 3a; *Oechsler*, in: MüKo-AktG, § 71a, Rn. 4; *Singhof*, NZG 2002, 745, 750, *Cahn*, in: Spindler/Stilz, § 71a, Rn. 9.

214 *Nodoushani*, Konzern 2008, 385, 387.

215 *Oechsler*, in: MüKo-AktG, § 71a, Rn. 4.

216 So auch: Stellungnahme der *Arbeitsgruppe Europäisches Gesellschaftsrecht* vom 01.03.2003, ZIP 2003, 863, 873; noch weitergehend: *Block*, in: Heidel, § 71a, Rn. 1: danach ist es der Aktiengesellschaft generell verboten, den Erwerb ihrer Aktien finanziell zu unterstützen.

217 *Oechsler*, in: MüKo-AktG, § 71a, Rn. 4.

218 *Ders.* ,ZIP 2006, 1661.

die Plünderung der Gesellschaft ohne langfristig tragfähige Investitionsstrategien gehe. Solche Schutzmechanismen sind dem deutschen Gesellschaftsrecht keinesfalls fremd. Auch im Kapitalmarktrecht, in § 13 WpÜG, ist eine ähnliche Regelung angelegt: Danach muss ein Übernahmeinteressent ein Konzept zur Finanzierung des Kaufpreises für die Aktien der Zielgesellschaft vorlegen, damit die werbende Tätigkeit der Zielgesellschaft nicht durch unseriöse Angebote beeinträchtigt wird. Zwar verfolgen § 71a Abs. 1 S. 1 AktG und § 13 WpÜG nicht denselben Zweck, sind aber mit ähnlichen Problemen konfrontiert. Daher kann § 71a Abs. 1 S. 1 AktG neben dem Umgehungsverbot auch die Pflicht zu einer seriösen Transaktionsfinanzierung entnommen werden, was letztlich eine Erschwerung der Übernahmefinanzierung bedeutet.

Merkt[219] schließt sich im Grundsatz *Oechslers* These vom *„Take-Over-Bezug"* an und sieht gerade in der Anwendbarkeit auf Finanzierungsleistungen, die nach dem Aktienerwerb erfolgten und die das Halten von Aktien ermöglichen, bisher *„noch nicht wahrgenommene Bezüge zum Übernahme- und Umwandlungsrecht"*.

Auch *Bezzenberger*[220] betont den erhöhten Schutz der Aktiengesellschaft gegenüber zweifelhaften Investoren. Er sieht in § 71a Abs. 1 S. 1 AktG sogar die generelle Vermutung, dass eine finanzielle Unterstützung des Aktienerwerbs durch die Aktiengesellschaft typischerweise zu deren Nachteil ausschlagen würde. Daraus müsse sich ein generelles und pauschales Finanzierungsverbot ergeben. So würden *„überoptimistisch finanzierte Unternehmenskäufe verhindert, die großes Unheil über Unbeteiligte und Beteiligte [insbesondere die Aktiengesellschaft] bringen können."*[221]

Lutter/Drygala[222] dagegen beurteilen den Schutz vor fremdfinanzierten Unternehmenstransaktionen nicht ganz so weitreichend. Die Norm verhindere lediglich, dass der Vorstand dem Übernahmeinteressenten schon vor der Übernahme bindende Finanzierungszusagen macht, und sie erschwere nach der Übernahme die Entnahme von Mitteln dadurch, dass dafür der Abschluss eines Unternehmensvertrages erforderlich sei[223]. Weiter sehen *Lutter/Drygala* auch gar keine Notwendigkeit eines generellen Verbots der finanziellen Unterstützung des Aktienerwerbs. Daher könne in § 71a Abs. 1 S. 1 AktG auch kein generelles Verbot fremdfinanzierter Unternehmensübernahmen gesehen werden. Es ergebe sich daraus vielmehr eine kompetenzschützende Regelung zugunsten der Hauptversammlung. Die Vermögensbindung des § 71a Abs. 1 S. 1 AktG könne jederzeit durch den Abschluss eines Unternehmensvertrags umgangen werden, daher liege in § 71a Abs. 1 S. 1 AktG allenfalls das Gebot, vor jeder finanziellen Unterstützung die Hauptversammlung darüber entscheiden zu lassen. Mithin trage die Norm ausschließlich dazu bei, dass

---

219 *Merkt*, in: GK-AktG, § 71a, Rn. 4.

220 *Bezzenberger*, in: K. Schmidt/Lutter, 2. Aufl. 2010, § 71a Rn. 10.

221 Ibd.

222 *Lutter/Drygala*, KK-AktG, § 71a, Rn. 16.

223 Durch das *MoMiG* wurde § 71a Abs. 1 AktG ein zusätzlicher Abs. 3 angefügt. Danach gilt das Verbot des § 71a Abs. 1 S. 1 AktG nicht für *„Rechtsgeschäfte bei Bestehen eines Beherrschungs- oder Gewinnabführungsvertrags."*

auf Seiten der Hauptversammlung ein Zuwachs an Kompetenz eintritt. Reflexartig wird der Vorstand daran gehindert, finanzielle Unterstützungen durch schlichtes Rechtsgeschäft zu gewähren.

Es ist nicht verwunderlich, dass *Seibt*[224] – als in diesem Bereich tätiger Rechtsanwalt – den zuvor genannten Ansichten widerspricht. Er sieht in § 71a Abs. 1 AktG keine kapitalschutzrechtliche Generalnorm und erst recht kein generelles Verbot eines Leveraged Buyout. Für einen derart weitreichenden Normzweck, der über den Wortlaut des § 71a Abs. 1 S. 1 AktG und seine europarechtlichen Vorgaben hinausgehe, ergebe sich aus Gläubigerschutzgründen keine Notwendigkeit. Dies lasse sich mit der Einschätzung des historischen Gesetzgebers begründen, der in der Einfügung von § 71a AktG in Bezug auf Kapitalaufbringung und –erhaltung „nichts Neues“ für das deutsche Recht sieht[225] und zudem die Bedeutung im Kreditgeschäft der Banken ansiedelt[226].

Auch *Habersack*[227] führt in seinem vielbeachteten Gutachten zum *Babcock/HDW-Fall*, das ausschnittsweise in einem Festschriftbeitrag veröffentlicht wurde, aus, dass § 71a Abs. 1 S. 1 AktG gerade nicht die Erwerbsfinanzierung unterbinden wolle, da dies schon durch das Verbot der Einlagenrückgewähr nach § 57 AktG untersagt sei[228]. § 71a Abs. 1 S. 1 AktG stelle demnach eine weitgehend redundante Vorschrift dar, die im Wesentlichen bereits anderweitig normierte Grundsätze speziell für den Fall der Financial Assistance zusammenfasse, aber nicht erforderlich sei. Ein bestimmter Bezug zu kreditfinanzierten Unternehmenskäufen könne der Norm daher nicht entnommen werden.

Die Debatte, ob durch § 71a Abs. 1 S. 1 AktG auch ein spezielles Verbot der Übernahmefinanzierung durch Geschäftsmittel erfasst ist, ist primär eine rechtspolitische Grundsatzdebatte und muss erst noch geführt werden. Dabei wäre insbesondere zu diskutieren, ob solche Transaktionenfinanzierungen wünschenswert sind, beispielsweise, weil sie wohlfahrtsfördernde Auswirkungen haben oder ob sie wegen der ihnen immanenten Risiken und Missbrauchsgefahren unterbunden werden sollten. Keinesfalls sollte diese Diskussion im Rahmen der Reichweite des § 71a Abs. 1 S. 1 AktG geführt werden, sonst werden rechts- und gesellschaftspolitische Zwecke unter Umständen mit den falschen juristischen Mitteln erreicht.

Trotzdem ist *Seibt* wohl insoweit zuzustimmen, dass in § 71a Abs. 1 S. 1 AktG kein generelles Verbot von kreditfinanzierten Unternehmenstransaktionen zu erblicken sei. Daher ist man gezwungen, jeden Einzelfall gesondert zu betrachten – jedwede schematische Lösung verbietet sich. Es ist daher sowohl *Bezzenberger* als auch *Oechsler* zuzustimmen, dass in § 71a Abs. 1 S. 1 AktG durchaus der Gedanke

---

224 *Seibt*, ZHR 171 (2007), 282, 299; so wohl auch *Habersack*, in: FS Röhricht, 155, 157, 167 f.

225 RegE vom 31.03.1978, BT-Drs. 8/1678, S. 10.

226 *Ibd.*, S. 16.

227 *Habersack*, in: FS Röhricht, 155, 157 ff., 165.

228 Dazu näher unter S. 72 ff., wo das Verhältnis von § 71a AktG und § 57 AktG diskutiert wird.

gesehen werden kann, bestimmte wohlfahrtsschädigende Transaktionsfinanzierungen unter das Damoklesschwert des § 71a Abs. 1 AktG zu stellen. Dies führt zu einer Disziplinierung aller Beteiligten und begründet die von *Oechsler* angesprochene Seriositätsschwelle für fremdfinanzierte Transaktionen. Auch die von *Merkt* angesprochenen – bisher noch nicht näher erörterten – Bezüge zum Übernahme- und Umwandlungsrecht legen diesen Schluss nahe. Dies lässt sich einerseits anhand des von *Oechsler* aufgeworfenen Vergleichs mit § 13 WpÜG begründen.

Aber auch das Umwandlungsrecht kennt Schutzmechanismen, die vor einer unseriösen Umwandlung schützen sollen. Hierzu zählen beispielsweise die Angaben im Verschmelzungsvertrag über die Gewährung von besonderen Vorteilen an Mitglieder des Vertretungsorgans oder eines Aufsichtsrats nach § 5 Abs. 1 Nr. 8 UmwG. Dadurch sollen die Anteilsinhaber beurteilen können, in welchem Umfang Personen aus dem in Nr. 8 genannten Kreis von der Verschmelzung profitieren und deshalb gegebenenfalls in ihrer Objektivität beeinträchtigt sind[229]. Auch dies stellt eine Seriositätsschwelle dar, in dem Sinne, dass beispielsweise vermieden werden soll, dass lediglich durch gewährte Vorteile geleitete Aufsichtsräte bei einer Umwandlung nicht mehr ihrer objektiven Überwachung nachkommen können. Denn unabhängig von etwaigen zusätzlich in der Satzung festgelegten Zustimmungserfordernissen des Aufsichtsrates im Falle von umwandlungsrechtlichen Maßnahmen dürfen die Anteilsinhaber davon ausgehen, dass der Aufsichtsrat im Rahmen seiner laufenden Tätigkeit in den Verschmelzungsvorgang eingebunden ist und insoweit objektiv und unbeeinflusst von besonderen Vorteilen handelt[230].

Die Vergleiche mit dem Übernahme- und Umwandlungsrecht verbunden mit der Anwendung der Norm auf Finanzierungsleistungen auch nach dem Erwerb der Aktien[231] streiten für eine Erschwerung der Übernahmefinanzierung durch Gesellschaftsmittel außerhalb der legalen Gewinnausschüttungen als zusätzlichen Schutzweck der Norm.

Ob in der historischen Gesetzesbegründung eine Beschränkung des Anwendungsbereichs – wie von *Seibt* angeführt – erblickt werden kann, halte ich für zweifelhaft. Insbesondere lassen sich der Begründung des Regierungsentwurfs keinerlei inhaltliche Aussagen entnehmen, die sich jetzt fruchtbar machen lassen. Die damalige Aussage ist vielmehr als unzutreffende Einschätzung der Reichweite der erfolgten Änderung zu verstehen und fußt auf der Tatsache, dass das Verbot der Financial Assistance in dieser Form ein bisher unbekanntes Rechtsinstrument war.

Zusammenfassend lässt sich sagen, dass nach der hier vertretenen Ansicht§ 71a AktG zwar kein Verbot, aber eine Erschwerung kreditfinanzierter Unternehmensübernahmen bewirken soll, um aus Sicht der Aktiengesellschaft ein Mindestmaß an Seriosität der geplanten Transaktion zu sichern.

---

229 *Drygala*, in: Lutter, UmwG, § 5 Rn. 79.
230 *Simon*, in: KK-UmwG, § 5 Rn. 126.
231 Vergleiche zu diesem Streit auch S. 127 ff.

cc) Verstärkung der Kapitalbindung nach § 57 AktG

Einige Stimmen in der Literatur, vornehmlich neuere, verstehen das Verbot des § 71a Abs. 1 S. 1 AktG zudem als eigenständige Kapitalschutzregelung, die einen verstärkten Schutz des Gesellschaftsvermögens gewährleistet[232] und eben nicht nur einen speziellen Übernahmebezug aufweisen soll. Diese zusätzliche Kapitalschutznorm stehe daher neben anderen kapitalschützenden Regelungen, insbesondere § 57 AktG. Nach *Eidenmüller*[233] ergebe sich der selbstständige aktienrechtliche Vermögensschutz nunmehr eindeutig aus der Neuregelung des Art. 23 KapRL.

Habersack[234] dagegen hält einen zusätzlichen Vermögensschutz mit den oben genannten Argumenten für überflüssig. Dabei spricht er dem Gesetzgeber ab, im Gesetzgebungsverfahren einen Zusammenhang mit § 57 AktG gesehen zu haben, wodurch das Verbot des § 71a Abs. 1 S. 1 Akt nicht angemessen in das bestehende Kapitalschutzregime eingeführt worden sei. Insbesondere der nahezu vollständige Gleichlauf zwischen §§ 57 und 71a Abs. 1 S. 1 AktG gebiete es, das Verbot des § 71a AktG allenfalls bei der Gewährung von gesicherten Darlehen und Vorschüssen zur Anwendung kommen zu lassen. Nur in diesem Fall sei ein zusätzlicher Vermögensschutz notwendig. Begründet wird dies mit der Rechtsprechung des BGH zu § 30 Abs. 1 GmbHG[235], wonach auch Gesellschafterdarlehen aus gebundenen Vermögen dem allgemeinen Ausschüttungsverbot unterfallen, und zwar unabhängig von der Bonität des Darlehensnehmers und Gesellschafters[236]. Da § 57 AktG anders als § 30 Abs. 1 GmbHG das gesamte Vermögen der Aktiengesellschaft bindet, soll die Übertragung dieser Rechtsprechung auf das Aktienrecht zur Folge haben, dass sämtliche Gesellschafterdarlehen verboten sind und für § 71a Abs. 1 S. 1 AktG daher kein Anwendungsbereich (außer der bereits genannten Ausreichung gesicherter Darlehen) verbleibe.

Eidenmüllers[237] Verweis auf die Änderung der KapRL ist methodisch nicht ganz sauber. Durch die Änderung der KapRL wurde den nationalen Gesetzgebern anheimgestellt, diese Liberalisierung auch national zu vollziehen. Bisher erfolgte in Deutschland keine Änderung des § 71a Abs. 1 S. 1 AktG. Nach der hier vertretenen Auffassung kann die Änderung der KapRL daher auch keinen Einfluss auf die Auslegung der nationalen Vorschrift haben. Mithin taugt die Änderung der KapRL nicht, um einen weitergehenden Kapitalschutz des § 71a Abs. 1 S. 1 AktG zu begründen. Möglicherweise lässt sich diese These aber mit einem Vergleich zur ursprünglichen KapRL begründen. Aus einem Umkehrschluss aus Art. 23 Abs. 2 KapRL ergibt sich, dass Art. 23 Abs. 1 KapRL einen absoluten Vermögensschutz

---

232 *Cahn,* in: Spindler/Stilz, § 71a, Rn. 9; *Freitag*, AG 2007, 157, 162 f.

233 *Eidenmüller*, ZHR 171 (2007), 644, 662.

234 *Habersack*, FS Röhricht, 155, 165.

235 Sog. *Novemberentscheidung des BGH* v. 24.11.2003 – II ZR 171/01 (BGHZ 157, 72).

236 Für eine Übertragbarkeit dieser Rechtsprechung auf § 57 AktG: *Habersack/Schürnbrand,* NZG 2004, 689, 690; *Wessels*, ZIP 2004, 793, 796.

237 *Eidenmüller*, ZHR 171 (2007), 644, 662.

gegen finanzielle Unterstützungshandlungen gewährt, der im Vergleich zu Artt. 15, 16 KapRL primär präventiv ausgelegt ist[238]. Die Reichweite des Verbots zeigt sich auf europäischer Ebene in quantitativer, qualitativer und personeller Hinsicht. Quantitativ schützt das Verbot nicht nur das Grundkapital, sondern das gesamte Vermögen. Qualitativ werden nicht nur Ausschüttungen außerhalb der legalen Gewinnausschüttung, sondern sämtlich finanzielle Unterstützungen untersagt. Und personell ist der Anwendungsbereich nicht nur auf Aktionäre beschränkt, sondern erfasst auch Dritte. Dieser generelle Ansatz des Kapitalschutzes auf europäischer Ebene muss mit in die Auslegung der nationalen Vorschrift einfließen. Daher forderte schon *Lutter*[239] einen Gleichlauf bei der Schutzzweckbestimmung im europäischen und deutschen Recht. Mit dieser Argumentation lässt sich durchaus ein erweiterter Kapitalschutz begründen, der über die Beschränkung auf stark fremdfinanzierte Transaktionsstrukturen hinausgeht.

Habersack versucht, seine Bedenken gegenüber einem so weitreichenden Normenzweck des § 71a Abs. 1 S. 1 AktG insbesondere mit möglichen Redundanzen mit § 57 AktG zu begründen. Er beschränkt den Anwendungsbereich neben § 57 nur auf den vermeintlichen Randbereich der Vergabe besicherter Darlehen. Dabei übersieht er aber, dass §§ 57 und 71a Abs. 1 AktG nach dem Zeitpunkt ihrer Entstehung, ihrer Adressaten und Sanktionen unterschiedlich sind[240]. Daher kann keinesfalls von *„Funktionslosigkeit"* der Norm die Rede sein. Vielmehr ergänzt § 71a Abs. 1 S. 1 AktG den schon bestehenden Vermögensschutz des § 57 AktG sinnvoll um eigenständige Elemente.

Zu weit gehen dürfte die Ansicht von *Singhof*[241], der § 71a Abs. 1 S. 1 AktG gar als kapitalschutzrechtliche Generalklausel auffasst. Gerade die Tatbestandsmerkmale „Rechtsgeschäft" und „Gewährung" stehen einer Verallgemeinerung des Kapitalschutzgedankens entgegen. Darin ist eine Beschränkung auf Finanzierungsformen zu sehen, die gerade nicht den allgemeinen Charakter eines § 57 AktG haben.

dd) Verhinderung von Marktmissbrauch

Ferner könnte die Aktiengesellschaft Einfluss auf den Kurs ihrer Aktien nehmen, indem sie bestimmte Erwerber finanziell unterstützt[242]. Dem liegt folgender Gedanke zugrunde: Der öffentlich angekündigte Rückerwerb eigener Aktien signalisiert den Kapitalmärkten eine aktuelle Unterbewertung des Vermögens der Aktiengesellschaft[243]. Erwirbt die Aktiengesellschaft jedoch ihre Aktien anonym über die Börse

238 So auch *Cahn*, in: Spindler/Stilz, § 71a, Rn. 9.

239 *Lutter*, JZ 1992, 593, 594, 604 ff.; im Ergebnis auch so *Cahn*, in: Spindler/Stilz, § 71a, Rn. 9.

240 Das Verhältnis von §§ 57 und 71a Abs. 1 AktG wird eingehend unter S. 72 ff. beleuchtet.

241 *Singhof*, NZG 2002, 745, 746.

242 *Habersack*, FS Röhricht, S. 160.

243 *Kopp*, Erwerb eigener Aktien, S. 118 ff.; *Böhm*, in: *v. Rosen/Seifert*, S. 327, 334 ff.; *Bayer/Hoffmann/Weinmann*, ZGR 2007, 457 ff.

zurück, kann der Eindruck einer belebten Marktnachfrage nach den Aktien entstehen und den Börsenkurs in einer den marktgerechten Preismechanismus störenden Weise beeinflussen[244]. Diesen Marktmissbrauch zugunsten einer Kursmanipulation wollte der Gesetzgeber durch § 71 Abs. 1 Nr. 8 AktG entgegenwirken. Die direkte Beeinflussung des Börsenwertes soll auch nicht über den Umweg der Finanzierung von dritten Aktienkäufern möglich sein. Daher entfaltet das Umgehungsverbot des § 71a Abs. 1 S. 1 AktG aus diesem Blickwinkel auch einen die Integrität des Marktes und seiner Teilnehmer schützenden Charakter und entfaltet neben einer Wirkung nach innen[245] und nach außen[246] auch gegenüber Unbeteiligten (den anderen Marktteilnehmern) eine schützende Funktion. Trotzdem kann § 71a Abs. 1 S. 1 AktG aufgrund der Entwicklungen im Kapitalmarktrecht zur Verhinderung von Marktmissbräuchen nur noch subsidiär herangezogen werden. Im WpHG finden sich – dogmatisch sauberer – Regelungen, die die auftretenden Risiken besser regulieren und sanktionieren können; zu nennen seien hier nur § 15 WpHG (Pflicht zur Ad-hoc-Mitteilung) und § 20a WpHG (Verbot der Marktmanipulation). Daraus ergibt sich, dass das Argument des Marktmissbrauchs für die Normzweckbestimmung des § 71a Abs. 1 S. 1 AktG keine Bedeutung mehr haben darf und kann.

ee) Unzulässigkeit der Einmischung der Geschäftsleitung in die Zusammensetzung des Aktionärskreises unter Heranziehung des Gesellschaftsvermögens

Darüber hinaus lassen sich aus § 71a Abs. 1 S. 1 AktG zwei kompetenzschützende Aspekte extrahieren: Einerseits kann durch die finanzielle Unterstützung des Erwerbs eigener Aktien vom Vorstand aktiv gesteuert werden, wer Aktionär sein soll. Dadurch können unliebsame Aktionäre aus der Aktiengesellschaft herausgekauft und durch der Verwaltung wohlgesonnene Aktionäre ersetzt werden[247]. Dies kann zu einer – von der Kompetenzordnung der Aktiengesellschaft nicht vorgesehenen – Emanzipation der Verwaltung von den Eigenkapitalgebern führen. Daher wird gerade im Zusammenhang mit freundlichen und feindlichen Übernahmen diskutiert, ob die Gesellschaft ein Interesse an der Zusammensetzung ihres Aktionärskreises haben könne[248].

Habersack[249] wiederspricht diesem Ansatz mit einem Hinweis auf § 68 Abs. 2 AktG. Danach kann statutarisch die Übertragung von Namensaktien an die Zustim-

244 *Oechsler*, in: MüKo-AktG, § 71, Rn. 25.
245 Erschwerung der Übernahmefinanzierung aus Geschäftsmitteln außerhalb der legalen Gewinnausschüttung.
246 Zusätzlicher Kapitalschutz.
247 *v. Rosen/Helm*, AG 1996, 434, 438; *Hirsch*, Erwerb eigener Aktien, S. 99; *Lüken*, Erwerb eigener Aktien, S. 93 f.
248 Hopt, ZGR 2002, 333, 363; Sieger/Hasselbach, BB 2000, 625, 628; Ziemons, AG 1999, 492, 495; Lutter, in: KK-AktG, 2. Aufl. 1995, § 186 Rn. 74; a.A.: *Maier-Reimer*, ZHR 165 (2001), 258, 259; *Banerjea*, DB 2003, 1489, 1490.
249 *Habersack*, FS Röhricht, S. 155, 160, 166.

mung der Gesellschaft gebunden werden (sog. Vinkulierung). Mit anderen Worten, das Gesetz erkennt an anderer Stelle durchaus die Einflussnahme der Aktiengesellschaft auf die Zusammensetzung des Aktionärskreises an. Daher könne von § 71a Abs. 1 S. 1 AktG nicht verboten werden, was an anderer Stelle des AktG der Verwaltung erlaubt sei.

Gleichwohl ist *Habersacks* Ansatz nicht zu folgen. Die Zulassung der Vinkulierung von Aktien ist bedenklich. Die Verwaltung kann sich dadurch ihre Aktionäre aussuchen, obwohl der grundsätzliche Aufbau der Aktiengesellschaft eigentlich Gegenteiliges vermuten lässt[250]. Abgesehen von diesen grundsätzlichen Erwägungen sprechen auch rechtliche Überlegungen gegen *Habersacks* These von der Relativierung des Verbots der Einflussnahme auf den Aktionärskreis. Der Vorstand ist in seiner Entscheidung über die Zustimmung zur Aktienübertragung nicht völlig frei, wie aber von *Habersack* dargestellt. Die Zustimmung nach § 68 Abs. 2 AktG untersteht einer Ermessensbindung und damit einer gerichtlichen Kontrolle. Der *BGH* verlangt, dass die Zustimmung zur Übertragung von Aktien nicht willkürlich verweigert werden darf, sondern vielmehr ein pflichtgemäßes Ermessen bei der Ausübung dieses Rechts besteht[251]. Eine Vinkulierung besteht nur aufgrund einer Aufnahme in die Satzung der Aktiengesellschaft. Dabei kann die Vinkulierung entweder bereits in der ursprünglichen Satzung enthalten sein oder nachträglich aufgenommen werden[252]. In beiden Fällen jedoch erfolgt die Aufnahme der Vinkulierung in die Satzung durch einen Beschluss der Hauptversammlung, §§ 119 Abs. 1 Nr. 5, 179 Abs. 1 AktG. Die Zustimmung zur Veräußerung der Aktien ist letztlich ein körperschaftlicher Akt, der von einem Beschluss der Hauptversammlung abgeleitet ist[253]. Die Ausübung wird inhaltlich durch die Zwecke der Vinkulierung bestimmt[254]. Daher ist es rechtlich nicht möglich, dass der Vorstand seine Zustimmung von eigenen oder vom Zweck der Vinkulierung nicht gedeckten unternehmerischen Belangen abhängig macht. Insbesondere ist es ihm aber dadurch untersagt, durch diese Kompetenz seine eigene Stellung in der Gesellschaft zu stärken[255].

Ferner lässt sich *Habersacks* Argumentation, was dem Vorstand an anderer Stelle erlaubt sei, dürfe ihm durch § 71a Abs. 1 S. 1 AktG nicht verboten werden, ins

---

250 So auch *Bezzenberger*, in: K. Schmidt/Lutter, § 68, Rn. 15; auch *Lutter/Drygala*, in: KK-AktG, § 68, Rn. 58 sehen den Einfluss auf die Zusammensetzung des Aktionärskreises eher kritisch, erkennen dies aber im Rahmen der Vinkulierung von Aktien an; *Kerber*, WM 1990, 20 ff., sieht sogar die Vinkulierung von Aktien börsennotierter Aktiengesellschaften als unzulässig an.

251 *BGH* v. 01.12.1986 – II ZR 287/85 (NJW 1987, 1019); *OLG Koblenz* v. 12.01.1989 – U 1053/87 (ZIP 1989, 301, 305).

252 *Bayer*, in: MüKo-AktG, § 68, Rn. 46; *Cahn*, in: Spindler/Stilz, § 68, Rn. 40.

253 *Immenga*, AG 1992, 79, 82.

254 Ibd.

255 Dies gilt natürlich nicht, wenn die Vinkulierung mit dem ausdrücklichen Zweck aufgenommen wurde, den Vorstand unabhängiger werden zu lassen und insgesamt zu stärken.

Gegenteil verkehren. An anderer Stelle des AktG – nämlich in § 71 AktG – wurden die Gefahren, die mit einer solchen Einflussnahme auf die Aktionärsstruktur einhergehen können, durchaus erkannt. Diesen Gefahren wirkt das Recht durch die generelle Begrenzung der Rückkaufmöglichkeiten, durch die Begründungsbedürftigkeit des Erwerbsvorgangs und im Fall der Weiterveräußerung durch die Anwendung der Regeln des Bezugsrechts entgegen[256].

Dies zeigt, dass der Einflussmöglichkeit nach § 68 Abs. 2 AktG und dem Verbot des Einflusses nach § 71a Abs. 1 S. 1 AktG grundsätzlich unterschiedliche Konzepte zugrunde liegen. Eine Einschränkung des Schutzzwecks des § 71a Abs. 1 S. 1 AktG mit Verweis auf die Kompetenzerweiterung nach § 68 Abs. 2 AktG lässt sich daher nicht rechtfertigen. Mithin muss der Schutz der Kompetenzverteilung auch weiterhin als Schutzzweck des § 71a Abs. 1 S. 1 AktG gesehen werden.

Schroeder[257] wirft einen weiteren Aspekt der gestörten Kompetenzverteilung auf. Er verneint dann allerdings im Hinblick auf die vermeintlich fehlenden gesetzgeberischen Motive, dem Umgehungsverbot einen solchen zusätzlichen Zweck zukommen zulassen. Ausgangspunkt seiner These ist, dass nach § 119 Abs. 1 Nr. 2 AktG ausschließlich der Hauptversammlung die Entscheidung über die Gewinnverteilung zusteht. Mit der Zuwendung finanzieller Unterstützungen an den Aktienerwerber nach § 71a Abs. 1 S. 1 AktG schmälere der Vorstand aber den Bilanzgewinn und greife dadurch in die Kompetenzverteilung zwischen Vorstand und Hauptversammlung ein.

Schroeders vorschnelle Verneinung dieses Aspekts ist methodisch unsauber. Dem Umgehungsverbot des § 71a Abs. 1 S. 1 AktG eine Schutzwirkung mit Blick auf die Kompetenzverteilung lediglich aufgrund fehlender gesetzgeberischer Motive zu versagen, erscheint nicht zielführend. Damit folgt *Schroeder* der *subjektiven Theorie*, die den reinen historisch-psychologischen Willen des Gesetzgebers erforschen möchte[258]. Diese Theorie der Methodenlehre gilt jedoch nicht uneingeschränkt, denn Gesetze sind Ausdruck eines auf die Schaffung einer nach Möglichkeit gerechten und den Bedürfnissen der Gesellschaft entsprechenden Ordnung gerichteten Willens des Gesetzgebers[259]. Daraus folgt zunächst einmal, dass hinter jedem Gesetz Wertungen und sachliche Überlegungen stehen, die im Lichte des damaligen historischen Gesetzgebungsverfahrens erörtert werden müssen. Jedoch entwickeln sich Gesetze auch. Die *objektive Theorie* besagt daher, dass ein Gesetz, sobald es angewandt wird, eine ihm eigene Wirksamkeit entfaltet, die über das hinausgeht, was der historische Gesetzgeber seinerzeit beabsichtigt hat[260]. Ein Gesetz entfernt sich von seinem Urheber. Daher kann das Ziel der Gesetzesauslegung letztlich nur die Ermittlung des heute rechtlich Maßgeblichen sein. Auch Savigny erkannte schon

---

256 *Lutter/Drygala*, in: KK-AktG, § 71, Rn. 19.
257 *Schroeder*, S. 117 f.
258 *Larenz/Canaris*, Methodenlehre, S. 137.
259 Ibd. S. 137 f.
260 Ibd. S. 138.

das Bedürfnis einer teleologischen Auslegung, die unabhängig oder zumindest parallel zur Auswertung der Gesetzesgenese erfolgen muss:

> *„Der Entstehungsgrund einer Vorschrift sei dieser Vorschrift selbst äußerlich. Durch das teleologische Vorgehen werde etwas in die Norm hineingeholt, was in ihr gerade nicht objektiv geworden ist*[261]*."*

Daher kann entgegen *Schroeder* die Sicherung der Kompetenzverteilung durchaus Gegenstand dieser Erörterung sein. Voraussetzung für eine Entmachtung der Hauptversammlung ist indes, dass dieser überhaupt Rechte aus dem Gewinnverwendungsbeschluss nach § 119 Abs. 1 Nr. 2 AktG erwachsen. Zweifellos hat die Hauptversammlung über die Verwendung des Bilanzgewinns zu entscheiden. Allerdings geht dem Beschluss gewöhnlich die Vorlage des Jahresabschlusses und des Lageberichts voraus. Im Vorfeld wird der Jahresabschluss durch die Billigung des Aufsichtsrates festgestellt, §§ 170, 171, 172 AktG. Die Hauptversammlung ist an die Feststellung gebunden, kann also weder einzelne Bilanzposten noch den ausgewiesenen Jahresüberschuss beanstanden oder ändern. Ferner ist es dem Vorstand und dem Aufsichtsrat gestattet, bis zur Hälfte des Jahresüberschusses in Gewinnrücklagen einzustellen und so dem Zugriff der Aktionäre zu entziehen, § 58 Abs. 2 AktG. Den Aktionären bleibt also in der Regel nur noch die Verteilung des sich nach Abzug der thesaurierten Beträge ergebenden Bilanzgewinns. Die Bildung der Rücklagen ist eine Maßnahme der Geschäftsführung, die sich stets am Wohl und Interesse der Gesellschaft zu orientieren hat[262]. Es wird weitergehend sogar die Vermutung aufgestellt, dass die Verwaltung im Rahmen ihres unternehmerischen Ermessens handelt, sofern sie die gesetzlichen Grenzen zur Rücklagenbildung nicht überschreitet[263]. Bezogen auf die vorliegende Konstellation muss dies wohl heißen, dass sofern sich die Verwaltung innerhalb der 50 %-Grenze bewegt, keine Verschiebung der Kompetenzen zu Lasten der Hauptversammlung stattfindet[264]. Eine höhere Rückstellung kann – freilich unter Beachtung der sonstigen Gestaltungsmöglichkeiten des Vorstandes wie beispielsweise das Legen von stillen Reserven oder auch das Ausnutzen von Satzungsermächtigungen nach § 58 Abs. 2 S. 2 AktG – jedoch Schadensersatzansprüche auslösen und zugleich den Schutzbereich des § 71a Abs. 1 S. 1 AktG berühren. Denn wenn in einem Übernahmesachverhalt Rücklagen oberhalb des dem Vorstand zustehenden Rahmens gebildet werden, um nachfolgend finanzielle Unterstützungsleistungen an Erwerber zu leisten, dürfte dies ein Verstoß gegen die Kompetenzverteilung zwischen Vorstand und Hauptversammlung bei der Mittelverwendung darstellen. Dies kann auch nicht mit dem üblichen Instru-

---

261 *Savigny*, Juristische Methodenlehre, nach der Ausarbeitung des *Jakob Grimm* herausgegeben von *Gerhard Wesenberg*, 1951, S. 39 ff.

262 *Henze*, in: GroßKomm-AktG, § 58, Rn. 43; *Bayer*, in: MüKo-AktG, § 58, Rn. 38.

263 *Hüffer*, § 58 Rn. 10; *A/D/S*, Rechnungslegung, § 58, Rn. 61.

264 In der Praxis ist kann die Verwaltung der Aktiengesellschaft regelmäßig über mehr als 50 % des Jahresüberschusses verfügen, *Cahn/v. Spannenberg*, in: Spindler/Stilz, § 58, Rn. 3 f.; *Fleischer*, in: K. Schmidt/Lutter, § 58, Rn. 2.

mentarium zur Auflösung des Zielkonflikts des Selbstfinanzierungsinteresses der Gesellschaft und des Dividendeninteresses der Aktionäre gelöst werden. Vielmehr dürfte dies eine Situation darstellen, in der § 71a Abs. 1 S. 1 AktG subsidiär auch eine kompetenzschützende Funktion – bezogen auf die Gewinnverwendung – zukommt.

ff) Schutz der Minderheitsaktionäre / Gleichbehandlungsgebot nach §53a AktG

Möglicherweise wird durch das Verbot der finanziellen Unterstützungsleistung nach § 71a Abs. 1 S. 1 AktG auch der Schutz der Minderheitsaktionäre gewährleistet sowie die Gleichbehandlung aller Aktionäre. Dabei ist von folgender Arbeitsthese auszugehen: Wenn die Gesellschaft den Erwerb ihrer Aktien nur durch bestimmte Aktionäre finanziell unterstützt, tragen beim Eintritt des sog. Doppelschadens alle anderen Aktionäre das unternehmerische Risiko des Investors (welcher zugleich auch Aktionär ist). Dieses Vorgehen könnte einen Verstoß gegen die in § 53a AktG normierte Gleichbehandlung aller Aktionäre darstellen und somit die Minderheitsgesellschafter benachteiligen.

Finanzielle Unterstützungen dürften in der Praxis wohl eher selten zukünftigen Minderheitsaktionären angeboten werden. Vielmehr werden wohl ausschließlich zukünftige Mehrheitseigner durch die Aktiengesellschaft unterstützt. Mithin bleibt eine Minderheit von Aktionären von den Unterstützungsleistungen ausgenommen. § 53a setzt diesem Gebaren Grenzen und erweist sich damit als ein Eckpfeiler des Minderheitenschutzes[265]. Daher kann zu Recht bezweifelt werden, ob hier der Schutz des § 71a Abs. 1 S. 1 AktG überhaupt nötig ist. Denn grundsätzlich sind Gleichbehandlungen schon durch § 53a AktG geboten. Ausnahmen vom Anwendungsbereich des § 53a AktG bestehen nur (i) beim Adressatenkreis: § 53a AktG verpflichtet nur die Gesellschaft, nicht die Mehrheitsgesellschafter. (ii) Ferner kommt § 53a AktG nicht zur Anwendung, wenn sachlich gerechtfertigte Differenzierungen vorgenommen wurden oder (iii) wenn die Aktionärsmehrheit bereit ist, die Lasten in gleicher Weise zu tragen[266]. Ein paralleles Eingreifen des § 71a Abs. 1 S. 1 AktG kommt insbesondere aufgrund der unterschiedlichen Rechtswirkungen von § 53a AktG und § 71a AktG in Betracht. Denn bei gleichheitswidrigen Maßnahmen der Verwaltung sind grundsätzlich deren Folgen rückgängig zu machen, wohingegen bei einem Verstoß gegen § 71a Abs. 1 S. 1 AktG zumindest das Verpflichtungsgeschäft nichtig ist[267].

In einer ungerechtfertigten Bevorzugung eines (zukünftigen) Aktionärs durch die Gewährung von finanzieller Unterstützung liegt regelmäßig eine Verletzung des Gleichbehandlungsgebots nach § 53a AktG. Denn erfolgt die Verschiebung mit dem

265 *Fleischer,* in: K. Schmidt/Lutter, § 53a, Rn. 5; *Hentze/Notz,* in: GK-AktG, § 53a, Rn. 26; *Janssen,* in: Heidel, § 53a, Rn. 2.

266 Zu den Fallgruppen vergleiche *Bungeroth,* in: MüKo-AktG, § 53a, Rn. 17 ff.; *Fleischer,* in: K. Schmidt/Lutter, § 53a, Rn. 12.

267 Siehe hierzu unter S. 92 ff.

Zweck, einer Person den Aktienerwerb zu ermöglichen, so liegt in dieser Berücksichtigung eines Sonderinteresses keine sachlich gerechtfertigte Differenzierung[268].

Das Bedürfnis der Alt-Aktionäre nach einem zusätzlichen Schutz über § 71a AktG in Übernahmeszenarien wird besonders virulent, wenn zugleich ein Doppelschaden vorliegt. Denn dieser hat reflexartig Auswirkungen auf die Alt-Aktionäre, indem deren Wert ihrer Beteiligung infolge der Belastung der Aktiengesellschaft sinkt[269]. Denkbar ist es auch, dass in genau dieser Situation § 53a AktG schon gar nicht anwendbar ist, denn zunächst sind alle Aktionäre (also alte und neue) durch eine Verringerung ihrer Beteiligung am Verlust beteiligt.[270].

Diese Schutzlücke kann durch § 71a Abs. 1 S. 1 AktG geschlossen werden. Die Benachteiligung von Minderheitsgesellschaftern ist eine typische Folge solcher Finanzierungsstrukturen. Unter diesem Blickwinkel muss dem Verbot des § 71a Abs. 1 S. 1 AktG ein ergänzender Minderheitenschutz neben dem des § 53a AktG zugesprochen werden[271]. Im Unterschied zu den zuvor herausgearbeiteten Schutzzweckerwägungen ist diesmal aber nicht die Aktiengesellschaft als selbstständiges Rechtssubjekt von dem Schutz erfasst, sondern die Minderheitsaktionäre. Hier zeigt sich die Mehrdimensionalität des Schutzes von § 71a Abs. 1 S. 1 AktG.

gg) Normzweck nach der neueren Rechtsprechung

An Rechtsprechung fehlte es bisher – soweit ersichtlich – fast vollständig. Mangels Anschauungsmaterials konnte das Verbot des § 71a Abs. 1 S. 1 AktG über lange Zeit nicht entscheidend an Konturen gewinnen. Erst in jüngerer Zeit[272] ergangen zwei Entscheidungen zu § 71a Abs. 1 S. 1 AktG, die für den Normzweck von Bedeutung sind.

(1) LG Düsseldorf

Grundsätzlich folgt das *LG Düsseldorf* zunächst erst einmal der herrschenden Meinung im Schrifttum und sieht den Normzweck des § 71a Abs. 1 S. 1 AktG darin, die Umgehung des § 71 AktG zu verhindern. Zudem soll das Kapital der Aktiengesellschaft erhalten werden, indem der Aktiengesellschaft verboten wird, den Erwerb der eigenen Aktien zu finanzieren. Danach diene § 71a Abs. 1 S. 1 AktG primär dem Erhalt der Kapitalbasis. Zugleich beschränkt das *LG Düsseldorf* das Verbot des § 71a

---

268 *Schroeder*, S. 117.

269 *Grigoleit/Rachlitz*, in: Grigoleit, § 71a, Rn. 8; *Lutter/Drygala*, in: KK-AktG, § 71a, Rn. 14.

270 *Fleischer*, K. Schmidt/Lutter, § 53a, Rn. 12.

271 Im Ergebnis bejahend auch *Seibt*, ZHR 171 (2007), 282, 300; *Freitag*, AG 2007, 157, 162.

272 Freilich wurde § 71a auch schon von *LG Mainz*, WM 1986, 1315 ff.; *OLG Frankfurt am Main*, WM 1992, 572 ff.; *LG Göttingen*, WM 1992, 1373; *OLG Frankfurt am Main*, NZG 2004, 419; *LG Mainz*, NZG 2005, 325 behandelt, jedoch lassen sich aus diesen Urteilen keinerlei Schlüsse auf den Normzweck ziehen.

Abs. 1 S. 1 AktG aber auf Fälle, die entweder ausdrücklich bereits im Gesetz genannt oder zumindest im Keim dort angelegt sind. Das ist der Fall, wenn die „*Gesellschaft zur Finanzierung des Erwerbs liquide Mittel aus dem Gesellschaftsvermögen weggibt und dadurch eine Vermögensgefährdung eintritt.*"[273]

Durch diese Beschränkung sieht das *LG Düsseldorf* in § 71a Abs. 1 S. 1 AktG aber gerade keine weitreichende Kapitalschutznorm, sondern vielmehr eine enge Sonderbestimmung zur Regelung der wenigen in § 71a Abs. 1 S. 1 AktG beschriebenen Fälle. Eine analoge Anwendung auf ähnlich gelagerte Fälle dürfte nach dieser Normzweckauslegung wohl nicht möglich sein. Diese Schutzzweckbestimmung ist zu eng und geht zudem an der Realität vorbei. Zwar wird die apodiktische Regel, dass Ausnahmetatbestände grundsätzlich eng auszulegen und nicht analogiefähig seien[274], von großen Teilen der Methodenlehre nicht mehr geteilt[275]. Unabhängig davon, welchem Dogma man folgt, bestimmt sich die Frage, ob eng oder weit ausgelegt werden muss nach der Ratio der Norm. Hintergrund dessen ist, dass bereits die Bestimmung, ob überhaupt eine Regel- oder eine Ausnahmenorm vorliegt, sich nach der Ratio Legis richtet[276]. Eine zu enge Auslegung der Norm würde zu permanenten Umgehungen des Verbots führen. Jedoch kann es gerade nicht Zweck eines Umgehungsverbots sein, umgangen zu werden. Der grundsätzlichen Bejahung des Schutzes der Kapitalbasis ist daher zu folgen, jedoch darf im zweiten Schritt der Normzweck nicht so sehr eingeengt werden, wie vom *LG Düsseldorf* vorgenommen.

(2) OLG Düsseldorf

Das *OLG Düsseldorf* dagegen entscheidet in der Berufungsinstanz anders[277]. Danach wird – ohne weitere Argumentation – die dem Fall zugrunde liegende Konstellation unter den Tatbestand des § 71a Abs. 1 S. 1 AktG subsumiert[278]. Daraus lässt sich wohl ein weitergehender Normzweck, als noch beim *LG Düsseldorf*, ersehen. Auch das *OLG Düsseldorf* sieht daher mit der herrschenden Meinung im Schrifttum in § 71a Abs. 1 S. 1 AktG einen Doppelzweck. Einerseits ein Umgehungsverbot und anderseits den Schutz des Kapitals. Letzteres ist jedoch nicht nur auf die offensichtlich vom Tatbestand erfassten Fälle beschränkt, sondern darüber hinausgehend auch auf andere, das Kapital schädigende, Konstellationen anwendbar. Dieses weitergehende Verständnis der Norm ist zu begrüßen, da nur so missbräuchliche Finanzierungs-

273 *LG Düsseldorf*, Urteil v. 28.10.2005 (39 O 180/04), Tz. 76.

274 RGZ 153, 1, 23; *BGH* v. 15.12.1951 – II ZR 108/51 (BGHZ 4, 219, 222); *BGH* v. 6.11.1953 – I ZR 97/52(BGHZ 11, 135, 143); *BGH* v. 12.12.1991 – I ZR 210/89 (BGHZ 116, 305, 308); *BGH* v. 08.071993 – I ZR 124/91 (BGHZ 123, 149, 156).

275 Statt vieler siehe *BAG* v. 06.10.2011–6 AZR 262/10 (BAGE, 139, 235); *Fischermeier*, ZInsO 2015, 1237, 1239; *von Becker*, GRUR 2004, 104, 108; *Raue*, in: FS Nordemann, S. 327, 329 f.; a.A. *BGH* v. 10. Juli 2014 - IX ZR 192/13 (BGHZ 202, 59).

276 *Müller/Christensen*, Methodik, Rn. 369; *Larenz/Canaris*, Methodenlehre, S. 355.

277 *OLG Düsseldorf*, Urteil v. 28.09.2006 (I-5 U 6/06), Tz. 32.

278 Siehe zum Sachverhalt unter S. 206 ff.

strukturen ausreichend erfasst werden können. Leider relativierte das OLG seine Ausführungen zu § 71a Abs. 1 S. 1 AktG ungeschickterweise, indem es im Ergebnis aus § 71a Abs. 1 S. 1 AktG ein dispositives Recht machte[279].

hh) Zwischenergebnis und Stellungnahme

Um eine Ineffektivität der Regelung des § 71a Abs. 1 S. 1 AktG zu verhindern, bedarf es einer möglichst weiten Auslegung. Der Norm ist dabei insbesondere ein mehrdimensionaler Schutzzweck zuzusprechen. Zwar dient die Regelung des § 71a Abs. 1 S. 1 AktG, soweit es lediglich die irreguläre Teilliquidation des Gesellschaftsvermögens betrifft, auch der einfachen Vermögensbindung und gehört somit zum Komplex der Regeln der Kapitalerhaltung. Daneben dient das Verbot aber ebenfalls der Kompetenzabgrenzung zwischen Verwaltung und Hauptversammlung: Als Wurzel gilt freilich der Kapitalschutz, der sich dann aber in den Umgehungsschutz, der Erschwerung von Übernahmefinanzierungen aus Geschäftsmitteln außerhalb der legalen Gewinnausschüttung sowie einer Wahrung der Kompetenzordnung in der Gesellschaft und dem Schutz von Minderheitsaktionären verstärkt. Die Ausgestaltung als kapitalschützende Norm wird besonders deutlich durch den zwingenden Charakter der Vorschrift, welche nicht abbedungen werden kann (§ 23 Abs. 5 AktG). Das Eingehen eines mit dem Aktienerwerb verbundenen finanziellen Risikos, das nicht auf die Aktiengesellschaft abgewälzt werden darf, ist aus guten Gründen untersagt. Deshalb geht das Gesetz davon aus, dass eine finanzielle Unterstützung des Aktienerwerbs durch die Aktiengesellschaft diese grundsätzlich benachteiligt. Die darin zu sehende Seriositätsschwelle für Finanzierungsstrukturen dient daher dem Bestand der Gesellschaft. Freilich ist der abzudeckende Schutzbereich des § 71a Abs. 1 S. 1 AktG seit dem Inkrafttreten des *„Gesetzes zur Modernisierung des GmbH-Rechts und zur Bekämpfung von Missbräuchen (MoMiG)“*[280] und der damit einhergegangenen Einführung des § 71a Abs. 1 S. 3 AktG nicht mehr ganz so umfassend. Durch den neuen § 71a Abs. 1 S. 3 AktG erfolgte eine Angleichung an die Vorschriften zum Vertragskonzern. Mithin sind dadurch unseriöse Finanzstrukturen nicht mehr *per se* verboten. Der Gesetzgeber verweist den Erwerber vielmehr darauf, mit der zu erwerbenden Aktiengesellschaft einen Unternehmensvertrag zu schließen. Aber auch dadurch kommt wieder der Kapitalschutzgedanke der Norm zum Ausdruck, denn solche tiefgreifenden Strukturänderungen dürfen auch nach der neuen Regelung nur durch einen qualifizierten Gesellschafterbeschluss und eine ausreichende Sicherung der Gesellschaft (§ 302 AktG) und der Gläubiger (§ 303 AktG) finanziert werden. Gravierende praktische Auswirkungen der Einführung des § 71a Abs. 1 S. 3 AktG dürfen zu Recht bezweifelt werden. Denn es ist fraglich, ob in einem bereits bestehenden Vertragskonzern überhaupt noch eine finanzielle Unterstützung – etwa zur Erlangung der noch nicht im Besitz des Erwerbers befindlichen

279 Siehe dazu die Ausführungen zu Babcock Borsig/HDW unter S. 190 ff.
280 Gesetz v. 23.10.2008, BGBl. I S. 2026 ff.

Aktien – erforderlich ist, oder ob dieses Finanzierungsinstrument nicht ausschließlich im Vorfeld des Aktienerwerbs zur Anwendung kommt.

b) Bedeutung der Kapitaländerungsrichtlinie für den Schutzzweck der nationalen Regelung

Die Kommission hat zu den Zielen der Änderung der Kapitalrichtlinie recht klar Stellung bezogen: Sie strebt eine Lockerung des Verbots der Financial Assistance an, damit *„Änderungen in den Besitzverhältnissen flexibler gestaltet werden können."*[281] Das Verbot der Financial Assistance wurde auf europäischer Ebene durch die Änderung des Art. 23 Abs. 1 KapRL[282] unter einen Erlaubnisvorbehalt durch die Hauptversammlung gestellt; dies ändert wohl auch dessen Zwecksetzung[283]. Damit könnte eine liberalere Anwendung des Verbots der „Financial Assistance" beispielsweise im Bereich von Verschmelzungssachverhalten Anwendung finden[284].

Daher stellt sich die Frage des Einflusses der geänderten Kapitalrichtlinie auf die Auslegung der deutschen Bestimmung. Die Auslegung einer nationalen Regelung, die aufgrund einer Richtlinie erlassen wurde, wurde in der Literatur schon erschöpfend behandelt. Jedoch wurde – soweit ersichtlich – die Problematik der Auslegung einer nationalen Vorschrift, die aufgrund einer Richtlinie erlassen wurde, die Richtlinie aber nachträglich geändert wurde, bisher noch keiner Lösung zugeführt. Daher ist zu klären, welchen Einfluss das neue europäische Verständnis von der Financial Assistance auf die nationale Verbotsnorm hat; insbesondere ob im Rahmen einer richtlinienkonformen Auslegung die nationale Norm entgegen dem Wortlaut korrigiert werden muss.

Im Wesentlichen lassen sich dafür zwei Positionen finden. Entweder es wird einem europarechtsfreundlichen Ansatz gefolgt, der dem europäischen Recht zu größtmöglicher Geltung verhilft oder die Vertreter eines reinen gesetzesorientierten Ansatzes – im Folgenden positivistischer Ansatz genannt – bekommen den Vorrang.

Inhaltlich wurde den nationalen Gesetzgebern durch die Lockerung von Art. 23 KapRL anheimgestellt, ihren Gesellschaften zu *„gestatte[n], im Hinblick auf einen Erwerb eigener Aktien durch einen Dritten unmittelbar oder mittelbar Vorschüsse zu zahlen, Darlehen zu gewähren oder Sicherheiten zu leisten"*[285]. Allerdings nur unter der Bedingung, dass die soeben genannten Geschäfte einem Drittvergleich standhalten, durch ausschüttungsfähiges Vermögen der Gesellschaft gedeckt sind und die Gesellschafterversammlung mit qualifizierter Mehrheit eingewilligt hat. Im Unterschied zum deutschen Recht *de lege lata* ist unter dem europäischen Rechtregime nunmehr

281 KOM (2004) 730, Erwägungsgrund 5.

282 Richtlinie 2006/68/EG des Europäischen Parlaments und des Rates vom 6. September 2006, ABl. EG Nr. L 264, S. 32–36.

283 *Oechsler*, ZHR 170 (2006), 72, 84.

284 Siehe dazu unter S. 156 ff.

285 Richtlinie 2006/68/EG des Europäischen Parlaments und des Rates vom 6. September 2006, ABl. EG Nr. L 264, S. 32–36.

eine finanzielle Unterstützungsleistung des Aktienerwerbes unter marktüblichen Bedingungen möglich.

Trotz Befassung des deutschen Gesetzgebers mit dieser Lockerung auf europäischer Ebene wurde bewusst das starre nationale Verbot beibehalten[286].

aa) Auswirkungen des Theorienstreits

Relevanz haben diese methodischen Unsicherheiten allerdings nur, wenn zwischen der Auslegung der europäischen Vorschriften zur Financial Assistance und der Auslegung der deutschen Vorschriften zur Financial Assistance eine Diskrepanz besteht. Die Änderung der KapitalRL hat erhebliche Auswirkungen auf die These vom generellen Verbot stark fremdfinanzierter Unternehmensübernahmen. Sieht man den Zweck des europäischen Liberalisierungsvorgangs darin, ausschüttungsfähige Reserven der Aktiengesellschaft zugunsten der Gesellschafter mobilisieren zu können, so ist die Aussage, § 71a Abs. 1 S. 1 AktG würde stark fremdfinanzierte Unternehmensübernahmen schlechthin verbieten, wohl nicht mehr haltbar.[287] Ein weites europäisches Verständnis der Verbotsnorm würde also weniger Finanzierungsstrukturen einem generellen Verbot unterstellen und hätte daher einen engeren Anwendungsbereich zur Folge. Insofern muss auch aus nationaler Sicht erörtert werden, inwieweit die europäische Auslegung – auch bei Änderung der zugrundeliegenden Richtlinie – noch immer zur Schutzzweckbestimmung der nationalen Norm herangezogen werden kann.

bb) Europarechtskonforme Auslegung

Zur Beurteilung der Bedeutung der Kapitaländerungsrichtlinie für den Schutzzweck des § 71a Abs. 1 S. 1 AktG bedarf es einiger Erläuterungen zur europarechtskonformen Auslegung des nationalen Rechts.

Grundsätzlich gelten für die Auslegung des europäisch geprägten Rechts zwei Aspekte: (1) die Pflicht zu richtlinienkonformer Auslegung[288] und (2) die Pflicht zur Vorlage an den EuGH nach Art. 267 AEUV immer dann, wenn Fragen zur Auslegung der Richtlinie entstehen[289].

Im Folgenden ist zu unterscheiden, ob (aa) der nationale Gesetzestext aufgrund der neuen Richtlinie geändert wurde oder ob (bb) der Gesetzgeber das ihm eingeräumte Ermessen zur Änderung des nationalen Rechts nutzt und dieses nicht ändert.

---

286 Bericht des Rechtsausschusses des Deutschen Bundestages, BT-Drs. 16/12098 v. 20. Mai 2009, S. 38.

287 So von Drygala vertreten, Der Konzern 2007, 400, 400 ff.

288 So der EuGH unter Hinweis auf Art. 10 EG in ständiger Rechtsprechung: RS 14/83, Slg. 1984, 1891; RS 79/83, Slg. 1984, 1921; RS 125/88, Slg. 1989, 3533; RS C-106/89, Slg. 1990, 4144.

289 Umfassend dazu *Lutter*, JZ 1992, 593, 604 ff.

(1) Geänderter nationaler Gesetzestext

Nach Art. 288 Abs. 3 AEUV stellen erlassene Richtlinien eine verpflichtende Anweisung zur Anpassung des nationalen Rechts dar. Wobei sich die Verbindlichkeit auf das durch sie verfolgte Ziel beschränkt. Setzt der nationale Gesetzgeber nun die Richtlinie in nationales Recht um, handelt er im Zweifel mit dem Ziel der eben erwähnten Rechtspflicht korrekt und vollständig nachzukommen[290]. Es bestehe dahin gehend eine „Vermutung für den Willen des nationalen Gesetzgebers", den Richtlinienvorschlägen nachzukommen[291].

Als Grundlage des nationalen Gesetzgebungswillens sind daher in jedem Falle der Richtlinientext und der darin verkörperte Wille des europäischen Gesetzgebers maßgeblich. Zur Interpretation des Richtlinientextes können und müssen daher auch die diesem zugrunde liegenden Gesetzesmaterialien, die Erwägungsgründe der Kommission und die amtlichen Erläuterungen herangezogen werden.

Konkret heißt dies, dass im Falle einer Anpassung des § 71a Abs. 1 S. 1 AktG an die geänderte KapRL ein neues europäisches Verständnis der Financial Assistance die Auslegung der nationalen Vorschriften beeinflussen würde.

Vorliegend hat der deutsche Gesetzgeber aber bisher keinen Gebrauch von der Liberalisierungsmöglichkeit gemacht. Daher stellt sich nun die Frage, wie dies methodisch zu behandeln ist.

(2) Keine Änderung des nationalen Gesetzestextes

Dieser im Grundsatz unbestrittenen richtlinienkonformen Auslegung des nationalen Rechts steht die hier diskutierte Konstellation der Financial Assistance gegenüber: Vorliegend wurde eine Richtlinie liberalisiert, mit der Möglichkeit der Mitgliedsstaaten, die nationale Regelung ebenso zu liberalisieren. Allerdings besteht dazu keinerlei Pflicht für die Mitgliedsstaaten, wie sich aus dem hier relevanten Art. 23 Abs. 1 KapRL ergibt: Danach ist die Liberalisierung der „Financial Assistance" ins Ermessen der Mitgliedsstaaten gestellt.

Im deutschen Recht wurde die Liberalisierungsmöglichkeit bisher nicht genutzt und nach Auskunft des *Bundesministeriums der Justiz* besteht auch in näherer Zukunft kein Bedürfnis, diese Änderung der Regelungen über die Financial Assistance zu vollziehen[292].

Damit stellt sich die Frage, wie eine nationale Regelung, die zwar im Regelungsbereich der geänderten Richtlinie liegt, aber im Vollzugsgesetz unverändert bleibt, auszulegen ist. Problematisch scheint hier insbesondere im Rahmen einer europarechtsfreundlichen Auslegung den klaren Willen des Gesetzgebers zu missachten. Im Folgenden werden die beiden denkbaren Ansätze diskutiert:

---

290 *Lutter*, Europäisches Unternehmensrecht, S. 27.

291 *Klamer*, Auslegung, S. 167; *Hellert*, Einfluss des EG-Rechts, S. 117.

292 Nach einem Telefonat des Verfassers mit dem zuständigen Referenten des *BMJ*.

(a) Positivistischer Ansatz

> *„Wirkliches Recht ist nur ein positives, also das Recht eines bestimmten Staates, und außer dem positiven gibt es keines.“*[293]

Die Anhänger des Rechtspositivismus sehen in der europafreundlichen Auslegung in Fällen der vorliegenden Konstellation immer eine starke Einmischung in die Legitimation des Gesetzgebers. Der rechtwissenschaftliche Positivismus geht davon aus, das Recht nur die vom Staat gesetzten positiven Rechtssätze seien. Der normsetzende Wille des Staates ist danach die einzige Rechtsquelle. Jedes verfassungsgemäß erlassene Gesetz ist somit bindendes Recht.[294]

So formuliert etwa *Adomeit* spitz, dass gesetztes Recht die Forderung auslöse *„hieran hat man sich zu halten! An nichts sonst!“*[295] Dies bereitet dem Rechtspositivismus den Boden für die Ablehnung gegenüber der europarechtskonformen Auslegung. Schon Radbruch führte dazu aus, dass *„die Auslegung [lediglich] das Ergebnis ihres Ergebnisses“* sei[296]. Diese Sichtweise ist den Notwendigkeiten der Rechtspraxis allerdings sehr fern und in dieser Pauschalität nicht mehr zu halten. Trotzdem hat das BVerfG im Hinblick auf Aufgabe und Befugnis der Gerichte zur Rechtsfortbildung durch Auslegung betont, dass dieser Befugnis durch den rechtsstaatlichen Grundsatz der richterlichen Rechts- und Gesetzesbindung Grenzen gezogen sind[297]. Es sei eben nicht Sache der Gerichte oder Behörden, die bestehende gesetzliche Regelung eigenmächtig im Wege einer Auslegung contra legem zu ändern und damit letztlich eigene rechtspolitische Auffassungen zur Geltung zu bringen. Auch das Bundesarbeitsgericht (nachfolgend das „**BAG**“) hat in seinem Beschluss vom 18. Februar 2003 festgestellt, dass die Auslegung nicht zum *„Wort und dem klar erkennbaren Willen des Gesetzgebers in Widerspruch“* treten dürfe[298].

Auch *Roth*[299] problematisierte diese Konstellation, trifft dabei aber nicht ganz den hier ausschlaggebenden Punkt: Danach soll sich eine unübersteigbare Hürde für eine Gesetzeskorrektur ergeben, wenn sich aus dem Wortlaut der Norm und dem von Gesetzgeber verfolgten Regelungszweck klar und eindeutig entnehmen lässt, dass von den Richtlinienvorgaben abgewichen werden soll[300]. Denn sonst droht die Gefahr, dass der sich im Wortlaut abbildende erkennbare Wille des Gesetzgebers beiseitegeschoben und durch eine autark getroffene richterliche Abwägung – freilich dem europäischen Telos folgend – der Interessen ersetzt wird[301].

---

293 *J.F. Kierulff*, Theorie, S. 39.
294 *Rüthers*, Rechtstheorie, § 13 Rn. 471.
295 *Adomeit*, JZ 2003, 161, 161.
296 *Gustav-Radbruch-Gesamtausgabe*, Bd. 1 „Rechtsphilosophie I“, ed. Arthur Kaufmann, S. 149 – zitiert nach *Adomeit*, JZ 2003, 161, 164.
297 BVerfGE 34, 269, 287 f.
298 BAG, NZA 2003, 742, 747.
299 *Roth*, in: *Riesenhuber*, Methodenlehre, § 14 Rn. 60.
300 Im Ergebnis so auch: *Steindorff*, EG-Vertrag, S. 452.
301 BVerfGE 82, 12 f.; BVerfGE 87, 273, 280.

Nochmals: Vorliegend hat der deutsche Gesetzgeber die Richtlinie seinerzeit richtlinienkonform in nationales Recht umgesetzt, jedoch nicht von der neugeschaffenen Liberalisierungsmöglichkeit Gebrauch gemacht. Darin könnte man den entgegenstehenden Willen des deutschen Gesetzgebers erkennen – etwa im Rahmen eines beredten Schweigens –, das geänderte Verständnis der „Financial Assistance" den nationalen Regelungen zugrunde zu legen. Nach einer positivistischen Herangehensweise würde die Heranziehung des „neuen" europäischen Telos zur Auslegung des § 71a Abs. 1 S. 1 AktG die Legitimation des deutschen Gesetzgebers in Frage stellen und wäre somit abzulehnen. Darüber hinaus ist die nicht erfolgte Liberalisierung der „Financial Assistance" ausdrücklich in das Ermessen des nationalen Gesetzgebers gestellt und könnte daher auch nicht mit dem Argument der Europarechtsfeindlichkeit angegriffen werden.

(b) Europafreundliche Auslegung

Ob mitgliedsstaatliche Bestimmungen der richtlinienkonformen Auslegung zugänglich sind, ist vor allem dann von praktischem Interesse, wenn dem EG-Recht keine unmittelbare Anwendung zukommt. Grundsätzlich lässt sich die Wirkung der richtlinienkonformen Auslegung in vier Wirkungsweisen einteilen. Zunächst kann sie gegenüber dem nationalen Recht eine (1) *Korrekturwirkung* haben, als Korrelat dazu kommt ihr aber auch eine (2) *Sperrwirkung* gegenüber der Auslegung zu, welche das Ziel der Richtlinie vereiteln würde. Ferner kann die richtlinienkonforme Auslegung aber eine (3) sog. *Vorwirkung* zeitigen und eine (4) *Ausstrahlungswirkung* bei überschießender Umsetzung beinhalten. Einzig relevant ist vorliegend die Korrekturwirkung der richtlinienkonformen Auslegung, da eine Umsetzung (noch) nicht erfolgte. Zur Korrektur einer von der Richtlinie abweichenden nationalen Bestimmung kann es genügen, einen Begriff oder eine Norm innerhalb des Umsetzungsgesetzes so auszulegen, dass das Ziel der Richtlinie verwirklicht wird[302].

Auf einer erste – wenn auch nicht unüberwindbare – Hürde stößt die richtlinienkonforme Auslegung bei einem eindeutigen Wortsinn. Nach der Rechtsprechung des *Bundesverfassungsgerichts* darf im Wege der Auslegung einem nach Wortlaut und Sinn eindeutigem Gesetz nicht ein entgegengesetzter Sinn verliehen, der normative Gehalt der auszulegenden Norm nicht grundlegend neu bestimmt und das gesetzgeberische Ziel nicht in einem wesentlichen Punkt verfehlt werden[303].

Diese Hürde lässt sich aber im Rahmen der *richtlinienkonformen Rechtsfortbildung* durchaus überspringen. Die *richtlinienkonforme Rechtsfortbildung* ist als Fortsetzung der *richtlinienkonformen Auslegung* in der deutschen Rechtspraxis durchaus anerkannt[304] und erlangte zunächst zweifelhafte Prominenz in der Entscheidung des

---

302 Langenbucher, Europarechtliche Bezüge, § 1 Rn. 97.

303 BVerfGE 54, 277, 299; BVerfGE 71, 81, 105.

304 *Roth*, in: Riesenhuber, Methodenlehre, § 14 Rn. 44.

BGH vom 26. November 2008[305] *(„Quelle")*[306]. Nachfolgende Entscheidungen lassen die Vermutung zu, dass ein solches methodisches Vorgehen nunmehr zum gängigen Repertoire des BGH zählt. Dies zeigte sich insbesondere im Kontext des § 439 BGB[307].

Diese Befugnis zur richtlinienkonformen Rechtsfortbildung ist gegeben, wenn das geltende Recht innere Regelungslücken aufweist[308], die gesetzlichen Vorgaben sich als unzureichend erweisen[309] – was hier beides augenscheinlich nicht vorliegt – oder aber aufgrund der Änderung der wirtschaftlichen oder gesellschaftlichen Verhältnisse Anpassungsbedarf entsteht[310]. Die richtlinienkonforme Rechtsfortbildung ist zu der richtlinienkonformen Auslegung ein „Mehr" und stellt daher auch höhere Anforderungen auf. Die Grundvoraussetzung für eine richtlinienkonforme Rechtsfortbildung ist nach hergebrachter[311], aber nicht unbestrittener[312] Ansicht an die Existenz einer Regelungslücke geknüpft. Vorliegend existiert eine recht dezidierte Verbotsnorm, daher kann hier keineswegs von einer Regelungslücke ausgegangen werden. Allenfalls kommt somit eine richtlinienkonforme Auslegung der deutschen Norm in Betracht. Als Legitimation dafür kann die Änderung der wirtschaftlichen oder gesellschaftlichen Verhältnisse herangezogen werden. Wenn der Alterungsprozess der Gesetze sogar als Legitimation für eine richtlinienkonforme Rechtsfortbildung genügt – und damit einen schweren Eingriff in die Rechtsetzungsbefugnis des Staates begründet – muss sich erst recht eine weniger belastende Korrektur durch Auslegung rechtfertigen lassen. Daher fordert das *Bundesverfassungsgericht* sogar, dass die *„Gerichte [...] befugt und verpflichtet [sind] zu prüfen, was unter den veränderten Umständen „Recht" im Sinne des Art. 20 Abs. 3 GG ist"*[313]. Denn die Gesetze stehen in einem *„Umfeld sozialer Verhältnisse und gesellschaftspolitischer Anschauungen, mit deren Wandel sich auch der Norminhalt ändern kann. In dem Inhalt, in dem sich aufgrund solcher Wandlungen Regelungslücken bilden, verliert das Gesetz seine Fähigkeit, für alle Fälle, auf die seine Regelung abzielt, eine gerechte*

---

305 *BGH*, Urteil vom 26.11.2008 – VIII ZR 200/05 (NJW 2009, 427)

306 Nach *Adomeit* – NJW 15/2009 LXXXVIII, Buchhinweis zu *C. Höpfner* „Die systemkonforme Auslegung" – rechtfertigt die richtlinienkonforme Auslegung kein contra-legem Judizieren; an dieser Grenze habe der BGH in der o. g. Entscheidung haarscharf vorbei geurteilt.

307 *BGH* v. 21.12.2011 – VIII ZR 70/08 (BGHZ 192, 178 ff.), Rn. 30 ff.; *BGH* v. 17.12.2012 – VIII ZR 226/11 (BGHZ 195, 135 ff.) Rn. 16 ff.

308 BVerfGE 69, 315, 371 f.; BVerfGE 87, 273, 280; BVerfGE , 88, 145, 167; BVerfGE 98, 49, 59 f.

309 BVerfGE 84, 212, 226; BVerfGE 88, 103, 116.

310 BVerfGE 82, 6, 12.

311 *Larenz/Canaris*, Methodenlehre, S. 191 ff.; *Bydlinski*, Methodenlehre, S. 472 ff. Das *Bundesverfassungsgericht* hat die richtlinienkonforme Rechtsfortbildung im Falle einer Regelungslücke akzeptiert, aber nicht auf diesen Fall beschränkt.

312 *Pawlowski*, Methodenlehre, Rn. 461 ff.; *Koch/Rüßmann*, Begründungslehre, S. 254; *Hergenröder*, Rechtsfortbildung, S. 152 ff.

313 BVerfGE 82, 6, 12.

Lösung bereit zu halten.“[314] Die Reform der Kapitalrichtlinie erfolgte aufgrund eines gewandelten Verständnisses vom Verbot der Financial Assistance, dies müsste nun auch für die Auslegung der deutschen Norm zugrunde gelegt werden.

Darüber hinaus verwendet der *Europäische Gerichtshof* mitunter die allgemein gehaltene Formel, dass nationales Recht *„soweit wie möglich in Übereinstimmung mit den Anforderungen des Gemeinschaftsrechts auszulegen“* sei[315].

Nach dem europarechtsfreundlichen Ansatz müssten Veränderungen im europäischen Recht zumindest im Wege der richtlinienkonformen Auslegung Eingang in die deutsche Rechtsanwendung finden.

(c) Stellungnahme

Die vorgestellten Ansichten weichen diametral voneinander ab. Nach dem positivistischen Ansatz darf allein das vom nationalen Gesetzgeber gesetzte Recht herangezogen werden. Dem ist insofern zuzustimmen, dass der deutsche Gesetzgeber in der Nichtliberalisierung der deutschen Financial Assistance ausdrücklich zum Ausdruck bringt, kein gewandeltes Verständnis von dieser zu haben. Eine andere Beurteilung würde den klaren Willen des nationalen Gesetzgebers offensiv in Frage stellen.

Andererseits verlangt der EuGH, bei der Auslegung europäisch geprägten Rechts den jeweiligen Stand der Harmonisierung der Rechtsvorschriften und Integrationstiefe im entscheidungsrelevanten Bereich zu berücksichtigen.[316] Methodisch wird dies als *„Grundsatz der dynamischen Auslegung“* bezeichnet.[317] Dabei besteht Einigkeit, dass bei der Anwendung von Gemeinschaftsrecht dessen Dynamik und Fortentwicklung eine besondere Rolle spielen. Dies könnte zu einer *„self-executing*-Bedeutung“[318] des europäischen Rechts führen. Dann würden die Erwägungen der geänderten Richtlinie den nationalen Text überlagern und ihn ohne Veränderung in die Dimension des europäischen Rechts bringen[319].

Sperrt sich der nationale Gesetzgeber aber ausdrücklich gegen eine Umsetzung, hat der nationale Richter wegen des Prinzips des Vorrangs des Gesetzes von vornherein keinen Beurteilungsspielraum, den er im Sinne einer richtlinienkonformen Auslegung ausschöpfen könnte.[320] Dieser darf ihm nicht mit dem Argument gewährt werden, Gemeinschaftsrecht habe Vorrang vor entgegenstehendem nationalem Recht, dann würden nämlich die Grenzen des Art. 20 Abs. 3 GG verwischt.

---

314 Ibd.

315 EuGH, EuZW 2003, 249 Rn. 63; EuGHE 2000, I-7321 Rn. 39.

316 *Windbichler/Krolop*, in: Riesenhuber, Methodenlehre, 448, 458.

317 *Bleckmann*, Rn. 555; *Buck*, Auslegungsmethoden, S. 213 f.

318 Der Begriff ist in diesem Kontext dem Völker- und Verfassungsrecht entlehnt und soll eine rechtliche Wirkung ohne vermittelnden Vollzugsakt des nationalen Gesetzgebers beschreiben.

319 Vgl. *Lutter*, Europäisches Unternehmensrecht, S, 28.

320 *Canaris*, FS *Bydlinski*, S. 47, 85 ff.; *Franck/Möslein*, S. 175; *Franzen*, S. 412 ff.; *Riesenhuber/Domröse*, RIW 2005, 47, 51; *Schürnbrand*, JZ 2007, 910, 916.

Auch der Zweck der richtlinienkonformen Auslegung bringt keine Auflösung dieses methodischen Spagats. Grundsätzlich dient die richtlinienkonforme Auslegung der *„Schonung des innerstaatlichen Gesetzgebers vor einer EG-rechtlichen Infragestellung der von ihm erlassenen Normen“*[321], daher ist grundsätzlich – bis zum Nachweis des Gegenteils – von der Gemeinschaftstreue des nationalen Gesetzgebers auszugehen.[322]

Eines der Hauptanliegen des EG-Vertrages ist die Schaffung eines einheitlichen Binnenmarktes durch Rechtsangleichung. Auch die Reform der Kapitalrichtlinie und die damit einhergehende Liberalisierung der Financial Assistance sollten den europäischen Unternehmen eine flexiblere Gestaltung ihrer Besitzverhältnisse und damit eine größere Effektivität in einem globalisierten Markt bringen. Die Kapitaländerungsrichtlinie erging nach Jahren der Konsultationen und Untersuchungen, die maßgeblich durch nationale Forscher und deren Einrichtungen durchgeführt wurden. Nun könnte vorgebracht werden, dass um des Zwecks der richtlinienkonformen Auslegung willen, der deutsche Gesetzgeber eine richtlinienkonforme Auslegung seiner nationalen Vorschrift tolerieren müsse. Dies verkennt aber, dass der deutsche Gesetzgeber sich mit der Nichtumsetzung der geänderten KapRL nicht in Widerspruch zum Europarecht setzt, da es ihm ausdrücklich gestattet wurde, in dem hier erfolgten Umfang davon abzuweichen.

Lutters[323] Modell der Mindest- und Höchststandardrichtlinien spricht dagegen eher für einen pragmatischen Ansatz, der die Auslegung der nationalen Norm nach bisherigem Verständnis nahelegt, also keine Überlagerung durch die geänderte Richtlinie. Danach ist zwischen Mindest- und Höchststandardrichtlinie zu unterscheiden. Nur bei „Richtlinien, [die] einen Höchststandard [vorgeben], ist die nationale Norm im Zuge der richtlinienkonformen Auslegung enger, restriktiver auszulegen[324]“, als vor der Änderung der Richtlinie. Handelt es sich dagegen um eine Richtlinie, die lediglich Mindeststandards setzt, so „darf die nationale Norm auch unter dem Aspekt der Richtlinienkonformität wie bislang ausgelegt, im Zuge der nationalen Rechtsentwicklung und Rechtserkenntnis sogar noch strenger werden“.[325]

Vorliegend handelt es sich bei der KapRL um eine Mindeststandardrichtlinie[326]. Diese gibt Mindeststandards bezüglich des Kapitalerhaltungsschutzes vor. Die nationalen Gesetzgeber können jedoch schärfere Regelungen treffen, wie die Unterschiede zwischen dem deutschen und dem britischen Kapitalerhaltungssystem zeigen. Die Qualifikation als Mindeststandardrichtlinie führt dazu, dass die nationale Norm nunmehr so ausgelegt werden darf wie bisher und nicht nach dem neuen Verständnis der reformierten Richtlinie.

---

321 *Jarass*, EuR 1991, 211, 223.
322 *Hommelhoff*, AcP 192 (1992), 71, 95.
323 *Lutter*, JZ 1992, 593, 606 f.
324 Siehe auch: *Zuleeg*, S. 153; *Stuyck*, CMLR 1991, 205 ff.
325 *Lutter*, JZ 1992, 593, 607.
326 So im Ergebnis auch *Drinkuth*, Kapitalrichtlinie, S. 215.

Als Gegenargument lässt sich der sog. *„effet utile"*, der in Art. 10 EG vertraglich normierte Nutzbringungsgedanke, vorbringen. Dieser garantiert die Erfüllung der den Mitgliedsstaaten obliegenden Pflichten, insbesondere jegliche Verpflichtungen des Primär- und Sekundärrechts zu erfüllen und Maßnahmen, die die Verwirklichung von gemeinschaftlichen Zielen gefährden, zu unterlassen. Dies spricht freilich wieder für eine europarechtsfreundliche Auslegung des § 71a Abs. 1 S. 1 AktG, jedoch verkennt diese Ansicht, dass die Lockerung der „Financial Assistance" ins Ermessen der nationalen Gesetzgeber gestellt wurde. Daher kann der *„effet utile"* hier weder als Argument für noch als Argument gegen die europarechtsfreundliche Auslegung des § 71a Abs. 1 S. 1 AktG herangezogen werden.

Die vorgebrachten Argumente vermögen einzeln nicht zu überzeugen, orchestriert betrachtet sprechen die besseren Argumente für den positivistischen Ansatz. Daher bleibt es beim strikten Verbot des § 71a Abs. 1 S. 1 AktG, bis der deutsche Gesetzgeber von seiner Liberalisierungsmöglichkeit Gebrauch macht. Insbesondere kann nicht *Habersack*[327] gefolgt werden, der eine (wenn überhaupt) restriktive Anwendung des Verbots fordert. Er erkennt in der Liberalisierung ein Bekenntnis, dass das Verbot des § 71a Abs. 1 S. 1 AktG zum jetzigen Zeitpunkt schon teleologisch überholt sei. Dies überzeugt aus methodischer Sicht aber nicht. Selbst bei Anwendung einer europafreundlichen Auslegung kann durch das nachträglich unter Erlaubnisvorbehalt gestellte Verbot zwar seine Zwecksetzung ändern, keinesfalls entfällt es aber dadurch. Maßgeblich ist somit der Wortlaut des § 71a Abs. 1 S. 1 AktG in seiner gegenwärtigen Gestalt, dieser ist autonom zu interpretieren. Eine richtlinienkonforme Korrektur über den Wortlaut hinaus kommt daher nicht in Betracht. Letztlich hat sich auch der Rechtsausschuss des Deutschen Bundestages dem positivistischen Ansatz angeschlossen. Er nimmt dazu in einem *obiter dictum* zur Begründung des *ARUG*[328] Stellung. Danach blieben Fälle, in denen nach Artt. 23 f. der KapRL finanzielle Unterstützungen erlaubt wären, nach nationalem Recht gemäß § 71a AktG verboten.

cc) Einfluss des britischen Rechts auf die Auslegung der Regelung des § 71a Abs. 1 S. 1 AktG

Wie bereits ausgeführt, handelt es sich bei § 71a AktG um eine Norm, die ihren Ursprung im britischen Recht hat. Möglicherweise kann daher – zusätzlich zum europäischen Recht – auch noch das britische Recht zur Auslegung herangezogen werden. Insbesondere die Historie und die Rechtsprechung zum britischen Verbot der Financial Assistance könnten wichtige Erkenntnisse liefern. Trotzdem tragen diese Überlegungen nicht, da sich methodische Bedenken auftun:

---

327 *Habersack*, FS Röhricht, S. 155, 167 f.

328 *Gesetz zur Umsetzung der Aktionärsrichtlinie* (ARUG) vom 30.07.2009 – BGBl. I/2009, S. 2479.

(1) Veraltete Erkenntnisse

Zunächst einmal kann es sich allenfalls um Erkenntnisse des englischen Rechts vor Erlass der entsprechenden Richtlinie handeln. Vorliegend wären es also Rechtsansichten und Auslegungen vor 1976. Dies gilt im schnelllebigen Bereich des Wirtschaftsrechts durchaus als antiquiert und nicht brauchbar.

(2) Uneinheitlichkeit der Auslegung

Ferner werden nationale Regelungen regelmäßig nicht einheitlich ausgelegt, sondern spalten sich häufig vielmehr in eine Rechtssprechungs- und eine Literaturansicht, wobei sich regelmäßig noch eine vermittelnde Ansicht herauskristallisiert. Welche Meinung sollte daher hier für maßgeblich erklärt werden?

(3) Ein drohendes nationales Europarecht

Des Weiteren würde eine Heranziehung der britischen Auslegung der Financial Assistance zu einer internationalen Herrschaft einer nationalen Rechtsordnung in einem originär autonomen EG-Recht führen. Gerade dies ist im europäischen Recht aber nicht gewollt, nicht zuletzt, weil es unter Umständen vom Zufall abhängt, wie die zuständigen Bereiche (der den Gesetzentwurf erarbeitenden Institutionen) personell besetzt sind und somit welche der konkurrierenden nationalen Regelungen in die Richtlinie übernommen werden.

Dies führt dazu, dass für die Auslegung des § 71a Abs. 1 S. 1 AktG die Herkunft der Financial Assistance und ihre Geschichte in Großbritannien nicht zu berücksichtigen sind[329]. *Lutter* formuliert dazu treffend, dass die entsprechende Norm *„auf dem Wege über die Gemeinschaftsorgane und ihre Gesetzgebung [...] ihr nationales Herkunftskleid [abstreift] und [...] autonomes EG-Recht [wird].“*[330] Aus diesem Grunde ist auch die von *Schroeder*[331] vertretene Heranziehung der nationalen Erkenntnisse zur Auslegung des europäischen Rechts methodisch zweifelhaft.

3.3 Rechtsfolge eines Verstoßes gegen § 71a Abs. 1 S. 1 AktG

Die Rechtsfolge eines Verstoßes gegen das Verbot der finanziellen Unterstützung ist die Nichtigkeit des Geschäfts, das die unzulässige Finanzierung zum Gegenstand hat. Nach herrschender Meinung ist von der Nichtigkeitsfolge nur das Verpflichtungsgeschäft erfasst[332]. Die Gegenansicht möchte darüber hinaus auch das

329 Vgl. auch *Canaris*, JZ 1987, 543 ff.; *Lutter*, JZ 1992, 593, 602; im Ergebnis so auch: *Bleckmann*, ZGR 1992, 364, 365 f.; *Everling*, ZGR 1992, 376, 386 f.

330 *Lutter*, JZ 1992, 593, 602.

331 *Schroeder*, S. 68 ff.

332 *Seibt*, ZHR 171 (2007), 282, 305; *Schroeder*, S. 254; *Lutter/Drygala*, in KK-AktG, § 71a Rn. 50; *Merkt*, in: GK-AktG, § 71a Rn. 48; *Oechsler*, in: MüKo-AktG, 3. Aufl. 2008,

Erfüllungsgeschäft erfassen[333], da auch dieses die aufgezählten Rechtsgeschäfte zum Gegenstand habe. Dies überzeugt bei einer konsequenten Anwendung des Trennungs- und Abstraktionsprinzips aber nicht. Gegenstand des Erfüllungsgeschäfts ist danach allein Erfüllung des Verpflichtungsgeschäfts. *Fridrich*[334] weist daher zutreffend darauf hin, dass der Gesetzgeber bei einer gewünschten Nichtigkeit auch des Erfüllungsgeschäfts dieses durch eine andere Formulierung deutlich gemacht hätte. Beispielsweise indem die Leistung auf die dort benannten Rechtsgeschäfte für nichtig erklärt worden wäre[335].

Zu Recht weist *Oechsler* darauf hin, dass § 71a Abs. 1 S. 1 AktG durch eine europäische Richtlinie in das deutsche Aktiengesetz kam und der überwiegende Teil der europäischen Rechtsordnungen unser Trennungs- und Abstraktionsprinzip gar nicht kennen[336]. Daher könnte man meinen, dass – um dem *effet utile* zu genügen – eine effektive Wirkung des § 71a Abs. 1 S. 1 AktG doch auch die Nichtigkeit des Erfüllungsgeschäfts erforderlich mache. Jedoch ist die zugrunde liegende Richtlinie bei der Regelung der Rechtsfolge liberal und überlässt die nähere Ausgestaltung den Mitgliedsstaaten (vermutlich, um gerade den Unterschieden zwischen Ländern mit und ohne Trennungs- und Abstraktionsprinzip Rechnung zu tragen).

Auch besteht kein Bedürfnis, einen Gleichlauf mit der Rechtsfolge des § 57 AktG herzustellen[337]. Denn zum einen ergänzt § 71a Abs. 1 S. 1 AktG den § 57 AktG nach der hier vertretenen Auffassung[338] und zum anderen folgt mit der neueren Rechtsprechung des BGH und einer starken Ansicht in der Literatur durch einen Verstoß gegen die Einlagenrückgewähr auch keine Nichtigkeit des zugrundeliegenden Rechtsgeschäfts mehr[339].

Hat die Aktiengesellschaft bereits geleistet, stellt sich überdies die Frage, nach welchen gesetzlichen Vorschriften und Maßgaben sie berechtigt ist, ihre Leistung vom Empfänger zurückzuverlangen. In Betracht kämen sowohl die allgemeinen Vorschriften des Bereicherungsrechts als auch § 62 AktG. Von der wohl herrschenden Meinung in Rechtsprechung[340] und Literatur[341] wird eine Rückabwicklung über das Bereicherungsrecht vertreten. Dennoch scheint dies insbesondere unter dem Aspekt

§ 71a Rn. 40; *Hüffer*, § 71a Rn. 4; *Bezzenberger*, in: K. Schmidt/Lutter, § 71a Rn. 15; *Laubert*, in: Hölters, § 71a Rn. 6; *Schäffler*, BB 2006, Special Nr. 9 zu Heft 48, 1, 6.

333 *Joost*, ZHR 149 (1985), 419, 430; *Oechsler*, ZIP 2006, 1661, 1666; *Cahn*, in: Spindler/Stilz, § 71a Rn. 50; *Bezzenberger*, in: K. Schmidt/Lutter, § 71a Rn. 17.

334 *Fridrich*, S. 264.

335 Im Ergebnis so auch *Schroeder*, S. 251 f.

336 *Oechsler*, ZIP 2006, 1661, 1666; ähnlich auch *Bezzenberger*, in: K. Schmidt/Lutter, § 71a Rn. 17.

337 So aber *Oechsler*, ZIP 2006, 1661, 1666.

338 S.u.

339 S.o.

340 *BGH*. v. 12.09.2006 – XI ZR 296/05 (ZIP 2006, 2119, 2120 f.).

341 *Lutter/Wahlers*, AG 1989, 1, 10; *Hüffer*, § 71a Rn. 4; *Merkt*, in: GK-AktG, 4. Aufl. 2001, § 71a Rn. 48; *Hefermehl/Bungeroth*, in: Geßler/Hefermehl/Eckardt/Kropff, AktG,

der Schwächen des Bereicherungsrechts nicht immer ausreichend: Bei einer Rückabwicklung nach § 62 AktG kann sich der Empfänger weder auf fehlendes Verschulden berufen noch kommen die Privilegierungen der §§ 814, 817 S. 2, 818 Abs. 3 BGB in Betracht. Daher kann durchaus über eine Anwendung des § 62 AktG nachgedacht werden[342]. Dies ist aufgrund des begrenzten Adressatenkreises von § 62 AktG freilich nicht unproblematisch: Dieser richtet sich ausschließlich gegen Aktionäre.

Der Anwendungsbereich des § 71a Abs. 1 S. 1 AktG ist dagegen expressis verbis und vom Schutzzweck viel weiter gefasst, hiervon werden zwangsläufig auch „Nichtaktionäre" erfasst. Insofern bestünde eine Diskrepanz zwischen der Nichtigkeits- und der Rückgewährnorm. Ein überzeugender Grund lässt sich dafür allerdings nicht finden. Gleichwohl ist eine Anwendbarkeit von § 62 AktG nach der hier vertretenen Emanzipation des § 71a Abs. 1 S. 1 AktG von § 57 AktG grundsätzlich wünschenswert. Nur so kann dem Zweck des § 71a Abs. 1 S. 1 AktG Rechnung getragen werden, einen umfassenden Schutz des Gesellschaftsvermögens zu gewährleisten.

Dennoch ist der BGH ist einer Anwendung des § 62 AktG bisher nicht gefolgt, wie sich aus der unten dargestellten Entscheidung vom 13. November 2007[343] ergibt. Dort konstruiert der Senat noch einen Verstoß gegen das Verbot der Einlagenrückgewähr nach § 57 AktG, um auf § 62 AktG abstellen zu können. Würde er den § 62 AktG konsequent auch bei § 71a Abs. 1 S. 1 AktG anwenden, bedürfte es dieses Kunstgriffs nicht.

Um § 62 AktG bei allen nach § 71a Abs. 1 S. 1 AktG nichtigen Rechtsgeschäften zur Anwendung zu verhelfen, sind methodisch grundsätzlich zwei Wege gangbar. (i) Einerseits kann der Begriff des Aktionärs sehr extensiv ausgelegt werden oder aber (ii) die Norm wird entsprechend angewandt.

3.3.1 Extensive Auslegung des § 62 AktG

Man könnte den gleichen Maßstab anlegen, wie bereits bei § 57 AktG und nicht nur den tatsächlichen Aktionär von § 62 AktG erfasst ansehen, sondern auch ihm wirtschaftlich gleichstehende Rechtssubjekte. Für § 57 AktG ist anerkannt, dass die Rückgewährvorschrift auch auf ehemalige und zukünftige Aktionäre anwendbar ist, wenn sie die verbotswidrige Leistung mit Rücksicht auf ihre Aktionärsstellung erhalten haben[344]. Gleiches gilt für dem Aktionär zurechenbare Drittempfänger[345].

---

§ 71a Rn. 10; auch noch *Lutter*, in: KK-AktG, 2. Aufl. 1988, § 71a Rn. 8; *Laubert*, in: Hölters, § 71a Rn. 6.

342 Siehe zur Begründung der Notwendigkeit einer Anwendung des § 62 AktG erschöpfend *Fridrich*, S. 266 f.

343 *BGH* v. 13.11.2007 – XI ZR 294/07 (NZG 2008, 106, f.), dargestellt auf S. 98 ff.

344 *OLG Frankfurt a.M.*, Urteil v. 30.11.1995–6 U 192/91 (AG 1996, 324, 325; *OLG Hamburg*, Urteil v. 23.05.1980–11 U 117/79 (AG 1980, 275, 278); *Hüffer*, § 62 Rn. 5; *Bayer*, in: MüKo-AktG, 3. Aufl. 2008, § 62 Rn. 13; *Fleischer*, in: K. Schmidt/Lutter, § 62 Rn. 11.

345 *Bayer*, in: MüKo-AktG, 3. Aufl. 2008, § 63 Rn. 14; *Henze*, in: GK-AktG, 4. Aufl. 2001, § 62 Rn. 22; *Fleischer*, in: K. Schmidt/Lutter, § 62 Rn. 10.

Es ist daher *per se* zunächst kein Grund ersichtlich, warum § 71a Abs. 1 S. 1 AktG nicht auch eine Rückgewähr nach § 62 AktG auslösen soll. In diese Richtung gehen auch die jüngste Rechtsprechung[346] und einige neuere Stimmen in der Literatur[347]. Danach ist die Gleichzeitigkeit von Aktionärseigenschaft und Leistungsempfang entbehrlich, wenn der Empfänger vor der Leistung Aktionär war oder danach wird, und wenn feststeht, dass die nicht drittgleiche Leistung mit Rücksicht auf seine ehemalige bzw. zukünftige Aktionärseigenschaft erfolgt sei. Dies sei schon vom Wortlaut so vorgesehen, daher bedürfe es auch keiner Analogie.

M.E. zutreffend wird dies mit dem Charakter der von § 71a Abs. 1 S. 1 AktG erfassten Rechtsgeschäfte argumentativ unterfüttert. Diese erschöpfen sich regelmäßig nicht in nur einer tatsächlichen Handlung, sondern bilden eine Kette von mehreren Rechtsgeschäften, die letztlich aber eine wirtschaftliche Einheit bilden. Das strenge Abstellen auf die Aktionärseigenschaft zum Zeitpunkt der Leistung würde diese mehraktigen Handlungseinheiten aber künstlich aufspalten.

3.3.2 Analoge Anwendung von § 62 AktG

Fridrich dagegen sieht durch das Vorgehen des *OLG München* den Wortlaut des § 62 Abs. 1 S. 1 AktG überdehnt. Daher komme eine Anwendung des § 62 Abs. 1 S. 1 AktG allenfalls über eine Analogie in Betracht[348]. Dies setzt aber eine planwidrige Regelungslücke bei einer vergleichbaren Interessenlage voraus. Die planwidrige Regelungslücke ließe sich wohl mit der Zufälligkeit der Aktionärseigenschaft im Zeitpunkt der Leistung begründen. Dies sieht letztlich auch das *OLG München*, indem es Rechtsgeschäfte nach § 71a Abs. 1 S. 1 AktG nicht unnatürlich in zwei Akte aufspalten will. Auch die planwidrige Regelungslücke ist unter dem Aspekt der Schwächen des §§ 812 ff. gegeben. Jedoch fehlt es bei einer direkten Anwendung des § 62 Abs. 1 S. 1 AktG an dem Bedürfnis einer Analogie.

3.3.3 Stellungnahme

Der § 62 Abs. 1 S. 1 AktG lässt nach hier vertretener Auffassung für das viel allgemeinere Verbot der Einlagenrückgewähr nach § 57 AktG bereits den sachlichen und zeitlichen Zusammenhang zwischen Aktionärseigenschaft und Leistung genügen, um dem Begriff des Aktionärs gerecht zu werden. Es erscheint inkonsequent, bei dem im Anwendungsbereich spezielleren § 71a Abs. 1 S. 1 AktG (wenn auch nicht in personeller Hinsicht) dann in der Rückgewähr aber strengere Maßstäbe anzulegen. § 62 Abs. 1 S. 1 AktG soll die Rückgewähr von aktienrechtswidrig erlangten Leistungen vereinfachen. Dies ist nicht gewährleistet, indem Spezialvorschriften weiter verengt werden. Daher ist es nicht ersichtlich, warum ein Verstoß gegen § 71a Abs. 1

346 *OLG München*, Urteil v. 24.01.2006–5 U 4383/05 (BeckRS 2008, 07509).
347 *Brosius*, S. 95 f.; *Hartung*, S. 105 f.
348 *Fridrich*, S. 266 , 268 f.

S. 1 AktG nicht wie ein Verstoß gegen § 57 AktG gewertet werden soll und ebenso zu einer Rückgewähr nach § 62 Abs. 1 S. 1 AktG führen soll.

Ferner sind nach den Änderungen durch das *MoMiG* Fallgestaltungen denkbar, nach denen ein Darlehen ausgereicht wird, dessen Rückgewähranspruch zwar vollwertig ist (§ 57 Abs. 1 S. 3 AktG) aber der Erwerbsfinanzierung dient und somit dem § 71a Abs. 1 S. 1 AktG unterfällt. Nach der von der herrschenden Meinung vertretenen Auffassung wäre danach allenfalls eine Anwendung der §§ 812 ff. BGB denkbar, was zu einer erhöhten Missbrauchsanfälligkeit führt[349].

Voraussetzung für die Anwendung des § 62 AktG auch im Rahmen des § 71a Abs. 1 S. 1 AktG ist aber nach dem insofern eindeutigen Wortlaut, dass der erwerbende Dritte im Zeitpunkt der Empfangnahme der Finanzierungsleistung bereits Aktionär war (*„Die Aktionäre […]*")[350]. Von einigen Autoren wird daher vertreten, dass für eine extensive Auslegung – auch auf begünstigte Nichtaktionäre, die aber unmittelbar im Anschluss an den Abschluss des Darlehens- oder Sicherungsvertrags Aktionäre werden – aufgrund der mindestens subsidiär bestehenden Ansprüche aus §§ 812 ff. BGB kein Bedürfnis bestehe[351].

Dies erscheint mir inkonsequent. Im Rahmen des § 57 AktG entspricht es der ganz überwiegenden Ansicht, dass von dem Verbot der Einlagenrückgewähr auch ehemalige und zukünftige Aktionäre erfasst sind, sofern nur ein enger sachlicher und zeitlicher Zusammenhang besteht oder die *causa societatis* auf andere Weise festgestellt werden kann[352]. So hat der BGH im unten näher dargestellten Urteil vom 13. November 2007[353] den Anwendungsbereich der §§ 57, 62 AktG sogar nochmals erweitert: Nunmehr ist auch der *faktische Aktionär* von der Nichtigkeitssanktion mit anschließender Rückgewähr nach §§ 57, 62 AktG erfasst. Den Begriff des *„Aktionärs"* in § 62 AktG bei der Anwendung mit § 57 AktG weiter auszulegen als in der Anwendung mit § 71a Abs. 1 S. 1 AktG, lässt sich sachlich nicht rechtfertigen und widerspricht der Tendenz einer extensiven Auslegung in der Rechtsprechung. Nur durch die hier vertretene Anwendung des § 62 AktG auch auf die dem § 71a Abs. 1 S. 1 AktG typischen Fälle (im Zeitpunkt der Unterstützungsleistung ist der Empfänger noch kein Aktionär, jedoch erfolgt bedingt durch die Unterstützung zeitnah der Aufbau einer wesentlichen Beteiligung), kann einer Umgehung der § 71a Abs. 1 S. 1 AktG wirksam begegnet werden. Konsequenterweise erfordert dies dann aber auch, dass in diesem Zusammenhang § 62 AktG erweiternd ausgelegt wird. Diesen Schritt hätte der BGH in dem oben genannten Urteil vom 13. November 2007 vollziehen können und müssen, insbesondere um nicht in einer konstruiert wirkenden

349 Zu denken ist dabei etwa an eine Entreicherung nach § 818 Abs. 3 BGB oder den Ausschluss der Kondiktion nach § 814 BGB.

350 *Hüffer*, § 71a, Rn. 4; *Block*, in: Heidel, § 71a, Rn. 11; *Oechsler*, in: MüKo-AktG, § 71a, Rn. 41; *Bezzenberg*, in: K. Schmidt/Lutter, § 71a, Rn. 17.

351 *Merkt*, in: GK-AktG, §71a, Rn. 48.

352 Dieses subjektive Element wird nur von einer Mindermeinung im Schrifttum und einer überholten Rechtsprechung gefordert, siehe hierzu bereits S. 5 f.

353 *BGH* v. 13.11.2007 – XI ZR 294/07, Tz. 11 ff. (NZG 2008, 106 ff.).

Weise den gleichen Sachverhalt sowohl unter § 57 AktG als auch § 71a Abs. 1 S. 1 AktG zu subsumieren. Ferner wäre dadurch die Diskussion um die Rückabwicklung einer nach § 71a Abs. 1 S. 1 AktG verbotenen Unterstützungshandlung im Sinne einer Aufwertung des § 71a Abs. 1 S. 1 AktG zufriedenstellend gelöst worden.

3.3.4 Anwendung der bereicherungsrechtlichen Vorschriften

Dennoch muss gegenüber sonstigen Dritten freilich über die Vorschriften des Bereicherungsrechts abgewickelt werden. Sofern kein sachlicher und funktionaler Zusammenhang zwischen Aktionärsstellung und Leistung vorliegt, würde eine Anwendung des § 62 Abs. 1 S. 1 AktG tatsächlich den Wortlaut überdehnen. Der Ansicht, § 62 Abs. 1 S. 1 AktG greife im Falle eines Verstoßes gegen § 71a Abs. 1 S. 1 AktG unabhängig von einer etwaigen Aktionärseigenschaft des Empfänger immer[354], kann daher auch nicht gefolgt werden. Vielmehr ist in diesen Fällen ausschließlich das Bereicherungsrecht anzuwenden. Eine darüber hinausgehender Schutz der Aktiengesellschaft ist nur schwer vertretbar, denn gegenüber anderen Schuldnern besteht auch keine Privilegierung.

3.4 Verhältnis zu anderen kapitalschützenden Vorschriften des AktG

Ein weiteres undurchdrungenes Feld bei der Beleuchtung des § 71a Abs. 1 S. 1 AktG ist das Verhältnis des Verbots der finanziellen Unterstützung des Aktienerwerbs zu anderen kapitalschützenden Vorschriften.

3.4.1 Verhältnis zur Kapitalerhaltung und Vermögensbindung des § 57 AktG

Bisher konnte weder in der Rechtsprechung noch im Schrifttum das Verhältnis von § 71a Abs. 1 S. 1 AktG zu § 57 AktG abschließend geklärt werden. Es wurden insbesondere im Schrifttum schon einige Versuche unternommen eine Klärung herbeizuführen, jedoch sind die Ergebnisse häufig konträr. Das *OLG Düsseldorf*[355] verpasste in der sogenannten *Babcock Borsig/HDW-Entscheidung* die Möglichkeit, endlich einmal zu dem umstrittenen Verhältnis Stellung zu nehmen. Am Rande streifte der BGH[356] in seiner Entscheidung vom 13. November 2007 diese Problematik und äußerte sich in einem *obiter dictum* dazu. Darüber hinaus hat auch das *Gesetz zur Modernisierung des GmbH-Rechts und zur Bekämpfung von Missbräuchen (MoMiG)*[357]

354 So noch in der Vorauflage *Cahn*, in: Spindler/Stilz, 2007, § 71a Rn. 51; *Oechsler*, in: MüKo-AktG, 2. Aufl., 2005, § 71a Rn. 41.
355 *OLG Düsseldorf*, Urteil v. 28.09.2006 – I-5 U 6/06, Tz. 32 (NZG 2007, 273 ff.)
356 *BGH* v. 13.11.2007 – XI ZR 294/07, Tz. 11 ff. (NZG 2008, 106 f.)
357 Gesetz v. 01.11.2008 – BGBl. I 2008, S. 2026.

mit der Änderung des § 57 Abs. 1 S. 3 AktG die Diskussion um das Verhältnis beider Regelungen befruchtet. Lediglich für den Fall, dass das Darlehen an einen Aktionär im weitesten Sinne gewährt wird, stellt sich überhaupt die Frage der Kollision von § 71a Abs. 1 S. 1 AktG und dem Verbot der Einlagenrückgewähr nach § 57 AktG. Nach der herrschenden Lehre im Schrifttum sind über den Wortlaut des § 57 Abs. 1 S. 1 AktG hinaus auch Vermögenszuwendungen an künftige und ehemalige Aktionäre erfasst, *„wenn zwischen der Aufgabe bzw. der Erlangung der Aktionärsstellung und der Vornahme der Leistung ein enger sachlicher und zeitlicher Zusammenhang besteht"*[358](sog. Aktionär im weitesten Sinne). Spiegelbildlich wird aber auch der zeitliche Anwendungsbereich des § 71a Abs. 1 S. 1 AktG sehr weit ausgelegt, folglich kann es zu Überschneidungen beider Anwendungsbereiche kommen.

3.4.2 Rechtsprechung

Das oben genannte Urteil des BGH vom 13. November 2007[359] befasst sich mit der Haftung des faktischen Aktionärs beim Empfang verbotener Leistungen. Dabei treten Abgrenzungsschwierigkeiten beider Normen deutlich zu Tage und zugleich offenbart der BGH Schwierigkeiten im Umgang mit der Norm. Dem Urteil lag folgender Sachverhalt zugrunde: Der Insolvenzverwalter einer Aktiengesellschaft (die Insolvenzschuldnerin) machte Ansprüche auf Rückzahlung eines gewährten Darlehens zum Erwerb einer Beteiligung geltend. Dem vorausgegangen war der Abschluss eines Darlehensvertrages mit einer anderen Gesellschaft (nachfolgend die „**N-AG**") und Auszahlung der Darlehensvaluta in vereinbarter Höhe an die N-AG. Am selben Tag wurden mit dem Darlehen Aktien der Insolvenzschuldnerin erworben und dem Depot einer als Treuhänderin fungierenden natürlichen Person gutgeschrieben.

Zunächst subsumiert der Senat den Sachverhalt als verbotene Einlagenrückgewähr nach § 57 AktG, gleichwohl lässt er die Anwendung des § 71a Abs. 1 S. 1 AktG durch das Berufungsgericht unbeanstandet und übernimmt vielmehr apodiktisch das Subsumtionsergebnis des Berufungsgerichts. Im Ergebnis lässt der BGH augenscheinlich zunächst beide Normen parallel zur Anwendung kommen. Letztlich hat der Senat aber den Darlehensvertrag an § 71a Abs. 1 S. 1 AktG gemessen und den tatsächlichen Akt der Auszahlung der Darlehensvaluta als unzulässige Einlagenrückgewähr nach § 57 AktG eingestuft. Der BGH konstatiert dadurch ein Stufenverhältnis beider Kapitalschutznormen, er benötigt in diesem Fall die Nichtigkeit nach § 71a Abs. 1 S. 1 AktG um eine verbotene Einlagenrückgewähr feststellen zu können. Der Senat hätte vor Inkrafttreten des § 71a Abs. 1 S. 1 AktG den identischen Sachverhalt mit Sicherheit auf das Verbot der Einlagenrückgewähr gestützt, erkennt aber durch dieses Vorgehen nunmehr ein Spezialitätsverhältnis zugunsten des § 71a Abs. 1 S. 1 AktG an. Erstaunlich ist dabei jedoch, dass sich der BGH bei der Beurteilung des schuldrecht-

358 *Lutter*, in: KK-AktG, § 57, Rn. 40; *Bayer*, in: MüKo-AktG, § 57, Rn. 51; *Drinhausen*, in: Heidel, § 57, Rn. 42; *Cahn/v. Spannenberg*, in: Spindler/Stilz, § 57, Rn. 54 f.; *Schneider*, NZG 2007, 888, 891.

359 *BGH* v. 13.11.2007 – XI ZR 294/07 (NZG 2008, 106 f.).

lichen Rechtsgeschäfts des § 71a Abs. 1 S. 1 AktG bedient, wohingegen er das dingliche Rechtsgeschäft durch § 57 AktG zu Fall bringt. Nach herrschender Meinung im Schrifttum ist von der Nichtigkeitsfolge des § 71a Abs. 1 S. 1 AktG nur das schuldrechtliche Geschäft erfasst[360]. Der BGH wählte diesen Weg, weil eine Rückgewähr der Darlehensvaluta über § 71a Abs. 1 S. 1 AktG in Verbindung mit §§ 812 ff. BGB letztlich zu einer bereicherungsrechtlichen Privilegierung des Darlehensschuldners führen könnte. Damit vermied er unangenehme Fragestellungen wie Bösgläubigkeit, Entreicherung und letztlich die Frage der Konkurrenz zu § 62 AktG. Bei einer Beurteilung nach § 57 AktG würde nämlich die Haftung der Aktionäre beim Empfang verbotener Leistungen nach § 62 AktG eingreifen. Wenn nun aber – wie hier vertreten – eine ernsthafte Emanzipation des § 71a Abs. 1 S. 1 AktG betrieben worden wäre, hätten die gleichen Ergebnisse auch über eine Nichtigkeit der dinglichen Darlehensvalutierung nach § 71a Abs. 1 S. 1 AktG erlangt werden können. Dann nämlich hätte der BGH direkt auf § 62 AktG als Folge des Verstoßes gegen § 71a Abs. 1 S. 1 AktG zugreifen können und nicht den Umweg über § 57 AktG wählen müssen[361].

Dies verdeutlicht, dass der BGH in dem Verbot des § 71a Abs. 1 S. 1 AktG einen Spezialfall – zumindest bei der Beurteilung schuldrechtlicher Vorgänge – gegenüber der allgemeinen Kapitalerhaltungsvorschrift des § 57 Abs. 1 AktG sieht und je nach Erforderlichkeit die eine oder andere Verbotsnorm zur Anwendung bringt. Denn der Entscheidung ist zu entnehmen, dass nicht in jeder Auszahlung einer Darlehensvaluta, der ein gemäß § 71a Abs. 1 S. 1 AktG nichtiger Vertrag zugrunde liegt, zugleich eine unzulässige Einlagenrückgewähr nach § 57 AktG liegt.

Dass sich der Senat in dieser Entscheidung zum Verhältnis beider Normen nicht genau positionierte, ist dem entschiedenen Fall geschuldet: Eine Festlegung war nicht erforderlich. Leider verpasste der BGH dadurch die Chance, aus Sicht der Rechtsprechung etwas Licht in das Dunkel des Anwendungsbereichs von § 71a Abs. 1 S. 1 AktG zu bringen.

3.4.3 Schrifttum

Einige Vertreter des Schrifttums, wie *Habersack*[362], sehen in § 71a Abs. 1 S. 1 AktG eine weitgehend redundante Vorschrift, die im Wesentlichen bereits anderweitig normierte Grundsätze zusammenfasst. Danach sei der eigenständige Anwendungsbereich des § 71a Abs. 1 S. 1 AktG nur noch auf Randbereiche der finanziellen Unterstützung beschränkt, etwa auf Konstellationen, dass der Begünstigte weder gegenwärtiger noch zukünftiger Aktionär der Aktiengesellschaft sei. Wobei natürlich durch das oben bereits erwähnte BGH-Urteil der Anwendungsbereich auch auf faktische Ak-

360 *Oechsler*, in: MüKo-AktG, § 71a, Rn. 40; *Hüffer*, § 71a, Rn. 4, *Bezzenberger*, in: K. Schmidt/Lutter, § 71a, Rn. 15; *Schroeder*, S. 254; a.A.: *Joost*, ZHR 149 (1985), 419, 430; *Cahn*, in: Spindler/Stilz, § 71a, Rn. 50.

361 So verlangt es *Nodoushani*, NZG 2008, 291, 292 f. differenzierend *Schall*, EWiR 2008, 545 f.

362 *Habersack*, FS Röhricht, 155, 157 ff., 165.

tionäre erstreckt wird. Alle anderen Konstellationen seien schon von § 57 AktG erfasst. *Habersack* stützt seine These auf die restriktive Rechtsprechung des *BGH*[363] zur Kapitalerhaltung in der GmbH (*sog. „Novemberentscheidung“*), die so auch für die Aktiengesellschaft gelten müsse[364]. Danach ist jedes Darlehen an Gesellschafter– abweichend von der bilanziellen Betrachtungsweise –, welches nicht aus Rücklagen oder Gewinnvorträgen, sondern zu Lasten des gebundenen Vermögens der GmbH erfolgt, grundsätzlich als verbotene Auszahlung von Gesellschaftsvermögen zu bewerten und stellt somit einen Verstoß gegen § 30 GmbHG a.F. dar. Bei der Aktiengesellschaft seien diese Fälle sodann von § 57 AktG erfasst. Durch das *MoMiG* wurde dieser Rechtsprechung die Grundlage entzogen. Ob die Anwendung dieser Grundsätze auf die Aktiengesellschaft nach der Änderung des § 57 Abs. 1 S. 3 AktG so noch gelten kann, muss zu Recht bezweifelt werden. Denn nunmehr ist eine bilanzielle Betrachtungsweise der ausgereichten Darlehen gesetzlich vorgeschrieben. Vielmehr ist das Verbot des § 71a Abs. 1 S. 1 AktG nunmehr dringend erforderlich, um Missbrauch vorzubeugen. Ohne dieses Verbot könnte der Vorstand der Aktiengesellschaft den Erwerb weitgehend vorfinanzieren, sofern nur der Gegenleistungsanspruch aus dem Darlehens- oder auch Sicherungsvertrag bilanziell vollwertig ist. Wie oben bereits dargestellt, folgern *Lutter/Drygala*[365] aus § 71a Abs. 1 S. 1 AktG, solche Rechtsgeschäfte nur aufgrund einer zuvor erfolgten Mitsprache der Hauptversammlung (die letztlich zum Abschluss eines Unternehmensvertrags führt) zu zulassen. In diesem Bereich entwickelt § 71a Abs. 1 S. 1 AktG daher einen enorm wichtigen Schutzbereich, der autonom neben dem des § 57 AktG steht[366]. Eine Überschneidung gibt es lediglich, sofern der Gegenleistungsanspruch nicht vollwertig ist, dann ist die Unterstützungshandlung nämlich schon nach § 57 AktG unwirksam. Die Bedeutung von § 71a Abs. 1 S. 1 AktG liegt seit Inkrafttreten des MoMiG verstärkt in einem Bereich, in dem die Finanzierungsmaßnahme den Anforderungen des reformierten § 57 AktG standhält, also das Darlehen oder auch die Sicherheit an kreditwürdige zukünftige Gesellschafter vergeben wird. Der Grund für die Erfassung durch § 71a Abs. 1 S. 1 AktG liegt darin, dass die Unterstützung hier nicht zu einem beliebigen Zweck, sondern zu dem besonders problematischen Zweck der Finanzierung des Aktienerwerbs gewährt wird.

Oechsler[367] bringt – unabhängig von den Änderungen durch das *MoMiG* – ein weiteres überzeugendes Argument gegen *Habersacks* pauschale Übertragung der zum GmbH-Eigenkapitalersatzrecht ergangenen Entscheidung des BGH. Eine pauschale Erfassung aller Gesellschaftsdarlehen durch § 57 AktG würde zu erheblichen Problemen im Bankensektor führen. Daher sei in Anlehnung an die Kapitalersatzdogmatik vielmehr eine sogenannte unternehmerische Beteiligung erforderlich. Der

---

363 *BGH* v. 24.11.2003 – II ZR 171/01 (BGHZ 157, 72).

364 So auch *OLG Jena*, AG 2007, 785; *Fleischer*, in: K. Schmidt/Lutter, § 57, Rn. 22; kritisch dagegen *Cahn/v.Spannenberg*, in: Spindler/Stilz, § 57, Rn. 33.

365 Siehe zum Schutzzweck bereits S. 39 ff.

366 So auch *Lutter/Drygala,* in: KK-AktG, § 71a, Rn. 19.

367 *Oechsler*, ZIP 2006, 1661, 1662.

BGH[368] sieht die Grenze für eine unternehmerische Beteiligung bei etwa 25 %. Diese erforderliche Einschränkung spricht schon gegen Habersacks geforderte pauschale Anwendung des § 57 AktG. Konsequenterweise bedeutet dies aber auch, dass im Regelfall des geplanten Kontrollerwerbs der Darlehensnehmer im Zeitpunkt der Vereinbarung des Darlehensvertrags noch nicht unternehmerisch beteiligt ist und § 57 AktG nicht zur Anwendung kommt. Dies eröffnet aber wiederum einen großen Anwendungsbereich für den § 71a Abs. 1 S. 1 AktG, weil er das Verbot nicht an Beteiligungsverhältnisse, sondern den Zweck des Darlehensvertrages knüpft.

Auch *Freitag*[369] wendet sich gegen einen eigenen Anwendungsbereich des § 71a Abs. 1 AktG und verneint damit zugleich einen von § 57 AktG abweichenden personellen Anwendungsbereich. Er begründet dies mit dem Gedanken, dass die Finanzierung des Aktienerwerbs immer auch denknotwendig den veräußernden Altaktionär begünstige und somit ein Fall von § 57 AktG sei. Dem ist insofern zuzustimmen, dass es bei solchen Konstellationen durchaus Überschneidungen gibt, die Vereinbarung zwischen dem Dritten und der Aktiengesellschaft ist jedoch keinesfalls von § 57 AktG erfasst. *Freitag* verkennt dadurch die Wirkung des § 71a Abs. 1 S. 1 AktG zwischen Darlehensnehmer/Erwerber und Aktiengesellschaft und somit letztlich die für § 71a AktG typischen Fälle. Somit lassen sich keinesfalls alle denkbaren Fallgestaltungen von § 57 AktG erfassen, erst recht nicht nach der Änderung des § 57 Abs. 1 S. 3 AktG durch das MoMiG. Eine Redundanz des §71a Abs. 1 S. 1 AktG ist nicht feststellbar.

Auch die von einigen Autoren befürchtete erhebliche Rechtsunsicherheit wegen der Überschneidungen im Anwendungsbereich beider Kapitalschutznormen, welche sich möglicherweise zu Lasten des Minderheiten- und Gläubigerschutzes auswirken könne[370], rechtfertigt keine Redundanz des § 71a Abs. 1 S. 1 AktG. Vielmehr ist schon die Prämisse falsch: Möglicherweise bestehende Rechtsunsicherheiten senken mitnichten das Schutzniveau für Minderheitsgesellschafter und außenstehende Gläubiger. Die rechtswissenschaftliche Methodik verlangt bei Unsicherheiten gerade nicht, dass keine der in Frage kommenden Normen angewendet wird. Das Nebeneinander von § 71a Abs. 1 S. 1 AktG und § 57 AktG führt allenfalls zu einer Kumulation verschiedener Kapitalschutznormen.

3.4.4 Stellungnahme

Letztlich ist § 71a Abs. 1 S. 1 AktG als Ergänzung gegenüber § 57 AktG zu verstehen[371]. Tatbestand und Rechtsfolge beider Normen lassen keinen völligen Gleichlauf zu. Das Verbot der finanziellen Unterstützung des Aktienerwerbs hat insbesondere in personeller Hinsicht (Schutz nicht nur gegen Leistungen an Aktionäre, sondern auch

---

368 BGH v. 26.03.1984 – II ZR 171/83 (BGHZ 90, 381 ff.).

369 *Freitag*, AG 2007, 157, 162 f.

370 *Schneider*, NZG 2007, 888, 891.

371 *Schroeder*, S. 114 ff.; *Oechsler*, MüKo-AktG, § 71a, Rn. 5; *ders.* ZIP 2006, 1661, 1662 f.; *Cahn*, in: Spindler/Stilz, § 71a, Rn. 11; *Kerber*, DB 2004, 1027, 1028; *ders.* NZG 2006, 50, 51 f.; *Fleischer*, AG 1996, 494, 500; *Lutter/Drygala*, KK-AktG, § 71a Rn. 18 f.;

gegen Leistungen an Dritte), als auch in qualitativer Hinsicht (Schutz bei Ausreichung eines bilanziell vollwertigen Darlehens oder einer bilanziell vollwertigen Sicherheit) ein von § 57 AktG emanzipiertes Schutzniveau. Etwaige Überschneidungen sind dabei nicht als überflüssig zu betrachten, sondern vielmehr als Ausfluss eines umfassenden Kapitalschutzregimes, dass bei derart abstrakten Formulierungen eine Mehrfacherfassung eines Sachverhalts durch verschiedene Kapitalschutzvorschriften nach sich zieht. Zudem unterscheiden sich § 71a Abs. 1 S. 1 AktG und § 57 AktG in den Rechtsfolgen. Diese Sichtweise wurde durch die Änderungen im Zuge des *MoMiG* bestärkt. Der durch § 57 Abs. 1 S. 3 AktG n.F. abgesenkte Kapitalschutz wird durch § 71a Abs. 1 S. 1 AktG zumindest in Fällen mit Take-over-Bezug weiterhin hochgehalten. Diesem Anliegen dient auch die hier vertretene Unabhängigkeit des § 71a Abs. 1 S. 1 AktG von der zeitlichen Reihenfolge von Erwerb und Unterstützung. Die zuvor bereits erwähnten weiteren Schutzzweckerwägungen des § 71a Abs. 1 S. 1 AktG sind für die Beurteilung des Verhältnisses zum Verbot der unzulässigen Einlagenrückgewähr nach § 57 AktG lediglich von nachgeordneter Relevanz.

3.5 Anwendung auf den originären Erwerb von Aktien nach § 56 AktG

Eine Diskussion über die Anwendbarkeit des § 71a Abs. 1 S. 1 AktG auch auf den originären Erwerb von Aktien gemäß § 56 AktG (bspw. qua Kapitalerhöhung) fand bisher kaum statt. Es geht dabei im Kern darum, ob man den Anwendungsbereich der Vorschrift auf den derivativen Erwerb beschränkt oder auch den originären Aktienerwerb im Rahmen der Gründung oder Kapitalerhaltung einbezieht. Dieses Problem ist geprägt durch das Verhältnis zwischen § 27 Abs. 4 AktG n.F. und § 71a Abs. 1 S. 1 AktG und der Frage, ob beim sogenannten „Hin- und Herzahlen“ neben § 27 Abs. 4 AktG n.F. zugleich der Anwendungsbereich des § 71a Abs. 1 S. 1 AktG eröffnet ist.

Soweit ersichtlich wurde dies bisher sowohl von der Rechtsprechung als auch dem Schrifttum kaum problematisiert. Bei den Beratungen zum *ARUG*[372] im Rechtsausschuss des Deutschen Bundestages hat der Gesetzgeber die möglichen Abgrenzungsschwierigkeiten des § 71a Abs. 1 S. 1 AktG zwar gesehen, führte diesem Problem aber keine Lösung zu. Vielmehr seien die Rechtsprechung und die Wissenschaft für die Konturierung des Anwendungsbereichs des Verbots finanzieller Unterstützung, insbesondere in Abgrenzung zum § 27 Abs. 4 AktG, verantwortlich. Auslöser des aufkommenden Interesses an der Beschäftigung mit dem Verhältnis zwischen dem Verbot der finanziellen Unterstützung und des „Hin- und Herzahlens“ dürfte ein jüngeres Urteil des *BGH* vom 16. Februar 2009[373] sein. Danach handele

Schmidt/Spindler, Finanzinvestoren, S. 161.; a.A.: *Habersack*, FS Röhricht, 155, 165; *Freitag*, AG 2007, 157, 162 f.

372 Gesetz zur Umsetzung der Aktionärsrichtlinie (ARUG) vom 30.07.2009 – BGBl. I/2009, S. 2479.

373 *BGH* v. 16.02.2009 – II ZR 120/07 („Qivive“) (BGHZ 180, 38).

es sich *bei dem Hin- und Herzahlen nach der [...] Rechtsprechung des Senats [...] um Fälle einer verdeckten Finanzierung der Einlagemittel durch die Gesellschaft.*

Zum Hintergrund: Die vor allem aus dem GmbH-Recht bekannten Fälle des „Hin- und Herzahlens" sind dadurch gekennzeichnet, dass die Gesellschaft nach vorheriger Absprache und erfolgter Einlageleistung im Rahmen eines Darlehens Barmittel an den Gesellschafter ausreicht[374]. Der *BGH* urteilte, dass die Einlage in solchen Fällen nicht zur endgültigen Verfügung des Vorstandes geleistet werde und damit nicht dem Einlageerfordernis genüge[375]. Zahle der Inferent aber die erhaltenen Geldmittel an die Gesellschaft zurück, erfülle er seine Einlagepflicht. Der Gesetzgeber hat mit dem *MoMiG* die Fälle des „Hin- und Herzahlens" für die GmbH in § 19 Abs. 5 GmbHG geregelt und diese Vorschrift knapp ein Jahr später mit dem *ARUG* auch für die Aktiengesellschaft in § 27 Abs. 4 AktG eingeführt. Danach hat schon die ursprüngliche Bareinlagenzahlung Erfüllungswirkung, wenn der Rückzahlungsanspruch der Gesellschaft vollwertig und wirksam ist.

Problematisch ist hier, dass diese Tilgungswirkung durch das in § 71a Abs. 1 S. 1 AktG normierte Verbot der finanziellen Unterstützung überlagert wird. Das „Hin- und Herzahlen" als Problem des originären Aktienerwerbs könnte somit mit § 71a Abs. 1 S. 1 AktG konfligieren. Denn der Inferent kommt nur in den Genuss der Tilgungswirkung, sofern die Leistung durch einen vollwertigen Gegenleistungsanspruch gedeckt ist. Wäre § 71a Abs. 1 S. 1 AktG beim originären Aktienerwerb anzuwenden und das „Hin- und Herzahlen" zugleich ein Rechtsgeschäft im Sinne des § 71a Abs. 1 S. 1 AktG, so wäre (zumindest) das Kausalgeschäft dieses Rechtsgeschäfts unwirksam. Mithin wäre die Leistung auch nicht durch einen vollwertigen Gegenleistungsanspruch gedeckt und es würde keine Tilgungswirkung nach § 27 Abs. 4 S. 1 AktG eintreten. Die alles entscheidende Frage lautet deshalb, ob im Falle des „Hin- und Herzahlens" zugleich eine verbotene finanzielle Unterstützung nach § 71a Abs. 1 S. 1 AktG vorliegt. Dafür muss zunächst geklärt werden, ob § 71a Abs. 1 S. 1 AktG im Falle des originären Erwerbs überhaupt zur Anwendung kommt.

3.5.1 § 71a Abs. 1 S. 1 AktG auch beim originären Aktienerwerb?

a) Wortlaut und systematische Erwägungen

Der Wortlaut in § 71a Abs. 1 S. 1 AktG („*Erwerb*") spricht zunächst gegen eine Anwendung des Verbots des § 71a Abs. 1 S. 1 AktG auch auf den originären Anteilserwerb, etwa im Rahmen der Gründung oder einer Kapitalerhöhung. Originär werden Aktien nämlich nicht *erworben*, sondern *gezeichnet*.

Ferner lässt sich systematisch argumentieren, dass § 71a Abs. 1 S. 1 AktG im Kapitel über den derivativen Erwerb von Aktien angesiedelt und die Zeichnung ei-

---

374 *BGH* v. 21.11.2005 – II ZR 140/04 (BGHZ 165, 113, 116 ff.); *BGH* v. 09.01.2006 – II ZR 72/05 (BGHZ 165, 352, 356); *BGH* v. 12.06.2006 – II ZR 334/04 (GmbHR 2006, 982).

375 BGH v. 02.12.2002 – II ZR 101/02 (BGHZ 153, 107, 109 f.); *BGH* v. 21.11.2005 – II ZR 140/04 (BGHZ 165, 113, 116 ff.).

gener Aktien bereits durch § 56 AktG geregelt ist[376]. Daher könnte erwogen werden, den § 71a Abs. 1 S. 1 AktG nicht auch noch auf den originären Erwerb anzuwenden. *Cahn*[377] begegnet dieser Argumentation mit Schutzzweckerwägungen. Danach würde ohne eine Anwendung des § 71a Abs. 1 S. 1 AktG auch auf den originären Erwerb eine Schutzlücke entstehen. Auch § 56 AktG untersagt in diesen Fällen nicht die finanzielle Unterstützung des Erwerbs bzw. der Zeichnung. *Lutter/Drygala*[378] versuchen diese Kontroverse durch die Anwendung der Grundsätze über das „Hin- und Herzahlen" aufzulösen und dem Inferenten schlicht die Erfüllungswirkung der Einlageleistung zu verweigern. Danach gebe es keine Schutzlücke und es fehle somit die Schutzbedürftigkeit der Aktiengesellschaft. Dieses Argument ist für die vorliegende Frage jedoch wenig hilfreich und statuiert lediglich einen Zirkelschluss. Durch die Schaffung des § 27 Abs. 4 AktG kann der originäre Erwerb gerade nicht mehr durch die Grundsätze des „Hin- und Herzahlens" pauschal geschützt werden. Insofern kann mit *Cahn* durchaus eine Schutzlücke festgestellt werden.

Unterstützend kann der dem deutschen Kapitalgesellschaftsrecht immanente Grundsatz herangezogen werden, dass die Regeln über die Kapitalaufbringung strenger sind als die Regeln über die Kapitalerhaltung. Daraus kann geschlossen werden, dass es sinnwidrig wäre, eine finanzielle Unterstützung des derivativen Aktienerwerbs zu verbieten, aber andererseits die finanzielle Unterstützung des originären Erwerbs zuzulassen. Die Gesetzesbegründung[379] zum geänderten § 27 Abs. 4 AktG n. F. spricht sich daher für eine grundsätzliche parallele Anwendbarkeit beider Normen aus. Zur Klärung der aufgeworfenen Frage müsste somit eine Abgrenzung der Anwendungsbereiche beider Normen erfolgen.

b) Europarechtliche Erwägungen

Hierfür kann die Kapitaländerungsrichtlinie herangezogen werden. Aus Art. 23 Abs. 1 Unterabs. 5 KapRL folgt zunächst, dass das Verbot der finanziellen Unterstützung zumindest auch für die *„Zeichnung"* von Aktien im Rahmen einer Kapitalerhöhung gilt. Daraus könnte man schließen, dass dies nun auch für originäre Aktienerwerbe im Rahmen von Gründungen gelten müsse[380]. Der Wortlaut des Art. 23 Abs. 1 Unterabs. 5 KapRL („Aktien, die anlässlich einer Erhöhung des gezeichneten Kapitals emittiert wurden") sowie die sonstigen Voraussetzungen in Art. 23 Abs. 1 Unterabs. 1 bis 4 KapRL deuten jedoch darauf hin, dass zumindest ein originärer Aktienerwerb bei Gründung der Gesellschaft nicht in den Anwendungsbereich von Art. 23 KapRL fällt. *Habersack*[381] widerspricht dieser Argumentation ent-

376 *Schroeder*, S. 153; *Oechsler*, in: MüKo-AktG, § 71a, Rn. 15; *Merkt*, in: GK-AktG, § 71a, Rn. 43.
377 *Cahn/v. Spannenberg*, in: Spindler/Stilz, § 56, Rn. 13.
378 *Lutter/Drygala*, in: KK-AktG, § 71a, Rn. 22.
379 BT-Drs. 16/13098, S. 38, li. Sp.
380 So auch *Habersack*, AG 2009, 557, 562 f.
381 *Habersack*, AG 2009, 557, 561 ff.

schieden. Insbesondere sei eine unterschiedliche Behandlung von Kapitalerhöhung und Gründung (beide lösen einen originären Erwerb aus) nicht zu rechtfertigen; in beiden Konstellationen gehe es lediglich um die Gleichbehandlung von Aktionären. Dieser Gleichlauf rechtfertige auch eine Gleichbehandlung beider Konstellationen. *Habersacks* Prämisse kann allerdings in Frage gestellt werden. Schließlich spricht der Wortlaut von Art. 23 KapRL von einem Aktienerwerb durch einen „Dritten". Der Rechtsausschuss[382] des Deutschen Bundestages folgert in seiner Gesetzesbegründung daraus, dass nur Personen erfasst sein können, die bisher nicht oder nicht in dieser Höhe an der Aktiengesellschaft beteiligt waren und die Kontrolle über die Gesellschaft fremdfinanziert – zulasten ihres gebundenen Vermögens – übernehmen möchten. Gerade dies dürfte aber bei einer „normalen" Kapitalerhöhung ohne Bezugsrechtsausschluss nicht der Fall sein, bei der die Altaktionäre ihr Bezugsrecht ausüben und somit vor und nach der Kapitalerhöhung im gleichen Verhältnis an der Aktiengesellschaft beteiligt sind. Diese Auslegung verbunden mit dem Gedanken, den § 71a Abs. 1 S. 1 AktG nicht auf Gründungen anzuwenden, würde zu einer völligen Unanwendbarkeit des § 71a Abs. 1 S. 1 AktG bei originären Aktienerwerben führen[383]. Gerade dies lässt sich aber aus Schutzzweckerwägungen nicht rechtfertigen und kann daher auch nicht in Art. 23 KapRL hineingelesen werden.

All dies würde aber voraussetzen, dass der geänderte Art. 23 KapRL überhaupt zur Auslegung des § 71a Abs. 1 S. 1 AktG herangezogen werden kann. Nach der hier vertretenen Auffassung ist dies methodisch aber nicht vertretbar[384]. Auch der Rechtsausschuss des Deutschen Bundestages sieht für die Hinzuziehung der geänderten KapRL keinen Raum[385]. Die Lösung ist vielmehr ausschließlich aus der deutschen Gesetzessystematik zu entwickeln. Sinn und Zweck der Vorschrift des § 71a Abs. 1 S. 1 AktG ist es unter anderem auch, – wie oben bereits gezeigt – das Vermögen außerhalb der legalen Gewinnausschüttung zu schützen.

Diese Gefahr besteht aber nicht beim „Hin- und Herzahlen" im Gründungsstadium. Zu diesem Zeitpunkt gibt es keine Gewinne, die zur Finanzierung des Aktienerwerbs genutzt werden könnten. Dadurch lässt sich auch die von *Habersack* angeführte Ungleichbehandlung von Gründung und Kapitalerhöhung rechtfertigen. Dem könnte mit *Drygala*[386] zwar entgegnet werden, dass – auch nach hier vertretener Ansicht – § 71a Abs. 1 S. 1 AktG auch den Kapitalschutz verstärken soll. Diesem Erfordernis entspricht aber auch der neue § 27 Abs. 4 AktG, indem dieser für die Tilgungswirkung verlangt, dass es sich um einen vollwertigen Rückgewähranspruch handelt, der jederzeit fällig und fristlos kündbar ist. Nach der hier vertretenen Ansicht ist § 71a Abs. 1 S. 1 AktG daher auch auf den originären Aktienerwerb anzuwenden, allerdings nur in der Variante der Kapitalerhöhung.

382 BT-Drs. 16/13098, S. 38, li. Sp.
383 So aber *Herrler/Reymann*, DNotZ 2009, 914, 928 ff.
384 Siehe hierzu bereits S. 83 ff.
385 BT-Drs. 16/13098, S. 38, li. Sp.
386 *Drygala*, Konzern 2007, 396, 405 f.

3.5.2 Verhältnis des Verbots der Darlehensgewährung nach § 71a Abs. 1 S. 1 AktG zu § 27 Abs. 4 AktG

Im zweiten Schritt stellt sich die Frage, ob beide Normen überhaupt tatbestandliche Überschneidungen aufweisen; ob also die *Leistung* im Sinne des § 27 Abs. 4 AktG n. F. ein *Darlehen* im Sinne des § 71a Abs. 1 S. 1 AktG darstellt. Zweifel daran weckte schon der Rechtsausschuss des Deutschen Bundestages in der Begründung zum ARUG[387]. Denn nach § 27 Abs. 4 AktG muss der Rückgewähranspruch jederzeit fällig oder sofort fällig sein. Damit wird dem Inferenten kein eigentliches Zahlungsziel eingeräumt[388] und somit möglicherweise kein Darlehen im Sinne des § 71a Abs. 1 S. 1 AktG ausgereicht.

Dem kann wohl entgegen gehalten werde, dass der Rückzahlungsanspruch regelmäßig aus einem schuldrechtlichen Anspruch aus § 488 BGB stammen wird[389]. Ein in der Zukunft liegendes, fest definiertes Zahlungsziel ist kein konstituierendes Merkmal eines Darlehensvertrags nach §§ 488 ff. BGB. Als Dauerschuldverhältnis besteht immer die Möglichkeit der Kündigung aus wichtigem Grund nach § 314 BGB. Daher überzeugen die Bedenken des Rechtsausschusses hier nicht. Dafür spricht ferner, dass der Sinn des „Hin- und Herzahlens" es geradezu verlangt, dass das Darlehen von der Aktiengesellschaft nicht zeitnah wieder zurückgefordert wird. Das „Hin- und Herzahlen" im Sinne des § 27 Abs. 4 AktG n. F. verwirklicht daher den Tatbestand des § 71a Abs. 1 S. 1 AktG. Damit besteht tatsächlich ein Spannungsverhältnis zwischen beiden Normen.

Wegen der (noch) nicht vorgenommenen Umsetzung der KapÄndRL gilt nach wie vor das strikte Verbot des § 71a Abs. 1 S. 1 AktG mit der Folge, dass eine Erfüllung der Bareinlage nach dem neuem § 27 Abs. 4 AktG nicht eintritt. Für den neuen § 27 Abs. 4 AktG ergeben sich daher nach der hier vertretenen Ansicht keine wesentlichen Spielräume[390].

---

387 BT-Drs. 16/13098, S. 38, li. Sp.

388 Was *Oechsler*, in: MüKo-AktG, 3. Aufl. 2008, § 71a Rn. 17, aber als Voraussetzung für ein Darlehen sieht.

389 So auch *Hüffer*, § 27 Rn. 49 ff.

390 So wohl auch *Habersack*, AG 2009, 557, 562; a.A.: *Lutter/Drygala,* in: KK-AktG, 3. Aufl. 2009, § 71a Rn. 26; wohl auch *Ekkenga*, ZIP, 2010, 2469, 2470.

2. Teil: Transaktionsmotivierte finanzielle Unterstützungsleistungen

Einleitung zum zweiten Teil

Für Juristen ist die hohe Misserfolgsquote von Unternehmenszusammenschlüssen kein Grund zur Schadenfreude, sondern Ansporn, über Möglichkeiten und Grenzen einer aktienrechtlichen Gegensteuerung nachzudenken. Dabei kann die vorliegende Arbeit durchaus als Denkansatz für die Entscheidungsprozesse von Unternehmensleitungsorganen verstanden werden. Unternehmenstransaktionen und Fusionen sind strategische Entscheidungen, die vom jeweiligen Leitungsorgan der Gesellschaft vorbereitet und verwirklicht werden. Bei all seinen Entscheidungen muss das Leitungsorgan – aufgrund der Zielsetzung dieser Arbeit wird vom Vorstand als Leitungsorgan der Aktiengesellschaft gesprochen – die ihm obliegenden Sorgfaltspflichten gegenüber der Gesellschaft beachten. § 93 Abs. 1 S. 1 AktG erlegt ihm die Sorgfalt eines ordentlichen und gewissenhaften Geschäftsleiters auf. Aktienrechtliche Fragen beeinflussen daher maßgeblich die Entscheidungsfindung der Vorstände. Die hier besprochenen Konstellationen entsprechen in der M&A-Praxis immer wiederkehrenden Instrumentarien und Vorgehensweisen. Eine höchstgerichtliche Klärung dieser Sachverhalte besteht in aller Regel nicht, da keine der beteiligten Parteien ein Interesse an öffentlichen Gerichtsverfahren hat. Vielmehr werden Streitigkeiten im Wege der Schiedsgerichtsbarkeit oder durch Vergleiche beendet. Dies eröffnet der gesellschaftsrechtlichen Wissenschaft einen großen Raum zur Rechtsfortbildung und Konturierung des rechtsunsicheren Raums.

Bei der Sichtung der bestehenden Literaturmeinungen fiel auf, dass gerade im Kapitalgesellschafts- und Übernahmerecht eine Dominanz von sogenannter Praktikerliteratur besteht. Diese wird häufig durch in der Transaktionspraxis tätige Rechtsanwälte verfasst und zielt daher zwangsläufig auf eine dogmatische Legitimation der sich in der Praxis bereits eingeschliffenen Vorgehensweisen. Dem objektiven Beobachter fällt eine starke Tendenz zugunsten der Transaktionspraxis und zulasten der Kapitalbindung auf. In diesem Kapitel soll daher der Versuch unternommen werden, unabhängig von jedweden Interessen die aufgeworfenen Probleme am objektiven Maßstab des Kapitalaufbringungs- und -erhaltungsgrundsatzes zu messen. Dabei wird hier keinesfalls eine radikale Kapitalbindung vertreten, die ohne Rücksicht auf die wirtschaftlichen Erfordernisse jede finanzielle Unterstützungsleistung der Aktiengesellschaft zugunsten ihrer Aktionäre sogleich der Nichtigkeit unterwirft. Vielmehr wird in kritischer Weise eine an der bestehenden Dogmatik orientierte Untersuchung erfolgen.

Aufgrund der ökonomischen Bedenken gegen die zunehmende Zahl von Unternehmenstransaktionen[391] kann daher bei der aktien- und kapitalmarktrechtlichen

391 Nach einer Studie der Unternehmensberatung *Bain & Company*, „Verfehlte Wertsteigerung durch mangelnde organisatorische Integration und Kommunikation" 2007, werden in Europa Mehrwerte nur bei 30 % aller Transaktion geschaffen; in

Beurteilung der aufgeworfenen Fragen auch nicht ungesehen im Zweifel für die Transaktion votiert werden[392]. Herausfordernd ist hier, dass die M&A-Praxis seit jeher durch angelsächsische Vorgehensweise geprägt ist. Waren deutsche Unternehmenskaufverträge früher traditionell eher dünn ausgestaltet, da im Wesentlichen auf die gesetzlichen Regelungen Bezug genommen werden konnte, lässt sich der Einfluss der angelsächsischen Praxis schon alleine am Umfang der stetig umfangreicher und detaillierter werdenden Unternehmenskaufverträge sehen. Das heißt zugleich aber auch, dass angelsächsische Instrumentarien Einzug in die deutsche Praxis halten. Aufgabe der Rechtswissenschaft ist es daher, die teilweise gar nicht mehr so neuen, aber dennoch merkwürdig anmutenden Auswüchse der Vertragsgestaltung in das deutsche Gesellschaftsrecht einzupassen.

---

diese Richtung gehen auch andere Studien bspw. von *KPMG,* „KPMG-Studie über Erfolgsfaktoren bei M&A" 2003.

392 Zu den Risiken und Bedenken gegenüber der inflationären Zunahme von Unternehmenstransaktionen *Austmann,* ZGR 2009, 277, 278.

1. Einlagenrückgewähr (§ 57 AktG) und finanzielle Unterstützung (§ 71a AktG) im Rahmen von Unternehmensübernahmen durch Upstream- und Downstreamverschmelzung von Erwerbsgesellschaft und Zielgesellschaft nach dem UmwG und dem Anwachsungsmodell

1.1 Einleitung

Das folgende Kapitel will die zuvor gewonnenen dogmatischen Erkenntnisse über die Kapitalerhaltung, insbesondere § 71a Abs. 1 S. AktG, auf die praktisch relevante Gesamtrechtsnachfolge sowohl nach dem UmwG als auch nach dem personengesellschaftsrechtlichen Anwachsungsprinzip anwenden. *In concreto* stellt sich die Frage, ob eine Verschmelzung der Zielgesellschaft mit der erwerbenden Gesellschaft die Anwendbarkeit von § 57 AktG oder § 71a Abs. 1 S. 1 AktG begründen kann. Der Gläubigerschutz ist eine im Gesellschaftsrecht der Kapitalgesellschaften fest verankerte Leitidee, die jede Auslegung von aktienrechtlichen Gesetzen beeinflusst. Gemäß § 58 Abs. 4 AktG können die Gesellschafter ihre Einlagen nicht zurückfordern. Sie haben nur einen Anspruch auf den Bilanzgewinn. Zweck der genannten Vorschriften ist es, das Grundkapital als dauernden Grundstock der Gesellschaft und als einziges dem Zugriff der Gläubiger freigegebenes Befriedigungsobjekt gegen Schmälerung durch Leistung an die Aktionäre abzusichern. Kapitalerhaltungsvorschriften sollen nach ihrem Sinn und Zweck jede unmittelbare oder mittelbare Leistung an einen Gesellschafter erfassen, der keine gleichwertige Gegenleistung gegenübersteht und die wirtschaftlich das Vermögen verringert. Doch gerade das Umwandlungsrecht enthält scheinbar Möglichkeiten, die mit allgemeinen Prinzipien der Kapitalerhaltung des Kapitalgesellschaftsrechts in Konflikt geraten können.

Dass eine Verschmelzung durch Aufnahme für die Gläubiger der übernehmenden Gesellschaft nachteilig sein kann, liegt daher nahe. Eine Schlechterstellung der Altgläubiger der Tochtergesellschaft wird bei der Verschmelzung Downstream dann eintreten, wenn die übertragende Muttergesellschaft hohe Verbindlichkeiten aufweist, die wegen der Universalsukzession auf die Tochtergesellschaft übergehen und die übernommenen Vermögenswerte deshalb keinen Ausgleich schaffen, weil sie von der aufnehmenden Gesellschaft sofort an die Gesellschafter der Muttergesellschaft weiterzuleiten sind, wenn das Vermögen in den eigenen Aktien besteht. Ähnliche Probleme können sich bei der Verschmelzung einer liquiden Tochter-Aktiengesellschaft auf ihre überschuldete Mutter zum Zwecke der Transaktionsfinanzierung ergeben.

Das *OLG Stuttgart*[393] hat 2005 entschieden, dass die Verschmelzung einer überschuldeten GmbH auf ihre Alleingesellschafterin – eine natürliche Person – zulässig sei. Das Registergericht habe danach weder die Überschuldung des übertragenden Rechtsträgers zu prüfen noch, ob der übernehmende Rechtsträger durch die Verschmelzung seinerseits in eine Überschuldung gerate. Aus diesem Urteil lassen sich möglicherweise Rückschlüsse für die Behandlung eines Downstream-Merger unter Beteiligung einer Aktiengesellschaft ziehen. Besonderes Augenmerk wird sodann auf die dem sogenannten *Babcock Borsig Fall* zugrundeliegende anwachsende Verschmelzung mit zuvor konfusionsbedingter Auflösung der Forderungen der Ziel-AG gelegt.

Dem vorangestellt, werden zunächst grundsätzliche Ausführungen über die typischen Konstellationen eines fremdfinanzierten Unternehmenskaufs und deren verschiedenen Gestaltungen. Daran schließen sich abstrakte Ausführungen zur finanziellen Unterstützung des Aktienerwerbs durch die Ziel-AG und deren Beurteilung am Maßstab des Verbots der Einlagenrückgewähr und des Umgehungsgeschäfts an.

Zuletzt wird dargestellt, ob und welche Auswirkungen die gefundenen Ergebnisse auf zukünftige fremdfinanzierte Unternehmenskäufe, insbesondere im Hinblick auf die Kapitaleingangskapitalisierung, haben werden.

Insgesamt geht es vorliegend um die Reichweite abstrakten Gläubigerschutzes im Kapitalgesellschaftsrecht – freilich begrenzt auf den Bereich der Verschlechterung der Bilanzstruktur bei einer der beteiligten Gesellschaften –, welcher nur unter ganz engen Voraussetzungen gestattet, die Bindung des Gesellschaftsvermögens zu lockern. Häufige Motive für dieses Vorgehen können einerseits Sanierungen – durch die Auflösung stiller Reserven bei dem übertragenden Rechtsträger – sein, was aber nicht Gegenstand dieser Abhandlung ist; andererseits aber auch fremdfinanzierte Unternehmensübernahmen im Rahmen eines Leveraged Buy-out (nachfolgend der „**LBO**").

Zur Beurteilung dieser Konstellation wird häufig auf die Sicht der (Alt-)Gläubiger rekurriert. Aus deren Wahrnehmung können diese Restrukturierungen fatale Folgen haben. Anstelle eines Schuldners, dessen Bonität sie bei Abschluss des Vertrags für ausreichend befunden haben, sehen sie sich nunmehr einem Schuldner mit sehr bedenklicher Bonität gegenüber.

Diese Abhandlung wird daher herausarbeiten, ob die umwandlungsrechtlichen Gläubigerschutzvorschriften geeignet sind, dem eben aufgezeigten Risiko wirksam zu begegnen. Ausgangspunkt der Betrachtung wird immer sein, ob der umwandlungsrechtliche Gläubigerschutz einen vollwertigen Ersatz für die Lage bei der Einzelrechtsnachfolge liefert.

Recht einheitlich behandelt das Schrifttum den Gläubigerschutzaspekt beim sogenannten Downstream-Merger (Verschmelzung der Mutter auf die Tochter). Hauptsächlich wird dabei auf einen etwaigen Verstoß gegen das Verbot der Ein-

---

393 *OLG Stuttgart*, ZIP 2005, 2066, so auch das *LG Leipzig*, DB 2006, 885.

lagenrückgewähr nach § 57 AktG abgestellt. Eine Prüfung am Maßstab des § 71a Abs. 1 S. 1 AktG erfolgte bisher regelmäßig nicht und bildet daher einen Schwerpunkt der folgenden Betrachtung. Bei dem sogenannten Upstream-Merger (Verschmelzung der Tochter auf die Mutter) wird die gläubigerschützende Zulässigkeit kontroverser diskutiert. Auch hier fließen Aspekte des Verbots der finanziellen Unterstützungsleistung nach § 71a Abs. 1 S. 1 AktG häufig in die Beurteilung nicht mit ein.

Die zu untersuchende Etablierung eines neben dem Umwandlungsrecht stehenden aktienrechtlichen Gläubigerschutzes beruht auf der Überlegung, dass umwandlungsrechtlicher Gläubigerschutz erst nach Rechtswirksamkeit der Verschmelzung zur Anwendung gelangt. Es besteht daher nach dem UmwG kein dem Konzerneingangsschutz vergleichbares Kapitalschutzregime, welches Maßgaben für eine Eingangskapitalisierung vorgibt. Daher ist eine zentrale Frage, ob die umwandlungsrechtlichen Gläubigerschutzvorschriften als abschließende Regeln zu verstehen sind und sich damit bewusst in Widerspruch zu allgemeinen Gläubigerschutznormen setzen lassen.

1.2 Grundsatzfragen und Abwicklung des Unternehmenskaufs

1.2.1 Erwerbsobjekt

a) Definition des Unternehmensbegriffs

Bisher gibt es keine einheitliche Definition des Unternehmensbegriffs. Dies ist wegen der Vielschichtigkeit dieser Gebilde wohl auch kaum möglich. Dennoch hat sich zumindest in der Rechtsprechung eine Definition herausgebildet, die auch dieser Arbeit zugrunde gelegt wird. Danach ist ein Unternehmen weder eine Sache noch ein Recht und passt daher nur schlecht in das System des BGB. Vielmehr sei ein Unternehmen immer ein Inbegriff von Sachen, Rechten und tatsächlichen Beziehungen, Vertragspositionen, Marktanteilen, Ressourcen, Geschäftschancen und Arbeitsverträgen[394].

Von der Literatur wird für die weitere Konturierung des Begriffs verlangt, dass dieser sich am Unternehmensbegriff der Betriebswirtschaft orientieren sollte. Dort wird Unternehmen als eine ökonomische Einheit der Gesamtwirtschaft verstanden, die von einem Unternehmer auf eigene Rechnung und Gefahr zum Zwecke des Erwerbs betrieben wird. Die Beschreibung berücksichtigt zutreffend Funktionszusammenhänge, also die Vielzahl der von einem Unternehmen ausgehenden

394 *BGH* v. 13.12.1993 – II ZR 89/93 (NJW 1994, 446); *BGH* v. 16.09.1985 – II ZR 275/84 (BGHZ 95, 330); *BGH* v. 20.02.1989 – II ZR 167/88 (BGHZ 107, 7); *BGH* v. 29.03.1993 – II ZR 265/91 (BGHZ 122, 123); *BGH* v. 17.09.2001 – II ZR 178/99 (BGHZ 149, 10) siehe zu der Entwicklungsgeschichte des Begriffs auch *Beisel*, in: Beisel/Klumpp, Kap. 1 Rn. 12–21.

Beziehungen und begrenzt das Unternehmen nicht auf eine Zusammenfassung verschiedener Vermögenswerte[395].

Diese Beschreibung eines Unternehmens hat erhebliche Auswirkungen auf die Übernahme eines solchen. Auf schuldrechtlicher Ebene kann dabei relativ frei mit den Begriffen der Vermögenswerte gearbeitet werden. Jedoch muss auf dinglicher Ebene das Bestimmtheitsgebot beachtet werden, welches zu einer präzisen Beschreibung der übergehenden Gegenstände zwingt.

Als Unternehmensträger kommen sowohl natürliche als auch juristische Personen in Betracht.

b) Grundtypen der Unternehmensveräußerung

Hier muss getrennt werden zwischen der Veräußerung von Anteilen an einer Gesellschaft (nachfolgend als „**Share Deal**" bezeichnet) und der Veräußerung im Wege der Singularzession (nachfolgend als „**Asset Deal**" bezeichnet). Bei der Veräußerung einer juristischen Person werden die Anteile zumeist durch die Abtretung aller Geschäftsanteile vorgenommen. Es werden also Geschäftsanteile veräußert.

Hiervon ist die Veräußerung von Unternehmensgegenständen zu unterscheiden. In diesem Fall erfolgt der Übergang des Unternehmens bzw. des Unternehmensteils durch Übertragung materieller und immaterieller Vermögensbestandteile in Form der Singularzession. Die Übertragung erfolgt also nach den jeweils für die Wirtschaftsgüter maßgeblichen Vorschriften.

1.2.2 Motive für Unternehmenstransaktionen

a) Beweggründe für den Verkäufer

Die Beweggründe für einen Unternehmensverkauf können vielfältig sein. Für Konzerne kann es im Zuge von Sanierungs- und Restrukturierungsprogrammen erforderlich sein, bestimmte nicht betriebsnotwendige Unternehmensteile an externe Dritte zu veräußern, um die erforderliche Liquidität zu erhalten. Zudem sind Unternehmensverkäufe zunehmend durch die Konzentration auf das Kerngeschäft, sog. Outsourcing, motiviert. Dies entspricht einem Reflex auf die Jahre andauernder Diversifizierung innerhalb der Konzerne, welcher großteils letztlich nicht zu den erwünschten Synergieeffekten führte.

Demgegenüber sind die Beweggründe des Verkaufs von Unternehmen bei Familienunternehmen meist ganz anderer Natur. Hier bereitet häufig die Nachfolge durch ein geeignetes Familienmitglied große Probleme. Zudem hat die veränderte, globalisierte Wettbewerbsstruktur dazu geführt, dass viele familiengeführte Mittelständler gegenüber multinational geführten Konzernen nicht mehr Schritt halten können.

---

395 *Beisel*, in: Beisel/Klumpp, Kap. 1 Rn. 14.

Zudem können auch wirtschaftliche Faktoren zu einem Verkauf eines Unternehmens zwingen. Zu denken ist hier beispielsweise an ein Fehlverhalten am Markt, falsche Standortentscheidungen/-bedingungen, fehlendes Eigenkapital oder etwa zurückgehende Absatzchancen.

Ferner treten auch zunehmend Finanzinvestoren als Unternehmensverkäufer auf, die nach einer erfolgreichen Unternehmensperformance den sog. Exit wagen, um das Geld aus ihrem Investment abzuziehen.

Diese Motive führen aber nicht zwangsläufig zum Komplettverkauf eines Unternehmens. Vielmehr führen gerade die wirtschaftlichen Faktoren häufig nur zu einem Teilverkauf, wodurch sich die Verkäufer frisches Kapital und Zugang zu neuen Technologien erhoffen.

b) Erwartungshorizont des Käufers

Lange Zeit spielte bei großen Konzernen die bereits angesprochene Diversifizierung des Unternehmensportfolios eine entscheidende Rolle für den Entschluss, ein Unternehmen zu erwerben. Aber auch heute noch können Unternehmen durch den Zukauf von Unternehmen ihre Marktposition stärken und horizontale und vertikale Verflechtungen betreiben[396]. Beim Kauf im Rahmen der gleichen Produktpalette stehen angestrebte Synergieeffekte im Vordergrund. Die Übernahme eines Unternehmens, das auf einem Spezialgebiet ein bestimmtes Know-how hat, ist regelmäßig billiger als die Aufwendungen für eigene Entwicklungen.

Häufig wird beabsichtigt, durch den Unternehmenskauf neue Technologien zu erwerben, Management und hochwertiges Personal zu gewinnen, Marktverhältnisse zu bereinigen oder international agieren zu können.

Für das Verständnis des Unternehmenskaufs ist wichtig, die verschiedenen Schwellenwerte zu kennen. Folgende Beteiligungsstufen sind denkbar:

- 100 % Beteiligung
- 75 % Beteiligung = qualifizierte Mehrheit
- mehr als 50 % Beteiligung = einfache Mehrheit
- mehr als 25 % Beteiligung = Sperrminorität
- weniger als 25 % Beteiligung = einfache Minorität

Im Hinblick auf die mit dem Unternehmenserwerb verfolgten Ziele sind unterschiedliche Beteiligungen zu bilden.

Neben diesen unternehmerischen oder auch strategischen Beteiligungen kommt auch der Erwerb eines Unternehmens als reines Investment in Betracht. Aktiv sind hier vor allem Kapitalanlagegesellschaften, Versicherungen und Banken. Daneben aber auch Finanzinvestoren und Investmentbanken, welche häufig Minderheitsbeteiligungen mit dem Ziel eingehen, das Engagement nach einer relativ kurzen

396 Bei letzterem gilt es freilich, das Kartellrecht zu beachten.

Zeit wieder zu beenden. Währenddessen wird versucht, den Unternehmensgewinn zu maximieren.

1.2.3 Erscheinungsformen des Unternehmenskaufs

a) Übernahme über die Börse

Bei börsennotierten Aktiengesellschaften kommt vorrangig ein Erwerb der Unternehmensanteile über die Börse in Betracht. Geschieht der Aktienzukauf mit Zustimmung der Verwaltung der Zielgesellschaft, spricht man von freundlicher Übernahme. Wurde mit der Verwaltung vor der Übernahme kein Einvernehmen hergestellt, wird dies als feindliche Übernahme bezeichnet.

b) Unternehmenserwerb durch Kauf

Daneben kommt der klassische Erwerbsvorgang durch Verhandlungen und anschließende vertragliche Vereinbarung mit dem bisherigen Unternehmensträger und seinem künftigen Erwerber in Betracht. Hierbei ist der Abschluss eines Kaufvertrags mit der Verpflichtung zur Übertragung von Beteiligungen oder Vermögensgegenständen und der korrespondierenden Verpflichtung zur Zahlung eines Kaufpreises die einfachste Form der Übertragung von Unternehmen und Beteiligungen. Diese Grundkonstellation ist der Ausgangspunkt aller weiteren Überlegungen. In der Praxis machen wirtschaftliche, zivilrechtliche und steuerrechtliche Überlegungen jedoch häufig eine andere Gestaltung erforderlich, die wirtschaftlich betrachtet jedoch nichts anderes als die Übertragung eines Unternehmens ist.

c) Besonderheiten beim Management Buy out und Leveraged Buy out

Von weiterhin zunehmender Bedeutung für die Übernahmepraxis sind sogenannte Management Buy out (nachfolgend als „**MBO**“ bezeichnet) und Leveraged Buy out. Unter einem MBO versteht man den Erwerb des Unternehmens durch das bisherige Management. Unter einem LBO versteht man dagegen den Verkauf von Unternehmen, wobei die Transaktion hauptsächlich fremdfinanziert wird. Die Gefahr dieses Modells liegt freilich in der hohen Verschuldung und der unternehmensbedingten Unsicherheit zukünftiger Ertragssituationen.

Eine Kombination beider Varianten ist möglich und kommt häufig vor. Die MBO werden, da das Management regelmäßig nicht über genügend Eigenkapital und Kreditressourcen verfügt, in der Form des LBO abgewickelt.

Wegen der hohen Fremdfinanzierung der Transaktion und dem daraus resultierenden besonderen Sicherungsinteresse der kreditgebenden Banken kommt ein MBO/LBO nur bei solchen Unternehmen in Betracht, die eine stetige hohe Rendite aufweisen und bei denen das Vertrauen der Kreditgeber gegenüber dem Management vorhanden ist, dass sich diese hohen Renditeerwartungen auch in Zukunft erfüllen werden.

1.2.4 Besondere Finanzierungsmöglichkeiten des Buy Out

Die spezielle Methode der Akquisitionsfinanzierung – der LBO – wurde bereits kurz angesprochen. Hierbei wird der Kaufpreis für das zu erwerbende Unternehmen in einem hohen Maße durch Fremdkapital finanziert[397]. Diese Darlehen werden typischerweise aus dem Cashflow des erworbenen Unternehmens bedient und über Vermögensgegenstände dieses Unternehmens abgesichert[398]. Ist die Gesamtkapitalrendite höher als die für die für das Fremdkapital aufzuwendenden Zinsen, so steigt beim LBO die Rendite des eingesetzten Eigenkapitals in dem Verhältnis, in dem Fremdkapital eingesetzt wurde[399]. Das Fremdkapital wirkt in diesem Fall wie ein Hebel („*leverage*") auf die Eigenkapitalrendite[400].

Wie bereits angedeutet, geschieht die Refinanzierung von Unternehmensübernahmen regelmäßig über den Cash-Flow der übernommenen Gesellschaft. Daher ist es vorrangiges Ziel des Unternehmenserwerbers, die Anschaffungskosten für das gekaufte Unternehmen in möglichst großem Umfang steuerlich abzusetzen, um den Cash-Flow weiterhin entsprechend zur Finanzierung nutzen zu können. Drastischer formuliert hängt das Gelingen von Unternehmensübernahmen häufig und entscheidend von der anfallenden Steuerlast ab[401].

Beim Asset Deal lassen sich die Anschaffungskosten grundsätzlich in steuerlich nutzbares Abschreibungsvolumen umwandeln. Durch eine Buchwertaufstockung lässt sich dieser Effekt erhöhen. Buchwertaufstockung heißt dabei, die bisherigen Buchwerte der Wirtschaftsgüter der Zielgesellschaft auf ihre tatsächlichen Werte zu erhöhen, soweit diese im Rahmen des Kaufpreises für die Zielgesellschaft auch tatsächlich gezahlt wurden[402].

Praktisch wird der Kaufpreis, soweit er die Summe der Buchwerte überschreitet, den einzelnen Wirtschaftsgütern entsprechend ihrem Teilwertverhältnis untereinander zugeschrieben; noch verbleibende Restbeträge der Buchwertaufstockung sind als abschreibbarer Firmenwert anzusetzen, der das Abschreibungsvolumen nochmals erhöht, so das dann im Rahmen der steuerlichen Gewinnermittlung zur Berechnung der Abschreibung von den nunmehr erhöhten Buchwerten auszugehen ist[403]. Durch die Buchwertaufstockung bei einem Asset Deal verschafft sich der

---

397 *Hölters*, in: Hölters, Unternehmenskauf, 8. Aufl., 1.77; *Holzapfel/Pöllath*, Rn. 328; *Picot*, in: Picot, § 1 Rn. 37; *Mueller-Thuns*, in: Rödder, Unternehmenskauf, § 15 Rn. 4.

398 *Jäger*, in: Jäger/Briel, 2/6.1.1; *Hölters*, in: Hölters, Unternehmenskauf, 8. Aufl., 1.77; *Holzapfel/Pöllath*, Rn. 329; *Kessel*, Leveraged Buy-Out der Aktiengesellschaft: ein interdisziplinärer Ansatz, 1998, S. 31; *Picot*, in: Picot, § 1 Rn. 37; *Mueller-Thuns*; in: Rödder/Hötzel/Mueller-Thuns, § 15 Rn. 8.

399 *Seibt*, ZHR 171 (2007), 282, 283.

400 *Semler*, in: Hölters, Unternehmenskauf, 5. Aufl., VI, Rn. 204, *Kessel*, S. 36; *Heemann*, in: Semler/Volhard, § 15 Rn. 1; *Lutter/Wahlers*, AG 1989, 1, 2; *Otto*, DB 1989, 1389, 1389.

401 *Holzapfel/Pöllath*, S. 177 Rn. 240.

402 *Klass*, S. 116.

403 *Otto*, in: Knott/Mielke, S. 67 Rn. 207.

Erwerber somit ein erhöhtes Abschreibungspotential, das sich in den Folgejahren steuermindernd auswirkt und im Falle einer weiteren Veräußerung der erworbenen Wirtschaftsgüter die Steuerlast des Erwerbers mindert. Diese Möglichkeit der Steueroptimierung ist allerdings nur bei einem Asset Deal möglich. Nur hier kann der Käufer den Kaufpreis auf die bilanzierungspflichtigen Einzelwirtschaftsgüter verteilen und diese zu ihrem Teilwert in seine Steuerbilanz übernehmen.

Eine Buchwertaufstockung ist dagegen beim *Share Deal* nicht möglich. Eine Abschreibung der Beteiligung als nicht abnutzbares Wirtschaftsgut kann nach den Vorschriften des § 6 Abs. 1 Nr. 2 EStG steuerlich nicht erfolgen[404]. Daher ist ein *Share Deal* aus Sicht des Erwerbers steuerlich nachteilig. Denn der Erwerber hat in Höhe des Kaufpreises Anschaffungskosten für die Beteiligung, während die Anschaffungskosten der in der Kapitalgesellschaft vorhandenen Vermögensgegenstände unverändert weitergeführt werden.

a) Erwerbsformen des LBO

Die Übernahme eines Unternehmens kann sich in einer einstufigen, zweistufigen oder mehrstufigen Variante vollziehen. Allen fremdfinanzierten Varianten gemein ist der gestreckte Erwerbsvorgang. Zwischen Abschluss des schuldrechtlichen Kaufvertrags und dem tatsächlich Vollzug des Erwerbs (nachfolgend das „**Closing**") müssen regelmäßig verschiedene Bedingungen eintreten. Typischerweise wird in diesem Zeitraum die Fremdfinanzierung sichergestellt und der Käufer bevollmächtigt, die Geschäftsanteile zur Besicherung der Fremdfinanzierung belasten zu können. Am Closing gehen dann nach Eingang des (Teil-)Kaufpreises die Anteile am Unternehmen auf den Käufer über.

aa) Einstufige Variante

Bei der einstufigen Variante übernimmt der Investor im Wege eines Anteilskaufs (*Share Deal*) unmittelbar alle Anteile an der Zielgesellschaft[405] oder im Wege einer Singularzession (*Asses Deal*) die für ihn relevanten Unternehmensteile.

bb) Zweistufige Variante

Bei der zweistufigen Variante wird in einem ersten Schritt eine Erwerbsgesellschaft[406] gegründet, die anschließend alle Vermögensgegenstände oder die Anteile an der Zielgesellschaft übernimmt[407]. Innerhalb der zweistufigen Variante sind wiederum die Formen des *Asset Deals* und des *Share Deals* denkbar. Der *Asset Deal*,

---

404 *Sattler/Broll/Nüsser*, S. 132; *Brück/Sinewe*, Kap. 3 Rn. 34.

405 *Beisel*, in: Beisel/Klumpp, Kap. 1 Rn. 28; *Picot*, in: Picot, § 1 Rn. 100 ff.; *Wittkowski*, GmbHR 1990, 544, 545.

406 Auch „*Übernahmegesellschaft*", „*NewCo*" oder „*HoldCo*" genannt.

407 *Picot*, in: Picot, § 1 Rn. 100 ff.; *Mueller-Thuns*, in: Rödder, Unternehmenskauf, § 15 Rn. 13; *Hitschler*, BB 1990, 1877, 1888.

bei dem die Erwerbsgesellschaft die einzelnen Wirtschaftsgüter der Zielgesellschaft erwirbt, hat für den Käufer den Vorteil, dass die erworbenen Aktiva problemlos zur Besicherung der aufgenommenen Darlehen verwendet werden können[408]. Für den Verkäufer entstehen durch dieses Vorgehen jedoch steuerliche Nachteile[409], sodass ein *Asset Deal* in der Praxis vom Käufer wohl eher selten durchzusetzen ist[410]. Bei dem – für den Verkäufer günstigeren[411] – *Share Deal* übernimmt die Erwerbsgesellschaft unmittelbar alle Anteilsrechte an der Zielgesellschaft[412].

cc) Mehrstufige Variante

Um die Problematik bei der Nutzung der finanziellen Ressourcen der Zielgesellschaft für die Besicherung von Kaufpreisverbindlichkeiten der Erwerbsgesellschaft zu umgehen, werden in der Praxis überwiegend mehrstufige Erwerbsmodelle angewandt. Nach einer Übernahme der Zielgesellschaft durch die Erwerbsgesellschaft im Wege eines *Share Deals* werden anschließend die Vermögensgegenstände auf die Erwerbsgesellschaft transferiert[413].

Die mehrstufige Variante tritt in vier verschiedenen Spielarten in Erscheinung: In der Praxis kommen das sog. *Kombinations-*, das *Umwandlungs-*, das *Mitunternehmermodell* sowie das *Verschmelzungs- bzw. Anwachsungsmodell* zur Anwendung. Aufgrund seiner Wichtigkeit für den vorliegenden Untersuchungsgegenstand werden das Umwandlungs- bzw. das Anwachsungsmodell *in extenso* unter C. I. dargestellt. Dem Kombinations-, Umwandlungs-, und dem Mitunternehmermodell wurden durch verschiedene gesetzgeberische Initiativen der Boden entzogen.

(1) Kombinationsmodell

Bei dem Kombinationsmodell wurden alle Vermögensgegenstände der Zielgesellschaft – nachdem sämtliche Gesellschaftsanteile an der Zielgesellschaft erworben wurden – durch einen *Asset Deal* an die Erwerbsgesellschaft veräußert, sodass diese

408 *Semler*, in: Hölters, Unternehmenskauf, 5. Aufl., VI, Rn. 205; *Weiss*, in: Hölters, Unternehmenskauf, 5. Aufl., III, Rn. 156; *Holzapfel/Pöllath*, Rn. 329a; *Hitschler*, BB 1990, 1877, 1881; *Otto*, DB 1989, 1389, 1392.

409 Der Verkäufer hat dann die Veräußerungserlöse als Betriebseinnahmen voll zu versteuern.

410 *Weiss*, in: Hölters, Unternehmenskauf, 5. Aufl., III, Rn. 156; *Holzapfel/Pöllath*, Rn. 329a; *Otto*, DB 1989, 1389, 1393.

411 Gem. § 34 EStG i.V.m. § 17 Abs. 1 S. 1 EStG wird der Gewinn beim Verkauf von Anteilen an einer Kapitalgesellschaft von mindestens 1 % des Grundkapitals auf Antrag mit einem besonderen Steuersatz besteuert. Gewinne aus Beteiligungen unter 1 % sind bei Beachtung der Spekulationsfrist von einem Jahr gänzlich steuerfrei.

412 *Weiss*, in: Hölters, Unternehmenskauf, 5. Aufl. III, Rn. 156.

413 *Semler*, in: Hölters, Unternehmenskauf, 5. Aufl., VI, Rn. 209; *Sowade*, in: Rotthege / Wassermann, Rn. 614; *Blumers/Schmidt*, DB 1991, 609, 612; *Herzig*, DB 1990, 133, 134; *Kerber*, WM 1989, 473, 474.

problemlos als Sicherheiten verwendet werden konnten[414]. Es wurde also ein externer *Share Deal* mit einen internen *Asset Deal* kombiniert. Anschließend wurde der bei der Zielgesellschaft durch die Veräußerung erzielte Gewinn an die Erwerbsgesellschaft ausgezahlt[415]. Zur Neutralisierung des Veräußerungsgewinns wurde eine ausschüttungsbedingte Teilwertabschreibung auf die Beteiligung am Zielunternehmen vorgenommen.

Handelte es sich bei der Zielgesellschaft um eine GmbH, so war die Auszahlung im Wege einer Vorabausschüttung möglich[416]. Bei einer AG war aufgrund des Verbots von Vorabausschüttungen die Ausschüttung erst nach Ablauf des Geschäftsjahres nach § 59 AktG möglich[417]. Im Übrigen musste bei der Veräußerung des gesamten Vermögens § 179a AktG beachtet werden. Aufgrund des zuvor erfolgten vollständigen Erwerbs sämtlicher Aktien war dies allerdings als eine reine Formalie anzusehen. Der Gesetzgeber hat diesem Modell durch Einführung des § 8b Abs. 3 KStG den Boden entzogen und die ausschüttungsbedingte Teilwertabschreibung für unzulässig erklärt.

(2) Mitunternehmermodell

Die Mitunternehmermodelle[418] führen den Grundgedanken des Kombinationsmodells fort und beruhen gewerbesteuerrechtlich auf dem Urteil des Bundesfinanzhofs („**BFH**") vom 27. März 1996[419], wonach die Veräußerung von Mitunternehmeranteilen durch Kapitalgesellschaften nicht der Gewerbesteuer unterliegen. Danach brachte die Zielgesellschaft ihren Betrieb vor oder nach dem *Share Deal* zu Buchwerten nach § 24 UmwStG bzw. § 6 Abs. 5 EStG in eine neu gegründete Personengesellschaft ein. In der Folge veräußerte die Zielgesellschaft den für die Sacheinlagen erhaltenen Mitunternehmeranteil unter Aufdeckung der stillen Reserven an den Käufer. Der dabei entstandene Veräußerungsgewinn wurde an den Käufer ausgeschüttet. Durch eine Teilwertabschreibung auf die Beteiligung der Zielgesellschaft wurde der Gewinn neutralisiert. Der Gesetzgeber hat jedoch auch diesem Modell durch die Änderung der Bemessung des Gewerbeertrags in § 7 S. 2 GewStG gezielt die Grundlage entzogen.

---

414 Klumpp, in: Beisel/Klumpp, 15. Kap. Rn. 134; Semler, in: Hölters, Unternehmenskauf, 5. Aufl., VI, Rn. 209; *Picot*, in: Picot, 3. Aufl. 2004, I, Rn. 184; *Sowade*, in: Rotthege/Wassermann, Rn. 617; *Otto*, DB 1989, 1389, 1393; *Otto*, DB 1994, 2121, 2122.

415 *Semler*, in: Hölters, Unternehmenskauf, 5. Aufl., VI, Rn. 209; *Sowade*, in: Rotthege/Wassermann, Rn. 618.

416 *Roth*, in: Roth/Altmeppen, § 29 Rn. 56 f.; *Wicke*, GmbHG, § 29 Rn. 18.

417 Semler, in: Hölters, Unternehmenskauf, 5. Aufl., VI, Rn. 210; *Otto*, DB 1989, 1389, 1394.

418 *Hild/Schuch*, DB 1993, 181, 182 ff.; *Eilers/Wienands*, GmbHR 1997, 577 ff.; *Blumers/Beinert*, DB 1997, 1636 ff.

419 *BFH* Urteil v. 27.03.1996 – I R 89/95 (DStR 1997, 325 ff.).

(3) Umwandlungsmodell

Bei dem Umwandlungsmodell wurde eine Zielgesellschaft in der Form einer Kapitalgesellschaft in eine Personengesellschaft unter Aufstockung der Buchwerte umgewandelt oder auf eine vom Erwerber gehaltene Personengesellschaft verschmolzen[420]. Soweit die Anschaffungskosten für die Anteile den Buchwert des Betriebsvermögens der Zielgesellschaft überstiegen, entstand ein Übernahmeverlust, der zur Aufstockung der Buchwerte der Wirtschaftsgüter führte, die bei der Umwandlung der Zielgesellschaft auf die Personengesellschaft nach § 4 Abs. 6 UmwStG a. F. übergingen, so dass zusätzliches Abschreibungspotenzial für Einkommens- bzw. Körperschaftssteuerzwecke geschaffen wurde. Diesem Vorgehen wurde jedoch durch die Unternehmenssteuerreform im Jahre 2001 der Boden entzogen, da ein Übernahmeverlust nach § 4 Abs. 6 UmwStG nicht mehr in Ansatz gebracht werden darf[421].

(4) Verschmelzungsmodell

In der Praxis des finanzierten Anteilserwerbs spielt die Verschmelzung der Zielgesellschaft auf die anteilserwerbende Gesellschaft durch verschiedene Steuerreformen eine immer größer werdende Rolle. Ziel ist es, die Aktiva der Zielgesellschaft zur Finanzierung des Buy Out zu verwenden, ohne gegen die Kapitalerhaltungsvorschriften der §§ 57, 71a AktG zu verstoßen[422]. Im Regelfall gründet ein Finanzinvestor für eine Transaktion ein Akquisitionsvehikel oder erwirbt dieses als Vorratsgesellschaft („*NewCo*")[423]. Handelt es sich bei dem Akquisitionsvehikel um eine deutsche Gesellschaft, wird meist die Rechtsform der GmbH gewählt. Das Akquisitionsvehikel erwirbt dann die Aktien der Zielgesellschaft in einem Umfang, der den für die Verschmelzung erforderlichen Zustimmungsbeschluss der Hauptversammlung gewährleistet[424]. Kurz vor bzw. zum Vollzug des Unternehmenskaufvertrages wird das Akquisitionsvehikel dann mit den für die Bezahlung des Kaufpreises erforderlichen Finanzmitteln (in der Regel 10 % bis maximal 30 % des Kaufpreises) ausgestattet. Diese stammen zum Teil von den durch den Finanzinvestor beratenen Fonds und werden als Eigenkapital oder in Form von subordinierten Gesellschafterdarlehen[425] zur Verfügung gestellt. Den größten Teil des für den Kaufpreis

---

420 *Picot*, in: Picot, 3. Aufl. 2004, I, Rn. 186; *Semler*, in: Hölters, Unternehmenskauf, 5. Aufl., VI, Rn. 211.

421 *Blumers/Beinert/Witt*, DStR 2001, 233, 234.

422 *Lutter/Wahlers*, AG 1989, 1, 12.

423 *Peltzer*, DB 1987, 977 f.

424 Der Verschmelzungsvertrag wird nach § 13 UmwG nur gültig, wenn die Anteilseigner aller beteiligten Rechtsträger durch Beschluss zustimmen. Die Zustimmungsbeschlüsse der Hauptversammlung bedürfen einer ¾- Mehrheit des bei der Beschlussfassung vertretenen Grundkapitals.

425 Hierfür wird zwischen Kreditgeber und –nehmer privatautonom der Nachrang im Insolvenzverfahren vereinbart. Für sämtliche subordinierte Forderungen gilt dann

erforderlichen Betrages erhält das Akquisitionsvehikel aber über Fremdkapital in Form von Bankdarlehen.

Die Bank wird zur Besicherung des Darlehens umfangreiche Sicherheiten verlangen. Primäre Sicherheit ist dabei zunächst ein Pfandrecht an den durch das Akquisitionsvehikel erworbenen Geschäftsanteilen der Zielgesellschaft[426]. Über weitere Vermögenswerte verfügt das Akquisitionsvehikel in der Regel nicht. Da der Wert eines Pfandrechts an den Geschäftsanteilen der Zielgesellschaft beschränkt ist (struktureller Nachrang der Gläubiger des Akquisitionsvehikels gegenüber den Gläubigern der Zielgesellschaft)[427], wird die Bank daher darauf drängen, dass das Akquisitionsvehikel und die Zielgesellschaft miteinander verschmolzen werden. In diesem Fall werden die Verbindlichkeiten des Akquisitionsvehikels mit den Vermögenswerten der Zielgesellschaft „zusammengeführt". Somit kann die Bank zeitnah mit der Gewährung des Kredits als weitere Sicherheit auf das Vermögen der verschmolzenen Gesellschaft zugreifen. Für den Erwerber bedeutet dies, dass die Verschmelzung eine direkte Verrechnung der Zinsaufwendungen des Akquisitionsvehikels mit den Erträgen der Zielgesellschaft ermöglicht und die Zielgesellschaft letztlich die Übernahme durch das Akquisitionsvehikel aus ihrem Vermögen finanziert.

(a) Ablauf einer Verschmelzung

Dem besseren Verständnis dienend wird nun der typische Ablauf einer Verschmelzung zweier Aktiengesellschaften kurz skizziert:

Die beteiligten Rechtsträger schließen einen Verschmelzungsvertrag durch ihre organschaftlichen Vertreter. Der Vertrag bedarf der notariellen Beurkundung nach § 6 UmwG. Die Vertretungsorgane aller beteiligten Rechtsträger müssen gem. § 8 Abs. 1 S. 1 UmwG jedes für sich einen Verschmelzungsbericht erstellen, können ihn aber auch zusammen abgeben. Der Bericht muss es den Anteilseigner ermöglichen, in Kenntnis aller Umstände eine Entscheidung über ihre Zustimmung zu treffen. Bei Beteiligung einer AG ist stets eine Verschmelzungsprüfung durchzuführen, §§ 9 ff., 60 UmwG. Die Prüfung endet mit einen schriftlichen Bericht der Verschmelzungsprüfer, der mit einer Erklärung darüber abschließen muss, ob das vorgegebene Umtauschverhältnis angemessen ist, § 12 Abs. 1, 2 UmwG. Der Bericht und die Prüfung

---

zunächst, dass ihnen in der Insolvenz der Gesellschaft nur der Nachrang gegenüber Forderungen gewöhnlicher Gläubiger zukommt. Praktisch bedeutet dies, dass die Gläubiger einer subordinierten Forderung leer ausgehen. Siehe hierzu auch: *Habersack*, ZGR 2000, 384 ff.

426 *Kerber*, WM 1989, 513, 514; *Peltzer*, DB 1987, 973, 976; *Wittkowski*, GmbHR 1990, 544, 545.

427 Die Banken als Gläubiger der Erwerbsgesellschaft können sich zur Befriedigung ihrer Forderungen grundsätzlich nur an die Erwerbsgesellschaft halten und haben dadurch nur einen mittelbaren Zugriff auf die Vermögenswerte der Zielgesellschaft.

sind allerdings entbehrlich, wenn alle Anteilseigner aller beteiligten Rechtsträger mit notariell beurkundeten Erklärungen darauf verzichten, §§ 8 Abs. 3, 9 Abs. 3 UmwG[428].

In der Beschlussphase ist dem Verschmelzungsvertrag nach § 13 Abs. 1 UmwG von den Anteilsinhabern der beteiligten Rechtsträger zuzustimmen. Im Vorfeld des Beschlusses ist bereits vor der Einberufung der Hauptversammlung der Verschmelzungsvertrag zum Handelsregister einzureichen, damit das Gericht in den Gesellschaftsblättern das Vorliegen des Vertrages bekanntmachen kann, § 61 Abs. 1, 73 UmwG. Ab der Einberufung der Hauptversammlung sind sodann der Verschmelzungsvertrag, die Jahresabschlüsse und die Lageberichte aller an der Verschmelzung beteiligten Rechtsträger für die letzten drei Geschäftsjahre auszulegen, § 63 Abs. 1, 73 UmwG. Die Zustimmungsbeschlüsse der Hauptversammlung bedürfen nach § 65 Abs. 1 AktG einer ¾ – Mehrheit des bei der Beschlussfassung vertretenen Grundkapitals.

In der Vollzugsphase ist die Verschmelzung nach § 16 Abs. 1 UmwG von den Vertretungsorganen der beteiligten Rechtsträger in ihrem jeweiligen Register anzumelden. Der Anmeldung sind unter anderem der Verschmelzungsvertrag und die Zustimmungsbeschlüsse beizufügen. Im Anschluss wird zuerst die Verschmelzung bei dem übertragenden Rechtsträger, dann beim übernehmenden Rechtsträger eingetragen, § 19 Abs. 1 UmwG.

(b) Unterscheidung Downstream/Upstream-Merger

Ist die Verschmelzung von Akquisitionsvehikel und Zielgesellschaft beschlossen, stellt sich die Frage nach der Verschmelzungsrichtung. Soll das Akquisitionsvehikel auf die Zielgesellschaft herunter („*Downstream-Merger*")[429] oder soll umgekehrt die Zielgesellschaft auf das Akquisitionsvehikel hinauf („*Upstream-Merger*") verschmolzen werden? Die unterschiedlichen Rechtsfolgen bestimmen die Wahl maßgeblich. Während bei dem Downstream-Merger die Zielgesellschaft sämtliche Verbindlichkeiten der Erwerbsgesellschaft übernimmt, geht bei dem Upstream-Merger das gesamte Vermögen der Zielgesellschaft auf die Erwerbsgesellschaft über.

Für einen Downstream-Merger spricht, dass auf diese Weise die Grunderwerbssteuer vermieden werden kann, die anderenfalls – wenn die Zielgesellschaft Eigentümerin von Grundstücken ist – durch den mit der Verschmelzung verbundenen Übertragungsvorgang anfallen würde[430]. Auschlaggebend kann im Einzelfall auch sein, dass bei dieser Art der Verschmelzung die Rechtsform der

---

428 Dies ist bei Transaktionen, die zu 100 % Anteilsbesitz führen, der Regelfall.

429 *Schlösser*, in: S/B/B, UmwR, § 11, Rn. 192.

430 In erster Linie kommt eine grunderwerbssteuerpflichtige Anteilsvereinigung gem. § 1 Abs. 3 GrEStG in Betracht. Grunderwerbssteuerpflichtig sind danach Vorgänge, durch die unmittelbar oder mittelbar mindestens 95 % der Anteile an einer grundbesitzenden Personen- oder Kapitalgesellschaft übertragen werden oder eine Vereinigung mittelbar oder unmittelbar von mindestens 95 % der Anteile an einer

Zielgesellschaft beibehalten wird. Handelt es sich bei der Zielgesellschaft um eine Aktiengesellschaft, entfällt so die für einen späteren Börsengang erforderliche Umwandlung. Ist für die Verschmelzung die Aufstellung eines Zwischenabschlusses erforderlich (weil im Zeitpunkt der Anmeldung der Verschmelzung zum Handelsregister keine auf einen höchstens acht Monate vor der Anmeldung der Verschmelzung zum Handelsregister liegenden Stichtag aufgestellte Bilanz vorliegt[431]), wird sich die Verschmelzung downstream deswegen anbieten, weil bei der Anmeldung der Verschmelzung nur eine Bilanz des übertragenden (d. h. des durch die Verschmelzung untergehenden) Rechtsträgers erforderlich ist und dieser für das Akquisitionsvehikel viel schneller erstellt werden kann als für die operativ tätige Zielgesellschaft[432].

Beim Upstream-Merger wird nach dem Abschluss des Kaufvertrages die Zielgesellschaft auf die NewCo (ihre Mutter) verschmolzen[433]. Der Upstream-Merger ist eine der häufigsten Umwandlungsformen innerhalb von Konzernsachverhalten[434]. In den hier zu untersuchenden Konstellationen wird auch dieser herangezogen, um das Darlehen vollwertig zu besichern. Die Erwerbsgesellschaft kann das im Wege der Gesamtrechtsnachfolge erhaltene Vermögen der Zielgesellschaft zur Besicherung oder Erfüllung der für die Finanzierung des Anteilserwerbs eingegangenen Verbindlichkeiten gegenüber außenstehenden Gläubigern einsetzen. Insbesondere kann zuvor gebundenes Haftkapital des übernehmenden Rechtsträgers zur Bedienung des Bankdarlehens nutzbar gemacht werden[435]. Zudem räumt § 24 UmwG dem übernehmenden Rechtsträger ein Wahlrecht für eine günstige Bilanzierung der übernommenen Aktiva der Zielgesellschaft ein.

Ein weiteres gewichtiges Argument für einen Upstream-Merger ist das dadurch vollzogene sogenannte „*Going-Private*"[436]. Fremdfinanzierte Unternehmensakquisitionen von börsennotierten Aktiengesellschaften verfolgen regelmäßig das Ziel, die erworbene Gesellschaft schnell von der Börse zu nehmen. Um die Aktiva der Zielgesellschaft effektiv auszuschöpfen, geht es bei fremdfinanzierten Transaktionen vorrangig um Kostenreduktion. Die Notierung an einer Börse bedeutet einen erheblichen rechtlichen sowie administrativen und somit finanziellen Aufwand.

---

grundbesitzenden Personen- oder Kapitalgesellschaft in der Hand eines Gesellschafters bewirkt wird.

431 Vgl. § 17 Abs. 2 S. 4 UmwG.

432 *Menke/Otte*, M&A Review 2008, 533, 534.

433 *Tcherveniachki*, S. 276.

434 *Stoye-Benk*, Rn. 156.

435 *Heckschen/Simon*, § 3 Rn. 10.

436 Unter Going-Private wird in Deutschland ganz überwiegend der Rückzug eines Unternehmens von der Börse verstanden, wobei als börsennotiert – abweichend von § 3 Abs. 2 AktG – im amtlichen Handel, geregelten Markt oder Freiverkehr notierte Unternehmen gelten, vgl. u. a. *Land/Hasselbach*, DB 2000, 557, 557 ff.; *Steck*, AG 1998, 460, 460 ff.; *Schanz*, S. 409; *Kleindieck*, in: FS Bezzenberger, 2000, S. 653.

Handelt es sich bei der Zielgesellschaft um eine börsennotierte Aktiengesellschaft, kann durch den Upstream-Merger der Börsenrückzug betrieben werden[437].

Im Folgenden werden beide Verschmelzungsrichtungen problematisiert, denn in der Praxis sind beide Varianten nahezu austauschbar. Wesentliches Unterscheidungsmerkmal beider Verschmelzungsrichtungen ist der Verlust der Existenz des jeweils übergehenden Rechtsträgers. Im Falle des Upstream-Merger ist die Zielgesellschaft nicht mehr existent. Daher stellen sich grundsätzliche Fragen der Anwendbarkeit von Kapitalerhaltungsvorschriften. Hingegen bleibt beim Downstream-Merger die Zielgesellschaft als juristische Person erhalten, haftet aber mit ihrem ganzen Vermögen für die Verbindlichkeiten des Akquisitionsvehikels, die auf sie niedergehen. Trotz unterschiedlicher Verschmelzungsrichtungen ist beiden Varianten gemein, dass jeweils das Vermögen der Zielgesellschaft zur Finanzierung des Erwerbs herangezogen wird[438].

(5) Anwachsungsmodell

Bei dem Erwerb einer Zielgesellschaft in der Rechtsform einer Personengesellschaft, insbesondere einer GmbH & Co. KG, kommt das Anwachsungsmodell in Betracht. Die Erwerbsgesellschaft übernimmt alle Kommanditanteile an der Zielgesellschaft. Anschließend scheidet deren Komplementärin aus oder wird auf die Kommanditistin verschmolzen, sodass die Erwerbsgesellschaft als einzige (mittelbare) Gesellschafterin verbleibt. Ihr wächst das Vermögen der Zielgesellschaft nach § 738 Abs. 1 BGB (über §§ 161 Abs. 2, 105 Abs. 2 HGB) zu, gleichzeitig erlischt die Zielgesellschaft[439]. In dieser Verschmelzung liegt im wirtschaftlichen Ergebnis zugleich ein Formwechsel außerhalb des UmwG vor, da sich die Gesellschaftsform des Unternehmensträgers aufgrund der Anwachsung von einer KG in eine GmbH gewandelt hat. Aufgrund der Gesamtrechtsnachfolge ermöglichen die Anwachsungsmodelle besonders einfach Umwandlungen von Personengesellschaften in Kapitalgesellschaften, da weder eine Aufzählung der im Einzelnen übergehenden Vermögensgegenstände (bzw. der an ihnen bestehenden Anteile) noch die Zustimmung von Gläubigern und Vertragspartnern erforderlich ist.

b) Besicherungsmodelle

Den soeben beschriebenen Erwerbsformen des LBO liegen spiegelbildlich verschiedene Modelle der Besicherung zugrunde. Die Finanzierung der LBO erfolgt grundsätzlich durch Rückgriff auf die Vermögenswerte der Zielgesellschaft. Idea-

---

437 *Schwichtenberg*, DStR 2001, 2075, 2076.

438 Weitere Gründe für eine Verschmelzung bei *Bärwaldt*, in: Haritz/Benkert, Vorb. §§ 11–13 Rn. 8.

439 *BGH* v. 19.05.1960 – II ZR 72/59 (BGHZ 32, 307 ff.); *Semler*, in: Hölters, Unternehmenskauf, 5. Aufl., VI, Rn. 212; *Otto*, DB 1989, 1389, 1396; *Sowade*, in: Rotthege/Wassermann, Rn. 619.

lerweise möchte der Erwerber einer Aktiengesellschaft diese möglichst bald in den konzerninternen Liquiditätsausgleich einbeziehen. In der Praxis haben sich drei Besicherungsmodelle etabliert.

aa) Darlehensmodell

Bei dem Darlehensmodell nimmt die Erwerbsgesellschaft bei der Zielgesellschaft ein Darlehen zur Finanzierung des Kaufpreises auf, das dieses ihrerseits bei einem Kreditinstitut fremdfinanzieren und besichern muss[440]. Sicherheiten der Erwerbsgesellschaft werden von der Zielgesellschaft hierfür regelmäßig nicht verlangt. Dies bietet sich an, um nicht nur über den Bilanzgewinn, sondern auch über Darlehen auf den Cash-Flow der erworbenen Aktiengesellschaft zugreifen zu können.

bb) Sicherheitenmodell

Hier nimmt die Erwerbsgesellschaft das Darlehen selbst bei einem Kreditinstitut auf. Die Zielgesellschaft stellt hingegen über ihre Vermögenspositionen nur die erforderlichen Sicherheiten[441]. Als Sicherheiten kommen regelmäßig in Betracht[442]:

- Garantien für die Erfüllung aller Ansprüche aus den Kreditverträgen abzugeben,
- Pfandrechte an den Gesellschaftsanteilen ihrer Tochtergesellschaften zu bestellen,
- das freie Anlage- und Umlaufvermögen als Sicherheit zu übereignen,
- alle gegenwärtigen und zukünftigen Forderungen als Sicherheit abzutreten,
- sämtliche Konten zu verpfänden,
- an ihren Immobilien erstrangige Grundschulden einzutragen und sämtliche gewerbliche Schutzrechte abzutreten

Dieses Modell lässt sich problemlos mit dem Darlehensmodell kombinieren, wodurch sich Finanzierungskosten senken lassen, wenn den Kreditgebern nicht nur die Aktien der Zielgesellschaft als Sicherheiten angeboten werden, sondern auch deren Vermögenswerte.

cc) Verpfändungsmodell

Bei dem Verpfändungsmodell nimmt die Erwerbsgesellschaft bei einem Kreditinstitut ein Darlehen auf und besichert dieses selbst durch die Verpfändung ihrer Anteilsrechte an der Zielgesellschaft[443]. Kreditinstitute akzeptieren dies aber auf-

---

440 *Picot*, in: Picot, 3. Aufl. 2004, I, Rn. 188; *Wittkowski*, GmbHR 1990, 544, 545; *Sowade*, in: Rotthege/Wassermann, Rn. 607.

441 *Picot*, in: Picot, 3. Aufl. 2004, I Rn. 189; *Wittkowski*, GmbHR 1990, 544, 545.

442 *Schäffler*, BB-Special 9, 2006, 1, 2; *Schnell/Kirchner*, BB 2003, 1451, 1452; *Bender*, BB 2005, 1492.

443 *Picot*, in: Picot, § 15 Rn. 155 ff.; *Wittkowski*, GmbHR 1990, S. 544, 545; *Kerber*, WM 1989, 473, 474.

grund ihrer nachrangigen Gläubigerstellung[444] im Falle einer Insolvenz und den damit verbundenen erheblichen Wertabschlägen regelmäßig nicht, sodass diese Sicherungsmöglichkeit in der Praxis häufig ausscheidet[445].

dd) Sicherheitenbestellung beim Asset Deal

Beim Asset Deal werden von der Erwerbsgesellschaft unmittelbar sämtliche Vermögenswerte des erworbenen Unternehmens den Kreditgebern als Sicherheit zur Verfügung gestellt. Denkbar sind hier alle dinglichen Sicherheiten wie Hypotheken und Grundschulden sowie die Sicherungsübereignung werthaltiger Betriebsmittel.

c) Formen der Kreditsicherung

Für die Darlehenssicherung kommen grundsätzlich Sachsicherheiten und Personalsicherheiten in Betracht. Zu den Sachsicherheiten zählen insbesondere Grundpfandrechte an Immobilien, Sicherheiten an beweglichen Sachen und Rechten, Sicherheitsübereignungen oder Pfandrechte. Personensicherheiten bestehen vor allem in Bürgschaften, Garantien und Patronatserklärungen sowie Konzernbürgschaften[446].

d) Abgrenzung zum Asset-Deal

Freilich haben die nachfolgenden Ausführungen nur bei einem sogenannten *Share Deal* Gültigkeit. Nur in diesem Fall werden die Gesellschaftsanteile erworben. Abzugrenzen ist diese Art des Unternehmenskaufs von dem sogenannten *Asset Deal*, bei dem die einzelnen Vermögensgegenstände im Wege der Einzelrechtsnachfolge erworben werden, der Gesellschaftsmantel aber zurückbleibt.

e) Rechtliche Bewertung der Besicherungsmodelle

Diese Modelle der Akquisitionsfinanzierung wurden bisher nur in steuer- und handelsbilanzrechtlicher Sicht dargestellt. Ein wesentliches Motiv für die Wahl der Transaktionsstruktur bildet aber auch das Gesellschaftsrecht im engeren Sinne; im Kontext dieser Bearbeitung vor allem das AktG.

Schon jetzt kann vorweggenommen werden, dass die Analyse der vorgestellten Vorgehensweisen eher kritisch ausfallen wird. Auch darf sich der geneigte Leser nicht der Illusion hingeben, dass dies zu einer Rechtstreue der an den Transaktionen beteiligten Unternehmen führte. Die bestehenden Unschärfen in vielen Bereichen

---

444 *Schrell/Kirchner*, BB 2003, 1451, 1452.

445 *Holzapfel/Pöllath*, Rn. 329a, *Mueller-Thuns*, in: Rödder, UmwR, § 15, Rn. 24; *Heemann*, in: Semler/Volhard, § 15 Rn. 135; *Hitschler*, BB 1990, 1877, 1882.

446 *Klumpp*, in: Beisel/Klumpp, Kap. 11, Rn. 24 ff.; *Weiss*, in Hölters, Unternehmenskauf, 5. Aufl., III, Rn. 80; *Niewiarra*, S. 75; *Heemann*, in: Semler/Volhard, § 15 Rn. 159 ff.

des Kapitalgesellschaftsrechts werden ausgenutzt und es wird in vollem Bewusstsein des deutschen Kapitalerhaltungsregimes weiterhin ein *Spiel mit der Insolvenz*[447] betrieben.

aa) § 57 Abs. 1 AktG

Die rechtlichen Grenzen der Bestellung von Sicherheiten durch die Zielgesellschaft werden seit Jahren unter dem Aspekt der Kapitalerhaltung diskutiert. § 57 Abs. 1 AktG untersagt grundsätzlich jede Entnahme aus dem Gesellschaftsvermögen, sofern sie nicht aus dem Bilanzgewinn erfolgt. Doch fallen unter diese Norm nicht nur tatsächliche Vermögensabflüsse, sondern nach herrschender Meinung im Schrifttum[448] und ständiger Rechtsprechung[449] auch die Begebung von Sicherheiten. Die Leistung einer Sicherheit verringert die wertmäßige Integrität des Gesellschaftsvermögens, sodass dies grundsätzlich nicht mit § 57 Abs. 1 AktG zu vereinbaren ist[450]. Die Aktiengesellschaft übernimmt dadurch das Insolvenzrisiko des Aktionärs, was im Verhältnis zu einem Dritten niemals geschehen würde.

Dieser Einsicht verschließen sich *Cahn/v. Spannenberg*[451] und stellen vielmehr auf eine Einzelfallbetrachtung ab, nach der immer explizit eine Vermögensgefährdung für die AG festgestellt werden müsse. Dem ist aber zu entgegnen, dass gerade für diese Fälle der mittlerweile in Gesetzesform gegossene Drittvergleich (sog. „Vollwertigkeitsgebot") entwickelt wurde (§ 57 Abs. 1 S. 3 AktG n.F.). Danach darf die AG mit ihren Aktionären zwar Geschäfte wie mit jedem Dritten machen, ohne dass darin eine verbotene Einlagenrückgewähr zu sehen ist, sofern die Leistung der AG durch eine Gegenleistung des Aktionärs kompensiert wird. Um dem Drittvergleich standzuhalten, ist aber erforderlich, dass der Gegenleistungs- bzw. Rückgewähranspruch gegenüber dem Aktionär vollwertig ist. Dafür ist eine zweistufige Prüfung vorzunehmen.

Zunächst muss geprüft werden, ob eine Inanspruchnahme wahrscheinlich ist. Wird dies verneint, so ist die Sicherheitenstellung bilanzneutral, da keine Notwendigkeit besteht, auf der Passivseite der Bilanz eine Rückstellung zu bilden[452]. Als Maßstab kann aber auf allgemeine bilanzrechtliche Grundsätze, insbesondere auf die zu § 249 HGB entwickelten Maßstäbe, zurückgegriffen werden. Nach

---

447 *Eidenmüller*, ZHR 171 (2007), 644, 647.

448 *Bayer*, in: MüKo-AktG, 3. Aufl. 2008, § 57 Rn. 104; *Hüffer*, § 57 Rn. 12; *Bayer/Lieder*, ZGR 2005, 133 ff.; *Henze*, WM 2005, 717, 721.

449 *OLG Hamburg*, AG 1980, 275, 278; *OLG München*, AG 1980, 272, 273; *OLG Düsseldorf*, AG 1980, 273, 274.

450 Entgegen der h.M. für eine teleologische Reduktion des § 57 AktG bei Auszahlungen aus dem freien Vermögen *Eidenmüller*, ZHR 171 (2007), 644, 664, wobei zweifelhaft ist, ob diese Ansicht nach der Änderung des § 57 Abs. 1 S. 3 AktG noch immer vertreten würde.

451 *Cahn/v. Spannenberg*, in: Spindler/Stilz, § 57 Rn. 38.

452 *Drygala/Kremer*, ZIP 2007, 1289, 1295.

der Rechtsprechung des *Bundesfinanzhofs* wird die Wahrscheinlichkeit einer Inanspruchnahme bejaht, wenn mehr Gründe für das Entstehen der Verbindlichkeiten sprechen als dagegen[453]. Da § 57 Abs. 1 S. 3 AktG letztlich eine Rückkehr zur bilanziellen Betrachtungsweise der ausgereichten Leistungen darstellt, erscheint es systematisch sinnvoll auch auf die bilanzielle Auslegung der Wahrscheinlichkeit einer Inanspruchnahme abzustellen.

Bereits auf dieser Prüfebene zeigt sich, dass die Inanspruchnahme der begebenen Sicherheit in einer Unternehmensübernahmesituation sogar sehr wahrscheinlich ist. Denn das Akquisitionsvehikel hat – wie bereits erörtert – in der Regel keinerlei Aktiva, sodass eine primäre Haftung des Akquisitionsvehikels für den Kredit von vornherein ausscheidet. Es kann daher wohl die Aussage gewagt werden, dass in den oben skizzierten Übernahmesituationen eine Bilanzneutralität aufgrund einer geringen Wahrscheinlichkeit der Inanspruchnahme der gestellten Sicherheiten nicht *per se* angenommen werden kann (mit der Folge, dass eine entsprechende Rückstellung zu bilden ist).

Im zweiten Prüfschritt muss nunmehr eruiert werden, ob die Rückstellungen durch einen vollwertigen Regressanspruch gegen die Aktionäre neutralisiert werden können. Das Kriterium der Vollwertigkeit ist noch zu neu im Aktiengesetz, als dass dieses schon hätte Konturen entwickeln können, die sich von den Diskussionen vor dem MoMiG emanzipiert hätten. Eine Ansicht versucht, die alte – als „Novemberentscheidung" – ergangene Rechtsprechung zu perpetuieren und darauf abzustellen, ob der Anspruch bankenüblich besichert ist[454]. Dies würde allerdings die vom Gesetzgeber gerade erst neu ausgerufene Flexibilisierung des Gesellschaftsrechts[455] konterkarieren. Daher ist vielmehr auf den einzelnen Aktionär abzustellen, dem letztlich die Sicherheiten zugutekommen. So lassen sich die Bonität des Rückgriffsschuldners, Zerschlagungswerte oder auch Marktwerte in die Prüfung mit einbeziehen, um ein umfassendes Bild der Werthaltigkeit zeichnen zu können[456]. Für die hier zu diskutierende Fallgestaltung des fremdfinanzierten Unternehmenskaufs mittels eines nahezu vermögenslosen Akquisitionsvehikels dürften oben genannte Kriterien erneut negativ ausfallen. Denn das Akquisitionsvehikel als Rückgriffsschuldner wird nur eine geringe Bonität aufweisen und auch bei einer Zerschlagung kaum Liquidität freigeben. Mithin ist in diesen Fällen die Vollwertigkeit des Anspruchs gegen den Aktionär mehr als fraglich.

Zugleich stellt sich die Frage, ob durch die Neufassung des § 57 Abs. 1 S. 3 AktG das Kriterium des Drittvergleichs obsolet geworden ist. Erkennbar stellt der neue § 57 AktG nur noch bilanzielle Kriterien auf, ohne auf die von der Rechtsprechung entwickelten Grundsätze des Drittvergleichs einzugehen. Ein Verzicht auf den

453 *BFH* v. 01.08.1984 – I R 88/80; *BFH* v. 02.10.1992 – III R 54/91; *BFH* v. 28.03.2000 – VIII R 13/99.

454 *Hölzle,* GmbHR 2007, 729, 734; *Hirte,* ZInsO 2008, 689, 692.

455 FD-MA 2007, 225461.

456 *Kiefner/Theusinger,* NZG 2008, 801, 805.

Drittvergleich scheint nach neuer Rechtslage auch konsequent, hatte die bisherige herrschende Meinung zu § 57 AktG – s.o. – doch jede Sicherheitenstellung als Einlagenrückgewähr gewertet. So erfolgt nun eine dezidierte zweistufige Prüfung. Dies folgt dem Ansatz eines flexibleren Kapitalerhaltungssystems. Rechtsprechung und Literatur zum alten Recht dürften dadurch weitgehend überholt sein. Die Zahlung einer üblichen Avalprovision kann keinesfalls mehr die Werthaltigkeit eines Rückgriffsanspruchs sichern[457].

Eidenmüller[458] sieht – freilich unter Anwendung des alten Rechts – durchaus Möglichkeiten eine Sicherheit zugunsten der Aktionäre zu begeben. Er schränkt dabei den Wortlaut des § 57 Abs. 1 S. 1 AktG a.F. teleologisch soweit ein, dass eine Besicherung aus dem *„freien Vermögen"* der AG zulässig wäre. Mit dieser Ansicht stellte er sich schon nach altem Recht gegen die herrschende Meinung im Schrifttum[459]. Nach neuem Recht muss dies umso mehr gelten, als § 57 Abs. 1 S. 3 nunmehr detailliert festlegt, wann gerade keine verlorene Einlagenrückgewähr vorliegt. Ein solches Regel-Ausnahme-Prinzip lässt methodisch aber kaum noch Raum für eine weitere teleologische Reduktion des Wortlauts.

Zusammenfassend lässt sich sagen, dass durch die Änderung des § 57 Abs. 1 AktG die Begebung von Sicherheiten durch die AG zugunsten ihrer Aktionäre nicht mehr *per se* mit der gleichen Vehemenz als Einlagenrückgewähr bewertet werden kann wie noch beim alten Recht. Dieses Verdikt kann erst nach einer sorgfältigen Einzelfallprüfung gesprochen werden. Die gewonnene Flexibilität verlangt dem Vorstand allerdings die – im Einzelfall schwierige – Prüfung ab, ob ein Rückgriffsanspruch vollwertig im Sinne von § 57 Abs. 1 S. 3 AktG ist. Dies dürfte bei den hier zu problematisierenden Sicherheiten im Rahmen von Unternehmenstransaktionen aufgrund der Vermögenslosigkeit des Akquisitionsvehikels regelmäßig doch wieder zu einem Verstoß gegen die Kapitalerhaltungsregel des § 57 Abs. 1 AktG führen. Die Rückkehr zur bilanziellen Betrachtungsweise erleichtert trotz allem die Begebung von Sicherheit zwischen AG und Aktionär erheblich und wird in naher Zukunft zu neuen – abenteuerlichen – Gestaltungen führen, die nach Ansicht der Urheber in jedem Fall über der Schwelle der Vollwertigkeit anzusiedeln sind.

bb) § 71a AktG

Nach § 71a Abs. 1 S. 1 AktG sind Rechtsgeschäfte nichtig, welche die Leistung einer Sicherheit der Gesellschaft an einen anderen zum Zwecke des Erwerbs von Aktien dieser Gesellschaft zum Gegenstand haben. Neben dem eben skizzierten Grundsatz der strikten Kapitalbindung nach § 57 Abs. 1 AktG greift daher auch das Verbot des § 71a Abs. 1 S. 1 AktG regelmäßig ein, wenn eine übernehmende Gesellschaft sich den Erwerb der Aktien durch die Zielgesellschaft finanzieren oder besichern

457 So bereits zum alten Recht: *Schön*, ZHR 159 (1995), 351, 367; *Maier-Reimer*, in: Hdb Konzernfinanzierung, Rn. 16.18; *Bayer*, in: FS Lutter, 2000, S. 1011, 1025 f.

458 *Eidenmüller*, ZHR 171 (2007), 644, 663 f.

459 Vgl. dazu stellvertretend *Bayer*, in: MüKo-AktG, 3. Aufl. 2008, § 57 Rn. 97.

lässt. Wenn beliebige Dritte dem potentiellen Erwerber Kredit gewähren und die Gesellschaft das Risiko des Erwerbers bzw. des Dritten durch den Einsatz eigener Mittel übernimmt oder zumindest mindert, ist von der Leistung einer Sicherheit auszugehen[460]. Mithin fallen alle gängigen und noch nicht entwickelten Real- und Personalsicherheiten unter die Verbotsnorm. Entscheidend ist, dass sie einen Finanzierungscharakter im Sinne der Verbotsnorm aufweisen. Keinesfalls ist dies als abschließende Aufzählung zu verstehen, sondern vielmehr ein offener Tatbestand mit Regelbeispielen[461]. An diesem weiten Anwendungsbereich ändert sich auch nichts, wenn die Sicherheiten von der Zielgesellschaft erst bestellt werden, nachdem das Akquisitionsvehikel die Aktien schon erworben hat.

Dies zeigt, dass die Bestellung von Sicherheiten durch die Zielgesellschaft in seiner einfachsten Konstruktion sowohl gegen § 57 Abs. 1 AktG als auch gegen § 71a Abs. 1 S. 1 AktG verstoßen kann.

cc) Existenzvernichtender Eingriff

Neben Verstößen gegen die Kapitalerhaltungsregeln der § 57 Abs. 1 und § 71a Abs. 1 S. 1 AktG ist in den Fällen der Besicherung von Darlehen des potentiellen Aktienerwerbers zudem auch eine Haftung des Erwerbers über die Grundsätze der Existenzvernichtungshaftung denkbar. Ursprünglich wurde diese Rechtsfigur vom *BGH* für einen Haftungsdurchgriff bei der GmbH entwickelt[462]. Die Haftung wird aus der Notwendigkeit einer Mindestrücksichtnahme auf die Erhaltung des Gesellschaftsvermögens im Interesse der Gläubiger abgeleitet und auf die Verletzung dieser Rücksichtnahmepflicht gestützt.

Grundsätzlich muss auch der Aktiengesellschaft ein Interesse auf Bestandsschutz zuerkannt werden. Denn auch hier sind Fälle denkbar, bei denen ein Aktionär die den Gläubigern dienende Haftungsmasse durch nicht bilanzwirksame Maßnahmen nachhaltig beeinträchtigt.

Daher wird spätestens seit der „*Trihotel*"-Entscheidung des BGH vom 16. Juli 2007[463] von Stimmen in der Literatur vertreten, dass die Existenzvernichtungshaftung grundsätzlich auch bei der Aktiengesellschaft angewendet werden kann[464]. Unter Aufgabe der vormaligen Qualifizierung als eigenständige Haftungsfigur hat

460 *Hüffer*, § 71a Rn. 2; *Oechsler*, in: MüKo-AktG, 3. Auf. 2008, § 71a Rn. 13; *Cahn*, in: Spindler/Stilz, § 71a Rn. 25.

461 *Block*, in: Heidel, § 71a Rn. 7; *Oechsler*, in: MüKo-AktG, 3. Aufl. 2008, § 71a Rn. 14; *Schroeder*, S. 174, 178 f.

462 In seinen Urteilen „*Bremer Vulkan*" (BGHZ 149, 10) und „*KBV*" (BGHZ 151, 181) hat der *BGH* an die Stelle der konzernrechtlichen Haftung die Durchgriffshaftung wegen sogenannter Existenzvernichtungshaftung gesetzt.

463 *BGH* v. 16.07.2007 – II ZR 3/04 (BGHZ 173, 246).

464 *Heider*, in: MüKo AktG, 3. Aufl. 2008, § 1 Rn. 85; *Hüffer*, AktG, § 1 Rn. 25; *Fock*, in: Spindler/Stilz, AktG, § 1 Rn. 64; so bereits vor der „Trihotel"-Entscheidung *Herkenroth*, S. 76.

der BGH diese Fälle in der „*Trihotel*"-Entscheidung als eigenständige Fallgruppe des § 826 BGB eingeordnet. Demnach werden diese Fälle nunmehr als schadensersatzrechtliche Innenhaftung gegenüber der Gesellschaft verstanden. Daraus leiten konsequenterweise nunmehr die zuvor genannten Stimmen in der Literatur eine Anwendbarkeit auf die Aktiengesellschaft ab. Denn es jetzt keine Gründe mehr ersichtlich, warum nur der Gesellschafter einer GmbH und nicht der Gesellschafter einer Aktiengesellschaft dieser deliktischen Haftungen unterliegen soll[465].

Dennoch muss diesem Ansatz mit Vorsicht begegnet werden. Im Vorfeld einer Transaktion – also in der Zeit zwischen Aktienerwerb und Begebung der Sicherheiten – ist der Erwerber regelmäßig noch kein Aktionär. Daher können zu diesem Zeitpunkt auch die Grundsätze der Existenzvernichtungshaftung noch nicht greifen. Mit der hier vertretenen Ansicht und der Anwendung der Figur des Aktionärs im weiteren Sinne greifen zu diesem Zeitpunkt aber schon die eben erwähnten Kapitalerhaltungsregeln, da das Begeben von Sicherheiten regelmäßig bilanzwirksam ist (ein vollwertiger Rückgewähranspruch dürfte in den hier bezeichneten Konstellation eher selten sein)[466].

Der Figur des Aktionärs im weiteren Sinne hat der BGH für den Bereich der Existenzvernichtungshaftung bereits eine Absage erteilt. Er führte in seinem „*KBV*"-Urteil[467] aus, dass diese Haftung nur greife, sofern der Nachteil nicht durch andere GmbH-rechtliche Normen ausgeglichen werden könne. Dieser Subsidiaritätsgedanke muss freilich auch bei der Aktiengesellschaft seinen Niederschlag finden und den soeben genannten aktienrechtlichen Normen der Vorrang eingeräumt werden. Die Existenzvernichtungshaftung kann bei der Aktiengesellschaft demnach nur dann Platz greifen, wenn eine Haftung über spezielle aktienrechtliche Normen nicht hinreichend gläubigerschützend wirkt.

dd) § 53a AktG

Neben der Einhaltung der Kapitalschutzvorschriften ist der Vorstand der Zielgesellschaft ferner verpflichtet, allgemein die Interessen der Gesellschaft zu wahren. In diesem Zusammenhang stellt sich die Frage, ob und wann die Minderheitsgesellschafter eine Sicherheitengewährung zugunsten des Akquisitionsvehikels hinnehmen müssten. Darin kann nämlich eine unzulässige Ungleichbehandlung von Aktionären nach § 53a AktG liegen. Zweck des § 53a AktG ist der Schutz der Mitgliedschaft[468]. Nicht davon geschützt sind jedoch rein schuldrechtliche Beziehungen[469]. Insofern kann § 53a AktG nur auf Erwerber mit bereits bestehender Sockelbeteiligung anwendbar sein. Die Ungleichbehandlung ist in diesen Fällen in

465 *Heider*, in: MüKo AktG, 3. Aufl. 2008, § 1 Rn. 85.

466 Siehe hierzu bereits Seite 70 f.

467 *BGH* v. 24.06.2002 – II ZR 300/00 (BGHZ 151, 181).

468 *Hüffer*, § 53a Rn. 4; *Henze/Notz*, GK-AktG, 4. Aufl. 2004, vor §§ 53a-75 Rn. 36 ff.

469 *BGH* v. 14.01.1997 – KZR 30/95 (AG 1997, 414); *LG Lüneburg* v. 14.01.1961–4 O 403/60 (DB 1961, 402); *Verse*, S. 193.

der finanziellen Unterstützung des Erwerbs weiterer Aktien durch die Stellung von Sicherheiten zu sehen.

Dennoch kann eine unterschiedliche Behandlung von Aktionären im Einzelfall gerechtfertigt sein. Der Grundsatz der Ungleichbehandlung verbietet nämlich nur eine willkürliche und sachlich nicht gerechtfertigte Ungleichbehandlung[470]. In jedem Fall muss die Ungleichbehandlung aber im Interesse der Gesellschaft liegen[471]. Es sind durchaus Konstellationen denkbar, in denen die Stellung von Sicherheiten im Interesse der Aktiengesellschaft liegen kann. Beispielsweise, wenn nur auf diese Weise ein Finanzinvestor mit frischem Kapital investiert bzw. sich nur auf diese Weise bestimmte Wachstumsstrategien realisieren lassen.

Gleichwohl kann durch die bereits dargelegten Verstöße gegen Kapitalerhaltungsvorschriften eine sachliche Rechtfertigung bereits präkludiert sein. Bei genauerer Betrachtung des Problems zeigt sich, dass die Kapitalerhaltungsvorschriften und der Gleichbehandlungsgrundsatz durchaus in die gleiche Richtung zielen. Denn nur was im Interesse der Gesellschaft liegt, kann auch im Interesse der Minderheitsgesellschafter liegen. Die Kapitalerhaltungsvorschriften wurden zum Schutz der zwar selbstständigen juristischen Person, aber dennoch nicht selbstständig handeln könnenden Aktiengesellschaft implementiert. Ein Verstoß gegen die Kapitalerhaltungsvorschriften kann somit niemals im Interesse der Aktiengesellschaft liegen und daher auch keine sachlich zu rechtfertigende Ungleichbehandlung darstellen. Praktisch steht damit ein Vorgehen nach den oben bezeichneten Besicherungsmodellen zugleich auch immer unter dem Damoklesschwert einer Anfechtungsklage der Minderheitsaktionäre nach § 243 Abs. 1 AktG.

ee) Haftung des Vorstandes nach § 93 Abs. 2 AktG

Neben den oben bereits aufgezeigten Folgen für das Rechtsgeschäft kann ein Vorgehen nach dem Besicherungsmodell auch zusätzliche Konsequenzen für den handelnden Vorstand zeitigen. Das haftungsbegründende Merkmal des Schadensersatzanspruchs nach § 93 Abs. 2 AktG ist die Verletzung der Sorgfalt eines ordentlichen und gewissenhaften Geschäftsleiters. Maßgeblicher Ansatzpunkt für die Bemessung der erforderlichen Sorgfalt ist die Freiheit des unternehmerischen Ermessens. Dies ist aber beschränkt durch die Rechtsordnung, die Notwendigkeit der Bezogenheit auf das Gesellschaftsinteresse und das Erfordernis einer sorgfältigen Planung[472]. Sofern durch die Besicherung ein Verstoß gegen § 57 Abs. 1 AktG oder § 71a Abs. 1 S. 1 AktG vorliegt, hat der Vorstand seine Pflichten gegenüber der Aktiengesellschaft verletzt und ist grundsätzlich im Innenverhältnis schadensersatzpflichtig.

Auch ein Berufen auf die Business Judgment Rule nach § 93 Abs. 1 S. 2 AktG kommt hier nicht in Betracht. Erforderlich wäre hierfür, dass der Vorstand aufgrund angemessener Informationen zum Wohle der Gesellschaft handelte. Hier ist

---

470 *BGH* v. 06.10.1960 – II ZR 150/58 („Minimax II") (BGHZ 33, 175, 186).

471 *Henze/Notz*, in: GroßKomm-AktG. 4. Aufl. 2004, § 53a, Rn. 71.

472 *Wilhelm*, Rn. 1097.

schon fraglich, ob ein Vorstand überhaupt aufgrund ausreichender Informationen handelte, wenn er seiner oben dargestellten Prüfpflicht aus § 57 Abs. 1 S. 3 AktG nicht ausreichend nachkommt. Keinesfalls kann aber ein Handeln zum Wohle der Aktiengesellschaft bejaht werden, wenn eine Besicherung zur Finanzierung des Kaufpreises erfolgt. Daher sind Vorstände in diesen Konstellationen gut beraten, mögliche Verstöße gegen das Aktienrecht intensiv zu prüfen. In der Praxis sind Gefälligkeitsbesicherungen oder gar Vorstandsdoppelmandate regelmäßig anzutreffen[473] und bergen daher haftungsrechtliche Risiken in sich.

f) Einschränkung der §§ 57 Abs. 1 und 71a Abs. 1 S. 1 AktG durch Konzernierung

Der Konzern ist nach § 18 Abs. 1 S. 1 AktG eine Zusammenfassung von mehreren Unternehmen unter einheitlicher Leitung eines der Unternehmen. Der in §§ 291–310 AktG geregelte aktienrechtliche Vertragskonzern kennzeichnet sich dadurch, dass eine AG durch Vertrag entweder ihre Leitung einem anderen Unternehmen unterstellt (Beherrschungsvertrag) oder sich verpflichtet, ihren ganzen Gewinn an ein anderes Unternehmen abzuführen (Gewinnabführungsvertrag).

Wesentliches Motiv für die Bildung eines Vertragskonzerns sind neben der Möglichkeit des gemeinsamen Wirtschaftens vor allem steuerliche Gründe[474] durch die Bildung einer steuerlichen Organschaft[475]. Prägend für den Vertragskonzern ist die umfassende Leitungsmacht der herrschenden Gesellschaft. Nach § 308 AktG kann die Obergesellschaft aufgrund dieses Weisungsrechts umfassenden Einfluss auf die Unternehmensleitung der abhängigen Gesellschaft ausüben und sich sogar über die Vermögensbindung der abhängigen Gesellschaft hinwegsetzen. Die Vorschriften über die Vermögensbindung gelten im Vertragskonzern gemäß §§ 57 Abs. 1 S. 3, 291 Abs. 3 AktG gerade nicht.

Dafür enthält das AktG in den §§ 291 ff. AktG besondere Regelungen für verbundene Unternehmen. Die Haftungsfolgen innerhalb eines Konzerngebildes sind im Gegensatz zum Kapitalerhaltungsregime der nicht konzernierten Aktiengesellschaft diffiziler ausgestaltet. Dies lässt sich durch die freiwillige gesellschaftsrechtlich begründete Kooperation rechtfertigen, entweder durch den Abschluss eines Unternehmensvertrags oder durch den Erwerb von Aktien. Grundsätzlich gilt im Konzernrecht, dass Einwirkungen auf das Gesellschaftsvermögen der abhängigen Aktiengesellschaft durchaus legitim sind, sofern die herrschende Gesellschaft für einen Ausgleich sorgt.

Im Vertragskonzern besteht für die herrschende Gesellschaft u. a. die in § 302 Abs. 1 AktG normierte Pflicht, während der Vertragsdauer entstehende Jahresfehl-

---

473 Siehe dazu den unten dargestellten Sachverhalt vom *Babcock Borsig Fall.*

474 Zu den Vorteilen eines Vertragskonzerns allgemein *Altmeppen*, in: MüKo-AktG, 3. Auf. 2008, Einl. §§ 291 ff. Rn. 21.

475 *Liebscher*, in: Beck´sches HdB AktG, § 14 Rn. 112a ff.

beträge bei der beherrschten Gesellschaft auszugleichen, also für einen Verlustausgleich zu sorgen. Dagegen trifft die herrschende Gesellschaft im faktischen Konzern eine Nachteilsausgleichspflicht nach § 311 AktG. Das Verbot des § 311 Abs. 1 AktG, die abhängige Gesellschaft zu für sie nachteiligen Rechtsgeschäften zu veranlassen, wird dabei flankiert durch die Nachteilsausgleichspflicht des § 311 Abs. 2 AktG. Danach muss Ausgleich der veranlassten Nachteile bis spätestens zum Ende des Geschäftsjahres der beherrschten Gesellschaft erfolgen.

Zugleich stellt sich aber die Frage, inwiefern das strikte Kapitalerhaltungssystem der unabhängigen Aktiengesellschaft von den konzernrechtlichen Vorschriften überlagert wird. Insbesondere das Konkurrenzverhältnis von § 71a Abs. 1 S. 1 AktG zu den konzernrechtlichen Normen ist bis heute nicht zufriedenstellend erörtert worden. Das *MoMiG* brachte zumindest im Vertragskonzern Klarheit. Somit hat die Legislative die Aufgabe von Wissenschaft und Rechtsprechung übernommen, dem § 71a Abs. 1 S. 1 AktG in konzernrechtlicher Sicht erste Konturen zu verleihen.

Für die faktische Konzernierung der §§ 311–327 AktG ist dies freilich nicht gelungen. Diese Form der Konzernierung gründet sich auf die tatsächliche Ausübung beherrschenden Einflusses und wird daher nach § 18 Abs. 1 S. 3 bei faktischer Abhängigkeit vermutet. Das Schutzsystem der §§ 311 ff. AktG unterscheidet sich von dem des Vertragskonzerns fundamental. Der Status eines faktischen Konzerns führt nicht zu einer Statusänderung der abhängigen Gesellschaft. Einwirkungen auf die abhängige Gesellschaft sind daher nicht prinzipiell legitimiert. Vielmehr gibt § 311 Abs. 1 AktG a.E. der beherrschenden Gesellschaft die Möglichkeit, etwaige Verluste durch nachteilige Weisungen auszugleichen. Kommt sie diesem Ausgleich aber nicht nach, stellt sich die Frage der Konkurrenz zu den allgemeinen Kapitalerhaltungsvorschriften.

aa) Vertragskonzern

Die §§ 302 ff. AktG statuieren weitreichende Ausgleichs- und Abfindungsansprüche bei Vorliegen von Beherrschungs- oder Gewinnabführungsverträgen. Nach § 291 Abs. 3 AktG verstoßen Leistungen aufgrund eines wirksamen Beherrschungs- oder Gewinnabführungsvertrags nicht gegen die Gebote der Vermögensbindung aus § 57 ff. AktG. Die Reichweite dieser Befreiung ist in einigen Bereichen lebhaft umstritten: Nicht höchstrichterlich geklärt ist erstens die Anwendung auf § 71 a AktG, zweitens deren Anwendung im faktischen Konzern und schließlich die Frage, ob § 291 Abs. 3 auf §§ 30 ff. GmbHG und die GmbH als Untergesellschaft analoge Anwendung findet. Für den Zweck der vorliegenden Arbeit wird lediglich die Anwendung auf die Kapitalerhaltungsregeln der §§ 57 und § 71a Abs. 1 AktG diskutiert[476].

---

476 Zum Parallelproblem der Anwendbarkeit der Kapitalerhaltungsregeln im Rahmen eines Cash-Managements vergleiche unter Teil 3.

(1) § 57 AktG

Bei Bestehen eines Beherrschungsvertrags berechtigt § 308 Abs. 1 S. 1 AktG das herrschende Unternehmen, der Leitung der abhängigen Gesellschaft gegenüber Weisungen zu erteilen. Dieses Weisungsrecht ermöglicht es auch, den Vorstand der Tochtergesellschaft anzuweisen, Vermögensgegenstände der Zielgesellschaft als Sicherheiten zu stellen. Ferner ist es denkbar, dass der Vorstand angewiesen wird, dem Akquisitionsvehikel finanzielle Mittel zur Bedienung seiner Zins- sowie Kreditverbindlichkeiten zu überlassen. § 57 AktG greift hier grundsätzlich nicht ein, da dieser durch § 291 Abs. 3 AktG ausdrücklich suspendiert ist. Allerdings sind die §§ 57 ff. AktG nur hinsichtlich solcher Leistungen aufgehoben, die „bei Bestehen eines Beherrschungs- oder Gewinnabführungsvertrags" erbracht wurden[477].

Die Suspendierung des § 57 AktG kann freilich nur bei einer rechtmäßigen Weisung nach § 308 Abs. 1 AktG Platz greifen[478]. Die Rechtsprechung und das Schrifttum haben dazu zwei Fallgruppen entwickelt, nach denen eine Weisung nicht mehr rechtmäßig ist und somit dann doch wieder in den Anwendungsbereich des § 57 AktG fällt.

(a) Existenzgefährdende Weisungen

Als Schranke des Weisungsrechts des herrschenden Unternehmens wird vor allem die Lebensfähigkeit der abhängigen Gesellschaft diskutiert. Nach herrschender Meinung sind Weisungen, die im Falle ihrer Durchführung zur Auflösung, zur Insolvenz oder zum formlosen Ausscheiden der Untergesellschaft aus dem Rechtsverkehr führen, unzulässig[479]. Beispielhaft kann hier der exzessive Abzug von Liquidität von der Zielgesellschaft genannt werden. Mit der Sorgfalt eines gewissenhaften und ordentlichen Geschäftsleiters sind daher Weisungen unvereinbar, die die abhängige Gesellschaft übermäßig schädigen. Die Überlebensfähigkeit der Aktiengesellschaft muss daher bei jeder Weisung gewährleistet sein, weil es kein denkbares Konzerninteresse gibt, das die Vernichtung einzelner Konzernglieder rechtfertigt[480]. Allerdings ist zweifelhaft, ob Investoren in den hier problematisierten Konstellationen in dieser Weise vorgehen und dadurch den Veräußerungserlös stark mindern würden. Dennoch ist beim fremdfinanzierten Aktienerwerb auch nach Abschluss eines Unternehmensvertrages dieser Schutzmechanismus zu beachten.

---

477 Seit der Änderung des § 291 Abs. 3 AktG durch das *MoMiG* ist nur noch vorausgesetzt, dass die Leistung *„bei Bestehen"* des Unternehmensvertrags erbracht wird. Die alte Fassung forderte noch, dass die Leistung *„aufgrund des"* Unternehmensvertrags erbracht wurde.

478 *Altmeppen*, in: MüKo-AktG, 2. Aufl. 2000, § 291 Rn. 229.

479 *OLG Düsseldorf*, AG 1990, 490, 492; *Krieger*, in: MünchHdb AG, § 70 Rn. 148; *Emmerich/Habersack*, § 23 Rn. 41 ff.; *Ulmer*, ZHR 148 (1984), 391, 408 ff.

480 *OLG Düsseldorf*, AG 1990, 490, 492; *Autenrith*, GmbHR 1984, 198, 198; *Clemm*, ZHR 141 (1977), 197, 204 f. ; *Hüffer*, § 308 Rn. 19.

(b) Mangelnde Solvenz des herrschenden Unternehmens

Virulenter erscheint mir die Frage, wie eine mangelnde Solvenz des herrschenden Unternehmens die Rechtmäßigkeit der Weisungen beeinflussen kann. Bei vermögenslosen Akquisitionsgesellschaften besteht das Risiko einer existenzgefährdenden Weisung in besonders hohem Maße, sodass entsprechende Weisungen rechtswidrig sein können. Daher muss sich der Vorstand der Zielgesellschaft fragen, aus welchem Vermögen die Erwerbsgesellschaft mögliche Verluste der Zielgesellschaft nach § 302 AktG ausgleichen soll.

Soweit ersichtlich, wurde in der bisherigen Literatur das Problem der Anwendbarkeit des § 57 AktG nach Abschluss eines Unternehmensvertrags nicht weiter problematisiert, da immer von einer Suspendierung des § 57 AktG ausgegangen wird (§ 291 Abs. 3 AktG). Gerade bei den hier behandelten fremdfinanzierten Unternehmenskäufen muss dieser Punkt aber ernsthaft diskutiert werden. Die Zulässigkeit wird fast ausschließlich am Maßstab des § 71a Abs. 1 AktG gemessen, wenn jedoch das herrschende Unternehmen nicht solvent ist, kann und muss auch im Vertragskonzern die Nichtigkeit nach § 57 AktG geprüft werden.

Die Frage der Rechtmäßigkeit der Weisung darf keinesfalls mit der Frage der Nachteiligkeit einer Weisung nach § 308 Abs. 1 S. 2 AktG verwechselt werden, denn nachteilige Weisungen sind in den gesetzlichen Grenzen ausdrücklich zugelassen, sofern sie nur insgesamt den Belangen des herrschenden Unternehmens oder anderen mit ihm und der Gesellschaft konzernverbundenen Unternehmen dienen.

Für den Vorstand der abhängigen Aktiengesellschaft ist entscheidend, ob er bei der Prüfung der Weisung auf die abstrakte Gefahr eines Ausfalls der herrschenden Gesellschaft als Verlustausgleichsschuldner abstellen muss oder sich diese Gefahr zu einem unmittelbar bevorstehenden Risiko konkretisiert haben muss. Würde man die abstrakte Gefahr der mangelnden Solvenz genügen lassen, so dürfte der Vorstand der Zielgesellschaft die Weisung verweigern.

Denkbar ist aber auch, eine Einzelfallprüfung zuzulassen, wonach jede Weisung daraufhin untersucht wird, ob in der konkreten Situation ein etwaiger Verlustausgleichsanspruch werthaltig und gegen die Muttergesellschaft/Akquisitionsvehikel durchsetzbar ist. So ist etwa durchaus denkbar, dass die Zielgesellschaft einen hohen Cash-Flow generiert und daher der Abzug von Liquidität bzw. die Stellung von Sicherheiten zu keinem Verlust führt, der ausgeglichen werden müsste.

Riegger[481] spricht sich indes für das Erfordernis eines konkreten Schadens aus und lässt somit das Vorliegen einer abstrakten Gefahr der mangelnden Solvenz nicht genügen, um die Suspendierung des § 57 AktG aufzuheben. Er begründet dies mit der Konzeption des Vertragskonzerns, die klar auf den Vorrang des Konzerninteresses ausgerichtet sei, § 308 AktG. Danach müsse in einem Vertragskonzern das Stellen von Sicherheiten oder der Abzug von Liquidität zugunsten des Akquisitions-

---

481 *Riegger*, ZGR 2008, 233, 244; ähnlich auch *Clemm*, ZHR 141 (1977), 197, 206 f., der zumindest auf die „Offensichtlichkeit“ des Bonitätsmangels abstellt.

vehikels auch bei mangelnder Solvenz der Erwerbsgesellschaft möglich sein, um die Finanzierung des Erwerbs zu gewährleisten.

Altmeppen[482] dagegen lässt eine abstrakte Gefährdung des Verlustausgleichsanspruchs genügen, um eine Weisung als unrechtmäßig zu beurteilen. Nur so könne der Schutz der abhängigen AG gewährleistet werden.

M.E. ist bei *Riegger* der Wunsch der Vater des Gedankens. Die Fälle des fremdfinanzierten Unternehmenskaufs sind dadurch charakterisiert, dass die Hauptlast der Finanzierung des Anteilserwerbs durch die Zielgesellschaft selbst getragen wird; daher auch die geringe Kapitalausstattung des Akquisitionsvehikels. Das Abstellen auf ein konkretes Risiko – wie von *Riegger* gefordert – würde letztlich den fremdfinanzierten Unternehmenskauf noch attraktiver machen. Die von ihm vorgebrachte Argumentation aber ist ein Zirkelschluss. Zwar darf das herrschende Unternehmen die abhängige Aktiengesellschaft im Konzerninteresse auch wirtschaftlich einbinden und verpflichten, jedoch nur, weil im Interesse der Gläubiger, die Existenz der inkorporierten Aktiengesellschaft – vor allem auch – durch die Verlustausgleichspflicht gewährleistet ist. Wird diese Verlustausgleichspflicht aber durch ein mit wenig Kapital ausgestattetes Akquisitionsvehikel ad absurdum geführt, kann dadurch nicht zugleich rechtfertigendes Konzerninteresse begründet werden. Die Beherrschung der abhängigen Gesellschaften ist in einem Vertragskonzern an die Übernahme von Haftungsverpflichtungen gebunden. Jede andere Sichtweise würde dem Missbrauch Tür und Tor öffnen. Im Ergebnis muss daher *Altmeppen* gefolgt werden und schon das abstrakte Risiko in die Beurteilung der Rechtmäßigkeit einer Weisung einfließen.

Möglicherweise muss diese Sichtweise aber aufgrund der Änderungen durch das *MoMiG* relativiert werden. Wie bereits erwähnt, erfasste das Konzernprivileg des § 291 Abs. 3 AktG a.F. lediglich Leistungen *„auf Grund“*, d.h. nach Maßgabe und im Rahmen von Unternehmensverträgen. Für Beherrschungsverträge bedeutete dies, dass nur Leistungen, die aufgrund einer *rechtmäßigen*, d.h. insbesondere durch § 308 AktG gedeckte Weisung privilegiert waren[483].

Infolge der Änderungen der §§ 57 Abs. 1 S. 3, 71a Abs. 1 S. 3 und 291 Abs. 3 AktG durch das *MoMiG* gelten diese Einschränkungen nun nicht mehr. Erforderlich ist jetzt lediglich, dass die Leistung *„bei Bestehen“* eines Unternehmensvertrags erfolgte. Der Unterschied dabei ist, dass Leistungen *„aufgrund“* Unternehmensvertrags nur Leistungen sein können, die durch den Unternehmensvertrag legitimiert sind, mit anderen Worten rechtmäßige Weisungen. *„Bei Bestehen“* des Unternehmensvertrags können dagegen auch Leistungen erfolgen, die nicht durch eine rechtmäßige Weisung legitimiert sind. In der Konsequenz führt dies dazu, dass die Kapitalerhaltungsregeln im Vertragskonzern quasi keine Anwendung mehr finden. Ein Verstoß

---

482 *Altmeppen*, in: MüKo-AktG, 2. Aufl. 2000, § 302 Rn. 38; § 308 Rn. 122 ff.

483 So noch: *Emmerich*, in: Emmerich/Habersack, KonzernR, 5. Aufl. 2008, § 291, Rn. 74.

gegen § 57 AktG durch eine unrechtmäßige Weisung zur Stellung von Sicherheiten oder Abzug von Liquidität ist nunmehr nur noch schwer denkbar[484].

Methodisch lässt sich dies einzig über eine einschränkende Auslegung des § 291 Abs. 3 AktG n.F. begründen. Der ohnehin nicht erschöpfende Wortlaut des § 291 Abs. 3 AktG hat insofern keine nennenswerte Änderung erfahren, als die Wortlautgrenze hier eine einschränkende Auslegung verbieten würde. Insofern kann allenfalls der nun geänderte Schutzzweck dem entgegenstehen. Die Änderung des Wortlauts des § 291 Abs. 3 AktG kam erst durch die Beschlussempfehlung des Rechtsausschusses in den Gesetzentwurf und sollte einen Gleichlauf mit dem geänderten § 30 Abs. 1 S. 2 GmbHG gewährleisten[485]. Die Änderung in § 30 Abs. 1 S. 2 GmbHG soll ausweislich der Gesetzesbegründung dazu führen, dass die Ausnahme vom Kapitalerhaltungsgebot des § 30 Abs. 1 S. 1 GmbHG bei Bestehen eines Beherrschungs- und Gewinnabführungsvertrags zwischen Gesellschafter und Gesellschaft nicht nur auf Leistungen zwischen den Vertragsteilen beschränkt ist, sondern auch Leistungen, die auf Veranlassung der herrschenden Gesellschaft an Dritte erbracht werden. Damit wird die Privilegierung in subjektiver Hinsicht erweitert. Der materielle Gehalt der Privilegierung ist damit aber nicht geändert worden. Daher muss auch § 291 Abs. 3 AktG n.F. einschränkend so ausgelegt werden, dass ein abstraktes Verlustrisiko in die Beurteilung einer rechtmäßigen Weisung hineingelesen wird. Im Ergebnis bleibt also es bei der bereits unter dem alten Recht vertretenen Auslegung des § 291 Abs. 3 AktG.

Daneben gelten weiterhin die Schranken aus §§ 302, 308–310 AktG für das Weisungsrecht. Daher bleibt es bei der Haftung des herrschenden Unternehmens und seiner gesetzlichen Vertreter. Diese Haftung ist bei Akquisitionsvehikeln aufgrund der spärlichen Kapitalausstattung aber ein denkbar stumpfes Schwert[486].

(2) § 71a Abs. 1 AktG

Bis zum Inkrafttreten des *MoMiG* im Jahr 2008 wurde kontrovers diskutiert, ob § 71a Abs. 1 S. 1 AktG auch im Vertragskonzern gelten soll. Eine insbesondere von *Lutter/Wahlers*[487] und *Klass*[488] vertretene Meinung trat dafür ein, das Verbot der finanziellen Unterstützung auch auf den Vertragskonzern anzuwenden. Begründet

---

484 Kritisch auch *Altmeppen*, in: MüKo-AktG, 3. Aufl. 2010, § 291, Rn. 229, er sieht kein Erfordernis für eine weitergehende Privilegierung im Vertragskonzern im Gegensatz zur alten Rechtslage. Damit verkennt *Altmeppen* aber, dass sich der Gesetzestext verändert hat und dies zwangsläufig zu einer anderen Auslegung führen muss.

485 Beschlussempfehlung und Bericht des Rechtsausschusses v. 24.06.2008, BT-Drs. 16/9737, S. 102.

486 Auch *Habersack*, in: FS Schaumburg, 2009, S. 1291, 1296; *Pentz*, DB Status: Recht 2007, 239, 240.

487 *Lutter/Wahlers*, AG 1989, 1, 9.

488 *Klass*, S. 139 ff.

wurde dies mit den spezifischen Strukturrisiken beim finanzierten Aktienerwerb, die nicht durch die Regelung des Konzernrechts kompensiert werden können[489]. Eine Anwendung des § 291 Abs. 3 AktG auch auf die Fälle des § 71a Abs. 1 AktG würde danach zu untragbaren Risiken führen. Die Gegenansicht[490] schloss die Anwendung des § 71a Abs. 1 S. 1 AktG im Vertragskonzern aus und begründete dies mit systematischen Erwägungen. Nach § 291 Abs. 3 AktG gelte die zentrale Kapitalschutznorm des § 57 AktG nicht bei Bestehen eines Unternehmensvertrags. Wenn nun der § 71a Abs. 1 S. 1 AktG als ein Minus zum § 57 AktG gesehen werde, dürfe im Umkehrschluss das Verbot der finanziellen Unterstützungsleistung erst recht nicht anwendbar sein.

Dieser Meinungsstreit muss nunmehr nicht mehr entschieden werden. Durch die Änderung des *MoMiG* sind die Unsicherheiten – zumindest für den Bereich des Vertragskonzerns – beseitigt. Nach § 71a Abs. 1 S. 3 AktG gilt das Verbot der finanziellen Unterstützung von Rechtsgeschäften nicht mehr bei Bestehen eines Beherrschungs- oder Gewinnabführungsvertrags.

Die zu § 57 AktG dargelegten Grundsätze zur Rechtmäßigkeit einer Weisung gelten seit dem Inkrafttreten des *MoMiG* auch für das Verbot der finanziellen Unterstützungsleistung nach § 71a Abs. 1 S. 1 AktG. Zwar enthält § 291 Abs. 3 AktG keine Aussage zur Anwendbarkeit des § 71a Abs. 1 S. 1 AktG. Vielmehr ist die Privilegierung direkt in § 71a Abs. 1 S. 3 AktG festgeschrieben worden. Jedoch ist der Wortlaut mit dem in § 57 Abs. 1 S. 3 AktG identisch. Insofern ist nicht ersichtlich, warum im Rahmen des § 291 Abs. 3 AktG kein weitgehender Gleichlauf von § 57 und § 71a Abs. 1 S. 1 AktG erfolgen sollte. Im Zweifel wird § 291 Abs. 3 AktG entsprechend auf die Fälle des § 71a Abs. 1 S. 1 AktG anzuwenden sein.

bb) Faktischer Konzern

Interessanter als die weitgehend positivrechtlich geregelte Situation beim Vertragskonzern ist aus meiner Sicht die Zulässigkeit von finanziellen Unterstützungsleistung bzw. deren Besicherung im faktischen Aktienkonzern. Das Vorliegen eines faktischen Aktienkonzerns stützt sich auf die §§ 311, 17 f. AktG. Danach liegt ein faktisches Konzernverhältnis vor, wenn das Akquisitionsvehikel als herrschendes Unternehmen und die Zielgesellschaft als abhängige Gesellschaft beurteilt werden und zwischen den beiden Gesellschaften kein Beherrschungsvertrag und keine Eingliederung vorliegen.

Das Akquisitionsvehikel gilt es beherrschend, wenn entweder eine Mehrheitsbeteiligung vorliegt (dann Vermutung des § 17 Abs. 2 AktG) oder zumindest eine Einflussmöglichkeit auf die Zielgesellschaft gegeben ist, die dem Potential einer Mehrheitsbeteiligung entspricht (§ 17 Abs. 1 AktG)[491]. Eine Mehrheitsbeteiligung

489 Ibd. S. 162.

490 *Fleischer*, AG 1996, 494, 505 f.; *Becker*, DStR 1998, 1429, 1431; *Schroeder*, S. 284 ff.

491 *OLG Düsseldorf*, AG 2003, 688, 689; *Hüffer*, § 17 Rn. 5.; *Bayer*, in: MüKo-AktG, 3. Aufl. 2008, § 17 Rn. 25.

liegt nach § 16 Abs. 1 AktG vor, wenn einem Unternehmen die Mehrheit der Anteile eines rechtlich selbstständigen Unternehmens gehört oder wenn ihm die Mehrheit des Stimmrechts zusteht.

Nun sind Konstellationen denkbar, in denen der Aktienerwerb zunächst durch sogenannte Brückendarlehen zwischenfinanziert wird und dann erst nach Erlangung der Aktienmehrheit eine finanzielle Unterstützung von der Zielgesellschaft eingefordert wird. In den Fällen der nachträglichen Finanzierung bzw. Besicherung liegt somit schon die Anteilsmehrheit bei der erwerbenden Gesellschaft. Nach der obigen Definition bedeutet dies, dass eine Mehrheitsbeteiligung nach § 16 Abs. 1 AktG vorliegt, welche nach § 17 Abs. 2 AktG die Vermutung auslöst, dass die Zielgesellschaft von der herrschenden Erwerbsgesellschaft abhängig ist und somit letztlich ein faktischer Aktienkonzern vorliegt.

Die Abhängigkeit kann auch mehrstufig vermittelt werden, sodass beispielsweise auch zwischen dem an der Spitze stehenden Beteiligungsfonds und deren Akquisitionstöchtern eine faktische Abhängigkeit vermutet werden kann. Dies wirft die Frage auf, ob die konzernrechtlichen Vorschriften der §§ 311 ff. AktG die Kapitalerhaltungsvorschriften für unabhängige AG verdrängen. Würde eine Anwendbarkeit der §§ 57, 71a Abs. 1 AktG im faktischen Aktienkonzern verneint, bedeutete dies, dass damit ein Hauptanwendungsfall des § 71a Abs. 1 AktG wegfiele.

(1) § 57 AktG

§ 311 AktG knüpft an Veranlassungen an, die letztlich zu einem Nachteil für das abhängige Unternehmen führen. Eine Veranlassung ist dabei in jeder Äußerung des auf Vornahme der Maßnahme gerichteten Willens des herrschenden Unternehmens zu sehen, gleichgültig ob dies in Form eines Ratschlags, einer Anregung, einer Weisung oder auf sonstige Weise ausgedrückt wird[492]. Ein Nachteil im Sinne des § 311 AktG ist jede Minderung oder konkrete Gefährdung der Vermögens- oder Ertragslage der Gesellschaft ohne Rücksicht auf Quantifizierbarkeit, soweit sie als Abhängigkeitsfolge eintritt[493]. Die nachträgliche Veranlassung, die Zinslast des Akquisitionsvehikels durch den Cash-Flow der Zielgesellschaft zu tragen oder gar Sicherheiten für Darlehen zu stellen, kann sehr wohl die Vermögenslage der Zielgesellschaft gefährden. § 57 AktG hat einen darüber hinaus gehenden Anwendungsbereich und erfasst jegliche Einlagenrückgewähr. Die Veranlassung zu einer nachteiligen Maßnahme geht daher regelmäßig mit einer nicht durch einen Gewinnverwendungsbeschluss gedeckten und damit nach § 57 AktG unzulässigen Vermögensverlagerung auf das herrschende Unternehmen einher[494]. Die Frage der Konkurrenz beider Normen stellt sich vor allem im Zusammenhang mit der Ge-

492 *Emmerich*, in: Emmerich/Habersack, KonzernR, 7. Aufl. 2013, § 311 Rn. 23; *Koppensteiner*, in KK-AktG, § 311 Rn. 2; *Kropff*, in: MüKo-AktG, § 311 Rn. 73.

493 *BGH* v. 01.12.2008 – II ZR 102/07 („*MPS*“) (BGHZ 179, 71); *BGH* v. 01.03.1999 – II ZR 312/97 (BGHZ 141, 80); *Koppensteiner*, in: KK-AktG, § 311 Rn. 54.

494 *Habersack*, in: Emmerich/Habersack, KonzernR, 7. Aufl. 2013, § 311 Rn. 82.

währung von Darlehen und der Bestellung von Sicherheiten durch die abhängige Aktiengesellschaft.

Bis zum Inkrafttreten des *MoMiG* wurde von der herrschenden Ansicht eine Spezialität des § 311 AktG gegenüber § 57 AktG vertreten[495]. Die Argumentation war ebenso einleuchtend wie stimmig. Danach war die Hingabe eines Darlehens oder die Bestellung einer Sicherheit durch die abhängige AG auch dann nicht von vornherein verboten, wenn sie auf Veranlassung des herrschenden Unternehmens erfolgte[496]. Diese Betrachtungsweise war auch erforderlich, um der Privilegierung des § 311 Abs. 2 AktG Rechnung zu tragen. § 311 Abs. 2 AktG gibt dem herrschenden Unternehmen auf, einen Nachteil, den es durch Veranlassung zu einer nachteiligen Maßnahme verursacht hat, auszugleichen. Dies kann durch Leistung von Vermögensgegenständen an das abhängige Unternehmen oder durch Einräumung eines Rechtsanspruchs auf eine zum Ausgleich geeignete Vorteilsleistung geschehen. Wie ausgeglichen wird, muss zur Vermeidung von Schadensersatzansprüchen aus § 317 Abs. 1 S. 1 AktG bis zum Ende des Geschäftsjahres feststehen. Anstelle des abstrakten Vermögens- und Liquiditätsschutzes des § 57 AktG tritt somit ein im Rahmen des § 311 AktG zu prüfender konkreter Nachteil. Diese Kompensation des § 57 AktG durch § 311 AktG in den Folgen eines Liquiditätsabflusses rechtfertigte die Spezialität der konzernrechtlichen Norm. Die Zulässigkeit ergibt sich aus der gesetzlichen Anerkennung des faktischen Aktienkonzerns[497]. Verallgemeinerung hat diese für die abhängige AG geltende Auslegung des § 311 AktG durch das *MoMiG* erfahren. Nach § 57 Abs. 1 S. 3 gelten Leistungen, die durch einen *vollwertigen Gegenleistungs- oder Rückgewähranspruch gegen den Aktionär gedeckt* sind, nicht als Verstoß gegen das Verbot der Einlagenrückgewähr.

Auch der BGH ging kürzlich diesen Weg und entzog der Gegenauffassung den Boden, wonach eine Verdrängung des § 57 AktG durch § 311 AktG unter dem Aspekt einer möglichst umfassenden Vorstandshaftung systematisch nicht zu rechtfertigen sei[498]. Dabei sah er sich durch die Änderungen des *MoMiG* in seiner geänderten Rechtsauffassung bestätigt:

Nach dem Inkrafttreten des *MoMiG* am 01. November 2008 hatte der BGH nun in dem als *MPS-Entscheidung* bekanntgewordenen Urteil vom 01. Dezember 2008[499] über die Frage zu entscheiden, ob die Gewährung eines unbesicherten, kurzfristig rückforderbaren Upstream-Darlehens[500] durch eine abhängige Aktiengesellschaft an ihre Mehrheitsaktionärin *per se* ein nachteiliges Rechtsgeschäft im Sinne von § 311

495 *OLG Stuttgart*, AG 1994, 411, 412; *LG Düsseldorf*, AG 1979, 290, 291 f.; *Koppensteiner*, in: KK-AktG, § 311 Rn. 161; *Hüffer*, § 311 Rn. 49; *Henze*, BB 1996, 489, 498 f.

496 *Habersack/Schürnbrand*, NZG 2004, 689, 692 ff., *Hentzen*, ZGR 2005, 480, 507 ff.; *Reidenbach*, WM 2004, 1421, 1427 f.; *Wessels*, ZIP 2004, 793, 796.

497 Die Einbindung der abhängigen AG in ein zentrales Cash-Management und die Folgen des MPS-Urteils dazu unter Teil 3.

498 *Altmeppen*, ZIP 1996, 693, 694.

499 *BGH* vom 01.12.2008 – II ZR 102/07 („MPS") (BGHZ 179, 71).

500 „Upstream" werden Darlehen von der Tochter an die Mutter genannt; Darlehen der Mutter an die Tochter werden auch als „Downstream"-Darlehen bezeichnet.

AktG ist. Mit seinem Urteil kehrte der BGH nunmehr – ebenso wie der Gesetzgeber in § 57 Abs. 1 S. 3 AktG – zur bilanziellen Betrachtungsweise zurück. Danach seien unbesicherte Darlehen nicht per se nachteilig im Sinne des § 311 AktG, wenn die Rückzahlungsforderung im Zeitpunkt der Darlehensausreichung vollwertig ist[501]. An der gegenteiligen im *„November"*-Urteil geäußerten Rechtsauffassung hält der BGH ausdrücklich nicht mehr fest. Darüber hinaus nahm der BGH in der *„MPS"-Entscheidung* die Neuregelung des § 57 Abs. 1 S. 3 AktG zum Anlass, die bilanzielle Betrachtungsweise auch für Altfälle zur Anwendung kommen zu lassen. Die für die vorliegende Bearbeitung ausschlaggebende Aussage des Urteils ist jedoch, dass der BGH in dem konkreten Fall einen Verstoß gegen § 57 AktG gar nicht erst prüfte, da *„§ 311 AktG [...], auch soweit er mit § 57 AktG gleich läuft, eine die §§ 57, 62, 93 Abs. 3 Nr. 1 AktG verdrängende Spezialregelung [...]*[502]*"* aufweist. Auch der BGH stützt diese Spezialität auf systematische Erwägungen, denn nur so sei der *„zeitlich gestreckte Ausgleich"*[503] nach § 311 Abs. 2 AktG überhaupt erst möglich.

Konkret heißt dies, dass für die Zielgesellschaft nachteilige Weisungen nicht an § 57 AktG direkt gemessen werden, jedoch eine Prüfung am Maßstab des § 311 AktG indirekt auf Merkmale des § 57 AktG zurückgreift, sofern ein Nachteilsausgleich vorgenommen oder zumindest rechtsverbindlich zugesagt wurde.

Weiterhin ist aber zu klären, ob sich die Spezialität des § 311 AktG auch auf die Stellung von Sicherheiten bezieht und dies mithin auch in einem faktischen Konzern privilegiert ist[504]. Die Besonderheit der Bestellung von Sicherheiten für Verbindlichkeiten des herrschenden Unternehmens besteht darin, dass sie nicht nur nachteilig sein können, wenn im Zeitpunkt der Bestellung die Inanspruchnahme derselben wahrscheinlich ist. Darüber hinaus kann bereits der Umstand, dass die Aktiengesellschaft die Gegenstände nicht mehr zur Besicherung eigener Verbindlichkeiten einsetzen kann, einen Nachteil begründen[505]. Sowohl die Änderungen des *MoMiG* als auch das *„MPS"-Urteil* des *BGH* sollten wieder mehr Flexibilität bei der Konzerninnenfinanzierung ermöglichen. Eine Konzerninnenfinanzierung ist aber nicht auf die reinen Liquiditätsverschiebungen beschränkbar. Vielmehr gehört auch das gegenseitige Stellen von Sicherheiten in diesen Bereich. Eine unterschiedliche Betrachtung von finanziellen Unterstützungen und dem Begeben von Sicherheiten würde eine natürliche Einheit künstlich aufspalten und ist daher – obwohl *Kropffs* Aspekt durchaus beachtlich scheint – nicht vorzunehmen. Vielmehr ist auch das Stellen von Sicherheiten als eine im faktischen Aktienkonzern privilegierte Handlung zu betrachten[506].

---

501 Der BGH wendete hier das Kriterium der Vollwertigkeit aus § 57 Abs. 1 S. 3 AktG auf § 311 AktG an.

502 *BGH* v. 01.12.2008 – II ZR 102/07 (*„MPS"*) (BGHZ 179, 71 Tz. 11).

503 Ibd.

504 *Kropff*, in: MüKo-AktG, 2. Aufl. 2000 , § 311 Rn. 191.

505 *Habersack*, in: Emmerich/Habersack, KonzernR, 7. Aufl. 2013, § 311 Rn. 47c.

506 Im Ergebnis auch so, aber ohne Begründung: *Riegger*, ZGR 2008, 233, 239; *Hüffer*, § 311 Rn. 49.

Zu bedenken ist aber, dass der Anspruch gegen das Akquisitionsvehikel auch werthaltig sein muss. Wie schon mehrfach erwähnt, weist die typische Erwerbsgesellschaft regelmäßig nur eine sehr dürftige Kapitalausstattung auf. Mithin liegt in den hier problematisierten Fällen nur ausnahmsweise kein Verstoß gegen § 311 AktG vor, § 57 AktG müsste dennoch suspendiert bleiben.

(2) § 71a Abs. 1 AktG

Viel umstrittener und wenig eindeutig ist dagegen, ob auch die Vorschrift des § 71a Abs. 1 S. 1 AktG durch die Regeln des faktischen Konzerns suspendiert wird.

Die hierzu vertretenen Meinungen weichen diametral voneinander ab. Einerseits wird vertreten, dass § 71a Abs. 1 S. 1 AktG von § 311 AktG verdrängt werde[507]. Begründet wird dies vorrangig mit dem unklaren Schutzweck des § 71a Abs. 1 S. 1 AktG und dem zugleich vertretenen weitgehenden Gleichlauf von §§ 71a Abs. 1 S. 1 und 57 AktG. Denn in dem Verbot der finanziellen Unterstützungsleistung liege zugleich ein besonderes Kapitalerhaltungsgebot: § 71a Abs. 1 S. 1 und § 57 AktG seien Holz vom gleichen Stamm, wobei die Wurzel aus einem allgemeinen Kapitalerhaltungsgedanken wachse[508]. Daher müsse auch bei der Frage der Anwendbarkeit zwischen § 57 AktG und § 71a Abs. 1 S. 1 AktG ein Gleichlauf hergestellt und die Norm des § 71a Abs. 1 S. 1 AktG unter den gleichen Voraussetzungen wie § 57 AktG im faktischen Konzern durch § 311 AktG verdrängt werden. Damit wäre der Vorstand berechtigt, für die Kreditverbindlichkeiten des Akquisitionsvehikels Sicherheiten zu bestellen bzw. die Kredit- und Zinsraten zu tilgen, sobald die Voraussetzungen des § 311 AktG vorlägen.

Riegger begründet dies insbesondere mit der Änderung des Art. 23 KapRL und eine damit vermeintlich einhergehende Neuausrichtung des § 71a Abs. 1 S. 1 AktG zu einer reinen Kapitalschutznorm[509]. Diese Begründung ist aus zweierlei Gründen infrage zu stellen. Zunächst kann mit der hier vertretenen Ansicht[510] eine Änderung der europäischen Richtlinie nicht zur Auslegung der nicht geänderten deutschen Norm herangezogen werden. Und zum anderen ist bereits zweifelhaft, ob sich der Schutzzweck des Art. 23 KapRL durch die Neufassung tatsächlich geändert hat: Insbesondere die Seriositätsprüfung durch die Verwaltungsorgane nach Art. 23 Abs. 2 KapRL lässt auf die bereits erwähnte Erschwerung der Übernahmefinanzierung schließen. Ein Übernahmebezug ist daher neben dem reinen Kapitalschutz nach

507 *Schroeder,* S. 274 ff.; *Habersack,* in: Emmerich/Habersack, KonzernR, 7. Aufl. 2013, § 311 Rn. 82; *Riegger,* ZGR 2008, 233, 239; Nodoushani, Konzern 2008, 385, 388: bejaht zwar eine grundsätzliche Suspendierung des § 71a Abs. 1 AktG im faktischen Konzern, lässt aber gleichzeitig Zweifel an dieser Auslegung erkennen, da sie bisher keine höchstgerichtliche Bestätigung gefunden hat und somit enorme Risiken für die Praxis birgt.

508 So plakativ von *Fleischer* beschrieben in AG 1996, 494, 506.

509 So wie auch der § 57 AktG.

510 Siehe bereits S. 56 ff.

wie vor zu bejahen. Das strikte deutsche Verbot spricht somit als Vermutung für die Unausgewogenheit der erfassten Geschäfte. Die kreditgebenden Banken werden zudem zu einer intensiven Risikoanalyse verpflichtet. Ferner muss das Geschäftsvorhaben vorab der Hauptversammlung vorgelegt werden und verhindert somit eine extensive Einflussnahme der Verwaltungsorgane auf die Zusammensetzung der Aktionärsstruktur (Art. 23 Abs. 3 KapRL).

Sofern man Art. 23 KapRL n.F. entgegen der hier vertretenen Auffassung zur Auslegung der deutschen Norm heranziehen möchte, deutet die detaillierte Regelung des Art. 23 KapRL n.F. mit ihren hohen Anforderungen eher auf ein Spezialitätsverhältnis des § 71a Abs. 1 S. 1 AktG gegenüber § 311 AktG hin. Der weit unter dem Niveau des § 71a Abs. 1 AktG liegende Vermögensschutz des § 311 AktG kann diesen daher methodisch schon nicht verdrängen.

Ferner darf nicht außer Acht gelassen werden, dass § 71a Abs. 1 S. 1 AktG an vorheriger Stelle bereits die Funktion eines Umgehungsverbots[511] zugesprochen wurde. Dies ist eine weitere über den Zweck des § 57 AktG hinausgehende Funktion des § 71a Abs. 1 AktG. Ein Gleichlauf der Anwendung von § 57 AktG und § 71a Abs. 1 AktG lässt sich daher auch aus diesem Blickwinkeln nicht rechtfertigen. *Klass*[512] antwortet daher auf *Fleischers* Vergleich zutreffend: *„Zwar sind die §§ 57 ff AktG und §§ 71 ff. AktG durchaus Holz vom gleichen Stamm, aber doch anders geschnitzt.“*

In diese Richtung entschied letztlich auch das *LG Düsseldorf* mit Urteil vom 28. Oktober 2005[513]. Danach leiste eine Aktiengesellschaft nur dann in unzulässiger Weise Hilfe zur Finanzierung des Erwerbs ihrer Aktien, wenn liquide Vermögenswerte weggeben würden[514]. Darlehen der Zielgesellschaft an die herrschende Mutter bzw. deren Besicherung führen unweigerlich zu einem Mittelabfluss. Eine Spezialität des § 311 AktG gegenüber § 71a Abs. 1 AktG lässt sich danach nur schwer begründen[515].

Fraglich ist überdies, ob § 71a Abs. 1 S. 1 AktG und § 311 AktG überhaupt so weit kongruent sind, dass eine Suspendierung des § 71a Abs. 1 erfolgen kann. Eine Spezialität kann nur angenommen werden, wenn § 311 AktG für einen Teil ihres Anwendungsbereichs mit den Voraussetzungen des § 71a Abs. 1 S. 1 AktG deckungsgleich ist und § 311 AktG eine oder mehrere zusätzliche Voraussetzungen

511 Siehe hierzu bereits S. 64 ff.

512 *Klass*, S. 139.

513 *LG Düsseldorf*, Urteil v. 28.10.2005–39 O 180/04 (DB 2005, 2512 ff.)

514 Ibd. Tz.

515 Im Ergebnis so auch, jedoch mit abweichenden Begründungen: *Bezzenberg*, in: K. Schmidt/Lutter, § 71a Rn. 18; *Lutter/Wahlers*, AG 1989, 1, 9; *Lutter/Drygala*, in: KK-AktG, § 71a Rn. 48; *Cahn*, in: Spindler/Stilz, AktG, § 71a Rn. 21; *Klass*, S. 136 ff.; *Kühlbacher*, S. 133; a.A.: *Oechsler*, in: MüKo-AktG, 3. Aufl. 2008, § 71a Rn. 13; *Merkt*, in: GK-AktG, § 71a Rn. 22; *Fleischer*, AG 1996, 494, 507; *Habersack*, in: FS Röhricht, 2005, S. 155, 165; *Riegger*, ZGR 2008, 233, 240; *Wand/Tillmann/Heckenthaler*, AG 2009, 148, 150, 160 f.; *Schroeder*, S. 274 ff.; *Brosius*, S. 246.

enthält, die ihren Anwendungsbereich einengen[516]. Einige Überschneidungen im Anwendungsbereich beider Normen lassen sich sicherlich nicht abstreiten. Entscheidend ist aus meiner Sicht aber, dass § 311 AktG regelt, ob und inwieweit die abhängige Gesellschaft aus der Unternehmensverbindung konkrete Nachteile erleidet. § 71a Abs. 1 S. 1 AktG setzt dagegen schon früher an und behandelt vielmehr die Frage, ob überhaupt ein gültiger Aktienerwerb stattgefunden hat: Bereits auf S. 71 ff. wurde dargelegt, dass die wohl herrschende Meinung die Nichtigkeitsfolge des § 71a Abs. 1 S. 1 AktG nur auf das Kausalgeschäft anwendet. Wegen der Nichtigkeit des Kausalgeschäfts bestehen danach keine Erfüllungsansprüche, gleichwohl erfolgte Leistungen können nach dem Bereicherungsrecht zurückgefordert werden.

Dies spricht wohl schon gegen die nötige Kongruenz beider Normen.

Differenzierend wird noch vertreten, dass § 71a Abs. 1 S. 1 AktG aufschiebend Geltung beanspruchen müsse für den Fall, dass die herrschende Gesellschaft den Nachteil nicht ausgleicht[517]. *Oechsler*[518] dagegen möchte den § 71a Abs. 1 S. 1 AktG im faktischen Konzernverbund nur in einem Fall zur Anwendung kommen lassen, nämlich beim Aktienerwerb der Obergesellschaft durch die Tochter. Danach soll die Tochter Dritte beim Erwerb von Aktien der Mutter nicht unterstützen dürfen. Dies lasse sich der Verweisung in § 71d S. 4 AktG auf § 71a Abs. 1 S. 1 AktG entnehmen. Nach § 71d S. 4 AktG dürfen weder die Zielgesellschaft noch ihre Tochterunternehmen einen anderen beim Erwerb ihrer Aktien finanziell unterstützen. Ein Tochterunternehmen darf also grundsätzlich keinen Kredit zum Erwerb von Aktien der Mutter gewähren, und es darf auch keine dafür valutierten Drittkredite besichern. Dennoch vorgenommene Finanzierungsgeschäfte der Töchter sind nichtig[519]. Aus dieser Regelung nun aber herauszulesen, dass § 71a Abs. 1 AktG im faktischen Konzern lediglich in der vorbezeichneten Konstellation zur Anwendung kommen soll, strapaziert die Auslegung des § 71d über seinen Wortlaut hinaus. § 71d AktG erstreckt die Zulässigkeitsschranken des Erwerbs und Haltens eigener Aktien auf mittelbare Stellvertreter, Tochterunternehmen und mittelbare Stellvertreter der Tochterunternehmen. Keinesfalls kann der Norm jedoch eine Einschränkung des Anwendungsbereichs des § 71a Abs. 1 AktG im faktischen Konzernverbund entnommen werden. Denn es kann nicht sein, dass § 71a Abs. 1 S. 1 AktG dann die Situation begünstigen soll, die § 311 AktG gerade verhindern will.

Der von *Oechsler* sogenannte *„flankierende Schutz“* des Erwerbs eigener Aktien führt nicht zur Mediatisierung des Verbots der finanziellen Unterstützungsleistung. Schon die Verortung eines solchen Anwendungsausschlusses wäre systematisch verfehlt. Eine entsprechende Regelung hätte entweder in § 71a Abs. 1 AktG oder in § 311 AktG implementiert werden müssen.

---

516 *Schmalz*, Rn. 80.

517 *Schroeder*, S. 281 ff.

518 *Oechsler*, in: MüKo-AktG, 3. Aufl. 2008, § 71a Rn. 13.

519 *LG Göttingen*, Urteil v. 06.01.1992–8 O 123/91 (WM 1992, 1373, 1375 f.); *Hüffer*, § 71d Rn. 17.

Für diese Ansicht streitet seit Inkrafttreten des *MoMiG* nun auch der historische Gesetzgeber. Wäre von ihm eine Suspendierung des § 71a Abs. 1 S. 1 AktG auch im faktischen Konzern gewünscht worden, hätte er dies parallel zur Geltung im Vertragskonzern regeln können.

Dass dies nicht getan wurde, lässt sich darüber hinaus teleologisch sehr gut begründen. Zum einen erfasst der zeitliche Anwendungsbereich des § 71a Abs. 1 S. 1 AktG auch finanzielle Unterstützungen nach dem Erwerb der Aktien. Daher dürfte der Hauptanwendungsfall einer finanziellen Unterstützung wohl auch in der nachträglichen Gewährung von finanziellen Hilfen liegen. Andererseits stellt sich auch regelmäßig eine sachliche und zeitliche Nähe zwischen Aktienerwerb und finanzieller Unterstützung ein und damit auch eine faktische Konzernierung. Ein Vorrang der § 311 ff. AktG würde § 71a Abs. 1 S. 1 AktG in dieser wichtigen (und mit Übernahmebezug versehenen) Konstellation nahezu vollkommen suspendieren und in seinem Kernbereich außer Kraft setzen[520]. Folglich läge eine Privilegierung der finanziellen Unterstützung des Aktienerwerbs im faktischen Konzern vor, dessen strukturelle Risiken mitnichten von § 311 AktG aufgefangen werden können.

Auch ein weiteres systematisches Argument streitet für diese Ansicht. Der durch das *MoMiG* liberalisierte § 57 AktG gewährt nunmehr unter den Voraussetzungen des § 57 Abs. 1 S. 3 AktG ausdrücklich Raum für alternative Finanzierungsstrukturen. Aufgrund des vermeintlichen Gleichlaufs mit § 71a Abs. 1 S. 1 AktG und dadurch eintretenden Verdrängung durch § 311 AktG im faktischen Aktienkonzern wären die Tochterunternehmen gänzlich schutzlos gestellt. Der liberalisierte § 57 AktG gewährt nunmehr ausdrücklich Raum für Finanzierungswünsche unter den Voraussetzungen des § 57 Abs. 1 S. 3 AktG. Bei vertraglicher Konzernierung ist § 71a Abs. 1 AktG aber gerade nicht anwendbar. Daher muss – flankierend zu den Voraussetzungen des § 57 Abs. 1 S. 3 AktG – der Finanzierungswunsch des Erwerbers auch immer an § 71a Abs. 1 AktG messen, solange nicht vertraglich konzerniert wurde[521].

Zusammenfassend sprechen daher die besseren Argumente für eine Beurteilung von Rechtsgeschäften mit Übernahmebezug im faktischen Konzern am Maßstab des § 71a Abs. 1 S. 1 AktG.

520 *Cahn*, in: Spindler/Stilz, § 71a Rn. 21.

521 *Lutter/Drygala*, in: KK-AktG, 3. Aufl. 2009, § 71a Rn. 48.

2. Kapitalschutz bei Gesamtrechtsnachfolge durch Verschmelzung nach dem UmwG und Außerhalb des UmwG

2.1 Rechtslage bei externer Finanzierung des Aktienerwerbs und anschließender Verschmelzung zur Besicherung des Fremdkapitals

Im Folgenden wird die Kapitalerhaltung, insbesondere hinsichtlich der Einlagenrückgewähr und finanzieller Unterstützungen, im Rahmen von Unternehmensübernahmen bei der Verschmelzung von Erwerbsgesellschaft und Zielgesellschaft nach dem UmwG untersucht. Wenn in diesem Zusammenhang von externer Finanzierung gesprochen wird, bedeutet dies regelmäßig die Finanzierung durch einen außenstehenden Finanzier. Dagegen geschieht eine interne Finanzierung durch die veräußernden Gesellschafter, zu deren Gunsten entsprechende Sicherheiten gestellt werden.

§ 71a Abs. 1 S. 1 AktG ordnet die unheilbare Nichtigkeit jedes Rechtsgeschäfts an, durch das die Zielgesellschaft einem anderen zum Zwecke des Erwerbs seiner Aktien einen Vorschuss, ein Darlehen oder die Leistung einer Sicherheit verspricht. Das Verbot des § 71a Abs. 1 S. 1 AktG ist nicht auf Finanzierungshilfen an gegenwärtige Aktionäre beschränkt und trifft daher auch die Erwerber der Aktien.

Problematisch ist vorliegend, ob eine erst nach dem Anteilserwerb vollzogene Verschmelzung der Erwerbs- mit der Zielgesellschaft in den Anwendungsbereich des § 71a Abs. 1 S. 1 AktG fällt, um so letztlich die Finanzierungsverbindlichkeiten der Erwerbsgesellschaft mit dem Vermögen der Zielgesellschaft zu vereinen[522].Der Wortlaut gibt dies auf den ersten Blick nicht her. Insbesondere die Kausalität zwischen Finanzierungsgeschäft und Verschmelzung könnte hier eine Hürde für die Kapitalerhaltungsvorschriften darstellen.

2.1.1 Rechtfolgen der Umwandlung

Zuvor muss allerdings erörtert werden, welche Rechtsfolgen die Umwandlung in der Form der Verschmelzung überhaupt zeitigt. Insbesondere, ob mit der Verschmelzung überhaupt ein negativer Vermögensabfluss von der Zielgesellschaft auf den übernehmenden Rechtsträger verbunden ist. Dafür wird zwischen Upstream- und Downstream-Verschmelzungen unterschieden.

Nach § 20 Abs. 1 Nr. 1 UmwG geht mit der Eintragung der Verschmelzung im Handelsregister des übernehmenden Rechtsträgers das Vermögen des übertragen-

522 Siehe ausführlich zu dieser Konstellation bereits S. 121 ff.

den Rechtsträgers einschließlich der Verbindlichkeiten auf den übernehmenden Rechtsträger über. Dadurch wird eine gesetzliche Gesamtrechtsnachfolge des übernehmenden Rechtsträgers in die Rechtsposition des übertragenden Rechtsträgers angeordnet[523]. Mit der Eintragung der Verschmelzung im Handelsregister werden ferner die Anteilseigner des übertragenden Rechtsträgers zu Anteilseignern des übernehmenden Rechtsträgers. Soweit der übertragende Rechtsträger darüber hinaus auch Anteile des übernehmenden Rechtsträgers hält, gehen diese ohne Durchgangserwerb des übernehmenden Rechtsträgers auf dessen neue Anteilseigner über[524].

Früher wurde der Ablauf einer Verschmelzung durch zwei verschiedene Rechtsfiguren konstruiert: Nach einer Auffassung sollten die Anteile an der Tochtergesellschaft im Wege des *Direkterwerbs* unmittelbar kraft Gesetzes auf die Anteilseigner der übertragenden Muttergesellschaft übergehen[525]. Nach der Gegenauffassung fand vor dem Erwerb der Anteile durch die Anteilseigner der übertragenden Gesellschaft ein *Durchgangserwerb* bei dem übernehmenden Rechtsträger (Zielgesellschaft) statt[526]. Nach der neuen Gesetzeslage spricht vieles dafür, nur noch den Direkterwerb für zulässig zu erachten. Dem liegt folgender Gedanke zugrunde: Nach § 3 Abs. 1 Nr. 1 UmwG können mittlerweile auch Personengesellschaften an Verschmelzungen beteiligt werden. Würde nun aber bei einem Downstream-Merger auf eine Personengesellschaft das Modell des Durchgangserwerbs angewendet werden, besäße diese für eine logische Sekunde alle Anteile und hätte folglich nur noch einen Gesellschafter. Dies aber führt nach herrschender Meinung zum Erlöschen der Personengesellschaft ohne Liquidation[527] und ist daher nicht mehr mit der aktuellen Konzeption des Umwandlungsrechts vereinbar[528].

Die freie Auswahl des Vertragspartners und damit auch des Schuldners werden als Grundelement der Privatautonomie verstanden. Daher muss auch niemand einen anderen Vertragspartner akzeptieren als denjenigen, den er bei Vertragsschluss ausgewählt hat. Dieses Prinzip ist im Falle der Gesamtrechtsnachfolge aber durchbrochen: Das Vermögen einschließlich aller Vertragsverhältnisse und Schulden gehen auf den übernehmenden Rechtsträger über. Die Verschmelzung führt somit zu einer Vereinigung zweier Vermögen und damit potentiell zu einer Verschlechterung der Befriedigungsaussichten der Gläubiger eines der beteiligten Rechtsträgers. Diese

---

523 *Grunewald*, in: Lutter, UmwG, 20 Rn. 7.

524 Ganz h.M.: *Grunewald*, in: Lutter, UmwG, § 20 Rn. 60; *Kübler*, in: Semler/Stengel, UmwG, § 20 Rn. 74; *Marsch-Barner*, in: Kallmeyer, UmwG, § 20 Rn. 29.

525 *Grunewald*, in: Lutter, UmwG, § 20 Rn. 60; *Priester*, in: Scholz, GmbHG, 7. Aufl. 1986, Anh. UmwG, § 25 KapErhG Rn. 25, 27.

526 *Bärwaldt*, in: Haritz/Benkert, Vorb. §§ 11–13 UmwStG, Rn. 12; *Schnorbus*, in: Rowedder, GmbHG, § 77 Anh. Rn. 175.

527 *BGH* v. 19.05.1960 – II ZR 72/59 (BGHZ 32, 307, 315 f.); *BGH* v. 13.07.1967 – II ZR 268/64 (BGHZ 48, 203, 206).

528 *Schlösser*, in: S/B/B, UmwR, § 11 Rn. 196; *Kübler*, in: Semler/Stengel, UmwG, § 20 Rn. 74; *Marsch-Barner*, in: Kallmeyer, UmwG, § 20 Rn. 29.

Risiken lassen sich allerdings durch die Möglichkeit der Unsicherheitseinrede nach § 321 BGB sowie der Möglichkeit, die Leistung einer Sicherheit nach § 22 UmwG zu fordern, begrenzen und sind letztlich auch eine Konsequenz der vom Gesetzgeber anerkannten Möglichkeit der Verschmelzung von zwei Rechtsträgern[529].

Eine weitere erwähnenswerte Folge der Verschmelzung ist – trotz Übergangs auf den neuen Rechtsträger – der Untergang des Rückgewährschuldners. Auch dies spräche – zumindest im Falle des Upstream-Merger – für einen im Vorfeld anzusetzenden Schutz.

a) Übergang von Kreditverhältnissen

Ob auch Verpflichtungen aus Kreditverhältnissen übergehen, ist umstritten. Diese auf den ersten Blick überraschende These ist durch ein Urteil des BGH[530] aufgeworfen worden. Nach dieser Entscheidung zum Bürgschaftsrecht könnte die Auslegung des ursprünglichen Kreditvertrages dazu führen, dass ein Übergang der Kreditverbindlichkeiten und Rechte vom übertragenden auf den übernehmenden Rechtsträger vom Kreditgläubiger nicht gewollt ist[531]. Möglicherweise kann nur so die wirtschaftliche Kontinuität gewahrt werden, die letztlich ausschlaggebender Aspekt für die Kreditvergabe war. Durch die Verschmelzung erhält der Gläubiger einen Schuldner, den er sich nicht ausgesucht hat, bzw. wird sein ursprünglicher Schuldner nunmehr mit Schulden des übergehenden Rechtsträgers belastet.

Dies kann jedoch nicht vollends überzeugen. Dieser Ansicht kann entgegengehalten werden, dass es bei der Universalsukzession nach § 20 Abs. 1 S. 1 UmwG qua Gesetz auf subjektive Elemente – wie etwa einem gewollten oder nicht gewollten Übergang von Kreditverhältnissen – nicht ankommt. Mit einer solchen Betrachtungsweise lässt sich allenfalls eine Auslegung rechtfertigen, die in dem nicht gewollten Übergang des Kreditverhältnisses entweder eine Inhaltsänderung des Kreditvertrages nach § 399 Alt. 1 BGB sieht oder etwa eine vereinbarte Unabtretbarkeit der Forderung nach § 399 Alt. 2 BGB. § 399 BGB kann in den Fällen der Gesamtrechtsrechtsnachfolge nach dem UmwG nicht direkt zur Anwendung kommen. Es liegt gerade keine rechtsgeschäftliche Abtretung vor. Inwieweit aber über § 412 BGB der § 399 BGB auf die Gesamtrechtsnachfolge anwendbar ist, ist umstritten. *Zeiss*[532] etwa bejaht die Anwendung des § 399 BGB auch bei Verschmelzungssachverhalten.

Der Großteil der Literatur sowie das *Reichsgericht* wenden bei Verschmelzungssachverhalten den § 399 BGB dagegen nicht an – auch nicht über § 412 BGB. Danach passe schon der Grundgedanke des § 399 BGB nicht[533]. Denn eine Einzelübertragung

529 Diese Gefahr relativierend: *Kalls*, ZGR 2009, 74, 75.
530 *BGH* v. 06.05.1993 – IX ZR 73/92 (NJW 1993, 1917 ff.).
531 *Stratz*, in: S/H/S, UmwG, § 20 Rn. 71, 79.
532 *Zeiss*, in: Soergel, § 412 Rn. 1; differenzierend, aber im Ergebnis auch bejahend *Busche*, in: Staudinger, BGB, 2005, § 412 Rn. 9 ff.
533 *Westermann*, in: Erman, BGB, 13. Aufl. 2011, § 412 Rn. 2.

von Rechten und Pflichten findet nicht statt. Zudem tritt die Rechtsfolge unabhängig davon ein, ob die rechtsgeschäftliche Übertragung der Zustimmung eines Dritten (hier des Kreditgläubigers) bedarf; §§ 415 f. BGB kommen somit nicht zur Anwendung. Der Sinn und Zweck der Gesamtrechts- und auch der Sonderrechtsnachfolge liegt gerade darin, diese Grundsätze zu durchbrechen[534]. Das *Reichsgericht*[535] stützte dieses Ergebnis auf ein weiteres systematisches Argument: Auch bei der Gesamtrechtsnachfolge durch Erbfall findet sich für die §§ 412, 399 BGB kein Raum für eine Anwendung. Verschmelzungen stellen im Ergebnis bezogen auf die Gesamtrechtsnachfolge einen Parallelfall zum Erbrecht dar und zwingen somit auch in der Rechtsfolge zum Gleichlauf.

Zu diesem Ergebnis kommt auch eine ergebnisorientierte Betrachtungsweise. Würde der Ausschluss des Forderungsübergangs greifen, würde die Forderung bei dem alten Gläubiger/Schuldner bleiben. In Fällen der Verschmelzung geht der übertragende Rechtsträger jedoch völlig im übernehmenden Rechtsträger auf. Daher wäre die Konsequenz, dass die Forderung gänzlich untergeht[536]- bei wem sollte sie auch verbleiben? Dies entspräche aber keinesfalls den Interessen der Beteiligten. Allenfalls könnte über eine Verschmelzungssperre nachgedacht werden, sofern Kreditverträge übergingen, dies ließe sich aber nicht mit dem Telos des UmwG vereinbaren.

Daher gehen im Falle der Verschmelzung ohne Rücksicht auf etwaige Abtretungsbeschränkungen auch Verbindlichkeiten aus Kreditverträgen auf den übernehmenden Rechtsträger über[537].

Die von *Stratz*[538] angesprochenen Probleme können sich bei den hier zu erörternden fremdfinanzierten Unternehmenskäufen sowieso nur in den Konstellationen eines Upstream-Merger stellen. Nur dann wird die regelmäßig solvente und operativ tätige Zielgesellschaft auf das weitgehend vermögenslose Akquisitionsvehikel verschmolzen. Von den kreditgebenden Banken wird dagegen regelmäßig eine Verschmelzung downstream gefordert und zur Bedingung der Kreditvergabe für das Akquisitionsvehikel gemacht.

Um die Kreditgläubiger dennoch ausreichend vor Schuldnerwechseln zu schützen, die nicht in ihrem Interesse liegen, sollte den Kreditgläubigern ein außerordentliches Kündigungsrecht eingeräumt werden[539].

aa) Berechnung des übergehenden Vermögens

Ein Verstoß gegen Kapitalerhaltungsvorschriften ist denklogisch nur möglich, wenn die Ziel-Gesellschaft mit negativem Vermögen belastet wird und dadurch eine Minderung ihres eigenen Vermögens eintritt. Um diese Konstellation in rechtlicher

---

534 *Heidenhain*, ZIP 1995, 801, 803.
535 *RG* v. 27.05.1932 – II 331/31 (RGZ 136, 313, 315 f.).
536 *Grunewald*, in Lutter, UmwG, § 20 Rn. 32.
537 *Marsch-Barner*, in: Kallmeyer, UmwG, § 20 Rn. 8.
538 *Stratz*, in: S/H/S, UmwG, § 20 Rn. 71, 79.
539 *Grunewald*, in: Lutter, UmwG, § 20 Rn. 33; *Marsch-Barner*, in Kallmeyer, § 20 UmwG, Rn. 23.

Hinsicht beurteilen zu können, muss zuvor festgelegt werden, welche Positionen bei der Berechnung des übergehenden Vermögens (a) überhaupt in Ansatz gebracht werden müssen. Hierzu wird erstmals zwischen (b) Downstream- und (c) Upstream-Merger unterschieden.

(1) Begriff des Verschmelzungsverlusts

Der Begriff des Verschmelzungsverlustes wird bisher nicht einheitlich verwendet. Eine Vereinheitlichung ist für den Zweck dieser Arbeit daher erforderlich. Dies geschieht unter dem Aspekt, dass der Verschmelzungsverlust ein die Kapitalschutzregelungen auslösendes Ereignis darstellen kann.

Der Verschmelzungsverlust ist ein buchhalterischer Begriff und stellt einen Ausweis erfolgswirksamer Effekte der Verschmelzung in der Gewinn- und Verlustrechnung des übernehmenden Rechtsträgers dar[540]. Dieser kann in aller Regel nur bei einer Buchwertfortführung nach § 24 UmwG entstehen. Eine Buchwertfortführung liegt vor, wenn sich der übernehmende Rechtsträger bilanziell an die Ansätze des übertragenden Rechtsträgers bindet[541]; die Vermögensübertragung wird nicht mehr als Anschaffungsvorgang angesehen[542]. Den wahlweisen Ansatz des übernommenen Vermögens mit den tatsächlichen Anschaffungskosten oder den Buchwerten des übertragenden Rechtsträgers fortzuführen, eröffnet § 24 UmwG. Dies stellt eine Durchbrechung des ansonsten zwingenden Anschaffungskostenprinzips dar[543]. Dieses Wahlrecht aus § 24 UmwG ist freilich nicht schrankenlos gewährt, sondern muss sich vielmehr an den allgemeinen buchhalterischen Grundsätzen messen lassen[544]. Der bilanzielle Bewertungsansatz als Teil einer Verschmelzung zwecks Finanzierung des Unternehmenskaufs bedarf unter dem Gesichtspunkt des Kapitalschutzes besonderer Beachtung.

Bei der Übernahme des Rechenwerks der übertragenden Gesellschaft kann es nunmehr zu einer Differenz zwischen dem übergegangenen Nettovermögen und dem Buchwert der bisherigen Beteiligung des übernehmenden Rechtsträgers an dem übertragenden kommen[545]. Es ist theoretisch möglich, dass das übergehende Nettovermögen und die weggefallene Beteiligung betragsmäßig übereinstimmen, jedoch ist dies nicht realistisch und allenfalls denkbar, wenn sich der Wert des Vermögens nach dem Wert der Anteile bestimmt oder umgekehrt. Ist der Differenzbetrag von übergehendem Nettovermögen und Wert der weggefallenen Beteiligung jedoch negativ, liegt ein Verschmelzungsverlust vor. In den Fällen eines fremdfinanzierten Unternehmenskaufs mittels eines vermögenslosen Akquisitionsvehikels dürfte daher – zumindest beim Downstream-Merger – regelmäßig ein Verschmelzungsverlust vorliegen.

540 *Naumann*, in: FS Ludewig, 1996, 683, 707.
541 *Müller*, in: Kallmeyer, UmwG, § 24 Rn. 13.
542 *Bula/Pernegger*, in: S/B/B, UmwR, § 10 Rn. 116 ff..
543 *Baetge/Kirsch/Thiele*, S. 131; *Tcherveniachki*, S. 282.
544 *Hörtnagl*, in: S/H/S, UmwG, § 24 Rn. 87, 90.
545 *Priester*, in: Lutter, UmwG, § 24 Rn. 68.

(2) Upstream-Merger

Ein Verschmelzungsverlust im technischen Sinne ist bei einem Upstream-Merger zwar buchhalterisch möglich, dagegen aber selten. Im Falle eines Upstream-Merger gehören dem übernehmenden Rechtsträger Anteile an dem übertragenden Rechtsträger. Die Anteile an dem übertragenden Rechtsträger gehen mit Durchführung der Verschmelzung unter. Auch in diesem Fall gilt das Wahlrecht des § 24 UmwG, wonach in den Jahresbilanzen des übernehmenden Rechtsträgers als Anschaffungskosten entweder die Buchwerte der untergehenden Anteile oder aber die in der Schlussbilanz des übertragenden Rechtsträgers angesetzten Werte eingebucht werden können[546]. Häufig spricht man in diesem Zusammenhang auch von einem tauschähnlichen Vorgang, da der Wegfall der Beteiligung durch die übernommenen Vermögenswerte substituiert wird[547].

Soweit ersichtlich ist ein Verschmelzungsverlust im technischen Sinne (also mit Auswirkungen auf die Gewinn- und Verlustrechnung) nur in der Konstellation denkbar, dass eine Zielgesellschaft mit niedrigen Buchwerten einem Akquisitionsvehikel mit hohen Anschaffungskosten für dessen Beteiligung an der Zielgesellschaft gegenübersteht. Nur hier kann auch eine relevante Minderung des Eigenkapitals der Zielgesellschaft eintreten. Dieser Sachverhalt dürfte in praxi allerdings kaum anzutreffen sein.

(3) Downstream-Merger

Bei einem Downstream-Merger geht die Beteiligung des Akquisitionsvehikels an der Ziel-Gesellschaft direkt auf den hinter dem Akquisitionsvehikel stehenden Investor über, nach § 20 Abs. 1 Nr. 3 UmwG. Ein Durchgangserwerb der Zielgesellschaft an ihren eigenen Aktien findet nicht statt[548]. Im Ergebnis bedeutet dies, dass die Zielgesellschaft von dem Akquisitionsvehikel zwar sämtliche Verbindlichkeiten erwirbt, aber eben nicht die wirtschaftlich wertvolle Beteiligung an sich selbst. Ferner muss berücksichtigt werden, dass sämtliche zwischen dem übertragenden Rechtsträger (Akquisitionsvehikel) und dem übernehmenden Rechtsträger (Zielgesellschaft) bestehenden Forderungen und Verbindlichkeiten durch Konfusion untergehen und somit nicht in die Berechnung des übergehenden Vermögens mit einbezogen werden dürfen. Diese Besonderheiten sind in die Berechnung des übergehenden Vermögens einzubeziehen. Negatives Vermögen besteht danach, wenn die übergehenden Verbindlichkeiten des Erwerbsvehikels größer sind als sein übergehendes Vermögen. Auch in dieser Konstellation liegt ein bilanziell zu erfassendes Anschaffungsgeschäft vor[549]. Gegenstand der Anschaffung ist das auf den übernehmenden Rechtsträger

546 Siehe dazu ausführlich *Gassner*, in: FS Widmann, 343, 349 ff.

547 *Maulbetsch*, in: M/K/R, UmwG, § 24 Rn. 52; *Hörtnagl*, in: S/H/S, UmwG, § 24 Rn. 42 f.

548 *Bermel*, in: G/K/T, § 20 UmwG Rn. 50; *Kübler*, in: Semler/Stengel, § 20 UmwG Rn. 74; *Marsch-Barner*, in: Kallmeyer, § 20 UmwG Rn. 29; *Blasche*, GWR 2010, 132.

549 *Förschle/Hoffmann*, in: B/F/W, Sonderbilanzen, 4. Aufl. 2008, K 67.

übergehende positive oder negative Vermögen ohne die bei einem Direkterwerb an die Anteilsinhaber des übertragenden Rechtsträgers ausgekehrten Anteile an dem übernehmenden Rechtsträger[550]. Dieses Restvermögen kann nach Wahl (§ 24 UmwG) mit dem Buchwert aus der Schlussbilanz der Muttergesellschaft oder zum Buch- bzw. Zeitwert der übernommenen Vermögensgegenstände/Verbindlichkeiten angesetzt werden[551].

Die Bewertung eines Downstream-Merger zur Akquisitionsfinanzierung weist jedoch aus kapitalerhaltungsrechtlicher Sicht einige Schwierigkeiten auf: Aufseiten des Akquisitionsvehikels bestehen häufig keine nennenswerten Aktiva außer der Beteiligung an der Ziel-Gesellschaft. Daher wird es in diesen Konstellationen regelmäßig zum Übergang von negativen Vermögen kommen. *Tcherveniachki*[552] spricht sogar davon, dass unter einer wirtschaftlichen Betrachtungsweise die Zielgesellschaft ihr eigenes Eigenkapital mit Fremdmitteln finanziere. Plastisch gesprochen gehen also wirtschaftlich die Aktiva des übertragenden Rechtsträgers an seine Anteilseigner, die Passiva abzüglich des Eigenkapitals an den übernehmenden Rechtsträger über. Im Endeffekt wird also die Bilanz der erworbenen Gesellschaft mit dem Vollzug des Downstream-Merger bei einem fremdfinanzierten Unternehmenskauf durch die Akquisitionsfinanzierung belastet.

Ein Verschmelzungsverlust kann bei einer mittellosen Mutter grundsätzlich nicht durch die Wahl der Anschaffungskostenwerte nach § 24 UmwG kompensiert werden: Falls die Muttergesellschaft über keine anderen Aktiva als über die Beteiligung an der übernehmenden Tochter verfügt, kommt ein Ansatz über Buchwerte technisch nicht in Betracht, da keine Aktiva übergehen, denen die höheren Anschaffungskosten zugesprochen werden könnten[553]. Vielmehr werden sofort Abschreibungen auf den niedrigeren beizulegenden Wert der übernommenen Vermögensgegenstände erforderlich. Dadurch entsteht schließlich beim Downstream-Merger einer stark fremdfinanzierten Mutter ein Verschmelzungsverlust[554]. Diese Gestaltungen bedürfen unter dem Gesichtspunkt der Kapitalerhaltung daher einer besonders kritischen Prüfung im Einzelfall[555].

2.1.2 Übergang von negativem Vermögen als Verstoß gegen § 57 AktG

Aus gesellschaftsrechtlicher Sicht spielen für die Durchführung einer Verschmelzung neben steuerrechtlichen Erwägungen vor allem die Kapitalerhaltungsregeln eine entscheidende Rolle. Der Gläubigerschutz ist eine im Recht der Kapitalgesell-

---

550 *Simon*, in: KK-UmwG, § 24 Rn. 78; *Müller*, in: Kallmeyer, UmwG, § 24 Rn. 38; *Priester*, in: Lutter, UmwG, § 24 Rn. 61.
551 *Müller*, in: Kallmeyer, UmwG, § 24 Rn. 39; *Priester*, in: Lutter, UmwG, § 24 Rn. 61.
552 *Tcherveniachki*, S. 295.
553 *Widmann*, in: Widmann/Mayer, UmwG, § 24 Rn. 388.
554 *Moszka*, in: Semler/Stengel, UmwG, § 24 Rn. 51.
555 *Pfitzer*, in: WP-Hdb, E 82; *Müller*, in: Kallmeyer, UmwG, § 24 Rn. 40.

schaften fest verankerte Leitidee, die jedwede Auslegung von aktienrechtlichen Gesetzen beeinflusst. Die Wahrung der Kapitalerhaltungsgrundsätze muss oberste Maxime einer jeden Verschmelzung sein. Daher gilt es festzustellen, ob und in welchem Maße Verstöße gegen § 57 AktG beim Übergang negativen Vermögens vorliegen. Auch hierbei wird zwischen dem Downstream- und dem Upstream-Merger unterschieden, obwohl durchaus bezweifelt werden kann, dass eine Unterscheidung beider Verschmelzungsrichtungen überhaupt Sinn macht und nicht vielmehr im Sinne eines Umgehungsschutzes eine Gleichbehandlung beider Konstellationen geboten ist.

a) Downstream-Merger

In der vorbezeichneten Konstellation stellt sich nunmehr die Frage, ob die Übertragung der das sonstige Aktivvermögen der Ziel-AG übersteigenden Schulden des Erwerbsvehikels nach § 57 AktG überhaupt zulässig ist. Dies soll anhand folgenden Beispiels erörtert werden:

Die X-GmbH hält sämtliche Anteile an der A-AG, die sie vor einigen Monaten für 8 Mio. € erworben hat. Die X-GmbH wurde ausschließlich zum Erwerb der Anteile an der A-AG gegründet und hat diesen Erwerb größtenteils fremdfinanziert. Ihre Bilanz stellt sich wie folgt dar:

Bilanz X-GmbH:

Beteiligung an der A-AG	8.000.000	Eigenkapital	500.000
		Fremdkapital	7.500.000
	8.000.000		8.000.000

Die Bilanz der A-AG stellt sich vor der Verschmelzung wie folgt dar:

Aktiva	30.000.000	Grundkapital	1.000.000
		Kapitalrücklage	5.000.000
		Fremdkapital	24.000.000
	30.000.000		30.000.000

Die X-GmbH soll auf die A-AG verschmolzen werden (Downstream-Merger). Wird die X-GmbH auf die A-AG verschmolzen, so gehen dabei auf die A-AG nur die Verbindlichkeiten der X-GmbH über. Da die X-GmbH außer ihrer Beteiligung an der A-AG keine weiteren Aktiva besitzt, können solche auch nicht übergehen. Die

Anteile an der A-AG erhalten als Gegenleistung für die Anteile an der X-GmbH die Gesellschafter dieser.[556]

Nach der Verschmelzung beider Rechtsträger sieht die Bilanz der A-AG allerdings folgendermaßen aus:

Aktiva	30.000.000	Grundkapital	1.000.000
Fehlbetrag	2.5000.000	Fremdkapital	31.500.000
	32.500.000		32.500.000

Hier wird deutlich, dass sich die Verbindlichkeiten der A-AG auf 31,5 Mio. € erhöhen, wogegen die Aktiva unverändert bleiben. Dies führt zu einer bilanziellen Überschuldung der A-AG, deutlich wird dies durch den nicht durch Eigenkapital gedeckten Fehlbetrag von 1,5 Mio. €.

Zudem stellt die Übernahme der Verbindlichkeiten durch die A-AG eine Einlagenrückgewähr nach § 57 AktG dar. Die Übernahme negativen Vermögens führt wirtschaftlich dazu, dass die übernehmende A-AG den Gesellschaftern der X-GmbH die Abdeckung ihrer Schulden ermöglicht. Dies ist durchaus vergleichbar mit Rückzahlungen aus dem Gesellschaftsvermögen an die Gesellschafter. Im Interesse des Gläubigerschutzes ist § 57 AktG weit auszulegen und erfasst somit jede Leistung aus dem Vermögen der Aktiengesellschaft, die an einen Aktionär erbracht wird[557]. Fraglich ist allerdings, worin genau die Leistung der Einlagenrückgewähr zu sehen ist. Auf den ersten Blick scheint es, dass die Befreiung von den Verbindlichkeiten des Akquisitionsvehikels die unter § 57 AktG fallende Leistung darstellt. Dies ist jedoch nicht überzeugend. Denn das Akquisitionsvehikel geht mit der Verschmelzung unter und kann daher nicht mehr Aktionär im Sinne des Verbots der Einlagenrückgewähr sein.

Bock[558] diskutiert darüber hinaus weitere Ansatzpunkte für Verstöße gegen das Verbot der Einlagenrückgewähr[559]: Zunächst könne auf den Erwerb der Anteile an der Ziel-Gesellschaft durch die Gesellschafter des Akquisitionsvehikels nach § 20 UmwG abgestellt werden. Daneben komme aber auch die Übernahme der Verbindlichkeiten des Akquisitionsvehikels durch die Ziel-Gesellschaft in Betracht. Ihm ist insoweit zuzustimmen, als die Anteile an der Ziel-Gesellschaft durch die Gesell-

556 Ohne Durchgangserwerb, siehe oben.

557 RGZ 107, 161, 168; 149, 383, 400; *BGH* v. 26.03.1984 – II ZR 171/83 (BGHZ 90, 381, 386 f.); *OLG Hamburg*, AG 1980, 275, 278; *KG*, NZG 1999, 161; *LG Dortmund*, AG 2002, 97, 98 f.; *Hüffer*, § 57 Rn. 2; *Bayer*, in: MüKo-AktG, 3. Aufl. 2008, § 57 Rn. 7. *Drinhausen*, in: Heidel, § 57 Rn. 4; *Hirte*, Rn. 5.75.

558 *Bock*, GmbHR 2005, 1023, 1026.

559 Dies wird zwar im Kontext des § 30 Abs. 1 GmbHG diskutiert, jedoch lässt sich dies auch auf das AktG übertragen.

schafter des Akquisitionsvehikels direkt erworben werden; ein Durchgangserwerb findet gerade nicht statt. Die Anteile der übertragenden Gesellschaft standen den Gläubiger des übernehmenden Rechtsträgers nie als Haftungsmasse zur Verfügung und können daher auch kein zulässiger Anknüpfungspunkt für die Frage des Entzugs von Vermögen nach § 57 AktG darstellen.

Der zweite von *Bock* angesprochene Aspekt – die Belastung des übernehmenden Rechtsträgers mit den Finanzierungsverbindlichkeiten des Akquisitionsvehikels – ist entgegen seiner These im Rahmen des § 57 AktG beachtlich. Er stellt lediglich darauf ab, dass der übernehmende Rechtsträger lediglich mit weiteren Gläubigern belastet wird, jedoch keine direkte Minderung des Vermögens der Gesellschaft eintritt. Dadurch könne nur eine buchhalterische Unterbilanz eintreten, jedoch keine tatsächliche Belastung des Grundkapitals. Dies greift m. E. zu kurz. *Bock* betreibt durch diese Vorgehensweise eine künstliche Aufspaltung eines wirtschaftlich einheitlichen Vorgangs, die Belastung der Gläubiger der Zielgesellschaft mit den Akquisitionsverbindlichkeiten durch die Verschmelzung ist lediglich ein technischer Zwischenschritt[560]. Denn schon durch den Übergang der Verbindlichkeiten wird die Bilanz der Ziel-Gesellschaft belastet. Zwar ist es richtig, dass durch den vorangegangenen Anteilserwerb auch eine Wertsteigerung des übernehmenden Rechtsträgers eintreten kann, jedoch ist in den Fällen der fremdfinanzierten Unternehmensübernahme eine Wertsteigerung nicht realistisch.

Zwar erfolgt die Leistung der Einlagenrückgewähr aufgrund des Direkterwerbs durch die Gesellschafter des Akquisitionsvehikels (X-GmbH) an die Gesellschafter der A-AG und damit an ihre eigenen Gesellschafter. Dem steht aber entgegen, dass die Verbindlichkeiten vor der Verschmelzung wirtschaftlich die Gesellschafter des Akquisitionsvehikels (X-GmbH) belastet haben. Nach der Verschmelzung sind aufgrund des Direkterwerbs der Beteiligung an der A-AG durch die Gesellschafter des Akquisitionsvehikels (X-GmbH) weiterhin die gleichen Gesellschafter mit den Verbindlichkeiten belastet. Insofern werden die Gesellschafter nicht begünstigt.

Der wirtschaftlich nicht zu rechtfertigende Vorteil der Gesellschafter liegt vielmehr darin, dass die A-AG die Verbindlichkeiten des Akquisitionsvehikels außerhalb eines ordentlichen Liquidationsverfahrens der X-GmbH übernehmen musste. Konkret fehlt es bei dem Abschluss des Verschmelzungsvertrags an einer äquivalenten Gegenleistung für die Übernahme der Verbindlichkeiten durch die Verschmelzung, wodurch das Vermögen der A-AG mit Leistungen belastet wird, die weder aus dem Bilanzgewinn erfolgen noch ausnahmsweise gesetzlich zugelassen sind[561].

Diese Sichtweise bietet zugleich aber auch Platz für Kritik. Einige Vertreter des Schrifttums[562] sehen beim Downstream-Merger keinen Raum für eine An-

---

560 *Ludwig*, in: Liber amicorum Happ, 2006, 131, 137.

561 *Mertens*, AG 2005, 785, 786; *Mayer*, in: Widmann/Mayer, UmwG§ 5 Rn. 40.1.

562 Simon, in: KK-UmwG, § 2 Rn. 155 ff.; *Riegger*, ZGR 2008, 233, 247; *Widmann*, in: Widmann/Mayer, § 24 Rn. 388 Fn. 4; *Enneking/Heckschen*, DB 2006, 1099, 1100; *Bock*, GmbHR 2005, 1023, 1026 f.

wendung des § 57 AktG. Mangels einer Leistung im Sinne des § 57 AktG könne danach gerade keine Einlagenrückgewähr gegeben sein. Der gesetzlich angeordnete Übergang der Verbindlichkeiten nach § 20 Abs. 1 Nr. 1 UmwG erfülle schon die Merkmale einer Einlagenrückgewähr nicht. Darüber hinaus fehle es auch an einem damit korrespondierenden Vermögensvorteil aufseiten der Gesellschafter. Dem ist insofern zuzustimmen, dass es tatsächlich an einer vermögensmäßigen Begünstigung der Gesellschafter fehlt. Jedoch ist es m. E. nicht erforderlich, einen etwaigen Vermögenszufluss zur Voraussetzung eines Verstoßes gegen § 57 AktG zu machen. Abzustellen ist vielmehr allein auf die Vermögenseinbuße der Zielgesellschaft. Dies lässt sich aus dem Sinn und Zweck des § 57 AktG, nämlich dem Gläubigerschutz, ableiten. Änderungen im Vermögensbestand der Mutter haben keinen Einfluss auf die Befriedigungsaussichten der Gläubiger und können daher auch keine primäre Berücksichtigung finden. Die Situation der Altgläubiger des übernehmenden Rechtsträgers verschlechterte sich dagegen. Vor der Verschmelzung mussten die Gläubiger des Akquisitionsvehikels deren Verbindlichkeiten alleine tragen, durch die Verschmelzung konnten diese zulasten der Altgläubiger der Ziel-Gesellschaft auf diese verschoben werden. *Widmanns* Argument, wonach für § 57 AktG in dieser Konstellation kein Raum bestehe, da die Gesellschafter des Akquisitionsvehikels und dann der Zielgesellschaft keinen Vermögensvorteil erlangen, greift somit nicht. Die Vermögenslage der Gesellschafter ist jeweils nur mittelbar durch den Wert ihrer Anteile betroffen, welcher sich durch die Verschmelzung durchaus erhöhen kann.

Deutlicher wird dieser Gedankengang noch durch die Darstellung eines Alternativszenarios, nämlich der Liquidation des Akquisitionsvehikels. In jedem Fall (Downstream-Merger und Liquidation) stünden den Gesellschaftern die Aktiva des übergehenden bzw. aufzulösenden Rechtsträgers zu. Jedoch werden nur im Falle der Liquidation auch die Verbindlichkeiten in Abzug gebracht. Die Zielgesellschaft übernimmt damit einen Schuldenüberhang, der wirtschaftlich ihren Gesellschaftern zusteht, ohne eine Gegenleistung dafür zu erhalten. Das vorwerfbare Verhalten der Gesellschafter liegt daher in der Übertragung der Verbindlichkeiten mit außerhalb des AktG liegenden Instrumenten und damit auch losgelöst vom Gläubigerschutz des AktG.

Eine weitere Überlegung *Bocks* und *Rieggers* geht dahin, das Verbot der Einlagenrückgewähr aufgrund einer Spezialität des UmwG in den Fällen eines Downstream-Merger partiell auszuschließen. Diese sehr weite Interpretation des § 20 Abs. 1 Nr. 3 UmwG findet keine Bestätigung im Wortlaut der Norm. Danach werden lediglich „*die Anteilsinhaber der übertragenden Rechtsträger [...] Anteilsinhaber des übernehmenden Rechtsträgers [...]*“. Eine Aussage zu einem partiellen Vorrang des UmwG lässt sich dem nicht entnehmen. Auch die Gesetzesmaterialien[563] bieten keinen Raum für diese Interpretation. Spätestens aber der Telos der Kapitalschutzvorschrift lässt diese These ins Leere laufen: Durch eine partielle Spezialität des

563 BT-Drs. 12/6699, S. 91 li. Sp.

UmwG beim Downstream-Merger würden die Gläubiger der Zielgesellschaft nunmehr mit den Forderungen der Gläubiger des Akquisitionsvehikels belastet, ohne irgendeine Art von Sicherheit durch die Mutter oder privilegierter Befriedigung durch die Zielgesellschaft zu erhalten. § 22 UmwG dürfte hier regelmäßig nicht weitreichend genug sein. Um einen effektiven Gläubigerschutz leisten zu können, muss § 57 AktG auch bei einem Downstream-Merger zur Anwendung kommen. Denn institutioneller (§ 57 AktG) und individueller Gläubigerschutz lassen sich nicht gegeneinander ausspielen[564].

Als letzte Bastion gegen die Anwendung des § 57 AktG führt *Riegger* eine sonst erfolgende Ungleichbehandlung zwischen Downstream- und Upstream-Merger an. Der Upstream-Merger sei danach in § 62 UmwG ausdrücklich zugelassen, dies müsse sich auch auf den Downstream-Merger durchschlagen. Dabei verkennt *Riegger* den Kern der Diskussion. Der Downstream-Merger wird keineswegs generell in Abrede gestellt, vielmehr wird – auch durch die hier vertretene Auffassung – gefordert, dass sich die Durchführung des Downstream-Merger an § 57 AktG messen lassen muss. Insoweit kommt es nicht auf die generelle Zulässigkeit eines Downstream-Merger an, sondern auf die Zulässigkeit in seiner besonderen Ausprägung zur Finanzierung einer Unternehmensübernahme mit eintretendem Verschmelzungsverlust.

Die deutschen Gerichte haben sich – soweit ersichtlich – mit der Problematik des Downstream-Merger als Verstoß gegen § 57 AktG bisher noch nicht befasst. Dagegen hat der Oberste Österreichische Gerichtshof aufgrund des § 82 öGmbHG in einem ähnlich gelagerten Fall eines Downstream-Merger eine unzulässige Einlagenrückgewähr bejaht[565]. *Bock*[566] lehnt eine Übertragung des österreichischen Urteils aufgrund großer Unterschiede im deutschen und österreichischen Umwandlungsrecht ab. Dabei sind § 82 öGmbHG und § 57 AktG im Schutzzweck durchaus vergleichbar ausgestaltet. Unterschiede ergeben sich eher in der konkreten Anwendung. Die österreichischen Gläubigerschutzregeln im Umwandlungsrecht sind repressiv ausgestaltet und greifen erst nach einer *wirksamen* Verschmelzung. Mithin muss die Verschmelzung vor der Wirksamkeit an dem allgemeinen Kapitalschutzregime gemessen werden. Dagegen entfaltet das deutsche UmwG auch präventiven Schutz, jedoch kann nach der hier vertretenen Auffassung parallel auf die Schutzmechanismen des AktG zurückgegriffen werden. Insofern kann das Urteil durchaus vergleichend herangezogen werden. Ferner zeigt dieses Urteil, dass eine Sensibilität für den Übergang negativen Vermögens auch bei unseren europäischen Nachbarn besteht und der Übergang von Schulden ohne Ausgleich keinesfalls eine gängige Praxis im europäischen Wirtschaftsraum darstellt – was von Vertretern dieser Übernahmepraxis gerne angeführt wird. Daher muss mit der wohl herrschenden Mei-

564 Siehe hierzu ausfürhlich S. 163 f.

565 *OHG* v. 11.11.1999–6 Ob 4/99b (GesRZ 2000, 25 ff).

566 *Bock*, GmbHR 2005, 1023, 1025.

nung die Übernahme der das Aktivvermögen des Akquisitionsvehikels (X-GmbH) übersteigenden Schulden als ein Verstoß gegen § 57 AktG gewertet werden[567].

Nach den hier gefundenen und vertretenen Ergebnissen ist der Downstream-Merger mit einem negativen Vermögensübergang nicht eintragungsfähig, da dem Eintragungsantrag die Nichtigkeit des Verschmelzungsbeschlusses gemäß § 241 Nr. 3 2. Var. AktG entgegensteht. Gerade die Unsicherheit aufgrund nicht vorhandener Gerichtsurteile sollte die Praxis zu einem vorsichtigeren Vorgehen veranlassen; insbesondere die Konstruktion von kapitalerhaltungsrechtlich sehr fragwürdigen Verschmelzungen sollte nicht mehr nach dem „Es-wird-schon-gut-gehen-Prinzip" betrieben werden.

b) Upstream-Merger

Die Situation beim Upstream-Merger ähnelt oberflächlich betrachtet der Situation beim Downstream-Merger. Auch hier könnte § 57 Abs. 1 AktG berührt sein, weil das gesamte Vermögen der Zielgesellschaft (Universalsukzession, § 20 Abs. 1 Nr. 1 UmwG) auf ihren Aktionär, das Akquisitionsvehikel, übergeht und dabei mit den Verbindlichkeiten der übernehmenden Gesellschaft verrechnet wird. Nicht zu verwechseln ist der Upstream-Merger aber mit den unten noch zu erörternden Upstream-Finanzierungen.

Zunächst einmal lässt sich festhalten, dass entgegen der früher vertretenen Ansicht die generelle Zulässigkeit einer Upstream-Verschmelzung heute nicht mehr ernsthaft bezweifelt wird. Unter früherer Geltung des aktienrechtlichen Verschmelzungsrechts wurde noch diskutiert, ob eine Verschmelzung der Tochter- auf die Muttergesellschaft mangels Anteilsgewährung unzulässig sei[568]. Durch § 5 Abs. 2 UmwG muss dieser Streit nun nicht mehr geführt werden.

Es stellt sich hier die Frage, wie die Gläubiger geschützt werden, wenn eine solvente Tochter (Ziel-Gesellschaft) auf ihre mit geringem Kapital ausgestattete und überschuldete Mutter (Akquisitionsvehikel) verschmolzen wird. Ohne Eingreifen etwaiger Kapitalschutznormen würde sich das gebundene Kapital der übertragenden Ziel-Gesellschaft in freies Kapital verwandeln und könnte zur Tilgung

567 So auch: *Priester*, in: Lutter, UmwG, § 24 Rn. 62; *Moszka*, in: Semler/Stengel, UmwG, § 24 Rn. 48; *Diekmann*, in: Semler/Stengel, UmwG, § 68 Rn. 15; Mayer, in: Widmann/Mayer, UmwG, § 5 Rn. 40.1; *Müller*, in: Kallmeyer, UmwG, § 24 Rn. 40 f.; *Förschle/Hoffmann*, in: B/F/W, Sonderbilanzen, K 67 ff.; *Hörtnagl*, in: S/H/S, UmwG, § 24 Rn. 52; *Bula/Pernegger*, in: S/B/B, UmwR, § 10 Rn. 116 ff.; Bayer, in: MüKo-AktG, 3. Aufl. 2008, § 57 Rn. 95; *Louven/Weng*, BB 2006, 619, 623, *Klein/Stephanblome*, ZGR 2007, 351, 383 ff.; *Blasche*, GWR 2010, 132 ff.; a.A.: Simon, in: KK-UmwG, § 2 Rn. 155 ff.; *Widmann*, in: Widmann/Mayer, § 24 Rn. 388 Fn. 4; *Riegger*, ZGR 2008, 233, 247; *Schneider*, NZG 2007, 888, 892 und fälschlicher Bezugnahme auf die vermeintlich herrschende Meinung; *Enneking/Heckschen*, DB 2006, 1099, 1100; differenzierend: *Heckschen*, GmbHR 2008, 802, 805.

568 *Priester*, BB 1985, 363, 364.

der Kreditverbindlichkeiten herangezogen werden. Den Gläubigern der bei der Verschmelzung untergegangenen Tochtergesellschaft stünde nur noch der geringere und durch Kreditverbindlichkeiten belastete Haftungsfonds des Akquisitionsvehikels zur Verfügung. Somit kommt es auch bei der Upstream-Verschmelzung aus Sicht der Gläubiger zu einer Verminderung des Haftungsfonds. Es stellt sich daher auch hier die Frage, ob die aktienrechtlichen Regelungen – gegebenenfalls analog – heranzuziehen sind.

Das Meinungsspektrum hierzu reicht von der generellen Anwendbarkeit des § 57 AktG bis hin zum grundsätzlichen Ausschluss des Verbots der Einlagenrückgewähr. Ein häufig vorgebrachtes Argument gegen die Anwendung des § 57 AktG stellt auf das Erlöschen der Ziel-Gesellschaft ab: Durch die Eintragung der Verschmelzung im Register des Akquisitionsvehikels erlösche qua Gesetz die übertragende Ziel-Gesellschaft nach § 20 Abs. 1 Nr. 2 UmwG. Eine Ausschüttung im Sinne des § 57 AktG erfolge gerade nicht[569]. Ein Kapitalschutz sei daher nicht mehr erforderlich[570]. Eine direkte Anwendung des § 57 AktG scheide beim Upstream-Merger daher von vornherein aus methodischen Gründen aus.

Infolge des beschriebenen Szenarios stellen sich aber gleich mehrere Fragen: (a) Soll die drohende Benachteiligung der Gläubiger der Zielgesellschaft durch den kapitalherabsetzenden Effekt nur beim Downstream-Merger abgefangen werden oder ist dies nicht auch beim Upstream-Merger sinnvoll? (b) Auf welcher Grundlage könnte man den gleichen Schutz auch bei der Upstream-Verschmelzung gewährleisten? (c) Ferner ist zu erörtern, ob sich auch der Upstream-Merger an § 57 AktG – gegebenenfalls in analoger Anwendung – messen lassen muss und unter welchen Voraussetzungen.

Soweit ersichtlich wurden diese Fragen von der Rechtsprechung noch gar nicht und von der Literatur nur sehr rudimentär behandelt. Ob eine Verschmelzung einer solventen und operativ tätigen Aktiengesellschaft auf ein hochverschuldetes Akquisitionsvehikel einen Verstoß gegen das Verbot der Einlagenrückgewähr darstellen könnte, wird kaum problematisiert.

Methodisch lassen sich zwei Argumentationsstränge etablieren. Einerseits könnte man von der Unzulässigkeit des mit negativem Vermögen übergehenden Downstream-Merger auf die Unzulässigkeit des Upstream-Merger schließen, was freilich die generelle Frage der Vergleichbarkeit beider Verschmelzungsrichtungen aufwirft. Andererseits könnte aber auch der möglicherweise unzureichende Gläubigerschutz nach § 22 UmwG für eine Anwendung des § 57 AktG sprechen.

Riegger[571] verneint eine Anwendbarkeit des § 57 AktG von vornherein. Danach dürfe die Upstream-Verschmelzung keinesfalls als Rückgewähr einer Einlage gesehen werden. Vielmehr stelle diese eine vom UmwG bewusst zugelassene Form der Unternehmenszusammenführung dar, deren Zulässigkeit an verschiedenen Stellen

---

569 *Riegger*, ZGR 2008, 233, 247.

570 *Fridrich*, S. 299.

571 *Riegger*, ZGR 2008, 233, 246.

des UmwG ausdrücklich hervorgehoben wird. Mangels Tatbestandlichkeit könne daher das Verbot des § 57 AktG nicht greifen. *Riegger* ist insofern zu folgen, dass die Zulässigkeit des Upstream-Merger im Gegensatz zum Downstream-Merger in der Tat mehrfach vom UmwG erwähnt wird. Dennoch sagt dies nichts über die möglicherweise im Vorfeld greifenden Kapitalerhaltungsregeln des AktG aus. Insbesondere kann nicht von der generellen Zulässigkeit einer Umwandlungsart auf die Einhaltung derer Voraussetzungen im Einzelfall geschlossen werden.

aa) Gleichlauf mit dem Downstream-Merger

Einige Stimmen im Schrifttum treten für eine Anwendung der zum Downstream-Merger gefundenen Ergebnisse auch für den Upstream-Merger ein und halten daher einen Gleichlauf in der Behandlung beider Konstellationen für denkbar[572]. Denn es ist anerkannt, dass Upstream- und Downstream-Merger eine ähnliche Gefahrenlage begründen können. Daher lässt sich nur schwer begründen, warum allein die Verschmelzungsrichtung über den Grad des Kapitalschutzes entscheiden soll, obwohl wirtschaftlich betrachtet ein ähnliches Ergebnis daraus resultiert: In beiden Fällen verringert sich die Haftungsmasse der Altgläubiger der Zielgesellschaft.

Dennoch findet bei einem Upstream-Merger weder eine Übertragung von Verbindlichkeiten durch Rechtsgeschäft statt noch erfolgen dadurch unzulässige Zuwendungen an die Aktionäre durch Rechtsgeschäft. Dies spricht zunächst grundsätzlich gegen eine direkte Anwendung des § 57 AktG und somit gegen eine Gleichbehandlung beider Konstellationen. Anhand einer Musterbilanz stellt sich das folgendermaßen dar:

Die Ausgangslage gleicht der unter (1). Die X-GmbH hält sämtliche Anteile an der A-AG, die sie vor einigen Monaten für 8 Mio. € erworben hat. Die X-GmbH wurde ausschließlich zum Erwerb der Anteile an der A-AG gegründet und hat diesen Erwerb größtenteils fremdfinanziert. Ihre Bilanz sieht wie folgt aus:

Bilanz X-GmbH (vereinfacht):

Beteiligung an der A-AG	8.000.000	Eigenkapital	500.000
		Fremdkapital	7.500.000
	8.000.000		8.000.000

572 *Ekkenga*, in: MüKo-GmbHG, 2. Aufl. 2015, § 30 Rn. 193; andeutend *Tasma*, S. 280 Fn. 677; dagegen *Söhner*, ZIP 2011, 2085, 2089; *Eger*, S. 182.

Bilanz der A-AG (vereinfacht):

Aktiva	30.000.000	Grundkapital	1.000.000
		Kapitalrücklage	5.000.000
		Fremdkapital	24.000.000
	30.000.000		30.000.000

Nunmehr entscheiden sich die Investoren aber für die umgekehrte Verschmelzungsrichtung und beschließen einen Upstream-Merger der A-AG auf die X-GmbH. Die Verschmelzung führt bei der Muttergesellschaft zum Wegfall der Beteiligung bei der Tochtergesellschaft und zum Übergang des Vermögens der A-AG auf die X-GmbH. Nach der Verschmelzung beider Rechtsträger sieht die Bilanz der X-GmbH daher folgendermaßen aus:

Bilanz der X-GmbH (vereinfacht):

Aktiva	30.000.000	Eigenkapital	500.000
Goodwill (A-AG)	2.000.000	Fremdkapital	31.500.000
	32.000.000		32.000.000

Eine Ansicht im Schrifttum[573] will wegen dieser vergleichbaren Gefahrenlage von der Unzulässigkeit des Downstream-Merger auf die Unzulässigkeit des Upstream-Merger schließen. Eine derart unreflektierte analoge Anwendung endet jedoch methodisch in einem Zirkelschluss. Auch die Unzulässigkeit des fremdfinanzierten Downstream-Merger kann keinesfalls apodiktisch festgestellt werden, sondern stellt nur einen Ausschnitt der im Schrifttum vertretenen Meinungen dar. Die Unzulässigkeit des Upstream-Merger kann daher nicht durch einen Rückschluss auf den Downstream-Merger gefolgert werden, sondern muss eigenständig begründet werden. Die vergleichbare Gefahrenlage kann allenfalls das gewünschte Ergebnis untermauern, aber nicht als systematisches Argument herangezogen werden. Anderenfalls könnte zur Begründung des Vorgehens beim Downstream-Merger wiederum auf die Argumentation zum Upstream-Merger verwiesen werden, ohne jemals dogmatische Argumente ausgetauscht zu haben.

Dass ein umfassender und unabhängig von der Verschmelzungsrichtung bestehender Schutz der Ziel-Gesellschaft vom Gesetzgeber gewollt ist, zeigt bereits das UmwG selbst: Zwar erwähnt das UmwG den Downstream-Merger im Gegensatz zum Upstream-Merger nicht ausdrücklich, dennoch sind die im UmwG angelegten

573 *Schmolke*, ZGR 2008, 225, 229 f.

Schutzmechanismen der Gläubiger, bspw. § 22 UmwG, unabhängig von der Verschmelzungsrichtung ausgestaltet. Der Gesetzgeber nahm bei der Ausgestaltung des Gläubigerschutzes bewusst keine Unterscheidung zwischen Downstream- und Upstream-Merger vor[574]. Zudem bestimmt regelmäßig die Muttergesellschaft die Verschmelzungsrichtung. Bei einem unterschiedlichen Schutzniveau aufgrund unterschiedlicher Behandlung beider Verschmelzungsrichtungen könnte der Grad des Gläubigerschutzes willkürlich von der Muttergesellschaft bestimmt werden. Dabei ist ein Grundsatz des deutschen Kapitalgesellschaftsrechts – und damit auch des Gläubigerschutzes – der zwingende Charakter der Kapitalaufbringungs- und -erhaltungsnormen. Wenn eine Downstream-Verschmelzung nach den oben genannten Voraussetzungen zwar unzulässig wäre, die Verschmelzung Upstream aber ungehindert durchgeführt werden dürfte, würde dies dem Missbrauch des Umwandlungsrechts Vorschub leisten. Es kann keinesfalls im Interesse des Gesetzgebers liegen, wirtschaftlich Gleiches, rechtlich unterschiedlich zu beurteilen. Mithin lässt sich die von *Riegger* geforderte Gleichbehandlung beider Verschmelzungsrichtungen aus kapitalschutzrechtlicher Sicht auch dogmatisch begründen.

bb) Unzureichender Gläubigerschutz nach § 22 UmwG – Analoge Anwendung des § 57 AktG

Eine direkte Anwendung des Verbots der Einlagenrückgewähr fällt wegen des Erlöschens des übertragenden Rechtsträgers von vornherein aus. Die in beiden Konstellationen parallel auftretende Gefahrenlage für die Zielgesellschaft rechtfertigt allerdings eine analoge Anwendung von § 57 AktG. Erforderlich ist dafür bekanntermaßen eine planwidrige Regelungslücke bei vergleichbarer Interessenlage[575]. Die vergleichbare Interessenlage liegt im parallel vorhandenen Gefahrenpotential für die Gläubiger. Eine planwidrige Regelungslücke ist dagegen zweifelhaft.

Zur Bejahung dieser ist erforderlich, dass die Altgläubiger der Zielgesellschaft beim Upstream-Merger schlechter gestellt sind als bei der Durchführung eines Downstream-Merger. In beiden Fällen gewährt § 22 UmwG den Altgläubigern einen Schutz. Dennoch wird beim Downstream-Merger zusätzlich die Schranke des § 57 AktG herangezogen[576]. Es stellt sich daher die Frage, ob § 22 UmwG den Altgläubigern in der Konstellation des Upstream-Merger einen weitergehenden und damit ausreichenden Schutz gewährt, wodurch eine analoge Anwendung des § 57 AktG obsolet wäre.

(1) Unterscheidung individueller/institutioneller Gläubigerschutz

Ausgangspunkt aller Überlegungen zum Gläubigerschutz im Umwandlungsrecht ist die auf *K. Schmidt* zurückgehende Unterscheidung zwischen institutionellem

---

574 Begr. zum GesE UmwG v. 01.02.1994 – BT-Drs. 12/6699, S. 92.

575 *BGH* v. 13.07.1988 – IVa ZR 55/87 (BGHZ 105, 140, 143); *BGH* v. 14.12.2006 – IX ZR 92/05 (BGHZ 170, 187); *Heinrichs*, in: Palandt, BGB, 66. Aufl. 2007, § 1 Einl. Rn. 48.

576 S.o.

und individuellem Gläubigerschutz. *K. Schmidt* hat in einem früheren Zeitschriftenbeitrag[577] den Gläubigerschutz im Umwandlungsrecht auf neue dogmatische Füße gestellt: Danach basiert *institutioneller Gläubigerschutz* auf rein objektivem Recht, ist generalpräventiv angelegt und handelt nicht von subjektiven Rechten einzelner Gläubiger. Es handelt sich also um Verkehrsschutz vor umgewandelten Gesellschaften, die nicht den Erwartungen entsprechen, die an ein Unternehmen dieses Typs gestellt werden dürfen[578]. In diese Kategorie fallen daher vorrangig Normativbestimmungen, wie etwa die Kapitalaufbringung und -erhaltung. Von *individuellem Gläubigerschutz* ist dagegen die Rede, wenn es um Haftungs- und Sicherungsansprüche zugunsten individualisierbarer Unternehmensgläubiger geht[579].

Vorliegend geht es um den Schutz von konkreten Forderungen der Altgläubiger, also um den Einfluss der Upstream-Verschmelzung auf bestehende Verbindlichkeiten. Der Anspruch auf Sicherheitsleistung nach § 22 UmwG behandelt demnach – in der Systematik *K. Schmidts* – Fälle individuellen Gläubigerschutzes[580]. Diese Trennung darf aber nicht – wie *Petersen*[581] zutreffend ausführt – zu einer künstlichen Aufspaltung des Gläubigerschutzregimes führen. Denn auch die Altgläubiger haben ein Interesse an einer mit der strengen Kapitalbindung einhergehenden stabilen Finanzverfassung. Insofern strahlt der institutionelle Gläubigerschutz natürlich auch in den Bereich des individuellen aus und ergänzt ihn gegebenenfalls. Trotz der Kritik[582] an dieser Unterscheidung zwischen individuellem und institutionellem Gläubigerschutz kann daraus eine Argumentation für die Auslegung abgeleitet werden.

(2) Voraussetzungen des § 22 UmwG

Regelungsgrund des § 22 UmwG ist die Tatsache, dass es durch Verschmelzungen zu einer Benachteiligung von Gläubigern der an der Maßnahme beteiligten Rechtsträger kommen kann: Die Gläubiger verlieren ihren bisherigen Schuldner und erhalten mit dem Wirksamwerden der Verschmelzung einen neuen Schuldner, einen den sie sich selbst nicht ausgesucht haben. Die Gläubiger des übernehmenden Rechtsträgers müssen sich das Haftungssubstrat ihres Schuldners nun mit den hinzutretenden Gläubigern des übertragenden Rechtsträgers teilen[583]. Wie bereits skizziert, ist dies in der vorliegenden Konstellation besonders für die Gläubiger der Ziel-Gesellschaft negativ, ihnen wird ein neuer weniger liquider Schuldner aufgedrängt. Als Aus-

---

577 *K. Schmidt*, ZGR 1993, 366, 367 ff., ursprünglich geht diese Unterscheidung auf *Raiser*, JZ 1961, 465, 472 zurück.

578 *Petersen*, S. 17, anders ausgedrückt betrifft dieser Schutz die zukünftigen Gläubiger, so *Ihrig*, ZHR 160 (1996), 317, 334.

579 *K. Schmidt*, ZGR 1993, 366, 377.

580 *K. Schmidt*, ZGR 1993, 366, 381 f.; *Petersen*, S. 18.

581 *Petersen*, S. 19.

582 *Maier-Reimer/Seulen*, in: Semler/Stengel, UmwG, § 22 Rn. 1.

583 *Grunewald*, in: Lutter, UmwG, § 22 Rn. 1 ff.; *Maier-Reimer/Seulen*, in: Semler/Stengel, UmwG, § 22 Rn. 21; *Petersen*, S. 237.

gleich für diese Verschlechterung, die nach § 22 UmwG den Grad einer Gefährdung erreichen muss, dient der Anspruch auf Sicherheitsleistung[584]. Hier wird auch schon das Spannungsfeld sichtbar, in dem sich § 22 UmwG bewegt. Grundsätzlich wird aus den umwandlungsrechtlichen Gläubigerschutzregeln deutlich, dass die Altgläubiger keinen Einfluss auf die Wirksamkeit der Verschmelzung haben sollen[585], etwa durch die Möglichkeit, Anfechtungsklagen zu erheben. Für die hier zu erörternde Frage bedeutet dies, dass durch einen zu weit verstandenen Gläubigerschutz nicht der grundsätzliche Vorrang der *Umwandlungsautonomie*[586] ausgehebelt werden darf: Sinnvolle Umwandlungen sollen nicht durch eine exzessive Anwendung des Erfordernisses der Sicherheitsleistung verhindert werden[587]. Diese Anwendungsgrundsätze müssen natürlich auch auf kapitalschützende Regelungen außerhalb des UmwG übertragen werden. Daher dürfen die hier im Raume stehenden parallel anwendbaren aktienrechtlichen Gläubigerschutznormen allenfalls restriktiv zur Anwendung kommen. Eine Förderung von „maroden"[588], unsinnigen oder wirtschaftlich fragwürdigen Umwandlungsmaßnahmen darf aber auch durch den grundsätzlichen Vorrang des Umwandlungsinteresses vor dem Gläubigerinteresse nicht eintreten.

Der Anspruch auf Sicherheitsleistung setzt zunächst voraus, dass die Anspruchsberechtigten im Zeitpunkt der Verschmelzung Gläubiger eines beteiligten Rechtsträgers – hier der Ziel-Gesellschaft – waren[589]. Die weitaus größere Hürde zu der begehrten Sicherheitsleistung liegt in der Glaubhaftmachung der konkreten Erfüllungsgefährdung der Alt-Forderungen. Allein die Tatsache, dass der Gläubiger einen neuen Schuldner erhält, führt nicht zu einer Gefährdung des Anspruchs[590]. Für den konkreten Fall des Upstream-Merger einer solventen Zielgesellschaft auf eine hochverschuldete Erwerbsgesellschaft bedeutet dies, dass die Altgläubiger durch die Verschmelzung einer Gefährdung ihrer Forderungen ausgesetzt sind.

Das Schrifttum hat eine Vermutung für die Bejahung der Gefährdung entwickelt, wenn sich die Eigenkapitalquote oder die Liquiditätslage des übernehmenden Rechtsträgers infolge der Verschmelzung wesentlich verschlechtert[591]. Dies passt aber nur

584 *Kübler*, in: Semler/Stengel, UmwG, § 20 Rn. 15.

585 *Soldierer*, S. 29; *Rieble*, ZIP 1997, 301, 304 f.; *Schröer*, DB 1999, 317, 320; *Petersen*, S. 4 f. spricht von „*Umwandlungsautonomie*".

586 *Petersen*, S. 4 f.

587 *Simon*, in: KK-UmwG, § 22 Rn. 8; *Maier-Reimer/Seulen*, in: Semler/Stengel, UmwG, § 22 Rn. 5; *Lutter*, ZGR 1990, 392, 410 ff.; *Schröer*, DB 1999, 317, 320.

588 So *K. Schmidt*, ZGR 1993, 366, 368.

589 Die schwierige Abgrenzung von Alt- und Neuforderungen können im Rahmen dieser Arbeit nicht behandelt werden, einen guten Überblick bietet aber *Simon*, in: KK-UmwG, § 22 Rn. 18 ff.

590 *BGH* v. 26.04.2002 – LwZR 20/01(BGHZ 150, 365); *Grunewald*, in: Lutter, UmwG, § 22 Rn. 12 f.; *Marsch-Barner*, in: Kallmeyer, UmwG, § 22 Rn. 7.

591 *Grunewald*, in: Lutter, UmwG, § 22 Rn. 14; *Maier-Reimer/Seulen*, in: Semler/Stengel, UmwG, § 22 Rn. 21; *Vossius*, in: Widmann/Meyer, § 22 Rn. 29; *Priester*, NJW 1983, 1459, 1464.

für den Fall des Downstream-Merger beim fremdfinanzierten Unternehmenskauf. Denn nur dort verschlechtert sich die Eigenkapitalquote bzw. die Liquiditätslage des übernehmenden Rechtsträgers. Im umgekehrten Fall – dem Upstream-Merger – verbessert sich die Liquiditätslage des übernehmenden Rechtsträgers. Freilich kann sich diese in der vorbezeichneten Konstellation nicht verschlechtern, da die Ziel-Gesellschaft durch die Verschmelzung untergeht. Die Kapitalerhaltungsregeln dienen jedoch keinem Selbstzweck, sondern vorrangig dem Gläubigerschutz. Daher erscheint es auch sinnvoll, bei der Prüfung der Gläubigergefährdung primär das den Altgläubigern zur Verfügung stehende Haftkapital vor und nach der Verschmelzung zu vergleichen. In der hier behandelten Fallgestaltung besteht vor der Verschmelzung jedoch regelmäßig eine hohe Verschuldung des übernehmenden Rechtsträgers. Große Teile des Vermögens und des frei werdenden Grundkapitals des übergehenden Rechtsträgers werden zur Tilgung von Verbindlichkeiten des Erwerbsvehikels genutzt. In diesen typischen Konstellationen eines LBO mit anschließender Fusion liegt eine Vermutung der Gefährdung der Gläubiger nahe. Diese Gestaltungen sind allein darauf angelegt, an die Vermögenswerte des übertragenden Rechtsträgers zu gelangen und gefährden damit zwangsläufig die Befriedigungsmöglichkeiten der Altgläubiger. Die Glaubhaftmachung der Forderungsgefährdung im Sinne des § 22 UmwG dürfte damit in aller Regel gelingen. Somit greift ein gläubigerschützendes Institut ein.

(3) Umfang des Schutzes nach § 22 UmwG

Anschließend stellt sich die Frage, ob der Umfang des Schutzes von § 22 UmwG ausreicht, um die Gefährdung der Altgläubiger der Ziel-Gesellschaft zu kompensieren. Die Art der Sicherheitsleistung richtet sich nach §§ 232 ff. BGB. Problematisch erscheint aber, dass der Schuldner des Anspruchs auf Sicherheitsleistung der übernehmende Rechtsträger ist. Diese zwar systematisch logische Wahl des Anspruchsgegners – der übertragende Rechtsträger geht unter und der übernehmende Rechtsträger wird sein Rechtsnachfolger – offenbart aber gerade bei der Upstream-Verschmelzung nach einem fremdfinanzierten Unternehmenskauf erhebliche Schutzlücken. Die Altgläubiger der Ziel-Gesellschaft haben nunmehr einen Anspruch gegen einen Rechtsträger, der mit Verbindlichkeiten in Höhe der Transaktionskosten belastet ist. Zwar müssen die Forderungen auf Sicherheitsleistung bei dem übernehmenden Rechtsträger bilanziert werden und beeinflussen dadurch die Summe des gebundenen Kapitals, welches nicht an die Gesellschafter ausgeschüttet werden darf[592]. Aber die Wertigkeit der zu stellenden Sicherheiten sind in diesem Fall mehr als fraglich. Denn § 22 UmwG enthält den immanenten Konstruktionsfehler, dass dort, wo die Erfüllung fraglich ist, auch die Besicherung nicht gewährleistet sein kann. Tatsächlich Abhilfe schafft § 22 UmwG aber in den Fällen, in denen der Anspruch noch nicht fällig ist. Hier entsteht der Anspruch auf Sicherheitsleistung mit der Verschmelzung und wird dann sofort fällig.

592 *Grunewald*, in: Lutter, UmwG, § 22 Rn. 25.

Im Ergebnis bedeutet dies, dass die Altgläubiger durch die Verschmelzung einer Abwertung ihrer Ansprüche gegenüberstehen, welche darüber hinaus unbefriedigend besichert sind. Dies entspricht aber nicht dem Sinn und Zweck des § 22 UmwG als Gläubigerschutzinstrument. Zudem hat § 22 UmwG überdies einschränkende Tatbestandsmerkmale. Die Gläubiger müssen innerhalb von sechs Monaten ihren Anspruch nach Grund und Höhe anmelden. *Schneider*[593] fragt hier zutreffend *„wer schaut schon regelmäßig in das Handels- und Unternehmensregister“* und deutet damit auf das Problem der deutlich zu kurz bemessenen Frist. *Fridrich*[594] entgegnet dem, dass sich eine Verschmelzung nicht im Geheimen vollziehe und bei börsennotierten Aktiengesellschaften sogar schon vor dem Verschmelzungsbeschluss eine Ad-hoc-Meldung zu veröffentlichen sei. Zudem seien Unternehmen kaufmännisch verpflichtet, regelmäßig die Vorgänge bei ihren Schuldnergesellschaften zu kontrollieren. Dem kann nicht beigepflichtet werden. Zum einen ist die Wirtschaft zu schnelllebig, als dass regelmäßig bei allen (!) Schuldnern eine Überprüfung der Verhältnisse stattfinden könnte. Zum anderen wäre dies mit einem erheblichen organisatorischen, personellen und finanziellen Aufwand verbunden. Strukturänderungen bei Schuldnergesellschaften können häufig nur von juristisch geschulten Mitarbeitern zutreffend bewertet werden. Eine Bewertung der Bonität dieser Unternehmen geschah allerdings bereits bei Abschluss des jeweiligen Vertrags. Den Gläubigern – trotz Durchbrechung der Privatautonomie[595] – eine weitergehende Überwachungs- und Prüfpflicht aufzuerlegen, ist nicht mit dem im Aktienrecht angelegten Gläubigerschutz vereinbar. Insofern ist die sechsmonatige Frist eine tatsächliche Schwäche des umwandlungsrechtlichen gegenüber dem aktienrechtlichen Gläubigerschutzregime, die sich insbesondere bei nicht-institutionellen Gläubigern ohne ein professionelles Forderungsmanagement zeigen dürfte.

(4) § 22 UmwG als abschließende Regelung?

Daher muss diskutiert werden, ob § 22 UmwG als abschließende Regelung zu verstehen ist, – etwa als lex specialis – die die Anwendung anderer kapitalschützender Normen weitgehend ausschließt. Das *OLG Stuttgart*[596] vertritt die Ansicht, bei § 22 UmwG handle es sich um eine abschließende Regelung: Danach habe der Gesetzgeber den Gläubigerschutz ausdrücklich in § 22 UmwG geregelt. Daher könne nicht von einer Regelungslücke ausgegangen werden, die die analoge Anwendung anderer gläubigerschützender Normen rechtfertige. Ferner würde dies auch zu einer Überforderung der Registergerichte führen, wenn bei der Eintragung neben der

593 *Schneider*, NZG 2007, 888, 892.

594 *Fridrich*, S. 294.

595 Der neue Schuldner nach einer Verschmelzung wurde vom Vertragspartner nie als solcher ausgewählt.

596 *OLG Stuttgart*, Urt. v. 04.10.2005–8 W 426/05 (ZIP 2005, 2066, 2067); ebenso *LG Leipzig*, Beschl. v. 18.01.2006–1 HK T 7414/04 (DB 2006, 885).

Einhaltung der umwandlungsrechtlichen Vorgaben auch noch die Einhaltung von aktienrechtlichen Normen geprüft werden müsste.

Rodewald[597] führt für einen abschließenden Charakter des § 22 UmwG die Gesetzesmaterialien an. Danach finde sich lediglich bei der Schwesterfusion ein ausdrücklicher Hinweis auf die parallele Anwendbarkeit der allgemeinen Kapitalschutzvorschriften. Dass die Upstream-Fusion nicht genannt ist, sei auf beredtes Schweigen des Gesetzgebers zurückzuführen. Dem hält *Koppensteiner*[598] aber zutreffend entgegen, dass die Nennung der Schwesterfusion darauf hinweise, dass der historische Gesetzgeber § 22 UmwG eben nicht als abschließend angesehen habe, sondern daneben durchaus auch Platz für die Anwendung der aktienrechtlichen Gläubigerschutzvorschriften sehe. Darüber hinaus lässt sich festhalten, dass noch mindestens ein anderer Fall anerkannt ist, in dem aktienrechtliche Kapitalschutzregeln neben § 22 UmwG zur Anwendung kommen: In Fällen, in denen eine GmbH der übernehmende Rechtsträger ist, kann durch die Verschmelzung bisher gebundenes Kapital freigesetzt werden mit der Folge, dass seine Ausschüttung zulässig wird. Solange jedoch keine Ausschüttung erfolgt, liegt keine konkrete Gefährdung der Altgläubiger vor.

Aufgrund der zeitlichen Befristung des Rechts auf Sicherheitsleistung gem. § 22 Abs. 1 S. 1 UmwG muss die Geltendmachung innerhalb von sechs Monaten nach Eintragung der Verschmelzung erfolgen. Daher tritt ein Großteil des Schrifttums für eine (analoge) Anwendung des § 225 Abs. 2 AktG als Modifikation der Rechtsfolge des § 22 UmwG ein. Eine Ausschüttung des freigesetzten Kapitals dürfe somit nicht erfolgen, solange den Gläubigern, die ihre Forderung angemeldet haben, keine Sicherheit geleistet ist[599]. In dieser Konstellation wird – soweit ersichtlich – kein abschließender Charakter des § 22 UmwG vertreten. Zudem sollten Gesetze immer in einem systematisch stimmigen Rahmen ausgelegt werden. Daher muss die Entwicklung von § 22 UmwG ergänzender Regeln grundsätzlich zulässig sein, wenn dadurch eine Übereinstimmung mit dem aktienrechtlichen Korsett an gläubigerschützenden Vorschriften ermöglicht wird.

Zwar lassen sich auch systematische Erwägungen gegen die zusätzliche analoge Anwendung der aktienrechtlichen Kapitalerhaltungsvorschriften vorbringen. Durch die Upstream-Verschmelzung führt die Erwerbsgesellschaft Vermögensgegenstände, die in ihrem mittelbaren Alleineigentum standen, in ihr unmittelbares Eigentum über. Dadurch findet lediglich eine organisatorische Veränderung in der rechtlichen Struktur des Konzernverbundes statt. Ein über den § 22 UmwG hinausgehenden Schutz lässt sich daher nur schwer rechtfertigen. Diese Argumentation würde aber die rechtliche Selbstständigkeit von juristischen Personen missachten. Danach

597 *Rodewald*, GmbHR 1997, 19, 21.

598 *Koppensteiner*, in: FS H.P. Westermann, 2008, 1157, 1160.

599 *Maier-Reimer/Seulen*, in: Semler/Stengel, UmwG, § 22 Rn. 25, 56; *Ihrig*, ZHR 160, (1996), 317, 337; *Naraschewski*, GmbHR 1998, 356, 360, a.A.: *Petersen*, S. 202 ff.; *Rodewald*, GmbHR 1997, 19, 21.

kann eine Aktiengesellschaft selbstständig Rechte und Pflichten begründen und daher auch selbst Schuldnerin sein. Durch die Fusion gibt die Ziel-Gesellschaft aber diese rechtliche Selbstständigkeit auf. Würde nun lediglich auf die organisatorische Veränderung innerhalb des Konzernverbundes abgestellt, ließe dies den gläubigerschützenden Charakter der aktienrechtlichen Kapitalerhaltungsnormen außer Betracht, welche auf der Ebene der Aktiengesellschaft ansetzen. Daher kann dieses systematische Argument nicht für einen abschließenden Charakter des § 22 UmwG ins Feld geführt werden.

Zudem sprechen auch praktische Erwägungen gegen eine Sperrwirkung des § 22 UmwG gegenüber den aktienrechtlichen Normen: Abgesehen davon, dass die Durchsetzung des Anspruchs auf Sicherheitsleistung lange dauern würde und daher zu spät kommen kann, wurden bisher bei den verschiedenen Verschmelzungsvarianten Schutzlücken des geltenden Rechts aufgezeigt.

Ist die Muttergesellschaft überschuldet, können die Gläubiger der Tochtergesellschaft zwar Sicherheitsleistung verlangen. Nach § 17 Abs. 2 S. 1 UmwG können sie beim Registergericht jedoch nur Einblick in die Schlussbilanz des übertragenden Rechtsträgers nehmen. Bei einem Upstream-Merger dürfte den Altgläubigern die Gefährdung regelmäßig verborgen bleiben, da nur die Schlussbilanz ihres Schuldners eingereicht werden muss. Ob den Interessen der Gläubiger mit dem Anspruch auf Sicherheitsleistung angemessen Rechnung getragen werden kann, ist wegen der unbekannten Bonität des neuen Schuldners auf Sicherheitsleistung sehr zweifelhaft.

Darüber hinaus ist denkbar, dass die aufgenommenen Schulden zur Transaktionsfinanzierung deutlich über dem übergehenden Vermögen liegen[600] oder sich die Verbindlichkeiten gegenüber den Banken nicht aus dem cash-flow des übertragenden Rechtsträgers bedienen lassen. Dies würde bedeuten, dass der übernehmende Rechtsträger (die ehemalige Mutter) auch nach der Verschmelzung noch überschuldet bleibt. Den Altgläubigern könnte daher ein Totalverlust ihrer Forderungen drohen. Dann würde auch ein Anspruch auf Sicherheitsleistung nicht helfen. Hier zeigt sich auch die unterschiedliche Schutzrichtung von aktienrechtlichem Kapitalschutzregime, welches präventiv wirkt, und repressiv wirkendem umwandlungsrechtlichen Gläubigerschutz.

Abschließend ist schlicht nicht nachvollziehbar, warum die für Downstream-Merger geltende Anwendbarkeit der aktienrechtlichen Kapitalerhaltungsvorschriften nicht gelten soll, wenn die Verschmelzungsrichtung umgekehrt wird[601]. In beiden Fällen liegen aus Gläubigersicht wirtschaftlich identische Ergebnisse vor. Eine Derogation des aktienrechtlichen Kapitalerhaltungsrechts für den Bereich des Upstream-Merger würde die Altgläubiger der Ziel-AG unangemessen benachteiligen.

---

600 Nicht zuletzt die Finanzkrise 2008/2009 zeigte, dass nicht kalkulierbare Ereignisse die Finanzierungsmodelle verschiedener Unternehmen hinfällig machten.

601 Siehe zur dogmatischen Herleitung die Ausführungen auf S. 165 ff.

Zuletzt sprechen auch die Schwächen des umwandlungsrechtlichen Gläubigerschutzes, insbesondere der immanente Konstruktionsfehler und die zeitliche Beschränkung gegen eine abschließende Regelung des § 22 UmwG.

(5) Zwischenergebnis

Aus den vorstehenden Überlegungen ergibt sich, dass der von § 22 UmwG gewährleistete Gläubigerschutz versagt, wenn der aufnehmende Rechtsträger nach der Verschmelzung überschuldet ist. Die Konsequenz daraus muss sein, dass die Kapitalschutzvorschriften des AktG subsidiär zur Anwendung gelangen. Das deutsche Kapitalaufbringungs- und -erhaltungsrecht ist so detailliert und diffizil ausgestaltet, dass es schwerfällt, zu glauben, eine Anwendung sei gerade in dem bezeichneten Bereich nicht gewollt. Sowohl beim Downstream- aus auch beim Upstream-Merger haben die Altgläubiger ein paralleles Schutzbedürfnis. Daher ist es aus meiner Sicht gerechtfertigt, beide Sachverhalte bei Vorliegen eines Umgehungstatbestandes gleich zu behandeln. Dies wird auch durch die Einordnung als individueller Gläubigerschutzmechanismus gestützt. Denn der Altgläubiger darf grundsätzlich von der Einhaltung bestimmter Kapitalaufbringungs- und Kapitalerhaltungsregeln ausgehen, deren Wegfall durch die Verschmelzung für ihn folgenschwer sein kann und daher ein besonderes Schutzbedürfnis rechtfertigt. Dies führt zu einem Bedürfnis eines erweiterten Schutzes der Altgläubiger über § 22 UmwG hinaus durch § 57 AktG.

Bedenklich erscheint mir die gläubigergefährdende Tendenz der jüngeren Rechtsprechung: In dem bereits erwähnten Beschluss des *OLG Stuttgart* vom 04. Oktober 2005[602] wurde entschieden, dass die Verschmelzung einer überschuldeten GmbH auf ihre Alleingesellschafterin zulässig sei. Durch die Zulassung einer Verschmelzung eines überschuldeten übertragenden Rechtsträgers sollen sogenannte Sanierungsverschmelzungen auch weiterhin möglich sein. Dieses Instrumentarium kann zur Verbesserung der bilanziellen Situation einer Krisengesellschaft genutzt werden. Der Grundgedanke der sanierenden Verschmelzung ist, dass ein im Sinne des § 19 InsO überschuldeter Rechtsträger auf einen anderen Rechtsträger verschmolzen wird, dessen bilanzielle Situation so gut ist, dass die Verluste des übertragenden Rechtsträgers rechnerisch aufgefangen werden und sich deshalb aus der handelsrechtlichen Eröffnungsbilanz des übernehmenden Rechtsträgers nach der Verschmelzung keine Überschuldung mehr ergibt[603]. Diesem Ansatz ist zuzustimmen. Der Gesetzgeber hat die Fälle, in denen eine Umwandlung des überschuldeten Rechtsträgers nicht zulässig ist, ausdrücklich auf die im 7. und 8. Abschnitt geregelten Sonderfälle beschränkt und im Übrigen in § 3 Abs. 2 UmwG auf die Unumkehrbarkeit einer Auflösung des Rechtsträgers abgestellt, nicht aber bereits auf die Überschuldung. Dies ist zum Zwecke der Sanierung auch sinnvoll.

---

602 *OLG Stuttgart*, Beschl. v. 04.10.2005–8 W 426/05 (ZIP 2005, 2066) und ihm folgend *LG Leipzig*, Beschl. v. 18.01.2006–1 HK T 7414/04 (DB 2006, 885).

603 *Keller/Klett*, DB 2010, 1220, 1220.

Die dort aufgestellten Grundsätze können für den hier behandelten umgekehrten Fall – der Verschmelzung einer Tochter mit positivem Bilanzbild auf eine überschuldetet Mutter – nicht unbesehen übertragen werden. Hier handelt es sich gerade nicht um eine Sanierungssituation, sondern um eine besondere Form der Akquisitionsfinanzierung. Freilich ist diese Trennlinie sehr fein, da die hier problematisierte Form der Upstream-Verschmelzung letztlich auch der Sanierung der Erwerbsgesellschaft diene und damit grundsätzlich der vom *OLG Stuttgart* angewandten Privilegierung unterfallen könnte. Insofern ist die Anwendung der aktienrechtlichen Gläubigerschutzvorschriften von den Umständen des Einzelfalls abhängig. Trotz der hier festgestellten Bedürfnisse darf eine zu extensive Anwendung gläubigerschützender Vorschriften nicht zu einer Lähmung der unternehmerischen Flexibilität führen. So muss es zumindest möglich sein, betrieblich gerechtfertigte Downstream-Verschmelzungen durchzuführen, die zunächst mit dem Übergang von negativen Vermögen bemakelt sind. Dies könnte beispielsweise durch eine direkt im Anschluss an die Verschmelzung durchgeführte Auflösung freier Rücklagen zu Sanierungszwecken geschehen. Bei der betrieblichen Rechtfertigung handelt es sich um ein Merkmal, dessen Justiziabilität in der Praxis schwer handhabbar sein dürfte. Gleichwohl darf in zu extensiver Gläubigerschutz nicht zu einer Knebelung der beteiligten Unternehmen führen, sondern muss sinnvolle und vor allem zu rechtfertigende unternehmerische Entscheidungen weiterhin zulassen.

cc) Voraussetzungen für die Anwendung des Verbots nach § 57 AktG

Die grundsätzliche Notwendigkeit eines über § 22 UmwG hinausgehenden Schutzes in fremdfinanzierten Upstream-Konstellationen konnte somit bejaht werden. Auch die Voraussetzungen einer entsprechenden Anwendung des § 57 AktG wurden mit der hier vertretenen Ansicht bejaht. Dennoch gilt es herauszuarbeiten, unter welchen Voraussetzungen im Einzelfall § 57 AktG analog zur Anwendung kommen kann.

Mit der Upstream-Verschmelzung müssen demnach Nachteile für die Altgläubiger einhergehen. Eine zu diesem Zweck durchgeführte einfache Saldierung vom Vermögen des übertragenden Rechtsträgers mit dem Vermögen des übernehmenden Rechtsträgers erscheint zu unspezifisch. Danach würde es nur darauf ankommen, ob die übernehmende Gesellschaft nach Abzug des Beteiligungsansatzes noch werthaltig ist. In den Fällen einer fremdfinanzierten Übernahme qua Erwerbsgesellschaft würde nach dieser Ansicht allein die Solvenz der Zielgesellschaft über die Zulässigkeit solcher Transaktionen entscheiden. Unberücksichtigt bliebe die bereits durch die Transaktion erfolgte Schlechterstellung der Altgläubiger der Zielgesellschaft. Aber auch eine rein subjektive Betrachtung des Verschmelzungsvorgangs gibt keine trennscharfen Kriterien zur ggf. analogen Anwendbarkeit von § 57 AktG. Allein auf die Absicht abzustellen, die Verschmelzung diene der Transaktionsfinanzierung, genügt daher nicht. Dadurch wären Schutzbehauptungen und undokumentierte Abreden (Gentlemen's Agreements) zwischen den Beteiligten vorhersehbar. Insbesondere da der übernehmende Rechtsträger regelmäßig bereits mehrheitlich an dem übertragenden Rechtsträger beteiligt ist. Zur Beurteilung der Tatbestandsvoraussetzungen von § 57 AktG analog sollte daher sowohl auf objektive wie subjektive Faktoren abgestellt werden. Es bietet sich demnach ein dreistufiges Vorgehen an: Zunächst ist festzustellen, ob eine Umgehungslage vorliegt. Mit anderen Worten, ob die Verschmelzung der Finanzierung eines Unternehmenskaufs dient. Liegt bereits dies vor, sollte nach hier vertretener Ansicht immer auch § 57 AktG entsprechend zur Anwendung kommen. Nur so wird die Verschmelzung, welche letztlich eine Finanzierung darstellt, einer Seriositätsprüfung unterzogen.

Kann dies jedoch nicht bejaht werden, muss in einem zweiten Schritt auf die konkrete Gefahr für die Altgläubiger abgestellt werden. Dabei ist zunächst zu prüfen, ob den Gläubigern eine werthaltige Sicherheit nach § 22 UmwG geleistet werden kann und die zeitliche Geltungsdauer nicht zu unbilligen Ergebnissen führt. Hierzu sind die Bilanzen beider beteiligter Rechtsträger heranzuziehen und zu prüfen, ob das Aktivvermögen der übernehmenden Gesellschaft nach Durchführung der Fusion ausreicht, um die Verbindlichkeiten, insbesondere auch die gegenüber den Altgläubigern, abzudecken. Davon in Abzug zu bringen sind etwaige stille Reserven im Vermögen der untergehenden Gesellschaft und Sicherheiten Dritter an die Altgläubiger[604]. Ferner müssen in diese Abwägung auch die unterschiedlichen Schutzrichtungen (präventiver Schutz des AktG und repressiver Schutz des UmwG) einfließen. Ist durch § 22 UmwG eine ausreichende Sicherung der Altgläubiger gewährleistet, bedarf es freilich keines zusätzlichen Schutzes über das Aktienrecht.

In einem dritten Schritt muss das Ausmaß der Nachteile für die Altgläubiger untersucht werden. Bei lediglich unerheblichen Nachteilen würde eine zusätzliche Anwendung des § 57 AktG analog die beteiligten Gesellschaften unangemessen in ihrer wirtschaftlichen Flexibilität einschränken.

Im Schrifttum[605] werden gegenüber einer analogen Anwendung große methodische Bedenken geäußert, da die hier dargelegten Risiken nicht mehr vom Schutzzweck des § 57 AktG erfasst seien. Begründet wird dies damit, dass in der vermeintlichen Einlagenrückgewähr beim Upstream-Merger lediglich ein Aktivtausch zu sehen sei[606]. Statt des Ansatzes der Beteiligung habe der übernehmende Rechtsträger nunmehr das übernommene Vermögen anzusetzen.

Aus Sicht der Gläubiger des übernehmenden Rechtsträgers (zumeist die finanzierenden Banken) dürfte die Verschmelzung tatsächlich lediglich einen Aktivtausch darstellen. Dies ist auch relevant, da § 57 AktG unzweifelhaft eine gläubigerschützende Norm darstellt.

Anders sieht dies aber aus Sicht der Altgläubiger des übertragenden Rechtsträgers aus. Danach dürfte der Übergang des gesamten Vermögens eine verbotene – weil die Haftungsliquidität schmälernde – Leistung darstellen.

---

604 Ähnlich für das in weiten Teilen vergleichbare österreichische Recht auch *Justich*, S. 157 f.

605 Vgl. etwa *Koppensteiner*, in: FS H.P. Westermann, 1157, 1167.

606 *Marsch*-Barner, in: Kallmeyer, § 68 Rn. 18; *Lange*, in: Henssler/Strohn, § 57 Rn. 11 ff.

dd) Folgen des Verbots

Ein Verstoß gegen das Verbot der Einlagenrückgewähr nach § 57 AktG führt zur Nichtigkeit des Verschmelzungsvertrags und des Verschmelzungsbeschlusses (§ 241 Nr. 3 AktG) des übertragenden Rechtsträgers. Diese drastische Rechtsfolge führt zu einer Seriositätsprüfung von Upstream-Fusionen. Dies scheint auch geboten, da durch die Instrumentarien des UmwG keinesfalls *„marode Umwandlungsvorgänge“*[607] begünstigt werden sollen. Zugleich sollen aber sinnvolle Umwandlungen nicht durch eine extensive Anwendung der Kapitalerhaltungsregeln – gleich ob aktien- oder umwandlungsrechtlicher Natur – verhindert werden. Jedoch zeigt gerade diese Überlegung, dass technische Umwandlungen den Gedanken einer Seriositätsprüfung bereits in sich tragen. Dadurch wären die an der Fusion Beteiligten gezwungen, die Upstream-Fusion intensiver auf ihre finanzielle Vertretbarkeit zu überprüfen. Dennoch darf die wirtschaftliche Flexibilität der Unternehmen nicht über Gebühr beansprucht werden. Dieses Spannungsverhältnis gilt es bei der entsprechenden Anwendung des § 57 AktG zu beachten.

2.1.3 Übergang von negativem Vermögen als Verstoß gegen § 71a Abs. 1 S. 1 AktG

Wie bereits ausgeführt kommt auch dem § 71a Abs. 1 S. 1 AktG eine kapital- und damit gläubigerschützende Funktion zu. Daher gilt es nun zu prüfen, inwieweit in den oben bereits angesprochenen Konstellationen – Upstream- und Downstream-Verschmelzung – eine parallele Anwendung des § 71a Abs. 1 S. 1 AktG in Betracht kommt. Nachdem im ersten Abschnitt Grundlagen des Verbots der finanziellen Unterstützungsleistung erörtert wurden, behandelt dieser Teil nunmehr konkrete Anwendungsfälle. Bevor jedoch in die schon bekannte Unterscheidung zwischen Upstream- und Downstream-Merger eingestiegen werden kann, müssen zunächst Probleme im materiellen Gehalt der Norm geklärt werden. Freilich wird hier nicht im Stile eines Kommentars auf jedes Tatbestandsmerkmal einzeln eingegangen. Dass die Anwendung des § 71a Abs. 1 S. 1 AktG prägende Problem liegt vielmehr im Funktionszusammenhang der Finanzierungsabsicht. Darauf beschränken sich auch die hiesigen Ausführungen zum Tatbestand des § 71a Abs. 1 S. 1 AktG.

a) Tatbestand des § 71a Abs. 1 AktG

Das wichtigste Tatbestandsmerkmal des § 71a Abs. 1 S. 1 AktG ist das zwischen der Aktiengesellschaft und dem Dritten vereinbarte Finanzierungsgeschäft. Auf dieses bezieht sich die Rechtsfolge der Vorschrift, für dieses muss der funktionelle Bezug zum Erwerbsgeschäft der Aktien vorliegen. § 71a Abs. 1 S. 1 AktG umschreibt das Finanzierungsgeschäft nicht mit einem generellen Begriff, sondern nennt hierfür die drei konkreten Geschäftstypen des Darlehens, der Vorschussgewährung und der

607 *K. Schmidt*, ZGR 1993, 366, 383.

Leistung von Sicherheiten. Diese Finanzierungstypen sind sicherlich die häufigsten und naheliegensten Erscheinungsformen der finanziellen Unterstützung beim Aktienerwerb. Dennoch stellen sie längst nicht die einzigen Instrumente dar, derer sich ein Aktienerwerber mit dem Willen zur Heranziehung der liquiden Mittel der Gesellschaft zur Finanzierung des Erwerbs bedienen kann[608].

Die Absicherung der Kaufpreisverbindlichkeit unterfällt zweifellos dem eben erwähnten Katalog an Verbotstatbeständen im Sinne des § 71a Abs. 1 S. 1 AktG (Leistung einer Sicherheit). Fraglich bleibt allerdings, ob der Anwendungsbereich des § 71a Abs. 1 S. 1 AktG auch dann eröffnet ist, wenn erst durch die der Akquisition nachfolgende Verschmelzung die Darlehen besichert/bedient werden. Als notwendiger Zwischenschritt gilt es, folgende Konstellation zu untersuchen: Was gilt, wenn der Erwerber bereits Aktionär geworden ist und die Aktiengesellschaft anschließend eine Sicherheit bestellt. Dies wirft Fragen bezüglich der zeitlichen Anwendbarkeit des § 71a Abs. 1 S. 1 AktG auf und geht einher mit der Frage, ob der Verbotstatbestand des § 71a Abs. 1 S. 1 AktG nur auf die Mittelüberlassung vor dem Anteilserwerb anwendbar ist oder auch zu einem Zeitpunkt, in dem der Erwerb bereits abgeschlossen ist. Gegen die Anwendbarkeit des § 71a Abs. 1 S. 1 AktG spricht in erster Linie, dass die Leistung der Sicherheiten in diesem Fall nicht unmittelbar den Erwerb der Aktien durch einen Dritten unterstützt, sondern lediglich dem Aktionär das Behalten der Aktien ermöglicht.

aa) Funktionszusammenhang als Abgrenzungskriterium

Die Diskussion um die zeitliche Reichweite des § 71a Abs. 1 S. 1 AktG wird häufig unter dem Begriff des *Funktionszusammenhangs* geführt. Das Abgrenzungskriterium des *Funktionszusammenhangs* hat seine Grundlage im Wortlaut des § 71a Abs. 1 S. 1 AktG, der ein Rechtsgeschäft *„zum Zwecke"* des Erwerbs von Aktien untersagt. Daraus schließt die allgemeine Meinung, dass eine nach § 71a Abs. 1 S. 1 AktG verbotene finanzielle Unterstützungshandlung eine ausdrückliche oder konkludente Verwendungsabrede voraussetzt, wonach die Finanzierung dem Aktienerwerb dienen soll[609]. Dieses Abgrenzungskriteriums bedarf es, um der Aktiengesellschaft die Kreditvergabe an Aktionäre oder potentielle Aktionäre nicht gänzlich zu versagen und sie dadurch ihrer wirtschaftlichen Flexibilität zu berauben.

bb) Enge Auslegung

Einige Stimmen in der Literatur halten sich bei der Auslegung des § 71a Abs. 1 S. 1 AktG strikt an den Wortlaut der Norm[610]. Dieser ist auf den ersten Blick recht eindeutig. Danach spreche die Formulierung des Gesetzgebers *„zum Zwecke des*

608 *Drygala*, Konzern 2007, 396, 397.

609 Ausführlich dazu *Schroeder*, S. 192 ff.; *Bezzenberger*, in: K. Schmidt/Lutter, § 71a Rn. 14; *Block*, in: Heidel, § 71a Rn. 9; *Cahn*, in: Spindler/Stilz, § 71a Rn. 34 ff; *Hüffer*, § 71a Rn. 3a; *Oechsler*, in: MüKo AktG, 3. Aufl. 2008, § 71a Rn 35 ff.

610 *Otto*, in: Assmann/Schütze, § 26 Rn. 114; *ders.*, DB 1989, 1389 ff.

Erwerbs von Aktien" für eine restriktive Anwendung des Verbots[611]. Der Wortlaut deute danach auf ein in der Zukunft liegendes Ereignis hin. Eine weite Auslegung, die auch Finanzierungsunterstützungen nach dem Erwerb der Aktien erfasst, müsse daher außer Betracht bleiben.

Im Schrifttum werden daneben auch systematische Argumente für eine enge Auslegung herangezogen. So grenzt *Daum*[612] die Anwendungsbereiche des § 71a Abs. 1 S. 1 AktG und des § 57 AktG voneinander ab. Dabei sieht er in möglichen Fällen der extensiven Anwendung des § 71a Abs. 1 S. 1 AktG vielfach bereits den Anwendungsbereich des § 57 AktG eröffnet. Daher bestehe keine Notwendigkeit, § 71a Abs. 1 S. 1 AktG extensiv auszulegen. *Otto*[613] begründet die enge Auslegung des § 71a Abs. 1 S. 1 AktG mit einem weiteren systematischen Argument. Danach können sich bei einer extensiven Anwendung des § 71a Abs. 1 S. 1 AktG für Fälle der nachträglichen Besicherung Abgrenzungsschwierigkeiten und Rechtsunsicherheit in Bezug auf das gängige konzerninterne Cash-Management ergeben. Diese Probleme würden bei nahezu jedem Abschluss von Beherrschungsverträgen auftreten, da praktisch immer der Erwerb einer bestimmten, zum qualifizierten Mehrheitserwerb noch erforderlichen Menge Aktien zeitnah vorausgehe[614]. Der hierfür erforderliche Kaufpreis stamme mitnichten vollständig aus dem Eigenkapital des Investors. Folglich wäre bei einer extensiven Auslegung des § 71a Abs. 1 S. 1 AktG in konzernierten Aktiengesellschaften bei Abschluss eines Unternehmensvertrags immer der Anwendungsbereich des Verbots der finanziellen Unterstützung des Aktienerwerbs eröffnet (sofern die Zielgesellschaft Sicherheiten für das erforderliche Fremdkapital bestellt). Nach *Otto* ergebe sich ein angemessener Schutz vielmehr aus der *Verlustübernahme- bzw. Nachteilsausgleichspflicht* der §§ 302, 311 Abs. 1 AktG und § 71a Abs. 1 S. 1 AktG sei in diesen Fällen daher redundant.

Weiter konstatiert *Otto*, freilich ohne eine dezidierte Auseinandersetzung mit dem Schutzzweck des § 71a Abs. 1 S. 1 AktG, dass die weite Auslegung *„über das Ziel hinausschießt"*[615]. Eine Begründung für diese Aussage steht leider aus.

cc) Extensive Anwendung

Der Großteil der gesellschaftsrechtlichen Literatur legt dagegen das Verbot des § 71a Abs. 1 S. 1 AktG weit aus. Danach ist der notwendige Funktionsbezug zwischen Finanzierung und Rechtsgeschäft beispielsweise auch dann hergestellt, wenn die Gesellschaft ihre Sicherheiten erst im Nachhinein für die Verbindlichkeiten des

---

611 *Otto*, DB 1989, 1389, 1395.

612 *Daum*, S. 132; so ist wohl auch *Habersack*, in: FS Röhricht, 155, 161 ff. zu verstehen, der neben dem § 57 AktG schon gar keinen eigenen Anwendungsbereich des § 71a Abs. 1 S. 1 AktG sieht.

613 *Otto*, DB 1989, 1389, 1395.

614 Ibd.

615 Ibd.

Aktionärs aus dem Kauf der Aktien zur Verfügung stellt[616]. Argumentiert wird hierbei in viele Richtungen. Primär wird hier auf den Wortlaut des Art. 23 Abs. 1 der Kapitalrichtlinie a.F.[617] abgestellt: § 71a AktG wurde seinerzeit aufgrund dieser Richtlinie neu in das AktG eingefügt[618]. In der *Richtlinie 77/91/EWG* vom 31. Januar 1977 heißt es: *„im Hinblick auf den Erwerb"*[619]. Diese Formulierung nimmt keinen Bezug auf ein auf den Zeitpunkt der Finanzierung abstellendes Element. Der Anwendungsbereich wird vielmehr lediglich sachlich-funktional bestimmt. Aufgrund der gebotenen richtlinienkonformen Auslegung muss § 71a Abs. 1 S. 1 AktG daher als vom Zeitpunkt der Finanzierung unabhängig angesehen werden. Daher lässt der Wortlaut des § 71a Abs. 1 S. 1 AktG in Korrelation mit dem Wortlaut der Kapitalrichtlinie eine extensive Auslegung durchaus zu.

Möglicherweise steht dieser Argumentation aber die *Kapitaländerungsrichtlinie* von 2006 entgegen[620]. In Art. 1 Nr. 6 der RL heißt es zunächst weiterhin *„im Hinblick auf den Erwerb"* und legt eine Fortführung der bisherigen Auslegung nahe. Jedoch konkretisiert die Kapitalrichtlinie diese Aussage: *„Das Verwaltungs- oder Leitungsorgan legt der Hauptversammlung einen schriftlichen Bericht vor, aus dem [...] der Preis hervorgeht, zu dem der Dritte die Aktien erwerben soll."* Durch die Verwendung des Präsenz von *sollen* werden lediglich gegenwärtige bzw. zukünftige Ereignisse erfasst. Zur Anwendung auf Finanzierungen in der Vergangenheit hätte der Gesetzgeber zusätzlich *„oder sollte"* einfügen müssen. Sicherlich kann dies als redaktionelles Versehen bewertet werden, jedoch lässt sich diese Annahme nicht ohne Weiteres belegen.

Nach der hier vertretenen Ansicht zu den Auswirkungen der Kapitaländerungsrichtlinie auf die Auslegung des § 71a Abs. 1 S. 1 AktG kann diese unglückliche Änderung der Sprachfassung allerdings dahinstehen. Aufgrund der bereits dargelegten Argumente bleibt es bei der Auslegung des § 71a Abs. 1 S. 1 AktG beim Stand bis zur Kapitaländerungsrichtlinie. Dies begründet sich in der nicht umgesetzten Liberalisierung – trotz Möglichkeit – des Verbots der finanziellen Unterstützung des Aktienerwerbs durch den nationalen Gesetzgeber. Auf die noch immer bestehende Unbestimmtheit des Wortlauts gründen die Vertreter dieser Ansicht letztlich die weite Auslegung des Funktionszusammenhangs bei § 71a Abs. 1 S. 1 AktG.

Ferner wird aber auch auf systematische Erwägungen abgestellt. Als Anschauungsobjekt werden dabei feindliche Übernahmen einer Aktiengesellschaft herangezogen. Im Rahmen eines Übernahmekampfes sei es der Verwaltung der Zielgesellschaft nämlich möglich, durch nachträgliche finanzielle Unterstützung einer der beiden Parteien das Gesellschaftsvermögen zur Einflussnahme zu be-

---

616 *Lutter/Wahlers*, AG 1989, 1, 9; *Schroeder*, S. 194 ff.; *Fleischer*, AG 1996, 494, 501; *Hüffer*, § 71a Rn. 3; *Becker*, DStR 1998, 1429, 1431; *Kessler*, AG 1995, 120, 121; *Kühlbacher*, 133; *Klass*, S. 133.

617 Zweite Richtlinie 77/91/EWG des Rates vom 13. Dezember 1976.

618 Siehe dazu die Ausführungen Teil 1.

619 ABl. EG 1977 L 26/1 ff.

620 2006/68/EG vom 06.09.2006 – ABl. EU 2006 L 264/32 ff.

nutzen[621]. Gerade die nachfolgende finanzielle Unterstützung erscheine so sogar als typisch und zeige den Zusammenhang zwischen finanzieller Unterstützung und der Kompetenzordnung in der Aktiengesellschaft erst auf. Der Erhalt der Kompetenzordnung innerhalb der Aktiengesellschaft ist vom Schutzzweck des § 71a Abs. 1 S. 1 AktG umfasst. Die Gefahr der Einflussnahme der Verwaltung auf die Aktionärsstruktur kommt schon durch die Reglementierung des Erwerbs eigener Aktien in § 71 AktG zum Ausdruck. Die auch kapitalmarktrechtlich orientierte Schutzrichtung des § 71a Abs. 1 S. 1 AktG gebiete daher eine extensive Auslegung, die unabhängig vom zeitlichen Moment des Erwerbs vorzunehmen ist[622].

Ferner wird eine weite Auslegung des § 71a Abs. 1 S. 1 AktG auch mit Hinweis auf dessen Telos[623] begründet. Insbesondere die Anhänger eines *Umgehungsschutzes*[624] und diejenigen Stimmen, die in der Norm des § 71a AktG einen sogenannten *Take-Over-Bezug*[625] erkennen, dehnen das Verbot denknotwendig auch auf Fälle der nachträglichen Sicherheitenbestellung aus. Die Gegenauffassung gewährleiste den intendierten Vermögensschutz danach nur unvollkommen. § 71a Abs. 1 S. 1 AktG fände nur noch in solchen Fällen Anwendung, in denen es zu vorherigen Absprachen zwischen dem zukünftigen Aktionär und der Verwaltung kam. Eine Beschränkung auf Fälle des kollusiven Zusammenwirkens wäre die Folge. Gerade dies dürfte in der Praxis aber nur sehr schwer zu beweisen sein, wie nicht zuletzt der Fall *Babcock Borsig/HDW* zeigt; entsprechend dokumentierte Absprachen finden sich regelmäßig nicht.

Darüber hinaus lässt sich der Vorwurf des kollusiven Zusammenwirkens mit Leichtigkeit umgehen[626]. *Fleischer*[627] führt hierfür das Beispiel der Zwischenfinanzierungen an. Der Investor finanziert den Erwerb der Aktien der Ziel-Gesellschaft durch Überbrückungskredite (sogenannte *bridging loans*[628]) zwischen, um dann unmittelbar nach Erwerb der Kontrollmehrheit mit der Bestellung von Sicherheiten für sein Akquisitionsvehikel zu beginnen. Ein kollusives Zusammenwirken kann in diesen Fällen nicht bejaht werden, obwohl die im Verbot des § 71a Abs. 1 S. 1 AktG angelegten Gefahren sich hier konkretisieren können.

---

621 *Klass*, S. 135.

622 Ibd.

623 Siehe ausführlich zur Bestimmung des Schutzzwecks bereits oben.

624 Wohl h.M.: *Lutter/Drygala*, in: KK-AktG, 3. Aufl. 2011, § 71a Rn. 6; *Lutter/Wahlers*, AG 1989, 1, ????; *Schroeder*, S. 194 ff.; *Fleischer*, AG 1996, 494, 501; *Hüffer*, § 71a Rn. 1; *Becker*, DStR 1998, 129, 1431; *Hefermehl/Bungeroth*, in: Geßler/Hefermehl/Eckhardt/Kropf, Aktiengesetz, § 71a Rn. 1; *Wiesner*, in: MünchHdb AG, § 15 Rn. 29; *Zätzsch/Maul*, in: Beck'sches Hdb AG, § 4 Rn. 172; *Hartung*, S. 82 f.

625 *Oechsler*, in: MüKo-AktG, 3. Aufl. 2008, § 71a Rn. 36.

626 Aus diesem Grund auch gegen die enge Auslegung: *Becker*, DStR 1998, 1429, 1431.

627 *Fleischer*, AG 1996, 494, 501 – hier finden sich auch Beispiele für solche Vorgehensweisen aus dem britischen und US-amerikanischen Gesellschaftsrecht.

628 *Überbrückungskredite* sollen die vorläufige Deckung eines kurzfristigen Kapitalbedarfs sicherstellen und werden i.d.R. für einen Zeitraum von 2 Wochen bis zu 3 Jahren gewährt.

Schroeder[629] begründet die weite Auslegung der Norm rechtsvergleichend mit einem Blick ins englische Gesellschaftsrecht. Dort habe der Gesetzgeber beide denkbaren Anwendungsfälle – sowohl die Unterstützung vor als auch nach dem Erwerb der Aktien – gleichgestellt[630]. Diese Erwägungen müssten in die Auslegung des § 71a Abs. 1 S. 1 AktG einfließen, da die finanzielle Unterstützung des Aktienerwerbs ihren Ursprung im Vereinigten Königreich habe[631].

Zwar kann die Auslegung des englischen Rechts keine unmittelbaren Auswirkungen auf die Auslegung nationaler Vorschriften haben. Jedoch dient die englische Regelung – genauso wie die deutsche – der Umsetzung einer europäischen Richtlinie. Die dort getroffenen Überlegungen können zum Verständnis einer auf europäischem Recht beruhenden Regelung fruchtbar gemacht werden.

Differenzierend geht *Seibt*[632] dagegen vor. Im Ergebnis legt er § 71a Abs. 1 S. 1 AktG grundsätzlich auch weit aus beschränkt dies aber zugleich durch das zusätzliche Erfordernis eines zeitlichen Zusammenhangs, den er jedoch nur innerhalb von 6 Monaten zwischen Aktienerwerb und Finanzierung erkennt.

dd) Stellungnahme

Die aufgezeigten verschiedenen Wortlautinterpretationen zeigen, dass dieser gerade keine eindeutige Antwort auf die Frage geben kann, ob die Verbotsnorm eng oder weit ausgelegt werden soll. Es stehen sich der offene Wortlaut des § 71a Abs. 1 S. 1 AktG und der eindeutige Wortlaut der Kapitalrichtlinie a. F., der aufgrund der richtlinienkonformen Auslegung zur Geltung kommt, gegenüber. Beide Standpunkte überzeugen isoliert betrachtet, können aber m. E. die aufgeworfene Frage – in der Gegenüberstellung – nicht lösen. Selbst der Grundsatz der Gleichberechtigung aller europäischen Sprachen[633] führt zu keiner befriedigenden Lösung. *Fleischer*[634] verglich den Wortlaut der englischen („*with a view to the acquisition*"), der französischen („*en vue de l`acqusition*") und der italienischen („*per l'acquisto*") Sprachfassungen. Daraus ergeben sich keine Abweichungen zum Richtlinienwortlaut und sind für die Auslegung der deutschen Norm nicht hilfreich.

Die von *Otto* vorgebrachten systematischen Erwägungen für eine restriktive Auslegung, nämlich Abgrenzungsprobleme in der Konzerninnenfinanzierung, wurden von *Fleischer*[635] und *Lutter*[636] aufgegriffen und entkräftet. Sie begegnen diesen

---

629 *Schroeder*, S. 195 f.

630 Der englische Gesetzgeber verwendet dafür die Formulierung: „*purchase made or to be made*".

631 Siehe zu den historischen Grundlagen bereits unter S. 19 ff.

632 *Seibt*, ZHR 170 (2007), 282, 303.

633 *Bleckmann*, Rn. 537 ff.

634 *Fleischer*, AG 1996, 494, 501.

635 Ibd.

636 *Lutter/Drygala*, in: KK-AktG, 3. Aufl. 2009, § 71a Rn. 40.

Bedenken mit einer Anwendung der zur verdeckten Sacheinlage[637] entwickelten Prinzipien und wollen daher die fraglichen Zahlungen immer im sachlichen und zeitlichen Zusammenhang mit dem Erwerb der Aktien sehen. Dies widerspricht *Ottos* Argumenten und zeigt auf, dass die enge Auslegung lediglich in einem eng begrenzten Rahmen notwendig sein kann. Darüber hinaus ist *Ottos* Argumentation aber auch aus rechtlichen Gesichtspunkten angreifbar. Im Zuge des *MoMiG*[638] wurde unter anderem auch der § 71a Abs. 1 S. 3 AktG geändert. Danach gilt das Verbot des S. 1 nunmehr *„nicht für Rechtsgeschäfte bei Bestehen eines Beherrschungs- oder Gewinnabführungsvertrags (§ 291 AktG)"*. Zweck der Vorschrift, die gleichzeitig auch in § 57 AktG und in § 30 GmbHG eingeführt wurde, ist es, konzerninterne Finanzierungsgeschäfte zu erleichtern und insbesondere klarzustellen, dass die Verlustausgleichspflicht nach § 302 AktG ein hinreichender Ersatz für die Kapitalerhaltungsvorschriften ist[639]. Der Gesetzgeber griff somit *Ottos* Bedenken gegenüber einer erschwerten Konzerninnenfinanzierung auf und änderte die genannten Vorschriften in diesem Sinne. Daher besteht nunmehr eine Privilegierung dieser Konstellation im Vertragskonzern gegenüber den Vorschriften über die Kapitalerhaltung. *En Passant* wurde dadurch der Ansicht, dass § 71a Abs. 1 S. 1 AktG im Vertragskonzern gelten müsse sowie *Ottos* vorgetragener erschwerter Konzerninnenfinanzierung der Boden entzogen[640]. Diese Überlegungen können mithin nicht mehr zwingend für eine restriktive Auslegung des § 71a Abs. 1 S. 1 AktG angeführt werden.

Bei genauerer Betrachtung der geänderten Norm stellt sich aber die Frage, ob durch die Formulierung des Gesetzgebers in § 71a Abs. 1 S. 3 AktG n. F. *„bei Bestehen"* die von *Otto* angesprochenen Konstellationen überhaupt noch vom Anwendungsbereich erfasst sind. Auf den ersten Blick scheint es, als wären nur die finanziellen Unterstützungen vom Anwendungsbereich des § 71a Abs. 1 S. 1 AktG suspendiert, die *nach* dem Abschluss eines Unternehmensvertrags vereinbart wurden.

Ob auch Rechtsgeschäfte vom Kapitalerhaltungsgebot suspendiert sind, die zeitlich vor dem Abschluss des Unternehmensvertrags getätigt wurden, ist umstritten, aber von großer praktischer Relevanz: Es ist durchaus denkbar, dass ein Investor unmittelbar nach Erlangung der Kontrollmehrheit das Vermögen der Ziel-Gesellschaft heranzieht, um die Verbindlichkeiten des Übernahmevehikels zu besichern, ohne zuvor Unternehmensverträge abzuschließen. Wäre die Suspendierung des § 71a Abs. 1 S. 3 AktG n. F. auch auf diese Fälle anwendbar, wären Verstöße gegen das Verbot des § 71a Abs. 1 S. 1 AktG dann immer privilegiert.

Äußerungen in Literatur und Schrifttum zur Konkretisierung des Tatbestandsmerkmals *„bei Bestehen"* sind bisher nicht ersichtlich. Auch die Gesetzesmaterialien geben keinen Aufschluss über die Reichweite des § 71a Abs. 1 S. 3 AktG. Die Ände-

637 Statt aller: *Mayer*, NJW 1990, 2593 ff.

638 BGBl. I S. 2026 ff.

639 *Lutter/Drygala*, KK-AktG, 3. Aufl. 2009, § 71a Rn. 45.

640 *Lutter/Wahlers*, AG 1989, 1, 9; *Klass*, S. 139 ff. vertraten vor dem Inkrafttreten des MoMiG eine strikte Anwendbarkeit des § 71a Abs. 1 S. 1 AktG im Vertragskonzern.

rung des § 71a AktG war weder im Referentenentwurf noch im Regierungsentwurf zum *MoMiG* vorgesehen. Erst in den Ausschussberatungen des Rechtsausschusses wurde eine Ergänzung des Abs. 1 S. 3 beschlossen. In der Begründung heißt es dazu:

> *„Es handelt sich um eine Klarstellung zum Zwecke der Vermeidung eines Widerspruchs zu der unter [...] für § 57 Abs. 1 vorgesehenen Änderung."*[641]

Daher muss zur Bestimmung des zeitlichen Anwendungsbereichs auf die Materialien zu § 57 AktG und § 30 GmbHG zurückgegriffen werden. Hintergrund der Neuregelung ist die Erkenntnis, dass die Gläubigerschutzinstrumente der §§ 57, 71a AktG und 30 GmbHG durch den Verlustausgleich in §§ 302 ff. AktG (ggf. analog) ausreichend kompensiert werden. Der Gesetzgeber belässt es bei dieser praktikablen, allein auf den Gläubigerschutz abstellenden Betrachtung. Das strikte Kapitalerhaltungsregime wurde zugunsten einer flexibleren Konzerninnenfinanzierung gelockert. Zugleich erkennt der Gesetzgeber aber den Verlustausgleich nach §§ 302 ff. AktG als hinreichendes Äquivalent für die Vorschriften der Kapitalerhaltung an.

Konsequenterweise ist das zwingende Erfordernis für die Privilegierung nach § 71a Abs. 1 S. 3 AktG daher das Bestehen eines Unternehmensvertrags. Eine Besicherung des zur Finanzierung des Anteilserwerbs aufgenommenen Fremdkapitals unterfällt nur dann nicht der Verbotsnorm des § 71a Abs. 1 S. 1 AktG, wenn *zuvor* ein Unternehmensvertrag abgeschlossen wurde. Zur Vermeidung von Verstößen gegen § 71a Abs. 1 S. 1 AktG ist Investoren zu raten, im Rahmen von fremdfinanzierten Unternehmensübernahmen sofort nach Erlangung der Kontrollmehrheit einen Unternehmensvertrag abzuschließen. Für die hier aufgeworfene Frage bedeutet dies, dass das Verbot des § 71a Abs. 1 S. 1 AktG bei im Zusammenhang mit Unternehmensverträgen stehenden Anteilsübernahmen nicht schon *per se* suspendiert ist. Vielmehr kommt es allein darauf an, ob zum Zeitpunkt der Finanzierungsmaßnahme schon ein Unternehmensvertrag besteht oder nicht. Dieser kleine Exkurs verdeutlicht, dass § 71a Abs. 1 S. 1 AktG integraler Bestandteil des bestehenden aktienrechtlichen Kapitalerhaltungsregimes ist und nur bei Kompensation durch äquivalente Vorschriften suspendiert wird. Gleichzeitig bedeutet dies aber auch, dass das Verbot grundsätzlich extensiv anzuwenden ist.

Letztlich soll das Verbot des § 71a Abs. 1 S. 1 AktG verhindern, dass Dritte Aktien der Gesellschaft ohne ausreichende Eigenmittel erwerben und zu diesem Zwecke liquide Reserven der Gesellschaft erhalten. Danach ist es irrelevant, zu welchem Zeitpunkt die finanzielle Unterstützung letztlich erfolgt[642].

Zusammenfassend lässt sich sagen, dass *Ottos* systematische Argumente für eine restriktive Anwendung so nicht mehr überzeugen können. Die von ihm angesprochene Konzernproblematik stellt sich nicht mehr; zumindest nicht im von ihm problematisierten Vertragskonzern. Unterstützend kommt hinzu, dass das Ka-

641 Beschlussempfehlung *Rechtsausschuss* BT-Drs. 16/9737, S. 57.
642 *Klass*, S. 132.

pitalerhaltungsregime generell auf kein zeitliches Moment abstellt. § 57 AktG erfasst auch Zuwendungen an künftige oder ehemalige Aktionäre, wenn zwischen der Aufgabe bzw. der Erlangung der Aktionärsstellung und der Vornahme der Leistung ein enger sachlicher und zeitlicher Zusammenhang besteht oder die Zuwendung sonst im Hinblick auf die ehemalige oder zukünftige Aktionärsstellung erfolgt[643]. Auch bei den zur verdeckten Sacheinlage entwickelten Grundsätzen wird nicht nur auf den Zeitpunkt der Vornahme eines Rechtsgeschäfts abgestellt. Zur Abgrenzung von zulässigen Verkehrsgeschäften und verdeckten Sacheinlagen muss vielmehr ein enger sachlicher und zeitlicher Zusammenhang bestehen[644]. Ein in sich geschlossenes Kapitalschutzregime erfordert daher einen Gleichlauf zwischen § 57 AktG und § 71a Abs. 1 S. 1 AktG bei der Auslegung ähnlicher Tatbestandsmerkmale. Daher muss das Verbot der finanziellen Unterstützungsleistung weit ausgelegt werden.

Die weite Auslegung lässt sich darüber hinaus auch teleologisch begründen. Hierfür können die Ausführungen über den Schutzweck des Verbots fruchtbar gemacht werden[645]. Sowohl die Einordnung als reine Umgehungsschutzvorschrift als auch das Abstellen auf einen eigenständigen Kapitalschutz sprechen für eine extensive Auslegung des § 71a Abs. 1 S. 1 AktG. Gerade die relativ einfache Möglichkeit der Umgehung des § 71a Abs. 1 S. 1 AktG – bei enger Auslegung – würde den bezweckten Umgehungsschutz ins Gegenteil verkehren. Das § 71a Abs. 1 S. 1 AktG unterfallende Rechtsgeschäft würde so unnatürlich in zwei Akte aufgespalten. Die verlangte Gleichzeitigkeit von Aktionärsstellung und Leistungsempfang widerspricht der natürlichen Einheit solcher Geschäfte, die freilich durch kluge Gestaltungen in die Länge gezogen und dadurch dem zeitlichen Anwendungsbereich entzogen werden können. Nur mit einer weiten Auslegung lassen sich solche Umgehungen in den Griff bekommen.

Aber auch der Zweck, das Gesellschaftsvermögen vor Heranziehung zur Erwerbsfinanzierung außerhalb der legalen Gewinnausschüttung zu schützen (also der von *Oechsler*[646] proklamierte sogenannte *Takeover-Bezug)*, spricht dafür, keine Einschränkungen bei der Auslegung vorzunehmen. Nur ein weites Verständnis wird dem Regelungszweck eines effektiven Kapitalschutzes in der Übernahmesituation gerecht. Ansonsten könnte ein taktisch gut vorbereiteter Erwerber das Verbot mit Leichtigkeit – bspw. durch die oben bereits beschriebene Brückenfinanzierung – umgehen[647]. Insofern ist nach hier vertretener Auffassung § 71a Abs. 1 S. 1 AktG weit auszulegen.

---

643 So zuletzt *BGH* v. 13.11.2007 - XI ZR 294/07 (NJW-RR 2008, 421); *Bayer*, in: MüKo-AktG, 3. Aufl. 2008, § 57 Rn. 57; *Habersack*, in: FS Röhricht, 2005, 155, 163.

644 *BGH* v. 04.03.1996 – II ZR 89/95 (BGHZ 132, 133, 139); *BGH* v. 21.02.1994 – II ZR 60/93 (BGHZ 125, 141, 143 f.).

645 Siehe zum Regelungszweck des § 71a AktG bereits S. 56 ff.

646 *Oechsler*, in: MüKo-AktG, 3. Aufl. 2008, § 71a Rn. 4.

647 So auch *Schmidt/Spindler*, Finanzinvestoren, S. 161 f.

ee) Vermutung einer Finanzierungsabsicht?

Über die Voraussetzungen der bereits erwähnten Finanzierungsabsicht herrscht aber Uneinigkeit. Eine zu extensive Anwendbarkeit – unabhängig von jeglichem zeitlichen und sachlichen Zusammenhang – würde die Norm ausufern lassen und letztlich die Konzerninnenfinanzierung gänzlich hemmen. Dies ist aber gerade nicht Sinn des Verbots. Daher wird von einigen Stimmen im Schrifttum versucht, das Problem der zeitlichen Anwendbarkeit über das Institut der *Finalität* in den Griff zu bekommen. So soll für die Nichtigkeitsfolge des § 71a Abs. 1 S. 1 AktG bereits ausreichen, dass eine Absprache über die Finanzierungsabsicht getroffen wurde. Damit wäre der erforderliche enge zeitliche und sachliche Zusammenhang begründet.

Der Großteil des Schrifttums verlangt, dass sich die Parteien bei Abschluss des Finanzierungsgeschäfts ausdrücklich oder konkludent darüber einig sind, dass die Leistung der AG für die Zahlung des Erwerbspreises verwendet werden soll[648]. *Oechsler*[649] lässt weitergehend sogar schon jede Willensbildung im Hinblick auf die Verknüpfung von Finanzierungsgeschäft und Aktienerwerb genügen, er fordert insofern keine rechtsgeschäftliche Einigung. Diese Abgrenzung dürfte in der Praxis aber nicht zielführend sein, viele Absprachen sind als *Gentlemen's Agreements* ausgestaltet und somit schlicht nicht nachweisbar. Daher wird von der herrschenden Ansicht vertreten, dass das Einvernehmen der Parteien über den Finanzierungszweck widerleglich vermutet wird, wenn das Finanzierungsgeschäft in einem engen zeitlichen und sachlichen Zusammenhang zum Aktienerwerb steht[650].

Schroeder[651] hält eine Beweislastumkehr für angemessen, wenn (i) nach dem Inhalt und den Umständen des Rechtsgeschäfts das Leistungsverhältnis zum Nachteil der Aktiengesellschaft unausgewogen ist und (ii) bei Vorliegen eines Kreditgeschäfts der Rückzahlungs- bzw. Freistellungsanspruch der Aktiengesellschaft nicht vollwertig ist[652]. Die Arbeit mit einer Beweislastumkehr ist im Aktienrecht keinesfalls neu. Vielmehr kommt dies häufig zur Anwendung im Bereich des Gläubigerschutzes, sofern eine umfassende Sachverhaltsaufklärung nachträglich nicht mehr möglich ist und ein Informationsgefälle zulasten der Gläubiger besteht. In den hier zugrundeliegenden Konstellationen wird regelmäßig die Ziel-Gesellschaft bzw. der Insolvenzverwalter Verstöße gegen § 71a Abs. 1 S. 1 AktG

---

648 *Hüffer*, , § 71a Rn. 3 f.; *Lutter/Drygala,* in: KK-AktG, 3. Aufl. 2009, § 71a Rn- 39 ff..

649 *Oechsler*, in: MüKo-AktG, 3. Aufl. 2008, § 71a Rn. 35.

650 *Hüffer*, § 71a Rn. 3; *Lutter/Drygala,* in: KK-AktG, 3. Aufl. 2009, § 71a Rn- 39 ff; *Oechsler*, in: MüKo-AktG, 3. Aufl. 2008, § 71a Rn. 35; *Schroeder*, S. 202 f.; *Fleischer*, AG 1996, 494, 501; *Cahn*, in: Spindler/Stilz, § 71a Rn. 35.

651 *Schroeder*, S. 203 f.

652 *Oechsler*, in: MüKo-AktG, 3. Aufl. 2008, § 71a Rn. 35 spricht von einem *Beweis des ersten Anscheins* für eine entsprechende Abstimmung der Beteiligten, sofern ein objektiver Zusammenhang zwischen der finanziellen Unterstützung und dem Aktienerwerb vorliegt.

geltend machen. Diese werden dabei nicht auf interne Absprachen zwischen denen an der Finanzierung Beteiligten zurückgreifen können. Eine Beweislastumkehr erscheint daher angebracht.

ff) Frist hinsichtlich der Finanzierung?

Möglicherweise lässt sich der zeitliche Anwendungsbereich darüber hinaus negativ abgrenzen. Dies kann durch Festlegung einer Frist geschehen, innerhalb derer die oben erörterte Finanzierungsabsicht greift. Bei Finanzierungen nach dieser Frist wird die Finalität nicht mehr vermutet, sondern muss vielmehr positiv festgestellt werden.

Schroeder[653] schlägt aus diesem Grunde eine zwölfmonatige Frist vor, nach dessen Ablauf die Vermutungswirkung wieder entfällt. Grundsätzlich scheint das Abstellen auf eine Frist ein ausreichend verobjektivierter Anknüpfungspunkt für eine widerlegbare Vermutung und damit verbunden eine Beweislastumkehr zu sein. Bei der vergleichbaren Situation der verdeckten Sacheinlage stellen sowohl Schrifttum[654] als auch Rechtsprechung[655] auf einen abgegrenzten Zeitraum ab. Nach der bisherigen Rechtsprechung des BGH soll die Vermutung nicht mehr greifen, wenn zwischen den maßgeblichen Rechtshandlungen mehr als acht Monate liegen

Gleichwohl muss berücksichtigt werden, dass eine ab Erwerb der Aktien laufende Karenzzeit mit Leichtigkeit durch gegebenenfalls länger laufende Überbrückungskredite umgangen werden könnte. Darüber hinaus würden Fristen den eben erarbeiteten zeitlich und sachlich engen Zusammenhang als Abgrenzungskriterium konterkarieren. Durch eine solche Verobjektivierung[656] der Voraussetzungen würden höchst willkürliche Ergebnisse gefördert. Um diesen Bedenken zu begegnen, sollte die Vermutung des Funktionszusammenhangs zusätzlich auf den typisierbaren Sachverhalt der hier zugrunde liegenden Konstellationen abstellen. Insbesondere die Finanzkennzahlen der beteiligten Unternehmen <u>und</u> deren Verhältnis zueinander sind objektive Umstände, die als Anknüpfungspunkt geeignet sind.

gg) Zwischenergebnis

Jede der in § 71a Abs. 1 S. 1 AktG genannten Zuwendungen muss zum Zwecke des Erwerbs erfolgt sein. Erforderlich ist dafür, dass sich die Aktiengesellschaft und der Erwerber bei Abschluss des Finanzierungsgeschäfts ausdrücklich oder konkludent darauf geeinigt haben, dass die Mittel zum Aktienerwerb eingesetzt werden. Um

---

653 *Schroeder*, S. 203 mit Verweis auf den Vorschlag der *Jenkins-Kommission*, Cmnd. 1749 (1962), §§ 170–186.

654 *Pentz*, in: MüKo-AktG, 3. Aufl. 2008, § 27 Rn. 96; *Benz*, in: Spindler/Stilz, AktG, Rn. 171; *Ebbing*, in: Michalski, GmbHG, 2. Aufl. 2010, § 19 Rn. 170.

655 *BGH* v. 16.09.2002 – II ZR 1/00 (BGHZ 152, 37 ff.); *BGH* v. 15.10.2007 – II ZR 263/06 (NJW-RR 2008, 1067 f.).

656 Vgl. zur objektivierenden Ansicht bei der verdeckten Sacheinlage *K. Schmidt, GesR*, S. 744 und den hiergegen erhobenen Einwänden.

die Beweisschwierigkeiten, die mit einem geforderten subjektiven Element einhergehen, abzumildern, wird bei Vorliegen eines engen zeitlichen und sachlichen Zusammenhangs zwischen Finanzierung und Erwerb der Aktien eine solche Abstimmung der Parteien widerleglich vermutet. Für den Funktionszusammenhang ist im Hinblick auf ein mögliches Motivbündel entscheidend, dass das Finanzierungsgeschäft nicht in erster Linie anderen Zwecken als der Unterstützung des Aktienerwerbs dient[657]. Jedoch gilt es zu bedenken, dass gerade im Bereich der fremdfinanzierten Unternehmensübernahmen der Erwerber in der Regel die Übernahme nicht ohne die Mittel der Zielgesellschaft durchführen kann.

b) Anwendung des § 71a Abs. 1 AktG auf Verschmelzungssachverhalte – Problemaufriss

Nachdem im vorherigen Abschnitt bereits die gesellschafts- und umwandlungsrechtlichen Grundlagen einer Verschmelzung zwischen Zielgesellschaft und Erwerbsgesellschaft dargestellt und am Maßstab des § 57 AktG gemessen wurden, wird nunmehr der Fokus auf die gesellschaftsrechtliche Zulässigkeit der oben beschriebenen Fallkonstellation am Maßstab des Verbots der finanziellen Unterstützungsleistungen nach § 71a Abs. 1 S. 1 AktG gelegt. Wie bereits gezeigt, fällt auch die nachträgliche Verwendung des Vermögens der Zielgesellschaft in den Anwendungsbereich des § 71a Abs. 1 S. 1 AktG. Auch hier ist zwischen den verschiedenen Gestaltungsformen der Verschmelzungsrichtung zu unterscheiden:

aa) Erfasste Erwerbsvorgänge

Die vom Tatbestand des § 71a Abs. 1 S. 1 AktG ausdrücklich genannten Erwerbsvorgänge sind nicht mehr ernsthaft umstritten, der Wortlaut ist insoweit eindeutig. Zusammengefasst fallen folgende Rechtsgeschäfte ausdrücklich unter das Verbot der finanziellen Unterstützungsleistung: Zum *„Darlehen"* gehören außer dem Darlehensvertrag im Sinne des § 488 BGB und dem Sachdarlehen nach § 607 BGB auch andere Möglichkeiten der Kreditgewährung[658] wie die Stundung[659] oder die Einräumung eines ungewöhnlich großzügigen Zahlungsziels[660]. Mit *„Vorschuss"* meint das Gesetz Leistungen, die auf eine erst künftig entstehende bzw. bereits bestehende aber noch nicht fällige Leistung gezahlt werden[661]. Eine *„Sicherheitsleistung"* liegt vor, wenn die Gesellschaft das Ausfallrisiko eines anderen Gläubigers ganz oder

---

657 *Cahn*, in: Spindler/Stilz, § 71a Rn. 35; *Schmidt/Spindler*, Finanzinvestoren, S. 160 Rn. 37; diese Einschränkung muss gelten, um die geschäftliche Bewegungsfreiheit von Aktiengesellschaften nicht unnötig zu limitieren.

658 *Hüffer*, § 71a Rn. 2.

659 *Hüffer*, § 71a Rn. 2.

660 *Oechsler*, in: MüKo-AktG, 3. Aufl. 2008, § 71a Rn. 12.

661 *Merkt*, in: GK-AktG, § 71a Rn. 30.

teilweise übernimmt, also etwa für dessen Forderung eine Bürgschaft, Mithaftung oder Garantie übernimmt[662].

In der Praxis werden immer neue Finanzierungsinstrumente erfunden, die sich nicht ohne Weiteres in das dargelegte Korsett einpassen. Der vom Verbot der finanziellen Unterstützungsleistung unter anderem verfolgte Umgehungs- und Kapitalschutz erfordert jedoch, die im § 71a Abs. 1 S. 1 AktG aufgeführten Tatbestandsmerkmale nicht als abschließend zu betrachten. § 71a Abs. 1 S. 1 AktG wird daher von der herrschenden Meinung als offener Tatbestand mit Regelbeispielen verstanden[663].

Gemein ist allen aufgeführten Rechtsgeschäften allerdings, dass effektiv finanzielle Mittel oder zumindest finanziell quantifizierbare Mittel von der Zielgesellschaft an die Erwerbsgesellschaft übergehen[664].

Einschränkend sieht das *LG Düsseldorf*[665] den Tatbestand des § 71a Abs. 1 S. 1 AktG aber nur betroffen, wenn Hilfeleistungen, die mit den im Gesetz aufgeführten Beispielen vergleichbar sind, vorliegen. Diese Vergleichbarkeit sei aber nur gegeben, wenn die Gesellschaft zur Finanzierung des Erwerbs liquide Mittel aus dem Gesellschaftsvermögen weggebe und dadurch eine Vermögensgefährdung eintrete. Dabei zog das *LG Düsseldorf* das berühmte „Novemberurteil“[666] des BGH zur Auslegung des § 71a Abs. 1 S. 1 AktG heran, ging dabei aber von einer falschen Prämisse aus. Denn der *BGH* wich in der Entscheidung von der bilanziellen Betrachtungsweise ab und stellte nunmehr materiell auf die tatsächliche Verschlechterung der Vermögenslage ab. Dann überzeugt es aber nicht, formal auf die Vermögensgefährdung abzustellen. Bei diesen Überlegungen hat sich das *LG Düsseldorf* wohl von den Vorarbeiten Habersacks leiten lassen, welche er nach Abschluss des Verfahrens als Aufsatz veröffentlichte[667]. Danach sei § 71a Abs. 1 S. 1 AktG nämlich im Lichte der bereits erwähnten *BGH*-Entscheidung auszulegen. Da alle drei in § 71a Abs. 1 S. 1 AktG genannten Rechtsgeschäfte durch einen Vermögensabfluss gekennzeichnet seien, sind diese nach der Auslegung des *BGH* mit den von § 57 AktG verbotenen Geschäften vergleichbar.

Einen ähnlichen Maßstab an die Auslegung legt auch *Seibt*[668] an. Allerdings begründet er dies mit der inneren Systematik des § 71a Abs. 1 S. 1 AktG und den zugrundeliegenden europäischen Grundlagen.

---

662 *Bezzenberger*, K. Schmidt/Lutter, § 71a Rn. 11.

663 *Schroeder*, S. 174, 178; *Oechsler*, in: MüKo-AktG, § 71a Rn. 14; *Hüffer*, § 71a Rn. 2; *Merkt*, in: GK-AktG, § 71a Rn. 41.

664 Selbst eine Sicherheitsleistung hat einen Marktwert, dies zeigt sich in der bilanziellen Abbildung der Sicherheitsleistung in der Bilanz der Zielgesellschaft.

665 *LG Düsseldorf*, Urteil v. 28.10.2005–39 O 180/04 (ZIP 2006, 516, 519).

666 *BGH* v. 24.11.2003 – II ZR 171/01 (BGHZ 157, 72).

667 *Habersack*, in: FS Röhricht, S. 155 ff. – zur Rolle *Habersacks* in dem Prozess, siehe kritisch *Kerber*, Anm. zu *LG Düsseldorf*, Urteil v. 28.10.2005–39 O 180/04 (ZIP 2006, 516, 524 re. Sp.).

668 *Seibt*, ZHR 171 (2007), 282, 303.

Kerber[669] stellt schon die Grundlage dieser Argumentation infrage, indem er anzweifelt, dass das Regelbeispiel der *Sicherheitsleistung* eine Unterstützungsleistung mit Abfluss liquider Vermögenswerte darstellt. § 71a Abs. 1 S. 1 AktG ordnet die Nichtigkeit eines Rechtsgeschäfts an, dass die Leistung einer Sicherheit an einen anderen zum Gegenstand hat, obwohl zu diesem Zeitpunkt nicht feststeht, ob die Sicherheit jemals in Anspruch genommen wird. Mithin kann allein der Vermögensabfluss nicht das entscheidende Kriterium sein.

Dieser Verständnisfehler des *LG Düsseldorf* würde zudem zu weiteren Schwierigkeiten führen. Allein das Abstellen auf einen möglichen Liquiditätsabfluss kann aus zweierlei Gründen nicht überzeugen. Zunächst wäre dann in jedem Fall eine Redundanz der Vorschrift in Bezug auf das Verbot des § 57 AktG zu bejahen. Dies machte letztlich auch *Habersack* zur Grundlage seiner Argumentation. Denn die tatsächlichen Liquiditätsabflüsse sind umfassend schon – bis auf die oben bereits erwähnten Ausnahmen – durch das Verbot der Einlagenrückgewähr geschützt. § 71a Abs. 1 S. 1 AktG hätte nach diesem Verständnis nie ins AktG eingefügt werden müssen.

Darüber hinaus würde das alleinige Abstellen auf Liquiditätsabflüsse aber auch nicht dem Schutzzweck des § 71a Abs. 1 S. 1 AktG gerecht. Entscheidend kann danach lediglich der wirtschaftliche Finanzierungseffekt sein, der allen genannten Regelbeispielen innewohnt. Insofern offenbart sich in der Argumentation des *LG Düsseldorf* ein Wertungswiderspruch, der durch den formalen Einwand *Kerbers* offensichtlich wird. Diesen Widerspruch versucht das *LG Düsseldorf* – freilich ohne dass *Kerber* dies seinerseits überhaupt erwähnt – dadurch aufzulösen, indem es als verbindendes Element die in § 71a Abs. 1 S. 1 AktG aufgeführten Regelbeispiele die *Verpflichtung zur Weggabe von Liquidität* beschreibt, welches im Prinzip jedem der aufgeführten Regelbeispiele zumindest im Kausalgeschäft innewohnt. Aus dieser Umschreibung der im Tatbestand genannten Regelbeispiele lässt sich allerdings nichts für die unbenannten Anwendungsfälle gewinnen. Zudem ließe dieses Vorgehen die von der Entstehungsgeschichte der Norm gebotene wirtschaftliche Betrachtung gänzlich außen vor. Entscheidend muss daher vielmehr sein, ob eine Verlagerung des finanziellen Risikos des Aktienerwerbs auf die Gesellschaft stattfindet[670].

Dies verdeutlicht die Probleme eines offenen Tatbestands mit Regelbeispielen. Soll er auf andere als die ausdrücklich genannten Fälle angewendet werden, kommt es auf den Normzweck an. Die oben vorgenommene Konkretisierung führt zu der Frage, worin der kleinste gemeinsame Nenner der drei im Tatbestand genannten Fallbeispiele liegt. *Kerber* legt das Urteil des *LG Düsseldorf* so aus, dass der kleinste gemeinsame Nenner in dem Vermögensabfluss zu sehen ist. Dies ist durch die vom *LG* selbst vorgenommene Ausdehnung (*„oder Verpflichtung zur Weggabe"*) erkennbar nicht der Fall. In Wahrheit ähneln sich das Verständnis *Kerbers* (*„Vermögens-*

669 *Kerber*, Anm. zu *LG Düsseldorf*, Urt. v. 28.10.2005–39 O 180/04 (ZIP 2006, 516, 522).
670 *Hartung*, S. 91, *Bezzenberger*, in: K. Schmidt/Lutter, § 71a Rn. 10.

gefährdung")[671] und des *LG* doch mehr als es seine ablehnende Haltung vermuten lässt. Trotzdem erscheint mir ein Abstellen auf eine Vermögensgefährdung nicht trennscharf. Im Anschluss stellt sich nämlich die Frage, ob eine konkrete oder eine abstrakte Gefahr vorliegen müsste. Wegen der vom Gesetz nicht gewollten Verlagerung des Ausfall- und Insolvenzrisikos kann bereits eine abstrakte Gefahr für die Tatbestandsmäßigkeit des § 71a Abs. 1 S. 1 AktG ausreichen und steht im Einklang mit dem Ziel des § 71a Abs. 1 S. 1 AktG, den institutionellen Schutz des § 57 AktG zu stärken.

Oechsler[672] umgeht diese Problematik, indem er nicht den Kapitalschutz als zugrunde liegenden Schutzzweck bemüht, sondern vielmehr auf den von ihm entwickelten *Take-over-Bezug* rekurriert. Danach komme es nicht darauf an, ob die Aktiengesellschaft bei einem nach § 71a Abs. 1 S. 1 AktG verbotenen Geschäft Verluste erleidet, sondern allein darauf, ob sie ihr Vermögen zugunsten eines Käufers ihrer Aktien zum Einsatz bringt. Doch auch diese Sichtweise ist nicht bestimmt genug. Hier würden sich die bereits behandelten Probleme des zeitlichen Bezugs und etwaiger subjektiver Elemente erneut stellen.

Als Zwischenergebnis lässt sich festhalten, dass allen genannten Finanzierungsbeispielen ein Element gemein ist: Durch einen Vermögensabfluss von der Aktiengesellschaft an den Erwerber wird diesem der Aktienerwerb finanziert oder zumindest erleichtert. Darüber hinaus lässt sich den Regelbeispielen aber auch entnehmen, dass das Verbot des § 71a Abs. 1 S. 1 AktG bereits eingreifen soll, wenn das Vermögen der Aktiengesellschaft abstrakt[673] gefährdet ist[674]. Das Verbot ist demnach auf alle Finanzierungshilfen anzuwenden, die eine abstrakte Gefährdung des Gesellschaftsvermögens bewirken, und als abstrakt gefährlich ist bereits die Verlagerung des Insolvenzrisikos zu bewerten.

Ob nunmehr die Verschmelzung ein nach § 71a Abs. 1 S. 1 AktG verbotenes Rechtsgeschäft ist, wird unterschiedlich beurteilt. Teilweise wird sogar zwischen den beiden Verschmelzungsvarianten Upstream- bzw. Downstream unterschieden. In der Systematik der oben bei § 57 AktG geführten Diskussion wird auch hier eine Trennung zwischen den beiden Verschmelzungsrichtungen vorgenommen.

671 Darüber hinaus ist aber auch fraglich, warum *Kerber* (Anmerkung zu *LG Düsseldorf*, ZIP 2006, 516, 522) entgegen der herrschenden Meinung (vgl. nur *Bayer*, in: MüKo-AktG, § 57 Rn. 84) bei der Bestellung einer Sicherheit keine Leistung aus dem Vermögen der AG sieht.

672 *Oechsler*, ZIP 2006, 1661, 1665.

673 Sowohl die Gewährung eines Darlehens als auch die Bestellung von Sicherheiten wird ohne die Bonität des Schuldners zu berücksichtigen verboten. Eine Prüfung der konkreten Gefährdung erfolgt mithin nicht.

674 So auch die herrschende Meinung, vgl.: *Oechsler*, in: MüKo-AktG, § 71a Rn. 19; *Bezzenberger*, in: K. Schmidt/Lutter, § 71a Rn. 9; enger dagegen Stimmen aus der Beratungspraxis, vgl. nur *Seibt*, ZHR 171 (2007), 282, 303.

bb) Upstream-Merger

Verschiedene Stimmen des Schrifttums verneinen in den Fällen der Aufwärtsverschmelzung von Ziel-Gesellschaft auf die Erwerbsgesellschaft eine Anwendung des § 71a Abs. 1 S. 1 AktG. Die Argumentation ist dabei jedoch unterschiedlich. *Nuyken*[675] stellt auf die nach der Verschmelzung nicht mehr vorhandene Existenz der Ziel-Gesellschaft ab. Ein Rechtssubjekt, das finanzielle Unterstützung leistet, gebe es dann nicht mehr. Auch *Bezzenberger*[676] sieht in diesem Zusammenhang schon gar kein Schutzbedürfnis der untergehenden Aktiengesellschaft, da diese erlösche.

Die Vorgehensweise erscheint sehr ergebnisorientiert. Vielmehr sollte mit *Ludwig*[677] formaljuristisch korrekt zunächst der Sachverhalt unter die Tatbestandsmerkmale des § 71a Abs. 1 AktG subsumiert werden. Erforderlich ist danach ein *Rechtsgeschäft, das die Gewährung eines Vorschusses oder eines Darlehens oder die Leistung einer Sicherheit* zum Gegenstand hat. Als Anknüpfungspunkt für dieses Rechtsgeschäft kommt allenfalls der Verschmelzungsbeschluss durch die Hauptversammlung der Ziel-Gesellschaft in Betracht[678]. Der Hauptversammlungsbeschluss ist nach heute herrschender Meinung ein *mehrseitiges, nicht vertragliches Rechtsgeschäft eigener Art.*[679] Von den genannten Regelbeispielen könnte allenfalls die Sicherheitsleistung einschlägig sein. Danach müsste durch den Verschmelzungsbeschluss der Hauptversammlung die Zielgesellschaft am Insolvenzrisiko des Aktienkäufers beteiligt werden[680]. An dieser Stelle kann durchaus das Argument von *Nuyken* und *Bezzenberger* herangezogen werden, dass die Zielgesellschaft nach der Verschmelzung nicht mehr existiere. Allerdings nicht mit der Conclusio, dass dieser Umstand bereits zur Unanwendbarkeit führen müsse. Vielmehr erfüllt das Rechtsgeschäft „Verschmelzungsbeschluss" nicht die von § 71a Abs. 1 S. 1 AktG aufgestellten Voraussetzungen. Durch den Verschmelzungsbeschluss beschließt die Hauptversammlung lediglich die Fusion zweier Gesellschaften, aber nicht die Übernahme eines Insolvenzrisikos. Mittelbar ergibt sich daraus, dass der übernehmende Rechtsträger auf das Vermögen der untergehenden Aktiengesellschaft zugreifen und dieses zur Finanzierung/Besicherung nutzen kann. Dennoch fehlt es an der oben geforderten abstrakten Vermögens-

---

675 *Nuyken,* ZIP 2004, 1893, 1898.

676 *Bezzenberger,* in: K. Schmidt/Lutter, § 71a Rn. 19; im Ergebnis so auch: *LG Düsseldorf,* Urteil v. 28.10.2005–39 O 180/04 (ZIP 2006, 516, 520 f.); *Habersack,* in: FS Röhricht, S. 155, 173 ff.; *Lutter/Wahlers,* AG 1989, 1, 12 f.

677 *Ludwig,* in: FS Happ, S. 131, 133.

678 Ob auch etwaige Stundungsabreden zwischen der finanzierenden Bank und der Erwerbsgesellschaft als Rechtsgeschäfte i.S.d. § 71a Abs. 1 S. 1 AktG anzusehen sind, ist eine Frage des persönlichen Anwendungsbereichs der Norm.

679 BGH v. 15.11.1993 – II ZR 235/92 (NJW 1994, 520); *Raiser,* § 16 Rn. 67; *Hüffer,* AktG, § 133 Rn. 3; *Spindler,* in: K. Schmidt/Lutter, § 133 Rn. 2; *Volhard,* in: MüKo-AktG, § 133 Rn. 3 f.; *K. Schmidt,* GesR, § 15 I 2 a.

680 *Oechsler,* in: MüKo-AktG, § 71a Rn. 18.

gefährdung gerade durch dieses Rechtsgeschäft. Eine solche Auslegung wäre nicht mehr vom Wortlaut der Norm gedeckt[681].

Ein Regelbeispiel im Sinne des § 71a Abs. 1 S. 1 AktG liegt somit nicht vor. Da es zudem auch an der nötigen Finalität fehlt, kann bei einem Upstream-Merger auch kein unbenannter Fall des § 71a Abs. 1 S. 1 AktG vorliegen. Das Verbot der finanziellen Unterstützungsleistung ist bei einem Upstream-Merger nicht direkt anwendbar.

cc) Downstream-Merger

Nuyken[682] argumentiert bei der umgekehrten Verschmelzungsrichtung, dem Downstream-Merger, ähnlich und verneint auch hier ein Eigreifen des § 71a Abs. 1 S. 1 AktG. Hierbei bedient er sich zusätzlich eines Umkehrschlusses, es sei *widersinnig, beide Wege* [der Verschmelzung], *die wirtschaftlich zum gleichen Ergebnis führen, rechtlich unterschiedlich zu behandeln.*

Bezzenberger[683] dagegen sieht diese Ungleichbehandlung als zwingend erforderlich an. Denn nur so könne eine Umgehung des Finanzierungsverbots verhindert werden. Begründet wird dies mit den oben bereits beschriebenen negativen Folgen eines Downstream-Merger (Übergang der Übernahmeverbindlichkeiten durch die Ziel-Gesellschaft).

Keine dieser beiden Argumentationen überzeugt. *Nuykens* Rückschluss von der Zulässigkeit der Aufwärtsverschmelzung zur Zulässigkeit der Abwärtsverschmelzung berücksichtigt nicht ausreichend die Unterschiede beider Gestaltungen. Insbesondere bleibt die Gesellschaft, um deren Kapitalschutz es beim Downstream-Merger geht, weiterhin existent.

Bezzenbergers pauschale Bejahung der Anwendbarkeit von § 71a Abs. 1 S. 1 AktG ist dagegen nicht am Wortlaut der Norm entwickelt worden, sondern allein von Schutzzweckerwägungen getragen. Dabei spricht der Wortlaut unzweifelhaft von Rechtsgeschäften. Beim Downstream-Merger erfolgt der Vermögensübergang dagegen im Wege der gesetzlich angeordneten Universalsukzession nach § 20 Abs. 1 Nr. 1 UmwG. Da mit den obigen Ausführungen der Verschmelzungsbeschluss kein tauglicher Anknüpfungspunkt sein kann, fehlt es schon an einer Aktivität des übernehmenden Rechtsträgers[684]. Im Ergebnis ist eine direkte Anwendung des § 71a Abs. 1 S. 1 AktG auch für die Fälle des Downstream-Merger ausgeschlossen.

---

681 *Klass*, S. 169 f. sieht in dem Hauptversammlungsbeschluss eine Sicherheitsleistung und begründet dies durch ein weites Verständnis der Norm des § 71a Abs. 1 S. 1 AktG.

682 *Nuyken*, ZIP 2004, 1893, 1898 f.

683 *Bezzenberger*, in: K. Schmidt/Lutter, § 71a Rn. 19.

684 *Nuyken*, ZIP 2004, 1893, 1898; *Fridrich*, S. 302.

dd) Vorteilhaftigkeit der Transaktion als ungeschriebenes Tatbestandsmerkmal?

Bei weiter Auslegung des § 71a Abs. 1 S. 1 AktG lässt sich in den Tatbestand das ungeschriebene Merkmal der Vorteilhaftigkeit der Transaktion oder zumindest dessen Neutralität hineinlesen. Diese Sichtweise beruht auf den Überlegungen *Oechslers* zum Take-over-Bezug des § 71a Abs. 1 S. 1 AktG und der damit einhergehenden Seriositätsprüfung der Unternehmensübernahme. Im Ergebnis unterlägen die Zustimmungsbeschlüsse der Hauptversammlung somit einer materiellen Beschlusskontrolle. Jedoch ist bis heute nicht abschließend geklärt, inwieweit eine inhaltliche Kontrolle eines Hauptversammlungsbeschlusses stattfinden darf und kann. Bisher ist dies nur in Fällen des Eingriffs in Minderheitenrechte anerkannt.[685].

Verschmelzungsbeschlüsse bedürfen dagegen nach herrschender Meinung keiner positiven sachlichen Rechtfertigung[686]. Dies überzeugt. Die umwandlungsrechtlichen Regelungen für einen Hauptversammlungsbeschluss, der in Aktionärsrechte eingreift, ermöglichen eine umfassende Interessenabwägung und entsprechende Ausgleichsmechanismen für die Minderheitsaktionäre[687]. In diesen Fällen trägt der Hauptversammlungsbeschluss – zumindest bezogen auf die Minderheitenrecht – seine Rechtfertigung schon in sich.

Dennoch hat *Grunewald*[688] kürzlich Kriterien herausgearbeitet, anhand derer in Einzelfällen auch Umwandlungsbeschlüsse einer (zumindest) Missbrauchskontrolle unterliegen können. Im Rahmen dessen könnte an eine inzidente Kontrolle der Kriterien des § 71a Abs. 1 S. 1 AktG gedacht werden.

Zum einen führt sie den Fall an, dass der übernehmende Rechtsträger zum Zeitpunkt der Verschmelzung bereits derart überschuldet war, dass der überstimmten Minderheit nicht zugemutet werden kann, als Gegenwert ihrer Anteile an dem übertragenden Rechtsträger nunmehr an dem verschuldeten übernehmenden Rechtsträger beteiligt zu sein[689]. Für das hier zu behandelte Problem bedeutet dies,

---

685 *BGH* v. 13.03.1978 – II ZR 142/76 („*Kali & Salz*") (BGHZ 71, 40, 44 ff.), *BGH* v. 19.04.1982 – II ZR 55/81 („*Holzmüller*") (BGHZ 83, 319, 321 ff.) bestätigt diesen Rechtsgedanken. BGH v. 01.02.1988 – II ZR 75/87 („*Linotype*") (BGHZ 103, 184, 189 f.) hält an diesen Grundsätze fest.

686 Grundlegend *OLG Frankfurt*, NJOZ 2006, 870 – „*T-Online*"; *OLG Düsseldorf*, DB 2003, 1318, 1319; *Zimmermann*, in Kallmeyer, UmwG, § 13 Rn. 12; *Gehling*, in: Semler/Stengel, UmwG, § 13 Rn. 23; *Grunewald*, in: Geßler/Hefermehl/Eckhardt/Kropff, AktG, 1974 ff., § 340c a.F. Rn. 16. *Grunewald*, in: FS Röhricht, 129, 129. *Meyer-Landrut/Kiem*, WM 1997, 1361, 1365 f.; *Fleischer*, AG 1996, 496, 505.

687 Ein umfassender Minderheitenschutz wird durch die Mehrheitserfordernisse, den ausführlichen Verschmelzungsbericht, die Prüfung der Verschmelzung durch unabhängige Prüfer, das Recht zum Austritt gegen Barabfindung sowie durch die besonderen Informationsrechte bei Verschmelzungen gewährleistet.

688 *Grunewald*, in: FS Röhricht, 129, 131 ff.

689 *Grunewald* hatte hierbei die Verschmelzung der Balcke Dürr AG auf die Babcock Borsig AG vor Augen, Näheres zum Sachverhalt findet sich bei *Meilicke/Heidel*, BB 2003, 1805. 1805 ff.

dass im Rahmen einer Upstream-Verschmelzung auf eine überschuldete Mutter ausnahmsweise eine Beschlussanfechtung unter dem Aspekt der besonderen Schwere der Rechtsbeeinträchtigung der Minderheitsgesellschafter in Betracht kommt. Das umwandlungsrechtliche Spruchstellenverfahren hilft den überstimmten Aktionären in diesem Fall nicht. Aber auch für den umgekehrten Fall – einer Downstream-Verschmelzung der überschuldeten Mutter auf die Zielgesellschaft – bejaht *Grunewald* eine Beschlussanfechtung und stützt sich dabei auf ein Urteil des *LG Mühlhausen*[690]. Danach ist ein Verschmelzungsbeschluss, bei dem die Vor- und Nachteile ganz einseitig zulasten der Aktiengesellschaft und ihrer Aktionäre verteilt sind, nichtig. Diese Entscheidung mag zwar ein Einzelfall und in ihrer Begründung auch eher zweifelhaft sein, jedoch kommt dadurch das Unwohlsein zum Ausdruck, welches sich bei der Verschmelzung eines Erwerbsvehikels ohne Aktivwert mit einer operativ tätigen und liquiden Aktiengesellschaft zwangsläufig einstellt. *Grunewald* befürwortet in diesem Zusammenhang die Beschlusskontrolle; allerdings unter dem Aspekt, dass eine Sanierung einer Gesellschaft nicht zulasten eines anderen Rechtsträgers vorgenommen werden dürfe.

Die bewusste Instrumentalisierung der Umwandlung zur Erreichung sachfremder Ziele lässt sich unter eine zweite Fallgruppe von Beschlusskontrollen bei Verschmelzungen subsumieren. Gedacht ist damit an die gezielte Entrechtung der Anteilseigner[691]. In den Fällen der fremdfinanzierten Anteilsübernahmen mit nachfolgender Verschmelzung geht es erkennbar nicht darum, die Anteilseiger zu entrechten. Vielmehr sind diese Fälle durchaus mit *Grunewalds* erster Fallgruppe vergleichbar.

Eine Inhaltskontrolle unter dem Aspekt allgemeiner wohlfahrtsschädigender Auswirkungen – wie die finanzielle Schieflage eines der beteiligten Rechtsträger – kommt unter dem derzeitigen Beschlusskontrollregime wohl nicht in Betracht. Von der Transaktion ausgehende negative Folgen, die außerhalb von Eingriffen in Minderheitenrechte liegen, können daher allenfalls an den allgemeinen Kapitalschutznormen gemessen werden. Minderheitsaktionäre können somit eine Kontrolle des Verschmelzungsbeschlusses herbeiführen. Prüfungsgegenstand ist dann zwar nicht die Vorteilhaftigkeit der Verschmelzung, dennoch kann dies durchaus zu einer inzidenten Seriositätsprüfung führen. Freilich wird nach hier vertretener Auffassung der Minderheitenschutz nicht als Zweckerwägung des § 71a Abs. 1 S. 1 AktG gesehen.

c) Analoge Anwendung

Mit den bisherigen Überlegungen konnte eine Anwendung des § 71a Abs. 1 S. 1 AktG auf Verschmelzungssachverhalte nicht bejaht werden, auch nicht über den Umweg der Beschlusskontrolle.

---

690 *LG Mühlhausen,* Urteil v. 15.08.1996–1 HKO 3071/96 (AG 1996, 526).
691 *Grunewald,* FS Röhricht, 129, 134.

Dennoch ist es denkbar, § 71a Abs. 1 S. 1 AktG entsprechend anzuwenden, um den von der Verschmelzung ausgehenden Gefahren angemessen begegnen zu können. Diskutiert wird in diesem Zusammenhang insbesondere, ob durch die nachfolgende Verschmelzung das grundsätzliche Verbot der finanziellen Unterstützungsleistung umgangen wird und dadurch auf rechtlichen Nebenpfaden ein wirtschaftliches Ziel erreicht wird, welches auf geradem Wege versperrt ist. Diese Nebenpfade gilt es, nachzuzeichnen und auszuleuchten. Problematisch erscheint, die Grenzen der erweiternden Auslegung festzulegen und diese gegenüber dem Verbot der contra-legem-Auslegung abzugrenzen.

aa) Zulässigkeit und Grenzen einer erweiternden Auslegung/Analogie im Allgemeinen

§ 71a Abs. 1 S. 1 AktG enthält einen offenen Tatbestand mit Regelbeispielen[692]. Zugleich wird § 71a Abs. 1 S. 1 AktG von einigen Vertretern des Schrifttums als Spezialvorschrift zur allgemeinen Kapitalschutzvorschrift des § 57 AktG gesehen. Zwar wird die apodiktische Regel, dass Ausnahmetatbestände grundsätzlich eng auszulegen und nicht analogiefähig seien[693], von großen Teilen der Methodenlehre nicht mehr geteilt[694]. Dennoch gilt dies noch immer für Vorschriften, die keinen verallgemeinerungsfähigen Gedanken in sich tragen[695], was jeweils im Einzelfall festgestellt werden muss. Dagegen ist ein offener Tatbestand mit Regelbeispielen gerade darauf ausgelegt, auch Fallkonstellationen zu erfassen, die nicht unmittelbar vom Wortlaut umfasst sind. Solche Normen tragen die Tendenz zur extensiven Anwendung bereits in sich.

Habersack[696] führt für den speziellen Fall des § 71a Abs. 1 S. 1 AktG zudem an, dass auch Verbotsnormen nicht erweiternd ausgelegt werden dürfen, ohne jedoch dafür eine belastbare Begründung zu liefern. Dem wurde mit der hier erfolgten Auslegung des § 71a Abs. 1 S. 1 AktG insofern auch zugestimmt, als mit der obigen Prüfung eine Anwendung des § 71a Abs. 1 S. 1 AktG auf die Fälle der Verschmelzung nicht bejaht werden konnte. Allerdings liegt dies an der methodisch vorgegebenen Wortlautgrenze, welche jede Auslegung limitiert[697]. Dennoch ist es – zumindest im Zivilrecht[698] – möglich, Lücken bei Verbotsnormen gemäß der

---

692 Ganz h.M., siehe nur *Schroeder*, S. 174, 178 f.; *Hüffer*, § 71a Rn. 2; *Oechsler*, in: MüKo-AktG, 3. Aufl. 2008, § 71a Rn. 19; *Laubert*, in: Hölters, § 71a Rn. 3.

693 RGZ 153, 1, 23; *BGH* v. 15.12.1951 – II ZR 108/51 (BGHZ 4, 219, 222); *BGH* v. 06.11.1953 – I ZR 97/52 (BGHZ 11, 135, 143); *BGH* v. 12.12.1991 – I ZR 210/89 (BGHZ 116, 305, 308); *BGH* v. 08.07.1993 – I ZR 124/91 (BGHZ 123, 149, 156).

694 Statt vieler siehe *von Becker*, GRUR 2004, 104, 108; *Raue*, in: FS Nordemann, S. 327, 329 f.

695 *Müller/Christensen*, Methodik, Rn. 373.

696 *Habersack*, FS Röhricht, 2005, S. 155, 170.

697 *Larenz/Canaris*, Methodenlehre S. 221.

698 Im Strafrecht gilt freilich das Analogieverbot des Art. 103 Abs. 2 GG.

immanenten Teleologie der Regelung in Übereinstimmung mit denen im Gesetz zum Ausdruck gebrachten Wertungen auszufüllen. Grenze der Analogie ist daher nicht etwa die Eigenschaft als Verbotsnorm, sondern einzig das Verbot des contra-legem-Judizierens.

Mit bereits erfolgter Prüfung wurde gezeigt, dass sich Verschmelzungssachverhalte nicht unter den Wortlaut des § 71a Abs. 1 S. 1 AktG subsumieren lassen. Daher besteht überhaupt das Bedürfnis einer entsprechenden Anwendung. Nach hier vertretener Ansicht handelt es sich bei § 71a Abs. 1 S. 1 AktG jedoch nicht um eine Spezialvorschrift, sondern um eine Ergänzung des allgemeinen Kapitalschutzes. Insofern stehen allgemeine Erwägungen einer Analogie nicht entgegen.

Voraussetzung einer jeden Analogie ist eine Lücke im Gesetz und eine mit der entsprechend anzuwendenden Norm vergleichbare Interessenlage, die weder im Wege einfacher Gesetzesauslegung noch einer gesetzesimmanenten Rechtsfortbildung geschlossen werden kann[699]. Das Vorliegen einer Regelungslücke wird für gewöhnlich in einem Zweischritt geprüft[700]: Zunächst muss ein vom Gesetzgeber verfolgtes Regelungsziel festgestellt werden können. Und zweitens darf das Gesetz diesem Regelungsziel nicht genügen.

Es verwundert natürlich nicht, dass die Autoren, denen zufolge § 71a Abs. 1 S. 1 AktG einen weitgehenden Regelungszweck aufweist, für eine analoge Anwendung des Verbots auch auf Verschmelzungssachverhalte eintreten, die Anhänger einer restriktiven Auslegung dagegen keine Möglichkeit einer analogen Anwendung auf Verschmelzungssachverhalte sehen.

bb) Probleme der analogen Anwendung des § 71a Abs. 1 S. 1 AktG

Die Vielzahl der bereits dargestellten Schutzzweckerwägungen zu § 71a Abs. 1 S. 1 AktG spricht für eine entsprechende Anwendung der Norm auch auf außerhalb des originären Normgehalts liegende Sachverhalte. Um eine unzulässige Verkürzung der mit dem Verbot verfolgten Ziele zu verhindern, muss eine umfassende Geltung gewährleistet werden. Dieses methodische Argument lässt sich im vorliegenden Zusammenhang aber auch in sein Gegenteil verkehren: Die Offenheit des Tatbestands führt bereits zu einer enormen Ausdehnung des Anwendungsbereichs. Eine die wirtschaftliche Flexibilität lähmende Ausuferung des Verbots kann nur verhindert werden, indem eine analoge Anwendung des § 71a Abs. 1 S. 1 AktG nicht erfolgt.

Voraussetzung jeder Analogie ist das Vorliegen (i) einer planwidrigen Regelungslücke, (ii) ein vergleichbarer Sachverhalt und (iii) dass diese Analogie auch vom Schutzzweck der Norm gedeckt ist, obwohl (iii) zumindest auch in die Prüfung von (i) ausstrahlt.

---

699 *Pawlowski*, Methodenlehre, Rn. 476 ff.

700 So auch *Müller/Christensen*, Methodik, Rn. 371.

(1) Regelungslücke

§ 71a Abs. 1 S. 1 AktG erfasst nur Fälle, in denen sich die Ziel-Gesellschaft aktiv an der finanziellen Unterstützung in irgendeiner Art und Weise beteiligt. In den hier zu untersuchenden Fällen wird allerdings erst im Nachgang der Transaktion durch die Verschmelzung die finanzielle Unterstützung geleistet. Die Aktivität der Gewährung einer finanziellen Unterstützung fehlt bei einer Fusion, das Vermögen der Zielgesellschaft wird qua Gesetz Haftungsmasse für den Kaufpreis. Dennoch zeigt sich wirtschaftlich für die Altgläubiger und auch für die Gesellschaft selbst derselbe Effekt, als wenn die Aktiengesellschaft den Erwerb ihrer Anteile direkt finanziert hätte. Die Anwendbarkeit des § 71a Abs. 1 S. 1 AktG hängt mithin vom Zeitpunkt des Zugriffs ab.

Möglicherweise ist diese Lücke aber durch das Inkrafttreten des UmwG am 01. Januar 1995 geschlossen worden. Das UmwG hat ein ausgefeiltes Gläubigerschutzregime. Danach genießen grundsätzlich alle Altgläubiger der an der Verschmelzung beteiligten Rechtsträger einen Anspruch auf Sicherheitsleistung nach § 22 UmwG. Wie bereits ausgeführt, nützt dieser Schutzmechanismus wenig bei Verschmelzungen nach fremdfinanzierten Unternehmensübernahmen. Die Sicherheitsleistung wäre wertlos. Der Gesetzgeber hatte bei der Einführung des UmwG vor allem die Flexibilisierung von Umwandlungen im Blick. Aus der Gesetzesbegründung ergibt sich, dass – zumindest nicht positiv – über den Gläubigerschutz bei einer der Unternehmenstransaktion nachgelagerten Verschmelzung nachgedacht wurde. Denn das UmwG dient der Umsetzung der 3. Gesellschaftsrechtlichen Richtlinie (sog. *Verschmelzungsrichtlinie*)[701]. Nach Art. 13 der Verschmelzungsrichtlinie mussten die Mitgliedsstaaten ein angemessenes Schutzsystem für die Interessen der Gläubiger der sich verschmelzenden Gesellschaften vorsehen. Dafür musste mindestens vorgesehen werden, dass die Gläubiger einen Anspruch auf „*angemessene Garantien*" haben, wenn die finanzielle Lage der sich verschmelzenden Gesellschaften dies erforderlich macht. Davon ausgehend bietet das derzeitige umwandlungsrechtliche Gläubigerschutzsystem nicht in allen denkbaren Fällen *angemessene Garantien* für die Gläubiger und deutet somit auf eine unzureichende Richtlinienumsetzung und die Notwendigkeit richtlinienkonformer Rechtsfortbildung[702] hin. Obwohl gerade dadurch ein Wertverlust der Forderungstitel der Gläubiger vermieden werden soll.

In den bereits skizzierten Fallvarianten ist der Sicherungsanspruch nach § 22 UmwG wertlos. Mithin besteht die Regelungslücke auch nach dem Inkrafttreten des UmwG fort. Daher kann an eine Schließung der Lücke durch entsprechende Anwendung des präventiv wirkenden § 71a Abs. 1 S. 1 AktG gedacht werden.

---

701 Richtlinie 78/855/EWG.

702 Zur richtlinienkonformen Rechtsfortbildung siehe bereits oben S. 83 ff.

Dennoch spricht sich die wohl herrschende Meinung gegen eine Regelungslücke aus[703]. Die Argumente dagegen sind vielschichtig. Hierfür spreche insbesondere die Funktion des umwandlungsrechtlichen Kapitalschutzes, welcher an die Stelle der rechtsträgerspezifischen Vermögensbindung trete[704]. Das UmwG knüpfe den Gläubigerschutz gerade nicht an die allgemeinen Kapitalerhaltungsregeln der jeweiligen Gesellschaftsform. Dies erkläre sich aus dem Regelungsziel des UmwG: Vermögensübergang. Umwandlungsmaßnahmen dürfen dabei zwar die Vermögenssphäre der beteiligten Rechtsträger ändern, nicht jedoch in die Vermögenssphäre der Gläubiger eingreifen.

Ferner würde eine analoge Anwendung des § 71a Abs. 1 S. 1 AktG die Bedeutung des § 71 Abs. 1 Nr. 5 AktG verkennen[705]. Danach soll das Verbot des Erwerbs eigener Aktien einer umwandlungsbedingten Gesamtrechtsnachfolge gerade nicht entgegenstehen. Zwar erfüllt § 71a Abs. 1 S. 1 AktG nicht allein den Zweck, Umgehungen von § 71 AktG zu verhindern. Jedoch muss der Gedanke des § 71 Abs. 1 Nr. 5 AktG auch bei der Frage der Anwendbarkeit des § 71a Abs. 1 S. 1 zum Tragen kommen. Der mengen- und kapitalmäßig nicht begrenzte Erwerbstatbestand der Gesamtrechtsnachfolge (§ 71 Abs. 1 Nr. 5 AktG) erfasst nach allgemeinem Verständnis auch die Verschmelzung[706]. Dies verdeutlicht, dass eine Verschmelzung eben nicht an den aktienrechtlichen Kapitalerhaltungsregeln scheitern soll, sondern vielmehr umwandlungsrechtlich zu beurteilen ist.

Ein weiteres von der herrschenden Meinung angeführtes Argument ist, dass sich der umwandlungsrechtliche Gläubigerschutz auch gesetzessystematisch von dem aktienrechtlichen Gläubigerschutz des § 71a Abs. 1 S. 1 AktG unterscheidet: Der Anspruch auf Sicherheitsleistung hindere nämlich nicht das Wirksamwerden einer Verschmelzung. Eine pauschale analoge Anwendung des § 71a Abs. 1 S. 1 AktG hätte zur Folge, dass ein systemfremdes – nämlich verschmelzungshemmendes – Gläubigerschutzinstrument zur Verfügung stünde. Dies widerspreche daher auch dem vom Gesetzgeber verfolgten Zweck, Verschmelzungen nicht durch eine extensive Pflicht zur Sicherheitsgewähr zu erschweren[707]. Diese Verengung der schon im UmwG angelegten Gläubigerschutzinstrumente nach dieser Ansicht daher im Widerspruch zu einer extensiven Anwendung aktienrechtlicher Gläubigerschutzinstrumente.

---

703 *LG Düsseldorf,* Urteil v. 28.10.2005–39 O 180/04 (ZIP 2006, 516, 520); *Fridrich,* S. 293 f.; *Schäffler,* BB-Special 9, 2006, 1, 7; *Lutter/Drygala,* in: KK-AktG, § 71a Rn. 38; *Merkt,* in: GK-AktG, § 71a Rn. 24; *Oechsler,* in: MüKo-AktG, 3. Aufl. 2008, § 71a Rn. 26; *Cahn,* in: Spindler/Stilz, § 71a Rn. 45.

704 *Petersen,* Der Konzern 2004, 185, 189.; *Simon,* Der Konzern 2004, 191, 192 ff.; *Cahn,* in: Spindler/Stilz, § 71a Rn. 45.

705 *Eidenmüller,* ZHR 171 (2007), 644, 662 f.; *Merkt,* in GK-AktG, § 71a Rn. 25; *Oechsler,* in: MüKo-AktG, 3. Aufl. 2008, § 71a Rn. 26.

706 *Hüffer,* § 71 Rn. 18; *Merkt,* in: GK-AktG, 4. Aufl. 2007, § 71 Rn. 230.

707 *Simon,* in: KK-UmwG, § 22 Rn. 8.

Das eben genannte Argument ist in seinem Kern natürlich zutreffend, allerdings nicht für die hier im Raum stehende Frage relevant. Durch eine entsprechende Anwendung des § 71a Abs. 1 S. 1 AktG auf den Verschmelzungsbeschluss wird nämlich nicht die Verschmelzung als solche infrage gestellt, sondern lediglich die Zulässigkeit der Finanzierung. Diese Unterscheidung mag zwar konstruiert erscheinen, nimmt aber letztlich nur die Argumentation des Schrifttums auf, wonach aus einer wirtschaftlichen – aber zeitlich gestreckten – Einheit künstlich zwei getrennte Vorgänge gemacht werden, nämlich den Anteilserwerb nebst Finanzierung und die Verschmelzung. Der Zugriff auf das Vermögen der Zielgesellschaft im Wege der nachgelagerten Verschmelzung kann somit durchaus als Finanzierungsmaßnahme am Maßstab des § 71a Abs. 1 S. 1 AktG gemessen werden[708].

Zudem wird aus rein tatsächlichen Gründen argumentiert, dass die Gläubigergefährdung des übernehmenden Rechtsträgers insofern abgemildert oder sogar ausgeschlossen werde, als das Haftungssubjekt durch die Verschmelzung um die Vermögensmasse der Käuferin ergänzt werde[709]. Diese Argumentation überzeugt nicht: In den hier interessierenden Fallvarianten des fremdfinanzierten Unternehmenskaufs handelt es sich regelmäßig um finanziell sehr spärlich ausgestattete Akquisitionsvehikel, welche auf die operativ tätige Aktiengesellschaft verschmolzen werden. Mithin wird die Zielgesellschaft keinesfalls um die Vermögensmasse der Käuferin ergänzt, sondern mit deren Verbindlichkeiten belastet.

Schäffler[710] bringt in diesem Zusammenhang ein interessantes methodisches Argument vor: Danach würden die Autoren, welche eine entsprechende Anwendung des Verbots der finanziellen Unterstützungsleistung in Verschmelzungsfällen für angemessen erachten, die Vorschriften des UmwG umgehen. Denn durch die Einführung des UmwG habe der Gesetzgeber die Konstruktion des Merger Buy-Out anerkannt und für zulässig befunden. *Schäffler* ist insofern zuzustimmen, als das UmwG das oben bereits genannte Ziel des möglichst ungehinderten Vermögensübergangs verfolgt. Auch wird durch die Gesetzesmaterialien zum UmwG deutlich, dass der historische Gesetzgeber dabei unterschiedliche Fallvarianten vor Augen hatte. Jedoch lässt sich dem UmwG kein Persilschein für die ungehinderte Gefährdung von Gläubigerinteressen durch stark fremdfinanzierte Unternehmensübernahmen mit einem Verschmelzungsmodell entnehmen. Daher trägt *Schäfflers* pauschale Ablehnung einer entsprechenden Anwendung des Finanzierungsverbots nicht.

In die gleiche Kerbe schlägt auch das *LG Düsseldorf*[11], welches einen klaren Vorrang der umwandlungsrechtlichen Vorschriften sieht. Ersatzweise oder parallel komme aber keinesfalls § 71a Abs. 1 S. 1 AktG zur Anwendung, da die Haftung

708 Ähnlich auch *Ludwig*, in: FS Happ, 133, 136.
709 So etwa *Nuyken*, ZIP 2004, 1893, 1898.
710 *Schäffler*, BB-Spezial 2006, Beilage 9, S. 1, 7.
711 *LG Düsseldorf*, Urteil v. 28.10.2005–39 O 180/04 (DB 2005, 2512).

des übernehmenden Rechtsträgers den Gläubigern ausreichend Schutz biete. Dabei verkennt das Gericht jedoch, dass die Bonität des übernehmenden Rechtsträgers durch die Verschmelzung verringert wird. Mögliche Ansprüche der Altgläubiger des übernehmenden Rechtsträgers werden mediatisiert. Daher muss der Schutz der Altgläubiger schon präventiv ansetzen, eine ex-post Betrachtung führte zu einer Verschlechterung der Lage der Altgläubiger und würde letztlich dem Gedanken des Umwandlungsrechts zuwiderlaufen.

Zweifelhaft ist dagegen der Versuch, eine entsprechende Anwendung des § 71a Abs. 1 S. 1 AktG zu unterbinden, indem von einigen Vertretern des Schrifttums auf die Häufigkeit dieses Vorgehens im Zusammenhang mit dem Erwerb von Gesellschaften eingegangen wird[712]. Ein unrechtmäßiges Verhalten erhält durch häufige Wiederholung keine Legitimation.

Entschieden widersprochen werden muss den Erwägungen im Schrifttum[713], § 71a Abs. 1 S. 1 AktG nicht entsprechend anzuwenden, weil die Kapitaländerungsrichtlinie[714] auf diesem Gebiet zu einer weitgehenden Liberalisierung geführt habe. Nach der geänderten Kapitalrichtlinie ist nunmehr unter Einhaltung gewisser Verfahrensregeln die finanzielle Unterstützung des Aktienerwerbs zulässig. Daher dürfe für die Wahl eines rechtlich anderen Weges – hier die Verschmelzung – nichts anderes gelten. Nach hier vertretener Ansicht hat die Änderung der Kapitaländerungsrichtlinie aus methodischen Gründen keinerlei Einfluss auf die Auslegung und Anwendung des nationalen Verbots der finanziellen Unterstützungsleistung[715].

Klar ist auch, dass eine Regelungslücke nur vorhanden sein kann, wo der umwandlungsrechtliche Gläubigerschutz nicht oder nicht mehr wirkt. In Konstellationen, in denen sämtliche umwandlungsrechtliche Sicherungsmechanismen versagen, erscheint es geboten – im Sinne eines effektiven Gläubigerschutzes – den § 71a Abs. 1 S. 1 AktG als Fusionseingangskontrolle zu verstehen und analog anzuwenden[716]. Dabei muss beachtet werden, dass das vom UmwG gewährleistete

---

712 So etwa *Hölters*, in: Hölters, Unternehmenskauf, 5. Aufl., I Rn. 70; *Semler*, in: Hölters, Unternehmenskauf, 5. Aufl., VI Rn. 205 ff.; *Eiles/Rödding*, in: Picot, 3. Aufl. 2004, V Rn. 145 ff.; *Holzapfel/Pöllath*, 11. Aufl. Rn. 328.

713 *Freitag*, AG 2007, 157, 164; *Drygala*, Konzern 2007, 396, 400.

714 Richtlinie des Europäischen Parlaments und des Rates vom 06.09.2006 (2006/68/EG) zur Änderung der Richtlinie 77/91/EWG des Rates in Bezug auf die Gründung von Aktiengesellschaften und die Erhaltung und Änderung ihres Kapitals, ABl. EU v. 25.09.2006 L 264/32 ff.

715 Siehe hierzu bereits die Ausführungen auf S. 83 ff.

716 Dagegen etwa *Korte*, WiB 1997, 953, 965, der das Umwandlungsrecht und den aktienrechtlichen Kapitalschutz als *reibungslos aufeinander abgestimmt* bezeichnet, auch die herrschende Meinung lehnt eine pauschale analoge Anwendung auf Verschmelzungssachverhalte ab: *Cahn*, in: Spindler/Stilz, § 71a Rn. 45; *Becker*, DStR 1998, 1429, 1433 f.; *Fleischer*, AG 1996, 494, 505; *Nuyken*, ZIP 2004, 1893, 1897 ff.; *Habersack*, in: FS Röhricht, 155, 174; *Eidenmüller*, ZHR 171 (2007),

Schutzniveau – entgegen der herrschenden Meinung im Schrifttum – nicht lückenlos ausgestaltet ist. Dabei gelangt man mit der Abwärtsverschmelzung nach zuvor erfolgter Anteilsübernahme an die Grenze des Anwendungsbereichs des § 22 UmwG. Die Anwendungsvoraussetzungen des § 22 UmwG als zentrale Gläubigerschutznorm sind durch das Merkmal „*Glaubhaftmachung der Forderungsgefährdung*" hoch. Hinzu kommt, dass die Gläubiger der Zielgesellschaft nur binnen sechs Monaten nach Bekanntmachung der Verschmelzung Sicherheit für ihre Forderungen verlangen können. Es kann wohl davon ausgegangen werden, dass Gläubiger nicht regelmäßig in das Handels- oder Unternehmensregister schauen[717]. Viele Autoren schätzen die Relevanz des § 22 UmwG daher allgemein als sehr niedrig ein[718], ohne jedoch in Ausnahmefällen eine entsprechende Anwendung des § 71a Abs. 1 S. 1 AktG in Betracht zu ziehen[719]. Dabei sind dem institutionellen Gläubigerschutz dienende Regelungen, welche Vorbehalte gegenüber gläubigergefährdenden Verschmelzungen ausdrücken, dem Gesetzgeber nicht fremd. Zu denken ist hier an die Begrenzung barer Zuzahlungen oder die Pflicht zur Anteilsgewähr. Dennoch enthält das UmwG keine ausdrücklichen Zulassungsschranken für Verschmelzungen von Gesellschaften geringer Bonität. Aufgrund des Wegfalls der Pflicht zur Kapitalerhöhung stehen der Übertragung negativer Vermögen keine Hindernisse mehr im Weg. Zum Schutz der Gläubiger muss daher auf § 71a Abs. 1 S. 1 AktG zurückgegriffen werden.

Richtig ist zwar, dass sowohl § 71a Abs. 1 S. 1 AktG als auch § 22 UmwG die Zuordnung des Leistungsrisikos der Zielgesellschaft an die Altgläubiger verhindern wollen[720]. Insofern besteht auch eine – zumindest partielle – Kongruenz beider Normen. Allerdings nur, wenn im Kern nicht sogar gegenläufige Risikozuordnungen durch die beiden Normen stattfinden. Die rechtsträgerspezifische Vermögensbindung kann freilich nur für den Bereich eingeschränkt werden, der stattdessen gänzlich vom umwandlungsrechtlichen Kapitalschutz umfasst ist. Daher stellt *Klass*[721] zu Recht auf die Durchsetzungskosten der beteiligten Gläubiger ab: Eine dem Schutz des § 71a Abs. 1 S. 1 AktG vergleichbare Wirkung tritt bei Anwendung

---

644, 662; *Riegger*, ZGR 2008, 233, 248; *Schäffler*, BB-Spezial 2006, Beilage 9, S. 1, 7; *Oechsler*, in: MüKo-AktG, 3. Aufl. 2008, § 71a Rn. 26; *Merkt*, in: GK-AktG, 4. Aufl. 2007, § 71a Rn. 24; *Wieneke*, in: Bürgers/Körber, § 71a Rn. 7; *Schmidt/Spindler*, S 162 f.; Differenzierend: *Kerber*, DB 2004 1027, 1029; *Bezzenberger*, in: K. Schmidt/Lutter, § 71a Rn. 19 bejaht dies nur für die Abwärts-Verschmelzung; wie hier, soweit ersichtlich, nur *Klass*, 169 ff. und *Diekmann*, in: Semler/Stengel, UmwG, § 68 Rn. 15.

717 *Schneider*, NZG 2007, 888, 892.

718 *Simon*, in: KK-UmwG, § 22 Rn. 7, 8 m.w.N; deswegen für eine parallele Anwendung *Ludwig*, in: FS Happ, 133, 138.

719 *Habersack*, in: FS Röhricht, 155, 170, hat methodische Bedenken bei der entsprechenden Anwendung des § 71a Abs. 1 S. 1 AktG auf Verschmelzungssachverhalte.

720 *Klass*, S. 171.

721 Ibd.

des § 22 UmwG nur ein, wenn dessen Durchsetzung nicht mit erheblichen Kosten verbunden ist. Bei realistischer Betrachtung der Gläubigerstruktur eines Unternehmens wird schnell klar, dass immer einige Gläubigergruppen vorhanden sind, deren Forderungen nicht besonders hoch sind; dessen Durchsetzung also für die Gläubiger mit unverhältnismäßigen Kosten verbunden wäre. Trotzdem stehen diese in der Summe auf der Seite der Passiva und belasten mithin die Bilanz der Zielgesellschaft. Die zum Zwecke der Transaktion von der Erwerbsgesellschaft aufgenommen Fremdmittel verteuern sich daher. In der Konsequenz bedeutet dies, dass die Forderungen bzw. die Ansprüche auf Sicherheitsleistungen mit höheren Transaktionskosten konfrontiert werden und dadurch weiter an Wert verlieren. Dies zeigt, dass die konsequente Anwendung des § 22 UmwG in Fällen der nachfolgenden Verschmelzung zu einem Widerspruch mit der Intention des § 71 Abs. 1 S. 1 AktG führt. Dieser Widerspruch kann nur aufgelöst werden, indem in § 22 UmwG in diesen Fällen keine Spezialität gegenüber § 71a Abs. 1 S. 1 AktG gesehen wird.

Zudem führt die vertretene Sperrwirkung des UmwG zu einer Verkürzung des Gläubigerschutzes in der Übernahmesituation. Die zur Verfügung stehenden umwandlungsrechtlichen Institute passen nicht auf fremdfinanzierte Übernahmen mit anschließender Verschmelzung.

Auch die Unsicherheiteneinrede nach § 321 BGB kann diese Gefahren nicht beseitigen[722]. Danach löst die Gefährdung der Gegenleistung durch mangelnde Leistungsfähigkeit zwar ein Leistungsverweigerungsrecht des anderen Teils aus. Dies gilt aber allenfalls in Fällen, in denen von den Gläubigern noch nicht geleistet wurde. Ferner müssten die Gläubiger permanent das Handels- oder Unternehmensregister beobachten, um eventuelle Strukturänderungen des Vertragspartners frühzeitig zu erkennen und sodann die Leistung verweigern. Dieser Weg scheint zu umständlich und daher nicht gangbar.

Insofern spricht das enorme Schutzbedürfnis der Altgläubiger der Zielgesellschaft für die Annahme einer Schutzlücke, die nicht durch die Institute des UmwG adäquat geschlossen werden kann[723].

(2) Planwidrigkeit der Regelungslücke

Diese Lücke im Gesetz dürfte auch nicht vom Gesetzgeber so vorgesehen worden sein. Hier hilft wiederum ein Blick auf die Historie der Vorschrift sowie auf den Schutzzweck. Ausgehend von den Erfahrungen in Großbritannien sollte durch die Richtlinie ein Ausschlachten von Aktiengesellschaften unterbunden werden. Dabei wurde allerdings vom Richtliniengeber übersehen, dass das Gesellschaftsvermögen der Zielgesellschaft auch ohne aktive Beteiligung dieser nutzbar gemacht werden

722 So aber *Kalss*, ZGR 2009, 74, 75.

723 Im Ergebnis so auch *Klass*, S. 169 ff.; *Bezzenberger*, in: K. Schmidt/Lutter, § 71a Rn. 19; *Diekmann*, in: Semler/Stengel, UmwG, § 68 Rn. 15.

kann. Dabei wird hier keinesfalls die grundsätzliche Notwendigkeit von Verschmelzungen infrage gestellt.

Für die Annahme einer planwidrigen Lücke spricht ferner die Gesetzesbegründung zu § 22 UmwG[724]. Zwar wurde der Schutz der Gläubiger durch Einführung des § 22 UmwG auf den übernehmenden Rechtsträger ausgedehnt. Allerdings geschah dies unter der Prämisse, dass es häufig von „*nicht zu kontrollierenden Erwägungen abhängt, welcher der beteiligten Rechtsträger welche Rolle bei einer Verschmelzung übernimmt.*" Vorliegend geht es im Kern jedoch um den umgekehrten Fall, nämlich, dass von dem Erwerbsvehikel (der Mutter) bewusst eine Abwärtsverschmelzung gewählt wird, um an das Gesellschaftsvermögen zu gelangen und dadurch den Kaufpreis zu finanzieren. Insofern ging der historische Gesetzgeber von dem optimalen Fall einer unternehmerisch für beide Rechtsträger sinnvollen Verschmelzung aus. Dagegen wird hier der Schutz der Gläubiger im Falle eines bewussten Ausschlachtens der Zielgesellschaft diskutiert. Diesen Fall sah der Gesetzgeber seinerzeit nicht, daher ist die Gesetzeslücke planwidrig.

(3) Vergleichbarkeit der Sachverhalte

Wirtschaftlich betrachtet liegt ein vergleichbares Ergebnis vor, als wenn die Zielgesellschaft die vom Erwerbsvehikel aufgenommenen Kredite beispielsweise direkt besichert hätte oder bedienen würde. In beiden Fällen erfolgt ein Zugriff auf das Gesellschaftsvermögen der Ziel-Aktiengesellschaft und somit eine Benachteiligung der Altgläubiger.

(4) § 71a Abs. 1 S. 1 AktG analog als pauschaler Bewertungsmaßstab bei Verschmelzungen

Aus dem Vorstehenden ergibt sich, dass eine entsprechende Anwendung des § 71a Abs. 1 S. 1 AktG auf Verschmelzungssachverhalte methodisch möglich und von der Gefährdungslage für die Gläubiger auch geboten ist. Dennoch sprechen die besseren Gründe gegen eine pauschale Anwendung auf sämtliche Verschmelzungen. Insbesondere die von der herrschenden Lehre vorgebrachten gewichtigen Argumente gegen eine entsprechende Anwendung des § 71a Abs. 1 S. 1 AktG auf Verschmelzungssachverhalte[725] führen zu einer sehr restriktiven Handhabung des Verbots der finanziellen Unterstützungsleistung.

Im Kern ist der Anteilserwerb mit nachfolgender Verschmelzung zwar zeitlich sehr gestreckt, aber dennoch wirtschaftlich als einheitliches Geschäft zu betrachten[726]. Daher muss die Durchführung einer der Transaktion nachfolgenden Verschmelzung zumindest dann hinterfragt werden, wenn der mit den aktienrechtlichen Kapitalerhaltungsvorschriften intendierte Schutz in nicht hinnehmba-

---

724 Abgedruckt bei *Ganske*, UmwR, zu § 22.

725 *Habersack*; in: FS Röhricht, 155, 170; *Kerber*, DB 2004, 1027, 1029; *Cahn*, in: Spindler/Stilz, § 71a Rn. 45.

726 *Schäffler*, BB-Spezial 2006, Beilage 9, S. 1, 7; *Kerber*, NZG 2006, 50, 53.

rer Weise verkürzt und dies auch nicht durch umwandlungsrechtliche Regelungen kompensiert wird[727]. In Situationen, in denen der Anspruch auf Sicherheitsleistung nach § 22 UmwG aufgrund des hohen Verschuldungsgrades des Erwerbsvehikels, welcher auf die Zielgesellschaft niedergeht, nahezu wertlos ist, passt der Wille des Gesetzgebers bei § 71a Abs. 1 S. 1 AktG, die Nutzung von Gesellschaftsvermögen bzw. seine Gefährdung durch die wirtschaftliche Erleichterung des Aktienerwerbs im Interesse der AG und ihrer Gläubiger durch die Nichtigkeitssanktion zu schützen[728], gut in das umwandlungsrechtliche Gläubigerschutzregime. Entscheidende Frage muss sein, ob die Verschmelzung ihrer Wirkung nach einer auf die Kaufpreisschuld bezogenen Unterstützungshandlung gleichsteht. Trennlinie zwischen zulässigen Verschmelzungen und verbotenen finanziellen Unterstützungshandlungen ist der Funktionsbezug. Zwar können hierzu Zweckabreden der Beteiligten herangezogen werden[729], doch werden vorrangig die Umstände des Einzelfalls auschlaggebend sein[730].

cc) Zusammenfassung

Die eben dargelegten Erwägungen zeigen, dass eine Instrumentalisierung der vom Gesetz gewährten Umwandlungsmöglichkeiten zur Erreichung sachfremder Ziele nur durch eine gegebenenfalls analoge Anwendung des § 71a Abs. 1 S. 1 AktG erreicht werden kann. Freilich darf dies nicht zu einer Extension der Restriktionen führen oder gar zu einer Lähmung von Unternehmensrestrukturierungen. Vielmehr muss unter der Prämisse einer grundsätzlich umwandlungsfreundlichen Ausrichtung des Aktienrechts (§ 71 Abs. 1 Nr. 5 AktG) eine maßvolle Anwendung des § 71a Abs. 1 S. 1 AktG unter den oben genannten Kriterien zur Vermeidung von gläubigerschädigenden Verschmelzungen erfolgen. Konzerninterne Umstrukturierungen, die der hierarchischen Verschlankung der Konzernstruktur dienen und Verschmelzungsverluste aus steuerrechtlichen Gründen der operativ tätigen Tochtergesellschaft zuordnen sind, sind unterhalb der Missbrauchsschwelle auch bei analoger Anwendung des § 71a Abs. 1 S. 1 AktG weiterhin möglich.

2.1.4 Möglichkeiten zur Vermeidung eines Verstoßes gegen die Kapitalerhaltungsvorschriften

Nach dem oben Gesagten stellt sich in der Praxis die Frage nach der sichersten Vorgehensweise. Der noch populärste Weg über einen fremdfinanzierten Unter-

727 *Kerber*, DB 2004, 1027, 1029; *Ludwig*, in: FS Happ, 131, 135 ff.; andeutend *Drygala*, Konzern 2007, 396, 398.

728 *Kerber*, NZG 2006, 50, 51.

729 *Klass*, S. 173.

730 Die Heranziehung subjektiver Zielsetzungen ablehnend *Seibt*, ZHR 171 (2007), 282, 304.

nehmenskauf mit anschließendem Up- bzw. Downstream-Merger, um die Aktiva und den Cash-flow der operativ tätigen Zielgesellschaft mit den Schulden des Erwerbsvehikels zu verschmelzen, sollte aus Gründen der Rechtsunsicherheit nicht beschritten werden. Denn bisher ist höchstrichterlich noch nicht geklärt worden, welchen Anwendungsbereich § 71a Abs. 1 S. 1 AktG in diesen Fällen hat und in welchem Maße § 57 AktG diese Konstellation beeinträchtigen könnte. Das Gebot der Kapitalerhaltung zugunsten der Zielgesellschaft wird durch deren Auflösung nach der hier vertretenen Auffassung nicht beseitigt. Darüber hinaus ist das Schrifttum hier keinesfalls homogen. Es werden gute Argumente sowohl für die eine als auch für die andere Ansicht vertreten.

Auswege, um unangenehme Überraschungen durch Gerichtsentscheidungen zu vermeiden, können nur in der vertraglichen Konzernierung sowie im Formwechsel in eine weniger streng reglementierte Rechtsform liegen[731]. Durch die Änderungen des *MoMiG* in §§ 57 Abs. 1 S. 3; 71a Abs. 1 S. 3 AktG ist es nunmehr möglich, bei Bestehen eines Vertragskonzerns Finanzierungen – auch des Aktienerwerbs – vorzunehmen, sofern das Vertragskonzernrecht nicht entgegensteht. Zu denken ist hier insbesondere an die Verlustausgleichspflicht nach § 302 AktG. In der hier skizzierten Konstellation ist dabei fraglich, ob eine überschuldete Erwerbsgesellschaft der Verlustausgleichspflicht nachkommen kann. Dies muss das Leitungsorgan im Vorfeld prüfen[732]. Umstritten ist dabei allerdings, ob ein Verstoß gegen diese Prüfpflicht lediglich intern zu sanktionieren ist, etwa durch Schadensersatzansprüche gegen den Vorstand, oder gar auf die Wirksamkeit des Rechtsgeschäfts durchschlägt. Diskutiert wird hier insbesondere, ob dadurch die Rechtsfolge des § 71a Abs. 1 S. 1 AktG ausgelöst wird[733]. Der Gläubigerschutz spricht wohl, trotz der Änderungen durch das *MoMiG*, für eine entsprechende Anwendung des § 71a Abs. 1 S. 1 AktG: Durch die Verlustausgleichspflicht werden die Ansprüche der Gläubiger gegen die abhängige Gesellschaft – hier Zielgesellschaft – geschützt. Das Bestehen dieses speziellen konzernrechtlichen Kapitalschutzes führt zur Nichtanwendung der allgemeinen aktienrechtlichen Kapitalschutzvorschriften. Wenn jedoch schon im Vorfeld der Weisung erkennbar ist, dass ein Verlustausgleich gar nicht erfolgen kann und der Anspruch damit nicht werthaltig ist, muss zum Schutz der Gläubiger die Finanzierung an § 71a Abs. 1 S. 1 AktG scheitern. Im Ergebnis kann selbst die vertragliche Konzernierung der Zielgesellschaft zu einem Verbot der Finanzierung des Anteilserwerbs führen und ist daher bei der Akquisitionsfinanzierung nur bedingt zulässig. Anderenfalls

---

731 Dies ist allerdings umstritten, siehe dazu unten zur *anwachsenden Verschmelzung*.

732 *Altmeppen*, in: MüKo-AktG, § 302 Rn. 36 ff.; *Bezzenberger*, in K. Schmidt/Lutter, § 302 Rn. 8; *Riegger*, ZGR 2008, 244.

733 *Fleischer*, AG 1996, 494, 507; *Schroeder*, S. 289 ff.; *Lutter/Drygala*, in: KK-AktG, § 71a Rn. 47 f.; *stark einschränkend: Cahn*, in: Spindler/Stilz, § 71a Rn. 21; *dagegen: Hüffer*, § 71a Rn. 6a

würde die vertragliche Konzernierung unmittelbar zur Insolvenzantragspflicht führen.

Obwohl es im GmbH-Recht keine dem § 71a Abs. 1 S. 1 AktG ähnliche Regelung gibt, ist auch der Weg über einen Formwechsel der Zielgesellschaft in eine GmbH nicht grenzenlos möglich. Nach der zentralen Kapitalschutznorm des § 30 Abs. 1 S. 1 GmbHG ist dieser bei der GmbH von vornherein schwächer ausgestaltet als bei der Aktiengesellschaft. Auch nach der Änderung durch das *MoMiG* ist es der GmbH verboten, Vermögen an die Gesellschafter auszuschütten, wenn das bilanzielle Eigenkapital unter dem Betrag der Stammkapitalziffer liegt. Die herrschende Meinung im Schrifttum geht zu Recht davon aus, dass ein durch die Verschmelzung veranlasster Schuldenübergang bei einem Downstream-Merger als unzulässige Einlagenrückgewähr zu behandeln ist, sofern dadurch das Stammkapital der GmbH angegriffen wird[734]. Trotz der auch hier bestehenden Bedenken beim Downstream-Merger einer verschuldeten Erwerbsgesellschaft lässt sich die Rechtsfolge des § 30 Abs. 1 S. 1 GmbHG abwenden, wenn die übergehenden Verbindlichkeiten mit freiem Eigenkapital oberhalb der Stammkapitalziffer verrechnet werden können[735]. Ausgehend von dem Ziel entweder den Verschmelzungsverlust zu verringern oder aber die Eigenkapitalquote des übernehmenden Rechtsträgers zu verbessern, können vorbereitend zunächst bilanzielle Maßnahmen ergriffen werden. Hierzu können beispielsweise stille Reserven aufgedeckt, was allerdings steuerlich nachteilig ist, oder aber das Stammkapital heruntergesetzt werden. Ferner könnte ein Forderungsverzicht mit Besserungsschein[736] mit den Gläubigern der Muttergesellschaft – dies dürften bei einer Erwerbsgesellschaft ausschließlich die akquisitionsfinanzierenden Banken sein – vereinbart werden[737].

Nicht geklärt ist dagegen, ob auch ein Upstream-Merger unter vorheriger Umwandlung der Zielgesellschaft in eine GmbH zu einer Vereinfachung der Verschmelzung mit Schuldenübergang führt. Nach der hier vertretenen Ansicht muss § 30 Abs. 1 S. 1 GmbHG zumindest entsprechend zur Anwendung kommen in den Fällen, in denen die Verschmelzung der Tochter-GmbH auf das Akquisitionsvehikel lediglich der Finanzierung der Transaktion dient.

---

734 Zum alten Recht: *Lutter/Priester*, UmwG, 3. Aufl. 2004, § 24 Rn. 62; *Stoye-Benk*, Rn. 173; *Traßl*, in: Engl, UmwR, A.3 Rn. 81; *Pohl*, JbFfSt 2006/2007, 409, 417 f.; *Klein/Stephanblome*, ZGR 2007, 351, 375 f. *Heckschen*, GmbHR 2008, 802, 803; *Breuninger*, JbFfSt 2009/2010, 355, 362 f.

735 *Priester*, in: Lutter, UmwG, § 24 Rn. 61; *Moszka*, in: Semler/Stengel, UmwG, § 24 Rn. 48.

736 Ein Besserungsschein ist eine auflösende Bedingung innerhalb eines Erlasses. Der Besserungsschein zielt darauf ab, dass dem Schuldner zwar grundsätzlich die Schulden erlassen werden. Gleichwohl sollen diese Schulden wieder aufleben, wenn sich die wirtschaftliche Lage des Schuldner bessern sollte.

737 *Klein/Stephanblome*, ZGR 2007, 351, 377; siehe zu weiteren Gestaltungsmöglichkeiten *Heckschen*, GmbHR 2008, 802, 804.

2.2 Besonderheiten der sogenannten „Anwachsenden Verschmelzung“: Sachverhalt der Babcock Borsig/HDW-Entscheidung

2.2.1 Sachverhalt der Babcock Borsig/HDW-Entscheidung[738]

Im Jahr 2002 erwarb *One Equity Partners (OEP)*, eine amerikanische Investorengruppe, von dem damals unbekannt insolventen deutschen Industriekonzern, *Babcock Borsig AG*, dessen wichtigste Tochtergesellschaft, eine weltweit bekannte Schiffswerft, *HDW-AG (alt)*. Der Anteilskauf wurde über eine Vorratsgesellschaft, der eigens zu diesem Zweck erworbenen *Holding-GmbH* (Erwerbsgesellschaft), abgewickelt. Als Kaufpreis wurden hierfür an die *Babcock Borsig AG* und den anderen Aktionär der Schiffswerft, die *TUI Preussag AG*, zwei Kaufpreiskomponenten entrichtet: 50 Mio. € wurden in bar an die *Babcock Borsig AG* geleistet. Daneben übernahm die zu diesem Zweck von *OEP* erworbene *Holding-GmbH* die zwischen der *Babcock Borsig AG* und der *HDW-AG (alt)* bestehende Cash-Pool-Verbindlichkeit in Höhe von 524 Mio. € samt aufgelaufener Zinsen (an Erfüllung statt) in zwei Tranchen (1. Tranche: 300 Mio. €, 2. Tranche: 224 Mio. €). Die *HDW-AG (alt)*, in Personalunion geführt vom Vorstandsvorsitzenden der veräußernden *Babcock Borsig AG*, stimmte der schuldbefreienden Wirkung dieser Schuldübernahme nach § 415 Abs. 1 S. 1 BGB zu. Die *TUI-Preussag AG* erhielt einen Barkaufpreis in Höhe von 200 Mio. € sowie einen Besserungsschein in Form eines Darlehensanspruchs in Höhe von 40 Mio. €, ausgestellt auf die *Erwerbsgesellschaft*. Abgesehen von dem erst im späteren Verlauf der Transaktion virulent gewordenen zusätzlichen Barkaufpreis von 50 Mio. €[739] flossen bei dieser Akquisition von den Investoren an die Babcock Borsig AG keinerlei Gelder. Faktisch war damit lediglich die Zustimmung zur Übernahme der Verbindlichkeiten durch den Vorstand der *HDW-AG (alt)* erforderlich (der zugleich auch Vorstandsvorsitzender der *Babcock Borsig AG* war), um die Transaktion in Vollzug zu setzen.

Nach Erwerb von insgesamt 100 % des Aktienkapitals an der Zielgesellschaft begann die *Holding-GmbH* mit einer Reihe von gesellschaftsrechtlichen Strukturierungsmaßnahmen. Diese betrafen sowohl die eigene Rechtsform als auch die Rechtsform der *HDW-AG (alt)*. Es wurden nahezu zeitgleich folgende Maßnahmen durchgeführt:

1. Die *HDW-AG (alt)* wurde durch einen Beschluss der Hauptversammlung in eine GmbH & Co. KG gemäß §§ 190 ff. UmwG umgewandelt. Als einziger Kommanditist agierte die *Holding-GmbH*. Als Komplementär wurde eine nahezu ver-

738 Modifiziert nach den tatsächlichen Sachverhaltsermittlungen des *LG Düsseldorf*, Urteil v. 28.10.2005–39 O 180/04 (ZIP 2006, 516 f.) und *Kerber*, DB 2004, 1027 ff.

739 Dieser wurde erst in einem *Amendment No. 1* v. 08.03.2002 in Abänderung des *Option Share Purchase Agreement* festgelegt.

mögenslose Beteiligungsgesellschaft von der *HDW-AG (alt)* reaktiviert. Ferner wurde auch die *Holding-GmbH* durch formwechselnde Umwandlung in eine Aktiengesellschaft umgewandelt.

2. Nachdem die *Holding-GmbH* in eine Aktiengesellschaft formwechselnd umgewandelt worden war, übertrug die Komplementärin (die vermögenslose Beteiligungsgesellschaft der *HDW-AG (alt)*) der *HDW GmbH & Co. KG* ihre Komplementärbeteiligung auf die *Holding-AG*. Mit der besonderen Technik der „anwachsenden Verschmelzung" kam es zu einer Gesamtrechtsnachfolge in der *Holding-AG* (dann: *HDW-AG (neu)*). Dadurch kam es zur Vereinigung von Gläubiger und Schuldner und damit zum Erlöschen der übernommenen Verbindlichkeiten aus dem Cash-Pool durch Konfusion. Der Untergang der Forderung ist durch eine Aktivierung des Firmenwerts nach § 255 Abs. 4 HGB ausgeglichen worden. Auf diese Weise konnte die Überschuldung der *HDW-AG (alt)* (verschmolzen mit der *Holding-AG*) vermieden werden.
3. Wenige Monate nach dieser „anwachsenden" Verschmelzung traten bei der *HDW-AG (neu)* akute Liquiditätsprobleme[740] auf. Diese konnten nur durch die Bereitstellung eines Darlehens in Höhe von ca. 400 Mio. € durch die Muttergesellschaft des alleinigen Werftaktionärs überbrückt werden[741].

Folgende Vermögensnachteile ergaben sich aus der Vermögenskonfusion für die *HDW-AG (neu)*:

Das Verschwinden der Forderungen aus dem Cash-Pool wurde bilanziell zwar durch eine entsprechende Aktivierung des Firmenwertes ausgeglichen, jedoch ging dies zwangsläufig mit einer Herabstufung der Bonität der *HDW-AG (neu)* durch die kreditgebenden Banken einher[742]: Die Aktivierung des Firmenwerts kann aus kreditsicherungsrechtlichen Gründen den Wegfall der Forderungen aus dem Cash-Pool jedenfalls nicht kompensieren. Insbesondere im kreditintensiven Schiffsbaubereich stellt dies eine enorme finanzielle Belastung dar. Lediglich eine formelle Unterbilanz konnte durch dieses bilanzielle Vorgehen vermieden werden.

Zudem wurde die *HDW-AG (neu)* – wie bei solchen Übernahmen üblich – mit den Transaktionskosten belastet: Bilanziell mussten bei der *HDW-AG (neu)* sowohl die an die *TUI Preussag AG* zu zahlenden Kaufpreisraten in Höhe von ca. 200 Mio.

---

740 Handelsblatt v. 19.10.2003 – abrufbar unter: http://www.handelsblatt.com/unternehmen/industrie/us-eigner-helfen-hdw-aus-finanzklemme/2280102.html (abgerufen am 23.10.2010).

741 Wirtschaftswoche v. 17.11.2003 – abrufbar unter: http://www.wiwo.de/unternehmen-maerkte/hdw-druck-auf-us-eigner-332455/ (abgerufen am 23.10.2010); Rheinische Post v. 20.10.2003 – abrufbar unter: http://www.rp-online.de/wirtschaft/news/HDW-erhaelt-400-Millionen-Euro-Finanzspritze_aid_23975.html (abgerufen am 23.10.2010).

742 *Karahan*, in: Albrecht/Karahan/Lenenbach, FA Bank- und KapitalmarktR, 2010, § 7 Rn. 32.

€ sowie die tatsächlich angefallenen Transaktionskosten, wie Rechtsanwalts- und Notargebühren, passiviert werden.

Am 01. September 2002 wurde durch Beschluss des *AG Duisburg* das Insolvenzverfahren über das Vermögen der *Babcock Borsig AG* eröffnet. Der Kläger verlangte als Insolvenzverwalter der *Babcock Borsig AG* von der nunmehr als *HDW-AG* firmierenden Erwerbergesellschaft den Kaufpreis in Höhe von 524 Mio. €. Der Insolvenzverwalter ist der Auffassung, die Schuldübernahme sei mangels wirksamer Genehmigung der *HDW-AG (alt)* gescheitert. Die im März 2002 erklärte Zustimmung sei gemäß §§ 57, 71a AktG nichtig. Der *Babcock Borsig AG* stehe jedoch ein Freistellungsanspruch zu, der sich durch die Eröffnung des Insolvenzverfahrens in einen Zahlungsanspruch umgewandelt habe.

Verkauf der HDW im Jahre 2002

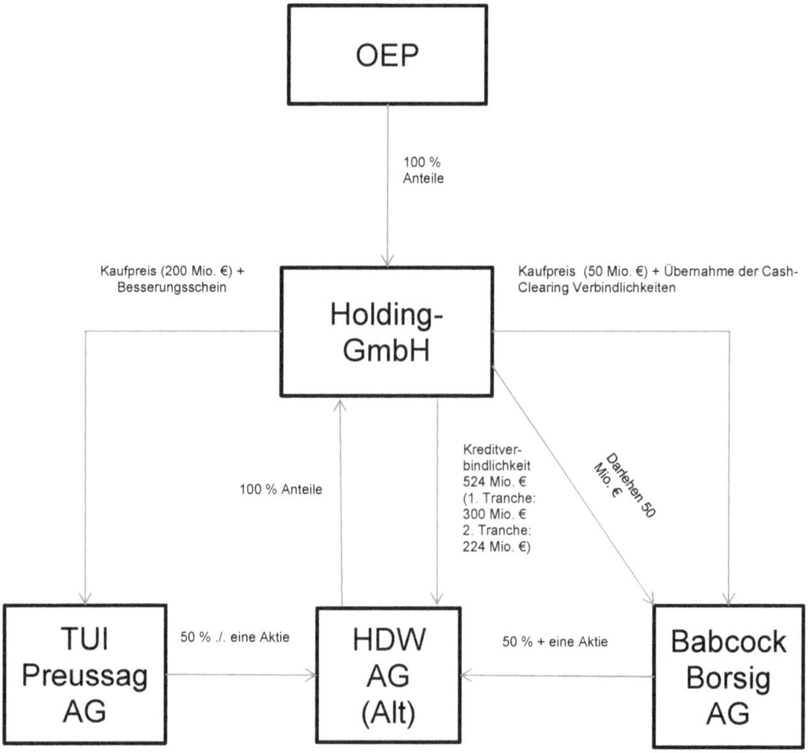

Umstrukturierungen der HDW-Alt zum Zwecke der „anwachsenden Verschmelzung" (vereinfacht)

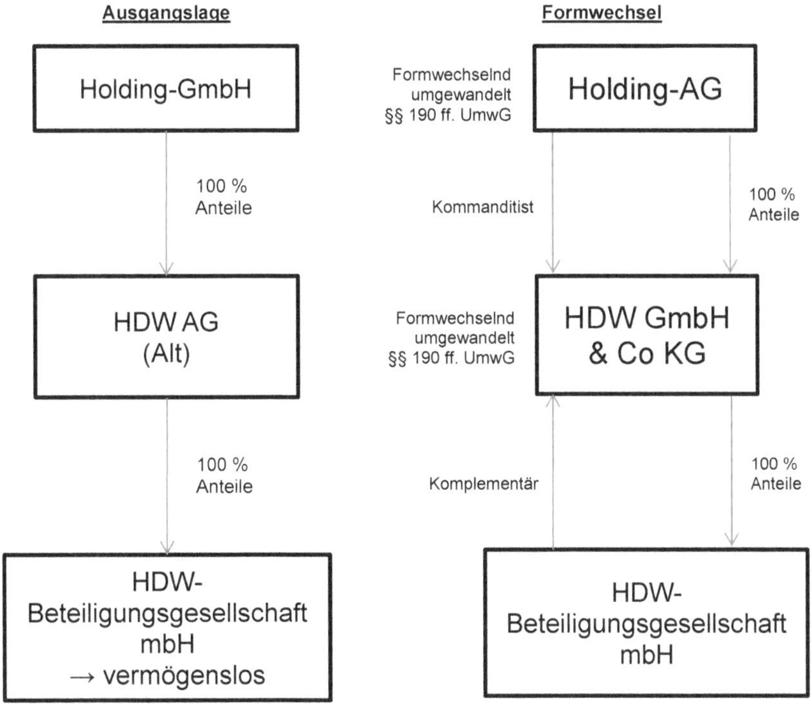

„Anwachsende Verschmelzung"

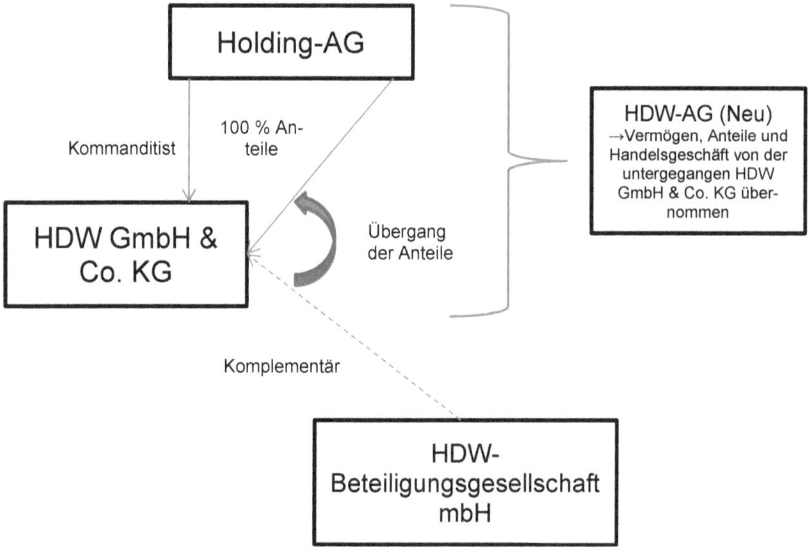

→ Durch die Anteilsübertragung schied die Beteiligungsgesellschaft mbH aus der HDW GmbH & Co. KG aus, sodass das Vermögen dem einzig verbliebenen Gesellschafter, der Holding-AG, zuwuchs, §§ 161 Abs. 2, 105 Abs. 3 HGB, 738 Abs. 1 BGB. Daraus wurde durch Umfirmierung die HDW Holding AG.

2.2.2 Entscheidung des *OLG Düsseldorf*

Das *OLG Düsseldorf* wies die Berufung des Insolvenzverwalters der Babcock Borsig AG gegen das Urteil des *LG Düsseldorf* vom 28.10.2005 – mittlerweile rechtskräftig[743] – zurück. Entgegen der Rechtsauffassung des *LG Düsseldorf* ließ das *OLG Düsseldorf* eine – ggf. analoge – Anwendung der Kapitalschutzregeln der §§ 71a Abs. 1 S. 1, 57 AktG ausdrücklich dahinstehen, da eine möglicherweise gem. §§ 71a Abs. 1 S. 1, 57 AktG nichtige Schuldübernahme in jedem Fall nachträglich durch die Rechtsnachfolgerin *HDW-AG (neu)* genehmigt wurde. Die Vorinstanz hielt die Frage der Anwendbarkeit von §§ 71a Abs. 1 S. 1, 57 AktG noch

743 Der BGH hat die gegen die Nichtzulassung gerichtete Beschwerde ebenfalls abgewiesen. Es läge kein Zulassungsgrund vor, so die Richter. Die Rechtssache habe auch keine grundsätzliche Bedeutung. Eine Entscheidung des Revisionsgerichts sei auch weder zur Fortbildung des Rechts noch zur Sicherung einer einheitlichen Rechtsprechung erforderlich.

für entscheidungserheblich, verneinte diese aber im Ergebnis, da diese schon tatbestandlich nicht vorlägen. Das *OLG Düsseldorf* betonte dagegen in einem *obiter dictum*, dass *„zugunsten des Klägers [...][und] entgegen den Feststellungen im angefochtenen Urteil die Schuldübernahme wegen §§71a, 57 AktG nicht wirksam genehmigt [werden konnte]."*[744] Die Zustimmung der *HDW (alt)* zur Übernahme der Cashpool-Verbindlichkeiten sei daher nicht erforderlich gewesen. Das Gericht geht weiter davon aus, dass sich vor Insolvenzeröffnung der Anspruch auf Schuldübernahme in einen Freistellungsanspruch der *Babcock Borsig AG* auf Übernahme der Cashpool-Verbindlichkeiten gegenüber der *HDW-AG (alt)* durch die Erwerbergesellschaft §§ 415 Abs. 3 S. 1, 329 BGB wandelte. Dieser habe sich aber mit der Eröffnung des Insolvenzverfahrens in einen in die Masse fallenden Zahlungsanspruch in voller Höhe der zu tilgenden Forderungen gewandelt, um dem Gleichbehandlungsgebot aller Insolvenzgläubiger zu genügen[745]. Die Konsequenz daraus war zunächst, dass die *HDW-AG (alt)* mit ihren Darlehensforderungen aus dem Cashpool zunächst als einfache Insolvenzgläubigerin am Insolvenzverfahren teilnahm. Dennoch lehnt das *OLG Düsseldorf* den geltend gemachten Anspruch ab, da es annimmt, dass der Freistellungsanspruch aus §§ 415 Abs. 3, 329 BGB lediglich auflösend bedingt in die Masse gefallen sei, wobei die Bedingung im Vollzug der Schuldübernahme gelegen habe. Durch die Änderung der Rechtsform der *HDW-AG (alt)* in eine GmbH & Co. KG galten für sie nicht mehr die Kapitalschutzregeln der §§ 71a Abs. 1 S. 1, 57 AktG. Weiter führt das *OLG Düsseldorf* aus, dass als Ergebnis der „anwachsenden" Verschmelzung die *HDW-AG (neu)* in die Rechte der *HDW-AG (alt)* eingetreten und dementsprechend berechtigt gewesen sei, die Schuldübernahme zu genehmigen. Dies habe dazu geführt, dass die möglicherweise ursprünglich unwirksame Genehmigung nunmehr durch die später erteilte Genehmigung der *HDW-AG (neu)* geheilt sei. Als Folge dessen seien der Zahlungsanspruch der *Babcock Borsig AG* nach § 158 Abs. 2 BGB untergegangen und zugleich die Rechtsfolgen der Schuldübernahme eingetreten. Da die *HDW-AG (alt)* zwischenzeitlich mit ihrem Neuschuldner verschmolzen worden sei, sei der Anspruch durch Konfusion untergegangen.

2.2.3 Aktuelle gesellschaftsrechtliche Aspekte von Anwachsungsmodellen

Bedeutung hat das Anwachsungsmodell in der Umstrukturierungspraxis vor allem bei der GmbH & Co. KG. Dies ist ein beliebtes Instrument der Unternehmensreorganisation[746]. Dadurch können im Nachgang von Unternehmenserwerben Vermögens-

744 *OLG Düsseldorf*, Urteil v. 28.09.2006 – I-5 U 6/06 (NZG 2007, 273, 274). Das Gericht bezieht sich ausdrücklich auf die Privatgutachten der Professoren H. (*Habersack*) und O. (*Oechsler*). *Habersack* legt seine Rechtsauffassung nochmals in: FS Röhricht, S. 155, 171 ff. dar und *Oechsler* in ZIP 2006, 1661 ff.

745 *OLG Düsseldorf*, Urteil v. 28.09.2006 – I-5 U 6/06 (NZG 2007, 273, 275 re. Sp.).

746 *Schmid/Dietel*, DStR 2008, 529, 529; *Orth*, DStR 1999, 1011, 1011.

werte schnell und rechtssicher auf einen anderen Rechtsträger übertragen und zugleich die Anzahl der Rechtsträger ohne langwierige Liquidationsmaßnahmen reduziert werden[747]. Eine Anwachsung ist nach deutschem Recht aber nur möglich, wenn es sich bei dem übertragenden Rechtsträger um eine Personengesellschaft handelt[748]. Darüber hinaus hat die jüngste Rechtsprechung weitere Restriktionen im Umgang mit der anwachsenden Verschmelzung festgestellt. Die Diskussion um die gesellschaftsrechtliche Beurteilung dieser Strukturierungsmodelle hat sowohl durch die Einführung des *SEStEG*[749] als auch durch den Beschluss des *OLG Hamm* vom 24. Juni 2010[750] neue Impulse erfahren.

a) Anwachsungsmodelle

Grundsätzlich lassen sich mehrere Anwachsungsmodelle unterscheiden. Alle Fallgruppen basieren auf der personengesellschaftsrechtlichen Anwachsung nach § 738 Abs. 1 BGB[751]. Entgegen dem Wortlaut des § 738 Abs. 1 BGB wird die Norm entsprechend angewandt, sofern nur noch ein Gesellschafter nach dem Ausscheiden eines anderen Gesellschafters übrig bleibt[752]. Danach wächst mit dem Ausscheiden des vorletzten Gesellschafters die Gesamthandsberechtigung des Ausgeschiedenen dem letzten verbliebenen Gesellschafter an[753]. Der Vermögensübergang erfolgt im Wege der Gesamtrechtsnachfolge[754]. Gleichzeitig kommt es zum liquidationslosen Erlöschen des anwachsenden Rechtsträgers[755]. Mit *Seibt*[756] lassen sich die Anwachsungsmodelle nach den Umstrukturierungszielen ordnen. Die „anwachsende Verschmelzung" kann daher zur Erreichung einer (a) *Upstream- bzw. (b) Downstream-*

747 *Nelißen*, NZG 2010, 1291, 1291 f.
748 *Simon/Rubner*, in: KK-UmwG, Vor §§ 122a ff. Rn. 120.
749 Gesetzes über steuerliche Begleitmaßnahmen zur Einführung der Europäischen Gesellschaft und zur Änderung weiterer steuerrechtlicher Vorschriften (*SEStEG*) v. 13.12.2006, BGBl. I, S. 2782.
750 *OLG Hamm* v. 24.06.2010 – I-15 Wx 360/09 (NZG 2010, 1309).
751 Welche freilich über §§ 161 Abs. 2, 105 Abs. 3 HGB auch für Personenhandelsgesellschaften gilt.
752 *BGH* v. 07.12.1992 – II ZR 248/91 (NJW 1993, 1194 ff.); *BGH* v. 13.12.1965 – II ZR 10/64 (NJW 1966, 827 f.); *RG* v. 23.02.1907 – I 404/08 (RGZ 65, 225); *Sprau*, in: Palandt, § 738 Rn. 1a; *Ulmer*, in: MüKo-BGB, 4. Aufl. 2003, § 738 Rn. 11.
753 *BGH* v. 22.09.1993 – IV ZR 183/92 (NJW-RR 1993, 1443, 1444); *Ulmer*, in: MüKo-BGB, 4. Aufl. 2003, § 738, Rn. 11; *Schiefer*, DStR 1996, 788, 791.
754 *BGH* v. 16.12.1999 – VII ZR 53/97 (NJW 2000, 1119); *BGH* v. 19.05.1960 – II ZR 72/59 (BGHZ, 32, 307, 317); *K. Schmidt*, GesR, § 12 I 4 b; *Orth*, DStR 1999, 1011, 1012 f.; a.A. soweit ersichtlich nur: *BMF* v. 25.03.1998, BStBl I 1998, S. 286, 336.
755 *OLG Düsseldorf*, Beschl. v. 14.09.1998–3 Wx 209/98 (NZG 1999, 26 f.); *Sagasser/Bula/Abele*, in: S/B/B, UmwR, § 29 Rn. 6; *Schäfer*, in: GK-HGB, § 131 Rn. 8, 107.
756 *Seibt*, in: FS Röhricht, 603, 605 ff.; *ders.*, in: Umstrukturierungen und Übertragung, Kap. F Rn. 89 ff.

Verschmelzung, eines (c) *Formwechsels*, einer (d) *Sidestream-Verschmelzung* oder zum (e) *Unternehmensverkauf* genutzt werden.

aa) Upstream-Verschmelzung (Das Vermögen einer Personengesellschaft geht auf einen Gesellschafter über)

Eine Quasi-Upstream-Verschmelzung durch Anwachsung entspricht dem Strukturierungsprozess im oben skizzierten *Babcock Borsig Fall*: Bei einer GmbH & Co. KG geht ihr Vermögen auf ihren alleinigen Kommanditisten durch Ausscheiden der Komplementär-GmbH über.

bb) Downstream-Verschmelzung (Anwachsung infolge Verschmelzung der Komplementär-GmbH auf die KG)

Mit dieser Konstellation beschäftigte sich das *OLG Hamm* in dem bereits angesprochenen Beschluss vom 24. Juni 2010[757]. Darin ging es um die Frage, ob die Verschmelzung einer Komplementär-GmbH auf ihre Kommanditgesellschaft zulässig sei, wenn der einzige Kommanditist zugleich Alleingesellschafter der Komplementär-GmbH ist. Die Folge wäre das Erlöschen sowohl der Komplementär-GmbH als auch der Kommanditgesellschaft, deren Vermögen dann beim alleinigen Kommanditisten anwachsen würde.

Das *OLG Hamm* hat dieser Form der Anwachsung eine Absage erteilt. Denn dies führe zur sofortigen Beendigung der Kommanditgesellschaft bei gleichzeitiger Anwachsung des Vermögens auf den verbleibenden Kommanditisten. Das UmwG gehe aber durchgängig davon aus, dass als Ergebnis der Verschmelzung der übernehmende Rechtsträger fortbesteht. Im Ergebnis stelle dies einen von § 1 Abs. 1 UmwG nicht vorgesehenen Verschmelzungsvorgang dar und sei daher nach § 1 Abs. 2 UmwG nicht zulässig[758]. Diese Entscheidung erfuhr in der Praxis große Kritik[759]. Argumentativ wird die Anwachsung in zwei gesellschaftsrechtliche zu trennende Akte unterschieden, die eine logische Sekunde nacheinander stattfinden. Die Auflösung der Kommanditgesellschaft sei daher nicht die unmittelbare Folge der Verschmelzung, sondern erst des hiervon zu trennenden Aktes einer Einpersonkonstellation bei der Kommanditgesellschaft[760].

Es lässt sich zusammenfassend festhalten, dass durch den Beschluss mehr Unsicherheit in die Registerpraxis eingekehrt ist, als dass Sicherheit gewonnen werden konnte. Bis zu einer höchstrichterlichen Klärung wird diese Form der Anwachsung wohl noch Gegenstand weiterer rechtswissenschaftlicher Diskussionen sein.

---

757 *OLG Hamm*, Beschl. v. 24.06. 2010–15 W 360/09 (NZG 2010, 1309 f.)

758 *H. Schmidt*, in: Lutter, UmwG, § 39 Rn. 19; a.A.: *Wachter/Heidinger*, in: FA Handels- und GesR, Teil 2, Kap. 6, § 1 Rn. 174.

759 Vgl. etwa *Nelißen*, NZG 2010, 1291 ff.; *Schlüter*, EWiR 2010, 799 ff.; *Ege/Klett*, DStR 2010, 2463 ff.; *Weiler*, Notar 2011, 117, 126.

760 *Nelißen*, NZG 2010, 1291, 1292.

cc) Formwechsel

Ist wirtschaftlich ein Rechtsformwechsel eines als GmbH & Co. KG betriebenen Unternehmens in die Rechtsform einer GmbH gewollt, kommt neben dem Rechtsformwechsel nach den §§ 190 ff. UmwG auch die Gesamtrechtsnachfolge des Gesellschaftsvermögens bei der Komplementär-GmbH nach Ausscheiden sämtlicher Kommanditisten in Betracht[761]. Mit Hilfe dieser Konstruktion kann durch eine Strukturierung außerhalb des UmwG der Anfall von Grunderwerbssteuer vermieden werden, da der formwechselnde Rechtsträger seine Identität bewahrt[762].

dd) Side-Stream-Verschmelzung

Auch die Effekte einer Side-Stream-Verschmelzung lassen sich durch eine Anwachsung realisieren. Zur horizontalen Zusammenführung von Beteiligungsgesellschaften scheidet die Konzernobergesellschaft aus dem übertragenen Rechtsträger aus mit der Folge, dass die Gesellschaftsvermögen auf ein weiteres Konzernunternehmen übergehen[763].

ee) Unternehmensverkauf

Gröger[764] beschreibt einen weiteren Anwendungsfall des Anwachsungsmodells. Sofern eine GmbH & Co. KG übernommen werden soll, kann der Käufer zunächst die Anteile an der Komplementär-GmbH erwerben. Sodann scheidet die Verkäuferin als Kommanditistin aus der Gesellschaft aus. Das Gesellschaftsvermögen der Kommanditgesellschaft geht dann auf die Komplementär-GmbH über, diese führt als Kapitalgesellschaft das operative Geschäft weiter[765].

2.2.4 Anwendbarkeit der aktien- und umwandlungsrechtlichen Kapitalschutznormen auf die „anwachsende" Verschmelzung

Mit der „anwachsenden" Verschmelzung können Strukturierungsergebnisse erzielt werden, die denen einer Unternehmensumwandlung nach dem UmwG weitgehend entsprechen. Gleichwohl ist bislang kaum in der Tiefe problematisiert worden, inwieweit dabei kapitalschützende Normen zu berücksichtigen sind. Dieser Frage wird im Folgenden zunächst mit Blick auf die relevanten umwandlungsrechtlichen Normen, sodann unter dem Blickwinkel aktienrechtlicher Kapitalschutznormen nachgegangen.

---

761 *Seibt*, FS Röhricht, , 603, 606; *Sagasser/Bula/Abele*, in: S/B/B, UmwR, § 29 Rn. 6..
762 *Fischer*, in: Boruttau, GrEStG, § 1 Rn. 545 ff.
763 *Seibt*, FS Röhricht, 603, 607.
764 *Gröger*, in: Hölters, Unternehmenskauf, 8. Aufl., IV Rn. 185.
765 *Seibt*, in: FS Röhricht, S. 603, 607 f.

Diskutiert werden muss zudem, ob die Genehmigung der Schuldübernahme mit Blick auf die später erfolgte Verschmelzung – ein geplantes Vorgehen unterstellt[766] – einen Verstoß gegen aktienrechtliche Kapitalerhaltungsvorschriften darstellt oder ob die danach erfolgte anwachsende Verschmelzung – aufgrund der Ausstrahlungswirkung des Umwandlungsrechts – dennoch an diesem zu messen ist.

a) *Entsprechende Anwendung umwandlungsrechtlicher Schutzmechanismen*

Nachdem nun gezeigt wurde, dass durch die verschiedenen Anwachsungsmodelle einer Verschmelzung bzw. einem Formwechsel in der wirtschaftlichen Konsequenz vergleichbare Wirkungen erzielt werden können, ohne jedoch zugleich die im UmwG angelegten Schutzmechanismen beachten zu müssen, stellt sich zu Recht die Frage der Ausstrahlungswirkung des UmwG. Die entsprechende Anwendung von umwandlungsrechtlichen Schutzmechanismen auch auf außerhalb des UmwG liegende Sachverhalte ist dabei keinesfalls neu. Rechtsprechung und Literatur sehen durchaus Raum für eine Anwendung des UmwG außerhalb dessen originären Geltungsbereichs[767]. Bereits in der „*Macrotron*"-Entscheidung[768] hat der *BGH* die im UmwG angelegten Spruchverfahrensvorschriften entsprechend angewandt, da ein Schutzbedürfnis der Minderheitsaktionäre beim regulären Delisting bestand. Im Zuge der sog. Frosta-Entscheidung hat der BGH seine bisherige Rechtsprechung zum Delisting aufgegeben und entschieden, dass die Aktionäre im Falle eines auf Veranlassung der Gesellschaft erfolgenden Rückzugs vom regulierten Markt keinen Anspruch auf eine Barabfindung hätten[769]. Hierdurch ist wohl eine wachsende Zurückhaltung des BGH zu sehen, kapitalmarktrechtliche Defizite nicht mehr durch gesellschafts- oder umwandlungsrechtliche Korrekturen kompensieren zu wollen[770]. Ob der BGH nunmehr grundsätzlich nicht mehr die Wertungen des Gesetzgebers durch seine eigenen ersetzen möchte, bleibt abzuwarten.

---

766 Vorliegend können keine internen Absprachen der Beteiligten in die Betrachtung einbezogen werden. Sämtliche Ausführungen beruhen lediglich auf den im Schrifttum vorgefundenen Angaben zum Sachverhalt, *LG Düsseldorf*, Urteil v. 28.10.2005–39 O 180/04 (DB 2005, 2512); *OLG Düsseldorf*, Urteil v. 28.09.2006 - I-5 U 6/06 (NZG 2007, 273); *Oechsler*, NZG 2007, 252, 252; *Habersack*, in: FS Röhricht, S. 155, 171 f.; *Kerber*, DB 2004, 1027, 1027 f.; *Ders.*, NZG 2006, 50, 50; *Ders.*, NZG 2007, 254, 254.

767 *LG Karlsruhe*, Beschl. v. 06.11.1997 – O 43/97 KfH I (NZG 1998, 393 ff.); *LG Frankfurt/aM*, Urteil v. 29.07.1997–3/5 O 162/95 (NZG 1998, 113 ff.); *Priester*, ZHR 163 (1999), 187, 190 ff.; *Bungert*, NZG 1998, 367 ff.; *Heckschen*, DB 1998, 1385, 1386; *Aha*, AG 1997, 345, 356; Feddersen/Kiem, ZIP 1994, 1078, 1086 f.; *Kallmeyer*, ZIP 1994, 1746, 1749 f.

768 *BGH* v. 25.11.2002 – II ZR 133/01 (BGHZ 153, 47).

769 *BGH* v. 8.10.2013 – II ZB 26/12 (NZG 2013, 1342 ff.).

770 *Wieneke*, NZG 2014, 22, 23.

aa) Umwandlungsrechtliches Analogieverbot durch den umwandlungsrechtlichen numerus clausus, § 1 Abs. 1,2 UmwG

§ 1 Abs. 1, 2 UmwG zählt die dem UmwG unterfallenden Vorgänge abschließend im Sinne eines *numerus clausus* auf: Danach ist eine Umwandlung im Sinne des Abs. 1 außer in den im UmwG genannten Fällen nur möglich, wenn sie durch ein Bundes- oder Landesgesetz ausdrücklich vorgesehen ist. Ob damit sogleich ein generelles Analogieverbot einhergeht, ist umstritten[771]. Es ist jedoch eine Unterscheidung zwischen dem gesetzlich angeordneten Analogieverbot des § 1 Abs. 2 UmwG und der Analogiefähigkeit einzelner umwandlungsrechtlicher Normen vorzunehmen. Keinesfalls lassen sich – wie *Schnorbus*[772] – allein aus der Verweisungsanalogie innerhalb des UmwG Rückschlüsse auf die Analogiefähigkeit umwandlungsrechtlicher Normen auf außerhalb des UmwG liegende Sachverhalte ziehen. Dieser dem *Handbuch der Rechtsförmlichkeit*[773] entsprechende Gesetzesaufbau des UmwG kann methodisch weder für noch wider die Analogiefähigkeit einzelner Normen außerhalb des UmwG angeführt werden. Daher sehen Literatur[774] und Rechtsprechung[775] auch keine generelle Unanwendbarkeit umwandlungsrechtlicher Normen auf entsprechende Sachverhalte.

Die vorstehende Problematik lässt sich vielmehr mit dem gewohnten methodischen Handwerkskoffer lösen. Daher ließe sich die Anwendung einzelner umwandlungsrechtlicher Schutzvorschriften auf die „anwachsende“ Verschmelzung nur unter den Voraussetzungen einer Gesetzesanalogie begründen. Methodische Voraussetzung hierfür ist bekanntlich der Nachweis einer planwidrigen Regelungslücke sowie die Vergleichbarkeit der jeweiligen Interessenlagen, die eine Ausdehnung der normativ erfassten Rechtsfolgen auf den ungeregelten Fall als geboten erscheinen lässt[776]. Entgegen *Semler*[777] lässt sich die Regelungslücke nicht schon mit dem Hinweis verneinen, dass der Gesetzgeber eine entsprechende Geltung nicht positiv geregelt habe. Diese Argumentation liefe auf einen Zirkelschluss

---

771 Dagegen u. a.: *Dauner-Lieb*, in: KK-UmwG, 2009, § 1 Rn. 38; *Semler*, in: Semler/Stengel, UmwG, § 1 Rn. 61 ff.; *Decker*, in: Hessler/Strohn, § 1 Rn. 23 f.; *Leinekugel*, S. 174 f.; *K. Schmidt*, in: FS Kropff, S. 259, 261 f.; *Nagl*, DB 1996, 1221,1223; für die Analogiefähigkeit einzelner umwandlungsrechtlicher Normen: *Lutter/Bayer*, in: Lutter, UmwG, Einl. I Rn. 58; *Drygala*, in: Lutter, UmwG, § 1 Rn. 59; *Stratz*, in: S/H/S, UmwG, § 1 Rn. 68.

772 *Schnorbus*, DB 2001, 1654, 1658.

773 Abrufbar auf den Seiten des *BMJ* unter: http://hdr.bmj.de (abgerufen am 1.11.2009).

774 *Lutter/Bayer*, in: Lutter, UmwG, Einl. I Rn. 58; *Drygala*, in: Lutter, UmwG, § 1 Rn. 59; *Stratz*, in: S/H/S, UmwG, § 1 Rn. 68.

775 Bei der wirtschaftlichen Ausgliederung, *LG Karlsruhe*, DB 1998, 120, und allgemeiner das *LG Frankfurt*, Zip 1997, 1698 ff. („*Altana/Milupa*“),

776 *BGH* v. 13.07.1988 – IVa ZR 55/87 (BGHZ 105, 140, 143); *BGH* v. 14.12.2006 – IX ZR 92/05 (BGHZ 170, 187); *Heinrichs*, in: Palandt, Einl. Rn. 48.

777 *Semler*, in: Semler/Stengel, UmwG, § 1 Rn. 67, so auch *Heckschen*, DB 1998, 1385; *Kiem*, in: Hommelhoff, Gesellschafts- und Umwandlungsrecht, S. 105, 130.

hinaus. Vielmehr ist die Analogiefähigkeit der umwandlungsrechtlichen Normen entscheidend durch den verfolgten Gesetzeszweck geprägt. Ziel der Einführung des UmwG war es, die bis dahin in mehreren Einzelgesetzen geregelte Materie zu vereinheitlichen und Lücken des früheren Umwandlungsrechts zu schließen[778]. Aus der Gesetzesbegründung ist ferner ersichtlich, dass es gerade nicht beabsichtigt war, jegliche Formen der gesellschaftsrechtlichen Umstrukturierung zu erfassen. Zur Anwachsung nach § 738 BGB wurde geschrieben, dass diese Methode zur Veränderung der Unternehmensstruktur erhalten bleibe und die über das UmwG eingeführten Restrukturierungsvarianten lediglich neben die nach allgemeinem Zivil- und Handelsrecht gegebenen Methoden der Vereinigung, Realteilung oder Umgründung treten sollten[779]. Der Gesetzgeber betonte dabei, dass die Vorschriften des UmwG nur beachtet werden müssen, wenn sich die beteiligten Rechtsträger auch derjenigen Vorteile – insbesondere der damit verbundenen steuerrechtlichen Vorteile – bedienen wollen, die das Gesetz vorsieht[780]. Dieses Argument lässt sich freilich auch umkehren: Durch diese Formulierung brachte der Gesetzgeber lediglich zum Ausdruck, dass die Normen des UmwG nur für die dort geregelten Tatbestände gelten. Nicht aber, dass sie nicht auch auf Sachverhalte außerhalb des UmwG angewendet werden dürften. Insofern ist der Wille des historischen Gesetzgebers hier nicht eindeutig.

Jedoch lässt sich eine allgemeine analoge Anwendung der umwandlungsrechtlichen Schutzvorschriften auf die Anwachsungsmodelle rechtsdogmatisch nur schwer begründen. Zwar erfüllen diese Umstrukturierungsmaßnahmen die Merkmale einer Gesamtrechtsnachfolge verbunden mit einer fehlenden Liquidation des Rechtsträgers, dennoch mangelt es an der Anteilskontinuität in der Person der Ausscheidenden[781], welche den technischen Umwandlungen immanent sind. Eine Analogie muss daher wohl ausscheiden.

bb) Die sogenannte Ausstrahlungswirkung[782] des UmwG

Von der soeben erörterten Frage der entsprechenden Anwendbarkeit umwandlungsrechtlicher Normen zu unterscheiden ist die Übertragung von umwandlungsrechtlichen Wertungsprinzipien auf die genannten Anwachsungsmodelle. Denn die aufgezeigten Risiken für die beteiligten Unternehmen ließen sich durch umwandlungsrechtliche Schutzerwägungen eindämmen.

Semler stellt hier zu Recht die Frage der methodischen Zulässigkeit eines solchen Vorgehens: Zunächst wird eine analoge Anwendung nicht zugelassen, in einem zweiten Schritt aber sogleich durch einen Wertungstransfer umwandlungsrecht-

778 Begr. zum RegE, BT-Drs. 12/6699, S. 71.
779 Begr. zum RegE, BT-Drs. 12/6699, S. 80.
780 Begr. zum RegE, BT-Drs. 12/6699, S. 80.
781 *Kallmeyer*, UmwG, § 1 Rn. 18.
782 Den durchaus problematischen verfassungsrechtlichen Aspekt der Ausstrahlungswirkung des UmwG bespricht *Schnorbus*, sehr ausführlich.

licher Schutzzweckerwägungen entkräftet[783]. Dennoch ist dieses Vorgehen dem deutschen Recht nicht systemfremd. Vielmehr handelt es sich um Formen der richterlichen Rechtsfortbildung[784]. Danach dürfen die Gerichte auch ohne Nachweis einer Regelungslücke das Gesetz ergänzen[785]. Gerade der *II. Zivilsenat des BGH* ist hier sehr aktiv. Er hat hier grundlegende Entwicklungen in Gang gesetzt, deren weiterer Verlauf und Abschluss längst nicht abzusehen sind. Im Einzelnen lassen sich die für das Aktienrecht bedeutsamen Urteile einteilen in solche zur Auslegung und Konkretisierung neuen Rechts, zur Klärung der Stellung und Befugnisse des Aufsichtsrats und seiner Mitglieder, sowie schließlich und vor allem zum Binnenrecht der Aktiengesellschaft und zu den Rechten der Aktionäre[786]. Insofern kann hier nicht von vornherein die Heranziehung umwandlungsrechtlicher Prinzipien methodisch ausgeschlossen werden.

Dieser Aspekt wird unter dem Begriff *Ausstrahlungswirkung des UmwG*[787] diskutiert. Dabei geht es, um die Frage, ob aus Sicht der Aktionäre und Gläubiger Vorgänge, die austauschbar sind, in den Rechtsfolgen gleichbehandelt werden müssen[788]. Rechtstechnisch könnte dies durch die eben erwähnte richterliche Rechtsfortbildung geschehen. Bisher wurde diese Thematik fast ausschließlich in Bezug auf die Ausgliederung durch Einzelrechtsübertragung und die dabei berührten Minderheitenschutzrechte besprochen[789]. Die hier aufgeworfene Frage ist demgegenüber weitergehend: Kommen die umwandlungsrechtlichen Gläubigerschutzmechanismen – zumindest deren Wertungen – auch bei der „anwachsenden Verschmelzung" zur Anwendung? Der bisherige Stand der Wissenschaft kann zur Beantwortung nur bedingt herangezogen werden, da die hier skizzierte Konstellation gerade keine Strukturentscheidungen im Sinne der „Holzmüller"-Doktrin betrifft, wofür bereits eine Ausstrahlungswirkung diskutiert wird[790]. Vielmehr muss die umwandlungsrechtliche Verschmelzung in ihren Rechtsfolgen für die Gläubiger[791] mit der lediglich

783 *Semler*, in: Semler/Stengel, UmwG, § 1 Rn. 63.

784 *Schnorbus*, S. 144; *ders.*, DB 2001, 1654, 1659.

785 *Söllner*, ZG 1995, 1, 7 f.; *Heußner*, in: FS Hilger/Stumpf, S. 317, 318 f.

786 *Ulmer*, Entwicklungen, S. 13.

787 Ausführlich dazu *Lutter/Bayer*, in: Lutter, UmwG, Einl. I Rn. 57 ff.

788 So *Lutter/Bayer*, in: Lutter, UmwG, Einl. I Rn. 57; *Leinekugel*, S. 1 ff., 244, umschreibt diesen Begriff, als eine *verbale Kurzformel, die plakativ und semantisch verkürzt den Fragenkomplex beschreibt, ob und wie eine gesamtanaloge Anwendung umwandlungsgesetzlicher Minderheitenschutzrechte zu erfolgen hat.*

789 *Reichert*, in: Habersack, Spaltung im Umwandlungsrecht, S. 25. *Kallmeyer*, in: FS Lutter, 1245; *Bungert*, NZG 1998, 367; *Veil*, ZIP 1998, 361; *Aha*, AG 1997, 345.

790 Zur Ausstrahlungswirkung bei Strukturentscheidung vgl. statt aller *Leinekugel*, S. 191 ff.

791 Vorliegend ist lediglich die Auswirkungen auf die Gläubigerrechte von Bedeutung, da in der typischen Konstellation eines fremdfinanzierten Unternehmenskaufs mit anschließender Verschmelzung regelmäßig keine Minderheitsaktionäre mehr existieren, deren Rechte verletzt werden könnten.

wirtschaftlich wirkenden „anwachsenden“ Verschmelzung verglichen werden. Nur wenn ein evidentes Schutzgefälle besteht, kann dies Anlass für eine Ausstrahlungswirkung sein.

Bei der „anwachsenden“ Verschmelzung nach § 738 Abs. 1 BGB fehlt ein systematisches Gläubigerschutzregime. Eine Sicherheitsleistung der Altgläubiger ist nicht vorgesehen. Möglicherweise ist in diesen Fällen daher schon viel früher anzusetzen: Der anwachsenden Verschmelzung geht regelmäßig – wie auch in dem hier zu besprechenden Fall – ein Formwechsel nach §§ 190 UmwG voraus. Dies ist erforderlich – sofern die betreffende Gesellschaft noch nicht als Kommanditgesellschaft organisiert ist –, um danach durch Austritt des vorletzten Gesellschafters die „anwachsende“ Verschmelzung durchzuführen. § 204 in Verbindung mit § 22 UmwG gewährt den Altgläubigern unter den Voraussetzungen des § 22 UmwG ein Recht auf Sicherheitsleistung. Aus umwandlungsrechtlicher Sicht werden die Altgläubiger durch den Formwechsel besser gestellt. Die *HDW-AG (alt)* wurde als Schuldnerin durch die *HDW-GmbH und Co. KG* ersetzt (*HDW-AG (neu)*)[792]. Daher sieht *Habersack*[793] keine Notwendigkeit für die Anwendung etwaiger umwandlungs- oder aktienrechtlicher Schutzvorschriften. Der Schutz der Gläubiger des übertragenden Rechtsträgers, in diesem Fall *HDW-AG (alt),* werde durch die Haftung bzw. Sicherheitsleistung des übernehmenden Gesellschafters gesichert.

Diese Ansicht wird durch die bewusste Entscheidung des historischen Gesetzgebers für das Prinzip der Anwachsung gestützt. Dadurch kommt eine legislatorisch gewollte Bevorzugung des Interesses an einer Unternehmenseinheit gegenüber den Vermögensinteressen der Gläubiger zum Ausdruck[794].

Dennoch liegt im hier zu besprechenden *Babcock Borsig/HDW*-Fall ein evidentes Schutzgefälle der „anwachsenden“ Verschmelzung gegenüber der umwandlungsrechtlichen Lösung aus Sicht der Gläubiger vor. Es wurde eine Form der Verschmelzung gewählt, die die Gläubiger der Zielgesellschaft daran gehindert hat, der drastischen Verschlechterung ihres Forderungsrisikos zu widersprechen, weil die Sicherungsrechte des UmwG hier eben nicht griffen. M.E. erscheint es dennoch rechtstechnisch – mit der derzeitigen herrschenden Meinung im Schrifttum – nicht möglich, die Gläubigerschutzvorschriften des UmwG, in welcher Weise auch immer, auf die anwachsende Verschmelzung anzuwenden.

Aus Praxissicht stellen die Anwachsungsmodelle eine interessante Gestaltungsalternative zu den herkömmlichen Umstrukturierungsformen dar. Dies gilt insbesondere im Verhältnis zum Umwandlungsrecht, da die speziellen umwandlungsrechtlichen Schutzvorschriften gegenüber den Gläubigern bei Anwachsungsvorgängen weder unmittelbar noch analog zum Tragen kommen. In

792 Die Solvenz der Komplementär-GmbH kann bei der umwandlungsrechtlichen Betrachtung unberücksichtigt bleiben, lediglich bei der aktienrechtlichen Beurteilung muss diese berücksichtigt werden.

793 *Habersack,* in: FS Röhricht, 155, 175.

794 *Seibt,* in: FS Röhricht, S. 603, 622.

der Konsequenz heißt dies aber auch, dass bei jeder Umwandlung frei zwischen der *wirtschaftlichen* und der *technischen Umwandlung* gewählt werden kann. Die Praxis hat hier Gestaltungsfreiheit zwischen zwei gleichwertigen Alternativen. Schutzlos sind die Gläubiger bei wirtschaftlichen Umwandlungen gleichwohl nicht. Der Gläubigerschutz lässt sich in diesen Fällen durch die Kontrolle der Kapitalisierung der verschmelzenden Rechtsträger auf Ebene der aktienrechtlichen Schutznormen realisieren, um dem von *Kerber* befürchteten Institutionenmissbrauch entgegenzuwirken[795].

Problematisch ist dabei freilich, dass ein (Institutionen-)Missbrauch aufseiten des Erwerbers eine Umgehungsmotivation sowie zwischen Erwerber und Veräußerer ein kollusives Zusammenwirken erfordert. Die Feststellung innerer Tatbestände lässt sich nur schwer vornehmen. Daher sollte grundsätzlich zur Begründung der Anwendung von aktienrechtlichen Kapitalschutznormen auf objektive Umstände abgestellt werden. Dazu im Folgenden:

b) Kapitalschutznormen des AktG

aa) Bedürfnis für die Anwendbarkeit aktienrechtlicher Kapitalschutznormen

Dass in Fällen der „anwachsenden" Verschmelzung die umwandlungsrechtlichen Gläubigerschutzinstrumente nicht zur Anwendung kommen können, hinterlässt ein Gefühl von Unwohlsein und sorgt nicht für Einzelfallgerechtigkeit aufseiten der Gläubiger des übertragenden Rechtsträgers. Die bereits geführte Diskussion über die Motive des historischen Gesetzgebers, durch die Anerkennung des Anwachsungsprinzips auch zugleich die anwachsende Verschmelzung für zulässig zu erachten, lässt sich sogleich als Argument für eine gebotene Anwendung der allgemeinen kapitalgesellschaftsrechtlichen Gläubigerschutznormen ins Feld führen. Denn wenn ein allgemein gesellschaftsrechtliches Institut nicht von den Schutzmechanismen des Umwandlungsrechts erfasst ist, bedeutet dies zugleich aber auch, dass das Umwandlungsrecht in diesen Fällen keine Sperrwirkung entfalten kann.

(1) Habersacks Ansatz

Insbesondere *Habersack*[796] setzt sich vehement gegen die (entsprechende) Anwendung allgemeiner Gläubigerschutznormen auf die anwachsende Verschmelzung ein. Hauptsächlich führt er die grundsätzliche Zulässigkeit der Gesamtrechtsnachfolge an, welche durch § 71 Abs. 1 Nr. 5 AktG auch für den Bereich des Aktienerwerbs gelte. Seine Annahme fußt in diesem Kontext in zweierlei Hinsicht auf einer falschen Prämisse: (1) § 71 Abs. 1 Nr. 5 AktG soll zwar klarstellen, dass eine Gesamtrechtsnachfolge nicht deswegen unzulässig ist, weil sie den Erwerb

---

795 *Kerber*, DB 2004, 1027, 1029.

796 *Habersack*, in: FS Röhricht, S. 155, 175.

eigener Aktien mit sich bringt[797]. Davon ist nach einhelliger Meinung auch die „anwachsende“ Verschmelzung nach § 738 Abs. 1 BGB erfasst[798]. Dennoch lässt sich dieser Norm keine Aussage über die Anwendbarkeit aktienrechtlicher Gläubigerschutznormen entnehmen. Vielmehr muss strikt zwischen der grundsätzlichen Zulässigkeit von anwachsenden Verschmelzungen – welche außer Frage steht und durch § 71 Abs. 1 Nr. 5 AktG nochmals bestätigt wird – und deren bloßer Modifikation durch aktienrechtliche Regelungen unterschieden werden. Voraussetzungslose wirtschaftliche Umwandlungen sollen durch § 71 Abs. 1 Nr. 5 AktG eben nicht ermöglicht werden[799]. Die Eingangskapitalisierung bei einer fremdfinanzierten Anteilsübernahme muss sich daher an den maßgeblichen aktienrechtlichen Kapitalaufbringungs- und -erhaltungsregeln messen lassen. Jedes andere Verständnis der Norm würde dem Missbrauch Vorschub leisten, indem durch Berufung auf die grundsätzliche Zulässigkeit der Gesamtrechtsnachfolge Kapitalschutznormen nicht zur Anwendung kämen. (2) Ferner stützt *Habersack* seine Argumentation auf einen vermeintlichen Gleichlauf zwischen § 71 Abs. 1 Nr. 5 AktG und § 71a Abs. 1 S. 1 AktG[800]. Eine vollständige Kongruenz zwischen beiden Normen besteht nach der hier vertretenen Ansicht gerade nicht. Eine Redundanz beim Schutzzweck ist freilich gegeben, jedoch verfolgt § 71a Abs. 1 S. 1 AktG über die Verhinderung von Umgehungsgeschäften hinaus noch weitere Zwecke[801]. Insbesondere die sich aus dem allgemeinen Gesellschaftsrecht ergebende Möglichkeit der Umstrukturierung muss zugleich zu einer Wertung an den Maßstäben des allgemeinen Gesellschaftsrechts führen[802]. Eine entsprechende Anwendung allgemein gesellschaftsrechtlicher Kapitalschutznormen lässt sich damit entgegen *Habersacks* These bei einer wirtschaftlichen Umwandlung grundsätzlich rechtfertigen. Zu dem Kanon des allgemeinen Gesellschaftsrechts zählen auch die aktienrechtlichen Kapitalschutzvorschriften. Unterstützung erhält diese These durch einen Blick auf die tatsächlich stattfindenden Restrukturierungsvorgänge im Vorfeld einer wirtschaftlichen Umwandlung.

---

797 Begründung des RegE AktG abgedruckt bei *Kropff*, Aktiengesetz. Textausgabe des Aktiengesetzes vom 06.09.1965 mit Begründung des Regierungsentwurfs und Bericht des Rechtsausschusses des Deutschen Bundestages, 1965, S. 91.

798 *Merkt*, GK-AktG, 4. Aufl. 2007, § 71 Rn. 231; *Oechsler*, in: MüKo-AktG, 3. Auf. 2008, § 71 Rn. 172; *Hüffer*, § 71 Rn. 18; *Lutter*, in: KK-AktG, 3. Auf. 2004, § 71 Rn. 62.

799 Ähnlich *Cahn*, in: Spindler/Stilz, § 71 Rn. 80 der in § 71 Abs. 1 Nr. 5 AktG keine Umgehungsmöglichkeit anderer, die Gesamtrechtsnachfolge beschränkender, Normen sieht.

800 *Habersack*, in: FS Röhricht, S. 155, 161 ff., 165.

801 Siehe dazu bereits oben S. 63.

802 a.*A.*: *Habersack*, FS Röhricht, 155, 176; *Oechsler*, in: MüKo-AktG, 3. Aufl. 2008, § 71a Rn. 27; *Cahn*, in: Spindler/Stilz, § 71a Rn. 46. *Schmidt/Spindler*, Finanzinvestoren, S. 163 f.; *Eidenmüller*, ZHR 171 (2007), 644, 662.

(2) Seibts Ansatz

Seibt[803] wählt einen anderen Weg, um gegen die entsprechende Anwendbarkeit allgemein gesellschaftsrechtlicher Kapitalerhaltungsregeln zu argumentieren. Danach besitze auch die anwachsende Verschmelzung ein eigenständiges Gläubiger- und Kapitalschutzsystem, welches im Wege der Spezialität allgemeineren – in diesem Fall aktienrechtlichen – Vorschriften vorgehe und welches im Schutzniveau dem Umwandlungsrecht vergleichbar sei. Dabei bleibt er allerdings eine genaue vergleichende Darstellung der aufgestellten These schuldig und bezieht sich allein auf die vermeintliche Anerkennung dieses Schutzsystems in den Gesetzesmaterialien zum neuen Umwandlungsrecht. Die Gesetzesbegründung macht jedoch keinerlei Aussage über die Gleichwertigkeit verschiedener Schutzniveaus. Vielmehr kann den Gesetzesmaterialien lediglich entnommen werden, dass eine anwachsende Verschmelzung existiert und nicht durch den im § 1 Abs. 2 UmwG angelegten *numerus clausus* der Umwandlungsarten ausgeschlossen werden soll.

(3) Oechslers Ansatz

Auch die Beschreibung der dogmatischen Grundlagen einer personengesellschaftsrechtlichen Anwachsung – wie von *Oechsler*[804] vorgenommen – kann die Schutzbedürftigkeit der Gläubiger nicht entfallen lassen, wenn vor der eigentlichen Transaktion eine Aktiengesellschaft in eine Personengesellschaft umgewandelt wurde. Als Befürworter einer entsprechenden Anwendung aktienrechtlicher Kapitalschutzvorschriften stellt man nicht das Prinzip der Anwachsung infrage, sondern den in der Gesamtheit zu betrachtenden Vorgang, der zu einer Umgehung der umwandlungsrechtlichen Schutzvorschriften führen kann.

(4) Bewertung unter Berücksichtigung von Babcock Borsig/HDW

Zu klären ist daher, welcher der richtige Ansatzpunkt für eine entsprechende Anwendung der aktienrechtlichen Kapitalschutzvorschriften ist. In dem hier zu beurteilenden *Babcock Borsig/HDW*- Fall wurden vor der „anwachsenden" Verschmelzung eine Reihe von gesellschaftsrechtlichen Umstrukturierungen vorgenommen, bis die *HDW-AG (alt)* schließlich in die *HDW GmbH & Co. KG* (*HDW-AG (neu)*) umgewandelt war. In dem Ausscheiden der Komplementär-GmbH kann keinesfalls ein Rechtsgeschäft im Sinne des § 71a Abs. 1 S. 1 AktG bzw. keine Rückgewähr im Sinne des § 57 Abs. 1 AktG gesehen werden. Diese weite Auslegung ließe sich mit dem Wortlaut nicht mehr vereinbaren. Anknüpfungspunkt für eine direkte Anwendung kann daher allenfalls der vorausgegangene Umwandlungsbeschluss (§§ 193 ff. UmwG) sein.

Möglicherweise wird die eben skizzierte Schutzlücke in diesen Fällen aber durch die Anwendung der §§ 204, 22 UmwG geschlossen werden. Danach besteht auch

---

803 Seibt, in: FS Röhricht, S. 603, 616 ff.; 621; *ders.*, ZHR 171, 282, 305.

804 *Oechsler*, in: MüKo-AktG, 3. Aufl. 2008, § 71a Rn. 27.

bei formwechselnden Umwandlungen die Möglichkeit einer Sicherheitsleistung. Die entsprechende Anwendung aktienrechtlicher Gläubigerschutznormen wäre dann überflüssig. Insbesondere *Kerber*[805] übersieht bei seiner – teilweise gerechtfertigten – Kritik an der Rechtsprechung des *LG Düsseldorf*[806], dass die Ansprüche der Gläubiger von *HDW-AG (alt)* durch die anwachsende Verschmelzung daher nicht gänzlich gefährdet wurden. So stand ihnen im Rahmen der Umstrukturierungsmaßnahmen die Geltendmachung eines Anspruchs auf Sicherheitsleistung innerhalb von sechs Monaten nach Eintragung des Formwechsels zu. Nach seinen Sachverhaltsermittlungen geschahen die gesellschaftsrechtlichen Umwandlungen sowie die „anwachsende" Verschmelzung, und die damit einhergehende Konfusion der Ansprüche aus dem Cash Pool, innerhalb weniger Monate[807]. In zeitlicher Hinsicht dürfte es daher – zumindest den Gläubigern mit professionalisierten Inkassoabteilungen – möglich gewesen sein, Ansprüche auf Sicherheitsleistung geltend zu machen. Wobei es auch hier zu bedenken gilt, dass einerseits kein Unternehmer regelmäßig die Unternehmens- und Handelsregister seiner Schuldner durchsieht. Und zudem dürfte in diesem Kontext die erforderliche Glaubhaftmachung der Anspruchsgefährdung problematisch sein: In einem Formwechsel dürfte *per se* kein gläubigergefährdendes Verhalten zu sehen sein.

Anders stellt sich die Lage im *Babcock Borsig/HDW*-Fall da. Hier wurde sogar schon im Umwandlungsbeschluss ausgeführt, dass *„das Vermögen der KG im Anschluss an die Registereintragungen der Formwechsel [...] im Wege der sog. Anwachsung übergehen wird."*[808] Die bereits angesprochene nichtvorhandene Obliegenheit der Gläubiger, regelmäßig Veränderungen in der Gesellschaftsform ihrer Schuldner zu überprüfen, muss im *Babcock Borsig/HDW-Fall* wohl auch anders beurteilt werden. Die geplanten und schon vorgenommenen Restrukturierungen riefen ein erhebliches Medienecho hervor, alle relevanten großen Wirtschaftszeitungen und -zeitschriften berichteten detailliert über das Geschehen[809]. Dies hätte jeden sorgfältigen Geschäftsleiter dazu veranlassen müssen, die jeweiligen Inkassoabteilungen der Gläubiger anzuweisen, die Geltendmachung von Sicherheitsleistungen zu prüfen. Aus einem (hier auch im Raume stehenden[810]) missbräuchlichen und kollusiven Zusammenwirken ließe sich freilich eine andere Beurteilung ableiten.

805 *Kerber*, Anm. zu *LG Düsseldorf*, Urteil v. 28.10.2005–39 O 180/04 (ZIP 2006, 516, 524).
806 *LG Düsseldorf*, Urteil v. 28.10.2005–39 O 180/04 (ZIP 2006, 516, 524).
807 *Kerber*, Anm. zu *LG Düsseldorf*, Urteil v. 28.10.2005–39 O 180/04 (ZIP 2006, 516, 526 f.); *ders.*, DB 2004, 1027, 1028.
808 Zitiert nach *Kerber*, DB 2004, 1027, 1027.
809 Vgl. etwa nur: Manager Magazin v. 01.05.2002, Nr. 5, S. 144 ff.; Wirtschaftswoche v. 06.06.2002, Nr. 24, S. 16; Handelsblatt v. 10.03.2002, S. 12; VDI Nachrichten v. 14.06.2002, S. 24 f.
810 Siehe dazu StA Düsseldorf, Az. 130 Js 133/02 – Manager Magazin Online v. 15.01.2008 „Anklage gegen Ex-Chef Lederer" – abrufbar unter http://www.manager-magazin.de/unternehmen/karriere/a-528785.html (abgerufen am 2.12.2010).

Abstrahiert von diesem Fall, kann die Glaubhaftmachung dagegen durchaus ein Problem darstellen. Diese Schutzlücke ließe sich durch eine entsprechende Anwendung aktienrechtlicher Kapital- und Gläubigerschutzvorschriften schließen. Diese Vorgehensweise wird bisher nur von wenigen Vertretern des Schrifttums geteilt. So fordert beispielsweise auch *Klass*[811] eine zusätzliche Kapitalschutzebene durch eine analoge Anwendung der aktienrechtlichen Vorschriften. Im Ergebnis begründet er dies aber mit einem – m. E. verfehlten – Verweis auf einen durch den Formwechsel eintretenden Wechsel der Risikozuordnung. Dies ist jedoch gerade keine Rechtsfolge des Formwechsels. Daher muss der Formwechsel im Kontext einer Gesamtschau mit der nachfolgenden Anwachsung gesehen werden. Die gegenteilige – jedoch noch von der herrschenden Meinung[812] vertretene – Ansicht würde zugleich bedeuten, dass der gleiche Gesetzgeber, der sowohl im Aktien- als auch im Umwandlungsrecht ein detailliertes und vor allem ausbalanciertes Kapitalschutzsystem etabliert hat, zugleich einen Ausweg aufzeigt (durch die anwachsende Verschmelzung), um seinem eigenen Standard an die Eingangskapitalisierung aufzuweichen[813]. Auch ist die hier vertretene Auffassung keinesfalls besonders außergewöhnlich, so ist beispielsweise im Arbeitsrecht anerkannt, dass sich die „anwachsende" Verschmelzung an allgemeinen arbeitsrechtlichen Schutzmechanismen messen lassen muss[814].

bb) Verstoß gegen das Verbot der Einlagenrückgewähr nach § 57 AktG

Die „anwachsende" Verschmelzung in Verbindung mit der Konfusion ist vom Telos der aktienrechtlichen Vermögensbindung durchaus umfasst. Problematisch ist freilich der Anknüpfungspunkt für die Einlagenrückgewähr. In dem Austritt der Komplementär-GmbH eine Leistung im Sinne des § 57 AktG zu sehen, ließe sich aber nicht mehr mit dem Wortlaut des § 57 Abs. 1 AktG vereinbaren. Schon an dem erforderlichen Rechtsgeschäft, wodurch Vermögen der Aktiengesellschaft an ihre Aktionäre ausgeschüttet wird, mangelt es. Zudem ist die *HDW-AG (alt)* durch die Umwandlung in eine GmbH & Co. KG gerade dem Kapitalschutzregime des AktG entgangen. Insofern kann auch hier die Anknüpfung für eine verbotene Leistung vorverlagert und auf den Umwandlungsbeschluss nach §§ 190 ff. UmwG abgestellt werden. Doch selbst in diesem Fall kann in dieser Konstellation kein gegen § 57 Abs. 1 AktG verstoßendes Rechtsgeschäft gesehen werden, da es an der Unmittelbarkeit zwischen dem Beschluss und der später – durch Anwachsung – erfolgenden Einlagenrückgewähr mangelt. Insofern ist die „anwachsende" Verschmelzung mit

811 *Klass*, S. 174, 176.

812 So vor allem: *Habersack*, FS Röhricht, S. 155, 174 ff.; *Eidenmüller*, ZHR 171 (2007), 644, 662; *Cahn*, in: Spindler/Stilz, § 71a Rn. 45; *Schmidt/Spindler*, Finanzinvestoren, S. 163 f.

813 In Bezug auf den Minderheitenschutz ähnlich *Leinekugel*, S. 248.

814 Siehe hierzu die Diskussion zu § 613a BGB bei *Willemsen*, in: Umstrukturierungen und Übertragungen, Kap. G Rn. 240; *Seibt*, in: FS Röhricht, 603, 604 ff.; *Schnitker/Grau*, ZIP 2008, 394, 395.

der aktienrechtlichen Vermögensbindung vereinbar. Das *OLG Düsseldorf* hat sich zu dieser Frage leider nicht geäußert, sondern die Anwendbarkeit dahinstehen lassen.

cc) Verstoß gegen das Verbot der finanziellen Unterstützungsleistung § 71a Abs. 1 S. 1 AktG

Die hier behandelte „anwachsende" Verschmelzung weist einen Transaktionsbezug auf. Insofern verwundert es nicht, dass *Kerber*[815] auf diese Fälle eine Anwendung des § 71a Abs. 1 S. 1 AktG fordert. Eine direkte Anwendung dürfte auch hier ausgeschlossen sein, da die „anwachsende" Verschmelzung mit keinem der in § 71a Abs. 1 S. 1 AktG genannten Rechtsgeschäfte vergleichbar ist. Dennoch wird schnell klar, dass bei Zugrundelegung praxisgerechter Maßstäbe eine dem § 71a Abs. 1 S. 1 AktG ähnliche Gefahrenlage durch die anwachsende Verschmelzung geschaffen wird. Das Geschehen muss als eine wirtschaftliche Einheit betrachtet werden, das letztlich darauf ausgerichtet ist, die Kaufpreisverbindlichkeiten durch Konfusion untergehen zu lassen[816]. Die von den Gerichten vorgenommene Trennung in rechtlich und zeitlich verschiedene Akte[817] überzeugt daher nicht und geht an der Transaktionspraxis vorbei. Nicht ganz klar ist dagegen, worauf *Kerber* die analoge Anwendung des § 71a Abs. 1 S. 1 AktG stützt. Er sieht nämlich in dem konkreten *Babcock Borsig/HDW*-Fall einen Fall von Institutionenmissbrauch und Sittenwidrigkeit. Dies würde jedoch bedeuten, dass, losgelöst vom konkreten Fall, sehr hohe Maßstäbe für die Heranziehung des § 71a Abs. 1 S. 1 AktG bei einer „anwachsenden" Verschmelzung angelegt werden müssen. Das lässt sich der Ratio des § 71a Abs. 1 S. 1 AktG nicht entnehmen. Insofern bedarf es keiner positiv festgestellten Sittenwidrigkeit. Der Institutionenmissbrauch ist den hier problematisierten „anwachsenden" Verschmelzungen dagegen immanent – es geht gerade darum, das bestehende Kapitalschutzregime zu umgehen, um auf das Vermögen der Zielgesellschaft zugreifen zu können.

Dennoch ist ihm darin beizupflichten, dass die Ratio des § 71a Abs. 1 S. 1 AktG unter anderem darin bestehe, die fusionsbedingte Vermischung von Aktiva und Passiva von Erwerber- und Zielgesellschaft zu verhindern. Denn dies ist nur eine Ausprägung des Verbots der finanziellen Unterstützung des Aktienerwerbs. Daher kann es auch keinen Unterschied machen, dass die „anwachsende" Verschmelzung erst nach dem Anteilserwerb erfolgt[818]. Nur so ist der umfassende Schutz durch § 71a Abs. 1 S. 1 S. AktG gewährleistet[819]. Keinesfalls soll durch diese Auslegung eine Refinanzierung gänzlich unmöglich werden. Vielmehr ist im Einzelfall entscheidend, ob die ganze Konstruktion nur darauf ausgerichtet

---

815 *Kerber*, NZG 2007 254, 255; *ders.*, NZG 2006, 50, 53; *ders.*, DB 2004, 1027, 1029; im Ergebnis auch für eine analoge Anwendung *Klass*, S. 174 ff.

816 *Kerber*, NZG 2006, 50, 53.

817 So *LG Düsseldorf*, Urteil v. 28.10.2005–39 O 180/04 (ZIP 2006, 516, 524) und das *OLG Düsseldorf*, Urteil v. 28.09.2006 – I-5 U 6/06 (NZG 2007, 273, 274).

818 So aber *Fridrich*, S. 326.

819 Siehe bereits oben S. 222 ff.

war die Zielgesellschaft quasi auszuschlachten. Ein wichtiger Indikator hierfür ist freilich der Grad der Fremdfinanzierung. Liegt dieser deutlich über dem Kreditrahmen des Erwerbsvehikels, schwebt über der zuvor erfolgten Restrukturierung der Aktiengesellschaft in eine geringere Kapitalbindungen unterliegenden Gesellschaftsform das Damoklesschwert der Nichtigkeit. Nur so lässt sich bereits vor Durchführung der Transaktion die Eingangskapitalisierung wirksam auf einem seriösen Niveau perpetuieren.

Zwar führt *Kerber*[820] selbst aus, dass eine Rückabwicklung der bereits erfolgten Transaktion wohl unmöglich wäre. Dies wird von den Kritikern der Anwendung des § 71a Abs. 1 S. 1 AktG auf die „anwachsende" Verschmelzung auch als Argument gegen diese eingewandt[821]. Jedoch kann die faktische Undurchführbarkeit der Rückabwicklung nicht zu einer Legitimation des gläubigerschädigenden Verhaltens führen. Ferner kann ein Verstoß gegen § 71a Abs. 1 S. 1 AktG zur Geschäftsleiterhaftung nach § 93 Abs. 2 AktG führen und ist schon aus diesem Grunde beachtlich[822].

Dass diese Auslegung nicht gänzlich abwegig ist, zeigt letztlich auch das Urteil des *OLG Düsseldorf*, wonach von einem Verstoß gegen §§ 71a Abs. 1 oder 57 AktG ausgegangen wird.

c) Die anwachsende Verschmelzung als Fall der Gesetzesumgehung

Kerber[823] und *Klass*[824] diskutieren in diesem Zusammenhang zudem eine Unwirksamkeit der Konstruktion wegen Verstoßes unabhängig gegen § 138 BGB. Der bereits angesprochene Institutionenmissbrauch stelle eine verwerfliche Umgehung gläubigerschützender Instrumentarien dar. Danach wären sowohl das Kausal- als auch das Verfügungsgeschäft nichtig[825].

Ob aus dem zweifellos bestehenden Institutionenmissbrauch zugleich eine Sittenwidrigkeit gefolgert werden kann, halte ich nur für schwer vertretbar. Insbesondere dürfte die subjektive Seite des § 138 BGB nur schwer beweisbar sein. Mit der hier vertretenen Lösung bedarf es aber auch gar keines Rückgriffs auf die Nichtigkeitsfolge des § 138 BGB. Der Institutionenmissbrauch kann vielmehr als Indiz in die Abwägung des § 71a Abs. 1 S. 1 AktG einfließen, ob in der konkreten Situation Gefahrenlage besteht, die mit der Ratio des § 71a Abs. 1 S. 1 vergleichbar ist.

Allenfalls in dem kollusiven Zusammenwirken der Leitungsorgane kann ein sittenwidriges Verhalten gesehen werden. Die Durchführung der „anwachsenden" Verschmelzung dürfte in der Form des *Babcock Borsig/HDW*-Falls wohl nur

---

820 *Kerber*, DB 2004, 1027, 1031; siehe auch *Diem*, Akquisitionsfinanzierungen, § 49 Rn. 34.

821 *Fridrich*, S. 327, *Habersack*, in: FS Röhricht, S. 155, 174 f.; *Cahn*, in: Spindler/Stilz, § 71a Rn. 46.

822 *Block*, in: Heidel, § 71a Rn. 11.

823 *Kerber*, DB 2004, 1027, 1029.

824 *Klass*, S. 167 ff.

825 So auch *Schneider*, NZG 2007, 888, 892.

so möglich gewesen sein. Anderenfalls ließe sich eine Verschmelzung, die zu erheblichen Verschlechterungen des Forderungsrisikos der Gläubiger führt, wohl kaum zu bewerkstelligen sein. Dafür spricht zum einen die Tatsache, dass der Vorstandsvorsitzende der *Babcock Borsig AG* in Personalunion auch Vorstandsvorsitzender *HDW-AG (alt)* war[826] und zudem die Wirtschaftsprüfer bei der Abschlussprüfung offenbar nicht so genau hingesehen haben. Lapidar heißt es, dass bei den im Abhängigkeitsbericht aufgeführten Rechtsgeschäften *„die Leistung der Gesellschaft nicht unangemessen hoch war oder Nachteile ausgeglichen worden sind."*[827]

2.2.5 Rechtslage bei Übernahme einer Verbindlichkeit des Veräußerers

Weiterer Anlass des regen literarischen Interesses an der *Babcock Borsig/HDW*-Entscheidung sind die zum Zwecke der Transaktionsfinanzierung übernommenen Verbindlichkeiten der *Babcock Borsig AG* gegenüber ihrer damaligen Tochter *HDW-AG (alt)*. Dabei geht es zum einen auch hierbei um die Frage der Tatbestandlichkeit von § 57 Abs. 1 bzw. § 71a Abs. 1 S. 1 AktG und zum anderen um die Reichweite der vom *OLG Düsseldorf*[828] getroffenen Entscheidung für künftige ähnliche Gestaltungen. Ein möglicher Konflikt mit den Kapitalerhaltungsvorschriften des AktG ist nicht auf den ersten Blick erkennbar. Erst die Betrachtung des negativen Cash Pools, als einen der Zielgesellschaft im Vorfeld der Transaktion entzogenen Kaufpreis, lässt eine Nähe zur verbotenen finanziellen Unterstützung erkennen. Von dieser Konstellation zu unterscheiden ist dagegen eine Gestaltung, nach der der Cash Pool ausschließlich zur Vorfinanzierung des Aktienerwerbs gebildet wurde. Dies dürfte regelmäßig einen Verstoß gegen § 71a Abs. 1 S. 1 AktG darstellen[829].

Schon die Entwicklung der Rechtsprechung vom *LG Düsseldorf* zum mittlerweile rechtskräftigen[830] Urteil des *OLG Düsseldorf* mutet in der Entscheidungsfindung merkwürdig an. Der Insolvenzverwalter der im September 2002 endgültig in die Insolvenz geratenen *Babcock Borsig AG* war der Auffassung, die im Rahmen des Anteilerwerbs erfolgte Schuldübernahme, sei mangels wirksamer Genehmigung

826 Handelsblatt v. 11.03.2002 „Klaus Lederer kündigt Rückzug bei Babcock Borsig an" – abrufbar unter http://www.handelsblatt.com/archiv/klaus-lederer-kuendigt-den-rueckzug-bei-babcock-borsig-an-babcock-verkauft-anteile-an-hdw-werft/2148498.html (abgerufen am 2.12.2010).

827 Vgl. *PwC Deutsche Revision*, Prüfung des Jahresabschlusses zum 30.09.2002 der HDW AG, Kiel, S. 75.

828 *OLG Düsseldorf*, Urteil v. 28.09.2006 – I-5 U 6/06 (NZG 2007, 273).

829 *Nuyken*, ZIP 2004, 1893, 1896.

830 Die Revision gegen die Abweisung der Klage wurde nicht zugelassen, die dagegen gerichtete Nichtzulassungsbeschwerde hat der BGH abgewiesen, *BGH* v. 11.12.2007 – XI ZR 342/06.

durch *HDW-AG (alt)* gescheitert. Demnach habe die Genehmigung gegen §§ 57 Abs. 1 und 71a Abs. 1 S. 1 AktG verstoßen und sei daher nichtig.

Das *LG Düsseldorf* folgte der Argumentation des Insolvenzverwalters nicht. Das Gericht urteilte, dass die Genehmigung zur Schuldübernahme weder eine Finanzierungshilfe im Sinne des § 71a Abs. 1 S. 1 AktG noch eine verbotene Einlagenrückgewähr nach § 57 AktG sei. Argumentativ unterlegte das Landgericht seine Entscheidung mit den von *Habersack*[831] vorgebrachten Erwägungen zur finanziellen Unterstützung des Aktienerwerbs. Ein Verstoß gegen § 71a Abs. 1 S. 1 AktG lasse sich danach nur begründen, wenn *die Gesellschaft zur Finanzierung des Erwerbs liquide Mittel aus dem Gesellschaftsvermögen weggibt und dadurch eine Vermögensgefährdung eintritt*[832]. Dies ergebe sich aus der bereits im Gesetz vorgenommenen Aufzählung. Zwar sei die Norm nicht abschließend, dennoch könne sie nur auf mit den Regelbeispielen vergleichbare Hilfeleistungen angewandt werden[833]. Dies erfordere aber die oben genannten kumulativ zu erfüllenden Voraussetzungen. Dadurch stellt das *LG Düsseldorf* auf die tatsächlichen Kapitalströme ab, ohne in Erwägung zu ziehen, dass schon durchaus zu einem früheren Zeitpunkt für die AG gefährdende Verpflichtungen begründet werden können. Strafrechtlich gesprochen wird dadurch aus dem Umgehungsschutz des § 71a Abs. 1 S. 1 AktG ein Erfolgsdelikt.

Dieses sehr restriktive Verständnis des § 71a Abs. 1 S. 1 AktG muss wegen der hier vertretenen Auffassung kritisch beleuchtet werden. Denn gerade der weite Schutzzweck der Norm fordert eigentlich eine wirtschaftliche Betrachtungsweise und kein Abstellen auf einen Vermögensverlust[834]. Das Erfordernis der Weggabe liquider Mittel lässt sich nicht aus dem Wortlaut der Norm lesen. Allein der Vergleich des Schuldnerwechsels mit einer Sicherheitenbestellung zeigt, dass eine abstrakte Gefährdung des Vermögens ausreicht, um die Rechtsfolge des § 71a Abs. 1 S. 1 AktG auszulösen. Zu Recht führt das Landgericht dabei die Frage der Bonität in die Diskussion ein. Vom klagenden Insolvenzverwalter wurde seinerzeit vorgetragen, dass die Bonität des neuen Schuldners schlechter gewesen sei als die der *Babcock Borsig AG*[835]. In der Tat ist bisher nicht geklärt, welchen Einfluss die Bonität des neuen Schuldners bei einer Schuldübernahme auf die Tatbestandsmäßigkeit des § 71a Abs. 1 S. 1 AktG hat. Die tatsächlichen Umstände des Falles können an dieser Stelle nicht mehr geklärt werden. Daher muss im Folgenden die Frage der Anwendbarkeit von § 71a Abs. 1 S. 1 AktG sowohl für den Fall der schlechteren Bonität als auch der besseren Bonität des neuen Schuldners positiv geklärt

---

831 *Habersack*, in: FS Röhricht, S. 155 ff.; er trat zudem als Gutachter auf Seiten der Beklagten auf.

832 *LG Düsseldorf*, Urteil v. 28.10.2005–39 O 180/04 (juris Tz. 76).

833 So im Ergebnis auch *Seibt*, ZHR 170, 282, 303.

834 So auch *Kerber*, ZIP 2006, 516, 522.

835 Dieses Vorbringen wies das *LG Düsseldorf* erneut unter Verweis auf die vermeintlich erforderliche Vermögensverschlechterung zurück, *LG Düsseldorf*, Urteil v. 28.10.2005–39 O 180/04 (juris Rn. 85).

werden. Das grundsätzliche Ausreichen einer abstrakten Vermögensgefährdung gibt hier wenig Substanz zur Beantwortung der aufgeworfenen Frage[836]. Vielmehr lässt sich aus dem mehrdimensionalen Schutzzweck folgern, dass es erneut auf das mit der Schuldübernahme verfolgte Ziel ankommen muss. § 71a Abs. 1 S. 1 AktG hat nicht die Funktion, die Aktiengesellschaft vor der Insolvenz zu schützen oder deren Insolvenzausfallrisiko möglichst gering zu halten. Daher müssen hypothetische Geschehensabläufe (*Babcock Borsig AG* wäre weiterhin Schuldnerin der Forderungen aus dem Cash-Pool geblieben) grundsätzlich außer Betracht bleiben[837]. Dennoch kann eine geringere Insolvenzquote durchaus eine Beeinträchtigung der Vermögenspositionen darstellen[838].

Auch *Kerber*[839] will in diesem Zusammenhang zwar einen Vergleich zwischen altem und neuem Schuldner vornehmen, Ansatzpunkt sei dabei aber die Motivation beider. Einen Vergleich der Insolvenzrisiken lehnt er dabei strikt ab[840]. Streng am Schutzzweck des § 71a Abs. 1 S. 1 AktG orientiert, erscheint dies als ein zulässiger Anknüpfungspunkt für einen Vergleich. Plakativ beschrieb er dies folgendermaßen: Der alte Schuldner konnte nicht mehr leisten und der neue Schuldner wollte nicht mehr leisten, um die Transaktion letztlich zu finanzieren. Sollte man dennoch dem *LG Düsseldorf* folgen und einen Bonitätsvergleich beider Schuldner bzw. einen Vergleich des jeweiligen Vermögensverlustes vornehmen, so müsste in jedem Fall die Insolvenzquote mitberücksichtigt werden. Im konkreten Fall kann die Höhe dieser mangels detaillierterer Sachverhaltsangaben nicht mehr nachvollzogen werden. Dennoch dürfte sich, nach allem, was bekannt ist, ein positiver Saldo beim alten Schuldner, *Babcock Borsig AG*, im Vergleich zu denen durch Kollusion gänzlich untergegangen Forderungen ergeben[841]. An dieser Stelle zeigt sich das falsche Verständnis des *LG Düsseldorf* von den wirtschaftlichen Zusammenhängen im zugrundeliegenden Fall. Danach habe sich die Vermögenslage der *HDW-AG (alt)* durch die Schuldübernahme gar nicht geändert, sondern vielmehr sei lediglich die ohnehin schon bestehende Vermögenslage perpetuiert worden[842]. Zugleich stellt das *Landgericht* aber die gewagte These auf, dass die *HDW-AG (alt)* gerade durch die Genehmigung des Schuldnerwechsels ihren Fortbestand gesichert habe. Zum einen ist dies argumentativ ein Widerspruch. Durch einen Verzicht auf Forderungen in Höhe von 540 Mio. € wird regelmäßig kein Bestand einer Gesellschaft gesichert. Zum anderen aber wurde der Fortbestand durch

836 a.A.: *Fridrich*, S. 338 ff.; *Habersack*, in: FS Röhricht, S. 155, 172 f.

837 Ähnlich auch *Oechsler*, ZIP 2006, 1661, 1665.

838 Zu denken wäre hier an die Fruchtbarmachung der Grundsätze über den Quotenschaden bei Altgläubigern. Allerdings nicht im Sinne einer Begrenzung des Schadensersatzanspruchs, sondern vielmehr als grundsätzliche Anerkennung einer schlechteren Insolvenzquote als Vermögensgefährdung für die Aktiengesellschaft.

839 *Kerber*, ZIP 2006, 516, 523; *ders.* NZG 2006, 50, 52.

840 Auch *Oechsler*, ZIP 2006, 1661, 1665, stellt allein auf den Zweck des Schuldnerwechsels ab und lässt Überlegungen zum Insolvenzrisiko nicht zu.

841 *Kerber* spricht von einer Insolvenzquote von 50 Mio. €.

842 *LG Düsseldorf*, Urteil v. 28.10.2005–39 O 180/04.

die zusätzliche Zuführung von Liquidität durch den neuen Eigentümer gewährleistet und nicht durch die Genehmigung der Schuldübernahme.

Habersack[843] verschließt sich dieser Argumentation gänzlich, indem er von vornherein nur konkrete Vermögensgefährdungen für § 71a Abs. 1 S. 1 AktG ausreichen lässt. Jedoch lässt sich selbst nach diesem sehr engen Verständnis der Bezug zum Verbot der finanziellen Unterstützungsleistung herstellen. Denn der Wechsel des Insolvenzrisikos ist vorliegend in eine Verschlechterung der Insolvenzquote umgeschlagen. Dies müsste selbst nach *Habersacks Verständnis* als konkreter Vermögensschaden aufgefasst werden können. Insofern würde er bei konsequenter Anwendung der von ihm aufgestellten Grundsätze auch zu einer Tatbestandsmäßigkeit des § 71a Abs. 1 S. 1 AktG kommen und liegt mit der hier vertretenen Auffassung gar nicht so weit auseinander.

Die unterschiedliche Bonität beider Schuldner lässt sich am Maßstab des Kapitalschutzes jedoch nur vergleichen, wenn klar ist, an welches Handeln die § 71a Abs. 1 S. 1 und § 57 Abs. 1 AktG bei einer Schuldübernahme überhaupt anknüpfen können. Für die Wirksamkeit einer Schuldübernahme ist immer eine Genehmigung durch den Gläubiger – hier *HDW-AG (alt)* – nach § 415 Abs. 1 BGB erforderlich[844]. Die Genehmigung führte im konkreten Fall dazu, dass die Finanzierung der Transaktion erst möglich wurde[845]. Daher kann hier allgemeiner die Frage nach dem Sinn des Zustimmungserfordernisses nach § 415 Abs. 1 BGB in Konzernsachverhalten aufgeworfen werden. In einem Abhängigkeitsverhältnis besteht immer die Möglichkeit der Einflussnahme auf die Geschäftsführung, umso mehr in dem besonders evidenten Fall eines Vorstandsdoppelmandats. Diesem Interessenkonflikt kann nur durch eine extensive Anwendung der allgemeinen Kapitalschutznormen entgegengewirkt werden[846]. Darin ist auch keine Einschränkung der wirtschaftlichen Flexibilität von Unternehmungen zu sehen, sondern vielmehr die logische Konsequenz der juristischen Selbstständigkeit von Kapitalgesellschaften, die durch Fremdorganschaft geleitet werden. Kämen die Entscheidungsgründe des *LG Düsseldorf* zur Anwendung, wäre es Muttergesellschaften möglich, sich unliebsamen Verpflichtungen gegenüber Tochterunternehmen durch eben dieses Vorgehen zu entledigen. Das Genehmigungserfordernis verkäme zur Farce.

Zudem ist die Argumentation des *Landgerichts,* der Schuldnerwechsel führte allenfalls zum Ausbleiben der durch die Schuldübernahme erhofften Verbesserung der Vermögenslage von *HDW-AG (alt),* keinesfalls aber zu einer Verschlechte-

---

843 *Habersack*, in: FS Röhricht, S. 155, 170.

844 *Oechsler,* ZIP 2006, 1661, 1665 spricht hier plakativ vom *„Schutz vor dem Tausch der Insolvenzrisiken“.*

845 Der *Babcock Borsig Fall* hat die Besonderheit, dass der Vorstandsvorsitzende der *Babcock Borsig AG* zugleich Vorstandsvorsitzender der *HDW-AG (alt)* war und daher problemlos diese Transaktion planen und auch genehmigen konnte.

846 Deswegen versteht *Kerber,* DB 2004, 1027, 1028 f.; ZIP 2006, 516, 522; NZG 2006, 50, 50, § 71a Abs. 1 S. 1 AktG sogar als eine Kapitalerhaltungsvorschrift im faktischen Konzern.

rung, haarspalterisch[847]. Der bilanzielle Grundsatz der Einzelbewertung fordert die Erfassung der den Forderungen individuell anhaftenden Risiken. Daraus folgt unter Umständen die Pflicht einer Einzelabwertung der Forderungen, sofern dem Gläubiger Umstände über erhöhte Risiken dieser bekannt werden[848]. Die Verschlechterung der Solvenz eines Schuldners ist ein in dessen Person liegender Grund, welcher eine bilanzielle Wertberichtigung erfordert. In der typischen Konstellation eines fremdfinanzierten Unternehmenskaufs tritt dieses Erfordernis noch stärker hervor. Denn das regelmäßig vermögenslose Akquisitionsvehikel macht erst recht eine Wertberichtigung erforderlich und führt somit zu einer Vermögensverschlechterung der Zielgesellschaft. Durch diesen Umweg über die Schuldübernahme ersparte sich der Erwerber die weitaus teurere Finanzierung über marktgerechte Kredite Dritter.

Auch die Voraussetzungen einer verbotenen Einlagenrückgewähr nach § 57 AktG sind nach hier vertretener Auffassung durch die Genehmigung der Schuldübernahme erfüllt worden. Ein Beherrschungsvertrag wurde im Vorfeld nicht abgeschlossen, sodass auch keine Privilegierung nach § 57 Abs. 1 S. 3 AktG gilt. Durch die Genehmigung hat *HDW-AG (alt)* liquide Mittel an ihren Aktionär ausgereicht und – im Bewusstsein der sogleich erfolgenden Konfusion – auf deren Rückzahlung verzichtet. Die zum § 57 AktG a. F. entwickelten Grundsätze, wonach ein vollwertiger Rückgewähranspruch bestehen müsse, um nicht dem Verbot der Einlagenrückgewähr zu unterfallen, hat sich nunmehr im neuen § 57 Abs. 1 S. 3 manifestiert. Diesem Erfordernis ist aber durch die Genehmigung der Schuldübernahme – vor dem Hintergrund der geplanten Konfusion – nicht mehr genüge getan. Insofern sind vorliegend § 71a Abs. 1 S. 1 AktG und § 57 Abs. 1 AktG parallel einschlägig[849]. Daher ist es unverständlich, wie das *LG Düsseldorf*[850] zur Beurteilung des möglichen Verstoßes gegen § 57 Abs. 1 AktG allein auf das Stehenlassen des Darlehens von *HDW-AG (alt)* an die *Babcock Borsig AG* abstellen konnte. Unter Verweis auf die einschlägige Rechtsprechung[851] und die in der Literatur[852] vertretenen Auffassungen legt das Gericht zwar nachvollziehbar dar, warum nach dem von ihm gewählten Anknüpfungspunkt keine verbotene Einlagenrückgewähr vorliegen soll, prüft aber keinesfalls die naheliegende Genehmigung der Schuldübernahme als Verstoß gegen § 57 AktG[853].

847 Eine schlechtere Bonität des neuen Schuldners unterstellt.

848 *Ellrott/Roscher*, in: BianzKomm, § 253 Rn. 569 ff.

849 *Oechsler*, ZIP 2006, 1661, 1665 sieht dagegen ein Spezialität des § 71a Abs. 1 S. 1 AktG gegenüber § 57 AktG und lässt letzteren daher nicht zur Anwendung gelangen.

850 *LG Düsseldorf*, Urteil v. 28.10.2005–39 O 180/04 (Juris Tz. 94 ff.)

851 *BGH* v. 21.09.1981 – II ZR 104/80 (BGHZ 81, 311); *BGH* v. 24.11.2003 – II ZR 171/01 (BGHZ 157, 72); *KG* v. 07.12.2000–2 U 7788/99 (NZG 2001, 989, 990).

852 *Bayer*, in: MüKo-AktG, 2. Aufl., § 57 Rn. 7; *Stimpel*, in: FS GmbHG, S. 335 ff, 346 ff.

853 *Oechsler*, ZIP 2006, 1661, 1665, spricht in diesem Zusammenhang sogar von einem *„Musterfall einer verbotenen Ausschüttung“*.

Nach diesen „misslungenen“ rechtlichen Ausführungen des *LG Düsseldorf* verwundert es nicht, dass durch die Klägerin Berufung zum *OLG Düsseldorf*[854] eingelegt wurde. Trotz der Relevanz der aufgeworfenen Fragen setzt sich das *OLG Düsseldorf* nicht mit den Problemen der Reichweite von § 71a Abs. 1 S. 1 AktG und § 57 Abs. 1 AktG auseinander. Dennoch wird die hier vertretene Rechtsauffassung durch beiläufige Annahme der Unwirksamkeit der Genehmigung gestützt.

Im Ergebnis ist das Urteil des *OLG Düsseldorf* wohl doch richtig. Anderenfalls müsste nämlich die durch das Kapitalschutzregime originär geschützte *HDW-AG (alt)*, welche mittlerweile auf das Erwerbsvehikel verschmolzen ist, den Kaufpreis zahlen[855]. Und darüber flösse der Kaufpreis der insolventen *Babcock Borsig AG* zu, obwohl diese ihrerseits Darlehensverbindlichkeiten in gleicher Höhe gegenüber der *HDW-AG (alt)* hatte. Es träte somit kein Ausgleich für die Gläubiger der *HDW-AG (alt)* ein, sondern lediglich eine unberechtigte Bevorteilung der Gläubiger der *Babcock Borsig AG*[856].

2.3 Besonderheiten der Verschmelzung zur Neugründung: Sachverhalt „AGIV AG“

2.3.1 Sachverhalt „AGIV AG“[857]

Im Jahre 2001 wurde ein Aktienpaket an der börsennotierten AGIV AG (alt) durch die BHF-Bank an die HBAG verkauft. Die HBAG finanzierte den Kaufpreis durch ein Darlehen der Deutschen Bank (Luxemburg). Dabei war von sämtlichen Beteiligten geplant, den Darlehensbetrag letztlich zumindest auch durch die bei der AGIV AG (alt) vorhandenen Liquidität zurückzuführen; auf welche Weise dies genau geschehen sollte, war jedoch noch nicht klar.

Sowohl die AGIV AG (alt) als auch die HBAG wurden anschließend zur Neugründung auf die AGIV (neu) verschmolzen. Darlehensschuldner (HBAG) und Besitzer der Liquidität (AGIV AG (alt)) waren nunmehr eine juristische Person (AGIV (neu)) und das Darlehen wurde aus dem nun vorhandenen Cash Flow weitegehend zurückgezahlt.

Im Jahr 2005 meldete die AGIV AG (neu) Insolvenz an. Der Insolvenzverwalter erhob u. a. Klage gegen die ING Bank als Rechtsnachfolgerin der BHF-Bank auf Rückzahlung des Kaufpreises für die Aktien der AGIV AG (alt), sowie gegen damalige Vorstandsmitglieder der AGIV (alt) und der HBAG.

---

854 *OLG Düsseldorf*, Urteil v. 28.09.2006 – I-5 U 6/06 (NZG 2007, 273).

855 So auch das *LG Düsseldorf*, Urteil v. 28.10.2005–39 O 180/04 (juris Tz. ????).

856 *Fridrich*, S. 335.

857 Gekürzt aus dem Tatbestand des Urteils; siehe auch *Handelsblatt online* v. 04.01.2006 – abrufbar unter: http://www.handelsblatt.com/unternehmen/banken/aktienrechtsverstoesse-der-bhf-bank-agiv-fordert-von-ing-bank-fast-200-millionen-euro/2595982.html (abgerufen am 28.11.2010).

Insofern bestehen einige Parallelen zu der zuvor besprochenen Entscheidung des OLG Düsseldorf. Der entscheidende Unterschied besteht hier darin, dass eine andere Form der Verschmelzung gewählt wurde; eine Verschmelzung zur Neugründung.

Der Kläger meinte, die Beklagte habe den Kaufpreis gesetzwidrig erhalten und müsse ihn deshalb nach § 62 AktG und § 812 Abs. 1 S. 1 1. Alt. BGB zurückgewähren, da der zugrundeliegende Kaufvertrag und die ihm zugrundeliegende Finanzierung ein nichtiges Umgehungsgeschäft nach § 71a Abs. 1 S. 1 AktG darstellten. Insbesondere stellte der Kläger darauf ab, dass die Zahlung des Kaufpreises mit der Verlagerung der Liquidität durch die Verschmelzung ein einheitliches Geschäft bilde.

2.3.2 Entscheidung LG Hamburg[858]

Das *Landgericht Hamburg* wies die Klage als unbegründet ab:

Zunächst führte das LG aus, dass ein Anspruch aus §§ 62, 71a AktG nicht bestehe. Denn die AGIV AG (alt) habe weder Geld gezahlt noch ein Darlehen gewährt und sei auch nicht Vertragspartei des Aktienkaufvertrags gewesen. Auch habe die AGIV AG (alt) keine Sicherheiten gewährt. Dass nach der Verschmelzung das Darlehen aus Mitteln zurückgeführt wurden, die von der AGIV AG (alt) stammten, ändere daran nichts. Denn nach der Verschmelzung gehörten diese Mittel eben nicht mehr der AGIV AG (alt), sondern der AGIV AG (neu). Darüber hinaus haben sich Darlehensschuldner und Liquidität bei der AGIV (neu) nicht mittels Rechtsgeschäft, sondern als gesetzliche Folge der Verschmelzung vereinigt.

Ferner sei § 71a Abs. 1 S. 1 AktG auch nicht analog anwendbar. Denn der Zweck des § 71a Abs. 1 S. 1 AktG – Kapitalschutz bei der AGIV AG (alt) sowie Vermeidung der Einflussnahme des Vorstandes auf die Zusammensetzung des Aktionärskreises – sei durch die Transaktion nicht berührt.

Zudem bestehe ein Anspruch aus §§ 57, 62 AktG ebenfalls nicht, da der Kapitalschutz bei Verschmelzungen im Umwandlungsrecht abschließend und ausreichend geregelt sei. Zum Zeitpunkt der Verschmelzung sei die HBAG weder überschuldet noch zahlungsfähig gewesen.

2.3.3 Bewertung

Dieses Urteil trägt zu einer gefährlichen Entwicklung bei. In einer Gesamtschau mit den Entscheidungen des *LG Düsseldorf* und *OLG Düsseldorf* wird deutlich, dass die Instanzgerichte dazu neigen, den Kapitalschutz sowohl bei § 57 AktG als auch bei § 71a Abs. 1 S. 1 AktG im Rahmen von Verschmelzungssachverhalten sehr restriktiv zu handhaben. Im Zweifel wird der Auslegung des § 71 Abs. 1 Nr. 5 AktG gefolgt, wonach das Verbot des Erwerbs eigener Aktien einer umwandlungsbedingten Ge-

---

858 *Landgericht Hamburg*, Urt. v. 23.10.2007–302 O 524/05 (nicht rechtskräftig und nicht veröffentlicht).

samtrechtsnachfolge nicht entgegensteht, und daher der wirtschaftlichen Flexibilität gegenüber dem Kapitalschutz der Vorrang eingeräumt.

Bereits die direkte Anwendung des § 71a Abs. 1 S. 1 AktG lässt das *Landgericht Hamburg* (vermeintlich) am Wortlaut scheitern. Denn auch bei weitester Auslegung des § 71a Abs. 1 S. 1 AktG habe die AGIV AG (alt) kein Rechtsgeschäft vorgenommen, dass sich unter das Verbot subsumieren lasse. Dabei verkennt das Gericht aber, dass wegen des Take-Over Bezugs des § 71a Abs. 1 S. 1 AktG von der Regelung eine weitgehende Anwendbarkeit gefordert wird, um letztlich alle denkbaren Konstellationen zu erfassen. Dies macht deutlich, dass der Wortlaut des § 71a Abs. 1 S. 1 AktG keinesfalls abschließend ist und vielmehr lediglich mit Regelbeispielen angereichert wurde. Zudem zieht sich das Gericht auf die formale Position zurück, dass in der Verschmelzung auch kein Rechtsgeschäft im eigentlichen Sinne erblickt werden könne. Hier hätte jedoch wegen der engen zeitlichen und sachlichen Verknüpfung der verschiedenen Stufen der einheitlichen Transaktion ein einheitliches Rechtsgeschäft angenommen werden müssen. Das Gericht stellt dabei vorrangig darauf ab, dass bei Abschluss des Darlehensvertrags das rechtliche Schicksal der beteiligten Gesellschaften noch völlig offen gewesen sei. Eine solche Betrachtungsweise wurde in dieser Bearbeitung bereits mehrfach kritisiert. Denn das Heranziehen von subjektiven Elementen öffnet Schutzbehauptungen Tür und Tor.

Auch lässt das Gericht § 71a Abs. 1 S. 1 AktG nicht entsprechend zur Anwendung kommen. Denn die Norm sei nicht als kapitalschutzrechtliche Generalklausel aufzufassen. Dies gelte insbesondere in den Fällen, in denen andere Normen zur Anwendung kommen, die gerade diesem Schutz der Gesellschafter und Gläubiger zu dienen bestimmt sind. Unter Bezugnahme auf § 22 UmwG verneint das Gericht bereits eine bestehende Regelungslücke. Aufgrund der bereits mehrfach dargestellten Schwächen des § 22 UmwG ist der Verweis der Gläubiger auf § 22 UmwG letztlich nicht hinnehmbar[859]. In diesem Zusammenhang setzt sich das *Landgericht Hamburg* auch mit der von *Kerber*[860] vertretenen Auffassung auseinander, wonach § 71a Abs. 1 S. 1 AktG unanwendbar sein müsse, wenn die Verschmelzung des Erwerbers auf die Zielgesellschaft im Wege des Umwandlungsgesetzes formgerecht vorbereitet und durchgesetzt wurde. Dabei muss nach hier vertretener Auffassung freilich die Einschränkung gemacht werden, dass sich eine Verschmelzung nach dem UmwG auch an dem Schutzzweck des UmwG orientieren muss. Dessen Intention ist es aber gerade nicht, marode Transaktionen zu fördern.

Auch sieht das *Landgericht Hamburg* keinen Verstoß gegen § 57 AktG. Dies lässt sich aufgrund der gewählten Konzeption bei formaler Betrachtungsweise durchaus vertreten. Jedoch ist die Begründung, mit der das Gericht eine Umgehung des § 57 AktG von vornherein ausschloss, nicht tragfähig. Danach komme § 57 AktG im Rahmen von Verschmelzungen generell nicht zur Anwendung, da das UmwG den Kapitalschutz abschließend regele. Mit den bereits dargelegten Schwächen des

859 Siehe hierzu unter S. 95 ff.

860 *Kerber*, DB 2004, 1027, 1029.

UmwG ließe sich in vorliegenden Konstellationen aber durchaus eine parallele Anwendbarkeit des allgemeinen Kapitalschutzrechts vertreten. Dabei lässt das Gericht durchaus erkennen, dass es bei einer überschuldeten und damit insolvenzreifen HBAG durchaus anders geurteilt hätte – eine finanzielle Schieflage reiche jedoch nicht aus.

Nach der hier vertretenen Ansicht zeigt das Urteil freilich in eine falsche Richtung. In den Entscheidungsgründen wird durchweg auf transaktionsfreundliche Literatur verwiesen. Dabei wäre es wünschenswert gewesen, wenn das Gericht im Ergebnis für den Kapitalschutz entschieden hätte. Dennoch ist es erfreulich, dass mit jeder weiteren Entscheidung zu dem vorbezeichneten Problemkreis der Kapitalschutz in Übernahme- und Verschmelzungssituationen weitere Konturen erhält.

2.4 Durchgriffshaftung in Form der Existenzvernichtungshaftung

Es wird zudem erwogen, ob die typische Form der fremdfinanzierten Unternehmensübernahme den vom *BGH* entwickelten Haftungstatbestand der Existenzvernichtungshaftung erfüllt[861]. Grundlage der Existenzvernichtungshaftung ist die Zweckbindung des Gesellschaftsvermögens zur Befriedigung der Gläubiger. Als Gegenstück zur Haftungsbegrenzung der Gesellschafter verlangt diese, der Gesellschaft keine Mittel zu entziehen, die sie zur Erfüllung ihrer Verbindlichkeiten benötigt[862]. Nach der *Trihotel*-Entscheidung des *BGH*[863] bedarf es konkret einen gezielten, betriebsfremden Zwecken dienenden Entzug von zur Begleichung von Gesellschaftsschulden benötigten Vermögenswerten[864]. Reine Managementfehler genügen demnach nicht mehr[865]. Dass diese Grundsätze auch im Aktiengesellschaftsrecht herangezogen werden, ist weitgehend unbestritten[866]. Zudem fordert das neue dogmatische Konzept der Existenzvernichtungshaftung, nämlich § 826 BGB, Vorsatz auf die schädigende Handlung und auch den Handlungserfolg in Gestalt des Gläubigerschadens[867].

861 *Seibt*, ZHR 171 (2007), 282, 307 ff.; *Sester*, ZGR 2006, 1, 12 f. *Schrell/Kirchner*, BB 2003, 1451, 1452.

862 *BGH* v. 17.09.2001 – II ZR 178/99 (BGHZ 149, 10 ff.); *BGH*, Urteil v. 24.06.2002 – II ZR 300/00 (BGHZ 151, 181 ff.); *BGH*, Urteil v. 25.02.2002 – II ZR 196/00 (BGHZ 150, 61 ff.); *BGH*, Urteil v. 16.07.2007 – II ZR 3/04 (BGHZ 173, 246 ff.).

863 *BGH*, Urteil v. 16.07.2007 – II ZR 3/04 (BGHZ 173, 246 ff.).

864 *Habersack*, ZGR 2008, 533, 544.

865 So auch schon in *BGH* v. 13.12.2004 – II ZR 256/02 (NZG 2005, 214 ff.) und *BGH* v. 13.12.2004 – II ZR 206/02 (NZG 2005, 177 ff.).

866 *Henze*, AG 2004, 405, 414 f.; *Hüffer*, § 302 Rn. 7; *Liebscher*, in: Beck'sches Hdb AG, § 14 Rn. 97; *Bayer/Trölitzsch*, in: Lutter, Holding, § 8 Rn. 8.78 ff.; a.A.: *Emmerich/Habersack*, § 23 Rn. 66 ff..

867 *Vetter*, BB 2007, 1965, 1966 f.

Dennoch fehlt es bereits an der vom *BGH* geforderten tatsächlichen Vermögensentziehung durch die Gesellschafter. Die bei einer fremdfinanzierten Übernahme vorgenommene Besicherung durch Vermögenswerte der Zielgesellschaft und spätere Bedienung der Kreditverbindlichkeiten durch diese führt nicht zu einem Vermögensentzug. Die Zuweisung des Vermögens der Zielgesellschaft, das der Befriedigung ihrer Gläubiger dient, wird dadurch nicht verändert[868]. Stattdessen wird Dritten ein gleichrangiger Zugriff auf das Vermögen der Gesellschaft ermöglicht[869].

Zudem dürfte es regelmäßig an dem mindestens erforderlichen bedingten Vorsatz mangeln. Im Regelfall werden fremdfinanzierte Übernahmen nur durchgeführt, wenn von einer hohen Erfolgswahrscheinlichkeit ausgegangen werden kann[870]. Insofern dürften die beteiligten Gesellschafter bzw. deren Geschäftsführer regelmäßig aufgrund einer soliden Prognose davon ausgehen, dass es nicht zu einer Insolvenz der Zielgesellschaft kommt und somit auch nicht der Fortbestand der Zielgesellschaft leichtfertig aufs Spiel gesetzt wird[871]. Denn auch der Investor hat kein Interesse daran, dass die Zielgesellschaft kollabiert, bevor die unternehmerisch oder monetär verfolgten Ziele erreicht werden konnten.

2.5 Existenz von Minderheitsgesellschaftern[872]

Ein besonderes Problem stellt die Existenz von Minderheitsgesellschaftern beim übernehmenden Rechtsträger dar, da diese durch den Übergang negativen Vermögens einen Wertverlust erleiden[873]. Denklogisch ist dies bei fremdfinanzierten Übernahmen nur im Rahmen eines Downstream-Merger möglich.

Grundsätzlich werden die Vermögenspositionen der Gesellschafter durch ein angemessenes Umtauschverhältnis sichergestellt[874]. Dies kann sich aber insbesondere in Downstream-Konstellationen bei Existenz von Minderheitsgesellschaftern als schwierig erweisen.

Im Falle einer Abwärtsverschmelzung einer mit Finanzierungskosten belasteten Muttergesellschaft auf die Tochtergesellschaft erhalten die Gesellschafter der Muttergesellschaft als Substitut für ihre Anteile an der Tochtergesellschaft entsprechende Anteile an der Tochtergesellschaft. Wenn nun aber alle durch die Muttergesellschaft gehaltenen Anteile an der Tochtergesellschaft unbesehen an die Gesellschafter der Muttergesellschaft übergingen, würde dies zu der skurrilen Situation führen, dass etwaige Minderheitsgesellschafter der Tochtergesellschaft mit dem Verschmelzungs-

---

868 *Schulz/Israel*, NZG 2005, 329, 331.

869 Ibd.

870 *Seibt*, ZHR 171 (2007), 282, 309; *Schulz/Israel*, NZG 2005, 329, 332; *Wessels/König*, M&A Review 2005, 312, 315.

871 *Habersack*, ZGR 2008, 533, 546, *Diem*, ZIP 2003, 1283, 1286; *Wessels*, ZIP 2004, 793, 795 f.

872 *Pfitzner*, WP-Handbuch, Band 2, 13. Aufl. 2008, E 82.

873 *Müller*, in: Kallmeyer, UmwG, § 24 Rn. 42; *Mertens*, AG 2005, 785, 789.

874 *Klein/Stephanblome*, ZGR 2007, 351, 369.

verlust belastet wären und eine Verminderung ihrer Anteile hinnehmen müssten, wohingegen die Gesellschafter der Muttergesellschaft überkompensiert würden[875]. Denn das verschmolzene Unternehmen ist stets weniger Wert als der ursprüngliche übernehmende Rechtsträger. Insofern kann ein angemessenes Umtauschverhältnis nur schwer hergestellt werden[876]. Um dennoch die Interessen der Minderheitsgesellschafter zu wahren, haben sich in der Literatur zwei Lösungsansätze herausgebildet.

2.5.1 Herstellung eines angemessenen Umtauschverhältnisses

Problematisch ist hier zunächst, dass das UmwG keine Abfindungsmöglichkeit ähnlich dem Squeeze-Out vorsieht. *Mayer*[877] erwägt für diese Fälle eine Pflicht zur Kapitalerhöhung bei der Tochtergesellschaft. Darauf könne jedoch eine Ausnahme gemacht werden, wenn die Gesellschafter des übernehmenden und des übertragenden Rechtsträgers auf die Gewährung weiterer Anteile aus der Kapitalerhöhung verzichten.

Mertens[878] denkt diesen Ansatz weiter und fragt danach, ob nicht durch ein Einstimmigkeits- bzw. Zustimmungserfordernis dem Schutz der Minderheitsaktionäre ausreichend Rechnung getragen werden könne. Dies würde jedoch zum einen gegen den Willen des Gesetzgebers verstoßen, welcher sich in den §§ 13 Abs. 1, 50 Abs. 1, 65 Abs. 1 gegen ein Einstimmigkeitserfordernis entschieden hat. Und zudem würde dadurch dem Missbrauch durch Minderheitsaktionäre Vorschub geleistet werden[879].

Zielführend ist daher wohl eher der Vorschlag, den Minderheitsgesellschaftern gleichzeitig mit der Verschmelzung Ausgleichsanteile an der Tochtergesellschaft zu gewähren[880]. Dies ließe sich wahlweise durch eigene Anteile der Tochtergesellschaft, durch Übertragungsverpflichtungen der Muttergesellschaft oder ihrer Gesellschafter oder durch eine Barkapitalerhöhung erreichen. Zudem kann darüber nachgedacht werden, den Minderheitsgesellschaftern mit dem Rechtsgedanken des § 29 UmwG ein Abfindungsangebot für ihren Wertverlust zu unterbreiten[881].

2.5.2 Keine Instrumentalisierung der Umwandlung zur Erreichung sachfremder Ziele

Grunewald[882] hält zudem eine Beschlussmängelklage gegen den Verschmelzungsbeschluss für möglich, wenn die Verschmelzung zur Erreichung sachfremder Ziele instrumentalisiert wird[883]. Diskutiert wird dies beispielsweise im Zusammenhang mit

875 Ibd.
876 *Mertens*, AG 2005, 785, 789.
877 *Mayer*, in: Widmann/Mayer, UmwG, § 5 Rn. 38.
878 *Mertens*, AG 2005, 785, 789 ff.
879 *Klein/Stephanblome*, ZGR 2007, 351, 370.
880 *Mertens*, AG 2005, 785, 790 f.
881 Ibd.
882 *Grunewald*, in: FS Röhricht, S. 129 ff.
883 Diese Überlegungen basieren auf *BGH* v. 15.11.1982 – II ZR 62/82 (BGHZ 85, 350).

einem Formwechsel in eine Aktiengesellschaft, um dann einen Squeeze-Out durchführen zu können[884]. Dies ist aber gerade nicht mit der Situation beim Downstream-Merger im Falle einer fremdfinanzierten Unternehmensübernahme vergleichbar. Die Verschmelzung dient hier dazu, die aus der Transaktion resultierenden Verbindlichkeiten der operativ tätigen Tochtergesellschaft zuzuordnen[885]. Der Wechsel der Zuordnung von Vermögensmassen entspricht aber gerade der Regelungsintention des UmwG. Insofern kann eine Instrumentalisierung der Umwandlung zur Erreichung sachfremder Ziele hier nicht gesehen werden, eine Beschlussmängelklage ist daher abzulehnen.

2.6 Auswirkungen der gefundenen Ergebnisse auf die Eingangskapitalisierung bei Unternehmenskäufen

Die hier gefundenen Ergebnisse haben Einfluss auf die Eingangskapitalisierung der beteiligten Rechtsträger bei Unternehmensübernahmen mit anschließender Verschmelzung. Um einen effektiven Gläubigerschutz zu gewährleisten, wurde hier eine ggf. analoge Anwendung aktienrechtlicher Kapitalschutzvorschriften vertreten. Zugleich sind die hier vorgestellten Transaktionsfinanzierungen aber zulässig, wenn keine Gläubigerbelange betroffen sind[886]. Insofern sollten die Investoren ein Interesse daran haben, für eine ausreichende Eingangskapitalisierung des Erwerbsvehikels zu sorgen.

---

884 *Gessmann/Nuissl*, WM 2002, 1205, 1211; *Krieger*, BB 2002, 53, 61; *Grunewald*, in: MüKo-AktG, 2. Aufl. 2004, § 327a Rn. 5.

885 *Klein/Stephanblome*, ZGR 2007, 351, 364.

886 In diese Richtung auch *Eidenmüller*, ZHR 171 (2007), 644, 664.

3. Ergebnis

Durch die hier gefundenen Ergebnisse werden typische Konstellationen des fremdfinanzierten Unternehmenskaufs erheblich erschwert, weil das zu verschmelzende Akquisitionsvehikel neben der Beteiligung an der Zielgesellschaft keine nennenswerten Aktiva besitzt und mit einem Kredit belastet ist, der meist dem Kaufpreis und den Kosten der Transaktion entspricht. Ließe man in solchen Fällen einen Downstream- oder Upstream-Merger zu, führte dies dazu, dass die Altgläubiger der Zielgesellschaft, ohne dass zusätzliche Aktiva zugeführt würden, bei unverändertem Eigenkapital im gleichen Rang mit denen den Ankauf finanzierenden Banken stünden. Hat die Zielgesellschaft für den Kredit des Akquisitionsvehikels noch dingliche Sicherheiten (freilich in den Grenzen des § 71a Abs. 1 S. 1 AktG) bestellt, wären die Altgläubiger sogar nachrangig zu befriedigen[887]. Aus diesem Grund wird im Schrifttum im Falle eines Downstream-Merger nach einer fremdfinanzierten Unternehmensübernahme auch häufig ein Missbrauch dieser Verschmelzungsmöglichkeit gesehen und daher eine Unzulässigkeit bejaht.

Viel kontroverser wird hingegen die Verschmelzung einer Tochter auf ihre Mutter (Upstream Merger) diskutiert. Die dazu ausgetauschten Argumente sind vielfältig.

Nach der hier vertretenen Ansicht kann es aus Gläubigerschutzgründen jedoch im Ergebnis keinen Unterschied machen, in welche Richtung verschmolzen wird. Dies lässt zum einem mit der wirtschaftlichen Identität des Ergebnisses beider Verschmelzungsrichtungen begründen und zum anderen entscheidet immer die Muttergesellschaft über die Verschmelzungsrichtung. Der Gläubigerschutz darf daher nicht in ihr Ermessen gestellt werden. Daher muss in entschiedener Weise auch den in der Einführung erwähnten Urteilen des *OLG Stuttgart* und *LG Leipzig* widersprochen werden.

Mit dieser Abhandlung wurde gezeigt, dass der umwandlungsrechtliche Gläubigerschutz nach § 22 UmwG versagt, wenn der übernehmende Rechtsträger nach der Verschmelzung überschuldet ist. Zudem fanden sich schon bei der Geltendmachung des Anspruchs auf Sicherheitsleistung einige praktische Unwägbarkeiten, die faktisch zu einem geringeren Schutzniveau führen, als es von den aktienrechtlichen Kapitalerhaltungsvorschriften vorgesehen ist.

Es wurde gezeigt, dass das UmwG keine „maroden Umwandlungsvorgänge“ begünstigen möchte. Dennoch dürfen umgekehrt sinnvolle Umwandlungen nicht durch eine extensive Anwendung des Erfordernisses der Sicherheitsleistung verhindert werden. Aus dem UmwG wurde der grundsätzliche Gedanke einer Mindestseriosität bei Umwandlungen destilliert. Diesem Schutzzweck dient letztlich auch die zusätzliche Anwendung allgemeiner Kapitalschutzvorschriften. Dennoch darf

887 Siehe allgemein dazu *Smid*, Kreditsicherheiten in der Insolvenz, 2. Aufl. 2008, § 12 Rn. 24 ff.

dies nicht zu einer Einschränkung über Gebühr der wirtschaftlichen Flexibilität der beteiligten Rechtsträger führen. Als einschränkendes Kriterium käme daher das Vorliegen eines existenzgefährdenden Charakters der gesamten Verschmelzung für den bisher operativ tätigen Rechtsträger in Betracht. Dies ist auch nicht systemfremd, etwa, weil nach der hier vertretenen Auffassung institutionelle Schutzvorschriften von konkreten Gefährdungsszenarien abhängig gemacht werden. Vielmehr wurde gezeigt, dass die hier aufgezeigten Gefährdungsszenarien gewissermaßen selbst bereits institutionalisiert sind und allenfalls in der konkreten Ausführung voneinander abweichen.

Diese rein am Kapitalschutz orientierte Betrachtung der vorgestellten Transaktionsstrukturen wurde schon häufiger im Schrifttum kritisiert[888]. Denn mit zunehmender Größe des Unternehmens müsse man im Hinblick auf die Konsequenzen solcher Transaktionen nämlich auch andere Aspekte in die Abwägung mit einbeziehen. Dies lasse sich schon dem *Mitbestimmungsurteil*[889] des *BVerfG* entnehmen. Danach liegt *„die bedeutende soziale Funktion des Anteilseigentums auf der Hand. Sein sozialer Bezug zeigt sich bereits darin, dass es in aller Regel in der Gemeinschaft mit anderen an einer Gesellschaft besteht, die Eigentümer von Produktionsmitteln ist [...].*" Diesen Bedenken kann durchaus etwas abgewonnen werden, denn es besteht volkswirtschaftlich unzweifelhaft ein Interesse daran, dass Forderungen in Höhe von 524 € nicht durch Konfusion untergehen.

Daher war hier Ausgangspunkt aller Überlegungen neben dem Gläubigerschutz auch die Tatsache, dass die Aktiengesellschaft eine eigene Rechtspersönlichkeit hat. Zwar wird mit der herrschenden Meinung ein Bestandsschutz um ihrer selbst willen nicht zugesprochen, jedoch muss man von einem Bestandsschutz des Kapitals als Kapitalerhaltungsinteresse der Zielgesellschaft ausgehen. Dies wurde sowohl in der *Babcock Borsig/HDW*-Entscheidung als auch in der *AGIV AG*-Entscheidung virulent. Denn das vorgestellte Verschmelzungsmodell führte letztlich zur Beerdigung des Unternehmens. Diese Entscheidung wurde von vielen Seiten auch außerhalb des gewöhnlichen gesellschaftsrechtlichen Kanons kritisiert. Insbesondere, dass davon ein Signal ausgehe, wohlfahrtsschädigende Transaktionen mit anschließender Verschmelzung vorzunehmen. Dem musste hier jedoch (aus gesellschaftsrechtlicher Sicht) widersprochen werden. Denn den Aktionären steht grundsätzlich jederzeit die Möglichkeit offen, ihre Gesellschaft zu liquidieren und sich damit ihr Eigentum und Vermögen wieder selbst einzuverleiben. Dabei müssen zwar die Liquidationsvorschriften beachtet werden[890]. Allerdings mag die Beachtung von Formvorschriften kein Eigeninteresse der Aktiengesellschaft begründen. Vielmehr werden im Rahmen des Liquidationsverfahrens die Interessen Dritter berücksichtigt. Bei den berücksichtigungsfähigen Interessen handelt es sich aber nicht um solche der Aktiengesellschaft, sondern um die der Gläubiger. Welche Interessen im Liquidations-

888 *Schneider*, NZG 2007, 888, 893; *ders.*, NZG 2006, 577, 579.
889 *BVerfG*, Urteil v. 01.03.1979–1 BvR 532/77, 533/77, 419/77 (NJW 1979, 699 ff.).
890 *Fleck*, ZGR 19 (1990), 31, 36 f.

verfahren zu berücksichtigen sind, ist demnach sehr formalistisch festgeschrieben. Dies wird dadurch deutlich, dass die Aktionäre – sofern keine Gläubigerinteressen entgegenstehen – ihr Vermögen zurückbekommen.

In der *AGIV*-Entscheidung wird zudem vom Gericht sehr plastisch beschrieben, dass und warum ein dort vorgenommener zweistufiger Erwerb mit Verschmelzung gerade nicht von den Kapitalschutznormen des AktG erfasst sei und erfasst sein könne. Diese Tendenz in der Instanzrechtsprechung dürfte den Beteiligten weiterhin Anreiz zum Institutionenmissbrauch bieten.

Auch wurden mit den Gesellschaften verbundene Arbeitsverhältnisse durch die gewählten Transaktionsstrukturen zerstört. Es ist zwar grundsätzlich richtig, dass auch Arbeitnehmer der Aktiengesellschaft schützenswerte Interessen aufweisen können. Teilweise wird sogar argumentiert, dass der Schutz der Arbeitnehmerinteressen einen anerkennenswerten Aspekt des Schutzes der Gesellschaft darstelle. Gleichwohl ist auf der anderen Seite zu berücksichtigen, dass dem Arbeitgeber zwar hinsichtlich des „wie" der Betriebsführung durch das Arbeitsrecht aus Gründen des Arbeitnehmerschutzes Schranken auferlegt sind; die Frage, ob er überhaupt mit seinem Unternehmen am Wirtschaftsverkehr teilnehmen möchte und dabei als Arbeitgeber fungieren will, bleibt ihm aber selbst überlassen. Ohne arbeitsrechtliche Konsequenzen dürfte beispielsweise ein Einzelkaufmann seinen Betrieb stilllegen. Die Organisation des Unternehmens als Aktiengesellschaft ändert daran nichts. Auch den Vorschriften über die Liquidation der Gesellschaft bei ihrer Auflösung kann keine Schutzfunktion zugeschrieben werden, die gerade den Arbeitnehmern zugutekommen soll. Vielmehr dienen sie dazu, die Interessen zwischen Gesellschaft und Gläubigern bzw. der Gesellschafter untereinander auszugleichen. Schließlich mag den Beschäftigten im Falle einer Mitbestimmung zwar die Möglichkeit eingeräumt sein, bei Einstellung des Betriebs einen Sozialplan zu erwirken, dieser wiederum sichert ihnen aber nicht den Fortbestand des Unternehmens als Arbeitgeber, sondern gibt ihnen lediglich noch eine gewisse finanzielle Absicherung gegen die Folgen der Arbeitslosigkeit. Insoweit stellen sie aber wiederum nur zukünftige Gläubiger dar. Im Ergebnis ist daher das Interesse etwaig bei der Aktiengesellschaft beschäftigter Arbeitnehmer am Fortbestand der Aktiengesellschaft als ihrem Arbeitgeber kein hinreichender Grund dafür, bestimmte Transaktionsstrukturen zu sanktionieren.

4. Die rechtliche Bewertung von Break-Fee Vereinbarungen

4.1 Einleitung

In die Kategorie der zu untersuchenden transaktionsmotivierten Zahlungen der Aktiengesellschaft an ihre Aktionäre zählen auch die sogenannten Break-Fee Vereinbarungen. Diese Kostenersatzklauseln werden häufig bei Unternehmenstransaktionen vereinbart mit dem Ziel, dass die Zielgesellschaft die bei der Verhandlung, Erstellung und Finanzierung des Angebots anfallenden Kosten (im Wesentlichen Beraterhonorare und Finanzierungsgebühren) übernehmen soll, sofern das Angebot nicht zur Erlangung der Mehrheit der Stimmrechte durch den Bieter – oder noch häufiger – nicht zur begehrten Verschmelzung führt[891]. Dieses Bedürfnis nach Absicherung ist nicht unbegründet. Der Blick auf die Praxis zeigt, dass tatsächlich nur wenige der geplanten Unternehmenstransaktionen zum Abschluss eines Kaufvertrags mit nachfolgender Unternehmenszusammenführung führen. Dies kann durch verschiedenste Faktoren bedingt sein. Zu denken ist hier insbesondere an die Verweigerung aufsichtsrechtlicher Genehmigungen, die mangelnde – aber erforderliche – Zustimmung der Gesellschafter oder aber auch schlicht der Abbruch von Vertragsverhandlungen (was nicht selten aufgrund persönlicher Antipathien der beteiligten Parteien geschieht). Für einen ungefähren Einblick in das verhandelte Volumen solcher Abbruchvereinbarungen sorgten die auch in Deutschland bekannt gewordenen Transaktionen *Hoechst/Rhone-Poulenc (75 Mio. €)*[892] und *ProSieben/Sat. 1*[893] oder auch *Bayer/Schering („signifikante Break Fee")*[894]. Zudem illustriert der Fall *ABN AMRO/Barclays*, dass tatsächlich auch aufgrund dieser Vereinbarungen Gebühren fällig werden: Hier wurde eine Zahlung von 200 Mio. € vereinbart für den Fall, dass der Vorstand von *ABN AMRO* seine Empfehlung an seine Aktionäre, das Angebot von *Barclays* anzunehmen, zurücknimmt. Im Zuge des Bieterverfahrens gaben dann andere Großbanken ein höheres Angebot ab, worauf der Vorstand der *ABN AMRO* seine Empfehlung zugunsten des Angebots von *Barclays* zurückzog[895]. Das aktuellste Beispiel mit deutschem Bezug bietet das gescheiterte Übernahmeverfahren *Deutsche Telekom/AT&T*[896]. Die zu zahlende Break-Fee liegt zwischen 4 und

---

891 *Hilgard*, BB 2008, 286 ff.; *Ziegler/Stancker*, M&A Review 2008, 28 ff.; *Zeidler*, M&A Review 2008, 364 ff.; *Drygala*, WM 2004, 1413, 1413.

892 Siehe ausführlich dazu *Hopt*, ZGR 2002, 333, 361 f.

893 FAZ v. 13.07.2000, S. 29.

894 Börsen-Zeitung v. 14.04.2006, S. 11.

895 Siehe dazu http://uk.reuters.com/article/2007/10/05/uk-abnamro-takeover-fee-idUKWEB844620071005 (abgerufen am 12.7.2009).

896 Siehe hierzu http://blog.handelsblatt.com/rechtsboard/2011/12/19/%E2%80%9E break-up-fee%E2%80%9C-%E2%80%93-ein-trostpflaster-fur-die-telekom/ (abge-

6 Mrd. $, das entspricht ca. 9–15 % des Transaktionsvolumens von 39 Mrd. $ und ist daher selbst für US-amerikanische Verhältnisse außergewöhnlich hoch. Sollte dieser Vertrag nach deutschem Recht geschlossen worden sein, was bezweifelt wird, kann schon jetzt vorweggenommen werden, dass diese Klausel einer materiellen Prüfung nicht standhalten würde.

Gerade bei Zusammenschlüssen mit internationalen Bezug kommen solche Klauseln immer häufiger zum Einsatz, wie vermehrt im Schrifttum berichtet wird[897]. Die Praxis geht zudem von einer weiteren Zunahme solcher Vereinbarungen aus, da viele Investoren aus angelsächsischen Ländern kommen und somit auf ihnen bekannte Instrumentarien zurückgreifen wollen[898]. Ferner steigern diese Instrumentarien die Verhandlungsbereitschaft der beteiligten Parteien, was wiederum allen Beteiligten nutzt, da finanzielle Interessen geschützt und Haftungsrisiken limitiert werden können[899].

Trotz dieser enormen Bedeutung für die Rechtspraxis ist die gesellschafts- und übernahmerechtliche Behandlung der Break-Fee Vereinbarungen in Deutschland weitgehend unklar. Schon die zivilrechtliche Einordnung erfolgt nicht einheitlich. Sie lassen sich als selbstständiges Strafversprechen, als pauschalisierter Schadensersatz oder aber als eine Vertragsstrafe kategorisieren. Sogar die Einordnung als selbstständiger Vorvertrag *sui generis* wird vertreten.

Ein Zusammenhang zum Oberthema dieser Bearbeitung – die Untersuchung von finanziellen Unterstützungsleistungen der Aktiengesellschaft zugunsten ihrer Aktionäre – scheint auf den ersten Blick – zumindest in Bezug auf den Maßstab des § 71a Abs. 1 S. 1 AktG – fernliegend, da sich der Erwerb von Aktien und die Zahlung einer Break-Fee ausschließen. Die finanzielle Zuwendung aufgrund der Abbruchklausel erfolgt gerade in dem Fall, dass der Bieter keine Aktien erwirbt, und kann daher eigentlich auch keine finanzielle Unterstützung beim Erwerb von Aktien darstellen. Diese Betrachtung unter kapitalerhaltungsrechtlichen Gesichtspunkten würde jedoch an rein objektive Maßstäbe anknüpfen, nämlich die Frage, ob tatsächlich Aktien erworben wurden. Nach der hier bereits im vorherigen Kapitel vertretenen Auffassung legt der Wortlaut des § 71a Abs. 1 S. 1 AktG jedoch eine subjektive Betrachtungsweise nahe: Danach ist es verboten, einem anderen *zum Zweck* des Aktienerwerbs eine finanzielle Unterstützung zu gewähren. Hierzu werden im Wesentlichen zwei diametral entgegengesetzte Ansichten in der Literatur vertreten. Eine höchstrichterliche Klärung steht bis jetzt aus. Zwar hatte sich im Jahr 2007 das *OLG Stuttgart*[900] zuletzt mit Break-Fee Vereinbarungen befasst, musste

rufen am 12.7.2009); http://www.telekom.com/medien/konzern/96642; http://www.ft.com/cms/s/0/6351d70a-2b29-11e1-9fd0-00144feabdc0.html#axzz1ilZdilaj (abgerufen am 12.7.2009).

897 *Decher*, in: FS Lutter, 2000, S. 1209, 1211 ff.; *Guinomet*, S. 31 ff.; *Banerjea*, DB 2003, 1489.

898 *Seibt*, in: Beck M&A, K.II.2, Anm. 18.

899 *Beisel/Klumpp*, Der Unternehmenskauf, Kap. 14 Rn. 13.

900 OLG Stuttgart, Urteil v. 02.04.2007–5 U 177/06 (WM 2007, 1743 ff.).

jedoch nicht zur Frage der gesellschaftsrechtlichen Wirksamkeit dieser Stellung nehmen. Das eröffnet fruchtbaren Boden für eine intensive Auseinandersetzung mit diesem Gestaltungsinstrument der M&A-Praxis als eine mögliche finanzielle Unterstützungsleistung der Gesellschaft an ihre Gesellschafter.

Die Verwendung von Break-Fee Vereinbarungen demonstriert die große Kreativität der M&A-Praxis. In diesem konkreten Fall geht es jedoch nicht um die Umgehung etwaiger Schutzvorschriften – wie etwa im Fall *Babcock Borsig/HDW* –, sondern ganz banal um die Absicherung von Risiken beim Scheitern von Unternehmensübernahmen und -zusammenschlüssen und somit der Minimierung der daraus entstehenden Kosten. Ob darin zugleich wohlfahrtsfördernde Aspekte zu sehen sind, kann mit *Fleischer*[901] berechtigterweise bezweifelt werden.

Wie viele Gestaltungsinstrumente der M&A-Praxis kommt auch dieses aus dem angelsächsischen Rechtsraum und fand über globale Transaktionen und global agierende Berater Einzug in die deutsche Übernahmepraxis. Jedoch kann nicht jedes Gestaltungsinstrument aus dem angelsächsischen Raum unreflektiert auf die deutsche Rechtspraxis übertragen werden. Die angelsächsischen Kapitalschutzregime sind traditionell liberaler ausgestaltet als die kontinentaleuropäischen und insbesondere die deutschen. Daher verwundert es auch nicht, dass die US-amerikanische Rechtsprechung keine Bewertung anhand von Kapitalerhaltungsregeln vornimmt, sondern allein aus Sicht des Leitungsorgans die Vertretbarkeit der Klausel im Einzelfall prüft[902]. Im Ergebnis ist dort einzig die Höhe der Leistungsverpflichtung für die Beurteilung der Zulässigkeit relevant[903]. Dies lässt sich aufgrund unseres abweichenden Kapitalgesellschaftsrechts eben nicht schablonenhaft übertragen. Im angelsächsischen Raum gefundene Ergebnisse lassen sich allenfalls bedingt für die deutsche Rechtsanwendung fruchtbar machen.

Ferner bestehen in Deutschland hierzu auch keine spezialgesetzlichen Regelungen – im Gegensatz zum britischen Recht[904] – und sind nicht – soweit ersichtlich – geplant. Bei der Prüfung ihrer Zulässigkeit ist daher auf das bestehende Gesellschafts- und Übernahmerecht abzustellen. Ebenso wenig wurde diese Praxis bisher durch die deutschen Gerichte konturiert. Die vorliegende Arbeit wird daher den Versuch unternehmen, Break-Fee Vereinbarungen rechtlich besser handhabbar zu machen.

901 *Fleischer*, AG 2009, 345, 348.

902 Revlon, Inc. v. MacAndrews & Forbes Holdings, inc. 506 A.2d 173 (Del. 1986); Paramount Communications, Inc. v. QVC Network, inc., 637 A.2d 34, 43 (Del. 1993); *Folk*, Corporation Law, § 141.2.5.1. (S. 96); Paramount – nota bene: Das Gesellschaftsrecht des Bundesstaates Delaware ist im Vergleich zu den übrigen Bundesstaaten ein sehr liberales Gesellschaftsrecht. Daher ergehen viele gesellschaftsrechtlich relevante Entscheidungen in den USA zum Delaware-Recht. Dieses wird in der vorliegenden Bearbeitung daher als stellvertretendes US-amerikanisches Recht behandelt.

903 Siehe ausführlich dazu *Guinomet*, S. 89 ff.

904 Sec. 21.2 City Code on Takeovers and Mergers (*City Code*) – dort *„inducement fee"* genannt.

4.2 Untersuchungsgegenstand

Abbruchklauseln lassen sich oberflächlich zunächst einmal den sogenannten Deal-Protection-Maßnahmen[905] zuordnen[906]. Das dazugehörige übernahmerechtliche Schrifttum befasst sich regelmäßig nur mit den Verhaltenspflichten des Vorstandes der Zielgesellschaft, insbesondere welche Abwehrmaßnahmen zulässig sind. Gleichwohl findet die umgekehrte Frage, mit welchen Instrumentarien die beteiligten Parteien den Abschluss einer Transaktion sichern bzw. zumindest das finanzielle Risiko im Falle des Scheiterns minimieren können, weniger Beachtung[907]. Dabei wäre es m. E. förderlich die positiven Ansätze stärker herauszustellen, als immer nur den negativen Auswüchsen der Transaktionspraxis zu begegnen.

Das vorliegende Kapitel untersucht daher die rechtliche Zulässigkeit solcher Gestaltungen und nimmt eine Bewertung anhand von aktien-, umwandlungs- und kapitalmarktrechtlichen Kriterien unter dem Aspekt der Kapitalerhaltung vor. Die Anwendbarkeit des Aktienrechts ist denklogisch gegeben: Im Mittelpunkt der Prüfung stehen die Eigentümerechte der Aktionäre sowie die Kompetenzverteilung zwischen Hauptversammlung und Vorstand und die Treuepflichten des Vorstands. Zudem müssen bei börsennotierten Aktiengesellschaften diverse kapitalmarktrechtliche Bestimmungen beachtet werden. Auch ist denkbar, dass bei Unternehmensübernahmen mit anschließender Verschmelzung umwandlungsrechtliche Regelungen einen Einfluss auf die Zulässigkeit solcher im Vorfeld abgeschlossener Klauseln haben. Über diesem fast schon klassischen Spannungsfeld zwischen dem Vertrauensschutz der Parteien auf das Zustandekommen des Vertrags und der Abschlussfreiheit der Parteien als Ausprägung der Privatautonomie schwebt der Kapitalschutz als beschränkendes Element.

Im Rahmen dieser Arbeit wird zunächst eine umfassende Bestandsaufnahme der dogmatischen Vorarbeiten im Schrifttum erfolgen, auf die dann an gegebener Stelle zurückgegriffen werden kann. Trotz dieser Vorarbeiten sind noch keine abschließenden Bewertungen anhand von Kapitalerhaltungsfragen vorgenommen worden; was mangels gesetzlicher Kodifikation und höchstrichterlicher Klärung wohl auch nicht möglich ist. Dabei scheint insbesondere das Verhältnis zum Verbot der finanziellen Unterstützung nach § 71a Abs. 1 S. 1 AktG erörterungsbedürftig. Zudem ist noch nicht geklärt, bis zu welcher betragsmäßigen Höhe Break-Fee Vereinbarungen nach deutschem Recht zulässig sind, sofern eine solche Beschränkung überhaupt feststellbar ist. Auch dieser Frage versucht die Arbeit nachzugehen.

---

905 Unter *Deal-Protection-Klauseln* werden in der Regel Vereinbarungen verstanden, die dem Scheitern des Geschäfts vorbeugen sollen und zugleich eine Risikoverteilung für den Fall enthalten, dass dies nicht gelingt, siehe dazu *Drygala*, WM 2004, 1413, 1414.

906 *Drygala*, WM 2004, 1413 (Teil 1), 1457 (Teil 2).

907 Vgl. aber ausführlich dazu *Ströhmann*, S. 1 ff.

4.3 Begriffsdefinition und Zweck

4.3.1 Break-Fee – eine Begriffsbestimmung

Der Begriff Break-Fee wird weder im Schrifttum noch in der Praxis einheitlich verwendet[908]. Einigkeit dürfte dagegen bestehen, Abbruchklauseln gemeinhin den Deal-Protection Vereinbarungen zuzuordnen, um die Durchführung einer Unternehmenstransaktion zu bestärken. Zudem können diese Klauseln denklogisch nur bei freundlichen Übernahmen vorkommen, da sie, sofern die Aktiengesellschaft und nicht die Aktionäre verpflichtet werden sollen, die Mitwirkung des Vorstands der Zielgesellschaft voraussetzen[909]. Die im Schrifttum vertretenen Begriffsbestimmungen changieren zwar, lassen sich aber mit der von *Guinomet*[910] aufgestellten Definition gut umschreiben. Er versteht darunter ein

> *„vertragliches Versprechen der Zahlung einer vereinbarten Geldsumme für den Fall, dass die geplante Transaktion aufgrund von bestimmten, vertraglich festgelegten Gründen scheitert, die entweder durch eine Partei zu vertreten sind oder zwar von keiner Partei zu vertreten sind, jedoch die Transaktion nicht mehr durchführbar machen."*[911]

Durch diese Definition kommt zum Ausdruck, dass es sich um rechtsgeschäftlich vereinbarte Klauseln handelt, die bei Unternehmenstransaktionen zur Anwendung kommen und dabei die Rechtsfolgen im Falle des Scheiterns der Transaktion regeln sollen. Aus meiner Sicht trifft *Guinomet* damit genau den Kern, weshalb seine Begriffsbestimmung auch der vorliegenden Arbeit zugrunde gelegt wird.

Aufbautechnisch folgen Break-Fee Vereinbarungen damit immer dem gleichen Muster. Die Klauseln enthalten (i) Verpflichtungen, die von der belasteten Partei eingehalten werden müssen sowie (ii) das vertragliche Versprechen auslösende Gründe, sogenannte *trigger events*. Auch hier lässt sich aufgrund der Fülle von Auslösern keine abschließende Aufzählung vornehmen[912]. Ausschlaggebend sind natürlich die Parteiinteressen, insbesondere welches Sicherheitsbedürfnis die Beteiligten

---

908 Geläufig für die Bezeichnung von Abbruchklauseln sind neben der schon erwähnten *Break-Fee Vereinbarung* u. a. *Break-Up Fee, Termination Fee, Inducement Fee, Broken Deal Fee* oder auch *Cancelation Fee* – vgl. die Aufzählung bei *Guinomet*, S. 28 Fn. 26; bei *Sieger/Hasselbach*, BB 2000, 625, 625 und bei *Fleischer*, AG 2009, 345, 346.

909 Die Vereinbarung von Deal-Protection Klauseln wurde im Schrifttum etwas pathetisch sogar als „Krönung der freundlichen Zusammenarbeit" bezeichnet, so *Epper*, S. 137.

910 *Guinomet*, S. 30.

911 Insofern zu eng die Begriffsbestimmung von *Zeidler*, M&A 2008, 364, 365, der lediglich auf einen Kostenersatzaspekt abstellt und nicht auch den ggf. gewollten Sanktionscharakter der Klauseln sieht.

912 Vgl. die umfassende Aufzählung zum deutschen Recht *Guinomet*, S. 294 ff.; *Kuhn*, S. 54 f.

jeweils aufweisen[913]. Grundsätzlich lassen sich die *trigger events* nach Ereignissen, die von der Zielgesellschaft beeinflusst werden können und solchen außerhalb der Einflusssphäre der Zielgesellschaft einteilen[914]. Beispielhaft werden für die erste Gruppe die Erteilung falscher Informationen im Rahmen einer Due Diligence oder das Scheitern der Übernahme aufgrund einer erfolgreichen Konkurrenzofferte sowie die nichterfolgte Empfehlung des Vorstands zu nennen sein. In die zweite Gruppe fällt vor allem die Nichterteilung behördlicher Genehmigungen[915]. *Trigger events* der zweiten Gruppe dürften in der Praxis nur äußerst selten vorkommen, denn es ist kaum vorstellbar, dass eine Partei Zahlungen für außerhalb ihrer Einflusssphäre liegende Ereignisse zu leisten bereit ist.

4.3.2 Unterscheidung Übernahme/Zusammenschluss

Im Rahmen dieser Bearbeitung wird im Weiteren zwischen der *Übernahme* und dem *Zusammenschluss* unterschieden. Dies kann für die Vereinbarung von Break-Fees zu jeweils anderen zu beachtenden Maßstäben führen. Unter *Übernahme* wird hier der Erwerb einer Kontrollmehrheit an der Zielgesellschaft verstanden. Ein *Zusammenschluss* soll dagegen als Verschmelzung beider Rechtsträger – dies kann durchaus auch ohne vorherige Beteiligung geschehen – verstanden werden. Diese Unterscheidung ist keinesfalls zwingend und dient nur der besseren Verständlichkeit dieser Arbeit. Gleichwohl werden rechtlich zwischen Erwerber und Veräußerer einerseits und Alt- und Neu-Aktionären andererseits gänzlich unterschiedliche Verträge abgeschlossen. Bei einer *Übernahme* wird typischerweise ein Kaufvertrag zwischen Veräußerer und Erwerber geschlossen. Bei einem *Zusammenschluss* einigen sich Alt- und Neu-Aktionäre auf die Durchführung aller für eine Verschmelzung erforderlichen Maßnahmen, insbesondere Hauptversammlungsbeschlüsse etc.

Die Verschmelzung ist ein gestreckter Vorgang. Sie beginnt in der Regel mit Vorgesprächen zwischen den Geschäftsleitungen der beteiligten Unternehmen, geht über den Beschluss der Hauptversammlung und endet mit der Eintragung der Verschmelzung in das Handelsregister des übernehmenden Rechtsträgers. Die Unterzeichnung der Verträge erfolgt in der Regel mit dem Vorbehalt einer positiven Beschlussfassung der Hauptversammlung. Dies wird insbesondere bei Publikumsgesellschaften relevant, wo sich der Großteil der Aktien im Streubesitz befindet und die Zustimmung der Hauptversammlung daher ungewiss ist und auch längere Zeit in Anspruch nehmen kann.

Bei der Unternehmensübernahme ist dagegen relevant, ob es sich bei der Zielgesellschaft um eines an einer deutschen Börse notierten Unternehmens oder um eine nichtbörsennotierte Aktiengesellschaft handelt. Bei börsennotierten Aktien-

913 *Sieger/Hasselbach*, BB 2000, 625, 629.

914 *Seibt*, Beck M&A, K.II.2, Anm. 18. *Drinkuth*, in: Marsch-Barner/Schäfer§ 60 Rn. 172; *Fleischer*, AG 2009, 345, 346.

915 Weitere Beispiele finden sich auch bei *Banerjea*, DB 2003, 1489, 1490.

gesellschaften kommt dem Vorstand der Zielgesellschaft ein viel größerer Handlungsspielraum zu. In der Regel werden über ihn die Konditionen des öffentlichen Übernahmeangebots ausgehandelt und er gibt letztlich eine Stellungnahme nach § 27 WpÜG ab, in welcher bei freundlichen Übernahmen das Übernahmeangebot empfohlen wird. Ein Abweichen von der vereinbarten Empfehlung der Annahme des Übernahmeangebots durch die Leitungsorgane kann als *trigger event* vereinbart werden. Zudem kann die Beachtung der vielen kapitalmarktrechtlichen Vorschriften zu einer signifikanten Erhöhung der Kosten führen. Dadurch kann aufseiten des Bieters ein größeres Interesse an einer finanziellen Absicherung der Transaktion entstehen. Dagegen verhandeln bei nichtbörsennotierten Aktiengesellschaften die Bieter in der Regel direkt mit den Aktionären. Der Verkaufsprozess findet in einem gänzlich anderen Marktumfeld statt. Diese Unterscheidung ist wichtig, für die Frage der Beachtung des Unternehmensinteresses bei der Vereinbarung von Break-Fees.

4.3.3 Parteien der Break-Fee Vereinbarung

Da auch beim Abschluss von Break-Fee Vereinbarungen der Grundsatz der Privatautonomie gilt, können alle bei einer Übernahme oder einer Verschmelzung beteiligten Parteien auch Partei einer damit im Zusammenhang stehenden Break-Fee Vereinbarung werden. Insbesondere im Private M&A[916] Bereich werden etwaige Break-Fee Vereinbarung häufig direkt zwischen den Parteien des späteren Kauvertrags, also den Alt- und Neu-Aktionären vereinbart. Die Zielgesellschaft wird dann nicht verpflichtet.

Im Gegensatz dazu werden im Public M&A[917] Bereich im Vorfeld einer solchen Transaktion etwaige Break-Fee Vereinbarungen regelmäßig zwischen dem potenziellem Erwerber und der Zielgesellschaft vereinbart. Dies hat in erster Linie praktische Gründe: Bei einer Gesellschaft mit Streubesitz kann nicht mit jedem Aktionär eine separate Vereinbarung geschlossen werden. Vielmehr werden freundliche Übernahmen (nur hier kommen Break-Fee Vereinbarungen überhaupt in Betracht) in aller Regel durch den Vorstand der Zielgesellschaft gesteuert. Verpflichtete Partei aus der Break-Fee Vereinbarung ist dann freilich die Aktiengesellschaft, obwohl die tatsächlichen Parteien der späteren Erwerbsvorgänge die Alt- und Neuaktionäre sind.

916 Unter Private M&A werden für die Zwecke dieser Untersuchung Unternehmensübernahmen und Fusionen im nicht kapitalmarktnahem Umfeld verstanden, bzw. Transaktionen, bei denen eine überschaubare Zahl an Parteien beteiligt sind.

917 Unter Public M&A werden für die Zwecke dieser Untersuchung Unternehmensübernahmen und Fusionen im kapitalmarktnahen Umfeld verstanden, bzw. Transaktionen, bei denen eine Vielzahl von Parteien beteiligt sind (auch große, nicht gelistete Aktiengesellschaften).

4.3.4 Zweck

Die Planung und Vorbereitung einer Unternehmenstransaktion ist regelmäßig mit einem hohen finanziellen und zeitlichen Aufwand verbunden, dennoch ist der Ausgang der Verhandlungen nicht absehbar, sondern steht vielmehr permanent unter dem Damoklesschwert des Scheiterns[918]. Die Vereinbarung einer Break-Fee kann in diesen Fällen dazu dienen, das monetäre Risiko zu minimieren. Ferner lassen sich Break-Fee Vereinbarungen aber auch zur faktischen Absicherung der Transaktion einsetzen und sind daher, wie eingangs bereits erwähnt, den sogenannten *Deal-Protection*-Vereinbarungen zuzuordnen[919]. Je nachdem welcher Zweck konkret verfolgt wird, lassen sich die Vereinbarungen entweder in die (1) vermögensrechtliche Interessenwahrung oder in die (2) unternehmerische Erfolgssicherung einordnen.

a) Vermögensrechtliche Interessenwahrung

Die im Vorfeld einer Transaktion anfallenden Kosten können ganz erheblich sein. Zu denken ist beispielsweise an die Kosten für die Durchführung einer Finance-, Tax- oder Legal-Due-Diligence-Prüfung sowie die Erstellung eines Letter of Intent, einer Vertraulichkeitsvereinbarung sowie des eigentlichen Aktienkauf- und Abtretungsvertrags[920]. Zudem können durch die Beauftragung einer Investmentbank erhebliche Kosten entstehen.

Freilich gilt zunächst einmal der Grundsatz, dass jede Partei ihre eigenen Kosten selbst zu tragen hat. Dieser Grundsatz kann durch eine Break-Fee Vereinbarung durchbrochen werden, indem im Fall des Scheiterns der Transaktion die bereits angefallenen Kosten – zumindest teilweise – auf die jeweils andere Partei überwälzt werden. Dadurch wird die vermögensrechtliche Integrität der aus der Vereinbarung berechtigten Partei gewahrt. *Isler*[921] sieht hierin sogar eine Umsetzung von Billigkeitserwägungen: Durch die bereits veranlassten Untersuchungen der Zielgesellschaft wird diese überhaupt erst in die Lage gebracht, veräußert zu werden – mithin wohnt dem Durchleuchtungsprozess zugleich auch ein Wertsteigerungscharakter inne. Wenn die Verhandlungen nun aber scheitern, der Käufer die Kosten der Untersuchungen trägt und die Zielgesellschaft diese Ergebnisse nunmehr für konkurrierende Veräußerungsangebote einsetzt (bspw. um den Preis zu erhöhen), dann weckt dies ein Gefühl von Ungerechtigkeit.

Zudem wird zwischen Verhandlungsparteien zwar regelmäßig Stillschweigen vereinbart, dennoch werden viele geplante Transaktionen in irgendeiner Weise bekannt. Dies hat den Effekt, dass dem Markt die Veräußerungsbereitschaft der Anteilseigner der Zielgesellschaft angezeigt wird. Die gilt umso mehr im kapitalmarktnahen Umfeld. Da hier bereits frühzeitig die Öffentlichkeit informiert wird.

918 *Guinomet*, S. 64 f.

919 *Drygala*, WM 2004, 1413 (Teil 1), 1457 (Teil 2).

920 *Sigle/Zinger*, NZG 2003, 301, 301.

921 *Isler*, in: Vogt/Zobel, Liber Amicorum Schulin, 2002, S. 96.

Wie bereits angedeutet, geht einer Transaktion häufig die Mandatierung einer Investmentbank voraus, die den Markt sondiert und nach potentiellen Übernahmekandidaten sucht. Als übliche Vergütung erhalten Investmentbanken ein Erfolgshonorar zwischen 0,5 % und 2 % des Transaktionswerts sowie eine monatliche Festvergütung in einer Bandbreite zwischen € 10.000 und € 110.000[922]. Diese Kosten zur Sondierung des Marktes können sich Mitbieter jedoch sparen, wenn sie bereits durch die Verhandlungen des Erstbieters von der grundsätzlichen Verkaufsbereitschaft der Anteilseigener der Zielgesellschaft erfahren haben. Aus diesem Grund kann die Vereinbarung einer Break-Fee nachträglich auch als Vermittlungsprovision betrachtet werden[923].

Zudem – dies hängt allerdings von der rechtlichen Qualifizierung solcher Klauseln ab – kann die Vereinbarung von Break-Fees in zweifacher Hinsicht zu einer einfacheren und besseren Durchsetzung von etwaigen Schadensersatzansprüchen wegen Abbruchs der Vertragsverhandlungen führen. Je nach Ausgestaltung der Vereinbarung kann dadurch vermieden werden, die einzelnen Voraussetzungen einer Haftung aus *culpa in contrahendo* einzeln darlegen und beweisen zu müssen. Ferner kann die begünstigte Partei vermeiden, eine genaue Bezifferung des erlittenen Schadens kompliziert berechnen zu müssen. Der Anspruch kann in diesem Fall vielmehr auf den vertraglich vereinbarten Pauschalbetrag gestützt werden.

b) Unternehmerische Erfolgssicherung – Anreizfunktion

Neben der Sicherung rein monetärer Interessen kann die Vereinbarung von Break-Fees auch als Instrument zur Sicherung eines unternehmerisch verfolgten Zwecks eingesetzt werden. In diesen Fällen sind die Break-Fee Vereinbarungen als *Deal-Protection* Klauseln zu verstehen. Auch diese Klauseln können Steuerungscharakter in zweierlei Richtungen haben. Zunächst wird dadurch das Interesse der verpflichteten Partei bestärkt, das Gelingen der Transaktion nachhaltig zu fördern. Zudem kann dadurch eine Abschottung der Zielgesellschaft gegenüber etwaigen Konkurrenzangeboten einhergehen. Die gilt auch für den Fall, dass die Zielgesellschaft Partei der Vereinbarung und somit Verpflichtete ist. Nähme die Zielgesellschaft bzw. deren Aktionäre nach Vereinbarung einer sanktionierenden Break-Fee ein Konkurrenzangebot an, so könnte die Zahlung der vereinbarten Summe zu einem erheblichen Wertverlust der Zielgesellschaft führen[924] und somit auch mittelbar zum Wertverlust der Aktien. Zugleich zeigt dieses Beispiel auf, dass der quantitative Unterschied zwischen einer rein monetäre Interessen wahrenden Klausel und einer den unternehmerischen Erfolg sichernden Break-Fee Vereinbarung in deren Höhe liegen dürfte. Die zuletzt genannte Gruppe der Klauseln kann jedoch nur die gewünschte

---

922 *Holzapfel/Pöllath*, Rn. 4a; *Gasteyer*, in: Semler/Volhard, § 4 Rn. 52.

923 So wohl auch *Hilgard*, BB 2008, 286, 286 Fn. 4.

924 Weswegen Break-Fees durchaus auch als Giftpillen gegenüber feindlichen Bietern eingesetzt werden können, wenn ein sog. weißer Ritter zur Verfügung steht, mit dem Abbruchklauseln vereinbart werden können, siehe dazu unter (3).

Wirkung entfalten, wenn die vereinbarte Höhe auch einen abschreckenden Charakter aufweist. Werden dadurch Konkurrenzangebote faktisch gänzlich unmöglich, spricht man auch von sogenannten *Lock-Up* Klauseln[925].

c) Weitere Zwecke

Guinomet[926] nennt noch weitere Zwecke, die als Motiv für die Vereinbarung einer Break-Fee in Betracht gezogen werden können. Durch Abgabe eines Erstgebots eines Interessenten ist es denkbar, dass ein Mindestpreis gebildet wird, den weitere Erwerbsinteressenten nicht unterbieten sollen. Zur Sicherung dieses Preisniveaus wird als Ausgleichszahlung – bei Veräußerung an einen Drittbieter – eine Break-Fee vereinbart.

Zudem ist es denkbar, Break-Fees als Abwehrmaßnahme bei feindlichen Übernahmen einzusetzen. Nach § 33 Abs. 1 WpÜG darf der Vorstand der Zielgesellschaft keine Handlungen vornehmen, durch die der Erfolg des Angebots verhindert werden könnte. Dennoch hat nach § 3 Abs. 3 WpÜG der Vorstand der Zielgesellschaft im Interesse der Zielgesellschaft zu handeln. Nach herrschender Meinung stellt die Suche nach einem *„weißen Ritter“* eine Ausnahme von dem Erfolgsverhinderungsverbot und somit eine zulässige Verteidigungsmaßnahme des Vorstands dar[927]. Sie ist aus Sicht der Aktionäre – und darauf kommt es an – keine Verhinderung des Erstangebots, sondern eine Erweiterung der Wahlmöglichkeiten der Aktionäre[928]. Dem *„weißen Ritter“* kann dann unter Umständen eine Break-Fee versprochen werden, um ihm einen Vorteil gegenüber dem Erstbieter zu verschaffen. Ein „weißer Ritter“ bietet in der Regel einen höheren Preis für die Aktien, wodurch den Aktionären unmittelbar ein Vorteil zufließt. Darüber hinaus werden von einem „weißen Ritter“ häufig aber auch weitere Zusagen wie etwa eine Sicherung der Arbeitsplätze oder die Zusage, dass Unternehmen nicht zu zerschlagen, gegeben.

Die etwaige Zahlung der Break-Fee kann wiederum als Giftpille gegenüber dem feindlichen Bieter fungieren: Wenn die Zahlung an den weißen Ritter fällig wird, hat die Zielgesellschaft für den feindlichen Bieter mitunter eine erhebliche Wertminderung erfahren.

d) Höhe der Break-Fee Vereinbarung

Die Höhe von Break-Fee Vereinbarungen kann sowohl für die damit verfolgte Zweckbestimmung als auch für die Zulässigkeit der Klauseln von Bedeutung sein. Kennzeichnend ist dabei, dass die Höhe der Break-Fee häufig relativ zum Transaktionsvolumen vereinbart wird. Einer Klausel, die erkennbar über den zu erwartenden reinen Kostenersatz hinausgeht, wohnt regelmäßig ein pönalisierendes Element

925 *Hilgard*, BB 2008, 286, 292.
926 *Guinomet*, S. 67.
927 Vgl. *Fuchs*, in: Hdb VorstandsR, § 22 Rn. 124 ff. mit weiteren Nachweisen.
928 *Noack/Zetzsche*, in: Schwark/Zimmer, § 33 WpÜG Rn. 10.

inne. Durch die Höhe der Klausel kann daher finanzieller Druck auf die verpflichtete Partei ausgeübt werden.

In der Literatur werden für die USA regelmäßig Werte von 2 % bis 5 % angeführt[929], im Vereinigten Königreich finden dagegen geringere Break-Fees von 0,5 % bis 1 % des Transaktionsvolumens Anwendung[930]. Die geringeren Quoten für das Vereinigte Königreich lassen sich mit der strikten Kodifizierung dieser Instrumente begründen. Nach Sec. 21.2 City Code[931] ist eine zulässige Höchstgrenze von 1 % der Transaktionssumme vorgesehen, die allerdings in Einzelfällen durchaus überschritten werden darf[932].

Denkbar ist darüber hinaus aber auch, dass keine an dem Transaktionsvolumen orientierte Summe vereinbart wird, sondern genau umschriebene Aufwendungen, welche im Falle des Scheiterns der Transaktion der berechtigten Partei zu ersetzen sind.

Für Deutschland gibt es keine festgeschriebenen oder durch Richterrecht herausgebildeten Werte. In der Literatur wird häufig – in Anlehnung an die britische Regelung – von einer Zulässigkeit bis zu einer Höhe von 1,0 % des Transaktionsvolumens ausgegangen[933]. Dennoch ist die Linie auch hier keineswegs einheitlich, so werden auch im deutschen Recht Klauseln bis zu 2 %[934], 3 %[935] und in Einzelfällen bis zu 4 %[936] des Transaktionsvolumens vertreten. Eine Beschäftigung mit der noch zulässigen Höhe im Rahmen dieser Arbeit findet erst bei der Besprechung der materiellen Grenzen der Klauseln statt, da die aktien- und kapitalmarktrechtlichen Regeln die Höhe maßgeblich beeinflussen können. Die pauschale Behauptung, dass Break-Fee Vereinbarungen zulässig sind, solange sie sich im Rahmen internationaler Gepflogenheiten bewegen[937], trägt m. E. nicht. Einerseits ist eine solche Beurteilung nicht bestimmt genug. Andererseits stellt das deutsche Aktien- und Kapitalmarkt-

929 *Drygala*, WM 2004, 1413, 1414; *Barnerjea*, DB 2003, 1489, 1491; *Seibt*, Beck M&A, K.II.2; *Krause*, in: Assmann/Pötsch/Schneider, § 22 Rn. 74; *Ziegler/Stancke*, M&A Review 2008, 28, 31; *Tarbert*, 34 Law & Pol'y Int'l Bus. 627, 641 (2003).

930 *Sieger/Hasselbach*, BB 2000, 625, 629; *Ziegler/Stancke*, M&A Review 2008, 28, 31.

931 The City Code on Takeovers and Mergers (The City Code) ist – abrufbar unter: http://www.thetakeoverpanel.org.uk/wp-content/uploads/2008/11/code.pdf (abgerufen am 15.7.2009).

932 Siehe dazu die Begründung zu Sec. 21.2 City Code „*the aggregate value of the inducement fee or fees that may be payable by the offeree company is de minimis, ie normally no more than 1 % of the value of the offeree company calculated by reference to the price of the competing offer (or, if there are two or more competing offerors, the first competing offer) at the time of the announcement made […].*

933 *Sieger/Hasselbach*, BB 2000, 625, 628; *Banerjea*, DB 2003, 1489, 1491 f.; *Ziegler/Stancke*, M&A Review 2008, 28, 35; *Seibt*, in: Beck M&A, K.II.2 Anm. 18.

934 *Drygala*, WM 2004, 1457, 1461.

935 *Ströhmann*, S. 314.

936 *Banerjea*, DB 2003, 1489, 1491; *Guinomet*, S. 248.

937 So aber *Sieger/Hasselbach*, BB 2000, 625, 631.

recht eine geschlossene und ausbalancierte Materie dar, die sich nicht am Maßstab internationaler Gepflogenheiten misst.

Zudem variieren die Bezugspunkte von Abbruchklauseln. Dies wiederum kann auch Einfluss auf die zulässige Höhe der Break-Fee haben. Bei Unternehmensübernahmen wird die Relation in aller Regel zum Transaktionswert gebildet. Unter Transaktionswert ist für gewöhnlich die Summe aller für die Zielgesellschaft gebotenen Beträge (einschließlich der übernommenen Schulden) gemeint. Bei Übernahmen nichtbörsennotierter Gesellschaften lässt sich der Transaktionswert aus dem angebotenen Gesamtkaufpreis für die einzelnen Aktien ableiten. Bei einer öffentlichen Übernahme kann noch zwischen einem Barangebot oder einem Tauschangebot unterschieden werden. In jedem Fall dürfte sich aber aus der zwingend aufzustellenden Angebotsunterlage nach § 11 Abs. 2 Nr. 4 WpÜG ein Rückschluss auf den Transaktionswert ziehen lassen. Schwieriger gestaltet sich dagegen der Anknüpfungspunkt für die Relation der Abbruchklausel bei Unternehmenszusammenschlüssen. Hier werden gerade keine Bar- oder Umtauschangebote gemacht. Jedoch bietet sich in dem nach § 5 Abs. 1 Nr. 3 UmwG festzulegenden Umtauschverhältnis der Anteile ein guter Anknüpfungspunkt. Der Verschmelzungsvertrag muss danach genau festlegen, in welchem Verhältnis die Anteile des übertragenden Rechtsträgers in solche des übernehmenden Rechtsträgers umgetauscht werden sollen.

Besondere Brisanz erhält die Betrachtung der Höhe von Break-Fee bei Internet-Start-Up Unternehmen, beispielhaft sei hier in früheren Jahren an Facebook oder Google und heutzutage an Delivery Hero oder Home24 zu denken. Diese haben in der Regel einen enormen Unternehmenswert, welcher bei einer Übernahme oder einem Zusammenschluss Relevanz für die Bestimmung des Transaktionswertes bzw. des Umtauschverhältnisses bekommt. Dem hohen Wert stehen in der Regel aber nur geringe liquide Mittel und tatsächliche Werte gegenüber. Schon die Vereinbarung einer 1 %igen Break-Fee kann für diese Unternehmen existenzbedrohende Folgen zeitigen[938].

4.4 Dogmatische Einordnung von Break-Fee Vereinbarungen

Bisher wurden Break-Fee Vereinbarungen im deutschen Schrifttum nicht eindeutig dogmatisch eingeordnet. Zudem hat ein Urteil des *LG Paderborn*[939] zur weiteren Verwirrung beigetragen. Dennoch ist auch klar, dass eine genaue rechtliche Qualifizierung abstrakt wohl gar nicht möglich ist, vielmehr muss immer auf die

938 Beispielhaft kann hier die Übernahme vom Fotodienst Instagram durch Facebook angeführt werden. Für die Anteile zahlte Facebook $ 1 Milliarde, obwohl das Instagram keine nennenswerten Assets außer dem know-how besitzt, Welt Online v. 10.04.2012 „Fotodienst Instagram: Facebook kauft Minifirma für eine Milliarde Dollar".

939 *LG Paderborn*, Urteil v. 28.04.2000–2 O 132/00 (NZG 2000, 899).

konkrete Ausgestaltung einzelner Vereinbarungen abgestellt werden. Zur Beurteilung der rechtlichen Qualität kann der oben vorgenommenen grundsätzlichen Unterscheidung in monetäre Interessen wahrende und unternehmerischen Erfolg sichernde Klauseln gefolgt werden. Mithin ist die dogmatische Einordnung vom von den Parteien mit der Klausel verfolgten Zweck abhängig[940]. Keinen Unterschied macht hier regelmäßig, ob die Klauseln im Rahmen einer Übernahme oder eines Zusammenschlusses vereinbart wurden.

Monetäre Interessen wahrende Klauseln sind regelmäßig als Schadens- und Kostenpauschalen zu qualifizieren[941]. Wird die Klausel dagegen zur Sicherung des unternehmerischen Erfolgs vereinbart – werden also vorgenommene oder gerade nicht vorgenommene Handlungen des Leitungsorgans pönalisiert – ist umstritten, ob ein selbstständiges Strafversprechen[942], ein pauschalisierter Schadensersatz oder eine Vertragsstrafe[943] nach § 339 BGB vorliegen soll.

4.4.1 Grad der Verbindlichkeit: Vorvertrag oder bloße Änderung des Haftungsmaßstabs?

Die dogmatische Einordnung einer Break-Fee Vereinbarung hängt entscheidend davon ab, ob diese Vereinbarung verbindlich zwischen den Parteien vereinbart oder lediglich in einer der Transaktion vorangehenden Abrede der Parteien ohne Regelungscharakter fixiert wurde.

Das *LG Paderborn*[944] hat seine Ausführungen zum Vorliegen einer Abbruchklausel weitgehend auf den Ort der Vereinbarung abgestellt. Nach der Entscheidung sei diese dem Fall zugrundeliegende Klausel als Bestandteil eines verpflichtenden Vorvertrags zu verstehen[945]. Dies wird vom Schrifttum allerdings nicht geteilt[946]. Dagegen wird vor allem angeführt, dass ein verbindlicher Vorvertrag nur dann vorliegen könne, wenn durch die Abbruchklausel bereits eine rechtliche Verpflichtung

940 *Sieger/Hasselbach*, BB 2000, 625, 626; *Guinomet*, S. 175; *Ströhmann*, S. 253; *Kuhn*, S. 250.

941 So auch *Guinomet*, S. 74 f.; Sieger/*Hasselbach*, BB 2000, 625, 627; *Banerjea*, DB 2003, 1489, 1492 f.; *Hilgard*, BB 2008, 286, 288.

942 *Obiter dictum LG Paderborn*, Urt. v. 28.04.2000–2 O 132/00 (NZG 2000, 899); *Beisel*, in: Beisel/Klumpp, Kap. 14 Rn. 9; *Banerjea*, DB 2003, 1489, 1492 f.; Differenzierend *Hilgard*, BB 2008, 286, 288.

943 *Beisel*, in: Beisel/Klumpp, Kap. 14 Rn. 9; *Hopt*, ZGR 2002, 333, 362, in Betracht ziehend auch *Drygala*, WM 2004, 1413, 1414.

944 *LG Paderborn*, Urt. v. 28.04.2000–2 O 132/00 (NZG 2000, 899) – in dem der Entscheidung zugrundeliegenden Sachverhalt wurde die Break-Fee für den Fall versprochen, dass die Gesellschafter die beabsichtige Umwandlung nicht mittragen.

945 So im Ergebnis auch *Böx*, in: Hdb Unternehmenskauf, § 1 Rn. 154.

946 Siehe ausdrücklich gegen die Qualifizierung als Vorvertrag *Hilgard*, BB 2008, 286, 289.

zum Abschluss des Hauptvertrages hergestellt werden soll[947]. Dies ist aber gerade bei Break-Fees nicht möglich, da regelmäßig die endgültige Entscheidung durch die Aktionäre bzw. die Hauptversammlung noch vorbehalten sein muss. Auf der anderen Seite können natürlich nur verbindliche Klauseln einen Wert für die begünstige Partei entfalten. Daher wird auch hier auf den Einzelfall abzustellen sein.

Je nachdem, ob man die Klausel verbindlich ausgestaltet wurde oder als unverbindlich fixiert wurde, kann die Klausel entweder als Schadenspauschale, Konventionalstrafe oder selbstständiges Strafversprechen ausgestaltet sein oder eben nur als den Haftungsmaßstab verändernde Abrede angesehen werden. Bedeutung bekommt diese Unterscheidung im Hinblick auf formelle Voraussetzungen der Vereinbarung einer Abbruchklausel.

Regelmäßig werden Abbruchklauseln in sog. einem *Letter of Intent*[948] vereinbart. Der *Letter of Intent* ist eine vertragliche Ausgestaltung des vorvertraglichen Verhältnisses, indem häufig nur die Eckdaten der angestrengten Einigung erfasst werden. Dieser im Voraus vereinbarten Regelung die Bindungswirkung eines Vorvertrages zuzusprechen, erscheint fraglich und wird regelmäßig auch verneint[949]. Daher kann das Ausbleiben des Hauptvertrages grundsätzlich lediglich einen Schadensersatzanspruch auf das negative Interesse begründen[950].

Daneben können Abbruchklauseln auch in echten Vorverträgen vereinbart werden. Vorvertrag können bereits Hauptleistungspflichten begründen, deren Nichterfüllung eine Haftung auf Ersatz des positiven Interesses begründet[951].

Gleichwohl ist die Abgrenzung nicht trennscharf. In der Praxis finden sich häufig *Letter of Intents*, die zwar grundsätzlich unverbindlich sein sollen. Allerdings werden die Kostentragungsvereinbarungen genauso häufig als ausdrücklich verbindlich ausgestaltet.

Im Ergebnis kommt es daher auf den konkreten Einzelfall an, ob die Klausel als verbindlich oder nicht verbindlich ausgestaltet wurde. Dies hat – wie nachfolgend gezeigt wird – einen Einfluss auf die dogmatische Einordnung der jeweiligen Klausel.

4.4.2 Pauschalisierter Schadensersatz

Schadenspauschalen werden durch deren vertraglich-kompensatorische Wirkung charakterisiert. Sie können also per Definition nur dem Ausgleich von eingebüßten Vermögensschäden dienen. Ratio einer Schadenspauschale ist es gerade nicht, einen

947 *Geyrhalter/Zirngibl/Strehle*, DStR 2006, 1559, 1560.

948 *Lutter*, LoI, S. 27

949 *Geyrhalter/Zirngibl/Strehle*, DStR 2006, 1559, 1559; *Quack*, ZGR 1982, 350, 357 f.; *Beisel*, in: Beisel/Klumpp, 1. Kap. RN. 68.

950 Ibd. S. 83 ff.

951 *Busche*, in: MüKo-BGB, 7. Aufl. 2015, Vor § 145 Rn. 66; *Armbrüster*, in: Erman, Vor § 145 Rn. 49; *Beisel*, in: Beisel/Klumpp, 1. Kap. Rn. 74; *Picot*, in: MAH GmbH-Recht, § 21 Rn. 47 ff.;

Schadensersatzanspruch erst zu begründen, sondern lediglich den Nachweis eines erlittenen Schadens zu erleichtern. Schadenspauschalen können, wenn sie zu hoch sind, durchaus auch reduziert werden. Erweist sich im konkreten Fall der tatsächliche eingetretene Schaden geringer als die Pauschale, steht der verpflichteten Partei immer der Nachweis eines geringeren Schadens offen.

Bei Klauseln mit pönalisierendem Charakter steht die Ausgleichsfunktion dagegen gerade nicht im Vordergrund. Abbruchklauseln, die den unternehmerischen Erfolg sichern sollen, erreichen dies aber nicht durch Erleichterung eines Schadensnachweises, sondern durch die Begründung eines davon unabhängigen Anspruchs. Daher können pönalisierende Klauseln nach der hier vertretenen Ansicht nicht als Schadenspauschalen qualifiziert werden.

4.4.3 Vertragsstrafeversprechen

Durch die Vereinbarung einer Vertragsstrafe wird der Schuldner verpflichtet, im Falle der Nichterfüllung einer vereinbarten Pflicht eine bestimme Geldsumme zu zahlen. Durch den sanktionierenden Charakter soll Druck zur Erfüllung der vereinbarten Pflicht auf den Verpflichteten ausgeübt werden. Daher ist auch denkbar, dass Abbruchklauseln als Vertragsstrafe versprochen werden, um die Übernahme oder den Zusammenschluss zu sichern. Dies ist m. E. jedoch nur durch eine Überdehnung des Wortlauts von § 339 BGB denkbar. Danach müsste die Zielgesellschaft gegenüber dem Investor eine Verbindlichkeit haben, die durch den Eintritt des *trigger events* nicht erfüllt wird. Bis zum Abschluss des Anteilskaufs- und Abtretungsvertrags bestehen jedoch keine Hauptleistungspflichten der Zielgesellschaft gegenüber den Investoren. Die im Vorfeld einer Unternehmenstransaktion regelmäßig abgeschlossenen *Letter of Intent* und *Memorandum of Understanding* sollen grundsätzlich gerade keine Bindungswirkung entfalten[952], aus der sich Verpflichtungen im Sinne des § 339 BGB ergeben können[953]. Zwar ist anerkannt, dass auch wenn ein *Letter of Intent* insgesamt noch nicht die bindende Wirkung eines Vorvertrags entfalten soll, einzelne Bestimmungen durchaus verbindlichen Charakter haben können. Dies gilt insbesondere für etwaige Kostentragungsvereinbarungen. Dies ist auch sinnvoll, denn nur verbindliche Regeln sind letztlich für die berechtigte Partei wertvoll. Dennoch fehlt es an der akzessorischen Hauptverbindlichkeit: Der Vorstand kann die Anteilseigner weder direkt verpflichten, einen zustimmenden Beschluss der Hauptversammlung[954] herbeizuführen noch ihre Aktien zu veräußern. Mit anderen Worten: Der Vorstand vereinbart die Klausel, verpflichtet die Aktiengesellschaft, aber das Verhalten der Aktionäre löst die Zahlungsverpflichtung aus.

---

952 *Quack*, ZGR 1982, 350, 357; *Lutter*, LoI, S. 19; *Schmidt*, in: MüKo-HGB, Vor § 343 Rn. 25.

953 So auch *Sieger/Hasselbach*, BB 2000, 625, 626.

954 Ein Beispiel für einen solchen zustimmenden Beschluss findet sich in: http://www.juve.de/nachrichten/deals/2015/08/coca-cola-neuer-abfuellriese-entsteht-mit-allen-overy-hengeler-und-clifford (abgerufen am 7.8.2015).

Denkbar wäre daher allenfalls der Weg über eine so genannte *unechte Vertragsstrafe*. Bei diesem aus dem Römischen Recht stammenden Institut wurde gerade keine Hauptverpflichtung rechtsverbindlich versprochen[955]. Die Verpflichtung richtete sich von Anfang an nur auf die Zahlung der Strafsumme. Der Zahlung konnte nur durch Erfüllung des eigentlich Begehrten entgangen werden. Aufgrund der weitgehenden Kongruenz zum kodifizierten selbstständigen Strafversprechen muss diese Figur Römischen Rechts hier nicht diskutiert werden. Nach der hier vertretenen Ansicht scheidet daher eine Vertragsstrafe nach § 339 BGB aus. Lediglich in Einzelfällen – sofern aus verbindlichen Vorverträgen bereits Verpflichtungen bestehen – kann eine Vertragsstrafe vorliegen.

4.4.4 Selbstständiges Strafversprechen

Im Gegensatz zur vorstehend diskutierten Vertragsstrafe hängt die versprochene Zahlung beim selbstständigen Strafversprechen gerade nicht von der Erfüllung einer akzessorischen Hauptpflicht ab[956]. Wie bereits dargelegt, fehlt es bei Abbruchklauseln an der akzessorischen Hauptleistungspflicht.

Das selbstständige Strafversprechen tritt neben andere Verpflichtungen, während die Schadenspauschale diese ersetzt. Die Durchsetzung des unternehmerischen Erfolges – in der Form der Transaktion oder Verschmelzung – soll aber gerade nicht durch eine etwaige Schadenspauschale ersetzt werden. Daher erscheint es naheliegend, Break-Fee Klauseln mit Pönalisierungscharakter als selbstständige Strafversprechen zu qualifizieren. Eine neue Literaturansicht[957] hält Abbruchklauseln in der Form eines selbstständigen Strafversprechens dagegen für unmöglich, da es an der hinreichenden Bestimmtheit der vorvertraglichen Pflicht zum Abschluss des Hauptvertrags mangele: Das zwar nicht geschuldete, aber doch gewünschte Verhalten (der beabsichtigte Vertragsschluss) müsse hinreichend bestimmt sein, weil andernfalls keine Zuwiderhandlung als strafauslösendes Ereignis denkbar sei.

Diese Sichtweise lässt m. E. aber zwei Aspekte außer Betracht: Zum einen müssten rein pönalisierend wirkende Klauseln dann als Schadenspauschale betrachtet werden, was aber dogmatisch nicht möglich ist, da bereits kein Anspruch besteht, der lediglich pauschalisiert werden soll. Und zum anderen lässt sich das gewollte Verhalten durchaus ausreichend bestimmen. Zwar können die *trigger events* außerhalb der Einflusssphäre der verpflichteten Partei liegen, aber dennoch ist in aller Regel allen Beteiligten – und darauf kommt es bei der Auslegung an – klar, welches Ergebnis gewollt ist.

---

955 *Sossna*, S. 9.

956 *BGH* v. 18.12.1981 – V ZR 233/80 (BGHZ 82, 398 ff.); *Grüneberg*, in: Palandt, BGB, 74. Aufl. 2015, § 339 Rn. 3.

957 *Rieble*, in: Staudinger, 2009, Vorb. zu §§ 339 ff. Rn. 71.

4.4.5 Veränderung des Haftungsmaßstabs im Rahmen der vorvertraglichen Verantwortung

Doch selbst wenn die Abbruchklausel als nicht verbindlich vereinbart wurde, können sich daraus Rechtsfolgen ergeben. Es ist einhellige Meinung, dass aufgrund der Privatautonomie jede Partei grundsätzlich Abstand von Vertragsverhandlungen nehmen kann, sofern es noch nicht zum Vertragsschluss kam. Daraus folgt zugleich auch die Verpflichtung jeder Partei, ihre bis dahin angefallenen Kosten selbst zu tragen[958]. Ein Abbruch der Vertragsverhandlungen kann daher grundsätzlich nur dann einen Schadensersatz begründen, wenn das Verhalten des Abbrechenden einen schweren Verstoß gegen die Verpflichtung redlichen Verhaltens bei den Vertragsverhandlungen bedeutet[959]. Die Möglichkeit, bei einem anderweitigen Verkauf einen höheren Preis zu erzielen, stellt nach herrschender Meinung keinen ausreichenden Grund für eine Sanktionierung des Abbruchs der Verhandlungen dar[960]. Nur wenn der Vertragsschluss zwischen den Parteien als sicher anzunehmen ist und in dem hierdurch begründeten Vertrauen Aufwendungen zur Durchführung des Vertrages vor dessen Abschluss gemacht wurden, können diese vom Verhandlungspartner zu erstatten sein. An dieser Stelle setzt die Abbruchklausel als vertrauensbildende Vereinbarung an. Durch die Vereinbarung einer solchen Klausel kann der Pflichtenkatalog nach §§ 311 Abs. 2, 280 Abs. 1, 241 Abs. 2 BGB konkretisiert werden[961]. Beide Parteien bekräftigen dadurch ihre eigene Abschlussbereitschaft und erlegen sich somit selbst Rücksichtspflichten gegenüber der jeweils anderen Partei auf, welche den Pflichtenkatalog nach §§ 311 Abs. 2, 280 Abs. 1, 241 Abs. 2 BGB konkretisieren.

Freilich können die Ansprüche aus culpa in contrahendo nur bei schuldhafter Verletzung der vereinbarten Pflichten geltend gemacht werden. Daraus begründet sich auch die Notwendigkeit, solche Klauseln mit der hier vertretenen Auffassung vorrangig als selbstständige Strafversprechen auszugestalten. Der berechtigten Partei stünden nach diesem Verständnis dann je nach Ausgestaltung der konkreten Vereinbarung (verbindlich oder nicht verbindlich) entweder ein selbstständiges Strafversprechen oder die Haftung aus culpa in contrahendo als Anspruchsgrundlage zur Verfügung, die aber beide durch die gleiche Vereinbarung bewirkt wurden.

Eine Einschränkung erfährt dieses Sichtweise allerdings, wenn das mit der Abbruchklausel verfolgte ursprüngliche Ziel formbedürftig ist. Zwar gilt grundsätzlich auch bei solchen Geschäften, dass der Verhandlungspartner sich nicht illoyal gegenüber dem potentiellen Vertragspartner verhalten darf. Dennoch stellt die Rechtsprechung für die Haftung einer Partei wegen treuwidrigen Abbruchs

958 *BGH* v. 16.11.2007 – V ZR 208/06 (WM 2008, 491, 493 f.); *BGH* v. 29.03.1996 – V ZR 332/94 (NJW 1996, 1884); *LG Paderborn* v. 28.04.2000–2 O 132/00 (NZG 2000, 899 ff.); *Schwab*, JuS 2002, 773, 775 ff.

959 *BGH* v. 29.03.1996 – V ZR 332/94 (NJW 1996, 1884)

960 *BGH* v. 07.10.1982 – V ZR 261/81 (WM 1982, 1436; 1437); *Bergjan*, ZIP 2004, 395, 399; *Kapp*, DB 1989, 1224, 1224; *Stoll*, in: FS von Caemmerer, 435, 445 ff.

961 *Bergjan*, ZIP 2004, 395, 396 f.

der Vertragsverhandlungen bei formbedürftigen Rechtsgeschäften ungleich höhere Voraussetzungen auf[962]: Die betreffende Partei muss *vorsätzlich* eine maßgebliche Treuepflicht gegenüber der berechtigten Partei verletzt haben[963]; Fahrlässigkeit genügt nicht. Ein Abbruch von Vertragsverhandlungen geschieht jedoch typischerweise vorsätzlich. Konstellationen, in denen durch außer Acht lassen der im Verkehr üblichen Sorgfalt von Unternehmenstransaktionen oder Zusammenschlüssen Abstand genommen wird, sind m. E. nicht denkbar.

Es stellt sich nunmehr die Frage, ob der Abbruch von Vertragsverhandlungen in den vorgenannten Fällen einen gravierenden Verstoß gegen Treuepflichten darstellt. Gerade im Bereich von Unternehmenstransaktion kann m. E. nicht von einem erforderlichen qualifizierten Vertrauenstatbestand ausgegangen werden, da sich in einem Transaktions- und Zusammenschlussprozess viele unbekannte Variablen zeigen, die einen Abbruch von weiteren Verhandlungen objektiv plausibel erscheinen lassen. Anders verhält es sich nur, wenn durch die Vereinbarung einer Abbruchklausel ein erhöhtes Vertrauen geschaffen werden soll. Hierbei ist das von beiden Parteien verfolgte Ziel zu berücksichtigen. Nach den bereits genannten möglichen Zweckrichtungen dürfte klar sein, dass durch die Vereinbarung von Abbruchklauseln von den Parteien bereits eine gewisse Bindung an den Verhandlungspartner gewollt ist. Dies wiederum löst bei den Parteien auch ein Vertrauen in den Abschluss des Vertrages aus. Wenn die verpflichtete Partei dennoch von einem Vertragsschluss Abstand nimmt, muss dies nach dem Parteiwillen einen erheblichen Verstoß gegen die vereinbarten Treuepflichten darstellen[964]. Daher kann es nach hier vertretener Auffassung dahinstehen, ob das gewollte Rechtsgeschäft formbedürftig ist: In jedem Fall kommt bei Abbruch der Vertragsverhandlungen neben der Haftung aus dem selbstständigen Strafversprechen auch noch eine Haftung aus culpa in contrahendo nach §§ 311 Abs. 2 Nr. 1, 280 Abs. 1, 241 Abs. 2 BGB in Betracht. In diese Richtung geht wohl auch *Stadler*[965], der darin eine Möglichkeit sieht, der verpflichteten Partei den Boden für eine durch wichtigen Grund abgebrochene Transaktion zu entziehen[966].

---

962 *BGH* v. 29.03.1996 – V ZR 332/94 (NJW 1996, 1885); *ders.*, NJW 2001, 2713, 2714; *OLG Stuttgart*, BB 1989, 1932; *OLG Koblenz*, NJW-RR 1997, 974; siehe auch aus der Literatur: *Emmerich*, in: MüKo-BGB, 5. Aufl. 2007, § 311 Rn. 218; *Lorenz/Riehm*, Rn. 380.

963 Ibd.

964 *Bergjan*, ZIP 2004, 395, 396 ff.

965 *Stadler*, in: Jauernig, § 311 Rn. 61.

966 Dagegen wohl *Kindl*, in: Erman, § 311 Rn. 34, da er eine Haftung aus culpa in contrahendo in dieser Konstellation nur bei Übernahme einer Garantie im Sinne des § 276 Abs. 1 S. 1 BGB – dahingehend, dass nur bei Vorliegen eins triftigen Grundes von dem Vertragsschluss Abstand genommen wird – für möglich hält. In diese Richtung werden Abbruchklauseln aber gerade nicht formuliert.

4.4.6 Zwischenergebnis

Je nach konkreter Ausgestaltung der Vereinbarung kann demnach beurteilt werden, ob es sich um ein selbstständiges Strafversprechen, einen pauschalisierten Schadensersatz oder eine Vertragsstrafe handelt. Die eben vorgenommene Abgrenzung der verschiedenen Institute ist aber nicht rein akademischer Natur, sondern hat durchaus auch praktische Relevanz. Denn nur die Vertragsstrafe kann – wenn sie unverhältnismäßig hoch ist – auf Antrag des Schuldners nach § 343 BGB durch Urteil auf den angemessenen Betrag herabgesetzt werden. Bei Schadenspauschalen gestaltet sich eine Herabsetzung ungleich schwerer. Durch die Vereinbarung der Pauschale wird gerade die Darlegungs- und Beweislast für den geringen Schaden umgekehrt und trifft nunmehr die durch die Break-Fee Vereinbarung verpflichtete Partei. Eine dem § 343 BGB entsprechende Regelung existiert nicht.

Das Klauselverbot des § 309 Nr. 5 BGB für überhöhte Schadenspauschalen ist auf den weit überwiegenden Teil der vereinbarten Break-Fees freilich nicht anwendbar, da es sich dabei ausschließlich um individuell vereinbarte Klauseln handelt. Daher wird im Schrifttum[967] teilweise eine analoge Anwendung des § 343 BGB auf diese Fälle vertreten. Jedoch ist hier fraglich, ob eine Analogie nicht schon wegen § 348 HGB ausgeschlossen sein muss[968].

Es ist zweifelhaft, ob eine Unternehmenstransaktion oder - zusammenschluss dem Betrieb des Handelsgewerbes zuzuordnen ist. In jedem Fall dürfte aber durch den Beweis eines geringeren Schadens als die vereinbarte Schadenspauschale die Geltendmachung der vollen Schadenspauschale ausgeschlossen sein.

Zusammenfassend lässt sich damit festhalten, dass die dogmatische Einordnung von Break-Fee Vereinbarungen von einem Indizienbündel abhängt. Heranzuziehen sind demnach der Wortlaut der Vereinbarung, die Begleitumstände – insbesondere die Verhandlungspositionen beider Vertragsparteien – und der Umfang der Verpflichtung sowie auch der intendierte Zweck. Um Abgrenzungsprobleme zu vermeiden, sollte bereits bei der Formulierung der Klausel auf möglichst genaue Beschreibung des verfolgten Zwecks geachtet werden. Damit kann dann eine Abgrenzung zwischen Kompensation des tatsächlichen Schadens und des enttäuschten Abschlussinteresses vorgenommen werden[969]. Beispielhaft ließe sich das an der Transaktion *RWE/Essent* darstellen. *RWE* gab ein verbindliches Barangebot in Höhe von 9,3 Mrd. Euro ab[970]. Bei einer marktüblichen Break-Fee in Höhe von einem 1 % des Transaktionsvolums beliefe sich diese auf 93 Mio. Euro. Hier ließe sich zu Recht

---

967 *Stadler*, in: Jauernig, § 339 Rn. 11; *Grüneberg*, in: Palandt, § 343 Rn. 2.; a.A. *BGH* v. 04.10.1956 – II ZR 121/55 (BGHZ 21, 370); *Gottwald,* in: MüKo-BGB, 6. Aufl. 2012, § 343 Rn. 5.

968 So zumindest *Geyrhalter/Zirngibl/Strehle*, DStR 2006, 1559, 1660.

969 *Schlitt*, in: Semler/Volhard, § 6 Rn. 83.

970 http://www.juve.de/nachrichten/deals/2009/01/milliardenangebot-norton-rose-und-hengeler-beraten-rwe-beim-essent-einstieg (abgerufen am 15.1.2009).

fragen, ob diese Summe noch pauschal zur Kompensation der bereits angefallenen Kosten erforderlich sein kann. M. E. sprächen in diesem Fall gute Gründe für die Annahme einer pönalisierend wirkenden Klausel, die damit eher als selbstständiges Strafversprechen vereinbart wurde.

Zudem sollte bei der Beurteilung einschlägiger Klauseln beachtet werden, dass das selbstständige Strafversprechen neben andere Verpflichtungen tritt, während die Schadenspauschale bereits bestehende Ansprüche konkretisiert. Die Durchsetzung des unternehmerischen Erfolgs soll aber gerade nicht durch eine etwaige Schadenspauschale ersetzt, sondern durch die Abbruchklausel gesichert werden.

Aus Sicht des Berechtigten einer solchen Abbruchklausel häufig ein Bedürfnis, neben anderen Ansprüchen auch noch einen verschuldensunabhängigen Anspruch gegen die verpflichtete Partei zu haben. Daher empfiehlt es sich, die Break-Fee Vereinbarung als verbindlich auszugestalten. Der im Rahmen einer Haftung aus *culpa in contrahendo* zu erbringende Verschuldensnachweis macht eine unverbindliche Abbruchklausel für die berechtigte Partei dagegen weniger attraktiv.

4.5 Formbedürftigkeit

Wie bereits angedeutet, kann sich bei der Vereinbarung von Break-Fee auch die Frage nach einer Formbedürftigkeit stellen. Zur Beurteilung dessen muss zwischen den verschiedenen Orten der Vereinbarung einer Break-Fee unterschieden werden. Gleichwohl kann bereits an dieser Stelle darauf hingewiesen werden, dass etwaige Formerfordernisse überhaupt nur im Bereich der Zusammenschlüsse in Betracht kommen können. Bei Übernahmen im aktienrechtlichen Kontext fehlt es bereits an einem gesetzlichen Anknüpfungspunkt.

Bei Verschmelzungen tritt der Verschmelzungsvertrag nach § 13 Abs. 1 UmwG erst nach Zustimmung der Anteilseigner in Kraft. Eine Vereinbarung der Break-Fee im Verschmelzungsvertrag machte daher keinen Sinn. Erforderlich ist vielmehr eine gesonderte Vereinbarung zwischen den Parteien.

In der Regel werden Break-Fee Vereinbarungen schriftlich vereinbart. Trotz dem grundsätzlichen Interesse an Geheimhaltung im Zusammenhang mit Transaktionen besteht dennoch kein Bedürfnis Break-Fee Vereinbarungen lediglich als Gentlemen's Agreement abzuschließen. Wenn man den Zweck als Deal-Protection Klausel in den Vordergrund stellt, kann die berechtigte Partei sogar ein Interesse an der Publizität einer solchen Vereinbarung haben.

Grundsätzlich bedarf der Abschluss einer Break-Fee Vereinbarung keiner besonderen Form, da keine gesetzlichen Formerfordernisse bestehen[971]. Angestoßen durch das Urteil des *LG Paderborn*[972] kann aber durchaus darüber nachgedacht werden, eventuelle Formerfordernisse des damit im Zusammenhang stehenden

971 *Einsele*, in: MüKo-BGB, 7. Aufl. 2015, § 125 Rn. 1; *Brox*, in: Erman, § 125 Rn. 1.
972 *LG Paderborn*, Urteil v. 28.04.2000–2 O 132/00 (NZG 2000, 899 ff.).

Rechtsgeschäfts auch auf die Break-Fee Vereinbarung zu übertragen. Aufgrund der Fokussierung des hiesigen Untersuchungsgegenstandes auf die Zulässigkeit von Break-Fee Vereinbarungen unter Beteiligung von Aktiengesellschaften werden die naheliegenden Formerfordernisse des GmbHG hier nicht beleuchtet[973]. Gleichwohl sei der Vollständigkeit halber darauf hingewiesen, dass beim Kauf von GmbH-Geschäftsanteilen eine Beurkundungsbedürftigkeit von Break-Fee Vereinbarungen nach § 15 Abs. 3 und 4 GmbHG in der Literatur diskutiert wird, sofern sich aus der Klausel ein faktischer Abschlusszwang ergibt[974].

Dagegen gibt das AktG für die Übertragung von Aktien keine besondere Form vor. Daher ist bei reinen Unternehmenstransaktionen ein Formerfordernis zunächst nur in Fällen denkbar, in denen beispielsweise auch ein Grundstück übergeht, § 311b Abs. 1 S. 1 BGB[975]. Viele Unternehmenstransaktionen enden jedoch nicht mit dem Übergang von Anteilen. Vielmehr folgen häufig – wie bereits mehrfach skizziert – gesellschaftsrechtliche Strukturierungsmaßnahmen; insbesondere an die der Transaktion nachfolgende Verschmelzung ist zu denken. Daher können auch aus dem Umwandlungsrecht Formerfordernisse erwachsen, die sich auf die Vereinbarung der Break-Fee durchschlagen können.

Nach § 6 UmwG muss der Verschmelzungsvertrag notariell beurkundet werden, nach § 13 Abs. 3 UmwG müssen der Verschmelzungsbeschluss und die nach dem UmwG erforderlichen Zustimmungserklärungen einzelner Anteilsinhaber notariell beurkundet werden[976]. Auf den ersten Blick scheint hier kein Zusammenhang zu einer Break-Fee Vereinbarung zu bestehen. Dieser lässt sich jedoch in Konstellationen herstellen, in denen die Hauptversammlung die erforderliche Zustimmung zum Verschmelzungsvertrag verweigert[977]. Ist dieses Szenario in der Abbruchklausel als *trigger event* vereinbart, stellt sich die Frage, ob die Vereinbarung der Break-Fee formell rechtmäßig erfolgte.

Von dieser Konstellation ging auch das *LG Paderborn* aus: Danach sei die im Zusammenhang mit einem Verschmelzungsvertrag getroffene Break-Fee Vereinbarung formbedürftig mit der Folge, dass auch das Strafversprechen der Form der Hauptverbindlichkeit bedürfe, andernfalls aber nach § 125 BGB nichtig sei.

---

973 Insbesondere aus § 15 Abs. 3 GmbHG könnten sich hier auch für Break-Fee Vereinbarungen Formerfordernisse ergeben.

974 *Geyerhalter/Zirngibl/Strehle*, DStR 2006, 1559, 1563.

975 Im Wege des Asset-Deals.

976 *Guinomet*, S. 181 ff. konzentriert sich bei seiner Betrachtung lediglich auf § 311b Abs. 1 S. 1 BGB ohne dabei auch auf die Formvorschriften des UmwG einzugehen – für die Beurteilung der Frage einer Formbedürftigkeit einer Unternehmenstransaktion – etwa im Wege eines *Asset Deals* – bei der auch Grundstücke übergehen, wird insoweit auf die Ausführungen von *Guinomet* verwiesen.

977 *Austmann/Frost*, ZHR 169 (2005), 431, 450.

4.5.1 Generelle Notwendigkeit eines Formzwangs bei Break-Fee Vereinbarungen

Generell dienen Formvorschriften einem Dreiklang von Schutzzwecken: Durch die Wahrung der Form sollen die beteiligten Parteien vor übereilter Bindung gewarnt, zugleich belehrt und beraten werden. Zudem kommt Formerfordernissen nach einhelliger Meinung eine Klarstellungs- und Beweisfunktion zu[978]. Es ist daher schon fraglich, ob bei der Vereinbarung von Break-Fees diesen Schutzzweckerwägungen überhaupt genügt werden muss, denn solche Klauseln bewirken ja nur einen indirekten und rein wirtschaftlichen Zwang zum Abschluss eines unter Umständen formbedürftigen gesellschaftsrechtlichen Rechtsgeschäfts. Auf den ersten Blick erscheint es abwegig bei geschäftserfahrenen und zudem in aller Regel anwaltlich beratenen Investoren bzw. Leitungsorganen der Zielgesellschaft auch eine notarielle Beurkundung zu fordern.

Jedoch statuiert § 6 UmwG ganz generell eine Beurkundungspflicht für Verschmelzungsverträge, obwohl auch in dieser Situation in aller Regel nur geschäftserfahrene Personen beteiligt sind. Dem Gedanken des § 311b Abs. 3 BGB folgend soll dabei den Beteiligten einerseits die Reichweite ihres Handelns bewusst gemacht werden, was aber bei Investoren und Geschäftsleitern unzweifelhaft immer bestehen dürfte. Zudem soll dieser Formzwang aber der Beweissicherung[979] dienen, um den vom Gesetzgeber bezweckten Schutz der Anteilseigner sicherzustellen[980]. Ferner tritt mit der notariellen Beurkundung eine materielle Richtigkeitsgewähr des Verschmelzungsvertrags ein. Diese Gründe rechtfertigen nach einhelliger Meinung auch bei Rechtsgeschäften von sehr erfahrenen Parteien eine notarielle Beurkundung von Verschmelzungsverträgen[981]. Der Beweisfunktion könnte aber bereits durch die schriftliche Fixierung solcher Vereinbarungen genügt werden. Daher erscheint es zweifelhaft, ob die Parteien zudem durch den Notar belehrt und aufgeklärt werden müssen, insbesondere da in der Praxis häufig die beratenden Rechtsanwälte als rechtsgeschäftlicher Vertreter der jeweiligen Partei auftreten.

Daneben können Break-Fee Vereinbarungen in wirtschaftlicher Hinsicht die belastete Partei zum Abschluss des Verschmelzungsvertrags zwingen. Daher könnte man erwägen, Break-Fee Vereinbarungen als mittelbar verpflichtende Abreden zum Abschluss eines Verschmelzungsvertrags der Beurkundungspflicht zu unterwerfen. Umstritten ist in diesem Fall aber, auf welche dogmatische Grundlage sich ein etwaiger Formzwang von Break-Fees stützten sollte.

---

978 *Einsele*, MüKo-BGB,7. Aufl. 2015, § 125 Rn. 1.

979 *BGH* v. 16.11.1981 – II ZR 150/80 (BGHZ 82, 188).

980 *Drygala*, in: Lutter, UmwG, § 6 Rn. 1; *Heckschen*, in: Widmann/Mayer, UmwG, § 6 Rn. 1.

981 Im Bereich von Konzernverschmelzungen verliert die notarielle Beurkundung allerdings weitestgehend ihren Sinn und wird daher im Schrifttum kritisiert *Arbeitskreis Umwandlungsrecht*, ZGR 1993, 321, 328; zudem kritisch *Teichmann*, ZGR 2002, 383, 421.

Die meisten Autoren nehmen häufig nur allgemein auf die zu § 311b BGB[982] und § 15 GmbHG[983] entwickelten Grundsätze Bezug, ohne die Besonderheiten des § 6 UmwG zu beachten. Das Formerfordernis des § 15 GmbHG dient lediglich Beweiszwecken und dem Zweck, die Fungibilität von GmbH-Geschäftsanteilen einzuschränken[984]. Das Formerfordernis des § 311b Abs. 1 BGB soll dagegen die beteiligten Parteien auf die Bedeutung des Geschäfts hinweisen und vor dem Eingehen übereilter Verpflichtungen schützen, den Beweis der getroffenen Vereinbarung sichern, die Gültigkeit des Rechtsgeschäfts gewährleisten und eine sachgerechte Beratung der beteiligten Parteien sicherstellen[985].

So auch das *LG Paderborn*[986], welches Break-Fee Vereinbarungen als verbindlichen Vorvertrag qualifizierte und daher letztlich zur Beurteilung der Formbedürftigkeit von umwandlungsrechtlichen Vorverträgen auf die zu § 311b BGB entwickelten Grundsätze abstellte.

M. E. sollte wegen des von § 6 UmwG intendierten Schutzes der beteiligten Rechtsträger eine etwaige Formbedürftigkeit selbstständig festgestellt werden. Die mangelnde Vergleichbarkeit des Schutzbedürfnisses des Grundstückserwerbers bzw. Grundstücksveräußerers nach § 311b BGB mit dem der beteiligten Rechtsträger nach § 6 UmwG sowie die Intention des § 15 GmbHG, einen leichten und spekulativen Handel mit GmbH-Anteilen zu verhindern[987], sperren die Anwendung der zu diesen Normen ergangenen Grundsätze.

Vielmehr sollte an die oben bereits vorgenommene Abgrenzung zwischen pauschalisiertem Schadensersatz und selbstständigem Strafversprechen angesetzt werden. *Ziegler/Stancke*[988] wollen eine Formbedürftigkeit von der Höhe der Break-Fee abhängig machen: Nur wenn diese einen wirtschaftlichen Zwang zum Abschluss des Hauptvertrages der Transaktion erzeuge, sollen Break-Fees den Formvorschriften des Hauptvertrages unterliegen. Dieser liege nur vor, wenn nicht genügend Liquidität vorhanden ist, um die Zahlungsverpflichtung zu befriedigen. Weitergehend fordern die Autoren daher, dass sich die berechtigte Partei im Vorfeld über die wirtschaftlichen Verhältnisse der verpflichteten Partei informiert, um dadurch im Einzelfall die Einhaltung der Formerfordernisse sicherzustellen.

Dies ist aber impraktikabel: Vor Abschluss der Vorfeldvereinbarungen lässt kein Unternehmen potentielle Käufer oder Zusammenschlusspartner in die eigenen Bücher schauen. Daher scheidet eine Beurteilung der finanziellen Verhältnisse durch die berechtigte Partei zu diesem Zeitpunkt noch aus. Zudem sollten Form-

982 *Guinomet*, S. 187 f.; *Gehling*, NZG 2000, 899, 901; *Drygala*, in: Lutter, UmwG, § 6 Rn. 4.

983 *Sieger/Hasselbach*, BB 2000, 625, 627; *Banerjea*, DB 200, 1489, 1497.

984 *BGH* v. 25.09.1996 - VIII ZR 172/95 (NJW 1996, 3338, 3339).

985 *BGH* v. 25.03.1983 - V ZR 268/81 (BGHZ 87, 150, 153),

986 *LG Paderborn* v. 28.04.2000–2 O 132/00 (NZG 2000, 899).

987 *Bayer*, in: Lutter/Hommelhoff, GmbHG, § 15 Rn. 1; *H. Winter/Seibt*, in: Scholz, GmbHG, § 15 Rn. 77.

988 *Ziegler/Stancke*, M&A Review 2008, 28, 32.

erfordernisse nicht an einer Rechengröße, wie der Liquidität festgemacht werden. Dies würde gerade nicht dem Bestimmtheit gebietenden Aktionärsschutz gerecht werden. Im Übrigen ist auch nicht ersichtlich, welche Vorteile für eine verpflichtete illiquide Partei in der notariellen Beurkundung gegenüber einer einfachen schriftlichen Fixierung liegen.

4.5.2 Beurkundungszusammenhang im Fall von Break-Fee Vereinbarungen

Es stellt sich daher die Frage, wodurch sich eine notarielle Beurkundung im Falle von Break-Fee Vereinbarungen rechtfertigen lässt und was in diesem Fall die tragenden Schutzerwägungen sind, welche selbst für ein vom Verschmelzungsvertrag unabhängiges Dokument ein Formerfordernis statuieren können. Nach den vom BGH entwickelten allgemeinen Grundsätzen zum Beurkundungszusammenhang[989] ist für die Frage der notariellen Beurkundung entscheidend, ob die Vereinbarung von Break-Fees unabhängig vom eigentlichen Verschmelzungsvertrag gelten soll[990]. Entscheidend ist daher, ob die Vereinbarungen mit dem Verschmelzungsvertrag ein einheitliches Ganzes bilden sollen oder etwa einen indirekten oder wirtschaftlichen Zwang zum Abschluss ausüben[991]. Um eine Umgehung von Formerfordernissen zu verhindern, muss dies unabhängig davon gelten, ob die verschiedenen Abreden in einer einheitlichen oder in mehreren Urkunden verfasst sind.

Daher ist es einhellige Meinung, dass ein Vorvertrag zum eigentlichen Verschmelzungsvertrag – aus dem die Verpflichtung zum Abschluss des Verschmelzungsvertrags folgt – beurkundungsbedürftig ist[992]. Nachdem das *LG Paderborn* die Break-Fee Vereinbarungen als Vorvertrag qualifizierte, ist es daher nur konsequent, für diesen Fall auch eine Beurkundungspflicht zu sehen[993].

---

989 Allgemein zum Beurkundungszusammenhang: *BGH* v. 16.11.1981 – II ZR 150/80 (BGHZ 82, 188)); *Drygala*, in: Lutter, UmwG, § 6 Rn. 4; *Sagasser/Luke*, in: S/B/B, UmwR, § 9 Rn. 180; *Heckschen*, in: Widmann/Mayer, § 6 Rn. 16. Austmann/Frost, ZHR 169 (2005), 449.

990 *Simon*, in: KK-UmwG, 2009, § 6 Rn. 3.

991 *BGH* v. 16.11.1981 – II ZR 150/80 (BGHZ 82, 188); *Drygala*, in: Lutter, UmwG, § 6 Rn. 4; *Kanzleiter*, DNotZ 1994, 275, 282; *Simon*, in: KK-UmwG, 2009, § 13 Rn. 34 dagegen vertritt eine restriktivere Ansicht: Danach stehen nur solche Nebenabreden in Beurkundungszusammenhang, die *in zwingender rechtlicher Konnexität* zum Verschmelzungsvertrag bestehen, in der Form, dass der Verschmelzungsvertrag ohne die Nebenabreden im Register nicht eintragungsfähig ist.

992 *Zimmermann*, in: Kallmeyer, UmwG, § 6 Rn. 1; *Lutter/Drygala*, in: Lutter: UmwG, § 6 Rn. 3; *Schröer*, in: Semler/Stengel, UmwG, § 6 Rn. 6; *Austmann/Frost*, ZHR 169 (2005), 431, 449 – letztlich konsequent das *LG Paderborn*, , Urt. v. 28.04.2000–2 O 132/00 (NZG 2000, 899).

993 Angesichts der § 15 Abs. 3 und 4 GmbHG sollten daher auch bei GmbH-Transaktionen Break-Fees notariell beurkundet werden – so konsequent das *LG Paderborn*.

Denn Abbruchklauseln können als Nebenabrede zum eigentlichen Verschmelzungsvertrag einen Beurkundungszusammenhang herstellen. Zumindest im Fall von Schadensersatzpauschalen darf dies bezweifelt werden. Dies ließe sich nur herleiten, wenn durch die Klauseln ein wirtschaftlicher Druck auf die Hauptversammlung erzeugt wird, der dazu führt, dass die Hauptversammlung in ihrer Entscheidungsfreiheit unverhältnismäßig eingeschränkt wird.

Davon ausgehend übt zunächst einmal jede Zahlungsverpflichtung Druck auf die Hauptversammlung aus, daher muss es hier noch ein Korrektiv geben; eine Bagatellgrenze, die durch die Zahlungsverpflichtung überwunden würde. Denn es ist zu bedenken, dass die Unternehmensleitung in einer Aktiengesellschaft von den Eigentümern auf den Vorstand delegiert würde. Eine Veränderung des Wertes der Aktien ist zwangsläufig mit einer Unternehmensführung durch den Vorstand verbunden. Auch Kursverluste muss der Aktionär zunächst einmal hinnehmen. Der von der Break-Fee ausgehende wirtschaftliche Druck muss daher höher sein als die normalen Wertschwankungen der Aktien.

Schadenspauschalen weisen in aller Regel keine pönalisierende Höhe auf, sondern orientieren sich an den zu entstehenden Kosten. Die Kosten für Berater und Ähnliches können zwar mitunter sehr hoch sein, aber dennoch ist regelmäßig nicht von einer den Wert der Aktiengesellschaft signifikant mindernden Wirkung auszugehen. Hinzu kommt, dass die mit der Vereinbarung verbundene Vermögenseinbuße selbst beim Erfolg des Zusammenschlusses oder der Übernahme nicht entfällt. In diesem Fall werden die bereits entstandenen Kosten regelmäßig bei der Verhandlung des Preises berücksichtigt und so indirekt auf die Aktionäre umgelegt[994]. Schadenspauschalen sind daher grundsätzlich nicht geeignet, wirtschaftlichen Druck auf die Hauptversammlung zu erzeugen.

Dagegen sollen die das unternehmerische Interesse an der Fusion/Übernahme dienenden Abbruchklauseln einen wirtschaftlichen Druck auf die Hauptversammlung ausüben. Nur mit schmerzhaften Wertverlusten der Aktien lässt sich zuverlässig die Zustimmung der Hauptversammlung erzwingen. Daher ist es nach der hier vertretenen Auffassung erheblich, ob die Abbruchklausel lediglich als Schadenspauschale oder als selbstständiges Strafversprechen vereinbart wurde. Letztere sind m. E. wegen des indirekten Zwangs zur Zustimmung des Verschmelzungsbeschlusses beurkundungspflichtig.

Gestützt wird diese Ansicht durch folgende Überlegung: Nachdem der Verschmelzungsvertrag gegebenenfalls mit den Nebenabreden notariell beurkundet wurde, muss die Hauptversammlung diesem durch Beschluss zustimmen, § 13 UmwG. Dieser Beschluss muss seinerseits auch notariell beurkundet werden gemäß § 13 Abs. 3 UmwG. Wurden neben dem in § 5 Abs. 1 UmwG festgelegten Mindestinhalt zwischen den Vertragsparteien weitere Vereinbarungen getroffen (wie etwa Break-Fee

994 Banerjea, DB 2003, 1489, 1497.

Vereinbarungen), müssen auch diese Gegenstand der Beschlussfassung sein[995]. Dies gilt freilich nur für Absprachen, die in irgendeiner Weise tauglich sind, indirekten oder wirtschaftlichen Zwang zum zustimmenden Beschluss der Hauptversammlung auszuüben. Dies wiederum kann nur bei den selbstständigen Strafversprechen und Schadenspauschalen[996] ab einer gewissen Höhe bejaht werden. Es kann also darauf abgestellt werden, ob die Verpflichtung zur Zahlung einer Abbruchgebühr mit der Fassung eines Verschmelzungsbeschlusses gleichgestellt werden kann[997]. Dies dürfte immer in den Fällen zu bejahen sein, in denen die Hauptversammlung aufgrund des von der Break-Fee ausgehenden wirtschaftlichen Drucks sinnvollerweise nur noch der Verschmelzung zustimmen kann. *Frost/Austmann*[998] wollen in Fällen, in denen die Grundsatzvereinbarung auch nach Wirksamwerden des Verschmelzungsvertrages noch weitergelten soll, eine Ausnahme vom Beurkundungszusammenhang machen. Dies kann hier allerdings nicht fruchtbar gemacht werden, da Break-Fees mit Wirksamwerden des Verschmelzungsvertrags ihr Ziel erreicht haben und somit keiner weiteren Geltung bedürfen. Ausnahmefälle dürften dabei *trigger events* bilden, die gänzlich außerhalb der Sphäre der beteiligten Parteien liegen. Namentlich für fusionsrechtliche behördliche Genehmigungen kann dies gelten.

Das *LG Paderborn* hat allein auf den vereinbarten *trigger event* abgestellt. Sei die Erfüllung dessen formbedürftig, müsse daraus auch eine Formbedürftigkeit für die Verpflichtung zur Zahlung eines Betrages bei Nichtdurchführung des *trigger events* folgen. Dies ist in sich zwar konsequent, verkennt aber das Problem, ob durch die Nichtdurchführung des *trigger events* ein indirekter oder wirtschaftlich wirkender Druck auf die Hauptversammlung aufgebaut wird. Dieses Problem der Kompetenzverteilung zwischen Hauptversammlung und Vorstand wird in der Betrachtung der aktienrechtlichen Zulässigkeit von Break-Fee Vereinbarungen näher beleuchtet

4.5.3 Zwischenergebnis

Es zeigte sich, dass eine Beurkundungspflicht von Break-Fee Vereinbarungen allenfalls bei Zusammenschlüssen in Betracht kommt. Denn im AktG bestehen keine Regelungen, welche den Erwerb oder die Veräußerung von der Einhaltung eines Formerfordernisses abhängig machen würden. Lediglich bei *Asset Deals* kann sich eine Formdürftigkeit unter dem Aspekt des § 311b Abs. 1 S. 1 BGB ergeben. Dies ist aber keine speziell gesellschaftsrechtliche Problematik und wurde schon ausführlich

995 *Heckschen*, in: Widmann/Mayer, § 13 Rn. 64.1; *Simon*, in: KK-UmwG, § 13 Rn. 34; *Stratz*, in: Schmitt/Hörtnagl/Stratz, § 13 Rn. 16.
996 Die Möglichkeit, einen geringeren Schaden nachzuweisen, dürfte erheblichen praktischen Schwierigkeiten für die darlegungs- und beweisbelastete Partei begegnen. Insofern gelten die hier gemachten Aussagen auch gerade für überhöhte Schadenspauschalen.
997 *Hilgard*, BB 2008, 286, 290.
998 *Austman/Frost*, ZHR 169 (2005), 431, 469

von der Rechtsprechung konturiert, daher konnte hier auf eine nähere Betrachtung verzichtet werden.

Anders stellt sich die Lage bei im Zusammenhang mit Verschmelzungen stehenden Break-Fee Vereinbarungen dar. Im Umwandlungsrecht bestehen von vornherein höhere formale Anforderungen an den Abschluss bestimmter Verträge. Dies kann sich dann wiederum auf die Vereinbarung von Nebenabreden durchschlagen. Zur Bestimmung, welche Art von Break-Fee Vereinbarung in einem Beurkundungszusammenhang mit dem Verschmelzungsvertrag steht, ist hier die bereits mehrfach vorgenommene Unterscheidung zwischen Schadenspauschalen und pönalisierenden selbstständigen Strafversprechen relevant. Grundsätzlich sind danach nur selbstständige Strafversprechen im Zusammenhang mit dem Verschmelzungsvertrag zu beurkunden. Ausnahmsweise – wenn nämlich die Pauschale trotz ihrer Zwecksetzung geeignet ist, einen wirtschaftlichen Druck auszuüben – können auch Schadenspauschalen beurkundungspflichtig werden. Der Verweis auf die grundsätzliche Möglichkeit, einen geringeren Schaden geltend zu machen, ist aus praktischen Erwägungen nicht überzeugend. Die verpflichtete Partei wäre für das Bestehen eines geringeren Schadens darlegungs- und beweisbelastet und trägt insofern das Prozessrisiko. Zudem dürften enorme Kosten für Rechtsanwälte und Wirtschaftsprüfer kommen, die versuchen würden, einen geringeren Schaden zu berechnen.

Von der vorstehend beschriebenen Konstellation ist zudem noch der Fall zu unterscheiden, dass der Vorstand nicht über den Verschmelzungsvertrag, sondern nur über dessen Entwurf abstimmen lässt. Dadurch kann dem Vorstand in einzelnen Punkten ein Verhandlungsmandat eingeräumt werden[999]. Ist dadurch auch die Vereinbarung einer Abbruchklausel ins Ermessen des Vorstands gelegt, so dürften an die formellen Voraussetzungen dieser Vereinbarungen geringe Anforderungen gestellt werden, da zumindest auf die Entscheidung der Hauptversammlung kein wirtschaftlicher Druck mehr ausgeübt werden kann.

4.6 Aktienrechtliche Zulässigkeit und Grenzen der Verwendung von Break-Fee Vereinbarungen

Die nachfolgenden Ausführungen gelten nur für den Fall, dass die Aktiengesellschaft Partei der Break-Fee Vereinbarung wird.

Zur Zulässigkeit von Break-Fee Vereinbarungen gibt es bislang nur sehr wenig Rechtsprechung und Literatur. Die Zulässigkeit von Break-Fee Vereinbarungen muss an einem mehrdimensionalen Maßstab gemessen werden. Relevant sind hier einerseits die aktienrechtlichen Kompetenzregeln sowie die aktienrechtlichen Grundsätze über die Gesellschaftsfinanzierung – in beiden Fällen besteht Konfliktpotenzial mit privatautonom vereinbarten Break-Fees. Zudem spielen auch kapitalmarktrechtliche Erwägungen eine Rolle.

---

999 *Simon*, in: KK-UmwG, § 13 Rn. 32.

Problematisch sind freilich nicht die Fälle, in denen Käufer oder Verkäufer einer Unternehmensbeteiligung Verpflichteter einer Abbruchklausel ist. In diesen Konstellation greifen weder die Kapitalerhaltungsregeln der §§ 57 Abs. 1, 71a Abs. 1 AktG noch sind Verstöße gegen die innergesellschaftliche Kompetenzordnung zu befürchten. Gänzlich anders stellt sich der praktisch wohl häufigste Fall da: Hier ist die Zielgesellschaft Verpflichtete der Break-Fee[1000].

Mit den Problemen der Kapitalerhaltung eng verwoben ist regelmäßig auch die Frage, ob die Vereinbarung einer Abbruchklausel im Unternehmensinteresse der verpflichteten Gesellschaft liegt. Dies ist zum einem für die Frage der Vereinbarungskompetenz relevant, aber auch für die Beurteilung der Angemessenheit der Gegenleistung im Rahmen von § 57 AktG.

Einer besseren Übersichtlichkeit dienend, wurde die Prüfung der Zulässigkeit von Break-Fee Vereinbarungen nach formellen und materiellen Gesichtspunkten untergliedert. Im formellen Teil ist insbesondere zu prüfen, ob der Abschluss von Break-Fees in die Geschäftsführungskompetenz des Vorstandes fällt oder aufgrund der faktischen Vorabbindung der Hauptversammlung auch von dieser zumindest genehmigt werden müssen.

4.6.1 Formelle Voraussetzungen

Auf den ersten Blick stellt sich die Frage, warum bei der Veräußerung von Aktien und wesentlicher Unternehmensteile oder der Beschlussfassung über einen Zusammenschluss durch die Hauptversammlung die Zulässigkeit dieser Vorgänge von der rechtlichen Kompetenz der Leitungsorgane abhängt. Dies folgt aus der faktisch stattfindenden Verhandlungsführung der Leitungsorgane. Freilich werden diese Verträge erst mit der Zustimmung der Hauptversammlung oder dem Verkaufsentschluss der einzelnen Aktionäre wirksam. Für den Verschmelzungsvertrag folgt dies aus § 13 UmwG, für die Veräußerung von Aktien aus dem Eigentumsrecht der Aktionäre und für die Veräußerung wesentlicher Unternehmensteile aus der *Holzmüller*- und *Gelantine*-Rechtsprechung des BGH[1001], die nach herrschender Meinung auf die Veräußerung wichtiger Unternehmensteile Anwendung findet[1002], sofern die beabsichtigten Maßnahmen in ihren Auswirkungen einer Satzungsänderung zumindest nahe kommen.

1000 *Ziegler/Stancke*, M&A 2008, 28, 31.

1001 *BGH* v. 25.02.1982 – II ZR 174/80 („Holzmüller“) (BGHZ 83, 122 ff.); *BGH* v. 26.04.2004 – II ZR 155/02 („Gelatine I“) (BGHZ 159, 30 ff.).

1002 *LG Frankfurt* v. 29.07.1997–3/5 O 162/95 (ZIP 1997, 1698 f.); *Lutter/Leinekugel*, ZIP 1998, 225, 229 ff.; *Wollburg/Gehling*, in: FS Lieberknecht, S. 133, 157; *Semler*, in: Hdb AG, § 34 Rn. 40; *Raiser*, § 16 Rn. 13.

a) *Beachtung der aktienrechtlichen Kompetenzordnung*

aa) *Geschäftsführungskompetenz des Vorstands für den Abschluss von Break-Fee Vereinbarungen*

Das Aktienrecht weist dem Vorstand, dem Aufsichtsrat und der Hauptversammlung jeweils zwingend eigene Kompetenzen zu. Das AktG hat mit seinen Normen zur Organisation und Führungsstruktur der Aktiengesellschaft die Binnenstruktur vorgegeben und damit zugleich die Abgrenzung der Organaufgaben und –zuständigkeiten selbst vorgenommen. Abgesichert wird dies durch die Satzungsstrenge des § 23 Abs. 5 AktG. Danach sind die Regelungen über die Zusammensetzung der Organe und deren Zuständigkeitsbereiche zwingend[1003]. Eingriffe eines Organs in die Kompetenzen eines anderen Organs sind grundsätzlich nicht zulässig.

Der Vorstand leitet unter eigener Verantwortung die Gesellschaft. Ihm steht dabei ein weiter unternehmerischer Ermessensspielraum zu. Zudem ist er nach §§ 76, 77 AktG zur Geschäftsführung befugt und vertritt die Aktiengesellschaft gerichtlich und außergerichtlich, § 78 AktG. Im Zusammenhang mit Unternehmensübernahmen[1004] und -zusammenschlüssen ist der Vorstand insbesondere für die Verhandlung und Unterzeichnung der damit einhergehenden Verträge, die Hauptversammlung dagegen für die zu fassenden Beschlüsse und jeder einzelne Aktionär gegebenenfalls für die Veräußerung seiner Aktien zuständig. Die Hauptversammlung ist mit den Einschränkungen der Rechtsprechung[1005] nur auf Verlangen des Vorstands in Geschäftsführungsfragen zuständig. Dies zeigt schon das Spannungsverhältnis, welches sich aus den vorgelagerten Verhandlungen durch den Vorstand ergeben kann. Dadurch können Punkte präjudiziert werden, die eigentlich in die Hauptversammlungskompetenz fallen. Trotz dieser vom Gesetz vorgegebenen klaren Trennung zwischen den Kompetenzen der einzelnen Organe und den von der Rechtsprechung entwickelten Einschränkungen dieser sind dennoch Fälle denkbar, in denen durch Handlungen eines Organs in die Kompetenzzuweisung eines anderen Organs eingegriffen wird[1006].

Auf den ersten Blick kann nach dem soeben Gesagten für den Abschluss einer Break-Fee Vereinbarung wohl nur der Vorstand als zuständiges Unternehmensorgan in Frage kommen, da es sich dabei im Grunde um eine gewöhnliche Geschäftsführungsmaßnahme handelt. Dennoch darf dabei nicht außer Acht gelassen werden, dass durch den Abschluss von Deal-Protection Instrumenten neben der

---

1003 *Kort*, in: GK-AktG, Vor § 76 Rn. 7 ff., 70; *Röhricht*, in: GK-AktG, § 23 Rn. 179 f.

1004 Bei M&A Verhandlungen ist der Vorstand der Zielgesellschaft stets erster und wichtigster Ansprechpartner für den potentiellen Käufer.

1005 Zu denken ist hier an die Entscheidungen „*Holzmüller*“ *BGH* v. 25.02.1982 – II ZR 174/80 (BGHZ 83, 122 ff.); *Gelantine*“ *BGH* v. 26.04.2004 – II ZR 155/02 (BGHZ 159, 30 ff.); „*Macrotron*“ *BGH* v. 25.11.2003 – II ZR 133/01 (BGHZ 153, 47).

1006 Schon im vorherigen Kapitel war ein möglicher Verstoß gegen die innergesellschaftliche Kompetenzordnung zumindest Prüfungsmaßstab.

bereits genannten Einschränkung der Entscheidungsfreiheit der Hauptversammlung auch noch die Möglichkeit der Einflussnahme auf die Aktionärsstruktur besteht. Insbesondere durch die Vereinbarung von hoch dotierten Abbruchklauseln kann für die Hauptversammlung eine faktische Bindung an das Angebot des Erstbieters vorliegen[1007]. Durch die Break-Fee Vereinbarung kommt es bei Scheitern der Vertragsverhandlungen zu einem Abfluss von Mitteln der betroffenen Gesellschaft, was eine entsprechende Entwertung der Anteile zur Folge hat. Dem kann häufig nur durch den vereinbarten Zusammenschluss oder die Veräußerung der Anteile begegnet werden, wodurch der Vorstand mittelbar die Zusammensatzung der Hauptversammlung beeinflussen kann. Die Einflussnahme des Vorstands auf die Zusammensetzung des Aktionärskreises ist jedoch von der gesetzlichen Kompetenzordnung gerade nicht vorgesehen[1008].

Die Leitungs- und Geschäftsführungsbefugnis des Vorstands ist grundsätzlich weit zu verstehen. §§ 76, 77 AktG werden von Rechtsprechung und Literatur eher extensiv ausgelegt[1009]. Danach ist der Vorstand zu allen Rechtsgeschäften berechtigt, die der Unternehmenszweck der Gesellschaft mit sich bringt und die im Interesse der Gesellschaft liegen[1010]. Zwar ist der Unternehmenszweck regelmäßig nicht so eng gefasst, dass dadurch bereits die Vereinbarung von Abbruchklauseln ausgeschlossen wäre. Jedoch kann sich daraus nicht das Recht des Vortandes ergeben, die erforderlichen Hauptversammlungsbeschlüsse durch die Vereinbarung von Abbruchklauseln vorwegzunehmen. Dennoch ergibt sich aus der Pflicht zur Leitung der Gesellschaft für den Vorstand die Pflicht, die Entscheidungen der Hauptversammlung vorzubereiten. Dies hat seinen Niederschlag in § 124 Abs. 3 S. 1 AktG gefunden. Dies umfasst freilich die Schaffung der formellen Rahmenbedingungen, aber darüber hinaus auch die Schaffung von konkreten Entscheidungsgrundlagen. Der Hauptversammlung ist es sodann vorbehalten, die vom Vorstand geschaffenen Möglichkeiten durch positive Beschlussfassung wahrzunehmen oder durch negative Beschlussfassung zu verwerfen.

Sehr deutlich wird dies bei Zusammenschlüssen. Hier schließen die Vertretungsorgane der an der Verschmelzung beteiligten Rechtsträger einen Verschmelzungs-

---

1007 Siehe dazu bereits oben.

1008 *Hopt*, in: GK-AktG, § 93 Rn. 122 ff.; *Mertens/Cahn*, in: KK-AktG, 3. Aufl. 2010, *Lutter*, in: KK-AktG, 2. Aufl. 1995, § 186 Rn. 74; § 76 Rn. 26; *Hopt*, ZGR 2002, 333, 363; *ders.*, ZGR 1993, 534, 545 ff., *Merkt*, ZHR 165 (2001), 224, 236 ff.; *Mülbert/Birke*, WM 2001, 705, 718; a.A.: *Hüffer*, § 76 Rn. 40; *Schiessl*, AG 2009, 385, 386 f.; *Banerjea*, DB 2003, 1489, 1490 f. Siehe dazu auch bereits unter Teil 1: Dogmatische Grundlagen

1009 *BGH* v. 25.11.2003 – II ZR 133/01 („*Macrotron*") (BGHZ 153, 47 ff.); *BGH* v. 25.02.1982 – II ZR 174/80 („*Holzmüller*") (BGHZ 83, 122 ff.); *BGH* v. 26.04.2004 – II ZR 155/02 („*Gelatine I*") (BGHZ 159, 30 ff.); *BGH* v. 26.04.2004 – II ZR 154/02 („*Gelatine II*") (NZG 2004, 575 ff.); *OLG Stuttgart* v. 22.07.2006–8 W 271/06 („*Maybach/Smart*") (NZG 2006, 790 ff.); *Böttcher/Blasche*, NZG 2006, 569, 571; *Weber*, in: Hölters, § 76 Rn. 8 ff.

1010 *Seibt*, in: Beck M&A, K.II.2, Anm. 18.

vertrag, § 4 UmwG. Bei einem weiten Verständnis der Vorstandskompetenzen kann daher die Vereinbarung von Break-Fees durch den Vorstand als formell korrekt betrachtet werden, da sie den später folgenden Hauptversammlungsbeschluss vorbereiten. Weitergehend könnte sich die Vereinbarung einer Break-Fee sogar als notwendiger Schritt und Gegenleistung zur Schaffung der Entscheidungsmöglichkeiten für die Hautversammlung erweisen. Entscheidend ist dann natürlich, ob die Vereinbarung einer Break-Fee grundsätzlich im Interesse der Aktionäre liegt[1011]. Wenn dies vorliegt und solange die endgültige Entscheidung über die Übernahme oder den Zusammenschluss den Aktionären vorbehalten bleibt, sind vorabentscheidende Maßnahmen daher grundsätzlich zulässig.

Sieger/Hasselbach[1012] ziehen hier einen Vergleich zur Beauftragung von Anwälten und Investmentbanken, welche auch keiner Zustimmung durch die Hauptversammlung oder den Aufsichtsrat bedürfe und daher lediglich als technische Vorbereitungshandlung verstanden werden müsse. Ob dieser Vergleich trägt, erscheint mir zumindest zweifelhaft, da der Abschluss von Beraterverträgen in aller Regel auf einem *do ut des* beruht und die verpflichtete Gesellschaft daher eine adäquate Gegenleistung erhält. Wohingegen die Break-Fees gerade für den Fall des Scheiterns vereinbart werden und eben nicht auf einer unmittelbaren Gegenleistung beruhen. Nur wenn die mit der Transaktion verfolgten Synergie- und Skaleneffekte[1013] als Gegenleistung ausdrücklich herausgestellt werden, lässt sich der von *Sieger/Hasselbach* vorgenommene Vergleich heranziehen.

Bei dieser Betrachtung würde allerdings der durch die bereits vereinbarte Break-Fee generierte finanzielle Druck auf die Hauptversammlung unbeachtet bleiben. Insbesondere bei wertmäßig hohen Break-Fees kann der finanzielle Druck auf die Hauptversammlung so groß sein, dass jede andere Entscheidung als die Zustimmung zu der von dem Vorstand angestrebten Transaktion finanziell unvernünftig erscheint[1014]. Insofern scheint auch hier eine Bezugnahme auf die bereits dargestellte Unterscheidung zwischen unternehmerischen Erfolg sichernden Klauseln und reinen Schadenspauschalen gerechtfertigt[1015].

Möglicherweise sind aber selbst bei reinen Schadenspauschalen noch Einschränkungen vorzunehmen: Aus dem bereits angesprochenen Einfluss auf die Zusammensetzung des Aktionärskreises können sich durchaus auch Einschränkungen der Geschäftsführungskompetenz ergeben. Durch die Vereinbarung einer

---

1011 Eine Break-Fee liegt evident nicht im Interesse der Aktionäre, wenn während der Debatte in der Hauptversammlung eine grundlegende negative Beurteilung deutlich wird und die Zustimmung nur erteilt wird, um den negativen Verpflichtungen aus der Vereinbarung zu entgehen.

1012 *Sieger/Hasselbach*, BB 2000, 625, 627.

1013 Hier ist vor allem an die Verringerung der Kosten bei Beschaffung, Forschung & Entwicklung, Produktion, Vertrieb und Verwaltung zu denken – siehe ausführlich dazu: *Semler*, in: Semler/Volhard, § 1 Rn. 69 ff.

1014 *Sieger/Hasselbach*, BB 2000, 625, 628.

1015 Im Ergebnis so auch *Austmann/Frost*, ZHR 169 (2005), 431, 451

Break-Fee mit einem vom Vorstand bevorzugten Investor werden andere Bieter faktisch ausgeschlossen. Insofern könnte der Vorstand den Aktionärskreis so zusammensetzen, wie es ihm dienlich ist. Außer in evidenten Missbrauchsfällen tritt *Banerjea*[1016] diesen Befürchtungen aber mit folgendem Gedanken entgegen: Das Unternehmensinteresse einer Aktiengesellschaft wird einzig durch die Interessen ihrer aktuellen Aktionäre und der übrigen Stakeholder sowie auch der Öffentlichkeit[1017] definiert. Entscheidungen des Vorstandes, die lediglich den Interessen des aktuellen Aktionärskreises entgegenlaufen, können dennoch durch strategische Erwägungen gerechtfertigt sein und somit im Unternehmensinteresse liegen. Eine grundsätzliche negative Beurteilung der Transaktion durch die Hauptversammlung reicht aber nicht aus, um ein Handeln im Unternehmensinteresse zu verneinen.

Dies überzeugt. Denn der Gesetzgeber hat bewusst eine weitgehende Unabhängigkeit des Vorstandes bei unternehmerischen Entscheidungen von den Interessen der Hauptversammlung durch die Einfügung des unbestimmten Rechtsbegriffs des „Unternehmenswohls" in § 93 Abs. 1 S. 2 AktG statuiert. Der Vorstand kann sich eben nur dann auf die Business Judgement Rule berufen, wenn er annehmen durfte, im Interesse des Unternehmens zu handeln. Das Wohl der Gesellschaft betrifft nach herrschender Meinung die nachhaltige Steigerung der Ertrags- und Wettbewerbsfähigkeit des Unternehmens[1018]. Der von *Ulmer*[1019] vertretene Vorrang der Interessen der Aktionäre lässt sich dagegen aktienrechtlich nicht begründen. Vielmehr sind §§ 76 und 93 Abs. 1 AktG bewusst so weit gefasst, dass auch andere Interessengruppen gleichberechtigt berücksichtigt werden müssen[1020]. Insofern können andere das Unternehmensinteresse fördernde Faktoren eine ablehnende Haltung der Hauptversammlung überwiegen.

Daher muss sich der Vorstand im Rahmen der Vertragsverhandlungen fragen, ob die Vereinbarung einer Break-Fee im konkreten Fall das Unternehmensinteresse in angemessener Weise fördert und nicht eine Verschwendung von Gesellschaftsmitteln darstellt. Die Grenze des Zulässigen ist freilich eine willkürliche oder zulasten der verpflichteten Gesellschaft evident missbräuchliche Abbruchklausel. Unwesentliche Einschränkungen der Entscheidungsfreiheit der Aktionäre sind im Hinblick auf die sich bietenden Vorteile von Break-Fees sicherlich hinnehmbar. *Drygala*[1021] hält daher Risikozusagen immer von der Geschäftsführungskompetenz des Vorstandes gedeckt. Nur dadurch sei die Zielgesellschaft – im Unternehmensinteresse – in der Lage bessere Preise durchzusetzen. Diesen Rahmen versucht er

1016 *Banerjea*, DB 2003, 1489, 1490.

1017 Zu denken ist hier insbesondere an die Erhaltung von Arbeitsplätzen und ein hohes Steueraufkommen.

1018 RegBegr. BT-Drs. 15/5092, S. 11.

1019 *Ulmer*, AcP 202, 2002, 143, 152 ff.

1020 *OLG Frankfurt*, Urteil v. 17.08.2011–13 U 100/10 (AG 2011, 918 ff.); *Fleischer*, in: Spindler/Stilz, § 76 Rn. 27; *Goette*, in: FS 50 Jahre BGH, S. 123, 127; *Kort*, AG 2012, 605, 607.

1021 *Drygala*, WM 2004, 1457, 1461; so auch *Hilgard*, BB 2008, 286, 293.

dann mit Leben zu füllen, indem er letztlich wieder auf eine relative Größe von 2 % des Transaktionsvolumens abstellt, bis zu dessen Erreichen eine Bindung der Hauptversammlung nicht vorliege. Dies ist aus meiner Sicht aus den oben bereits genannten Gründen etwas unglücklich: Auch hier sollte nicht auf absolute oder relative Zahlen abgestellt werden, sondern im Einzelfall eine Rechtfertigung für die Höhe der Break-Fee gefunden werden. Der Vorstand hat die zu erwartenden Vorteile mit den möglicherweise eintretenden Nachteilen abzuwägen[1022].

bb) Zustimmungsvorbehalte durch Hauptversammlung und Aufsichtsrat

Wie soeben gezeigt, liegt die Vereinbarung von Break-Fees grundsätzlich im Kompetenzbereich des Vorstands. Es fragt sich aber, ob es daneben Zustimmungsvorbalte der Hauptversammlung oder des Aufsichtsrates geben kann.

Die Möglichkeit, bestimmte Geschäfte des Vorstands einem Zustimmungsvorbehalt des Aufsichtsrats zu unterwerfen, ist im AktG nicht einheitlich geregelt. Im Gegensatz zu spezialgesetzlichen Zustimmungsvorbehalten[1023] sieht vor allem die allgemeine Vorschrift des § 111 Abs. 4 S. 2 AktG weder ausdrücklich zustimmungsbedürftige Geschäfte vor noch führt sie selbst konkretisierende Regelbeispiele oder zumindest Leitlinien auf, an denen sich der Aufsichtsrat bei der Festlegung von Zustimmungsvorbehalten orientieren könnte. In jedem Fall kann aber die Hauptversammlung kraft Satzung und der Aufsichtsrat kraft Geschäftsordnung bestimmte Maßnahmen der Geschäftsführung von der Zustimmung des Aufsichtsrats abhängig machen.

Es ist jedoch höchst zweifelhaft, ob der singuläre Akt des Abschlusses einer Break-Fee der Zustimmung des Aufsichtsrats unterworfen wird. Regelmäßig sind die Zustimmungsvorbehalte in Satzung und Geschäftsordnung viel abstrakter gestaltet.

Dennoch ist denkbar, dass eine Break-Fee auch ohne ausdrückliche Regelung in Satzung oder Geschäftsordnung qua Verpflichtungshöhe einem *ad-hoc* Zustimmungsvorbehalt des Aufsichtsrats unterfällt[1024]. So können Geschäfte von erheblicher Relevanz für das Unternehmen zustimmungspflichtig sein. Hierbei ist allerdings nicht unbedingt eine quantitative Bestimmung vorzunehmen, sondern vielmehr auf die Qualität der Einzelmaßnahme abzustellen[1025]. Der Abschluss von Break-Fee Vereinbarungen muss dabei im Gesamtkontext mit der geplanten Übernahme oder dem Zusammenschluss gesehen werden. Daraus kann sich ergeben, dass es sich nach Umfang, Gegenstand, Bedeutung und Risiko des Geschäfts für die Gesellschaft um ein aus dem Rahmen der geschäftsmäßigen Tätigkeit fallendes außergewöhnliches Geschäft handelt. Die teilweise signifikante Höhe der Break-Fee

---

1022 Gegen eine Vereinbarungskompetenz des Vorstandes ohne nähere Begründung *Selzner*, ZHR 174 (2010), 318, 357.

1023 §§ 59; 89; 114 Abs. 1 S. 2; 115; 202; 204 Abs. 1; 205; 308 AktG.

1024 *Ziegler/Starck*, M&A 2008, 28, 32.

1025 *Brouwer*, 109 f.

rechtfertigt daher die Annahme eines Geschäfts von einigem Gewicht[1026] und kann dadurch sogar das Ermessen des Aufsichtsrates zur Begründung eines entsprechenden *ad-hoc* Vorbehalts zu seiner Pflicht verdichten. Der Vorstand sollte daher in jedem Fall den Aufsichtsrat mit einbeziehen, um nicht durch einen entsprechend vereinbarten *trigger event* die Entscheidung des Aufsichtsrats zu präjudizieren[1027].

Zu einem ähnlichen Ergebnis kommen auch *Ziegler/Starck*[1028], allerdings ist deren Herleitung nicht schlüssig. Danach solle immer wenn ein Beurkundungszusammenhang vorliegt ein Zustimmungsvorbehalt des Aufsichtsrats korrespondieren. Hier ist jedoch nicht klar, warum ein die Anteilseigner und auch Verhandlungsführer vor Übereilung schützendes und der Beweissicherung dienendes Formerfordernis zugleich eine Mitwirkungspflicht des Aufsichtsrats auslösen soll.

Die Entscheidungsrechte der Hauptversammlung ergeben sich in erster Linie aus § 119 AktG sowie aus weiteren speziellen Bestimmungen des AktG[1029] und des UmwG[1030]. Daraus folgt, dass die Hauptversammlung originär für regelmäßig wiederkehrende Entscheidungen sowie für Grundlagen- und Strukturentscheidungen zuständig ist. Über Fragen der Geschäftsführung kann die Hauptversammlung nur entscheiden, wenn der Vorstand dies nach § 119 Abs. 2 AktG verlangt. Zugleich ergibt sich daraus aber auch, dass die Hauptversammlung nur in den gesetzlich vorgesehenen Fällen zur Entscheidung berufen ist[1031].

In der Regel gehen Strukturmaßnahmen mit einer Unternehmenstransaktion oder einem Unternehmenszusammenschluss einher. Es ist daher denkbar, dass neben der Geschäftsführungsbefugnis des Vorstandes auch ein Zustimmungsvorbehalt der Hauptversammlung durch die Transaktion begründet wird. Gestützt wird dies auf folgenden Gedanken: Bei Vermögensübertragungen nach § 179a Abs. 1 AktG werden von der Zustimmungspflicht alle mit dieser Strukturmaßnahme im Zusammenhang stehenden Abreden erfasst[1032]. Gleiches gilt im Bereich von Unternehmenszusammenschlüssen[1033]. Auch hier ist es plausibel, in der Strukturmaßnahme eine Einheit mit den Nebenabreden zu sehen. *Guinomet*[1034] zweifelt dies mit dem Argument an, dass Break-Fees nur für den Fall des Scheiterns der Transaktion vereinbart wurden und daher keine Einheit bestehen könne. Dies ist meines Er-

---

1026 *Lutter*, in: FS Fischer, 419, 425; *Habersack*, in: MüKo-AktG, § 111 Rn. 106; *Drygala*, in: K. Schmidt/Lutter, AktG, § 111 Rn. 46.

1027 *Tröger*, ZHR 172 (2008), 592, 594.

1028 *Ziegler/Starck*, M&A 2008, 28, 32.

1029 Beispielhaft §§ 179 Abs. 1 S. 1; 179a Abs. 1 S. 1; 293 Abs. 2, 3; 319 Abs. 1; 327 Abs. 1 Nr. 1 AktG.

1030 Beispielhaft §§ 13 Abs. 1, 193 Abs. 1 UmwG.

1031 *Wagner*, S. 24.

1032 *Guinomet*, S. 201; *Geßler*, Aktiengesetz, Loseblatt, Stand Dez. 2000, § 179a Rn. 16; *Windbichler*, AG 1981, 169, 172.

1033 *Heckschen*, in: Widmann/Mayer, UmwG; § 13 Rn. 55; *Drygala*, in: Lutter, UmwG, § 13 Rn. 23 f.

1034 *Guinomet*, S. 201 f.

achtens aber nicht konsequent zu Ende gedacht. Wirtschaftlich betrachtet stellen Break-Fee und Transaktion durchaus eine Einheit dar. Häufig ist die Vereinbarung einer Abbruchklausel integraler Bestandteil der Transaktionsverhandlungen. Ohne eine Übernahme der wirtschaftlichen Risiken der berechtigten Partei kommt es demnach regelmäßig gar nicht erst zu einem Verhandlungsergebnis. Zudem darf nicht vergessen werden, dass die nicht erteilte Zustimmung der Hauptsammlung zur Transaktion häufig als *trigger event* vereinbart wird und spätestens an dieser Stelle die Konnexität zwischen Break-Fee und Transaktion zu bejahen ist.

Und dennoch ist eine Zustimmung der Hauptversammlung aus praktischen Erwägungen nicht erforderlich. Unternehmenstransaktionen sind ein dynamischer Prozess, der häufig schnell an Fahrt gewinnt. Die Einberufung einer Hauptversammlung – auch einer außerordentlichen – ist dagegen mit einem erheblichen administrativen und zeitlichen Aufwand verbunden. Schon das Bedürfnis nach schnellen Entscheidungen lässt nach der hier vertretenen Auffassung eine Zustimmung der Hauptversammlung entfallen[1035]. Noch schwerer wiegt zudem das Verlangen der beteiligten Parteien nach Exklusivität und Verschwiegenheit. Zum einen sind die Aktionäre nicht zur Verschwiegenheit verpflichtet, wie etwa der Vorstand oder der Aufsichtsrat und zum anderen lässt sich insbesondere bei Publikumsgesellschaft dieses Erfordernis nicht durchsetzen.

cc) Ungeschriebene Hauptversammlungskompetenzen

Neben diesen praktischen Erwägungen, die gegen eine Erweiterung der Hauptversammlungskompetenzen sprechen, muss allerdings auch der Schutz der Entscheidungsfreiheit der Hauptversammlung in dieser Diskussion Berücksichtigung finden. Dieser Schutz könnte demnach eine Zustimmung der Hauptversammlung erforderlich machen. Allerdings lässt sich dies dogmatisch nicht mit der o.g. wirtschaftlichen Einheit begründen. Denkbar ist aber ein Vorliegen von ungeschriebenen Hauptversammlungskompetenzen nach den sogenannten *Holzmüller*-Grundsätzen.

Hierbei ist aber nicht an die im *Holzmüller*-Urteil entschiedene Strukturveränderung anzuknüpfen, sondern an die Betroffenheit des Aktionärs in seiner verbandsrechtlichen Stellung. Zum einen verliert der Wert seiner Beteiligung durch die Vereinbarung und Verpflichtung zur Zahlung einer unangemessen hohen Break-Fee und zum anderen kann durch die Präjudizierung eine Verkürzung seiner Herrschaftsrechte einhergehen. Wenn die Aktionäre zwar formell mit Nein stimmen können, aber damit zugleich sehenden Auges eine Minderung ihres Beteiligungswerts riskieren, kann nicht mehr von einem autonomen Abstimmverhalten der Aktionäre gesprochen werden. Daher ist es erforderlich, dass zumindest mit finanziellem Druck wirkende Break-Fees zuvor von der Hauptversammlung bestätigt werden. Dies führt freilich wieder zu den zuvor genannten praktischen Problemen.

1035 Im Gegensatz zum Aufsichtsrat kann die Hauptversammlung keine Beschlüsse im Umlaufverfahren fassen, zudem dürfte dies bei Publikumsgesellschaften faktisch ausgeschlossen sein.

Drygala[1036] geht hier sogar noch weiter und will jede Break-Fee, die ohne vorherige Zustimmung der Hauptversammlung abgeschlossen wurde, in Analogie zur Zusicherung über eine Kapitalerhöhung der Nichtigkeitsfolge des § 187 Abs. 2 AktG in analoger Anwendung unterwerfen.

Dies scheint auch konsequent. § 187 Abs. 2 AktG betrifft zwar einen anderen Fall, soll aber vom *Telos* auch die Entscheidungsfreiheit der Hauptversammlung schützen. Dies lässt sich auch vorliegend fruchtbar machen, um die Vorabbindung der Hauptversammlung zu verhindern. Die Voraussetzungen für eine Analogie sind gegeben: Es besteht eine planwidrige Regelungslücke. Denn Abbruchklauseln wurden vom Gesetzgeber als relativ neues Instrument der Transaktionspraxis noch nicht als Gefahr für die Entschließungsfreiheit der Hauptversammlung wahrgenommen. Auch liegt hier eine vergleichbare Interessenlage vor. Denn § 187 Abs. 2 AktG soll die Hauptversammlung davor schützen, einem faktischen Zwang zum Beschluss über eine Kapitalerhöhung ausgesetzt zu sein, um so einer mittelbaren Wertminderung ihrer Aktien zu entgehen. So liegt es auch bei den Abbruchklauseln. Wenn die Leitungsorgane entsprechende Klauseln vereinbaren, könnte die Hauptversammlung bzw. die einzelnen Aktionäre faktisch gezwungen sein, der nachfolgenden Transaktion zuzustimmen, um keinen mittelbaren Wertverlust ihrer Aktien zu erleiden. Die wohl herrschende Meinung zu § 187 Abs. 2 AktG nimmt als Rechtsfolge aber lediglich eine schwebende Unwirksamkeit an[1037]. Durch eine schwebende Unwirksamkeit von Break-Fee Vereinbarungen im Falle der Vorabbindung der Hauptversammlung ließen sich zugleich auch die zuvor genannten praktischen Probleme in den Griff bekommen. Denn nunmehr hätte die Verwaltung ausreichend Zeit, im Nachgang zum Abschluss der Break-Fee Vereinbarung eine Hauptversammlung durchzuführen und einen entsprechenden Beschluss herbeizuführen.

dd) Zwischenergebnis

Die Beurteilung von Break-Fee Vereinbarungen aus kompetenzieller Sicht offenbart hier den Konflikt zwischen zwei Grundsätzen des Kapitalgesellschaftsrechts. Die Aktionäre haben natürlich das Eigentumsrecht an ihren Anteilen. Daher obliegt es ihnen, ob sie ihre Anteile veräußern wollen oder die in ihrem Eigentum stehende Gesellschaft mit einem anderen Rechtsträger verschmolzen werden soll. Das Gesetz weist der Hauptversammlung bzw. den Aktionären einzeln daher eine Entscheidungskompetenz zu.

Auf der anderen Seite steht die Aktiengesellschaft unter Fremdorganschaft – der Vorstand ist zur Oberleitung der Gesellschaft berufen und hat eine weitgehende Geschäftsführungskompetenz. Eine Einschränkung dieser findet nicht schon immer dann statt, wenn auch Interessen der Anteilseigner betroffen sind, sonst wäre der Vorstand in der Praxis nie handlungsfähig. In dem hier zu untersuchenden

1036 *Drygala*, WM 2004, 1457, 1460.

1037 *Hüffer*, § 187 Rn. 5; *Lutter*, in: KK-AktG, 2. Aufl., § 187 Rn. 17 ff.; *Peifer*, in: MüKo-AktG, 3. Aufl. 2011, § 187 Rn. 13, *Veil*, in: K. Schmidt/Lutter, § 187 Rn. 9.

Rahmen kollidieren nunmehr aber die weitgehende Geschäftsführungsbefugnis mit dem Recht der Hauptversammlung bzw. des einzelnen Aktionärs, autonom zu entscheiden. Die Vereinbarung einer Abbruchklausel durch den Vorstand kann zu einer Präjudizierung der Entscheidung der Hauptversammlung bzw. des einzelnen Aktionärs führen, da ein Abweichen von der faktisch vorgegebenen Entscheidung zu einer erheblichen Entwertung des Anteils führen könnte. Daher ist es dem Vorstand grundsätzlich verboten, den Aktionären eine Entscheidung vorzuschreiben und sei es auch nur indirekt durch finanziellen Druck.

Nun können aber von vielen Entscheidungen des Vorstands finanzielle Folgen ausgehen, die geeignet sind, die Aktionäre in ihrer Entscheidungsfreiheit zu beeinflussen. Als Korrektiv dient daher die bereits vorgenommene Unterscheidung zwischen Schadenspauschalen und pönalisierend wirkenden Klauseln. Erstere lassen den Aktionären in der Regel eine freie Willensbildung offen und wirken daher lediglich motivierend auf diese[1038]. In der Regel sind die finanziellen Folgen einer negativen Entscheidung der Aktionäre bei Schadenspauschalen weniger einschneidend und zudem besteht für den Vorstand der verpflichteten Gesellschaft die Möglichkeit eines geringeren Schadensnachweises. Zudem halten sich finanzielle Einbußen durch Schadenspauschalen regelmäßig im Rahmen dessen, was auch sonst an normaler Kursschwankung an den Börsen anfällt und vom Aktionär als ein mit der Aktienanlage verbundenes Anlagerisiko hingenommen wird[1039].

Zudem spricht gegen eine Kompetenz der Hauptversammlung bei der Vereinbarung von Schadenspauschalen, dass dem Vorstand nicht die Möglichkeit der wirtschaftlichen Flexibilität genommen werden darf, welche für den Ausgang von Vertragsverhandlungen immanent wichtig ist. Diese Flexibilität könnte wegen der einzuhaltenden Ladungsfristen, die bei einer unterstellten Hauptversammlungskompetenz zur Einberufung der Hauptversammlung beachtet werden müsste, aber gerade nicht mehr gewährleistet sein. Zudem dürfte der Hauptversammlung in aller Regel – bei Publikumsgesellschaften ganz sicher – die nötige fachliche Kompetenz zur Beurteilung des Sachverhalts fehlen. Als Drittes kann nur durch eine Vorstandszuständigkeit die Geheimhaltung gewährleistet werden.

Freilich darf die Zahlung einer lediglich schadenspauschalisierend wirkenden Break-Fee nicht zu einer Existenzbedrohung der verpflichteten Gesellschaft führen. Der Abschluss einer existenzgefährdenden Break-Fee Vereinbarung ist dem Vorstand von vornherein untersagt. Denn eine solche Geschäftsführungsmaßnahme dient nicht dem Wohl der Gesellschaft.

Im Ergebnis verbleiben Schadenspauschalen im Kompetenzbereich des Vorstandes. Eine Zustimmungspflicht der Hauptversammlung ist aus praktischen Erwägungen nicht wünschenswert. Vielmehr wird die Einhaltung der Kompetenzordnung durch eine erhöhte Prüf- und Sorgsamkeitspflicht des Vorstandes gewährleistet. Die organhaftungsrechtlichen Folgen sichern dies.

1038 *Banerjea,* DB 2003, 1489, 1491.
1039 *Drygala,* WM 2004, 1457, 1461.

Dagegen lässt sich eine alleinige Geschäftsführungskompetenz des Vorstandes für pönalisierend wirkende Klauseln nicht mehr bejahen. Diese sind vom Sinn und Zweck ja gerade darauf ausgerichtet, disziplinierend auf das Stimmverhalten der Aktionäre zu wirken. Hier wäre es aus Aktionärssicht nicht vertretbar, eine Präjudizierung ihrer Entscheidung zuzulassen. Eine Ablehnung der Transaktion ist in diesen Fällen keine echte Alternative mehr für die Aktionäre; sie werden vom Vorstand zu dessen unreflektiert handelndem Werkzeug degradiert. Dies lässt das Aktienrecht aber nicht zu. Daher muss § 187 Abs. 2 AktG in diesen Fällen analog angewendet werden; mit der Folge, dass ohne vorherigen Hauptversammlungsbeschluss abgeschlossene Break-Fee Vereinbarungen schwebend unwirksam sind.

b) Verbot der Vorwegbindung – Unveräußerlichkeit der Leitungsmacht

Bisher kaum Berücksichtigung in der Literatur fand die Frage, ob sich der Vorstand durch die Vereinbarung einer Break-Fee partiell seiner Leitungsmacht entledigen darf. Nach § 76 Abs. 1 AktG darf sich der Vorstand in Bezug auf sein zukünftiges Leitungsverhalten nicht binden[1040]. Klauseln, die als *trigger event* die uneingeschränkte Zusammenarbeit des Vorstandes der verpflichteten Gesellschaft verlangen, können eine solche Vorwegbindung darstellen. Dieser Grundsatz gilt jedoch nicht uneingeschränkt: Es sind nur solche Bindungen unzulässig, die den Leitungsspielraum des Vorstandes in Ansehung des Unternehmensinteresses in unvertretbarer Weise einschränken[1041]. Der Abschluss einer Break-Fee Vereinbarung ist regelmäßig das Ergebnis eines ausführlichen Verhandlungsprozesses zwischen den Leitungsorganen der beteiligten Gesellschaften. Der Vorstand der verpflichteten Gesellschaft handelt dabei – ausgenommen sind Fälle von Missbrauch und vorsätzlicher Schädigung – im Interesse der Gesellschaft, da er davon ausgeht, dass die angestrebte Transaktion der Gesellschaft Vorteile bringt. Der Abschluss der Break-Fee ist diesen Fällen lediglich ein vorbereitendes Instrument auf dem Weg zum Vollzug der Transaktion. Der Vorstand unterwirft sich dabei nicht einem Veto-, Zustimmungs- oder Weisungsrecht der berechtigten Partei[1042]. Vielmehr sind an die Nichtbefolgung der Vereinbarung negative Folgen geknüpft. Dabei wird aber nicht die Leitungsmacht veräußert, sondern die Vereinbarung ist vielmehr Ausdruck einer antizipierten positiven Beurteilung im Sinne des Unternehmensinteresses durch den Vorstand[1043]. Die eigenverantwortliche

---

1040 *Bedkowski*, S. 343; *Fleischer*, in: Hdb VorstandsR, § 1 Rn. 60; *ders.*, ZHR 172 (2008), 538, 558; *Mertens/Cahn*, in: KK-AktG, 3. Aufl. 2010, § 76 Rn. 47.

1041 *Seibt*, in: Lutter/Schmidt, § 76 Rn. 10; *Mertens/Cahn*, in: KK-AktG, 3. Aufl. 2010, § 76 Rn. 53 f.

1042 Dann wäre wohl eine unzulässige Vorwegbindung des Vorstands zu bejahen, *Spindler*, in: MüKo-AktG, 3. Aufl. 2008, § 76 Rn. 25, *Lutter*, in: FS Fleck, 169, 184 f.

1043 Im Ergebnis verneint *Banerjea*, DB 2003, 1489, 1494 eine unzulässige Vorwegbindung wohl auch; a.A. wohl *Fleischer*, in. Spindler/Stilz, § 76 Rn. 80.

Leitungsmacht des Vorstandes sichert gerade solch ein Vorgehen: Ihm steht danach ein breiter unternehmerischer Ermessenspielraum zu, der auch die bewusste Eingehung von geschäftlichen Risiken und die Gefahr von Fehlurteilen und Fehleinschätzungen einschließt[1044].

c) Beachtung der Treuepflichten

Der Vorstand hat nach herrschender Ansicht im Interesse des Unternehmens die Gesellschaft zu leiten. Als juristische Person hat die Aktiengesellschaft dabei ein eigenes Interesse, welches sich vom Interesse des Vorstandes, des Aufsichtsrates und der Hauptversammlung, aber auch von Dritten abgrenzen lässt. Die Ausrichtung der Leitung der Gesellschaft durch den Vorstand auf das Gesellschaftsinteresse verlangt, die Aktiengesellschaft dauerhaft rentabel zu halten.[1045] Durch Transaktionen können sich für die Gesellschaft Synergieeffekte ebenso wie die Erschließung neuer Märkte, die Erweiterung der Produktpalette und die Sicherung der Wettbewerbsfähigkeit ergeben. Der Vorstand muss daher die Vorteile, die der Abschluss einer Break-Fee Vereinbarung in verhandlungstaktischer und strategischer Hinsicht für die Gesellschaft hat, gegenüber den Nachteilen, die aus der Begründung der Verpflichtung der Gesellschaft zur Zahlung einer Break-Fee resultieren, sorgfältig gegeneinander abwägen[1046]. Selbstredend darf sich der Vorstand bei dieser Abwägung nicht von persönlichen Motiven – wie etwa von der berechtigten Partei angebotenen Anreizen – leiten lassen.

d) Verstoß gegen die Sorgfaltspflichten des Vorstands

Neben der Einhaltung der Treuepflicht gegenüber der Aktiengesellschaft ist der Vorstand auch gehalten, bei der Geschäftsführung die Sorgfalt eines ordentlichen und gewissenhaften Geschäftsleiters anzuwenden, § 93 Abs. 1 S. 1 AktG. Aus der Verletzung dieser Sorgfaltspflichten kann sich unter Umständen eine Haftung des Vorstands gegenüber der Aktiengesellschaft aus § 93 Abs. 2 S. 1 AktG ergeben. Nach § 93 Abs. 1 S. 2 AktG verstößt der Vorstand aber nicht gegen seine Sorgfaltspflicht, wenn er bei einer unternehmerischen Entscheidung vernünftigerweise annehmen durfte, auf der Grundlage angemessener Informationen zum Wohle der Gesellschaft zu handeln[1047]. Zum einem eröffnet dies dem Vorstand einen weiten Verhandlungs- und Entscheidungsspielraum[1048] zum anderen zwingt dies den Vorstand zu einer

---

1044 *BGH* v. 21.04.1997 – II ZR 175/95 („*ARAG*") (BGHZ 135, 244, 253); *BGH* v. 21.12.2005–3 StR 470/04 („*Mannesmann/Vodafone*") (BGHSt 50, 331 ff.); *Fleischer*, in: FS Wiedemann, 827. 831 f.

1045 *Mertens/Cahn*, in: KK-AktG, 3. Aufl. 2010, § 76 Rn. 10, 21; *Wiesner*, in: Hdb AG, § 19 Rn. 19; *Semler*, Rn. 40 ff.

1046 Ziegler/Starcke, M&A 2008, 28, 33.

1047 Näher dazu *Fleischer*, in: Spindler/Stilz, § 93 Rn. 59 ff.

1048 *Sieger/Hasselbach*, BB 2000, 625, 630.

sorgfältigen Prüfung der Erforderlichkeit und Höhe einer Break-Fee; nur wenn aus Vorstandssicht *ex ante* eine Wertsteigerung des Unternehmens durch die Transaktion zu erwarten ist, rechtfertigt sich die Vereinbarung einer Break-Fee[1049]. Insofern scheinen sich hier keine größeren Probleme zu ergeben. Einzig sollte noch darauf hingewiesen werden, dass Break-Fee Vereinbarungen, die zu einer verbotenen Einlagenrückgewähr führen oder nach § 71a Abs. 1 S. 1 AktG unzulässig sind, trotz des großen Leitungsermessens des Vorstands zu einer Schadensersatzpflicht gegenüber der Gesellschaft führen können[1050].

4.6.2 Materielle Grenzen

Soweit sich Autoren bisher geäußert haben, halten sie Break-Fees unter zwei Voraussetzungen für zulässig: (1) die, durch die Break-Fee geschützte Transaktion liegt im Interesse der Gesellschaft und (2) der, durch die Break-Fee erzeugte finanzielle Druck auf die Hauptversammlung ist nicht so groß, dass jede andere Entscheidung als die Zustimmung zur Verschmelzung finanziell unvernünftig erscheint[1051]. Dies erscheint mir aber zu oberflächlich. Das Aktiengesetz gibt ein starres Korsett vor, innerhalb dessen bestimmte Geschäftsführungsmaßnahmen zulässig sind. Daher kann eine Beurteilung von Break-Fees unabhängig von den dort aufgestellten Zulässigkeitskriterien und nur anhand der pauschalen Beurteilung des Gesellschaftsinteresses nicht ausreichen.

a) Höhe der Break-Fee als materielle Grenze

Die Höhe von Break-Fees fand schon mehrmals Berücksichtigung innerhalb dieser Arbeit. Jedoch können sich daraus nicht nur Konsequenzen für die formelle Zulässigkeit ergeben, sondern auch für materielle Gesichtspunkte. Relevanz kann dies insbesondere für die Beurteilung der Klauseln nach kapitalerhaltungsrechtlichen Kriterien entfalten.

Es mag aus Sicht der Praxis zwar verführerisch klingen, absolute oder relative Zahlen zu etablieren, anhand dessen die handelnden Personen ihr Vorgehen im Einzelfall prüfen können. *Fleischer*[1052] spricht in diesem Zusammenhang von der „Verführung magischer Zahlen". Dennoch können solche Zahlen denklogisch keine allgemeine Gültigkeit beanspruchen. Hierfür ist die Bandbreite denkbarer Konstellationen einfach zu groß: Relative Zahlen würden gerade bei großen Transaktionsvolumina schnell zu hohen Break-Fees führen, wogegen absolute Werte bei kleinen Transaktionen existenzbedrohend wirken können. Zudem sei an das bereits angeführte Beispiel der Start-Up Unternehmen zu denken, welche aufgrund des enormen Marktwertes regelmäßig große Transaktionsvolumina aus-

---

1049 *Fleischer*, ZHR 172 (2008), 538, 563.
1050 Ausführlich zur Wahrung der Sorgfaltspflichten *Guinomet*, S. 234 ff.
1051 Siehe hierzu mit weiteren Nachweisen *Austmann/Frost*, ZHR 169 (2005), 431, 450 f.
1052 *Fleischer*, ZHR 172 (2008), 538, 565.

lösen, jedoch kaum mit liquiden Mitteln ausgestattet sind. Es muss daher in jedem Fall eine Betrachtung des Einzelfalls erfolgen. Vorgreifend lässt sich dabei schon jetzt festhalten, dass – sofern man die gefundenen Ergebnisse graphisch festhalten möchte – allenfalls ein degressiver Maßstab zwischen Break-Fee und Transaktionswert anzusetzen ist[1053]. Nur dies könnte den oben geäußerten Bedenken gerecht werden.

Möglicherweise lässt sich aber dennoch eine absolute, aber vom Einzelfall abhängige Höchstgrenze einer Break-Fee feststellen: Nach den Grundsätzen des deutschen Schadensersatzrechts wird generell zwischen dem Ersatz des negativen und des positiven Interesses unterschieden. Das positive Interesse entspricht dem Erfüllungsinteresse. Danach ist der Gläubiger so zu stellen, wie er stünde, wenn erfüllt worden wäre. Das positive Interesse bei gescheiterten Transaktionen liegt demnach in den entgangenen Synergie- und Skaleneffekten. Dies ist wohl die Hauptmotivation für Transaktionen[1054], daneben kommen aber auch strategische Erwägungen in Betracht[1055]. Die positiven Effekte werden im Vorfeld ökonomisch analysiert und zur Grundlage von Managemententscheidungen gemacht. Daher können die erwarteten Synergie- und Skaleneffekte durchaus zur Schadensberechnung herangezogen werden. Folglich würde eine Break-Fee in Höhe des positiven Interesses der berechtigten Partei ohne Gegenleistung die Gewinne aus der Transaktion zusichern. Dies würde eine Umgehung der Aktionäre bedeuten, da deren Entscheidung aus Sicht der berechtigten Partei irrelevant wäre. Dies trüge allerdings ein nicht hinnehmbares pönales Element in sich. Daher muss das positive Interesse die absolute Höchstgrenze für Break-Fee Vereinbarungen bilden. Drastischer formuliert dürfte der zu zahlende Betrag noch nicht einmal in die Nähe des positiven Interesses kommen.

Schadenspauschalen werden regelmäßig unter dieser Grenze liegen, da damit gerade keine Gewinne aus der Transaktion abgegolten werden sollen. Insofern stellt sich bei diesen Klauseln die aufgeworfene Problematik gar nicht.

Im Ergebnis sollte die Break-Fee daher möglichst klein sein, sich aber am zu erwartenden Schaden der berechtigten Partei orientieren. Starre Grenzen sind nach der hier vertretenen Ansicht keine sachgerechte Lösung[1056]. Vielmehr ist eine flexible Beurteilung des Einzelfalls erforderlich, um die jeder Transaktion innewohnende eigene Dynamik zu berücksichtigen. In jedem Fall sollte auch die Finanzlage der verpflichteten Partei bei den Verhandlungen berücksichtigt werden, da deren Überlebensfähigkeit und zukünftige Entwicklung nicht nachhaltig gefährdet werden darf.

1053 Ähnlich auch *Hilgard*, BB 2008, 286, 292.

1054 *Semler*, in: Semler/Volhard, §1 Rn. 69 ff.

1055 *Beisel*, in: Beisel/Klumpp, 1. Kap. Rn. 7 f.

1056 So im Ergebnis auch *Banerjea*, DB 2003, 1489, 1492, der als maßgebliches Kriterium allerdings auf die „Angemessenheit" abstellt.

b) Kapitalerhaltungspflichten

In der Aktiengesellschaft gilt der Grundsatz der Bindung des gesamten Vermögens, §§ 57, 59, 62, 71 ff. AktG[1057]. Telos dieses Grundsatzes ist die Verwirklichung des Gläubigerschutzes durch die Schaffung und Erhaltung eines Haftungsfonds[1058]. Zwar kann dieses Prinzip gegen Missmanagement und damit einhergehende Vermögensverluste wenig ausrichten, dennoch ist es dadurch Aktionären verwehrt, der Gesellschaft gebundenes Vermögen zu entziehen und auf diese Weise Fremdkapitalgeber oder andere Gläubiger zu schädigen. Im Rahmen dieses Abschnitts gilt es nun zu klären, ob durch die Vereinbarung einer Break-Fee die Gefahr begründet wird, dass das Vermögen der verpflichteten Aktiengesellschaft in unzulässiger Weise verringert wird. Diese Bewertung wird insbesondere unter dem Aspekt vorgenommen, dass bei Übernahmen sich nicht der Veräußerer – also die Vielzahl der Aktionäre – sondern das Übernahmeobjekt – also die Zielgesellschaft – sich zur Zahlung einer derartigen Abbruchklausel verpflichtet. Hierbei wird deutlich, dass kein gewöhnliches Zwei-Parteien-Verhältnis vorliegt, in dem derjenige Vertragspartner die Abbruchklausel zu zahlen hat, welcher für das Scheitern der Vertragsverhandlungen verantwortlich ist. Finanzielles Risiko und möglicher Gewinn fallen auseinander. Dies ist unter kapitalerhaltungsrechtlichen Gesichtspunkten höchst bedenklich und nur im Einzelfall allein durch ein überwiegendes gesellschaftliches Interesse zu rechtfertigen.

aa) Verbotene Einlagenrückgewähr nach § 57 Abs. 1 AktG

(1) Telos, Regelungsgegenstand und Ausnahmen

§ 57 Abs. 1, 2 AktG bestimmt, dass Aktionären ihre Einlagen nicht zurückgewährt und keine Zinsen zugesagt oder ausgezahlt werden dürfen. Der Wortlaut der Vorschrift beschreibt die Reichweite des Verbots jedoch nur unzureichend[1059]. Aufschluss gibt insoweit § 57 Abs. 3 AktG, wonach unter den Aktionären nur der Bilanzgewinn verteilt werden darf. Hierdurch kommt das Prinzip der Bindung des gesamten Vermögens deutlicher zum Ausdruck[1060]. Ein Verstoß gegen das Verbot der Einlagenrückgewähr liegt bereits vor, wenn die Zahlung außerhalb der ordnungsgemäßen Ausschüttung des Bilanzgewinns erfolgt.

Nach seinem Wortlaut erfasst § 57 Abs. 1 S. 1 AktG nur Leistungen der Aktiengesellschaft an ihre Aktionäre. Nach ganz herrschender Meinung gebietet aber

---

1057 *Cahn/v. Spannenberg*, in: Spindler/Stilz, § 57 Rn. 9 f.; *K. Schmidt*, GesR, § 29 II 2a.

1058 *Cahn/v. Spannenberg*, in: Spindler/Stilz, § 57 Rn. 4; *Fleischer*, in: K. Schmidt/Lutter, § 57 Rn. 3; *Fleischer*, WM 2007, 909, 910.

1059 *Bitter*, ZHR 168 (2004), 302, 308 ff.; *Bayer*, in: MüKo-AktG, 3. Aufl. 2008, § 57 Rn. 9; *Drygala*, in: KK-AktG, 3. Aufl. 2011, § 57 Rn. 16; *Hüffer*, § 57 Rn. 2.

1060 *Fleischer*, in: K. Schmidt/Lutter, § 57 Rn. 1; *Henze*, in: GK-AktG, § 57 Rn. 10; *Hüffer*, § 57 Rn. 2; *Cahn/v. Spannenberg*, in: Spindler/Stilz, § 57 Rn. 1; *Grunewald*, GesR, 2. C. Rn. 150.

ein umfassender und effektiver Umgehungsschutz, dass auch Dritte vom Verbot erfasst sind, wenn ihre Beteiligung bei wirtschaftlicher Betrachtung einer Einlagenrückgewähr entspricht[1061]. Daher sind auch Leistungen an einen ehemaligen oder künftigen Aktionär sowie an einen faktischen Aktionär erfasst, sofern zwischen der Aufgabe bzw. der Erlangung der Aktionärsstellung und der Vornahme der Leistung ein enger sachlicher und zeitlicher Zusammenhang besteht[1062].

Offene Verstöße gegen § 57 AktG sind eher selten. Beispielhaft werden in der Literatur Dividendenzahlungen ohne oder aufgrund eines nichtigen Jahresabschlusses, Treueprämien für langjährige Mitgliedschaften sowie Kapitalrückzahlungen ohne wirksamen Kapitalherabsetzungsbeschluss genannt[1063]. Weitaus häufiger kommen dagegen verdeckte Leistungen vor, welche auch von § 57 AktG erfasst sind[1064]. Um eine solche handelt es sich, wenn ein (ehemaliger oder zukünftiger) Aktionär als Vertragspartei der Gesellschaft auftritt und ihm in diesem Rahmen ein nicht marktgerechter Vorteil zugewandt wird. Ob es sich um einen unzulässigen Vorteil handelt, muss durch einen Vergleich der Bedingungen des abgeschlossenen Geschäfts mit hypothetischen Bedingungen ermittelt werden, zu welchen ein gewissenhafter und nach kaufmännischen Grundsätzen handelnder Geschäftsleiter das Geschäft unter sonst gleichen Umständen mit einem Nichtaktionär geschlossen hätte[1065]. Mit anderen Worten: Bei Bestehen eines objektiven Missverhältnisses zwischen Leistung und Gegenleistung zum Nachteil der Aktiengesellschaft liegt eine verbotene Einlagenrückgewähr vor.

Dies gilt freilich nicht uneingeschränkt. So kann ein zunächst bestehendes Missverhältnis zwischen Leistung und Gegenleistung durch andere Vorteile kompensiert werden[1066] oder aus anderen betrieblichen Gründen gerechtfertigt sein[1067]. Diese

---

1061 *BGH* v. 13.11.2007 – XI ZR 294/07 (NZG 2008, 106, 106); *Drinhausen*, in: Heidel, AktG, § 57 Rn. 39; *Henze*, in: GK-AktG, 4. Aufl., § 57 Rn. 73; *Hüffer*, § 57 Rn. 18; *Johannsen-Roth/Goslar*, AG 2007, 573, 580; *Nodoushani*, NZG 2008, 291 f.

1062 *Bayer*, in: MüKo-AktG, 3. Aufl. 2008, § 57 Rn. 57; *Cahn/v. Spannenberg*, in: Spindler/Stilz, § 57 Rn. 54; *Fleischer*, in: K. Schmidt/Lutter, § 57 Rn. 33; *Canaris*, in: FS Fischer, 31, 32; *Wiesner*, in: Hdb AG, § 16 Rn. 49.

1063 Siehe ausführlich dazu *Fleischer*, in: K. Schmidt/Lutter, § 57 Rn. 10 sowie *Henze*, in: GK-AktG, 4. Aufl., § 57 Rn. 26 ff.

1064 *BGH* v. 01.12.1986 – II ZR 306/85 (NJW 1987, 1194 f); *BGH* v. 13.11.1995 – II ZR 113/94 (NJW 1996, 589 f.) (allerdings jeweils zur GmbH); *Bayer*, in: MüKo-AktG, 3. Aufl. 2008, § 57 Rn. 31; Drygala, in: KK-AktG, 3. Aufl. 2011, § 57 Rn. 37 ff.; *Bezzenberger*, S. 227 ff.

1065 *BGH* v. 01.12.1986 – II ZR 306/85 (NJW 1987, 1194 f); *BGH* v. 13.11.1995 – II ZR 113/94 (NJW 1996, 589, 590).

1066 *Hüffer*, § 57 Rn. 10.

1067 *BGH* v. 01.12.1986 – II ZR 306/85 (NJW 1987, 1194, 1195); *BGH* v. 13.11.1995 – II ZR 113/94 (NJW 1996, 589, 590); *Henze*, in: GK-AktG, 4. Aufl., § 57 Rn. 41; *Stimpel*, in: FS GmbHG, 335, 345; a.A. aber *Fleischer*, in: K. Schmidt/Lutter, § 57 Rn. 15 f.; *ders.*, WM 2007, 909, 912; *Langenbucher*, § 9 Rn. 14.

notwendige Ausnahme vom Verbot der Einlagenrückgewähr ist erforderlich, um der Aktiengesellschaft nicht die wirtschaftliche Flexibilität zu nehmen.

(2) Anwendbarkeit auf Break-Fee Vereinbarungen

Darstellung einer durch die Zielgesellschaft gewährten Break-Fee

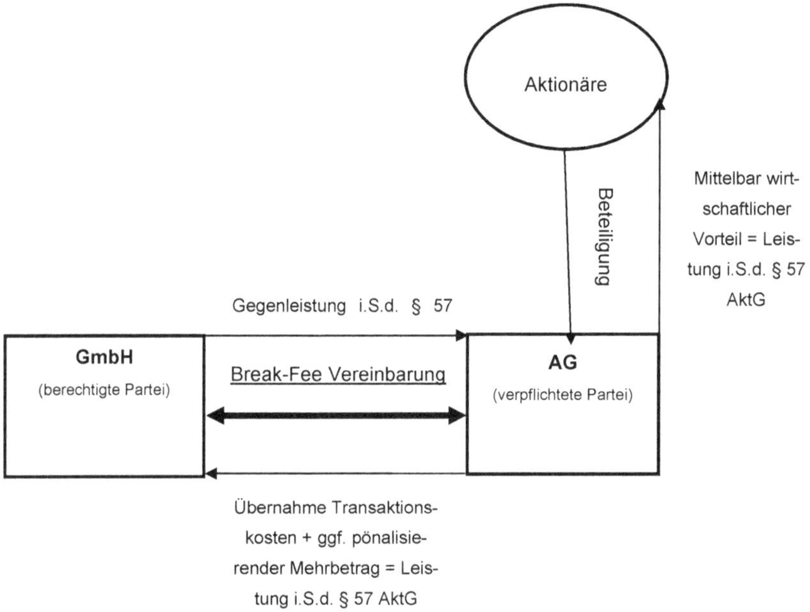

Vorliegend stellt sich die Frage, ob die oben dargelegten Grundsätze auch auf Break-Fee Vereinbarungen Anwendung finden können. Break-Fees werden gerade für den Fall vereinbart, dass eine Unternehmenstransaktion scheitert. Für diesen Fall übernimmt die verpflichtete Partei die bisher angefallenen Transaktionskosten der berechtigten Partei. Ein Umsatzgeschäft zwischen der (verpflichteten) Aktiengesellschaft und einem Aktionär ist auf den ersten Blick nicht erkennbar. Insofern handelt es sich vorliegend nicht um den typischen Fall einer verdeckten Einlagenrückgewähr. Mangels Aktionärseigenschaft sehen einige Autoren daher schon gar keinen Raum für eine Anwendung des § 57 AktG[1068], sofern nicht gerade Aktionäre die abgerechnete Beratungsleistung erbracht haben. Dies erscheint mir mit der oben geführten Argumentation allerdings zu kurz gegriffen. Das Verbot der Ein-

1068 So etwa *Seibt*, in: Beck M&A, K.II.2, Anm. 18; *Banerjea*, DB 2003, 1489, 1493.

lagenrückgewähr erfasst nach herrschender Meinung einen größeren personellen Anwendungsbereich und ist nicht nur auf aktuelle Aktionäre anzuwenden.

Erstaunlicherweise befassen sich dagegen diejenigen Autoren, welche eine Anwendbarkeit des § 57 AktG richtigerweise bejahen, nicht mit deren Herleitung[1069]. Problemlos lässt sich die Anwendbarkeit des § 57 AktG auf Abbruchklauseln keinesfalls begründen, wie sich im Folgenden zeigen wird.

Zu diesem Zweck bietet es sich an, auch hier die bereits bekannte Unterscheidung zwischen Zusammenschlüssen und Übernahmen vorzunehmen.

(a) Übernahmen

Bei den Übernahmen[1070] ist zunächst der unproblematische Fall auszuklammern, dass die berechtigte Partei bereits vor Vereinbarung der Break-Fee Aktionär der verpflichteten Aktiengesellschaft ist. Dies dürfte insbesondere bei öffentlichen Übernahmen der Fall sein. Regelmäßig geschieht dies in zwei Phasen: Zunächst versucht der Investor eine Sockelbeteiligung an dem Übernahmekandidaten zu erwerben[1071] und erst in einem zweiten Schritt die restlichen, für den Mehrheitserwerb erforderlichen Aktien durch ein öffentliches Übernaheangebot zu erhalten[1072]. Wird in diesen Fällen eine Break-Fee vereinbart, sprechen gute Gründe für einen Verstoß gegen das Verbot der Einlagenrückgewähr. Denn bei Eintreten des *trigger events* ist die berechtigte Partei bereits Aktionär und erhält eine Geldleistung von der verpflichteten Aktiengesellschaft. Hierauf gilt es, in der Praxis zu achten.

Eine andere Ausgangslage besteht, wenn der Investor bei Vereinbarung der Break-Fee noch keine (Sockel-) Beteiligung an der Zielgesellschaft hält. In diesen Fällen ist die berechtigte Partei bei Eintritt des *trigger events* weder ehemaliger noch zukünftiger Aktionär. Selbst bei weitestgehender Auslegung von § 57 AktG ist eine Anwendung des Verbots der Einlagenrückgewähr mit dem Wortlaut kaum begründbar. Zwar lässt sich der Zeitpunkt der Leistung bereits weit vorverlagern, indem auf die Vereinbarung der Break-Fee abgestellt wird: Zwar leistet die Zielgesellschaft zu diesem Zeitpunkt noch keine Vermögenswerte, dennoch tritt bereits eine Vermögensbeeinträchtigung durch die damit einhergehende Verfügungsbeschränkung ein[1073]. Denn die Gesellschaft kann nicht mehr uneingeschränkt über sämtliche ihrer Aktiva verfügen. Dennoch ist fraglich, wie in der berechtigten Partei ein „Aktionär“ im Sinne des § 57 AktG gesehen werden soll.

1069 Hier insbesondere *Fleischer,* in: K. Schmidt/Lutter, § 57 Rn. 28; *ders.*, ZHR 172 (2008), 538, 565 f.; *ders.*, AG 2009, 345, 351 f.; *Ströhmann*, S. 339 f.; differenzierend aber *Kuhn,* S. 273 ff.

1070 Freilich geht es hier weiterhin um freundliche Übernahmen, da das Management der Zielgesellschaften mitwirken muss, siehe bereits oben.

1071 In den Medien wurde dies häufig als sog. Anschleichen bekannt, zu den Motiven siehe *Beisel,* in: Beisel/Klumpp, 14. Kap. Rn. 21.

1072 *Liebscher,* ZIP 2001, 853, 855.

1073 *Ströhmann,* S. 340; *van Aubel,* S. 55.

Denkbar ist es daher nicht auf die durch die Break-Fee berechtigte Partei, sondern auf die Aktionäre der verpflichteten Partei als Leistungsempfänger oder zumindest als mittelbar bevorteilte Leistungsempfänger abzustellen. Der Verkauf von Anteilen an einer Gesellschaft ist ein Vorgang, der zunächst nur allein den Verkäufer und den Erwerbsinteressenten betrifft[1074]. Daher liegt der Wechsel der Beteiligungsverhältnisse ausschließlich im Interesse des Käufers und des Verkäufers der Beteiligung[1075]. Insofern löst die Übernahme von Transaktionskosten durch die verpflichtete Gesellschaft, welches selbst keinen Einfluss auf den Eintritt des *trigger events* hat, ein Gefühl von Unwohlsein aus.

Der reflexhaft bei den Aktionären auftretende wirtschaftliche Vorteil muss daher in Relation zu der Leistung der verpflichteten Gesellschaft gesetzt werden. Hierzu haben Literatur und Rechtsprechung einige Konstellationen herausgearbeitet, in denen trotz offensichtlich nicht bestehender Aktionärseigenschaft das Verbot der Einlagenrückgewähr eingreifen soll. Dies ist namentlich denkbar, wenn die Leistung den Aktionären zurechenbar ist[1076]. Das liegt regelmäßig vor, wenn die Leistung durch die Aktionäre der verpflichteten Partei veranlasst wurde, auf deren Rechnung erfolgt oder ein sonstiges Näheverhältnis zwischen berechtigter Partei und den Aktionären der verpflichteten Partei besteht[1077]. Insofern müsste den Aktionären der verpflichteten Partei aus der Leistung ein Vorteil erwachsen. Dieser Vorteil kann in der – an anderer Stelle bereits mehrfach ausgeführten – Wertsteigerung der Aktien liegen oder darin, dass überhaupt erst eine Chance zum Verkauf der Aktien eröffnet wird. Als Reflex der Break-Fee Vereinbarung gereicht dies den Aktionären indirekt als wirtschaftlicher Vorteil.

Dennoch ist zweifelhaft, welche Figur der Zurechnung hier möglicherweise vorliegt. Die berechtigte Partei hat zu den Aktionären kein näheres Verhältnis als zu der verpflichteten Partei. Denklogisch kann auch nicht jeder Vermögensnachteil auf Seiten der Aktiengesellschaft, der zugleich zu einem wirtschaftlichen Vorteil auf Seiten der Aktionäre führt, unter das Verbot der Einlagenrückgewähr fallen[1078], nur weil ein Näheverhältnis zu einem Dritten besteht.

Anderenfalls wäre der Vorstand einer Aktiengesellschaft seiner unternehmerischen Handlungsmöglichkeiten beraubt, da im Idealfall jede unternehmerische Entscheidung zu einer Wertsteigerung der Aktien führen soll. Sofern das Unternehmensinteresse einen Wechsel der Besitzverhältnisse erfordert, bspw. zur

---

1074 *Linker/Zinger*, NZG 2002, 497, 500.

1075 *Sigle/Zinger*, NZG 2003, 301, 302.

1076 *OLG Hamburg*, Urteil v. 24.07.1987–11 U 182/86 (WM 1987, 1163, 1167); *OLG Hamburg*, Urteil v. 05.09.1980–11 U 1/80 (AG 1980, 344, 345); *Cahn/v. Spannenberg*, in: Spindler/Stilz, § 57 Rn. 72; *Hüffer*, § 57 Rn. 19; *Henze*, in: GK-AktG, § 57 Rn. 86 f.

1077 *Lutter*, in: KK-AktG, § 57 Rn. 41 ff.; *Bayer*, in: MüKo-AktG, 3. Aufl. 2008, § 57 Rn. 58 ff.; *Henze*, in: GK-AktG, §57 Rn. 85 ff.

1078 *Ströhmann*, S. 341 nimmt dies aber unter Verweis auf die weite Auslegung des § 57 AktG in Kauf.

Öffnung neuer Kapitalressourcen oder aus strategischen Gründen[1079], so kann eine Förderung der Verkaufsabsicht der Altaktionäre durch Eigenleistung der Gesellschaft durchaus gerechtfertigt sein. Gleichwohl kann dies nach dem zuvor Gesagten nur in Ausnahmefällen gelten. Da die Gesellschaft grundsätzlich kein Interesse daran hat, wer ihre Aktionäre sind. Es bedarf demnach auch hier eines Korrektivs.

Mit dem bereits bestehenden Schrifttum zum Verbot der Einlagenrückgewähr bei Drittgeschäften[1080] kann dieses Korrektiv auf einer anderen Ebene gefunden werden. Hier kann insbesondere die parallel geführte Diskussion zur Umplatzierung bestehender Aktien nutzbar gemacht werden. Auch hier werden regelmäßig vermögenswerte Leistungen durch die Gesellschaft erbracht, ohne dass es eine auf den ersten Blick ersichtliche Gegenleistung gibt.

Dadurch ergibt sich eine gestufte Prüfung. So ist durch die Vereinbarung einer Break-Fee der Anwendungsbereich des § 57 AktG zunächst einmal grundsätzlich eröffnet. Allerdings ist das Verhalten dennoch nur verboten, wenn zwischen Leistung und Gegenleistung ein Missverhältnis besteht[1081]; also mit anderen Worten, wenn für die Gesellschaft keine bilanziell wirksamen Vorteile vorliegen. Probleme bereitet hier aber bereits die Feststellung der Gegenleistung. *Fleischer* schlägt daher vor die für die Gesellschaft prognostizierten Transaktionsvorteile zu monetarisieren und mit der im Misserfolgsfall zu zahlenden Kostenerstattung – jeweils multipliziert mit der jeweiligen Eintrittswahrscheinlichkeit – zu vergleichen[1082].

Banerjea[1083] zieht das eben skizzierte Vorgehen indes in Zweifel, mit dem Argument, dass der Umstand einer zufälligen Aktionärsstellung nicht das Verbot der Einlagenrückgewähr auslösen dürfe. *Banerjea* geht hier aber von einer falschen Prämisse aus. Sowohl Unternehmensübernahmen als auch Unternehmenszusammenschlüsse sind das Ergebnis von langwierigen Verhandlungen und intensiven Beratungsprozessen der Vertragspartner. Dass eine Sockelbeteiligung im Vorfeld der Transaktion oder des Zusammenschlusses zufällig gebildet wird, ist daher unwahrscheinlich und eher das Ergebnis eines strategischen Vorgehens. Eine zufällige Aktionärsstellung gibt es in diesen Fällen praktisch nicht. Zudem verfolgt § 57 AktG – wie bereits mehrfach herausgestellt – nicht nur den Kapitalschutz, sondern auch noch weitergehende Schutzzweckerwägungen. Insofern kann es wertungsmäßig keinen Unterschied machen, ob nun tatsächlich bereits eine Sockelbetei-

---

1079 *Sigl/Zinger*, NZG 2003, 301, 302; *Sieger/Hasselbach*, BB 2000, 625, 628; *Bayer*, in: MüKo-AktG, § 57 Rn. 94.

1080 *Lutter*, in: KK-AktG, § 57 Rn. 39, 41; *Henze*, in: GK-AktG, § 57 Rn. 73, 85, 89; *Hüffer*, § 57 Rn. 19.

1081 Um die Unternehmen nicht in ihrer unternehmerischen Flexibilität einzuschränken, sieht *Kuhn*, S. 276, hier den Anwendungsbereich des § 57 AktG schon nicht eröffnet.

1082 *Fleischer*, in: Schmidt/Lutter, AktG, 3. Aufl. 2015, 3 57 Rn. 28 – ausführlich hierzu auf S. 290 ff.

1083 *Banerjea*, DB 2003, 1489, 1493.

ligung besteht oder nicht. Mit der hier vertretenen Auffassung kann in beiden Fällen § 57 angewendet werden. Das Verbot lässt sich somit auch auf Vereinbarungen anwenden, die grundsätzlich geeignet sind, eine Übernahme oder einen Zusammenschluss zu fördern.

(b) Zusammenschluss

Die eben angestellten Überlegungen können nicht unbesehen für die Fälle des Zusammenschlusses übernommen werden. Die Situation ist hier eine ganz andere. Das Vermögen des übertragenden Rechtsträgers geht im Wege der Gesamtrechtsnachfolge nach § 20 Abs. 1 Nr. 1 UmwG auf den übernehmenden Rechtsträger über. Der übertragende Rechtsträger selbst erlischt. Sollten zum Zeitpunkt des Zusammenschlusses noch keine Beteiligungen der berechtigten Gesellschaft an der verpflichteten Aktiengesellschaft vorliegen, wird die berechtigte Gesellschaft niemals Aktionärin der verpflichteten Partei. Insofern besteht im Gegensatz zu der vorherigen Konstellation ein geringerer Bezug zu einer etwaigen Aktionärsstellung der berechtigten Partei[1084].

Es stellt sich daher die Frage, ob mit den oben bereits angewandten Grundsätzen auch in dem vorliegenden Fall eine Zurechnung an die Aktionäre der verpflichteten Aktiengesellschaft erfolgen kann. Grundsätzlich gilt auch hier, dass den Aktionären der verpflichteten Partei mittelbar wirtschaftliche Vorteile zufließen, die sich in einem erhöhten Umtauschkurs bei der Verschmelzung niederschlagen. Dies soll nach einhelliger Meinung bereits ausreichen, um den Anwendungsbereich des Verbots der Einlagenrückgewähr zu eröffnen[1085]. Auch hier muss ein etwaig bestehendes Missverhältnis zwischen der Leistung und Gegenleistung sodann auf der nächsten Stufe festgestellt werden.

(3) Missverhältnis von Leistung und Gegenleistung

Das gewöhnliche Vorgehen bei der Prüfung einer verdeckten Leistung im Sinne des § 57 AktG erfordert, dass zunächst für die erfolgte Leistung ein marktüblicher Preis ermittelt und sodann untersucht wird, ob die Gegenleistung von diesem Preis zulasten der Aktiengesellschaft abweicht. Problematisch ist insofern, dass für die Vereinbarung einer Break-Fee kein marktüblicher Preis existiert. Darüber hinaus stellt sich die Frage, was überhaupt die Gegenleistung für die Vereinbarung einer Break-Fee ist. Auch durch die im Schrifttum häufig anzutreffende Aussage, dass § 57 AktG so genannte neutrale Umsatzgeschäfte nicht erfasse und daher ein Verstoß gegen das Verbot daher nicht in Betracht komme, lässt sich argumentativ nichts gewinnen[1086].

1084 So im Ergebnis *Kuhn*, S. 273 f.

1085 *LG Düsseldorf*, Urteil v. 22.12.1978–40 O 138/78 (AG 1979, 290 ff.); *Bayer*, in: MüKo-AktG, 3. Aufl. 2008, § 57 Rn. 56; *Cahn/v. Spannenberg*, in: Spindler/Stilz, § 57 Rn. 14.

1086 *Sieger/Hasselbach*, BB 2000, 625, 629; *Sigle/Zinger*, NZG 2003, 301, 302; *Fleischer*, ZHR 172 (2008), 538, 565.

Entgegen der wohl herrschenden Meinung im Schrifttum kann bei der Bestimmung der Leistung nicht allein auf den zu zahlenden Betrag der Break-Fee abgestellt werden[1087]. Vielmehr muss als Anknüpfungspunkt zusätzlich der den Aktionären mittelbar zukommende wirtschaftliche Vorteil besehen werden, welcher nach hier vertretener Auffassung erst zur Anwendung des § 57 AktG führt.

Schwieriger gestaltet sich die Feststellung der Gegenleistung. Als Gegenleistende kommen sowohl die Aktionäre als auch die berechtigte Partei in Betracht. Allerdings ist nur letztere Vertragspartner der Break-Fee und somit vorrangig zu betrachten. Abzustellen ist zunächst auf die zu erwartenden Transaktionsvorteile für die verpflichtete Partei[1088]. Es liegt auf der Hand, dass die möglichen Vorteiler einer Break-Fee Vereinbarung für die verpflichtete Gesellschaft nicht unmittelbar aus der Vereinbarung fließen. Daher muss für die Zwecke dieser Bewertung die Break-Fee Vereinbarung im Gesamtkontext der jeweiligen Transaktion betrachtet werden. Heranzuziehen sind dabei aber nicht die Vorteile für die veräußernden Aktionäre, sondern die Betrachtung muss durch die Brille des Unternehmensinteresses erfolgen.

Diese sind sodann mit den Kosten für die Break-Fee Vereinbarung im Misserfolgsfall zu vergleichen, wobei beide Parameter jeweils mit der Erfolgswahrscheinlichkeit bzw. der Wahrscheinlichkeit des Misserfolgs zu multiplizieren sind[1089].

Der BGH[1090] hat hierzu jüngst im Kontext der Umplatzierung von bestehenden Aktien eine weitreichende Entscheidung getroffen, die möglicherweise auch auf die Bewertung von Break-Fee Vereinbarungen ausstrahlen wird. Danach komme es bei der Betrachtung der Vorteile für die Gesellschaft allein auf das Bestehen von konkreten, bilanziell messbaren Vorteilen an. Eine wirtschaftliche Gesamtbetrachtung der Maßnahmen sei danach nicht ausreichend.

Nach der hier vertretenen weiten Auslegung des § 57 AktG (in persönlicher und sachlicher Hinsicht) würde dies faktisch bei jeder Break-Fee Vereinbarung zu einem Verstoß gegen § 57 AktG führen. Denn konkrete, bilanziell messbare Vorteile werden sich in aller Regel nicht feststellen lassen können[1091]. Es bleibt abzuwarten, ob diese neue Rechtsprechung auch für Break-Fee Vereinbarungen fruchtbar gemacht wird. Gleichwohl lässt sich bereits jetzt festhalten, dass dieser Rechtsprechung im Ergebnis nicht gefolgt werden kann. Denn das Erfordernis, konkrete, bilanziell messbare Vorteile vorweise zu können, wird der vielfältigen Motivlage von Transaktionen nicht gerecht. *Fleischer/Thaten* kritisieren insbesondere die dogmatische Widersprüchlichkeit dieser Rechtsprechung: als Leistungsgegenstand im Sinne von § 57 AktG gilt jedwede Zuwendung an den Altaktionär, als ausgleichsfähige Gegenleistung sollen aber nur konkrete, bilanziell messbare Vorteile in Betracht

1087 *Hilgard,* BB 2008, 286, 291.
1088 *Fleischer,* ZHR 172 (2008), 538, 565.
1089 *Fleischer,* in: K. Schmidt/Lutter, § 57 Rn. 28 m.w.N.
1090 *BGH* v. 31.05.2011 – II ZR 141/09 („Dritter Börsengang") (BGHZ 190, 7 ff.).
1091 *Noudoushani,* ZIP 2012, 97, 99; *Ziemons,* GWR 2011, 404, 406.

kommen[1092]. Daher werden nachfolgend andere Kriterien aufgezeigt, anhand derer die Gegenleistung messbar gemacht werden kann.

Auch hierzu ist wieder zwischen der Übernahme und dem Zusammenschluss zu unterscheiden.

(a) Übernahme

Konkret erhoffen sich die beteiligten Leitungsorgane durch eine Unternehmensübernahme Synergie- und Skaleneffekte sowie die Erschließung von Know-how und neuen Märkten. Solch allgemeine Beschreibungen eignen sich aber nicht, die Angemessenheit der Gegenleistung für die Übernahme von Transaktionskosten und die mittelbaren wirtschaftlichen Vorteile der Aktionäre zu begründen. Vielmehr muss es sich dabei um konkret erfass- und bezifferbare Vorteile der verpflichteten Gesellschaft handeln[1093]. Zweifelhaft ist dagegen die im Schrifttum verbreitete Ansicht, dass bereits Klauseln, die im wohlverstandenen Interesse der Gesellschaft geschlossen wurden, ein ausgeglichenes Verhältnis zwischen Leistung und Gegenleistung begründen[1094]. Der umfassende Kapitalschutz bei der Aktiengesellschaft gebietet es, dass wirtschaftliche Vor- und Nachteile eines Geschäfts konkret gegenübergestellt werden können. Anderenfalls würden überambitionierte Leitungsorgane motiviert, allzu risikobehaftete Geschäfte einzugehen und dies mit dem wohlverstandenen Unternehmensinteresse zu begründen. Vielmehr versteht es sich von selbst, dass die Gesellschaft im Unternehmensinteresse geleitet wird.

(b) Zusammenschluss

Grundsätzlich gilt das zu den Übernahmen Gesagte auch im Kontext der Zusammenschlüsse. Jedoch sind die Parameter der zu erwartenden Vorteile anders zu bestimmen. *Ströhmann*[1095] hat zu diesem Zweck eine überzeugende Auswahl getroffen: Danach können sich auf Seiten der verpflichteten Partei ergeben: (1)Eine erhöhte Marktkapitalisierung nach dem Zusammenschluss, (2) erhöhte bzw. wiedererlangte Kreditwürdigkeit, (3) neues Management, (4) strategische Beratung und (5) geleisteter Informationsdienst. Diese wären dann ins Verhältnis zu der zu zahlenden Abbruchklausel zu setzen.

(4) Zwischenergebnis

Die vorstehende Untersuchung hat gezeigt, dass Break-Fees aus kapitalerhaltungsrechtlicher Sicht nicht unproblematisch sind. Zwar gestaltete sich die grundsätzliche

---

1092 *Fleischer/Thaten*, NZG 2011, 1081, 1082.

1093 *Fleischer*, ZHR 172 (2008), 538, 565.

1094 *Guinomet*, S. 258; *Seibt*, in: Beck M&A, K.II.2, Anm. 18; *Sieger/Hasselbach*, BB 2000, 625, 629; *Krause*, in: Assmann/Pötzsch/Schneider, § 22 Rn. 79; *Ziegler/Stancke*, M&A 2008, 28, 35; *Sigle/Zinger*, NZG 2003, 301, 302;

1095 *Ströhmann*, S. 341 ff.

Eröffnung des Schutzbereichs von § 57 AktG schwierig, jedoch gebietet letztlich der sehr weitgehende Schutzzweck, dass bestimmte Arten von Abbruchklauseln als verbotene Einlagenrückgewähr zu behandeln sind. Unproblematisch konnten hierunter noch die Fälle einer bereits bestehenden Sockelbeteiligung subsumiert werden. Letztlich zeigte sich aber, dass auch bei nicht bestehender Sockelbeteiligung ein Bedürfnis besteht, Break-Fees bei Übernahmen und Zusammenschlüssen am Maßstab des § 57 AktG messen zu können. Um der verpflichteten Gesellschaft aber nicht die wirtschaftliche Flexibilität zu nehmen, muss in einem zweiten Schritt das Verhältnis von Leistung und Gegenleistung auf ein Missverhältnis untersucht werden. Es liegt daher am Leitungsorgan der verpflichteten Gesellschaft, zu dokumentieren, worin die erstrebten Vorteile für die verpflichtete Gesellschaft durch den Abschluss der Break-Fee liegen. Nur wenn sich hieraus konkret erfass- und bezifferbare Größen ergeben, die in ein Verhältnis zu den finanziellen Einbußen durch die Zahlung der Break-Fee gesetzt werden können und sich daraus entweder ein positiver Saldo oder zumindest ein neutrales Umsatzgeschäft ergibt, ist die Klausel nicht nach § 57 AktG zu beanstanden.

bb) Verbot der finanziellen Unterstützungsleistung des Aktienerwerbs, § 71a Abs. 1 S. 1 AktG

Ferner wird in diesem Abschnitt untersucht, ob Break-Fee Vereinbarungen auch am Maßstab des § 71a Abs. 1 S. 1 AktG gemessen werden müssen. Bei unternehmerischen Entscheidungen muss der Vorstand natürlich sämtliche in Betracht kommenden Kapitalerhaltungsregeln beachten. Im Gegensatz zum vorherigen Abschnitt kann hier aber nicht zwischen Übernahme und Zusammenschluss unterschieden werden. Bei einem Zusammenschluss erwirbt der übernehmende Rechtsträger keine Aktien; auf ihn geht das Vermögen im Wege der Gesamtrechtsnachfolge über. Der Erwerbsvorgang zielt eben nicht auf den Erwerb von Aktien, sondern des gesamten Rechtsträgers. Daher ist § 71a Abs. 1 S. 1 AktG auf Zusammenschlüsse nicht unmittelbar anwendbar. Zwar wurde bereits an anderer Stelle dargelegt, dass Erwerb und anschließende Verschmelzung häufig eine wirtschaftliche Einheit bilden. Jedoch werden im Rahmen dieses Abschnitts Zusammenschlusskonstellationen bewusst ausgeklammert.

(1) Telos und Regelungsgegenstand

Um eine Ineffektivität der Regelung des § 71a Abs. 1 AktG zu verhindern, bedarf es einer möglichst weiten Auslegung. Der Norm ist dabei insbesondere ein mehrdimensionaler Schutzzweck zuzusprechen. Zwar dient die Regelung des § 71a Abs. 1 S. 1 AktG, soweit sie lediglich die irreguläre Teilliquidation des Gesellschaftsvermögens betrifft, auch der einfachen Vermögensbindung und gehört somit zum Komplex der Kapitalerhaltung. Daneben dient das Verbot aber ebenfalls der Kompetenzabgrenzung zwischen Verwaltung und Hauptversammlung: Als gemeinsame Wurzel gilt freilich der Kapitalschutz, der sich dann aber in den Umgehungsschutz, der Erschwerung von Übernahmefinanzierungen aus Geschäftsmitteln außerhalb der legalen Gewinnausschüttung sowie einer Wahrung der Kompetenzordnung in der Gesellschaft und dem Schutz von Minderheitsaktionären verästelt. Die Ausgestaltung als kapitalschützende Norm wird besonders deutlich durch den zwingenden Charakter der Vorschrift, welche nicht abbedungen werden kann (§ 23 Abs. 5 AktG). Das finanzielle Risiko des Aktienerwerbs, welches nicht auf die Aktiengesellschaft abgewälzt werden darf, ist aus guten Gründen untersagt: Das Gesetz geht davon aus, dass eine finanzielle Unterstützung des Aktienerwerbs durch die Aktiengesellschaft diese grundsätzlich benachteiligt. Die darin zu sehende Seriositätsschwelle für Finanzierungsstrukturen dient daher dem Bestand der Gesellschaft. Zudem kommt dadurch der Transaktionsbezug dieser Vorschrift zum Ausdruck[1096]. Auch die Vielschichtigkeit denkbarer Transaktionsstrukturen spricht für eine weite Auslegung des § 71a Abs. 1 S. 1 AktG.

(2) Grundsätzliche Anwendbarkeit auf Break-Fee Vereinbarungen?

Der Anwendungsbereich des § 71a Abs. 1 S. 1 AktG wäre problemlos zu bejahen, wenn sich Break-Fee Vereinbarungen unter eines der dort genannten Finanzierungsgeschäfte subsumieren lassen. Ausdrücklich genannt ist die Gewährung eines Vorschusses, eines Darlehens oder einer Sicherheit zum Zwecke des Erwerbs eigener Aktien. Daneben gebietet der Schutzweck der Vorschrift zudem aber auch, Finanzierungsgeschäfte an § 71a Abs. 1 S. 1 AktG zu messen, die nicht ausdrücklich genannt sind, von denen aber eine vergleichbare Gefahrenlage für die Aktiengesellschaft ausgeht. Für die Anwendung des § 71a Abs. 1 S. 1 AktG ist daher erforderlich, dass durch das Rechtsgeschäft eine abstrakte Gefahr für das Vermögen der Aktiengesellschaft besteht und diesem Rechtsgeschäft zudem ein Finanzierungscharakter innewohnt.

In der Literatur wird teilweise schon die generelle Anwendbarkeit des § 71a Abs. 1 S. 1 AktG auf Break-Fee Vereinbarungen verneint, da sich solche Vereinbarungen einzig auf den Fall des Scheiterns des Aktienerwerbs bezögen und somit keiner Finanzierung dienen könnten[1097].

Nach den bereits gemachten Erwägungen stellen Break-Fee Vereinbarungen entweder einen pauschalisierten Schadensersatz oder ein selbstständiges Strafversprechen dar.

(3) Break-Fee als Fall des § 71a Abs. 1 S. 1 AktG

§ 71a Abs. 1 S. 1 AktG kann als Maßstab für Break-Fee Vereinbarungen freilich nur herangezogen werden, wenn diese sich unter die dort genannten Regelbeispiele subsumieren lassen oder zumindest einem unbenannten Fall entsprechen. Unter den genannten Finanzierungsgeschäften fällt die Nähe zur Leistung einer Sicherheit auf. Diesen Ansatz greift *Oechsler*[1098] auf und stellt heraus, dass die verpflichtete Partei den Kreditgebern des Bieters für den Fall des Scheiterns als weitere Schuldnerin

---

1096 *Oechsler*, in: MüKo-AktG, 3. Aufl. 2008, § 71a Rn. 4.

1097 *Sieger/Hasselbach*, BB 2000, 625, 629; *Drygala*, WM 2004, 1413, 1421; *ders.* WM 2004, 1457, 1461; *Banerjea*, DB 2003, 1489, 1493; *Cahn*, in: Spindler/Stilz, § 71a Rn. 43; *Krause*, in: Assmann/Pötzsch/Schneider, WpÜG, § 22 Rn. 79.

1098 *Oechsler*, in: MüKo-AktG, 3. Aufl. 2008, § 71a Rn. 29.

zur Verfügung stehe. Neben diesem repressiv wirkenden Finanzierungsaspekt muss aber auch noch die bereits erwähnte präventive Wirkung von Break-Fees betrachtet werden. Die Aufnahme von Krediten durch den Bieter verbilligt sich mit der steigenden Wahrscheinlichkeit einer erfolgreichen Transaktion[1099]. Denn für diesen Fall werden die Tilgungsabsprachen getroffen und ausgerichtet[1100]. Zudem wird der gegenüber anderen (späteren) Bietern bestehende Nachteil des sog. „first movers"[1101] ausgeglichen. Auch dies ließe sich ökonomisch abbilden und hat somit einen Finanzierungsaspekt. Denn es ist durchaus denkbar, dass ohne die Vereinbarung einer Break-Fee die Übernahme wegen zu geringer Finanzkraft des potentiellen Aktienerwerbers ausgeschlossen wäre[1102].

Ob dadurch sogleich eine Sicherheit im Sinne des § 71a Abs. 1 S. 1 AktG gesehen werden kann, wie von *Oechsler* vertreten, ist zweifelhaft. Es werden zwar Kreditrisiken durch die Zielgesellschaft gegenüber dem Aktienerwerber übernommen, jedoch nicht über den klassischen Weg der Real- oder Personalsicherheiten.

Vielmehr wird die Finanzierung nur mittelbar erleichtert. Im Gegensatz zu der klassischen Finanzierung im Transaktionskontext wird durch eine Schadenspauschale lediglich das Vertrauensinteresse gesichert, wobei bei pönalisierend wirkenden Klauseln auch bereits das Erfüllungsinteresse berücksichtigt wird. Daher lässt sich in Frage stellen, ob ein hinreichender Funktionszusammenhang vorliegt. Da § 71a Abs. 1 S. 1 AktG nach der hier vertretenen Ansicht aber nicht nur die klassischen Finanzierungsinstrumente, sondern auch sonstige Zuwendungen aus dem Vermögen der Zielgesellschaft erfasst, die in einem funktionellen Zusammenhang mit der Transaktion stehen[1103] und zudem bei § 71a Abs. 1 S. 1 AktG eine wirtschaftliche Betrachtungsweise der Transaktion angestellt werden muss, dürfte zumindest ein unbenanntes Finanzierungsgeschäft des § 71a Abs. 1 S. 1 AktG vorliegen.

Zudem sollte in Betracht gezogen werden, dass an das Vorliegen einer Sicherheit nicht allzu hohe Anforderungen gestellt werden dürfen. Hier genügt regelmäßig schon das Risiko der Inanspruchnahme durch die Gläubiger. Warum bei Verein-

---

1099 Im Ansatz so auch *Merkt*, in: GK-AktG, 4. Aufl. 2007, § 71a Rn. 39; *Heinrich*, S. 74 ff.

1100 *Federlin*, in: Kümpel/Wittig, 2011, Rn. 12.1.

1101 „first mover" ist ein Begriff aus der Ökonomie und bezeichnet im hiesigen Kontext Pionierunternehmen, die erstmalig eine Übernahme des Zielunternehmens anstreben und insofern erstmalig das betreffende Unternehmen als potenziellen Übernahmekandidaten identifiziert haben. Zwar geht damit ein exklusiver Wissensvorsprung einher, jedoch ist der „first mover" auch mit hohen Kosten für die Marktanalyse und Identifikation des Zielunternehmens belastet.

1102 *Sieger/Hasselbach*, BB 2000, 625, 629; *Ziegler/Stancke*, M&A Review 2008, 28, 33; *Bezzenberger*, in: K. Schmidt/Lutter, § 71a Rn. 12 (a.A. aber in 3. Aufl. Rn. 13).

1103 Grundlegend *Schroeder*, S. 174 ff.; ferner *Hüffer*, § 71a Rn. 2; *Oechsler*, in: MüKo-AktG, 3. Aufl. 2008, § 71a Rn. 14; *LG Düsseldorf*, Urt. v. 28.10.2005–39 O 180/04 (ZIP 2006, 516, 518).

barungen von Break-Fees von dieser weiten Auslegung abgewichen werden soll, ist nicht ersichtlich[1104].

Der überwiegende Teil des Schrifttums lehnt eine Anwendung des Verbots der finanziellen Unterstützung auf Break-Fee Vereinbarungen allerdings ab[1105]. Die Argumentation weist dabei regelmäßig den gleichen Tenor auf: Zum einen werde die Gebühr gerade für den Fall des Scheiterns der Transaktion vereinbart und könne daher begrifflich schon nicht einer Transaktionsfinanzierung dienen[1106]. Und zum anderen könne eine reine Kostenpauschalierung bzw. Aufwandsentschädigung schon rechtsdogmatisch keine finanzielle Unterstützung im Sinne des § 71a Abs. 1 S. 1 AktG darstellen[1107]: Denn diese konkretisiere lediglich die im Bereich des Aktienerwerbs akzeptierten Rechtsfiguren der *culpa in contrahendo* und des selbstständigen Strafversprechens. Zudem wird die Überdehnung des Wortlauts der Vorschrift kritisiert, welche eben nicht mehr mit den historischen Wurzeln des Verbots vereinbar sei[1108]. Auch müsse bedacht werden, dass schon das Vorliegen eines erforderlichen Funktionszusammenhangs fraglich erscheint[1109].

Auf der anderen Seite wird teilweise für eine unspezifische Anwendung der Kapitalerhaltungsvorschriften plädiert, wobei nicht klar ist, welche konkreten Normen durch die Break-Fee Vereinbarung betroffen sein sollen[1110]. Abweichend von der hier vertretenen Ansicht, dass das Verbot der Einlagenrückgewähr und der finanziellen Unterstützungsleistung ergänzend nebeneinanderstehen, wird von *Sigle/Zinger*[1111] eine Spezialität des § 71a Abs. 1 S. 1 AktG gegenüber § 57 AktG vertreten. Konsequent weiter gedacht muss danach bei einer Übernahmesituation § 71a Abs. 1 S. 1 AktG einschlägig sein, wenn bereits § 57 – wie oben bereits gezeigt – einschlägig ist. Das Ergebnis mag zwar konsequent sein, kann aber nicht in der dogmatischen Begründung überzeugen.

Der von *Ziegler/Stancke* verfolgte Ansatz, dass die Anwendung von § 71a Abs. 1 S. 1 AktG davon abhängt, ob ein Bieter von vornherein fest entschlossen ist, ein

---

1104 Im Ansatz auch Drygala, WM 2004, 1457, 1466 f.

1105 *Banerjea*, DB 2003, 1489, 1493; *Fleischer*, ZHR 172 (2008), 538, 566; *Beisel*, in: Beisel/Klumpp, Kap. 14 Rn. 8 f.; *Cahn*, in: Spindler/Stilz, § 71a Rn. 43; *Bezzenberg*, in: K. Schmidt/Lutter, § 71a Rn. 13 (a.A. noch 1. Aufl. 2008); *Noack/Zetzsche*, in: Schwark/Zimmer, § 33 WpÜG Rn. 12; *Seibt*, in: Beck M&A, K.II.2, Anm. 18; *Adolff*, Takeovers in Germany, S. 183; differenzierend: *Sieger/Hasselbach*, BB 2000, 625, 629; *Drygala*, WM 2004, 1457, 1461.

1106 Statt aller *Cahn*, in: Spindler/Stilz, § 71a Rn. 43.

1107 So vor allem *Sieger/Hasselbach*, BB 2000, 625, 629; *Banerjea*, DB 2003, 1489, 1493.

1108 *Fleischer*, ZHR 172 (2008), 538, 566.

1109 So mittlerweile *Bezzenberger*, in: K. Schmidt/Lutter, § 71a Rn. 13; a.A. noch 2. Aufl. 2010.

1110 *Hölters*, in: Hölters, § 93 Rn. 202, ähnlich pauschal auch *Hilgard*, BB 2008, 286, 293 und *Kraus*, AG 2002, 133, 139.

1111 *Sigle/Zinger*, NZG 2003, 301, 303.

Angebot abzugeben oder erst durch die Vereinbarung der Break-Fee dazu veranlasst wird, überzeugt aus zweierlei Gründen nicht: Zum einen ist es gerade im Bereich der Kapitalerhaltung nicht ratsam, mit subjektiven Tatbeständen zu arbeiten. Hier lässt sich hinter verschlossenen Türen einiges vereinbaren, was nicht oder zumindest nicht im tatsächlichen Sinn nach außen dringt. Insofern muss weitestgehend mit objektiven Kriterien gearbeitet werden. Zudem sind die wirtschaftlichen Vorteile einer Break-Fee für den Bieter mehrfach erläutert worden[1112]. In jedem mittelbar wirkenden Anreiz, eine Transaktion vorzunehmen, sogleich einen Verstoß gegen § 71a Abs. 1 S. 1 AktG zu sehen, wäre wohl wirklich zu weitgehend.

Auch *Zeidler*[1113] argumentiert mit der Zweckbestimmung der Break-Fee, nutzt dies wohl aber um eine ausufernde Anwendung des § 71a Abs. 1 S. 1 AktG zu begründen. Danach soll schon das Vorliegen einer Zweckbestimmung genügen, um einen Verstoß gegen § 71a Abs. 1 S. 1 AktG zu begründen. Um den eben angesprochenen Risiken von subjektiven Tatbeständen zu entgehen, weitet *Zeidler* die Betrachtung dessen, was zur Begründung einer Zweckbestimmung ausreicht, stark aus. Als Bezugsgröße wird die Übernahme der Beratungskosten gewählt. Dadurch trägt die Zielgesellschaft das ganze Kostenrisiko des Bieters. Diese begründe demnach den Willen, den Bieter finanziell bei dem Erwerb der Anteile zu unterstützen. Diese Auslegung überstrapaziert den Wortlaut des § 71a Abs. 1 S. 1 AktG; hier war eher der Wunsch der Vater des Gedankens. Solch eine Auslegung ist lediglich als sogenannte *policy consideration*[1114] zu verstehen, denn hier wird ein rechtspolitisch gewünschtes Ergebnis vorgegeben und die Begründung danach konstruiert. Diese Auslegungsmethode ist im deutschen Recht aber nicht anerkannt und kann daher auch nicht fruchtbar gemacht werden.

Einen recht eindeutigen Fall dürften dagegen die Konstellationen bilden, in denen der potentielle Erwerber bereits eine Sockelbeteiligung gebildet hat oder gerade bildet und nach dem Scheitern der Transaktion, diese auch behält. In diesem Fall fließt die Zahlung der Break-Fee unmittelbar im Zusammenhang mit dem Beteiligungserwerb dem potentiellen Erwerber zu. Der Tatbestand des § 71a Abs. 1 S. 1 AktG ist mithin erfüllt[1115], sodass sich einzig die Konkurrenzfrage zu § 57 AktG[1116] stellt.

Dennoch zeigt die Zusammenschau, dass eine grundsätzliche Anwendbarkeit des § 71a Abs. 1 S. 1 AktG bei einem weiten Verständnis des Kapitalschutzes gegeben ist.

1112 Zu den möglichen Vorteilen für die Gesellschaft siehe bereits auf S. 290 ff.

1113 *Zeidler*, M&A Review 2008, 364, 367.

1114 „*Policy considerations*" sind eine Auslegungsmethode aus dem US-amerikanischen Recht. Wenn und soweit der vorgegebene Bestand rechtlicher Regeln eine Antwort nicht bereithält, ist es danach legitim, eine Auslegung an den mit ihr verbundenen Folgen in der Rechtswirklichkeit zu orientieren, *Eidenmüller*, Effizienz, S. 266.

1115 Im Ergebnis auch so, jedoch ohne Begründung *Servatius*, in: Wachter, § 71a Rn. 11.

1116 Siehe bereits oben.

(4) Teleologische Reduktion des § 71a Abs. 1 S. 1 AktG wegen Einschränkung der wirtschaftlichen Flexibilität?

Dennoch stellt sich die Frage, ob die hier vertretene weite Auslegung des § 71a Abs. 1 S. 1 AktG nicht zu einer erdrosselnden Einschränkung der wirtschaftlichen Flexibilität der handelnden Unternehmen führen würde. Denn aus den bereits oben genannten Gründen müssen *Deal-Protection* Klauseln und insbesondere auch Break-Fee Vereinbarungen als Instrument der Transaktionspraxis auch weiterhin möglich sein. Aus diesen Gründen ist eine Korrektur des Anwendungsbereichs vorzunehmen.

Als Ansatzpunkt für ein Korrektiv im Tatbestand könnte die Zweckbestimmung gewählt werden. Dieses ursprüngliche subjektive Tatbestandsmerkmal ließe sich anhand der Unterscheidung zwischen reiner Aufwandsentschädigung und pönalisierend wirkender Sicherungsklausel durchaus auch objektiv bestimmen. So könnte etwa, wenn tatsächlich nur die bereits angefallenen Kosten ausgeglichen werden sollen, widerleglich vermutet werden, dass der Zweck der Abreden nicht auf die Finanzierung des Anteilserwerbs gerichtet war. Dieses Vorgehen würde einerseits der Stringenz der bisher vorgenommenen Abgrenzung zwischen den die vermögensrechtlichen Interessen wahrenden und den den unternehmerischen Erfolg sichernden Klauseln entsprechen.

Die Zulässigkeit von Break-Fees dürfte regelmäßig erst im Insolvenzfall relevant werden, wenn nämlich der Insolvenzverwalter versucht, Vermögen der Aktiengesellschaft zu sichern/wiederzubeschaffen. In diesen Fällen würde die vorgenommene Unterscheidung dazu führen, dass wirtschaftlich sinnvolle Break-Fees grundsätzlich als von § 71a Abs. 1 S. 1 AktG gedeckt angesehen würden. In Ausnahmefällen müsste der Insolvenzverwalter aufgrund der Beweislastumkehr das Gegenteil beweisen. Pönalisierend wirkende Break-Fees würden dieses Privileg nicht erhalten. Vielmehr bestünde dann die (widerlegliche) Vermutung, dass diese (auch) der Finanzierung des Anteilserwerbs dienen.

Dieses Vorgehen könnte das Damoklesschwert der Nichtigkeit aus § 71a Abs. 1 S. 1 AktG für Aufwandsentschädigungen beseitigen und den Leitungsorganen Planungssicherheit verschaffen, die aufgrund der bisher nicht auskonturierten Rechtsprechung nicht möglich ist.

(5) Zwischenergebnis

Der herrschenden Literatur kann vorliegend nicht gefolgt werden. Vielmehr wird eine grundsätzliche Anwendbarkeit des Verbots des § 71a Abs. 1 S. 1 AktG für dringend geboten angesehen. Ob Break-Fees nun als Sicherheit im Sinne der Vorschrift oder als unbenannter Fall qualifiziert werden, kann dahinstehen. Wichtiger ist, auf der zweiten Ebene ein Korrektiv einzuarbeiten, um Break-Fees nicht grundsätzlich an § 71a Abs. 1 S. 1 AktG scheitern zu lassen. Daher kann die Zweckbestimmung verobjektiviert werden und von der Eigenschaft der Klausel als Aufwandsentschädigung oder Strafzahlung auf die Finalität zur Finanzierung eines Aktienerwerbs geschlossen werden.

4.6.3 Rechtsfolgen eines Verstoßes

Vorliegend wurde gezeigt, dass Break-Fees unter gewissen Umständen sowohl gegen das Verbot der Einlagenrückgewähr nach § 57 AktG als auch gegen § 71a Abs. 1 S. 1 AktG verstoßen können. Insofern stellt sich auch hier die Frage des Verhältnisses beider Normen zu einander: Dies wird nach der hier vertretenen Auffassung zugunsten eines umfassenden Kapitalschutzes durch parallel bestehende Vorschriften gelöst, die sich im Zweifel ergänzen. Eventuelle Redundanzen sind hinzunehmen, schaden aber nicht.

4.7 Kapitalmarktrechtliche Zulässigkeit und Grenzen der Verwendung von Break-Fee Vereinbarungen

Neben Verstößen gegen das Kapitalerhaltungsgebot können Break-Fee Vereinbarungen zudem auch gegen kapitalmarktrechtliche Bestimmungen verstoßen. Dies ist freilich nur denkbar, sofern das Wertpapiererwerbs- und Übernahmegesetz (WpÜG) auf die zu untersuchenden Konstellationen überhaupt anwendbar ist. Das WpÜG zielt darauf ab, durch Transparenz- und Gleichbehandlungsvorschriften für möglichst ausgewogene Stärkeverhältnisse auf dem Übernahmemarkt zu sorgen. Schutzzweck ist die Gewährleistung eines funktionierenden Kapitalmarktes.

4.7.1 Anwendbarkeit des WpÜG auf Break-Fee Vereinbarungen

Nach § 1 WpÜG bezieht sich das WpÜG auf Angebote zum Erwerb von Wertpapieren, die von einer Zielgesellschaft ausgegeben wurden und zum Handel an einem organisierten Markt zugelassen sind. Der Begriff des Angebots in § 2 Abs. 1 WpÜG bezieht sich auf alle öffentlichen Kauf- und Tauschangebote zum Erwerb von Wertpapieren einer Zielgesellschaft, also freiwillige Angebote und Pflichtangebote. Das Gesetz gilt aber allein für öffentliche Angebote, diese müssen sich nach dem Telos des WpÜG an das Publikum richten[1117]. Zugleich sind durch den Bezug zum organisierten Markt die im Freiverkehr gehandelten Aktien ausgeschlossen[1118]. Ferner ist das WpÜG für den Erwerb von Aktien an nicht börsennotierten Gesellschaften nicht anwendbar, unabhängig davon, ob es sich dabei um eine Gesellschaft mit einer großen Zahl von Aktionären handelt und damit ein Erwerb im Grunde nur durch ein Angebot an einen größeren Aktionärskreis erfolgen kann[1119].

Für die vorliegende Untersuchung bedeutet dies, dass von vornherein nur Break-Fees bei Transaktionen mit Börsenbezug Relevanz für das Kapitalmarktrecht haben können. Daher gilt es, nur diese hier zu untersuchen. Zudem fallen freilich auch reine Zusammenschlüsse – ohne Anteilserwerb – aus dem Prüfungsrahmen.

1117 *Heidelbach*, in: Schwark/Zimmer, § 2 WpÜG Rn. 21; *Versteegen*, in: KK-WpÜG, § 2 Rn. 48 f.

1118 h.M. statt aller *Noack/Zetzsche*, in: Schwark/Zimmer, Einl. WpÜG Rn. 3.

1119 *Buck-Heeb*, § 13 Rn. 675.

Die zu beachtenden kapitalmarktrechtlichen Normen bei der Vereinbarung von Abbruchklauseln können in Informations- und Transparenzpflichten sowie in Vorgaben zum Schutz der Entscheidungsfindung der Aktionäre unterteilt werden. Dabei ist insbesondere zu bedenken, dass Break-Fees, die alleine mit dem Ziel abgeschlossen wurden, Dritte von der Abgabe eines konkurrierenden Kaufangebots abzuhalten (den unternehmerischen Erfolg sichernde Klauseln) kapitalmarktrechtlich bedenklich erscheinen.

4.7.2 Verstoß gegen das übernahmerechtliche Verhinderungsverbot nach § 33 Abs. 1 S. 1 WpÜG

Nach dem Verhinderungsverbot des § 33 Abs. 1 S. 1 WpÜG darf der Vorstand nach Veröffentlichung der Entscheidung zur Abgabe eines Übernahmeangebots keine Handlungen mehr vornehmen, durch die der Erfolg des Angebots verhindert werden könnte[1120]. Dies gilt insbesondere auch für Maßnahmen, die nach allgemeinen gesellschaftsrechtlichen Grundsätzen in die Geschäftsführungsbefugnis des Vorstandes fallen[1121]. Einschränkend muss jedoch berücksichtigt werden, dass nach herrschender Meinung vom Verhinderungsverbot nur Übernahmeangebote, also Angebote, die auf den Erwerb der Kontrollmehrheit gerichtet sind, erfasst sein sollen[1122].

Danach müssen sich Break-Fees an § 33 Abs. 1 S. 1 AktG nur messen lassen, wenn diese nach der Veröffentlichung der Entscheidung zur Abgabe eines Übernahmeangebots vereinbart werden. Dies ist etwa im fortgeschrittenen Verhandlungsprozess als Zugeständnis an die Gegenseite durchaus denkbar. Vorher vereinbarte Break-Fees beeinflussen – vorbehaltlich der später noch zu erörternden Informations- und Transparenzpflichten – die Entscheidung der Aktionäre unter kapitalmarktrechtlichen Aspekten nicht.

Dies ist denkbar, wenn Break-Fees als Abwehrmaßnahme gegenüber feindlichen Bietern mit einem freundlichen Bieter abgeschlossen werden. Problematisch ist insbesondere der Fall, dass ein feindlicher Bieter ein öffentliches Übernahmeangebot bekannt gibt und der Vorstand der Zielgesellschaft daraufhin mit einem freundlichen Bieter eine Abbruchklausel vereinbart[1123]. Diese Vereinbarung fällt dann in den zeitlichen Geltungsbereich des § 33 Abs. 1 S. 1 AktG. Nach herrschender Ansicht genügt eine objektive Verhinderung des feindlichen Angebots, ohne dass es eine Verhinderungsabsicht braucht[1124]. Entscheidend ist vielmehr, ob durch die Handlung des Vorstands eine eigene Entscheidung der Aktionäre über das Angebot faktisch

1120 Grundlegend dazu *Bayer*, ZGR 2002, 588 ff.; *Hirte*, ZGR 2002, 623 ff.
1121 *Schanz*, NZG 2007, 927, 928.
1122 m.w.N. *Hirte*, in: KK-WpÜG, § 33 Rn. 29 ff.
1123 *Fleischer*, AG 2009, 345, 355.
1124 *Krause/Pötzsch/Stephan*, in: Assmann/Pötzsch/Schneider, § 33 WpÜG Rn. 83; *Noack/Zetzsche*, in: Schwark/Zimmer, § 33 WpÜG Rn. 7.

unmöglich gemacht werden kann[1125]. Unter diesen Aspekten kann dann aber die Vereinbarung einer Break-Fee gegen das Verhinderungsverbot verstoßen, wenn den Aktionären der Zielgesellschaft nichts anderes übrig bleibt, als der Transaktion zuzustimmen, wenn sie nicht erhebliche Mittel einbüßen und damit eine Wertminderung ihrer Anteile erleiden wollen[1126].

Freilich kann sich der Vorstand von der Hauptversammlung zu Handlungen nach § 33 Abs. 1 S. 1 AktG ermächtigen lassen (§ 33 Abs. 2 AktG). Jedoch in dem Abschluss von Abbruchklauseln im Rahmen einer Unternehmenstransaktion allgemein eine vorab festgelegte Unternehmensstrategie im Sinne des § 33 Abs. 1 S. 2 1. Alt. WpÜG zu sehen[1127], ist zu weitgehend. Zudem kann auch nicht von der Zulässigkeit der Suche nach einem weißen Ritter auf die Zulässigkeit der Vereinbarung einer Break-Fee geschlossen werden. Denn die Suche nach einem weißen Ritter erweitert zunächst einmal den Kreis der Bieter und damit den Entscheidungsspielraum der Aktionäre. Wogegen die Vereinbarung einer Abbruchklausel die Entscheidungsmöglichkeiten sogleich wieder einschränkt. Dies würde sämtliche deal-protection Klauseln schon präventiv dem Anwendungsbereich des WpÜG entziehen und im Übrigen auch nicht mit dem Wortlaut des § 33 Abs. 1 WpÜG in Einklang stehen. Daher sollte mit der herrschenden Meinung die grundsätzliche Anwendbarkeit des § 33 WpÜG auch auf Break-Fee Vereinbarungen bejaht werden[1128].

Fraglich ist allein, wann eine Break-Fee eine solche Belastung für den Erwerber darstellt, dass dadurch der Erfolg des konkurrierenden Angebots verhindert wird. Freilich müssen hier aufgrund der unterschiedlichen Schutzrichtungen zwischen WpÜG und Kapitalschutz nach dem AktG auch unterschiedliche Erwägungen angestellt werden. Vorrangig aber muss wohl wieder auf die Entscheidungsfreiheit der Aktionäre abgestellt werden. Würde alles andere als eine Zustimmung zum Angebot der durch die Break-Fee berechtigten Partei einen finanziellen Selbstmord bedeuten, müsste man wohl von einem Verstoß gegen die Neutralitätspflicht des Vorstandes ausgehen. Gleichwohl ist die Schwelle des § 33 WpÜG bereits niedriger anzusetzen. Der Vorstand hat dann – sogar mit Mitteln der Aktionäre – in deren Entscheidungskompetenz eingegriffen.

Der Großteil des Schrifttums stellt dagegen auch hier Erwägungen zur Höhe einer Break-Fee an und verweist dann regelmäßig auf die Ausführungen zu den §§ 57, 71a Abs. 1 S. 1 AktG[1129]. Dabei erscheint es zielführender mit *Hilgard* ein Indizienbündel heranzuziehen und die Klauseln dann im Einzelfall zu betrachten[1130]: Er will hierzu

1125 *Schwennicke*, in: Geibel/Süßmann, § 33 Rn. 19; *Noack/Zetzsche*, in: Schwark/Zimmer, § 33 WpÜG Rn. 5.

1126 *Hilgard*, BB 2008, 286, 292; *Drygala*, WM 2004, 1457, 1465; *Hopt*, ZGR 2002, 333, 362 f.; *Beisel*, in: Beisel/Klumpp, Kap. 14 Rn. 9.

1127 *Schaefer/Eichner*, NZG 2003, 150, 152; in diese Richtung wohl auch *Beisel*, in: Beisel/Klumpp, Kap. 14 Rn. 41.

1128 Statt aller *Banerjea*, DB 2003, 1489, 1496.

1129 *Zeidler*, M&A Review 2008, 364, 368; *Drygala*, WM 2004, 1457, 1463; *Sieger/Hasselbach*, BB 2000, 625, 628; *Beisel*, in: Beisel/Klumpp, Kap. 14 Rn. 41.

1130 *Hilgard*, BB 2008, 286, 292.

insbesondere die Schwere der der Zielgesellschaft drohenden finanziellen Einbußen, die Art des *trigger events* und die Dauer der Vereinbarung berücksichtigen.

Eine schlichte Verteuerung der Angebote reicht für die Bejahung des § 33 Abs. 1 S. 1 WpÜG dann aber nicht, sondern es muss eine Verhinderung konkurrierender Angebote durch die Vereinbarung der Break-Fee eingetreten sein. Denn solange ein Angebot nur verteuert wird, ändert sich nichts an der Entscheidungsmöglichkeit der Aktionäre[1131], vielmehr bekommen die Aktionäre in diesem Fall einen Kaufpreis für ihre Aktien.

4.7.3 Veröffentlichungspflicht nach § 10 WpÜG

Unabhängig von dem Aspekt der Zulässigkeit von Break-Fees stellt sich in kapitalmarktrechtlicher Hinsicht die Frage, ob die Vereinbarung von Break-Fees gegenüber den Aktionären offengelegt werden muss.

Nach § 10 WpÜG hat der Bieter, um eine Manipulation des Marktes und mögliche Insidergeschäfte zu verhindern, bereits die Entscheidung zur Abgabe eines Angebots unverzüglich der BaFin sowie den relevanten Geschäftsführungen der Börsen mitzuteilen. Zudem muss der Bieter die Entscheidung unverzüglich nach der Mitteilung veröffentlichen. Die geforderte Veröffentlichung hat zunächst nur die Information zu enthalten, dass seitens des Bieters ein Angebot beabsichtigt ist und die betroffenen Wertpapiere der genau zu bezeichnenden Zielgesellschaft zu benennen. Nicht erforderlich ist dagegen, dass der Bieter bereits ein Angebot mit all seinen Konditionen veröffentlicht[1132]. Dies würde dem Zweck zuwiderlaufen, den Markt möglichst früh zu informieren. Daher können sich aus § 10 WpÜG auch keine Pflichten des Bieters ergeben, die Vereinbarung einer Break-Fee offenzulegen.

4.7.4 Pflicht zur Offenlegung in der Angebotsunterlage nach § 11 Abs. 1 S. 2,3 WpÜG

Der Bieter hat nach § 11 Abs. 1 WpÜG eine Angebotsunterlage zu veröffentlichen. Die Angebotsunterlage hat bestimmte detaillierte Informationen für die Aktionäre zu enthalten. Nach § 11 Abs. 2 WpÜG muss die Angebotsunterlage den Inhalt des Angebots und ergänzende Angaben enthalten. Von den dort genannten Pflichtangaben sind Break-Fee Vereinbarungen nicht ausdrücklich erfasst, auch lassen sich Break-Fees nicht darunter subsumieren. Allerdings können Break-Fees Angaben darstellen, die notwendig sind, um in Kenntnis der Sachlage über das Angebot entscheiden zu können. Die Vereinbarung einer Break-Fee mit ihren teilweise beträchtlichen finanziellen Konsequenzen kann für den verständigen Durchschnittsanleger für die Entscheidung des Angebots bedeutend sein. Daher ist die Break-Fee gegenüber den Aktionären offenzulegen[1133].

1131 *Banerjea*, DB 2003, 1489, 1496.

1132 *Hirte*, in: KK-WpÜG, § 10 Rn. 23.

1133 *Hilgard*, BB 2008, 286, 293; in diese Richtung wohl auch *Thoma*, in: Baums/Thoma, § 11 Rn. 25; *Hamann*, ZIP 2001, 2249, 2251; *Assmann*, AG 2002, 153, 156.

4.7.5 Erwähnung in der begründeten Stellungnahme der Verwaltung der Zielgesellschaft nach § 27 Abs. 1 S. 2 Nr. 2 WpÜG

Durch das Angebot der Zielgesellschaft ergeben sich auch Pflichten für die Leitungsorgane der Zielgesellschaft. Der Vorstand und der Aufsichtsrat müssen nach § 27 Abs. 1 WpÜG unverzüglich nach Eingang der Angebotsunterlage eine begründete Stellungnahme veröffentlichen. Beurteilungsmaßstab ist allein das Interesse der Gesellschaft, § 3 Abs. 3 WpÜG. Als Gegenstück zur Angebotsunterlage des Bieters soll die Stellungnahme eine ausgewogene Entscheidungsgrundlage für die Aktionäre gewährleisten. Problematisch kann insbesondere die Stellungnahme im Falle der Vereinbarung einer Break-Fee sein. Häufig wird die ablehnende Stellungnahme des Vorstandes als *trigger event* vereinbart. Aufgrund der dann drohenden finanziellen Folgen für die Gesellschaft kann es durchaus im Interesse der Gesellschaft liegen, dem Angebot eine zustimmende Empfehlung auszusprechen, obwohl dies vor Vereinbarung der Break-Fee nicht der Fall gewesen wäre. Freilich muss der Vorstand in der Begründung seiner Empfehlung auf die Vereinbarung hinweisen.

4.7.6 Pflicht zur ad hoc-Mitteilung nach § 15 Abs. 1 S. 1 WpHG wegen Vorliegens einer Insiderinformation nach § 13 WpHG

Neben den eben skizzierten übernahmerechtlichen Problemen können Break-Fee Vereinbarungen auch kapitalmarktrechtliche Relevanz entfalten. Nach § 15 Abs. 1 S. 1 WpHG muss der Inlandsemittent von Finanzinstrumenten unverzüglich Insiderinformationen, die ihn unmittelbar betreffen, veröffentlichen.

Für die Zielgesellschaft stellt bereits das Übernahmeangebot einen Umstand mit erheblichem Kursbeeinflussungspotenzial für ihre Aktien dar und betrifft die Zielgesellschaft unmittelbar im Sinne von § 15 Abs. 1 S. 1 WpHG. Dieser Zeitpunkt kann sogar vor die Abgabe eines Angebots vorverlagert werden. Dies ist insbesondere – wie bei Break-Fees üblich – denkbar, wenn bereits im Vorfeld eine Vereinbarung getroffen wird, in der sich der ernsthafte Einigungswille der Verhandlungspartner manifestiert[1134]. Dies sollte zumindest Anlass für eine insiderrechtliche Prüfung geben[1135].

Fraglich ist aber, ob die grundsätzlich bestehende Pflicht zur *ad-hoc* Publizität für die Zielgesellschaft nach § 15 Abs. 1 S. 1 WpHG durch die parallel bestehende Pflicht zur *ad-hoc* Publizität für den Bieter nach § 10 WpÜG verdrängt wird.

Grundsätzlich überlagert § 10 WpÜG den § 15 WpHG in übernahmerechtlichen Konstellationen[1136]. Dieses Verständnis würde jedoch den insiderrechtlichen Aspekt von Break-Fees vernachlässigen. Denn der Gesetzesbegründung von § 10 WpÜG

1134 *BaFin*, Emittentenleitfaden 2009, IV.2.2.14.
1135 In diese Richtung wohl *Lebherz*, WM 2010, 154, 161.
1136 *Hopt*, ZGR 2002, 333, 345 f.; *Assmann*, in: Assmann/Pötzsch/ Schneider, § 10 Rn. 78.

folgend[1137], überlagert § 10 WpÜG die Mitteilungspflicht des § 15 WpHG nur insoweit, wie eine übernahmerechtliche Mitteilung erforderlich ist. Mit der oben vertretenen Auffassung ist aus übernahmerechtlichen Gesichtspunkten aber eine solche Mitteilung nicht erforderlich. Insofern kann die *ad-hoc* Publizität des § 15 WpHG auch nicht von § 10 WpÜG verdrängt werden.

Ferner kann der Wortlaut von § 10 Abs. 6 WpÜG hier unterstützend herangezogen werden. Danach käme § 15 WpHG nicht zur Anwendung, sofern es um die Abgabe eines Angebots ginge. Die Break-Fee dient regelmäßig aber der Förderung eines Angebots. Daher wird für die Zielgesellschaft bei der Vereinbarung von Break-Fee grundsätzlich eine Pflicht zur *ad-hoc* Publizität nach § 15 WpHG bestehen[1138].

4.7.7 Ergebnis

Diese Untersuchung zeigte, dass nicht die absolute oder relative Höhe einer Break-Fee für deren Beurteilung entscheidend ist, sondern die Angemessenheit unter Würdigung aller Umstände herangezogen werden muss. Nur so lässt sich die Vielfallt der unterschiedlichsten Übernahmeszenarien rechtlich würdigen. Die Höhe ist dafür freilich ein wichtiger Indikator. Aus kompetenzieller Sicht muss gefragt werden, ob die Break-Fee derart hoch ist, sie also im Hinblick auf den Unternehmenswert oder die Marktkapitalisierung von elementarer Bedeutung ist, dass alles andere als eine Zustimmung durch die Anteilseigner ein finanzieller Selbstmord wäre. Daneben spielt die Kapitalerhaltung eine gewichtige Rolle. Unter der Prämisse, dass Break-Fees ein gewisser Finanzierungsaspekt zukommt, sind diese sowohl an § 57 als auch an § 71a Abs. 1 S. 1 AktG zu messen. Weder aus der Rechtsprechung noch aus der BaFin-Praxis lassen sich Tendenzen zum Umgang mit Break-Fee Vereinbarungen erkennen. Vielmehr ist die Schaffung von gerichtlichen Präzedenzfällen auch mehr als fraglich: Aufgrund der hohen Streitsummen dürften in den entsprechenden Verträgen regelmäßig Schiedsklauseln vereinbart sein, die eine Überprüfung der Break-Fees weitgehend dem Fokus der Öffentlichkeit entziehen dürfte. Dennoch kann mit den gefundenen Ergebnissen statuiert werden, dass ein wichtiger Aspekt im Rahmen der kapitalerhaltungsrechtlichen Beurteilung im unternehmerischen Interessen der Gesellschaft liegt. Dieses Interesse lässt sich aber nicht in Konstellationen bejahen, welche gegen Kapitalerhaltungsvorschriften verstoßen.

Nachdem die grundsätzliche Anwendbarkeit der §§ 57 und 71a Abs. 1 S. 1 AktG – auch nebeneinander – hier bejaht werden konnte, wurde versucht der Rechtspraxis einige Handlungsempfehlungen zu geben. Hieran lässt sich sodann die Vereinbarkeit der konkreten Break-Fee Klausel mit dem Kapitalerhaltungsrecht prüfen.

1137 Begr. RegE, BT-Drs. 14/7034, S. 40.

1138 Im Ergebnis auch *Sieger/Hasselbach*, BB 2000, 625, 630, allerdings mit anderer Begründung.

Teil 3: Unternehmerisch motivierte Unterstützungsleistungen

1. Cash Pooling

1.1 Einführung in das Cash Pooling

Das wichtigste Instrument der Konzerninnenfinanzierung ist das sog. Cash Pooling, ein konzerninterner Liquiditätsausgleich[1139]. Insofern erstaunt es nicht, dass dessen rechtliche Zulässigkeit für die Wirtschaftspraxis von enormer Bedeutung ist[1140] und die dazu ergangenen Entscheidungen des BGH größte Aufmerksamkeit in der gesellschaftsrechtlichen Literatur genießen[1141]. Nach der berühmten „Novemberentscheidung" des BGH[1142], welche das Cash Pooling weitgehend einschränkte, bestand innerhalb des Schrifttums die ernsthafte Befürchtung, dass nunmehr ein erheblicher volkswirtschaftlicher Schaden drohe, falls das Cash Pooling nicht wieder auf rechtssichere Beine gestellt würde[1143]. Die Unternehmen wurden zunehmend gezwungen, zur Konzernfinanzierung Fremdmittel aufzunehmen. Jedoch führte die ab dem Jahr 2008 aufkommende Finanzkrise zu einer restriktiveren Vergabe von Krediten durch die Banken[1144]. In der Folge wurde auch die Kreditaufnahme durch die Unternehmen schwieriger und vor allem teurer[1145]. Der Gesetzgeber erkannte die mit der rechtlichen Unsicherheit des Cash Pooling verbundenen Gefahren und der aktuellen Probleme der Konzernfremdfinanzierung und verfolgte daher mit dem *MoMiG* das Ziel, das Cash-Pooling endlich auf eine verlässliche Rechtsgrundlage zu stellen[1146]. Durch das am 01. September 2009 in Kraft tretende *ARUG*[1147] wurden die das Cash Pooling betreffenden kapitalaufbringungsrechtlichen Neuerungen auf die Aktiengesellschaft übertragen.

1139 *Mülbert/Leuschner*, NZG 2009, 281, 281; zu den wirtschaftlichen Vorzügen des Cash Pooling vgl. ausführlich *Altmeppen*, ZIP 2006, 1025, 1025; *Jauch*, S. 11 ff.; *Larisch*, in: Eilers/Rödding/Schmalenbach, Kap. C Rn. 534 ff.

1140 *Spindler*, ZHR 171 (2007), 245, 260; *Wirsch*, Der Konzern 2009, 443, 445.

1141 *Schulze-Osterloh*, in: FS Eisenhardt, S. 505, 505 sprach von einem *„literarischen Beben"*.

1142 *BGH* v. 24. 11. 2003 - II ZR 171/01 (*„Novemberentscheidung"*) (BGHZ 157, 72 ff.).

1143 *Cahn*, Der Konzern 2004, 235, 241 ff.; *Sieger/Hasselbach*, BB 1999, 645, 646; *Vetter/Stadler*, S. 13 ff.

1144 Vgl. u.a. „Deutsche Firmen kommen schwerer an Kredite" in: Welt Online v. 28.05.2009 und „Kreditvergabe an Unternehmen schrumpft im Rekordtempo", in: Der Spiegel v. 27.07.2009.

1145 *Stadler/Bindl*, DB 2010, 862, 862; *Wand/Tillmann/Heckenthaler*, AG 2009, 148, 149; Jauch, S. 11.

1146 BT-Drs. 16/6140, S. 25, 34, 40, 41 – ausdrückliches Ziel des *MoMiG* ist unter anderem die Erleichterung alltäglicher und wirtschaftlich sinnvoller Leistungsbeziehungen für die Gesellschaften (vor allem auch im Konzern).

1147 *Gesetz zur Umsetzung der Aktionärsrechterichtlinie* (ARUG) v. 30.07.2009, BGBl. I 2009, S. 2479 ff.

1.2 Technische Ausgestaltung des Cash Pooling

Ausgangspunkt des Cash Pooling ist ein zentrales Cash-Management[1148], zu welchem auch ein Liquiditätsausgleich (das eigentliche Cash Pooling) gehört. Ein Kreditinstitut stellt den einzelnen Konzernunternehmen verschiedene Unterkonten zur Verfügung. Die Überschuss- und Unterdeckungsbeträge der am Cash Pooling teilnehmenden Konzernunternehmen werden periodisch auf einem zentralen Konto – dem sog. Zielkonto[1149] – zusammengefasst. Dieses Zielkonto wird regelmäßig bei der Konzernmutter[1150], einer Zwischenholding[1151] oder einer eigens dafür gegründeten Finanzierungsgesellschaft[1152] geführt. Darauf wird täglich der Netto-Liquiditätssaldo ausgewiesen, der sich aus der Verrechnung der Salden der Unterkonten der am Cash Pooling teilnehmenden Konzernunternehmen ergibt[1153]. Praktisch soll damit täglich die gesamte Liquidität der Unterkonten abgeschöpft und eventuell bestehende Salden ausgeglichen werden, sog. „Zero-Balancing"[1154]. Daneben sind aber auch Gestaltungen geläufig, wonach die Unterkonten nicht auf null gesetzt werden, sondern ein bestimmter positiver Betrag auf den Unterkonten belassen wird, sog. „Conditional-" oder „Target Balancing"[1155].

Ferner kann noch zwischen den Varianten des physischen und des virtuellen Cash Pooling unterschieden werden. Beim physischen Cash Pooling wird tatsächlich Liquidität zwischen den Konzernunternehmen transferiert. Hingegen gibt es beim virtuellen Cash Pooling keine konzerninternen Zahlungsströme, vielmehr unterhält jede Konzerngesellschaft eine eigene Bankverbindung. Ein Gesamtsaldo wird nur virtuell gebildet. Dieser virtuelle Gesamtsaldo des Zielkontos dient als Bemessungsgrundlage für einen zugunsten des Konzerns optimierten Zinssatz[1156].

1.3 Wirtschaftliche Vorteile des Cash-Pooling

Die wirtschaftlichen Vorteile für den Konzern liegen zunächst darin, dass dieser sich die Liquidität nicht am Kapitalmarkt beschaffen muss, sondern je nach Bedarf

---

1148 Vgl. allgemein zum Cash Management im Konzern *Schön*, ZHR 159 (1995), 351 ff.; *Maier-Reimer*, in: FS Rowedder, S. 245 ff.; *Schneider*, ZGR 1984, 497 ff.; *Hommelhoff*, WM 1984, 1105 ff.; *Schneider*, in: Hdb Konzernfinanzierung, § 25 Rn. 15 f.

1149 *Lamb/Schluck-Amend*, DB 2006, 879, 879; *Morsch*, NZG 2003, 97, 97; *Cahn*, ZHR 166 (2002), 278, 279.

1150 *Altmeppen*, in: MüKo-AktG, 3. Aufl. 2010, § 311 Rn. 226.

1151 *Jäger*, DStR 2000, 1653, 1653; *Jula/Breitbarth*, AG 1997, 256, 258.

1152 *Engert*, BB 2005, 1951, 1956.

1153 *Henze*, WM 2005, 717, 717 f.; *Burgard*, VGR 2003, S. 45, 48; *Ammelung/Kaeser*, DStR 2003, 655, 657; *Cahn*, ZHR 166 (2002), 278, 279; *Hellwig*, in: FS Peltzer, S. 163, 164.

1154 Vgl. dazu *BGH* v. 20.07.2009 – II ZR 273/07 („Cash-Pool II") (BGHZ 182, 102 ff.); *Solveen*, in: Hölters, § 27 Rn. 53; *Oho*, in: Kessler/Kröner/Köhler, § 10 Rn. 101.

1155 *Ammelung/Kaeser*, DStR 2003, 655, 657; *Oho/Eberbach*, DB 2001, 825, 825; *Altmeppen*, in: MüKo-AktG, 3. Aufl. 2010, § 311 Rn. 226.

1156 *Gärtner*, S. 54.

die vorhandene Liquidität innerhalb des Konzerns verteilen kann. Zudem trifft den Gesamtkonzern eine verminderte Zinslast, da sämtliche im Konzern vorhandene Liquidität genutzt werden kann. Letztlich sind auch die Verwaltungskosten gegenüber einem dezentralen Cash-Management geringer[1157].

1.4 Rechtliche Ausgestaltung des Cash-Pooling

Alle teilnehmenden Konzernunternehmen müssen mit der jeweiligen das Zielkonto führenden Gesellschaft (Betreibergesellschaft) Vereinbarungen treffen, wonach diese befugt ist, positive Salden abzuschöpfen und negative Salden auszugleichen. Rechtsgrundlage ist ein sog. Cash Pooling-Vertrag. Danach erhält die Betreibergesellschaft im Falle eines positiven Saldos Liquidität und die betreffende Konzerngesellschaft eine Ausgleichsforderung gegen die Betreibergesellschaft, was letztlich ein Darlehen nach § 488 BGB darstellt[1158]. Da die Zahlung von einer abhängigen Konzerngesellschaft an die Konzernspitze erfolgt, spricht man in diesem Zusammenhang von aufsteigenden Darlehen oder upstream loans[1159]. In der umgekehrten Konstellation, wenn von der Betreibergesellschaft an das entsprechende Konzernunternehmen Liquidität fließt, steht dieser gegen das Konzernunternehmen ein Ausgleichsanspruch zu. Analog zum Begriff des aufsteigenden Darlehens spricht man hier von absteigenden Darlehen oder downstream loans[1160]. Die Zulässigkeit des Cash Pooling wird in erster Linie mit Blick auf die Grundsätze der Kapitalerhaltung bzw. des Verbots nachteiliger Maßnahmen und des Verbots des existenzgefährdenden Eingriffs diskutiert. Unterschieden werden muss zwischen vertraglich konzernierten und lediglich faktisch konzernierten Gesellschaften.

1.4.1 Kapitalerhaltung

Für den Regelfall, dass mit der darlehensgewährenden Gesellschaft kein Beherrschungsvertrag besteht, sind die Zulässigkeitsgrenzen von aufsteigenden Darlehen – insbesondere mit Blick auf Cash Pool-Konstellationen – seit einigen Jahren

---

1157 Vgl. *Altmeppen*, in: MüKo-AktG, 3. Aufl. 2010, § 311 Rn. 230.

1158 *BGH* v. 16.01.2006 – II ZR 76/04 (BGHZ 166, 8 ff.) und ganz h.M. im Schrifttum, vgl. *Sieger/Wirtz*, ZIP 2005, 2277, 2277; *Henze*, WM 2005, 717, 717; *Vetter*, BB 2004, 1509, 1509; *Hüffer*, AG 2004, 416, 419; *Cahn*, Der Konzern 2004, 235, 236; *Bayer*, in: FS Lutter, S. 1011, 1014 f.; *Hellwig*, in: FS Peltzer, S. 163, 165; a.A.: *Schmidt*, DB 2009, 1971, 1974; *Ulmer*, ZHR 169 (2005), 1, 4 f.

1159 *Kiethe*, DStR 2005, 1573, 1574; *Grothaus/Halberkamp*, GmbHR 2005, 1317, 1318; *Bayer*, in: FS Lutter, S. 1011, 1014 f.

1160 Hierauf wird im Rahmen dieser Bearbeitung nicht näher eingegangen. Beachtenswert scheint jedoch die sog. „BBX"-Entscheidung des *BGH* v. 11.01.2011 – II ZR 157/09 (NZG 2011, 273 ff.)

unter dem Gesichtspunkt der Kapitalerhaltung sowohl bei GmbH[1161] als auch Aktiengesellschaft[1162] heftig umstritten. Beigetragen haben hierzu insbesondere ein zum GmbH-Recht ergangenes Urteil des BGH vom 24. November 2003 (sog. „Novemberentscheidung")[1163], welches erhebliche Einschränkungen für die Zulässigkeit von upstream loans nahelegt. Wegen der im Vergleich zum GmbH-Recht strengeren Vermögensbindung bei der Aktiengesellschaft erfasste die Diskussion auch das Aktienrecht (unter Einschluss der aktienrechtlichen Sonderregeln für den faktischen Konzern) unter dem Gesichtspunkt, dass die Vorgaben der Rechtsprechung zur GmbH für die Aktiengesellschaft „erst recht" gelten müssten[1164]. Die insbesondere aufgrund des „November"-Urteils entstandene ungewisse Rechtslage im Bereich der Vergabe von Gesellschafterdarlehen im Allgemeinen und im Bereich des Cash Pooling im Besonderen hat der Gesetzgeber zum Anlass genommen, die Kapitalerhaltungsvorschriften des GmbHG (§ 30 GmbHG) und des AktG (§ 57 AktG) im Zuge des *MoMiG* neu zu fassen.

Das „November"-Urteil wurde seinerzeit überwiegend im Sinne einer Abkehr von der „bilanziellen Betrachtungsweise" verstanden mit der Folge, dass bei aufsteigenden Gesellschafterdarlehen für die Frage, ob eine unzulässige Einlagenrückgewähr vorliege, im Grundsatz der Rückzahlungsanspruch nicht berücksichtigt werden dürfe. Entgegen dieser Kernaussage der „Novemberentscheidung" wurde unter der gesetzlichen Neuregelung zur bilanziellen Betrachtungsweise zurückgekehrt und diese gesetzlich festgeschrieben. Danach heißt es in § 57 Abs. 1 AktG nunmehr:

> *„Den Aktionären dürfen die Einlagen nicht zurückgewährt werden. Als Rückgewähr gilt nicht die Zahlung des Erwerbspreises beim zulässigen Erwerb eigener Aktien. Satz 1 gilt nicht bei Leistungen, die bei Bestehen eines Beherrschungs- oder Gewinnabführungsvertrags (§ 291) erfolgen oder durch einen vollwertigen Gegenleistungs- oder Rückgewähranspruch gegen den Aktionär gedeckt sind. Satz 1 ist zudem nicht anzuwenden auf die Rückgewähr eines Aktionärsdarlehens und Leistungen auf Forderungen aus Rechtshandlungen, die einem Aktionärsdarlehen wirtschaftlich entsprechen."*

Nach der Neuregelung wird bei der Aktiengesellschaft nunmehr bei einer Darlehensauszahlung an einen Gesellschafter in erster Linie darauf abgestellt, ob der Auszahlung ein vollwertiger Gegenanspruch gegenübersteht[1165]. Zusätzliche Sicherheit

1161 *Bayer*, in: FS Lutter, 2000, 1022; *Hueck/Fastrich*, in: Baumbach/Hueck, § 30 Rn. 10 f., 26; *Verse*, in: Scholz, § 30 Rn. 76 ff.

1162 *Bayer*, in: MüKo-AktG, 3. Aufl. 2008, § 57 Rn. 8; *Cahn*, Konzern, S. 246 ff.; *Habersack/Schürnbrand*, NZG 2004, 689, 690; *Henze*, in: GK-AktG, § 57 Rn. 49; *Hüffer*, § 57 Rn. 2 und 28 f..

1163 *BGH* vom 24. 11. 2003 - II ZR 171/01 („*Novemberentscheidung*") (BGHZ 157, 72 ff.).

1164 *Bayer*, in: MüKo-AktG, 3. Aufl. 2008, § 57 Rn. 100; *Henze*, in: GK-AktG, § 57 Rn. 10; *Lutter*, in: KK-AktG, § 57 Rn. 6; *Seidel*, DStR 2004, 1130, 1131 f.; *Wessels*, ZIP 2004, 793, 796.

1165 *Fleischer*, in: K. Schmidt/Lutter, § 57 Rn. 46 f.; *Freitag*, WM 2007, 1681, 1685; *Gehrlein*, Der Konzern 2007, 771, 785; *K. Schmidt*, GmbHR 2007, 1072, 1075.

wurde im Zuge des *MoMiG* auch für diejenigen Darlehensgeber geschaffen, die als abhängiges Unternehmen Partei eines Beherrschungs- und Gewinnabführungsvertrags mit dem Darlehensempfänger sind.

1.4.2 Existenzvernichtender Eingriff

Neben den Kapitalerhaltungsvorschriften wird das Cash Pooling durch die Rechtsprechung zum Verbot des existenzvernichtenden Eingriffs eingeschränkt. Nach der ständigen Rechtsprechung des BGH ist es unzulässig, Gesellschaftsvermögen an Gesellschafter wegzugeben, wenn dadurch die Gesellschaft ihre Fähigkeit verliert, fällige Verbindlichkeiten zu bedienen[1166]. Dogmatisch geht die Rechtsprechung inzwischen davon aus, dass es sich hierbei um eine Gesellschafterhaftung wegen vorsätzlicher sittenwidriger Täuschung nach § 826 BGB handelt[1167]. Das Verbot existenzvernichtender Eingriffe gilt dabei gleichermaßen für die GmbH und die Aktiengesellschaft[1168]. Das Bestehen eines Beherrschungsvertrags steht einer Existenzvernichtungshaftung nicht entgegen, da existenzgefährdende Weisungen unzulässig sind[1169].

Das Verbot existenzvernichtender Eingriffe ließe sich in einem Cash Pool insbesondere dadurch vermeiden, dass durch entsprechende Vereinbarungen potenziellen Existenzgefährdungen eines Teilnehmers wegen fehlender Liquidität durch Ausstiegs- und Kündigungsmöglichkeiten im Zusammenspiel mit bonitätsbezogenen Informationspflichten[1170] vorgebeugt wird. Dies gilt zunächst vor allem mit Blick auf cash-positive Teilnehmer, die in die Lage versetzt werden müssen, bei aufkommenden Bonitätsrisiken beim Poolführer ihr Guthaben schnell abziehen zu können. Doch auch für cash-negative Teilnehmer kann ein zeitnahes zutreffendes Bild über die Bonität des Poolführers von essentieller Bedeutung sein, etwa wenn der Cash-Pool die einzige Finanzierungsquelle für den Teilnehmer darstellt und er – z.B.

1166 *BGH* v. 17.09.2001 – II ZR 178/99 („*Bremer Vulkan*") (BGHZ 149, 10 ff.); *BGH* v. 24.06.2002 – II ZR 300/00 („*KBV*") (BGHZ 151, 181 ff.); *BGH* v. 25.02.2002 – II ZR 196/00 (BGHZ 150, 61 ff.); *BGH* v. 16.07.2007 – II ZR 3/04 („*Tri-Hotel*") (BGHZ 173, 246 ff.).

1167 *BGH*, Urteil v. 16.07.2007 – II ZR 3/04 („*Tri-Hotel*") (BGHZ 173, 246 ff.); bestätigt durch BGH, Urteil v. 28.05.2008 – II ZR 264/06 („*Gamma*") (BGHZ 176, 204 ff.).

1168 *Bayer*, in: MüKo-AktG, 3. Aufl. 2008, § 57 Rn. 100; *Bayer/Lieder*, ZGR 2005, 133, 146 f.; *Cahn*, Der Konzern 2004, 235, 244; *Emmerich*, in: Scholz, 10. Aufl. 2006, Anh. § 13 Rn. 177 ff.; *Wessels*, ZIP 2004, 793, 796.

1169 *OLG Düsseldorf*, Urteil v. 07.06.1990–19 W 13/86 (AG 1990, 490, 492); *Emmerich/Habersack*, KonzernR, 7. Aufl. 2013, § 308 Rn. 63 f.; *Hüffer*, § 308 Rn. 19; *Krieger*, in: Hdb AG, § 70 Rn. 134.

1170 Das Informationserfordernis ergibt sich insbesondere aus der sog. „Bremer-Vulkan-Entscheidung" des BGH (s.o.), in welcher der BGH im Zusammenhang mit dem Cash Pooling auf die Notwendigkeit von Informationspflichten und deren Einhaltung hingewiesen hat.

aufgrund einer entsprechenden Konzernrichtlinie oder unternehmensvertraglichen Weisung – von der Nutzung anderer Finanzierungsquellen absieht.

Die jederzeitige Liquidität der Gesellschaft muss gewahrt werden. Zum Zeitpunkt der Darlehensvergabe sind hierzu die künftigen Verbindlichkeiten zu prognostizieren[1171]. Entsprechend darf die Tochtergesellschaft nicht ihre gesamten freien Mittel über aufsteigende Darlehen an den Gesellschafter abführen. Einen gewissen Puffer muss sie auch kurzfristig zurückhalten. Der Cash Pool kann fehlende Liquidität nämlich häufig nur bedingt kompensieren. Das Konzernunternehmen hat grundsätzlich nur einen Anspruch auf den ihm eingeräumten Dispositionsrahmen, der ihm im Zuge der konzernweiten Finanzplanung von der Pool Führerin eingeräumt wurde. Die tatsächlich fälligen Verbindlichkeiten können aber höher liegen als in der Finanzplanung vorgesehen.

1.5 Cash Pooling und Kapitalerhaltung bei bestehender Konzernierung

1.5.1 Rechtslage unter dem alten Recht

Bereits nach § 291 Abs. 3 AktG a. F. galten Leistungen aufgrund eines Beherrschungs- oder Gewinnabführungsvertrags nicht als Verstoß gegen die §§ 57, 58 AktG. Insofern war schon nach altem Recht im aktienrechtlichen Vertragskonzern die strikte Vermögensbindung aufgehoben[1172]. An deren Stelle trat vielmehr auch schon damals die Verlustübernahmepflicht des § 302 Abs. 1 AktG. Daher waren Weisungen zur Übertragung der liquiden Mittel grundsätzlich zulässig, wenn diese nicht existenzgefährdend waren und der Verlustausgleichanspruch des § 302 AktG vollwertig war[1173].

Durch die zum GmbH-Recht ergangene „Novemberentscheidung“ und der damit verbundenen Abkehr von der bilanziellen Betrachtungsweise ergaben sich keine Auswirkungen auf den aktienrechtlichen Vertragskonzern und ein in diesem praktiziertes Cash Pooling[1174].

Beim Bestehen nur eines isolierten Gewinnabführungsvertrags wurde die strikte Vermögensbindung nach altem Recht dagegen nicht so weitreichend aufgehoben[1175]. § 291 Abs. 3 AktG a.F. verlangte, dass die Leistung der konzernierten Aktiengesellschaft an ihre Mutter gerade „auf Grund [...] eines Gewinnabführungsvertrags“

1171 *Vetter*, BB 2007, 1965, 1967.

1172 *Hüffer*, § 291 Rn. 36 m.w.N.; *Krieger*, in: Hdb AG, § 69 Rn. 61 ff.

1173 *Altmeppen*, ZIP 2006, 1025, 1032 f.; *Habersack/Schürnbrand*, NZG 2004, 689, 691; *Krieger*, in: Hdb AG, § 70 Rn. 148 m.w.N.

1174 *Altmeppen*, ZIP 2006, 1025, 1032 f.; *Cahn*, Der Konzern 2004, 235, 245; *Hüffer*, § 57 Rn. 22 ff.; *Habersack/Schürnbrand*, NZG 2004, 689, 691; *Seidel*, DStR 2004, 1130, 1133.

1175 *Altmeppen*, NZG 2010, 361, 362 f.; *Henze*, ZGR 2005, 480, 506 ff., 512 f.; *Seidel*, DStR 2004, 1130, 1131; *Koppensteiner*, in: KK-AktG, 3. Aufl. 2004, § 311 Rn. 211.

erfolgte. Die hier erforderliche Kausalität zwischen Leistung und Unternehmensvertrag lag demnach regelmäßig nur beim abzuführenden Gewinn vor[1176], während für anderweitige Eingriffe in das Vermögen der abhängigen Aktiengesellschaft das Recht des faktischen Konzerns zur Anwendung kam[1177]. Ferner hieß das aber auch, dass Leistungen im Rahmen eines permanenten Cash Pooling somit nicht vom Gewinnabführungsvertrag erfasst waren, da die Abschöpfung von Liquidität nicht der Abschöpfung von Gewinn entspräche[1178]. Daher war bereits nach alter Rechtslage bei Bestehen eines isolierten Gewinnabführungsvertrags der Kapitalschutz zwingend zu beachten.

1.5.2 Rechtslage nach dem *MoMiG*

a) Grundsatz

Mit dem am 01. November 2008 in Kraft getretenen *MoMiG* wurde bereits die allgemeinste aller Kapitalerhaltungsvorschriften des AktG liberalisiert. Danach verstoßen Leistungen an den Gesellschafter aus dem gebundenen Vermögen nicht gegen § 57 Abs. 1 AktG, wenn sie *„durch einen vollwertigen Gegenleistungs- oder Rückgewähranspruch"* gedeckt sind. Die Alternativformulierung darf bei Darlehen nicht missverstanden werden. Sie ist gewählt, weil reine Austauschverträge nur eine Gegenleistung haben. Für Darlehen müssen der Rückgewähr- und der Gegenleistungsanspruch vollwertig sein.

Darlehen dürfen unter diesen Voraussetzungen auch aus Mitteln des gebundenen Vermögens gewährt werden. Bei der Aktiengesellschaft gehört grundsätzlich das gesamte Vermögen zum gebundenen Vermögen.

Darüber hinaus änderte das *MoMiG* auch die Vorschriften über die konzernierten Aktiengesellschaften. Auf den ersten Blick scheint es, als geschah dies bei § 291 Abs. 3 AktG lediglich in redaktioneller Hinsicht. Jedoch wurde durch die Änderung von *„auf Grund eines [...] Gewinnabführungsvertrags"* zu *„bei Bestehen eines [...] eines Gewinnabführungsvertrags"* das eben beschriebene Kausalitätserfordernis weitgehend entschärft; sowie das Verbot der Einlagenrückgewähr für Leistungen bei Bestehen eines Unternehmensvertrags nach § 57 Abs. 1 S. 3 BGB n.F. ausdrücklich suspendiert. Durch diese Klarstellung wollte der Gesetzgeber sämtliche Zweifel an der Zulässigkeit des Cash Pooling bei konzernierten Aktiengesellschaften ausräumen[1179]. In Verbindung mit der in § 57 Abs. 1 S. 3 AktG n.F. enthaltenen Bereichsausnahme vom Verbot der Einlagenrückgewähr für die Fälle der vertraglichen

---

1176 *Kiefner/Theusinger*, NZG 2008, 801, 803; *Pentz*, ZIP 2006, 781, 786; *Henze*, WM 2005, 717, 722 f.

1177 *Kropff*, in: MüKo-AktG, 2. Aufl. 2000, § 311 Rn. 67.

1178 *Spindler*, ZHR 171 (2007), 245, 260; *Drygala/Kremer*, ZIP 2007, 1289, 1295 f.; *Grothaus/Halberkamp*, GmbHR 2005, 1317, 1322.

1179 *Altmeppen*, NZG 2010, 361, 363 und nicht so eindeutig BT-Drs. 16/6140 v. 25.07.2007, S. 25, 41.

Konzernierung ist die bislang mit der Gewährung von aufsteigenden Darlehen im Rahmen eines Cash Pooling verbundene Problematik bei Bestehen eines Beherrschungs- oder Gewinnabführungsvertrags weitgehend beseitigt worden[1180]. Dennoch sind beim Vorliegen eines isolierten Gewinnabführungsvertrags nicht alle offenen Fragen abschließend geklärt worden.

b) Beherrschungsvertrag

Auch nach der Neuregelung der §§ 57 Abs. 1 S. 3, 291 Abs. 3 AktG bestehen noch immer Ungewissheiten im Anwendungsbereich des Kapitalschutzes im Vertragskonzern. Im Kern dreht sich die Debatte um die Frage, ob ein Cash Pooling auch dann betrieben werden darf, wenn die Existenz der abhängigen Gesellschaft gefährdet ist. Diskutiert wird hier vor allem auf zwei Ebenen. Zunächst welche Anforderungen an die Weisung zu stellen sind und ob auch unrechtmäßige Weisungen ein zulässiges Cash Pooling begründen können. Sodann ist umstritten, wie sich Zweifel an der Solvenz des herrschenden Unternehmens auf das Cash Pooling auswirken.

aa) Rechtmäßigkeit der Weisung

Bereits unter dem alten Recht bestand Streit, ob die rechtmäßige Ausübung der Leitungsmacht eine Voraussetzung der Suspendierung der Kapitalerhaltungsregeln sei. Dennoch entsprach es der damaligen weitverbreiteten Ansicht, dass Leistungen, die die Lebensfähigkeit der abhängigen Gesellschaft bedrohen, von der Privilegierung des § 291 Abs. 3 AktG a.F. ausgenommen sein müssten[1181], da dies keine rechtmäßigen Weisungen sein könnten. Rechtmäßig bedeutet in diesem Zusammenhang, dass die Weisung aufgrund des Beherrschungsvertrags nach § 308 AktG legitim war[1182].

Hiervon nimmt die wohl herrschende Meinung zur neuen Rechtslage Abstand. Einer rechtmäßigen Weisung bedürfe es danach nicht mehr, um die Kapitalerhaltung bei Bestehen eines Beherrschungsvertrags zu suspendieren[1183]. Durch die Änderung des Wortlauts des § 291 Abs. 3 AktG n.F. sei der innere Zusammenhang zwischen § 308 AktG und §§ 57, 291 Abs. 3 AktG entfallen[1184]. Zudem seien die Fragen, ob der Vorstand der abhängigen Gesellschaft überhaupt aufgrund einer Weisung tätig

---

1180 *Altmeppen*, ZIP 2009, 49, 55; *Stamm*, in: MAH AktR, § 21 Rn. 32.

1181 *Vetter*, ZGR 2005, 788, 819 ff.; *Habersack/Schürnbrand*, NZG 2004, 689, 690; *Emmerich*, in: Emmerich/Habersack, KonzernR, 7. Aufl. 2013, § 308 Rn. 63 f.; *Hüffer*, § 308 Rn. 19; a.A. statt aller *Koppensteiner*, in: KK-AktG, 3. Aufl. 2004, § 308 Rn. 50.

1182 *Pentz*, ZIP 2006, 781, 786.

1183 *Winkler/Becker*, ZIP 2009, 2361, 2365 f.; *Habersack*, in: FS Schaumburg, 2009, S. 1291, 1297 ff.; *Pentz*, in: FS K. Schmidt, 2009, S. 1265, 1268; *Lutter/Drygala*, in: KK-AktG, 3. Aufl. 2009, § 57 Rn. 97 f.; *Paschos*, in: Henssler/Strohn, § 291 Rn. 24.

1184 *Habersack*, in: FS Schaumburg, 2009, S. 1291, 1298.

werde und ob die Weisung rechtmäßig sei, interne Vorgänge, die die Gläubiger nichts angingen. Denn deren Schutz sei bereits durch § 302 AktG sichergestellt[1185].

Eine andere Ansicht verlangt dagegen mit beachtlichen Argumenten nach wie vor die Rechtmäßigkeit der Weisung und leitet den Rechtsgrund der Suspendierung der Kapitalerhaltungsregeln auch nach neuem Recht aus dem Beherrschungsvertrag ab[1186]. Denn auch nach neuem Recht unterscheide das Gesetz zwischen Beherrschungs- und Gewinnabführungsverträgen[1187]. Der Beherrschungsvertrag habe weiterhin zum Inhalt, dass sich die abhängige Gesellschaft der Leitung des herrschenden Unternehmens unterstellt. Das Instrument dafür seien aber gerade rechtmäßige Weisungen. Um diese Abgrenzung auch weiterhin aufrechtzuerhalten, sei es auch nach neuem Recht erforderlich, auf die Rechtmäßigkeit der Weisung abzustellen[1188].

Im Ergebnis muss wohl unterschieden werden. Durch den neugewählten Wortlaut wird die Privilegierung erstaunlich uferlos. Es ist zweifelhaft, ob dies – trotz des klaren Wortlauts – der Intention des Gesetzgebers entspricht. Durch den neuen Wortlaut dürfte es grundsätzlich nicht mehr erforderlich sein, dass eine Weisung rechtmäßig ist.

Um gleichwohl aber keine Schutzlücken entstehen zu lassen, dürfen auch nach dem neuen Wortlaut existenzvernichtende Weisungen nicht zulässig sein. Zwar würde während der Dauer des Beherrschungsvertrags grundsätzlich die Verlustausgleichspflicht nach § 302 AktG bestehen. Gleichwohl geht die Systematik der Vorschriften zum Unternehmensvertrag davon aus, dass die abhängige Gesellschaft auf nach der (nachteiligen) Weisung noch fortbesteht. Dies wäre im Fall der existenzgefährdenden Weisungen aber gerade problematisch. Mit anderen Worten: Durch den Beherrschungsvertrag wird zwar das Recht der Obergesellschaft begründet, die abhängige Gesellschaft zu beherrschen, allerdings nicht, diese zu vernichten.

bb) Vollwertigkeit des Ausgleichsanspruchs

Zwar stellt der Dispens in §§ 57 Abs. 1 S. 3, 291 Abs. 3 AktG zunächst formal auf das Bestehen eines Unternehmensvertrags ab. Dennoch wird im Schrifttum diskutiert, ob darüber hinaus der Ausgleichsanspruch nach § 302 AktG werthaltig sein müsse, da die beherrschungsvertraglichen Eingriffsbefugnisse grundsätzlich unter diesem Vorbehalt stünden[1189].

1185 *Drygala/Kremer*, ZIP 2007, 1289, 1296; *Drygala*, in: KK-AktG, 3. Aufl. 2009, § 57 Rn. 98, 102.

1186 *Altmeppen*, NZG 2010, 361, 363; *ders*, in: MüKo-AktG, 3. Aufl. 2010, § 291 Rn. 229; *Wilhelmi*, WM 2009, 1917, 1920; differenzierend *Gärtner*, S. 110 f.

1187 *Veil*, in: Spindler/Stilz, AktG, § 291 Rn. 73.

1188 Ibd.

1189 *Mülbert/Leuschner*, NZG 2009, 281, 287; *Habersack*, in: FS Schaumburg, 2009, S. 1291, 1297; *Wand/Tillmann/Heckenthaler*, AG 2009, 148, 154.; *Spliedt*, ZIP 2009, 149, 152; *Drygala*, in: KK-AktG, 3. Aufl. 2009, § 57 Rn. 100; *Altmeppen*, in: MüKo-

Zwar ergibt sich aus dem Gesetz nicht zwingend, dass der Verlustausgleichsanspruch werthaltig sein muss, jedoch erscheint es durchaus sinnvoll, diesen Aspekt als eine Grenze des Weisungsrechts aus § 308 Abs. 1 AktG zu betrachten. Eine Rückausnahme vom Dispens des §§ 57 Abs. 1 S. 3, 291 Abs. 3 AktG für die Fälle nicht vollwertiger Verlustausgleichsansprüche scheint dagegen nicht angezeigt. Dies lässt sich vor allem mit der ausdrücklichen Unanwendbarkeit der Vollwertigkeitsprüfung des § 57 Abs. 1 S. 3 AktG durch § 291 Abs. 3 AktG im Vertragskonzern begründen und zudem mit einer daraus entstehenden Rechtsunsicherheit für den Vorstand der abhängigen Aktiengesellschaft[1190]. Insofern wird hier der Auffassung gefolgt, welche eine Unbeachtlichkeit von Weisungen nur in solchen Fällen befürwortet, in denen deren Befolgung eine Existenzgefährdung der abhängigen Aktiengesellschaft bedeutete[1191].

cc) Auswirkungen auf das Cash Pooling

Für das Cash Pooling bedeutet die Klarstellung durch das *MoMiG* nunmehr Rechtssicherheit. Bis auf die oben beschriebenen Einschränkungen ist das Cash Pooling nach hier vertretener Auffassung bei Bestehen eines Beherrschungsvertrags weitestgehend freigestellt von den Restriktionen der allgemeinen Kapitalerhaltungsregeln.

c) Isolierter Gewinnabführungsvertrag

Auch im Rahmen von isolierten Gewinnabführungsverträgen wurden durch das *MoMiG* nicht alle Ungewissheiten ausgeräumt. Eine besondere Kontroverse entspinnt sich derzeit über die Frage der Reichweite der Privilegierung von isolierten Gewinnabführungsverträgen.

aa) Hintergrund

Ein Gewinnabführungsvertrag liegt nach § 291 Abs. 1 S. 1, 2. Alt AktG vor, wenn sich eine Aktiengesellschaft verpflichtet, ihren ganzen Gewinn an ein anderes Unternehmen abzuführen. Wichtigster Unterschied zum Beherrschungsvertrag ist das Fehlen eines Weisungsrechts. Folglich steht das abhängige Unternehmen auch nicht unter der vertraglichen Leitung des herrschenden Unternehmens.

Bedeutung erlangt der Gewinnabführungsvertrag in erster Linie als steuerrechtlicher Organschaftsvertrag. Er bildet hierbei nach § 14 Abs. 1 KStG[1192] die Grundlage

---

AktG, 3. 2010, § 308 Rn. 120; *Mentz*, in: Holding Hdb, Teil C Rn. 201; *Langenbucher*, in: K. Schmidt/Lutter, § 308 Rn. 32, *differenzierend*: *Theusinger/Cernicky*, CCZ 2009, 146, 153; *a.A.*: *Hommelhoff*, in: Lutter/Hommelhoff, § 30 Rn. 48.

1190 Vgl. statt aller *Cahn/v. Spannenberg*, in: Spindler/Stilz, § 57 Rn. 136.

1191 *Habersack/Schürnbrand*, NZG 2004, 689, 690; *Langenbucher*, in: K. Schmidt/Lutter, § 308 Rn. 33; *Emmerich*, in: Emmerich/Habersack, KonzernR, 7. Aufl. 2013, § 308 Rn. 63; *a.A.*: *Altmeppen*, NZG 2010, 361, 364 f.

1192 In der Fassung des Steuervergünstigungsabbaugesetzes von 2003, BGBl. I 2003, S. 660.

der körperschaftssteuerlichen und der gewerbesteuerlichen Organschaft. Früher wurde eine Organschaft nur angenommen, wenn der Gewinnabführungsvertrag mit einem Beherrschungsvertrag zu einem Organschaftsvertrag verbunden war[1193]. Im Gegensatz dazu setzt die Anerkennung der körperschafts- und gewerbesteuerlichen Organschaft heute nicht mehr zusätzlich noch die wirtschaftliche und die organisatorische Eingliederung der Organgesellschaft in den Organträger voraus[1194]. Als Folge dieser Gesetzesänderung beobachtet das Schrifttum eine Zunahme so genannter isolierter Gewinnabführungsverträge[1195].

bb) Reichweite der Privilegierung nach Neufassung durch das MoMiG

Im Schrifttum zum alten Recht wurden teilweise erhebliche gesellschaftsrechtliche Bedenken gegen die grundsätzliche Zulässigkeit von isolierten Gewinnabführungsverträgen geäußert[1196]. Das Hauptargument war, dass die Veranlassung der Abführung des gesamten Gewinns ohne Abschluss eines Beherrschungsvertrags gegen § 311 AktG verstieße und daher verboten sein müsse. Nach heute herrschender Meinung kann ein Gewinnabführungsvertrag aber auch isoliert – also ohne Beherrschungsvertrag – abgeschlossen werden[1197]. Angeführt wird hier vor allem, dass bereits das AktG selbst in den §§ 316, 324 Abs. 2 von der Zulässigkeit eines isolierten Gewinnabführungsvertrags ausgehe[1198].

Umstritten ist allerdings die Reichweite der neugeregelten Suspendierung des § 291 Abs. 3 AktG n.F. bei isolierten Gewinnabführungsverträgen. Grundsätzlich erfasst § 291 Abs. 3 AktG nach seinem Wortlaut nunmehr jede unterjährige Leistung der abhängigen Gesellschaft[1199] und nicht mehr nur den vertragsmäßig abzuführenden Gewinn.

Daneben besteht aber Einigkeit, dass die Privilegierung des Konzernrechts nur gewährt wird, weil an anderer Stelle eine Kompensation erfolgt. Ferner dürfte Übereinstimmung, bezogen auf die Anwendung der §§ 300 ff. AktG trotz Neufassung

---

1193 *Flume*, DB 1955, 485, 486; *Erlinghagen*, S. 13, 17; *Altmeppen*, in: MüKo-AktG, 3. Aufl. 2010, Einl. § 291 Rn. 10 f.

1194 *Emmerich/Habersack*, § 12 Rn. 6 ff.; *Altmeppen*, in: MüKo-AktG, 3. Aufl. 2010, § 291 Rn. 51.

1195 *Cahn/Simon*, Konzern 2003, 1, 1 ff.; *Simon*, ZGR 2007, 71 ff.; *Emmerich*, in: Emmerich/Habersack, KonzernR, § 291 Rn. 60.

1196 *Sonnenschein*, AG 1976, 147, 147 f.; *van Venrooy*, BB 1986, 612, 612 f.; *Kort*, S. 83 ff.

1197 *OLG Karlsruhe*, Beschl. v. 12.04.2011–11 Wx 77/00 (NJW-RR 2001, 973, 974); *LG Kassel*, Beschl. v. 15.11.1995–12 T 10/95 (NJW-RR 1996, 1510, 1511); *Cahn/Simon*, Konzern 2003, 1, 1; *Ebenroth/Parche*, BB 1989, 637, 638; *Kort*, BB 1988, 79, 79; *Hüffer*, § 291 Rn. 24; *Emmerich*, in: Emmerich/Habersack, KonzernR, 7. Aufl. 2013, § 291 Rn. 59 ff.; *Veil*, in: Spindler/Stilz, § 291 Rn. 40 ff.; *Altmeppen*, in: MüKo-AktG, 3. Aufl. 2010, § 291 Rn. 148 ff.

1198 Ibd.

1199 *Gärtner*, S. 198 f.

der § 291 Abs. 3 AktG, bestehen[1200]. Hier ist insbesondere an den Verlustausgleichanspruch gegen das herrschende Unternehmen aus § 302 AktG zu denken. Unklar ist aber, ob auf isolierte Gewinnabführungsverträge aus Gläubigerschutzgründen auch andere Kapitalerhaltungsregime daneben Anwendung finden müssen.

Daher fordern einige Stimmen des Schrifttums die parallele Anwendung der §§ 311, 317 AktG auf die Fälle des isolierten Gewinnabführungsvertrags, um einen weitergehenden Schutz des abhängigen Unternehmens zu sichern[1201]. Argumentativ wird dabei zunächst formalistisch der Verweis des § 316 AktG angeführt, welcher § 311 AktG bei Bestehen eines Gewinnabführungsvertrags ausdrücklich nicht suspendiert. Dies galt freilich auch schon unter dem Recht vor *MoMiG*[1202]. Daher könnte man sich hier trefflich streiten, ob die nicht vorgenommene Änderung des § 316 AktG lediglich ein Versehen des Gesetzgebers war. Denn durch die nach § 316 AktG angeordnete Fortgeltung des § 311 AktG ergibt sich ein Wertungswiderspruch zu den Neuerungen des *MoMiG*[1203]. Nach früherer Rechtslage wurde das Kapitalerhaltungsgebot des § 57 AktG nach überwiegender Auffassung durch § 311 AktG verdrängt[1204]. Es bestand insofern ein Konkurrenzverhältnis beider Normen, welches durch die grundsätzliche Unanwendbarkeit des § 57 AktG beim Bestehen eines Gewinnabführungsvertrags fehlt. *Habersack* spricht daher davon, dass dem § 311 AktG in diesen Konstellationen insoweit das „systematische Fundament" entzogen wurde[1205]. Ferner droht dadurch, die Grenze zwischen vertraglich und faktisch konzernierten Gesellschaften zu verwischen.

Dennoch sprechen sowohl der eindeutige Verweis des § 316 AktG als auch das Schutzbedürfnis für eine Anwendung der §§ 311, 317 AktG. Die §§ 311, 317 regeln die nachteilige Einflussnahme auf die Leitung der abhängigen Gesellschaft. Der Gewinnabführungsvertrag hat jedoch gerade nicht zum Gegenstand, die abhängige Gesellschaft der Leitung durch den anderen Vertragsteil zu unterstellen[1206]. Diese an verschiedene Sachverhalte anknüpfende Unterscheidung spricht grundsätzlich für die erhöhte Verantwortung der faktisch herrschenden Unternehmen und seiner Geschäftsleiter nach §§ 311, 317 AktG. Die sehr weitgehende Privilegierung des § 291 Abs. 3 AktG n.F.

1200 *Cahn/v. Spannenberg*, in: Spindler/Stilz, § 57 Rn. 37; *Veil*, in: Spindler/Stil, § 291 Rn. 42.

1201 *Altmeppen*, NZG 2010, 361, 365; *ders.*, in: MüKo-AktG, 3. Aufl. 2010, § 316 Rn. 5 f.; *Gärtner*, S. 166 ff.; *Veil*, in: Spindler/Stilz, § 291 Rn. 74; *a.A. Mülbert/Leuschner*, NZG 2009, 281, 287; *Habersack*, in: FS Schaumburg, 2009, S. 1291, 1299 f.

1202 Siehe zur Rechtslage vor *MoMiG Cahn/Simon*, Konzern 2003, 1, 17 ff.

1203 *Habersack*, in: FS Schaumburg, 2009, S. 1291, 1299.

1204 *Habersack/Schürnbrand*, NZG 2004, 689, 692; *Mülbert*, ZHR 163 (1999), 1, 22 ff.; *Lutter/Timm*, BB 1978, 836, 838 f.; *Schmidt*, in: FS Lutter, 2000, 1167, 1179 ff.; *Hommelhoff*, Konzernleitungspflicht, S. 124 f.; *Koppensteiner*, in: KK-AktG, 2. Aufl. 2004, Vorb. § 311 Rn. 3; *Habersack*, in: Emmerich/Habersack, KonzernR, 3. Aufl. 2003, § 311 Rn. 2.

1205 *Habersack*, in: FS Schaumburg, 2009, S. 1291, 1299.

1206 *Veil*, in: Spindler/Stilz, § 291 Rn. 74.

würde bei Bestehen eines Gewinnabführungsvertrags anderenfalls zu einem erhöhten Schädigungspotenzial gegenüber der vertraglich konzernierten Gesellschaft führen[1207], da in hiesiger Konstellation keine Korrektur über die hier vertretene Rechtmäßigkeit der Weisung möglich ist. Um den oben skizzierten Widerspruch mit der Systematik des aktienrechtlichen Kapitalerhaltungsregimes zu beseitigen, kann allenfalls an eine Änderung des § 316 AktG *de lege ferenda* gedacht werden.

cc) Auswirkungen auf das Cash Pooling

Für das Cash Pooling bei Bestehen eines isolierten Gewinnabführungsvertrags bedeuten diese Befunde, dass zwar eine weitreichende Suspendierung der Kapitalerhaltungsregeln besteht, nach derzeitiger Rechtslage aber § 311 AktG weiterhin Geltung hat. Über die Haftung des § 317 Abs. 3 AktG trifft die Geschäftsleiter des herrschenden Unternehmens eine erhöhte Kontrollpflicht. Insofern ist ein ausreichender Schutz der in ein Cash Pool-System eingebundenen abhängigen Gesellschaft gewährleistet.

1.5.3 Zusammenfassung

Im Vertragskonzern wurde durch das *MoMiG* aufgrund des geänderten Wortlauts der einschlägigen Kapitalerhaltungsvorschriften zusätzliche Rechtssicherheit geschaffen. Die Gewährung von upstream loans im Rahmen eines Cash Pooling stellt daher nunmehr sicher keine Einlagenrückgewähr mehr dar. Weisungen müssen bei vertraglich konzernierten Gesellschaften nicht mehr rechtmäßig erfolgen. Dennoch dürfte der Abschluss eines Beherrschungsvertrags oder eines isolierten Gewinnabführungsvertrags mit einem Cash Pool-Teilnehmer keine Erleichterungen im Hinblick auf das Erfordernis der Vollwertigkeit der Rückgewähransprüche aus aufsteigenden Darlehen bewirken; dies gebietet ein seriöser Schutz der abhängigen Gesellschaft. Dies sollte aber nicht als Zulässigkeitsvoraussetzung des Cash Pooling betrachtet werden, sondern als nachgelagerte Frage der Reichweite des Weisungsrechts. Dies erhöht die Prüfpflichten der Geschäftsleiter, welche die Solvenz des herrschenden Unternehmens sicherstellen müssen, um ihrer eigenen Haftung zu entgehen. Ähnliches ergibt sich nach der hier vertretenen Ansicht auch bei Bestehen eines isolierten Gewinnabführungsvertrags durch die Anwendung der §§ 311, 317 AktG.

1.6 Cash Pooling und Kapitalerhaltung im faktischen Konzern

1.6.1 Problemaufriss

Das sogenannte „MPS"-Urteil[1208] des BGH war die erste höchstrichterliche Reaktion auf die Änderungen des Kapitalerhaltungsrechts im Rahmen des *MoMiG* und bot dem

1207 Im Ergebnis so auch *Gärtner*, S. 208 f.

1208 *BGH* v. 01.12.2008 – II ZR 102/07 („*MPS*") (BGHZ 179, 71 ff.).

Gericht zugleich die Möglichkeit, von den in der „Novemberentscheidung“[1209] selbst auferlegten Restriktionen wieder Abstand zu nehmen bzw. diese für den Bereich der §§ 311 ff. AktG zu korrigieren. Nach überwiegender Auffassung sollten diese oben bereits skizzierten Restriktionen auch in Fällen faktischer Konzernierung gelten, da die §§ 311 ff. AktG insofern keine Privilegierungen für nachteilige Maßnahmen ermöglichen sollen, die das Risiko einer Existenzvernichtung in sich tragen[1210].

In Anlehnung an die „Novemberentscheidung“ konnte der BGH nunmehr erneut über die Zulässigkeit der Gewährung unbesicherter Darlehen entscheiden und diesmal die neuen, liberalisierten Regelungen zugrunde legen. Freilich betrifft diese Entscheidung vorrangig die §§ 311 ff. AktG, jedoch lassen sich mittelbar Rückschlüsse auf die Auslegung des § 57 AktG und dem strittigen Verhältnis zu §§ 311 ff. AktG gewinnen. Bemerkenswert ist dabei, dass der BGH die „Novemberentscheidung“ ausdrücklich auch für Altfälle aufhob, um somit der vom Gesetzgeber intendierten bilanziellen Betrachtungsweise wieder umfassend Geltung zu verschaffen.

1.6.2 Ausgangslage

Als Pendant zum Vertragskonzern ist in den §§ 311–327 AktG die faktische Herrschaft über eine faktisch abhängige Gesellschaft geregelt. Im Gegensatz zum Vertragskonzern wird diese Abhängigkeit bei Bestehen einer Anteilsmehrheit vermutet, § 17 Abs. 1 und 2 AktG, da dann die tatsächliche Möglichkeit der Einflussnahme besteht. Darauf aufbauend vermutet das Gesetz in § 18 Abs. 1 S. 1 und 3 AktG, dass bei vermuteter einheitlicher Leitung ein faktischer Konzern vorliegt. Dies beruht auf der Erwartung, dass eingerichtete Leitungsmöglichkeiten auch tatsächlich genutzt werden[1211]. Im Unterschied zum Vertragskonzern besteht im faktischen Konzern kein ausdrücklich legitimiertes Weisungsrecht. Vielmehr unterliegt die abhängige Gesellschaft auch weiterhin dem Normalstatus. Daher unterscheidet sich auch der Kapitalschutz im faktischen Konzern fundamental vom Vertragskonzern. Das herrschende Unternehmen muss weiterhin das wirtschaftliche Eigeninteresse des abhängigen Unternehmens beachten. Dies findet seinen Niederschlag in der Einzelausgleichspflicht des § 311 AktG. Wenn das herrschende Unternehmen das abhängige Unternehmen zu einer nachteiligen Maßnahme veranlasst, muss es danach den Nachteil spätestens zum Jahresende ausgleichen. Unterlässt das herrschende Unternehmen diese Kompensation oder kann nicht dargelegt werden, dass die veranlasste Maßnahme für die abhängige Gesellschaft förderlich war, macht sich das herrschende Unternehmen schadensersatzpflichtig nach § 317 Abs. 1 S. 1 AktG. Damit soll jegliche Benachteiligung der abhängigen Gesellschaft ausgeschlossen werden und das abhängige Unternehmen vermögensmäßig im Ergebnis so gestellt

---

1209 *BGH* vom 24. 11. 2003 – II ZR 171/01 („*Novemberentscheidung*“) (BGHZ 157, 72 ff.).

1210 *Bayer*, in: LMK 2009, 275577; *ders.*, in: MüKo-AktG, 3. Aufl. 2008, § 57 Rn. 100 f., 146 ff.; *Hüffer*, § 311 Rn. 50; aber **a. A.** *Habersack*, in: Emmerich/Habersack, KonzernR, 7. Aufl. 2013, § 311 Rn. 47.

1211 *Schall*, in: Spindler/Stilz, § 18 Rn. 27.

werden, wie es stünde, wenn es ein unabhängiges Unternehmen wäre[1212]. Eine der wesentlichen Fragen innerhalb der §§ 311 ff. AktG ist somit, wann ein Nachteil in diesem Sinne vorliegt.

Im Gegensatz zum Vertragskonzern ist die Einflussnahme auf die abhängige Gesellschaft eben nicht *per se* legitimiert. Dieses Verständnis von Verantwortlichkeit im faktischen Konzern führt zu der weitergehenden Frage, ob der allgemeine gesellschaftsrechtliche Kapitalschutz – quasi flankierend – ebenso zur Anwendung kommt. Relevanz entfaltet dies insbesondere in Fällen, in denen der Nachteil nicht ausgeglichen wird.

1.6.3 Bisheriger Meinungsstand[1213]

a) Nachteilige Rechtsgeschäfte und Maßnahmen

Neben der teilweise schwierigen Abgrenzung, ob im Einzelfall ein Rechtsgeschäft oder eine Maßnahme[1214] vorliegt, ist der Begriff der Nachteiligkeit ausfüllungsbedürftig. Allgemein wird darunter zunächst jede Geschäftsführungshandlung verstanden, die Auswirkungen auf die Ertrags- oder Vermögenslage der Gesellschaft haben kann und als Folge der Abhängigkeit eintritt[1215]. Jedoch muss nicht jede sich *ex post* als schadensverursachend erweisende Maßnahme ein Nachteil im Sinne der §§ 311 ff. AktG sein, vielmehr kommt es darauf an, ob die Maßnahme im Zeitpunkt ihrer Vornahme als für die abhängige Gesellschaft nachteilig scheint[1216]. Insofern muss eine Differenzbetrachtung vorgenommen werden, wonach die Vermögenslage nach dem nachteiligen Rechtsgeschäft oder der Maßnahme mit der Entwicklung der Vermögenslage ohne nachteiliges Rechtsgeschäft oder Maßnahme[1217] vergli-

---

1212 *BGH* v. 01.03.1999 – II ZR 312/97 (BGHZ 141, 80 ff.); *Hüffer*, § 311 Rn. 25.

1213 Um den Rahmen dieser Bearbeitung nicht zu sprengen, werden nicht alle Einzelaspekte besprochen. Vielmehr werden lediglich die großen Argumentationslinien dargestellt, um darauf aufbauend die Neuerungen durch das „MPS"-Urteil des BGH bewerten zu können.

1214 Ein Geschehenskomplex wird regelmäßig auch rechtsgeschäftliche Elemente enthalten – auch wenn diese nicht zwingend im Mittelpunkt stehen müssen. Da § 311 AktG nachteilige Rechtsgeschäfte und nachteilige Maßnahmen gleichstellt, kann eine Abgrenzung auch offen bleiben, so auch *BGH* v. 01.03.1999 – II ZR 312/97 (BGHZ 141, 80 ff.) und *Emmerich/Habersack*, § 23 Rn. 25 ff..

1215 *BGH* v. 01.12.2008 – II ZR 102/07 („*MPS*") (BGHZ 179, 71 ff.); *BGH* v. 01.03.1999 – II ZR 312/97 (BGHZ 141, 80 ff.); *OLG* Jena, Urteil v. 25.04.2007–6 U 947/05 (AG 2007, 785, 786); *Mülbert/Leuschner*, NZG 2009, 281, 284; *Koppensteiner*, in: KK-AktG, 3. Aufl. 2004, § 311 Rn. 14; *Leuering/Goertz*, in: Hölters, § 311 Rn. 49; *Müller*, in: Spindler/Stilz, § 311 Rn. 27; *Hüffer*, § 311 Rn. 24.

1216 *OLG Köln*, AG 2007, 371, 372; *Vetter*, in: K. Schmidt/Lutter, § 311 Rn. 79; *Hüffer*, § 311 Rn. 26.

1217 Sog. hypothetisches Verhalten einer unabhängigen Gesellschaft, *Kuhlmann/Ahnis*, Rn. 1118 f..

chen wird. Dieser Ansatz ist wichtig, um finanzielle Einbußen, die lediglich eine Realisierung des allgemeinen unternehmerischen Risikos darstellen, nicht auch von den § 311 ff. AktG erfassen zu lassen. Als Bewertungsmaßstab wird hier das Verhalten eines ordentlichen und gewissenhaften Geschäftsleiters einer unabhängigen Gesellschaft herangezogen und die Kontrollfrage gestellt, ob der Vorstand einer unabhängigen Gesellschaft die Maßnahme hätte vornehmen können, ohne gegen seine Sorgfaltspflichten zu verstoßen[1218].

Für den Bereich des Cash Pooling, insbesondere also der aufsteigenden Darlehen, wird nach einhelliger Auffassung in der Literatur als Mindestvoraussetzung dafür, dass kein Nachteil vorliegt, verlangt sicherzustellen, dass die abhängige Gesellschaft eine marktgerechte (bzw. bessere) Verzinsung erhält, über Zugang zu ausreichender Liquidität verfügt und einen vollwertigen Rückzahlungsanspruch erwirbt[1219]. Insoweit liegen die Anforderungen auf einer Linie mit den Anforderungen, die auch nach allgemeinen Grundsätzen, insbesondere § 57 AktG, an ein aufsteigendes Darlehen zu stellen wären[1220]. Umstritten war bisher hingegen – insbesondere wieder unter dem Eindruck des „November"-Urteils – ob darüber hinaus im Regelfall auch eine Besicherung des aufsteigenden Darlehens erforderlich ist, weil der Geschäftsleiter einer unabhängigen Gesellschaft üblicherweise eine Besicherung verlangen würde[1221]. Es waren in der Literatur Stimmen zu vernehmen, wonach die vom BGH initiierte Verschärfung der Kapitalerhaltungsregeln bei der unverbundenen GmbH bzw. Aktiengesellschaft nicht ohne Berücksichtigung bei der Auslegung der konzernrechtlichen Sondervorschriften, §§ 311 ff. AktG, bleiben dürfe[1222]. Auf der anderen Seite wurde gefordert, dass allein die Umstände des Einzelfalles für die Beurteilung der Zulässigkeit von aufsteigenden Darlehen im faktischen Konzern maßgeblich sein müssten und das „November"-Urteil eben nicht schematisch übertragen werden dürfe[1223]. Insgesamt herrschte somit ein ungesichertes Meinungsbild, welches keine abschließende Rechtssicherheit bot. Mit der Lockerung der Eigenkapitalbindung bei

---

1218 *BGH* v. 01.03.1999 – II ZR 312/97 (BGHZ 141, 80 ff.); *OLG Köln*, Urteil v. 27.04.2006–18 U 90/05 (ZIP 2006, 997, 1000); *Habersack*, ZIP 2006, 1327, 1329 f.; *Koppensteiner*, in: KK-AktG, § 311 Rn. 40; *Bödeker*, in: Henssler/Strohn, § 311 AktG Rn. 16; *J. Vetter*, in: Lutter/Schmidt, AktG, § 311 Rn. 40; *Krieger*, in: Hdb AG,§ 69 Rn. 78; *Fett*, in: Bürgers/Körber, § 311 Rn. 23 *a.A. Horn*, ZIP 1987, 1225, 1228; *Müller*, ZGR 1977, 1, 14; *Altmeppen*, in: MüKo-AktG, 3. Aufl. 2010, § 311 Rn. 168 ff.

1219 *Schneider*, in: Lutter/Scheffler/Schneider, Hdb Konzernfinanzierung, § 25 Rn. 25, 46 ff.; *Habersack*, in: Emmerich/Habersack, KonzernR, 7. Aufl. 2013, § 311 Rn. 48; *Krieger*, in: Hdb AG, § 69 Rn. 61 f.; *Kropf*, in: MüKo-AktG, 2. Aufl. 2000, § 311 Rn. 186 f.; *Henze*, in: GK-AktG, § 57 Rn. 49; *Vetter/Stadler*, Rn. 222.

1220 S.o.

1221 *Kiefner/Theusinger*, NZG 2008, 801, 802 f.; *Möller*, Der Konzern 2008, 1, 5; *Habersack/Schürbrand*, NZG 2004, 689, 690; *Bayer*, in: MüKo-AktG, 3. Aufl. 2008, § 57 Rn. 100.

1222 *Seidel*, DStR 2004, 1130, 1131; *Wessels*, ZIP 2004, 793, 796.

1223 *Fuhrmann*, NZG 2004, 552, 553.

§ 57 AktG n.F. durch das *MoMiG* sollte nach einigen Autoren dann aber zugleich eine liberalere Auslegung des § 311 AktG einhergehen, da die Regelungen der §§ 311 ff. AktG keine striktere Kapitalbindung als bei der unverbundenen Aktiengesellschaft beabsichtigen, sondern im Gegenteil bestimmte Erleichterungen ermöglichen sollen[1224].

b) Verhältnis zu den allgemeinen Kapitalerhaltungsvorschriften

Ferner war (und ist im Schrifttum noch immer) bei der faktisch konzernierten Aktiengesellschaft das Verhältnis der §§ 311 ff. AktG zu den allgemeinen Kapitalerhaltungsvorschriften umstritten. Konkret geht es dabei um die Frage, ob die allgemeinen Kapitalerhaltungsregeln der §§ 57 ff. AktG neben den §§ 311 ff. AktG überhaupt anwendbar sind. Die praktische Relevanz dieses Streits war für den Betrieb von Cash Pool Systemen enorm. Denn die Geltung von §§ 57 ff. AktG würde aufgrund des erforderlichen Drittvergleichs der ausgegebenen aufsteigenden Darlehen zu einer starken Einschränkung der wirtschaftlichen Vorteile eines konzerninternen Finanzausgleichs führen[1225]. Erforderlich wäre dann nämlich eine fortwährende Besicherung der aufsteigenden Darlehen, was letztlich zu einer Erhöhung der anfallenden Kosten und des Verwaltungsaufwands führen würde. In der Praxis wurde aus diesen Gründen bisher auf eine Sicherheitenbestellung verzichtet[1226].

Daher verwundert es nicht, dass die wohl herrschende Meinung annahm, dass der als konzernrechtliche Spezialvorschrift ausgestaltete Kapitalschutz der §§ 311 ff. AktG die §§ 57 ff. AktG verdränge[1227]. Die allgemeinen Regelungen sollten danach erst wieder aufleben, wenn der sonst auch von §§ 57 ff. AktG erfasste Nachteil bis zum Ende des Geschäftsjahres nicht wieder ausgeglichen wurde.

Die Gegenmeinung vertrat eine echte Anwendungskonkurrenz zwischen allgemeinen Kapitalerhaltungsregeln und den spezielleren §§ 311 ff. AktG[1228]. Ar-

---

1224 *Winter*, DStR 2007, 1484, 1489; *Pentz*, Status: Recht 2007, 239, 240; a.A. mit starken Argumenten *Möller*, Konzern 2008, 1, 5; *Habersack*, in: FS Schaumburg, 2009, S. 1291, 1294; *Vetter*, in: Goette/Habersack, Rn. 4.124, 4134.

1225 *Habersack/Schürnbrand*, NZG 2004, 689, 695; *Schilmar*, DStR 2006, 568, 570 f.; *Krieger*, in: Hdb AG, § 69 Rn. 62.

1226 *Bayer*, in: MüKo-AktG, 3. Aufl. 2008, § 57 Rn. 102; *Schneider*, in: Hdb Konzernfinanzierung, Rn. 25.15.

1227 *OLG* München, Urteil v. 15.12.2004–7 U 5665/03 (NZG 2005, 181, 183); *OLG Frankfurt*, Urteil v. 30.11.1995–6 U 192/91 (BB 1996, 445, 447); *OLG* Stuttgart, Urteil v. 21.12.1993–10 U 48/93 (AG 1994, 411, 412); *Habersack*, ZGR 2009, 347, 355 ff.; *Hentzen*, ZGR 2005, 480, 507; *Timm*, AcP 193 (1993), 423, 440; Koppensteiner, in: KK-AktG, 3. Aufl. 2007, § 311 Rn. 103; *Kropf*, in: MüKo-AktG, 2. Aufl. 2000, Vorb. § 311 Rn. 4, § 311 Rn. 28; *Hüffer*, 9. Aufl. 2010, § 57 Rn. 6; *Drinhausen*, in; Heidel, § 57 Rn. 34; *Müller*, in: Spindler/Stilz, § 311 Rn. 63.

1228 *Wackerbarth*, Konzern 2010, 337, 346 f.; *Cahn*, Konzern 2004, 235, 245; *Schön*, ZHR 159 (1995), 351, 371 f.; *Bälz*, in: FS Raiser, 1974, 287, 314 f.; *Cahn*, Konzern, S. 64 ff.;

gumentativ wurde zunächst die Gesetzessystematik herangezogen und darauf verwiesen, dass die §§ 311 ff. AktG keine ausdrückliche Suspendierung ähnlich § 291 Abs. 3 AktG enthielten[1229]. Zudem sei auch nur so eine sinnvolle Haftung des herrschenden Unternehmens zu gewährleisten. Für nicht von ihm veranlasste nachteilige Maßnahmen würde das herrschende Unternehmen nach § 57 AktG, bei von ihm veranlassten nachteiligen Maßnahmen jedoch lediglich nach den §§ 311 ff. AktG haften[1230]. Dieser Wertungswiderspruch könne nur durch eine unveränderte Weitergeltung der §§ 57 ff. AktG verhindert werden[1231]. Ferner stehe die Auslegung der herrschenden Meinung nicht im Einklang mit der Kapitalrichtlinie[1232], da die Artt. 15 und 16 gerade keine Einschränkung der allgemeinen Kapitalerhaltungsregelungen beabsichtigten[1233].

Auf diesen Meinungsstreit aufbauend, war überdies streitig, ob für Cash Pool Systeme der Anwendungsbereich der §§ 311 ff. AktG von vornherein beschnitten werden müsste, sodass sich die Frage des Verhältnisses zwischen §§ 57 ff. AktG und §§ 311 ff. AktG dann gar nicht mehr stellte. Ausgangspunkt ist die Überlegung, dass die Ausgleichsmöglichkeit der §§ 311 ff. AktG von der Rechtsfolge nicht auf die komplexen Cash Pool Konstruktionen passt[1234].

Dagegen wurde vertreten, dass sofern kein konkretes Ausfallrisiko bestehe, die mit dem Cash Pool verbundenen Nachteile durchaus ausgleichsfähig und Cash Pool Systeme daher auch vorrangig an den §§ 311 ff. AktG zu messen seien[1235]. Zudem sei gerade in so komplexen Finanzierungsstrukturen wie dem Cash Pooling eine

---

Würdinger, in; GK-AktG, § 311 Rn. 5; *Geßler*, in: Geßler/Hefermehl/Eckhardt/Kropff, § 292 Rn. 33.

1229 *Bälz*, in: FS Raiser, 1974, S. 287, 314.

1230 Hier ist insbesondere an die von § 311 Abs. 2 AktG vorgesehene Möglichkeit zu denken, den Nachteilsausgleich bis zum Ende des Geschäftsjahres hinauszuzögern, was sich im Vergleich zur Rechtsfolge des § 57 AktG als schwächer erweist.

1231 Ausführlich dazu *Cahn*, Konzern, S. 65 mit dem weiteren Argument, dass sich in mehrstufigen Abhängigkeitsverhältnissen, dieser Wertungswiderspruch noch verschärfen würde.

1232 Zweite Richtlinie 77/91/EWG des Rates vom 13. Dezember 1976 zur Koordinierung der Schutzbestimmungen, die in den Mitgliedstaaten den Gesellschaften im Sinne des Artikels 58 Absatz 2 des Vertrages im Interesse der Gesellschafter sowie Dritter für die Gründung der Aktiengesellschaft sowie für die Erhaltung und Änderung ihres Kapitals vorgeschrieben sind, um diese Bestimmungen gleichwertig zu gestalten *(Kapitalrichtlinie)*.

1233 So *Schön*, in: FS Kropff, 1997, 285, 295 ff. a.A. starken Argumenten *Habersack*, ZGR 2003, 724, 733 f.; *Vetter*, in: K. Schmidt/Lutter, § 311 Rn. 104; *Müller*, in: Spindler/Stilz, § 311 Rn. 63.

1234 *Bayer/Lieder*, ZGR 2005, 131, 148 f.; *Bayer*, in: MüKo-AktG, 3. Aufl. 2008, § 57 Rn. 102; 149; *Hüffer*, § 311 Rn. 50, § 57 Rn. 28 f.;

1235 *Fett*, in: Bürgers/Körber, 1. Aufl. 2008, § 311 Rn. 35 f.; *Westermann*, in: Bürgers/Körber, 1. Aufl. 2008, § 57 Rn. 19; *Habersack*, in: Emerich/Habersack, § 311 Rn. 48; *Vetter*, in: K. Schmidt/Lutter, § 311 Rn. 56.

Einzelfallbetrachtung im Sinne der §§ 311 ff. AktG zielführender als der abstrakte Vermögens- und Liquiditätsschutz der §§ 57 ff. AktG[1236].

Diese Fragen wurden durch das *MoMiG* und die „MPS“-Entscheidung des BGH grundlegend geklärt.

1.6.4 Neuerungen durch „MPS“

a) Die MPS-Entscheidung des BGH

Unmittelbar nach dem Inkrafttreten des *MoMiG* hatte der BGH über die Frage zu entscheiden, ob die Gewährung eines unbesicherten, kurzfristig rückforderbaren aufsteigenden Darlehens durch eine abhängige Aktiengesellschaft an ihre Mehrheitsaktionärin ein *per se* nachteiliges Geschäft im Sinne des § 311 AktG darstellt.

b) Sachverhalt

Der Kläger ist Insolvenzverwalter über das Vermögen einer Aktiengesellschaft M-AG, die ihrer faktisch herrschenden Mehrheitsaktionärin, der MPS-GmbH, über einen Zeitraum von mehreren Jahren zahlreiche Darlehen gewährt hat. Für die Darlehen wurden keine Sicherheiten bestellt, aber sie wurden zu marktüblichen Zinsen ausgereicht. Die Bonität der MPS-GmbH war für den Zeitraum der Vereinbarung und Ausreichung der Darlehen unstreitig. Beide Gesellschaften wurden später insolvent und die Darlehensforderungen gegen die MPS-GmbH erwiesen sich als uneinbringlich. Mit der Klage wollte der Insolvenzverwalter der M-AG die Mitglieder des Aufsichtsrats wegen Schadensersatzansprüchen aus § 318 Abs. 2 AktG in Anspruch nehmen, da sie ihren Prüfpflichten aus § 314 AktG nicht ausreichend nachgekommen seien. Denn sie hätten die Gewährung unbesicherter Darlehen bemerken und dafür sorgen müssen, dass die Kredite besichert oder gekündigt werden. In erster Instanz hatte die Klage teilweise, in zweiter Instanz in voller Höhe Erfolg.

c) Kernaussagen des Urteils

aa) Kein nachteiliges Rechtsgeschäft im Sinne des § 311 Abs. 1 AktG

Aus dem Urteil des BGH lassen sich drei Kernaussagen extrahieren. Zunächst prüfte der BGH, ob die ungesichert ausgegebenen aufsteigenden Darlehen der abhängigen M-AG an die sie beherrschende MPS-GmbH *per se* als nachteiliges Rechtsgeschäft im Sinne des § 311 Abs. 1 AktG angesehen werden kann. Nur unter dieser Voraussetzung hätte überhaupt ein Schadensersatzanspruch aus § 318 Abs. 2 AktG bejaht werden können. Der BGH stellt im vorliegenden Urteil nunmehr klar, dass ein Nachteil im Sinne der §§ 311 ff. AktG nicht bereits deswegen zu bejahen ist, weil er sich

1236 *Habersack/Schürnbrand*, NZG 2004, 689, 692 ff.; Wessels, ZIP 2004, 793, 796; *Habersack*, in: Emmerich/Habersack, KonzernR, § 311 Rn. 47; *Krieger*, in: Hdb AG, § 69 Rn. 61, 63.

als Folge der Abhängigkeit darstellt. Hinzukommen müsse danach vielmehr eine *„konkrete Gefährdung der Vermögens- und Ertragslage der Gesellschaft"*[1237]. Weil im damaligen Zeitpunkt der M-AG unstreitig ein vollwertiger Rückzahlungsanspruch gegen die MPS-GmbH zustand, sah der BGH die konkrete Gefährdung der Vermögens- und Ertragslage nicht als gegeben an[1238]. Ferner verfange auch nicht, dass die Darlehensausreichung einem Drittvergleich nicht standgehalten habe, und sei daher auch aus diesem Grund kein nachteiliges Rechtsgeschäft, da es auch hier einzig auf die konkrete Vermögensgefährdung ankomme[1239]. Argumentativ verweist der *Bundegerichtshof* auf die Gesetzessystematik, die gerade einen gestreckten Nachteilsausgleich in § 311 Abs. 2 AktG zulasse und daher nicht *per se* sämtliche unbesicherte Darlehen als nachteilig qualifizieren wolle[1240]. Überdies ergebe sich aus der Neufassung des § 57 Abs. 1 S. 3 AktG zwingend, dass die Beurteilung, ob eine verbotene Einlagenrückgewähr vorliegt, davon abhängt, ob der Leistung ein vollwertiger Gegenleistungs- und Rückgewähranspruch gegenübersteht. Mit dieser gesetzlich vollzogenen Abkehr von der „November"-Entscheidung und Rückkehr zur bilanziellen Betrachtungsweise müsse auch eine Änderung der Auslegung des insofern privilegierenden § 311 Abs. 1 AktG einhergehen, da insoweit keine strengeren Maßstäbe gelten können[1241].

bb) Spezialität der §§ 311 ff. AktG gegenüber den §§ 57 ff. AktG

Auch zum Verhältnis der §§ 311 ff. AktG zu den allgemeinen Kapitalschutzvorschriften nahm der BGH abschließend höchstrichterlich Stellung. Danach seien die §§ 57, 62, 93 Abs. 3 Nr. 1 AktG neben der Sondervorschrift des § 311 AktG nicht anwendbar, da die konzernrechtliche Sondervorschrift einen gestreckten Nachteilsausgleich erlaube[1242]. Wie bereits dargestellt, entspricht dies der bisher überwiegenden Ansicht in Rechtsprechung und Literatur und dürfte somit nicht mehr ernsthaft bezweifelt werden[1243].

1237 *BGH* v. 01.12.2008 – II ZR 102/07 („*MPS*") (BGHZ 179, 71 ff. Rn. 10).

1238 Zudem müsse eine marktübliche Verzinsung des Darlehens gewährleistet sein. Die nicht erfolgte Verzinsung des aufsteigenden Darlehens führte vorliegend aber nicht zur Nachteiligkeit, da es am Rechtswidrigkeitszusammenhang zwischen dem dadurch verursachten Zinsschaden und der Uneinbringlichkeit der Darlehensforderung fehlte, *BGH* v. 01.12.2008 – II ZR 102/07 („*MPS*") (BGHZ 179, 71 ff. Rn. 17). *Aber:* Es besteht das Risiko, dass in der fehlenden Verzinsung eine eigene Auszahlung gesehen werden kann, so *Mentz*, in: Holding Hdb, 2011, Teil C Rn. 200.

1239 *BGH* v. 01.12.2008 – II ZR 102/07 („*MPS*") (BGHZ 179, 71 ff. Rn. 11).

1240 *BGH* v. 01.12.2008 – II ZR 102/07 („*MPS*") (BGHZ 179, 71 ff. Rn. 11); mit diesen Argumenten bereits auch *Mülbert/Leuschner*, NZG 2009, 281, 285; *Habersack/Schürnbrand*, NZG 2004, 689, 693.

1241 *BGH* v. 01.12.2008 – II ZR 102/07 („*MPS*") (BGHZ 179, 71 ff. Rn. 12).

1242 *BGH* v. 01.12.2008 – II ZR 102/07 („*MPS*") (BGHZ 179, 71 ff. Rn. 11).

1243 Kritik hieran bei *Kropff*, NJW 2009, 814, 816; *Ulmer*, in: FS Hüffer, 2010, S. 999, 1000 ff.

cc) *Aufgabe der „November"-Entscheidung – kein Verstoß gegen § 57 AktG*

Als *obiter dictum* formuliert der BGH zudem nunmehr ausdrücklich die Abkehr von seiner früheren „Novemberentscheidung" und die Rückkehr zur bilanziellen Betrachtungsweise. Er orientiert sich dabei an der Gesetzesbegründung zum *MoMiG* und verweist darauf, dass die Änderung des § 57 Abs. 1 S. 3 AktG lediglich deklaratorischen Charakter habe, weswegen auch für Altfälle nicht mehr an der alten Rechtsprechung festgehalten werden könne[1244].

d) *Folgerungen aus der MPS-Entscheidung für das Recht der Kapitalerhaltung und den faktischen Konzern*

aa) *Neue Maßstäbe der Nachteiligkeitsprüfung bei §§ 311 ff. AktG*

Die Verknüpfung der Zulässigkeit von aufsteigenden Darlehen mit einer Vollwertigkeitsprüfung erweitert die Prüfpflichten der Verwaltungsorgane erheblich. Nach dem bisher Gesagten kommt es eben nicht mehr ausschließlich auf einen Drittvergleich an, sondern vielmehr, ob eine konkrete Vermögens- oder Ertragsgefährdung vorliegt. Aus dem System des gestreckten Nachteilsausgleichs in § 311 Abs. 2 AktG hat der BGH somit abgeleitet, dass ein vollwertiger Rückgewähranspruch im Zeitpunkt der Darlehensvergabe die Nachteiligkeit ausschließe, sofern kein konkretes Ausfallsrisiko vorliege. Maßstab sei danach eine *„vernünftige kaufmännische Beurteilung, wie sie sich auch bei der Bewertung von Forderungen aus Drittgeschäften im Rahmen der Bilanzierung (§ 253 HGB) [...]"* ergibt[1245]. Auf dieser Grundlage entwickelte der BGH das *„konkrete Ausfallrisiko"* zum maßgeblichen Kriterium. Dies führt zu einem Gleichlauf mit der Vollwertigkeitsprüfung des § 57 AktG[1246]. Das Gesetz selbst definiert weder was unter Vollwertigkeit noch unter dem vom BGH eingeführten Pendant des konkreten Ausfallsrisikos zu verstehen ist; auch der Maßstab und die für die Beurteilung wesentlichen Kriterien sind offen[1247]. Klar dürfte nach den Entscheidungsgründen lediglich sein, dass, wenn unzweifelhaft kein Ausfallrisiko besteht, die Vollwertigkeit zu bejahen ist.

Sowohl der Gläubigerschutz als auch die von Geschäftsleitern erwünschte Rechtssicherheit machen eine Konkretisierung dieser beiden Begriffe notwendig. Nach der Literatur ist Vollwertigkeit gegeben, wenn dem Rückgewähranspruch unter der Berücksichtigung der Bonität des Schuldners kein über das allgemeine

1244 *BGH* v. 01.12.2008 – II ZR 102/07 („*MPS*") (BGHZ 179, 71 ff. Rn. 12).

1245 *BGH*, Urteil v. 01.12.2008 – II ZR 102/07 („*MPS*") (BGHZ 179, 71 ff. Rn. 13), so bereits gefordert von *Vetter*, in: K. Schmidt/Lutter, § 311 Rn. 101.

1246 Was der BGH mit einem Verweis auf die Kommentierung zu § 57 AktG unterstreicht – Vgl. *Bayer*, in: MüKo-AktG, 3. Aufl. 2008, § 57 Rn. 148.

1247 Der BGH musste diese Kriterien im „MPS"-Urteil nicht prüfen, da die Bonität der Darlehensnehmerin *„unstreitig nicht zweifelhaft"* und daher ein konkretes Ausfallsrisiko zu verneinen war.

Kreditrisiko hinausgehendes Risiko anhaftet[1248] oder hinreichende Sicherheit[1249] besteht. Eine an Sicherheit grenzende Wahrscheinlichkeit der Darlehensrückzahlung ist aber nicht erforderlich[1250]. Dennoch sind diese Begrifflichkeiten wenig griffig und bedürfen im Einzelfall der Konturierung. Insbesondere ist zweifelhaft, ob sich der § 253 HGB – wie vom BGH vorgegeben – unbesehen auf aufsteigende Darlehen zum Zwecke der Vollwertigkeitsprüfung heranziehen lässt. Denn die Verwaltungsorgane der abhängigen Aktiengesellschaft müssen die aufsteigenden Darlehen nämlich mit vollwertig oder nicht vollwertig beurteilen. Dagegen behandelt § 253 HGB die Bewertung von Forderungen für die Erstellung des Jahresabschlusses[1251]. Danach variiert der Wert der Forderung mit der Ausfallwahrscheinlichkeit des Schuldners. Eine vollständige Abschreibung der Forderung auf einen Merkposten von EUR 1 ist nur in Ausnahmefällen geboten und nur dann, wenn keinerlei Zahlungseingänge zu erwarten sind[1252]. Dieses Modell einer abgestuften Bewertung passt aber nicht zum Alles-oder-Nichts-Prinzip der Vollwertigkeitsprüfung im Rahmen der §§ 311 ff. AktG.

In der Literatur wird daher auf andere – Entwicklungen in der Zukunft berücksichtigende – Bewertungsmethoden zurückgegriffen. Insbesondere Investment-Grade böten sich hier zur Konkretisierung des Vollwertigskeitsmerkmals als auch des konkreten Ausfallrisikos an[1253]. Denn auch hier müssen die Darlehensgeber entscheiden, ob die Vergabe eines konkreten Kredits unter dem Aspekt der Ausfallwahrscheinlich vertretbar ist. Durch das Rating wird die Kreditwürdigkeit des Schuldners oder das Ausfallrisiko einzelner Verbindlichkeiten auf der Grundlage des Geschäftsrisikos und des Finanzierungsrisikos des Schuldners beurteilt[1254].

Wobei natürlich fraglich ist, mit welchem Rating noch eine Vollwertigkeit einhergeht und wann mit einem konkreten Ausfallrisiko zu rechnen ist. In der Literatur zum „November"-Urteil wurde bereits diskutiert, was unter einer *„unzweifelhaften Bonität bei Anlegung strengster Maßstäbe"*[1255] zu verstehen ist. Erste Stellungnahmen

---

1248 *Ellrott/Schmidt-Wendt*, in: Bilanzkomm, § 253 HGB Rn 569; *Cahn*, Konzern 2009, 67, 69 f.

1249 *Mülbert/Leuschner*, NZG 2009, 281, 282, *Gehrlein*, Konzern 2007, 771, 785; *Drygala/Kremer*, ZIP 2007, 1289, 1293; *Ellrott/Schmidt-Wend*, in: BilanzKomm, § 253 HGB Rn. 570.

1250 Begr. RegE, BT-Drs. 16/6140, S. 41, 52; *Schickerling/Blunk*, GmbHR 2009, 1294, 1295 f.; *Laubert*, in: Hölters, § 57 Rn. 18;

1251 *Ekkenga*, in: KK-RLR, § 253 Rn. 1; *Böcking/Gros*, in: E/B/J/S, § 253 Rn. 1 ff.

1252 *Ekkenga*, in: KK-RLR, § 253 HGB Rn. 142.

1253 *Theusinger/Kapteina*, NZG 2011, 881, 883; *Cahn*, Konzern 2009, 67, 76; *ders./v. Spannenberg*, in: Spindler/Stilz, § 57 Rn. 143.

1254 Ibd.; vgl. ausführlich zur Berechnung der Investmentgrade *Cahn*, Kredite an Gesellschafter – zugleich Anmerkung zur MPS-Entscheidung des BGH, Working Paper Series No. 98, S. 15 ff. – abrufbar unter http://www.ilf-frankfurt.de/uploads/media/ILF_WP_098.pdf (abgerufen am 25.3.2010).

1255 *BGH* vom 24.11.2003 - II ZR 171/01 (*„Novemberentscheidung"*) (BGHZ 157, 72 ff.).

gingen davon aus, dass für eine unzweifelhafte Bonität zumindest kein „AAA"-Rating verlangt werden dürfe, da über diesen Grad an Sicherheit noch nicht einmal die meisten Kreditinstitute verfügen[1256]. Im Übrigen wurden die Anforderungen unterschiedlich und teilweise auch unbestimmt gesehen[1257]. Mit der Rückkehr zur bilanziellen Betrachtungsweise können diese strengen Maßstäbe freilich nicht mehr gelten und die Vollwertigkeit kann darunter angesiedelt werden. Daher orientiert sich *Cahn* zwar an den Kreditratings, zieht dann aber einen zweiten Bewertungsmaßstab – Investment-Grade oder non-Investment-Grade[1258] – als Korrektiv heran[1259]. Danach begründet ein Rating im Bereich des Investment-Grade ein starkes Indiz für eine Kreditwürdigkeit. Dagegen kann ein Rating unterhalb dieser Schwelle ein konkretes Ausfallrisiko begründen[1260]. Die Rechtsprechung hat in einer ersten Entscheidung die Heranziehung von Bewertungen international anerkannter Ratingagenturen zur Begründung der Vollwertigkeit gebilligt, ohne jedoch auf die Frage, welches Rating im Einzelfall vorliegen muss, einzugehen[1261].

Grundsätzlich erscheint die Heranziehung von externen Ratings wegen der damit verbundenen Berücksichtigung von Liquiditäts- wie Kapitalstrukturkriterien als geeignetes Instrument zur Beurteilung der Kreditwürdigkeit, das je nach Lage des Falles auch durch die Einschätzung der finanzierenden Banken ersetzt[1262] oder ergänzt werden kann. Bei externen Ratings kann allerdings die Gefahr bestehen, dass die Rating-Agentur als externe Institution bei Veränderungen der Liquiditätsverhältnisse die Veränderung nur mit Verzögerungen in einer Rating-Verschlechterung abbilden kann. Die negativen Auswirkungen dieser Trägheit hat sich insbesondere in der Finanzkrise gezeigt. Zudem berücksichtigt ein solches Rating regelmäßig nur die konzernweite Außenverschuldung, also nicht die Finanzierungsstrukturen im Konzern. Daher wird in der Literatur neben den Rating-Kriterien teilweise auch die vertragliche Vereinbarung von zusätzlichen Informationspflichten der Pool-Führer-Gesellschaft gegenüber den Teilnehmern gefordert wie beispielsweise Informationen über die aktuelle Finanzlage der Pool-Führerin, über den Verlust eines

1256 *Hentzen*, ZGR 2005, 481, 499.

1257 *Hentzen*, ZGR 2005, 481, 500 („BBB" oder besser); *Cahn*, Konzern 2004, 235, 243 (kein „AAA"-Rating); demgegenüber deutlich strenger *Fuhrmann*, NZG 2004, 552, 554 f. (über jeden Zweifel erhabenes Rating, z. B. „AAA"); offen in der Konkretisierung *Wessels*, ZIP 2004, 793, 794 (Best Rating);*Hahn*, Konzern 2004, 641, 645 (Best Rating, allerdings kritisch).

1258 Schuldner mit einem Rating im Investment-Grade erhalten üblicherweise unbesicherte Kredite

1259 *Cahn/v. Spannenberg*, in: Spindler/Stilz, § 57 Rn. 146.

1260 *Cahn*, Konzern 2009, 67, 76; *ders./v. Spannenberg*, in: Spindler/Stilz, § 57 Rn. 148.

1261 *OLG München*, Beschl. v. 17.02.2011–31 Wx 246/10 (MittBayNot 2011, 331, 332) – zwar erging die Entscheidung zum GmbH-Recht kann jedoch bezüglich der Auslegung des Vollwertigkeitsbegriffs analog herangezogen werden.

1262 *Wessels*, ZIP 2004, 793, 794.

Mindest-Ratings, über die Ausweitung des Systems durch Einbeziehung weiterer Teilnehmer und Ähnliches[1263].

Andere Stimmen in der Literatur greifen dagegen auf Allgemeinplätze zurück, die im Einzelfall nicht zielführend sind und den Verwaltungsorganen keine ausreichende Richtschnur für die Beurteilung der auszureichenden Darlehen geben können. Nach *Altmeppen* ist die Vollwertigkeit bereits bei geringsten Zweifeln an der Bonität des Gesellschafters zu verneinen[1264]. Sowohl die Gesetzesbegründung zum *MoMiG*, welches ausdrücklich die Konzerninnenfinanzierung vereinfachen sollte, als auch die „MPS"-Entscheidung, welche ein konkretes Ausfallrisiko verlangt, sprechen wohl eher gegen dieses enge Verständnis der Vollwertigkeit[1265].

Insgesamt bleibt abzuwarten, welche Kriterien sich zur Bestimmung der Vollwertigkeit durchsetzen werden. Aufgrund der jüngsten Entwicklungen ist die Hoffnung einer höchstrichterlichen Klärung hier nicht unberechtigt. Dennoch sollten in jedem Fall neben den bereits vorgeschlagenen Maßstäben weitere aussagekräftige und zeitnahe Risikofaktoren einbezogen werden. Diese könnte sich beispielsweise (nicht abschließend) ergeben aus:

- Insgesamt aufgenommenes Kreditvolumen der Konzernmutter und die Struktur von dessen Verwendung,
- Zwischenberichte und Jahresabschlüsse nebst Anhang und Lagebericht,
- Risikokennzahlen der strategischen Werteallokation bei der Anlage von Mitteln im zentralen Asset Management,
- Sicherheiten an Dritte für Mittelaufnahmen im Bank- und Kapitalmarkt,
- Volumen einer kurzfristig verfügbaren Mindestliquidität.

bb) Bedeutung für den Unterhalt von Cash Pool Systemen

(1) Mindestliquidität der Konzernmutter

Damit die Konzernmutter die Forderungen der Konzernunternehmen bei Fälligkeit erfüllen kann, müssen die Laufzeiten der aufsteigenden Darlehen und der konzernweit weitergegebenen Mittel aufeinander abgestimmt werden. Um auch bei außerordentlicher Kündigung eine geordnete Abwicklung abzusichern, benötigt die Konzernmutter eine gewisse freie Mindestliquidität, denn sie kann vergebene Darlehen in dieser Situation nicht entsprechend kündigen. Die vorzuhaltende Liquidität hängt primär freilich von den Finanzierungsstrukturen des Konzerns ab.

(2) Grundsätzliche Zulässigkeit, aber erhöhte Prüf- und Kontrollpflichten

Die Verneinung eines Nachteils im Zeitpunkt der Darlehensvergabe bedeutet aber *„nicht, dass die Verwaltungsorgane der abhängigen Gesellschaft nach einer für diese*

1263 Vgl. im Einzelnen, *Hentzen,* ZGR 2005, 481, 500 f.

1264 *Altmeppen,* ZIP 2009, 49, 53; ihm zustimmend *Spliedt,* ZIP 2009, 149, 151.

1265 Im Ergebnis so auch *Theusinger/Cernicky,* CCZ 2009, 146, 149.

ex ante nicht nachteiligen Darlehensausreichung keine hierauf gerichteten Kontrollpflichten mehr träfen. Unberührt bleibt vielmehr ihre aus § 93 Abs. 1 S. 1 AktG folgende und nicht durch §§ 311, 318 AktG verdrängte Verpflichtung , laufend etwaige Änderungen des Kreditrisikos zu prüfen und auf eine sich nach der Darlehensausreichung andeutende Bonitätsverschlechterung mit einer Kreditkündigung oder der Anforderung von Sicherheiten zu reagieren, was bei umfangreichen langfristigen Darlehen oder bei einem Cash-Management die Einrichtung eines geeigneten Informations- oder „Frühwarnsystems" zwischen Mutter- und Tochtergesellschaft erforderlich machen kann. Die Unterlassung solcher Maßnahmen einschließlich einer rechtzeitigen Kreditkündigung kann ihrerseits auch unter § 311 AktG fallen und Schadensersatzansprüche nach §§ 317, 318 AktG (neben solchen aus §§ 93 Abs. 2, 116 AktG) auslösen, wenn und soweit der durch das Unterlassen eintretende Nachteil nicht ausgleichsfähig ist"[1266]. Mit der Stärkung der Konzerninnenfinanzierung geht somit auch ein erhebliches Mehr an Gestaltungsaufwand einher. Zum einen sind die Prüf- und Überwachungspflichten der Verwaltungsorgane damit erweitert und zum anderen muss ein funktionierendes Frühwarnsystem zwischen Mutter- und Tochtergesellschaft eingerichtet werden[1267].

(3) Schadensersatzanspruch gegen die Unternehmensorgane

Die Schadensersatzpflicht der Verwaltungsorgane ist die Kehrseite der Rechtssicherheit für Cash Pool Systeme. Wenn schon *per se* keine Verstöße gegen §§ 57, 311 ff. AktG vorliegen sollen, muss dennoch für einen möglichst risikolosen Betrieb des Systems gesorgt werden. Die Verwaltungsorgane stehen qua Amt dem Aufbau und Betrieb eines Cash Pool am nächsten und eignen sich daher besonders, um als Verantwortliche in Anspruch genommen zu werden. Für die Geschäftsleiter ergibt sich aus ihrer Leitungsverantwortung die Pflicht zur laufenden Überwachung der Vollwertigkeit der Rückzahlungsansprüche bzw. des konzernrechtlichen Ausgleichsanspruchs. Entwickelt sich die Bonität des Konzerns (insbesondere der Poolführerin) negativ, muss der Geschäftsleiter weitere Zahlungen stoppen, für bereits ausgereichte Darlehen ggf. Sicherheiten einfordern oder diese kündigen. Gerade hier liegt aber auch das Problem der Entscheidung. Nach dem oben bereits Gesagten ist es für die Verwaltungsorgane regelmäßig nicht einfach festzustellen, ob Vollwertigkeit gegeben ist. Bis zu einer höchstrichterlichen Klärung, welches Verfahren hier anzuwenden ist, schwebt über den Verwaltungsorganen das Damoklesschwert des erhöhten Haftungsrisikos. Zudem darf nicht unterschlagen werden, dass eine spätere Kündigung eines aufsteigenden Darlehens (wegen nicht mehr gegebener Vollwertigkeit) regelmäßig gegen die Interessen des herrschenden Unternehmens verstößt und somit die Karriere der Verwaltungsorgane des abhängigen Unternehmens massiv gefährden kann[1268].

1266 *BGH* v. 01.12.2008 – II ZR 102/07 („*MPS*") (BGHZ 179, 71 ff. Rn. 14).
1267 So bereits *Henze*, WM 2005, 717, 726.
1268 *Schäfer*, FD-HGR 2009, 273700.

Diese Risiken lassen sich durch entsprechende Cash Pool Vereinbarungen minimieren. Danach muss den in den Cash Pool einbezogenen Konzerngesellschaften Reaktionsmöglichkeiten für den Fall der Bonitätsverschlechterung eingeräumt werden. Im Vordergrund sollte dabei die Möglichkeit jeder einzelnen Gesellschaft stehen, bestehende Guthaben beim Poolführer abzurufen und den automatischen Transfer von Positivsalden ihrer Konten und damit den realen Mittelabfluss unterbinden zu können[1269], sobald Hinweise vorliegen, dass die Poolführerin nicht hinreichend liquide bzw. die Werthaltigkeit bestehender oder künftiger Guthaben bei der Poolführerin nicht mehr gewährleistet ist. Eine Ausstiegsmöglichkeit aus dem Cash Pool (hauptsächlich durch Kündigung) ist damit für die Vermeidung der Haftung der Geschäftsleiter bei wesentlich verschlechterter Bonität des Cash Poolführers enorm wichtig[1270]. Damit einher geht die Frage der Erlangung von Informationen über die Bonität der Poolführerin. Erst durch diese Informationen werden die Cash Pool Teilnehmer überhaupt in die Lage versetzt, auf ein konkretes Ausfallrisiko des Rückzahlungsanspruchs oder Änderungen der eigenen Liquiditätsversorgung zu reagieren.

(4) Informations-, Frühwarn- und Reaktionssystem

Das vom BGH geforderte Frühwarnsystem muss daher für einen ausreichenden Informationsfluss sorgen[1271]. Hinsichtlich der Informationspflichten kann zwischen regelmäßig wiederkehrenden und einzelfallbezogenen Informationspflichten unterschieden werden.

Als wiederkehrende Informationsverpflichtung der Cash Pool Führerin kommt zunächst die periodische Weitergabe solcher Informationen in Betracht, die Rückschlüsse auf die Liquiditätssituation und die Kreditwürdigkeit der Cash Pool Führerin geben[1272]. Daneben ist aber auch noch eine Reihe von einzelfallbezogenen Informationspflichten denkbar, die durch folgende (nicht abschließende) Ereignisse ausgelöst werden könnten:

- Absinken des Ratings,
- wesentliche Verschlechterung der Vermögensverhältnisse der Cash Pool Führerin
- Antrag auf Eröffnung des Insolvenzverfahrens über das Vermögen der Cash Pool Führerin
- die Pfändung des Zielkontos
- die Pfändung des Vermögens der Cash Pool Führerin

Denkbar ist zudem eine umgekehrte Informationspflicht der Cash Pool Teilnehmer an die Cash Pool Führerin. Denn nur so kann die Cash Pool Führerin ihre eigene

1269 So bereits *Goette*, DStR 1999, 1451, 1542; *Jäger*, DStR 2000, 1654, 1657.

1270 *Spindler*, ZHR 17 (2007), 245, 263 f.; *Wessels*, ZIP 2006, 1701, 1708 f.; *Vetter/Stadler*, Rn. 143, 194 ff.

1271 So auch bereits *Vetter/Stadler*, Rn. 194 ff.

1272 Hier ist beispielsweise an Informationen über externe Ratings, Kreditlinien bei Kreditinstituten und die Einhaltung bestimmter Finanzkennzahlen zu denken.

Bonität verlässlich einschätzen. Daher empfiehlt es sich, dass die Cash Pool Führerin dafür Sorge trägt (ggf. auch durch vertragliche Absprachen), dass sie in bestimmten Zeitabständen Kenntnis von den kurzfristigen Finanzplanungen der Teilnehmer (bspw. erwartete Liquiditätsabflüsse und -zuflüsse) erhält.

Neben der ersten Stufe – der Informationsbeschaffung – müssen den Verwaltungsorganen aber auch Reaktionsmöglichkeiten an die Hand gegeben werden. Vorrangig ist hier an den Abzug bestehender Guthaben bei der Cash Pool Führerin zu denken sowie eine vertraglich vereinbarte Kündigungsmöglichkeit noch nicht valutierter Darlehen.

1.6.5 Zusammenfassung

Bezüglich aufsteigender Darlehen hat der BGH durch die „MPS"-Entscheidung einen großen Schritt Richtung Rechtssicherheit getan und letztlich die gesetzgeberische Motivation nunmehr auch höchstrichterlich umgesetzt. Die damit einhergehenden Unsicherheiten bezüglich des erhöhten Haftungsrisikos der Verwaltungsorgane wird weiterhin Gegenstand rechtswissenschaftlicher Diskurse sein, bis auch hier eine höchstrichterliche Klärung eintritt.

1.7 Ergebnis

Beim Cash Pooling ist, insbesondere seit dem Inkrafttreten des *MoMiG* am 01. November 2009, eine lebhafte Entwicklung festzustellen. Rechtlich unterliegt das Cash Pooling nach wie vor vielfältigen Schranken und ist mit erheblichen zivilrechtlichen und anderen Haftungsgefahren verbunden. Sowohl das Cash Pooling im Vertragskonzern als auch bei faktisch konzernierten Unternehmen hat durch die Änderungen des *MoMiG* und die darauf aufbauende Rechtsprechung des BGH die von der Praxis allseits verlangte Rechtssicherheit erhalten. In der Übertragung von Liquidität vom Teilnehmerkonto auf das Zentralkonto beim Cash Pooling kann eine verbotene Einlagenrückgewähr im Sinne des § 57 AktG oder ein nachteiliges Rechtsgeschäft im Sinne der §§ 311 ff. AktG liegen. Ausnahmsweise sind aufsteigende Darlehen aber zulässig, wenn entweder ein Beherrschungs- oder Gewinnabführungsvertrag besteht oder der Darlehensrückzahlungsanspruch vollwertig ist. Beim Vertragskonzern bestehen kaum noch tatsächlich strittige Punkte beim Betrieb eines Cash Pool. Zudem haben das *MoMiG* und das „MPS"-Urteil klargestellt, dass aufsteigende Darlehen nicht zwingend besichert werden müssen, wenn die Konzernmutter im Zeitpunkt der Darlehensvergabe kreditwürdig ist. Ist die Konzernmutter kreditwürdig, schützt eine Besicherung nur gegen eine abstrakte Insolvenzgefahr. Nach Ansicht des BGH ist eine Besicherung aber nur zwingend, wenn eine konkrete Gefährdung der Vermögens- und Ertragslage vorliegt.

Dagegen sind bei faktisch konzernierten Unternehmen noch nicht alle Unsicherheiten ausgeräumt. Insbesondere die Auslegung des Begriffs „Vollwertigkeit" wird auch nach der „MPS"-Entscheidung noch munter diskutiert. Die Vollwertigkeit des Darlehensrückzahlungsanspruchs bestimmt sich nach einer vernünftigen kaufmännischen Beurteilung, wie sie der bilanziellen Bewertung von Forderungen aus Drittgeschäften nach § 253 HGB zugrunde zu legen ist. Die Angemessenheit der internen Verzinsung ist nach herrschender Meinung keine Voraussetzung der Vollwertigkeit; eine fehlende Verzinsung kann aber als eigene Auszahlung gesehen werden. Daher ist grundsätzlich eine angemessene Verzinsung erforderlich. Ungeachtet der spezifischen Anforderungen zum Umgang mit liquiden Mitteln ist die Tochtergesellschaft und deren Leitungsorgane auch mit Blick auf ihre eigene unternehmerische Ausrichtung aufgerufen, im besten Interesse dieser Gesellschaft zu handeln. Die Verwaltungsorgane trifft eine Pflicht zur laufenden Überwachung der Vollwertigkeit der Rückzahlungsansprüche, die bei Nichtbeachtung zur Haftung führen kann. Die Chancen und Risiken, die mit dem Cash Pooling einhergehen müssen sorgfältig und andauernd abgewogen werden. Die konkrete Situation der Tochtergesellschaft muss dabei Leitfaden der Entscheidungsfindung sein. Insofern empfiehlt es sich, ein gut dokumentiertes Informations-, Frühwarn- und Reaktionssystem zu installieren. Die Leitungsorgane sollten stets aufgrund eines umfassend ausgearbeiteten Sachverhalts entscheiden und auch die ihren Handlungen zugrundeliegende Abwägung sorgfältig dokumentieren.

2. Finanzielle Anreize zur Steigerung der Hauptversammlungspräsenz

2.1 Einleitung

Die Präsenz bei deutschen Hauptversammlungen ist seit Jahren rückläufig. Betrug sie im Jahr 1998 im Durchschnitt noch 60,95 %, waren es bereits 2005 nur noch 45,87 %; im Durchschnitt betrug die Hauptversammlungspräsenz in den 1998 bis 2008 53 %[1273]. Gering sind insbesondere die Präsenzzahlen von inländischen Privatanlegern – hauptsächlich bei Inhaberaktiengesellschaften – und ausländischen Privat- und institutionellen Anlegern sowohl bei Inhaber- als auch Namensaktiengesellschaften[1274]. Erfreulich ist, dass die Präsenzen zwischenzeitlich wieder leicht gesteigert werden konnten. Eine Ursache für diese Entwicklung sind sicherlich die legislatorischen Maßnahmen, welche langsam beginnen, Wirkungen zu entfalten. Dennoch darf dabei nicht übersehen werden, dass eine Anwesenheit von ca. der Hälfte der Aktionäre zu einer Verzerrung der Mehrheitsverhältnisse führen kann. *Koehler*[1275] formulierte das zutreffend mit den Worten *„Wer nicht abstimmt, stimmt zu“*.

Gegen die vielfach beklagte Abstinenz der Aktionäre zur Wahrnehmung ihrer Rechte in der Hauptversammlung wird als Gegenmaßnahme seit ca. 2005 verstärkt die Zahlung eines Handgelds an die an der Hauptversammlung teilnehmenden Aktionäre vorgeschlagen. Auslöser dieser Diskussion war, dass es im Mai 2005 dem britischen Hedgefonds *TCI* mit einem Anteil von nur 8 % des Grundkapitals an der *Deutschen Börse AG* zusammen mit dem Plazet anderer Anleger gelang, den Rücktritt des Vorstandsvorsitzenden *Werner Seifert* und des Aufsichtsratsvorsitzenden *Rolf Breuer* zu erwirken und die geplante Übernahme der *London Stock Exchange* durch die Ausschüttung der dafür erfolgten Rücklagen zu verhindern.

Der Ausfall des Streubesitzes auf der Hauptversammlung steigert das Stimmengewicht der Großaktionäre unverhältnismäßig und birgt daher das Risiko von Zufallsmehrheiten[1276]. Zudem besteht die Gefahr, dass dadurch originäre Aufgaben der Hauptversammlung auf die Verwaltung übertragen werden, da diese von den Großaktionären faktisch kontrolliert wird[1277]. Zudem wird dadurch die Legitimationsfunktion von Hauptversammlungsbeschlüssen geschmälert, vor allem soweit

---

1273 Studie der Deutschen Vereinigung für Wertpapierbesitz – abrufbar unter http://www.dsw-info.de/uploads/media/HV-Praesenz08.pdf (abgerufen am 15.9.2010); *Schneider/Anziger*, NZG 2007, 88, 88.

1274 *BMJ*, NZG 2005, 948

1275 *Koehler*, in: Deutsches Aktieninstitut, Finanzplatz, Sept. 2006/ Nr. 5.

1276 *Lenz*, NZG 2006, 534, 534; *Seibert*, BB 2005, 1457, 1458; *Noack*, Editorial in BB Nr. 40/2005.

1277 *Dauner-Lieb*, WM 2007, 9, 12 f.

es um die Wahrnehmung von Grundlagenkompetenzen geht[1278]. Dies ist eine Folge der nach § 133 Abs. 1 AktG nicht bestehenden besonderen Anforderungen an die Beschlussfähigkeit, sodass bereits die Anwesenheit eines Aktionärs mit einer Aktie für die Feststellung der Beschlussfähigkeit ausreichend ist[1279]. Die niedrige Hauptversammlungspräsenz zeitig darüber hinaus auch rechtliche Konsequenzen im Kapitalmarktrecht. Denn faktisch erlangen schon die Inhaber von 30 % der Anteile die Kontrolle über die Aktiengesellschaft nach § 29 Abs. 2 WpÜG[1280].

Der Gesetzgeber hat in der Vergangenheit durch verschiedene Reformen versucht, die Ausübung der Aktionärsrechte zu erleichtern und die Attraktivität der Hauptversammlung insgesamt zu steigern. Zudem werden und wurden weitere Instrumente diskutiert. Insbesondere die sogenannten Neuen Medien müssten dabei besser genutzt werden[1281]. Auch die verstärkte Einführung von Namensaktien würde eine bessere Kommunikation der Unternehmen mit den Aktionären ermöglichen[1282].

Doch da weder die Indienstnahme der Banken noch die bessere Nutzung der technischen Möglichkeiten bisher zu signifikanten Verbesserungen führte, waren Gedanken über monetäre Anreize nicht fernliegend[1283]. Auslöser der Debatte um die Einführung eines finanziellen Anreizes zur Steigerung der Hauptversammlungspräsenz war der Vorschlag der Arbeitsgruppe Finanzmarktgesetzgebung einen Dividendenbonus für diejenigen Aktionäre zu gewähren, die ihr Stimmrecht in der Hauptversammlung ausüben.

2.2 Hintergrund

Die Hauptversammlungspräsenz hängt entscheidend von der Aktionärsstruktur der jeweiligen Gesellschaft ab. Mit zunehmendem Streubesitz sinkt sie, mit steigendem Anteil des Hauptaktionärs steigt sie. Zudem beeinflussen aber auch Art und Herkunft der Aktionäre die Hauptversammlungspräsenz.

Als weitere Faktoren werden auch immer die schwindende Attraktivität des Depotstimmrechts für Banken und die weitergehende Internationalisierung der Aktionärsstruktur genannt[1284]. Dies geht einher mit einer zunehmenden Zahl ausländischer institutioneller Anleger[1285].

1278 *Schneider/Anziger*, NZG 2007, 88, 88; *Dauner-Lieb*, WM 2007, 9, 14; *Vetter*, AG 2006, 32, 33; *Spindler*, VGR 2005, S. 31, 54 f.

1279 *RG*, Urteil v. 13.06.1913 – II 197/13 (RGZ 82, 386, 388); *Hüffer*, § 133 Rn. 8; *Volhard*, in: MüKo-AktG, 2. Aufl., § 133 Rn. 16; *Spindler*, in: K. Schmidt/Lutter, § 133 Rn. 7.

1280 *Langenbucher*, § 6 Rn. 127.

1281 *Mimberg*, ZGR 2003, 21, 48 ff.; *Noack*, NZG 2003, 241, 245 f.

1282 *Klühs*, ZIP 2006, 107, 108.

1283 *Noack*, Editorial in BB Nr. 40/2005.

1284 *Spindler*, VGR 2005, S. 31, 33; *Deutsches Aktieninstitut*, Dax-Aktionärsstrukturen, 2005, S. 7, 19.

1285 *BMJ*, NZG 2004, 948, 950; *Noack*, ZIP 2005, 325, 326.

2.2.1 Veränderte Aktionärsstruktur

Wie bereits angedeutet, hat sich die Aktionärsstruktur innerhalb der letzten Jahre stark verändert. Zum einen hat eine Popularisierung des Aktienhandels eingesetzt[1286] und zudem wird die Aktionärsstruktur zunehmend internationaler. Von einigen Stimmen im Schrifttum wird bereits sogar der Zerfall der *Deutschland AG* ausgerufen[1287]. Die Globalisierung der Wirtschaft führt zwangsläufig zum Anstieg des Anteils von ausländischen Aktionären. Das *Bundesministerium der Justiz* kam in einer Studie zu dem Ergebnis, dass ausländische Aktionäre nur in 10 % bis 30 % der Hauptversammlungen ihr Stimmrecht ausüben[1288]. Dies stellt nochmals eine signifikante Abweichung nach unten gegenüber den nationalen Aktionären dar.

Die Internationalisierung führt zunächst ganz einfach zu dem praktischen Problem, dass eine Anreise zur jeweiligen Hauptversammlung regelmäßig beschwerlich ist. Zudem barg auch die Anmeldung zur Hauptsammlung nicht zu unterschätzende Stolpersteine. So mussten nach altem Recht zunächst eine längere Anmeldefrist eingehalten und sodann die Aktien hinterlegt werden, was wohl die ausländischen Aktionäre zu der Annahme bewog, dass im Vorfeld einer Hauptversammlung nicht mehr angemessen auf Kursschwankungen reagiert werden kann[1289]. Dies hat der Gesetzgeber mittlerweile geändert. Gemäß § 123 Abs. 2 AktG n.F. kann die Satzung als Voraussetzung für die Teilnahme an der Hauptversammlung oder für die Stimmrechtsausübung lediglich noch eine formlose Anmeldung vorsehen. Diese muss der Gesellschaft gem. § 123 Abs. 2 S. 3 AktG mindestens sechs Tage vor der Versammlung zugehen, sofern nicht die Satzung eine kürzere Frist vorsieht. Dennoch haben ausländische Aktionäre einen entscheidenden Informationsnachteil gegenüber den inländischen. Denn häufig erfahren sie gar nicht oder verspätet von der Hauptversammlung.

Neben diesen praktischen Erwägungen, hemmt die hauptsächlich angelsächsisch geprägten ausländischen Aktionäre wohl auch die bewährte Wall Street Regel „*Investors should vote with their feet*".[1290] Danach ist es bei Unzufriedenheit mit dem Management einfacher, sich von den Aktien zu trennen, als sich im Rahmen einer Hauptversammlung mit dem Management auseinanderzusetzen[1291].

1286 Die Konsequenzen werden näher unter *II. 3.* beleuchtet.

1287 *Vetter*, AG 2006, 32, 33; *Wangemann*, S. 34.

1288 *BMJ*, NZG 2004, 948, 952.

1289 *Simon/Zetzsche*, NZG 2005, 369, 369 f.; *Noack/Zetzsche*, WM 2004, 1, 6; *BMJ*, NZG 2004, 948, 948.

1290 *Kuhner*, ZGR 2004, 244, 277 f.; *BMJ*, NZG 2004, 948, 952; *Schneider/Burgard*, in: FS Beusch, 1993, S. 783, 789.

1291 *Wangemann*, S. 30.

2.2.2 Stimmrechtsvertretung durch Depotbanken

Für die Banken ist die Wahrnehmung des Stimmrechts ihrer Kunden kein lohnendes Geschäft mehr. Ohne finanzielle Anreize oder sonstigen Nutzen für sie selbst aber mit zusätzlichen Kosten verbunden, müssten sie die Stimmrechtsvertretung ausführen[1292]. Der *DGSV*[1293] berechnete dazu, dass dies allein die Sparkassen jährlich zwischen 30 Mio. € und 35 Mio. € kosten würde, um die von § 128 AktG geforderten Maßnahmen einzuhalten.

Zudem hat die Entwicklung der Rechtsprechung des BGH dazu beigetragen, dass sich das Haftungsrisiko der Banken erhöhte. Bei bestimmten Tagesordnungspunkten können die Banken als Fremdkapitalgeber durchaus in Interessenkonflikte geraten[1294], die zu einer Treuepflichtverletzung führen können[1295]. Dies führte bisher dazu, dass die Online- und Direktbanken regelmäßig keine Stimmrechtsvertretung mehr anbieten[1296].

Ein hausgemachtes Problem dürfte ein weiterer Grund für die sinkende Zahl der Stimmrechtsvertretungen durch Depotbanken sein: Seit den neunziger Jahren wurde zunehmend die Macht der Depotbanken kritisiert, welche ihnen allein durch die Kumulation von Depotstimmrecht, Beteiligungsbesitz, Aufsichtsratsmandaten und Kreditvergabe zukam[1297].

Letztlich sorgt auch der oben bereits angesprochene Trend von der Inhaber- zur Namensaktie für eine weitere Verdrängung der Depotbanken als Stimmrechtsvertreter[1298]. Die Banken verlieren dadurch zunehmend ihre Rolle als Finanzintermediäre[1299].

2.2.3 Desinteresse an der Stimmabgabe

Unter dem Stichwort *„rationale Apathie“* wird das generelle Desinteresse von Aktionären an der Hauptversammlungsteilnahme und Stimmrechtsabgabe beschrieben[1300]. Durch die Popularisierung von Aktien beteiligt sich nicht mehr nur der geneigte Investor an einem Unternehmen, sondern mittlerweile haben große Teile der Bevölkerung Aktien – häufig sog. Volksaktien – in ihren Portfolios. Die Mitwirkung an den Hauptversammlungen würde von den vielen Kleinaktionären eine

1292 *Noack*, in: FS Lutter, 2000, S. 1463, 1467; *Hopt*, AG 1997, Sonderheft Aktienreform, 42, 46; *Baums*, AG 1996, 11, 13.

1293 *Finanzgruppe Deutscher Sparkassen- und Giroverband*, Positionspapier, S. 12.

1294 *Vetter*, AG 2006, 32, 33.

1295 Seit *BGH* v. 20.03.1995 – II ZR 205/94 („*Girmes*“) (BGHZ 129, 136 ff.) können auch Stimmrechtsvertreter für Treuepflichtverletzungen haften.

1296 *Baums*, AG 1996, 11,13; *Noack*, in: FS Lutter, 2000, S. 1463, 1467.

1297 Vgl. zum Diskussionsstand umfassend *Mülbert*, Gutachten E zum 61. Deutschen Juristentag 1996, E 88; *Roth*, ZIP 2003, 369, 373.

1298 *BMJ*, NZG 2004, 948, 949; *Behnke*, NZG 2000, 665, 667; vgl. zu den Gründen für die Umstellung von Inhaber- auf Namensaktien *Diekmann*, BB 1999, 1985.

1299 *Bachmann*, WM 1999, 2100, 2101 f.; *BMJ*, NZG 2004, 948, 951.

1300 *Vetter*, AG 2006, 32, 33; *BMJ*, NZG 2004, 948, 950; *Adams*, AG 1990, 63, 75; *Bachmann*, WM 1999, 2100, 2104; *Behnke*, NZG 2000, 665, 666.

intensive Beschäftigung mit dem Unternehmen im Allgemeinen und der konkreten Tagesordnung im Besonderen erfordern. Das Reichen von Mineralwasser und Bockwürsten kann diesen Aufwand aus Sicht vieler Kleinanleger nicht kompensieren. Zudem dürfte auch der Gedanke mitspielen, dass Kleinaktionäre mit ihrem geringen Stimmengewicht regelmäßig keinen nennenswerten Einfluss auf die Gesellschaft im Gegensatz zu den Großaktionären haben und daher auch nicht das Bedürfnis der aktiven Mitwirkung. Dies erscheint auch überzeugend, wenn man bedenkt, welche zeitlichen und finanziellen Einbußen die Aktionäre mit der Teilnahme an einer Hauptversammlung hinnehmen müssen. Neben den Kosten für Anreise und ggf. Unterhalt kommt in der Regel ein Verdienstausfall oder zumindest die Beanspruchung von Urlaubstagen hinzu[1301]. *Blank/Zetzsche*[1302] formulierten treffend, dass die Nichtteilnahme an der Hauptversammlung das „*Ergebnis einer Kosten-Nutzen-Analyse [sei], die der Aktionär als homo oeconomicus durchführe.*"

Ein weiterer wichtiger Aspekt ist, dass gerade Kleinanleger ihre Portfolios diversifizieren, um das Verlustrisiko zu senken. Mit jeder weiteren Aktie im Depot potenziert sich der Aufwand für den Aktionär. Zudem nimmt der zeitliche Aufwand für jede einzelne Hauptversammlung immer mehr zu[1303]. Die Gründe dafür sind vielfältig[1304]. Trotz der kontrovers geführten Debatten über die einzelnen Tagesordnungspunkte liegt die Zustimmung meist bei über 90 %[1305]. Diese Erkenntnis über das (mangelnde) Gewicht der eigenen Stimme dürfte ein weiterer Aspekt für die bewusst verweigerte Teilnahme an der Hauptversammlung sein[1306].

Diese Erwägungen lassen sich in gewissen Rahmen auch auf institutionelle Anleger übertragen. Denn wenn diese nur an einem kurzzeitigen Investment interessiert sind, oder durch die zu entscheidenden Fragen nicht in ihrer Anlagestrategie berührt werden, kann deren Fernbleiben auch eine Konsequenz einer zuvor durchgeführten Kosten-Nutzen-Analyse sein[1307].

2.3 Nationale Lösungsansätze

2.3.1 Bisherige Entwicklung

Das hier geschilderte Problem ist dem Gesetzgeber nicht verborgen geblieben. Es gab in der Vergangenheit verschiedene Ansätze, das Verhältnis zwischen Hauptversammlung und Gesellschaft zu ändern und damit *en passant* die Hauptversamm-

1301 Siehe zu den Gründen *Baums/Fraune*, AG 1995, 97, 97; *Baums/v. Randow*, AG 1995, 145, 147.

1302 *Blank/Zetzsche*, K&R 2000, 486, 487.

1303 *Martens*, S. 14; *Wangemann*, S. 28.

1304 *Sünner*, AG 2000, 492, 495, *Martens*, S. 11.

1305 *Wangemann*, S. 28.

1306 Dies wird unter dem Stichwort *collective action* diskutiert, *Spindler*, VGR 2005, 31, 36.

1307 *Baums*, in: Corporate Governance, S. 324, 326; *Vetter*, AG 2006, 32, 33.

lungspräsenz zu steigern. Dies gelang bisher freilich in keinem befriedigenden Maße. Die bislang vom Gesetzgeber unternommenen Versuche werden im Folgenden in der gebotenen Kürze dargestellt.

a) NaStraG

Mit dem NaStraG[1308] aus dem Jahr 2001 wollte der Gesetzgeber vorrangig das Recht der Namensaktien modernisieren[1309]. Ferner sollte der Einsatz moderner Informations- und Kommunikationstechnologien im Rahmen der Erteilung von Stimmrechtsvollmachten und der Durchführung von Hauptversammlungen börsennotierter Gesellschaften ermöglicht werden[1310]. Im Einzelnen konnten Mitteilungen an die Aktionäre nunmehr in anderer als in schriftlicher Form gemacht werden[1311]. Dies setzt sich in der Einholung des Vollmachtstimmrechts, was nunmehr per Bildschirmformular ausgeführt werden konnte[1312], und in der Form der einfachen Stimmrechtsvollmacht fort. Eine wesentliche Neuerung war zudem die erstmalige Einführung eines von der Gesellschaft eingesetzten Stimmrechtsvertreters (sog. „Proxy“)[1313].

Im Bereich der Proxy-Vertretung zeigten sich schnell erste Erfolge. Bis zum Jahr 2004 vertraten diese Stimmrechtsvertreter bis zu 10 % des Kapitals[1314]. Dennoch konnten diese Neuerungen im Bereich der ausländischen Aktionäre zu keiner signifikanten Verbesserung der Hauptversammlungspräsenz beitragen. Insbesondere habe die Umsetzung des Austauschs von Papier durch Elektronik im grenzüberschreitenden Verkehr zu diesem Zeitpunkt nicht den gewünschten Effekt gezeitigt[1315].

b) TransPuG

Das *TransPuG*[1316] setzte den bereits eingeschlagenen Kurs, die Hauptversammlungspräsenz durch die Zulassung weiterer elektronischer Medien zu erhöhen, fort[1317]. Im Einzelnen müssen Unternehmensmitteilungen nach § 25 AktG n.F. nicht mehr in Papierform bekannt gemacht werden, sondern können nunmehr im weltweit

---

1308 *Gesetz zur Namensaktie und zur Erleichterung der Stimmrechtsausübung* (NaStraG) v. 18.01.2001 – BGBl. I 2001, S. 123.

1309 *Seibert*, ZIP 2001, 53, 54.

1310 *Spindler*, ZGR 2000, 421 ff.; *Bachmann*, WM 1999, 2100 ff.; *ders.*, AG 2001, 635 ff.

1311 *Seibert*, AG 2004, 529, 529.

1312 *Seibert*, AG 2004, 529, 529; *Lommatzsch*, NZG 2001, 1017, 1017; *Noack*, ZIP 2001, 57, 57.

1313 *Noack*, ZIP 2001, 57, 61; *Hanloser*, NZG 2001, 355 ff.

1314 *BMJ*, NZG 2004, 948, 952 f.

1315 *Klühs*, ZIP 2006, 107, 114; *Noack*, ZIP 2005, 325, 330; *BMJ*, NZG 2004, 948, 948.

1316 *Gesetz zur weiteren Reform des Aktien- und Bilanzrechts, zu Transparenz und Publizität* (TransPuG) v. 19.07.2002 – BGBl. I 2002, S. 2681.

1317 *Noack*, NZG 2004, 297, 299.

zugänglichen elektronischen Bundesanzeiger abgerufen werden[1318]. Zudem bleibt es nunmehr der Satzung überlassen, die Übertragung der Hauptversammlung insbesondere im Internet zu regeln. Dadurch können auch physisch nicht präsente Aktionäre in das Hauptversammlungsgeschehen mit einbezogen werden. Schließlich wurde durch eine Änderung des § 126 AktG die Bereitstellung von Gegenanträgen erheblich vereinfacht: Diese brauchen nicht mehr gedruckt und versandt werden, sondern werden nunmehr im Internet allgemein zugänglich gemacht[1319].

Dennoch zeigt die eingangs bereits erwähnte Studie der *DSW*[1320], dass gerade nach der Einführung des *TransPuG* eine signifikante Abnahme der Hauptversammlungspräsenz eintrat. Daher verwundert es nicht, dass der Gesetzgeber weitere Änderungen des AktG für erforderlich hielt.

c) UMAG

Die eingangs erläuterte Strategie wurde daher mit dem *UMAG*[1321] weiter vorangetrieben. Auch hier wurde versucht, die Rahmenbedingungen für eine Hauptversammlung weiter zu vereinfachen. Dies gelang insbesondere durch die Einführung eines verbindlichen Stichtages (sog. *„record date“*), an dem der Nachweis der Aktionärseigenschaft erbracht werden muss. Eine Hinterlegung der Aktien ist danach nicht mehr erforderlich. Der Vorteil dieses Verfahren besteht in der internationalen Bekanntheit[1322], ausländische Investoren sollten demnach nicht mehr von einer Veräußerungssperre vor der Hauptversammlung ausgehen.

Ferner wurde durch das *UMAG* das Rede- und Auskunftsrecht der Aktionäre eingeschränkt. Dies wurde rechtstechnisch durch die Einfügung einer Angemessenheitsschranke in § 131 Abs. 2 S. 1 AktG realisiert. Auch kann nunmehr eine Auskunft gemäß § 131 Abs. 3 Nr. 7 AktG in der Hauptversammlung verweigert werden, wenn die betreffende Information auf der Internetseite der Gesellschaft mindestens sieben Tage zuvor zugänglich war. Damit sollten die bereits erwähnten uferlos langen Hauptversammlungen deutlich gestrafft und verkürzt werden. *Wangemann*[1323] verweist zu Recht auf die mangelnde Wirksamkeit dieses Versuchs der Effizienzsteigerung. Denn professionell störende Aktionäre, die sich einen „Fragenmarathon“ vorgenommen haben, werden diesen anhand von Zusatzfragen zu den veröffentlichen Informationen abhandeln[1324]. Wegen der drohenden Anfechtungsmöglichkeit werden solche Fragen auch in Zukunft beantwortet.

1318 *Seibert*, AG 2004, 529, 530; *Noack*, NZG 2004, 297, 299.

1319 *Noack*, BB 2003, 1393.

1320 Abrufbar unter www.dsw-info.de/uploads/media/HV-Praesenz08.pdf (abgerufen am 15.9.2010).

1321 *Gesetz zur Unternehmensintegrität und zur Modernisierung des Anfechtungsrechts* (UMAG) v. 22.09.2005 – BGBl. I 2005, S. 2802.

1322 Begr. RegE, BR-Drs. 3/05, S. 25; *Noack*, VGR 2004, 37, 43.

1323 *Wangemann*, S. 54.

1324 *Ibd.*

Die dritte wichtige Neuerung durch das *UMAG* ist die Einführung eines elektronischen Aktionärsforums nach § 127a AktG[1325]. Danach können Aktionäre und Aktionärsvereinigungen im eigens dafür geschaffenen Aktionärsforum des elektronischen Bundesanzeigers andere Aktionäre dazu auffordern, gemeinsam oder in Vertretung einen Antrag oder ein Verlangen im Sinne des AktG zu stellen oder in einer Hauptversammlung das Stimmrecht auszuüben. Hintergrund ist freilich, den Aktionären die Möglichkeit zu bieten, durch Kontaktaufnahme ihre Interessen zu bündeln[1326]. Diese Maßnahme dürfte im Ergebnis keine Auswirkungen auf die mangelnde Hauptversammlungspräsenz aus Gründen der *„rationalen Apathie"* zeitigen[1327].

d) ARUG

Als bisher letzter Schritt auf dem Weg zur Modernisierung der Rahmenbedingungen von Hauptversammlungen und damit einhergehend zur Steigerung der Hauptversammlungspräsenz, trat im Jahr 2009 das *ARUG*[1328] in Kraft. Um u. a. eine Teilnahme an der Hauptversammlung weiter zu vereinfachen, wurden Online-Teilnahme und Briefwahl ermöglicht und die Formanforderungen an die Stimmrechtsvollmacht herabgesetzt. Durch die erleichterte Stimmrechtsausübung wird eine physische Präsenz der Aktionäre obsolet. Die Hauptversammlungsteilnahme mittels elektronischer Kommunikation ermöglicht den Aktionären via Internetübertragung, Anträge zu stellen, das Frage- und Rederecht in Anspruch zu nehmen und Widersprüche einzulegen. Auch die Maßnahme ist geeignet, eine höhere Hauptversammlungspräsenz zu generieren. Denn auch hier ist eine physische Präsenz obsolet. Die Maßnahmen des ARUG dürften daher durchaus Auswirkungen auf die durch die *„rationale Apathie"* gehemmten Aktionäre haben. Neuestes empirisches Material, welches auch die Entwicklung nach Einführung des *ARUG* abbilden würde, steht derzeit noch nicht zur Verfügung. Insofern kann (noch) nicht abgeschätzt werden, ob die erheblichen Erleichterungen durch das *ARUG* zu einer signifikanten Verbesserung der Hauptversammlungspräsenzen geführt haben.

e) Zwischenergebnis

Die bisherige Zusammenschau der legislatorischen Maßnahmen gegen die nicht befriedigende Hauptversammlungspräsenz hat gezeigt, dass der Gesetzgeber zwar einen guten Rahmen geschaffen hat, jedoch noch nicht entscheidend zu einer Steigerung der Hauptversammlungspräsenz beitragen konnte. Die oben beschriebenen

---

1325 Die Vorteile werden ausführlich dargestellt bei *Seibert*, AG 2006, 16 ff.

1326 Begr. RegE, BT-Drs. 15/5092, S. 15 ff.; *Spindler*, NZG 2005, 825, 827 f.; *Fleischer*, NJW 2005, 3525, 3527.

1327 *Spindler*, NZG 2005, 825, 828; *Baums*, 63. DJT 2000, Gutachten F 25.

1328 *Gesetz zur Umsetzung der Aktionärsrechterichtlinie* (ARUG) v. 30.07.2009, BGBl. I 2009, S. 2479 ff.

Gefahren solcher Zufallsmehrheiten und der voranschreitenden Verlagerung von Hauptversammlungskompetenzen auf die Verwaltung können insofern nicht hingenommen werden. Konsequenterweise gilt es daher, an andere Formen der Anreizbildung – insbesondere an monetäre Anreize – zu denken. Dies umso mehr, als es wohl kein Fondsmanager rechtfertigen könnte, warum er diese einfache Möglichkeit, Zusatzrendite zu erzielen, nicht wahrnimmt. Zumindest bei institutionellen Anlegern würde sich wohl ein Effekt bemerkbar machen.

2.3.2 Lösung auf Unternehmensebene – Präsenzboni

Parallel zu den gesetzgeberischen Bestrebungen durch Vereinfachung der Rahmenbedingungen die Hauptversammlungspräsenz zu steigern, wird im Schrifttum intensiv über die Einführung eines finanziellen Anreizes für die Teilnahme an der Hauptversammlung durch die Gesellschaft selbst diskutiert. Mit anderen Worten sollen die Aktionäre eine Art Handgeld für die Wahrnehmung ihrer Mitgliedschaftsrechte bekommen[1329].

Die Frage, ob den oben beschriebenen Gefahren von Zufallsmehrheiten und einer Kontrolle der Verwaltung durch die Großaktionäre durch die Einführung eines fakultativen Präsenzbonus überhaupt begegnet werden kann, kann im Rahmen dieser Arbeit nicht geklärt werden. Dafür bräuchte es weitergehende Untersuchungen. Insbesondere ist hier denkbar, dass die Zufallsmehrheiten durchaus den Vorstellungen der schweigenden Mehrheit entsprechen und daher nicht zu verfälschten Ergebnissen führen[1330].

Zudem stellt sich natürlich die Frage, in welcher Höhe solche Boni gewährt werden sollen. Dies hängt zunächst davon ab, wer mit den Handgeldern zur Teilnahme bewegt werden soll. Kleinanleger haben regelmäßig wenige Aktien in ihrem Portfolio, würde sich die Bemessung an der Anteilsmenge bemessen, käme nur ein geringer Betrag dabei heraus. *Spindler*[1331] rechnete jedoch exemplarisch vor, dass für Kleinanleger mindestens ein Präsenzbonus in der Höhe von 200 € gewährt werden müsse, um damit die *„rationale Apathie"* zu überwinden. Dies kann nach den jüngsten Änderungen der Rahmenbedingungen einer Hauptversammlung durch das *ARUG* so nicht mehr gelten. Den Aktionären ist es nunmehr möglich, auch von Zuhause oder dem Arbeitsplatz der Hauptversammlung zu folgen und gegebenenfalls bereits im Vorfeld per Briefwahl abzustimmen. Zudem bietet das Aktionärsforum nach § 127a AktG den Aktionären nunmehr auch bessere Möglichkeiten der Selbstorganisation. Bis zum Inkrafttreten wurde die Relevanz des Handgeldes nur im Bereich der institutionellen Anleger gesehen.

Als Vorbild für die Idee der Zahlung eines Präsenzbonus werden unsere europäischen Nachbarn herangezogen. In Spanien liegen die Prämien zwischen 2–10

1329 *Vetter*, AG 2006, 32, 33; *Noack*, Editorial in BB Nr. 40/2005.
1330 *Vetter*, AG 2006, 32, 34, *Spindler*, VGR 2005, S. 31, 56.
1331 *Spindler*, VGR 2005, 31, 54.

Eurocent pro Aktie[1332]. Nach Einführung von Präsenzboni konnte dort die Hauptversammlungspräsenz nahezu verdoppelt werden[1333].

a) Vorabfrage: Präsenzbonus oder Anreiz für Stimmabgabe

Vorab stellt sich die Frage, was als Anknüpfungspunkt für die Zahlung des Handgeldes dienen soll. In Betracht kämen insoweit die Ausgestaltung der Prämie als reiner Präsenzbonus, welcher bereits für die Anwesenheit gewährt wird, oder aber als Anreiz für die Stimmabgabe. Letzteres hätte im Zusammenspiel mit den Änderungen durch das *ARUG* zur Folge, dass das Handgeld im Zusammenspiel mit den jüngsten Änderungen des AktG durch das *ARUG* nun auch wieder Relevanz für Kleinanleger entfalten würde. Überwiegend wird aber propagiert, die Zahlung bereits an die persönliche oder vertretungsweise Teilnahme an der Hauptversammlung zu gewähren[1334]. Dies ist unter dem Aspekt der neugeschaffenen Möglichkeiten zur Teilnahme an der Hauptversammlung jedoch nicht sehr sinnvoll. Es stellten sich dann Folgefragen, etwa ob es sich um eine physische Teilnahme handeln müsse oder die virtuelle ausreiche. Zudem kommt durch die Zulassung der virtuellen Teilnahme und der damit verbundenen Interaktionsmöglichkeiten der Aktionäre zum Ausdruck, dass die Interaktion förderungswürdig ist und nicht nur die bloße Präsenz. Dies spricht daher wohl eher für die Anknüpfung an die Stimmabgabe. Dies würde aber zu noch größeren Problemen führen. Zu einen wüsste die Hauptversammlung zum Zeitpunkt des Beschlusses über die Gewinnverwendung noch nicht, wie hoch die Dividende pro Aktie ausfällt, da dies vom weiteren Abstimmverhalten abhinge[1335]. Zudem sieht das AktG bei der Abstimmung kein „ganz-oder-gar-nichts-Prinzip" vor. Insofern sind auch Stimmabgaben nur zu bestimmten Tagesordnungspunkten möglich, eine Zahlung dürfte dann nur anteilig erfolgen. Dieses Problem verstärkt sich durch die Möglichkeit der Brief- oder der elektronischen Wahl. Um diesen Problemen zu entgehen, sollte das Handgeld daher an die Teilnahme geknüpft werden.

b) Kreis der Berechtigten

Durch die hier vorgenommene Fokussierung auf die Teilnahme als bezugsberechtigendes Verhalten stellt sich im nächsten Schritt die Frage, welche Aktionäre zum Kreis der Berechtigten gehören. In Betracht kommen sowohl stimmberechtigte Aktionäre (Stammaktien) als auch stimmrechtslose Vorzugsaktionäre nach §§ 139 ff. AktG (Vorzugsaktien). Die Vorzugsaktionäre haben, solange sie nach § 140 Abs. 2 AktG bevorzugt bedient werden[1336], kein Stimmrecht. Dennoch sind sie

---

1332 *Klühs,* ZIP 2006, 107, 108.

1333 Ibd.

1334 *Klühs,* ZIP 2006, 107, 109; *Noack,* Editorial in BB Nr. 40/2005;

1335 *Klühs,* ZIP 2006, 107, 109.

1336 I.d.R. 4 bis 6 % des Nennbetrags siehe *Hüffer,* § 139 Rn. 7.

antrags- und vorschlagsberechtigt[1337] sowie anfechtungsberechtigt[1338], ferner können sie Auskunft verlangen[1339]. Mithin haben die stimmrechtlosen Vorzugsaktionäre bis auf das Stimmrecht alle mitgliedschaftlichen Rechte und können aktiv an der Hauptversammlung teilnehmen[1340]. Sofern es sich bei den Abstimmungen um die Rechte aus §§ 140 Abs. 2, 141 Abs. 1, 2 AktG handelt, stehen den Vorzugsaktionären sogar Stimmrechte zu.

Dies zeigt deutlich, dass das AktG bereits auf eine aktive Teilnahme der Vorzugsaktionäre an der Hauptversammlung angelegt ist. Zwar kann mit einer erhöhten Teilnahme von Vorzugsaktionären nicht unmittelbar der Gefahr von Zufallsmehrheiten begegnet werden, jedoch ließe sich dadurch eine weitergehende Diskussionskultur etablieren. Gerade das Antrags- und Fragerecht kann indifferente Stammaktionäre zu einem überlegten Handeln animieren. Im Zusammenspiel mit den vereinfachten Abstimmungsmöglichkeiten nach dem *ARUG* hat demnach die Aktiengesellschaft durchaus ein Interesse an einer erhöhten Präsenz (auch) der Vorzugsaktionäre[1341]. Insofern ist es nur konsequent, diese in den Kreis der Zuwendungsberechtigten einzubeziehen[1342]. Zudem kann nur so die grundsätzliche Unterscheidung zwischen Stamm- und Vorzugsaktien gewährt werden. Die Sonderdividende der Vorzugsaktionäre würde durch die Zahlung eines Handgeldes nur an die Stammaktionäre weitgehend entwertet[1343].

Dennoch entstehen durch die Änderungen des *UMAG* auch bei diesem Vorgehen Schwierigkeiten. Es sind nunmehr Fälle denkbar, in denen die materielle Aktionärseigenschaft und die formellen Rechte daraus auseinanderfallen[1344]. Insofern muss geklärt werden, ob die finanzielle Zuwendung an den gegenüber der Aktiengesellschaft formell Berechtigten oder an den materiellen Aktionär zu leisten ist. Diese ist möglich, da § 123 Abs. 3 AktG n.F. das sog. „record-date-Verfahren“ eingeführt hat[1345]. Nach § 118 Abs. 1 AktG ist jeder Aktionär zur Teilnahme berechtigt. Dies setzt voraus, dass sich die teilnehmenden Aktionäre gegenüber der Aktiengesellschaft legitimieren. Bei verbrieften Namensaktien ist der im Aktienregister nach § 67 Abs. 2 AktG eingetragene Aktionär ohne Weiteres berechtigt. Bei Inhaberaktien dagegen eröffnet § 123 Abs. 3 AktG die Satzungsautonomie. Macht die Gesellschaft hiervon keinen Gebrauch kann sich der Aktionär durch Vorlage des Papiers oder

1337 §§ 126, 127, 137 i.V.m. § 140 Abs. 1 AktG.
1338 § 245 Nr. 1–5 i.V.m. § 140 Abs. 1 AktG.
1339 §§ 131 f. i.V.m. § 140 Abs. 1 AktG.
1340 Siehe ausführlich *Volhard*, in: MüKo-AktG, 2. Aufl. 2004, § 139 Rn. 1 ff.
1341 *Klühs*, ZIP 2006, 107, 109 formuliert dies als Interesse der Aktiengesellschaft an *„einer guten Aktienrechtskultur“*.
1342 So auch *Noack*, Editorial BB 40/2005, S. 1; *SdK*, Pressekonferenz v. 02.08.2005, S. 2 – abrufbar unter http://sdk.softbox.de/pdf/presse/2005/dividendenbonus.pdf (abgerufen am 13.2.2011).
1343 *Lenz*, NZG 2006, 534, 534; *Vetter*, AG 2006, 32, 34.
1344 *Seibert*, WM 2005, 157, 157 f.; *Simon/Zetzsche*, NZG 2005, 369, 371.
1345 Ausführlich dazu *Moßdorf*, S. 205.

aber durch eine Bescheinigung des depotführenden Kreditinstituts ausweisen[1346]. Nach dem „record-date-Verfahren" nach § 123 Abs. 3 S. 3 AktG muss sich dieser Nachweis auf den Beginn des 21. Tages vor der Hauptversammlung beziehen und der Aktiengesellschaft bis mindestens sechs Tage vor der Versammlung zugehen[1347]. Wer seine Aktien später erworben hat, ist zwar formell nicht zur Teilnahme an der Hauptversammlung und zur Ausübung der Mitgliedschaftsrechte berechtigt[1348], allerdings materiell-rechtlich Aktionär und hat als solcher auch einen Anspruch auf die Dividende[1349]. Im Verhältnis zur Gesellschaft ist nach § 123 Abs. 3 S. 4 AktG allein der Veräußerer der Aktien, der den Bestandsnachweis übermittelt hat, zur Teilnahme und Ausübung des Stimmrechts berechtigt.

Das *„record-date"* friert die Aktionärseigenschaft im Verhältnis zur Aktiengesellschaft durch eine unwiderlegliche Vermutung ein, um die Durchführung der Hauptversammlung auf eine sichere Basis zu stellen[1350]. Insofern erscheint es sinnvoll, auch für die Gewährung des Bonus auf die Aktionärseigenschaft im *„record-date"* abzustellen[1351]. Wie diese Zuwendung intern zwischen Erwerber und Veräußerer verteilt wird, ist dann internen Absprachen vorbehalten. Nur so kann ein Auseinanderfallen von Teilnahme und Zahlung verhindert werden. Würde umgekehrt dem Erwerber der Bonus gezahlt werden, hätte der Veräußernde wenig Motivation an der Hauptversammlung teilzunehmen, sofern ihm nicht im Verhältnis zum Erwerber ausdrücklich eine Zuwendung versprochen wird.

2.3.3 Aktienrechtliche Zulässigkeit

Die aktienrechtliche Zulässigkeit solcher Handgelder richtet sich nach deren technischer Ausgestaltung. Grundsätzlich ist denkbar, die Zahlung eines Präsenzbonus gesetzlich[1352] festzuschreiben oder auf Unternehmensebene einzuführen. Auf Unternehmensebene sind vier Gestaltungsvarianten denkbar: Die Einordnung als (1) *Aufwandsentschädigung,* als (2) *Vorabdividende,* als (3) *sonstige Verwendung im Sinne des § 58 Abs. 3 S. 2 AktG* und als (4) *disquotale Gewinnverteilung nach § 60 Abs. 3 AktG.* Dem Ziel dieser Bearbeitung folgend, werden nachfolgend nur die der unternehmerischen Ebene angesiedelten Zahlungen beleuchtet. Hierzu bietet sich an, zunächst zwischen der Behandlung der Präsenzboni als Aufwendung und der Zahlung der

1346 *Hüffer,* § 123 Rn. 5.

1347 RegE-UMAG, BT-Drs. 15/5092, S. 28.

1348 *Bungert,* VGR 2004, S. 57, 64; *Heidinger/Blath,* DB 2006, 2275, 2277.

1349 *Simon/Zetzsche,* NZG 2005, 369, 372; *Spindler,* NZG 2005, 825, 827; *Hüffer,* § 123 Rn. 12; zu den internen Absprachen zwischen Veräußerer und Erwerber *Quass,* AG 2009, 432, 435; *Ziemons,* in: K. Schmidt/Lutter, § 123 Rn. 53.

1350 *OLG Frankfurt,* Urteil v. 21.07.2009–5 U 139/08 (NZG 2009, 1068); RegBegr.-UMAG, BR-Drs. 3/05, S. 24; *Hüffer,* § 123 Rn. 12; *Ziemons,* in: K. Schmidt/Lutter, § 123 Rn. 53.

1351 Im Ergebnis ebenso *Klühs,* ZIP 2006, 107, 110.

1352 *Klühs,* ZIP 2006, 107, 108 bespricht die Möglichkeit eines obligatorischen Bonus.

Präsenzboni aus dem Bilanzgewinn zu unterscheiden. Dieser Unterscheidung liegt die Überlegung zugrunde, dass eine Zahlung des Präsenzbonus aus dem Bilanzgewinn freilich nur erfolgen kann, wenn auch ein Bilanzgewinn vorliegt. Gerade in kritischen Sanierungsfällen hat das Leitungsorgan Interesse daran, dass die zu beschließenden Maßnahmen von einem Großteil der Aktionäre getragen werden[1353]. Gerade in diesen Fällen dürfte regelmäßig jedoch kein Bilanzgewinn vorliegen. Insofern böte sich an, die Zuwendung aufgrund eines außergesetzlichen Kostenerstattungsanspruchs, der in der Satzung verankert ist, zu begleichen.

a) Aufwandsentschädigung

Im Aktiengesetz selbst ist kein Kostenerstattungsanspruch des Aktionärs gegenüber der Gesellschaft vorgesehen. Zwar wurde im Gesetzgebungsverfahren des *UMAG* diskutiert, ob für die Veröffentlichungen im elektronischen Bundesanzeiger nach § 127a Abs. 1 AktG den Aktionären gegenüber der Gesellschaft ein Kostenerstattungsanspruch zustehen soll[1354]. Dies wurde dann aber mit dem Hinweis, dass der Aktionär lediglich in Ausübung und zur Wahrung seiner eigenen Rechte handele, nicht in Gesetzesform gegossen[1355]. Insofern hat sich der Gesetzgeber in jüngster Zeit bewusst gegen ein solches Institut entschieden. Zudem kann auch nicht die Öffnungsklausel in § 128 Abs. 3 Nr. 2 AktG als Vorbild für einen solchen Kostenerstattungsanspruch herangezogen werden. Denn der dort geregelte Ersatz für Aufwendungen der Kreditinstitute erfasst zum einen das Tätigwerden der Banken im fremden Interesse[1356] und zum anderen handelt es sich um eine Spezialvorschrift, die nicht verallgemeinerungsfähig ist.

Daneben bestehen aber auch kapitalerhaltungsrechtliche Bedenken gegen einen Anspruch auf Aufwandsentschädigung. § 57 Abs. 1 S. 1 AktG erfasst alle Zuwendungen der Gesellschaft an einen Aktionär, sofern sie außerhalb der Verteilung des Bilanzgewinns erfolgt und nicht von gesetzlich zugelassenen Ausnahmen erfasst ist. Ein weiteres Geschäft, welches die Gewährung eines Präsenzbonus verdecken würde, kommt nicht in Betracht. Insofern handelt es sich sogar um einen Fall der offenen Einlagenrückgewähr[1357].

Auch aus dem bereits erwähnten Kriterium der betrieblichen Rechtfertigung[1358] kann sich keine andere Beurteilung ergeben[1359]. Zwar hat die Aktiengesellschaft als

1353 *Klühs*, ZIP 2006, 107, 108

1354 Begr RegE BT-Dr 15/5092, S. 17; *Holzborn/Bunnemann*, BKR 2005, 51, 53; *Seibert*, WM 2005, 157, 159.

1355 *Spindler*, NZG 2005, 825, 828; *Fleischer*, NJW 2005, 3525, 3527.

1356 *Vetter*, AG 2006, 32, 34.

1357 *Spindler*, VGR 2005, 31, 60 f.; *Fleischer*, in: K. Schmidt/Lutter, § 57 Rn. 10, 16; *Henze*, in: GK-AktG, § 57 Rn. 34.

1358 *BGH* v. 01.12.1986 – II ZR 306/85 (NJW 1987, 1194 ff.); *KG* v. 24.07.1998–14 U 2121/97 (NZG 1999, 161 ff.)

1359 So aber *Singhof*, NZG 1998, 670, 674; *Geßler*, AktG, 60. Erg. Lfg. 2009, § 57 Rn. 11; *Schneider/Burgard*, in: FS Beusch, 1993, S. 783, 802 f.

juristische Person ein Interesse an einer hohen Hauptversammlungspräsenz, jedoch nicht um ihrer selbst willen, sondern im Sinne einer guten Aktienrechtskultur. Dies wiederum kann nicht als rechtfertigendes Element herangezogen werden. Anderenfalls ließe sich der gesamte Kapitalschutz – betrieblich gerechtfertigt – aufweichen[1360].

Zudem würde die Zahlung eines Präsenzbonus als Aufwandsentschädigung gegen Art. 15 der Kapitalrichtlinie verstoßen[1361], da der Kapitalschutz der §§ 57, 62 AktG durch die Richtlinie vorgegeben ist. Insofern muss § 57 AktG richtlinienkonform so ausgelegt werden, dass die Zahlung eines Präsenzbonus als Aufwandsentschädigung einen Verstoß gegen § 57 AktG darstellt. Dies stellt auch keinen Widerspruch zu den sonst üblichen Verköstigungen während der Hauptversammlungen dar[1362]. Daher bleibt nur die Möglichkeit, das Handgeld aus dem Bilanzgewinn zu zahlen. Das Aktiengesetz hat insofern einen *numerus clausus* an zulässigen Ausschüttungstatbeständen.

b) Vorabdividende

Ausdruck der Vermögensrechte des Aktionärs ist, dass dieser entsprechend seiner Beteiligung an sämtlichen Zahlungen der Aktiengesellschaft an ihre Aktionäre beteiligt wird. Grundsätzlich gilt in der Aktiengesellschaft eine Zweistufigkeit im Rahmen der Jahresabschlussfeststellung und der Gewinnverwendung. Während für die Feststellung des Jahresabschlusses grundsätzlich der Vorstand und Aufsichtsrat zuständig sind, obliegt der Gewinnverwendungsbeschluss immer der Hauptversammlung. Gemäß § 58 Abs. 4 AktG hat der Aktionär einen Anspruch auf Herbeiführung des Gewinnverwendungsbeschlusses nach § 174 AktG, woraus sich dann der Zahlungsanspruch ergibt. Den Schlüssel für die Gewinnverteilung bildet § 60 AktG. Danach steht jedem Aktionär im Regelfall eine Beteiligung am Bilanzgewinn *pro rata* zu. Davon macht § 60 Abs. 2 AktG eine Ausnahme für den Fall, dass die Einlagen von den Aktionären in verschiedener Höhe geleistet wurden. Dann erhalten die Aktionäre eine Vorabdividende in Höhe von 4 % der geleisteten Einlage. Dies ist freilich kein tauglicher Anknüpfungspunkt für die Zuwendung von Handgeldern.

1360 *Fleischer*, in: K. Schmidt/Lutter, § 57 Rn. 16; *ders.*, WM 2007, 909, 913; *Bayer*, in: MüKo-AktG, 3. Aufl. 2008, § 57 Rn. 34.

1361 *Fleischer*, WM 2007, 909, 914; *Hahn/Reif*, GesRZ 2007, 44, 46; *Klühs*, ZIP 2006, 107, 110 f.; *Vetter*, AG 2006, 32, 34.

1362 *Henze*, in: GK-AktG, § 57 Rn. 34 Fn. 92; *Hefermehl/Bungeroth*, in: Geßler/Hefermehl/Eckhardt/Kropff, AktG, § 57 Rn. 10 – obwohl hier wohl der Wunsch Vater des Gedanken war und in bewusster Verkennung der Rechtslage eine Sozialadäquanz angenommen wird.

c) *Disquotale Gewinnverteilung gem. § 60 Abs. 3 AktG*

Disquotale Gewinnausschüttungen zeichnen sich dadurch aus, dass Aktionäre eine von dem gehaltenen Gesellschaftsanteil abweichende Beteiligung am Gewinn erhalten. Dies ist nach § 60 Abs. 3 AktG durch satzungsmäßige Regelungen möglich. Der von § 60 Abs. 1, 2 AktG abweichende Verteilungsschlüssel muss aber ausdrücklich in der Satzung enthalten sein. Die Unternehmen machen von solchen Satzungsbestimmungen regen Gebrauch; der praktische Anwendungsbereich der Verteilung *pro rata* nach § 60 Abs. 1, 2 AktG ist hingegen eher gering[1363]. Die steuerrechtlichen Konsequenzen sollen hier freilich nicht beurteilt werden.

Die grundsätzliche Möglichkeit der disquotalen Gewinnverteilung und die extensive Wahrnehmung dieser bei Vorzugsaktien ohne Stimmrecht[1364] eröffnet zugleich gedanklich die Möglichkeit, Präsenzboni aufgrund einer disquotalen Gewinnverteilung zu gewähren. Die hierbei zu beachtenden aktienrechtlichen Probleme sind jedoch vielschichtig.

aa) Formelle Erfordernisse

Bei neuzugründenden Aktiengesellschaften ergeben sich aus formeller Sicht keine Probleme. Hier könnte bereits von vornherein eine entsprechende Satzungsbestimmung aufgenommen werden. Weitaus problematischer gestaltet sich jedoch die nachträgliche Umsetzung einer solchen Satzungsregelung. Nach § 179 Abs. 1 AktG bedarf jede Änderung der Satzung eines Beschlusses der Hauptversammlung. Grundsätzlich gilt, dass materielle Satzungsänderungen[1365] den qualifizierten Mehrheitserfordernissen des § 179 Abs. 2 AktG genügen müssen. Sofern durch die Änderung jedoch in bestehende Mitgliedsrechte eingegriffen werden soll, reicht die ¾ – Mehrheit des § 179 Abs. 2 AktG nicht mehr aus, um diesen Beschluss zu legitimieren[1366]. Vielmehr ist in diesen Fällen auch die Zustimmung der betroffenen Aktionäre erforderlich[1367]; faktisch ist also eine einstimmige Entscheidung erforderlich, welche in Publikumsgesellschaften praktisch unmöglich ist[1368].

Hiergegen wendet sich *Cahn* mit dem Vorschlag, stattdessen einen Sonderbeschluss der benachteiligten Aktionäre entsprechend §§ 141 Abs. 3; 179 Abs. 3 AktG zuzulas-

---

1363 *Bayer*, in: MüKo-AktG, § 57 Rn. 4; *Drygala*, in: KK-AktG, § 57 Rn. 4.

1364 *Wangemann*, S. 67.

1365 Eine materielle Satzungsänderung betrifft die normative Grundordnung der Aktiengesellschaft, insbesondere also die Gesellschaft und ihre verbandsrechtlichen Beziehungen zu den Aktionären.

1366 *Henze*, in: GK-AktG, § 60 Rn. 21; *Hüffer*, § 60 Rn. 8; *Bayer*, in: MüKo-AktG, 3. Aufl. 2008, § 60 Rn. 19.

1367 *Drygala*, in: KK-AktG, 3. Aufl. 2011, § 60 Rn. 28; *Bayer*, in: MüKo-AktG, 3. Aufl. 2008, § 57 Rn. 19; *Henze*, in: GK-AktG, § 60 Rn. 21; *Hüffer*, § 60 Rn. 8.

1368 *Lenz*, NZG 2006, 534, 534; *Klühs*, ZIP 2006, 107, 109; *Noack*, Editorial in BB Nr. 40/2005; *Schneider/Burgard*, in: FS Beusch, 1990, S. 782, 798

sen[1369]. Der herrschenden Lehre ist zwar zuzugestehen, dass es sich bei diesen Normen um Sondernormen handelt[1370], welche grundsätzlich nicht analogiefähig sind. Dennoch tragen diese Normen den verallgemeinerungsfähigen Gedanken in sich, dass ein Vetorecht der betroffenen Aktionäre gerade nicht besteht, sondern diese mit qualifizierter Mehrheit überstimmt werden können[1371]. Dies ließe sich durchaus auf die hier behandelte Konstellation übertragen. Dennoch bleibt bei dieser Vorgehensweise natürlich ein Restrisiko, ob auch die Gerichte dem von *Cahn*[1372] eingeschlagenen Weg folgen.

bb) Materielle Bedenken

Ferner wird gegen die Festsetzung eines Handgeldes in der Satzung eingewandt, dass dies auch ehemaligen Aktionären die Möglichkeit eröffne, einen Teil der Dividende zu erhalten[1373]. Nach der hier vertretenen Auffassung ist für die Berechtigung der Zuwendung auf die Legitimation im *„record date"* abzustellen. Dies kann aber zugleich bedeuten, dass damit die formelle Legitimation und die materielle Berechtigung auseinanderfallen. Der Dividendenbonus nach § 60 Abs. 3 AktG knüpft ausweislich seines Wortlautes aber an Aktionäre im Sinne des § 58 Abs. 4 AktG an[1374]. Aufgrund der Satzungsstrenge des § 23 Abs. 5 AktG ist dieser Verstoß gegen § 58 Abs. 4 AktG beachtlich und führt letztlich zur Unzulässigkeit dieses Vorgehens.

Dieses Problem stellt sich freilich nur bei Inhaberaktien, da nur bei diesen die *„record date"* Regelung des § 123 Abs. 3 S. 3 AktG zur Anwendung kommt. Insofern ergeben sich bei Namensaktien keine Bedenken hinsichtlich des Auseinanderfallens von Legitimation und Berechtigung.

In Bezug auf die Namensaktien ergeben sich überdies aber auch noch Bedenken aus kapitalerhaltungsrechtlicher Sicht. Denn § 57 Abs. 3 AktG erlaubt nur den Bilanzgewinn auszuschütten. Dies bedeutet zugleich, dass überhaupt ein Bilanzgewinn vorhanden sein muss. Insofern dürfte schon von vornherein ein Präsenzbonus ausscheiden, wenn sich die Gesellschaft in einer Verlustsituation befindet[1375]. Hier stellte sich das bereits angesprochene Problem, dass gerade in Sanierungssituationen, in denen eine erhöhte Hauptversammlungspräsenz gewünscht ist, ein Bilanzgewinn regelmäßig nicht vorhanden ist. Eine Umgehung der Bindung an den Bilanzgewinn ist durch § 57 Abs. 2 AktG verboten. Danach sind Dividendengarantien unzulässig[1376]. Als solche ist eine Sonderdividende, die unabhängig vom förmlich festgestellten Bilanzgewinn gewährt wird, aber zu qualifizieren.

1369 *Cahn*, in: Spindler/Stilz, AktG, § 60 Rn. 21 f.; *Polte*, S. 99 ff.
1370 Statt aller *Drygala*, in: KK-AktG, 3. Aufl. 2011, § 60 Rn. 29.
1371 *Cahn*, in: Spindler/Stilz, § 60 Rn. 22.
1372 Ibd.
1373 *Wangemann*, S. 74; *Klühs*, ZIP 2006, 107, 109.
1374 *Fleischer*, in: K. Schmidt/Lutter, § 57 Rn. 1.
1375 *Vetter*, AG 2006, 32, 34; *Noack*, Editorial in BB Nr. 40/2005;
1376 *Drygala*, in: KK-AktG, 3. Aufl. 2011, § 57 Rn. 130; *Bayer*, in: MüKo-AktG, 3. Aufl. 2008, § 57 Rn. 115; *Henze*, in: GK-AktG, § 57 Rn. 161.

d) Andere Verwendung im Sinne des § 58 Abs. 3 S. 2 AktG

Als letzte denkbare Möglichkeit, einen Präsenzbonus auf Unternehmensebene zu verankern, bliebe die Behandlung der Prämie als sog. *„andere Verwendung"* im Sinne des § 58 Abs. 3 S. 2 AktG. Die rechtlichen Voraussetzungen hierfür sind geringer als bei der Sonderdividende. Erforderlich ist demnach lediglich die ausdrückliche Ermächtigung dazu durch die Satzung. Auch hier liegt bei neu zu gründenden Aktiengesellschaften kein Problem, dieses erstmals festzuschreiben. Bei bereits bestehenden Aktiengesellschaften ist darüber hinaus mit der herrschenden Lehre die sonst erforderliche Einstimmigkeit nicht erforderlich[1377]. Die *„sonstige Verwendung"* setzt grundsätzlich eine Stufe vor dem eigentlichen Gewinnverwendungsbeschluss an und schmälert den auszuschüttenden Bilanzgewinn. Die Aktionäre haben dagegen grundsätzlich keinen Anspruch auf die Ausschüttung eines bestimmten Bilanzgewinns[1378]. Insofern wird auch nicht in ihr Dividendenstammrecht eingegriffen.

Es stellt sich aber das Problem, dass aus der Systematik des § 58 Abs. 3 S. 2 AktG als eine *„andere Verwendung"* nur die Auszahlung des Bilanzgewinns an Dritte in Betracht kommt[1379]. Denn außer den Möglichkeiten nach § 58 Abs. 3 S. 1 AktG und der Ausschüttung an die Aktionäre kann denklogisch nur die Zuwendung an Dritte in Betracht kommen. Daraus schließen einige Stimmen im Schrifttum zugleich die generelle Unzulässigkeit der Gewährung von Präsenzboni an Aktionäre[1380]. *Klühs*[1381] sieht dies gar als Anknüpfungspunkt für eine Ergänzung des § 58 Abs. 3 S. 2 AktG, um Präsenzboni dann ausdrücklich als *„andere Verwendung"* zuzulassen.

Diese Sichtweise berücksichtigt indessen nicht, dass aufgrund des *„record date"*-Verfahrens auf den Hauptversammlungen legitimierte, aber nicht materiell berechtigte Aktionäre vertreten sind. Daher muss hier differenziert werden. Diesen konnte aus dem Grunde schon keine Sonderdividende gewährt werden, insofern wäre es aber widersprüchlich sie auch von den *„anderen Verwendungen"* auszunehmen. Sofern Legitimation und Berechtigung allerdings tatsächlich nicht auseinanderfallen, lassen sich Präsenzboni *de lege lata* nicht unter § 58 Abs. 3 S. 2 AktG subsumieren[1382].

1377 *Klühs*, ZIP 2006, 107, 111.

1378 Anderenfalls läge wohl eine unzulässige Dividendengarantie nach § 57 Abs. 2 AktG vor.

1379 *Cahn/v. Spannenberg*, in: Spindler/Stilz, § 58 Rn. 86; *Hüffer*, § 58 Rn. 25; *Henze*, in: GK-AktG, 4. Aufl. 2000, § 58 Rn. 81; *Drygala*, in: KK-AktG, 3. Aufl. 2011, § 58 Rn. 107.

1380 *Drygala*, in: KK-AktG, 3. Aufl. 2011, § 58 Rn. 108; *Fleischer*, in: K. Schmidt/Lutter, § 58 Rn. 41; *Bayer*, in: MüKo-AktG, 3. Aufl. 2008, § 57 Rn. 34.

1381 *Klühs*, ZIP 2006, 107, 112.

1382 a.A. *Wangemann*, S. 91 ff.

e) Verstoß gegen den Gleichbehandlungsgrundsatz nach § 53a AktG

Sollte im Einzelfall entgegen der hier vertretenen Auffassung dennoch eine Zulässigkeit nach den oben gemachten Erwägungen bejaht werden, kann im Ergebnis überdies auch ein Verstoß gegen das Gleichbehandlungsgebot aus § 53a AktG vorliegen. Dies gründet auf der Tatsache, dass nach hier vertretener Auffassung, um eine gute Aktienrechtskultur zu fördern, die Zuwendung als Präsenzbonus ausgestaltet werden sollte. In der heutigen globalisierten Welt und der damit einhergehenden internationalisierten Wirtschaft bestehen gerade für ortsabwesende Aktionäre praktische Schwierigkeiten in den Genuss eines Präsenzbonus zu gelangen.

Gegenstand des Gleichbehandlungsgrundsatzes ist eine Ungleichbehandlung von Aktionären mit Blick auf sämtliche Aktionärsrechte[1383]. Der Gleichbehandlungsmaßstab ist die Beteiligung des Aktionärs am Grundkapital[1384]. Dennoch scheidet eine Ungleichbehandlung aus, wenn ein sachlicher Differenzierungsgrund vorliegt[1385].

aa) Vorzugsaktionäre

Wie *Vetter*[1386] bereits zutreffend ausführt, könnte bei der Gewährung von Präsenzboni in Bezug auf Vorzugsaktionäre eine Ungleichbehandlung nach § 53a AktG vorliegen. Dies wäre aber nur bei der Anknüpfung an die Stimmrechtsausübung denkbar. Mit der hier vertretenen Auffassung wurde – nicht zuletzt um die Ungleichbehandlung von Vorzugsaktionären von vornherein auszuschließen – auf die Präsenz abgestellt. Insofern kann es auch dahinstehen, ob die mit dem Präsenzbonus verfolgten Ziele zugleich einen sachlichen Grund für die Differenzierung darstellen[1387].

bb) Kleinaktionäre

Eine Ungleichbehandlung ist bei Kleinaktionären nicht auf den ersten Blick sichtbar. Denn ihnen steht ein Präsenzbonus ebenso zu wie Großaktionären. Dennoch kann sich hier eine Ungleichbehandlung einstellen, wenn man sich vor Augen führt, dass die dem Kleinanleger für die Teilnahme an der Hauptversammlung entstandenen Kosten über einen Präsenzbonus mitnichten kompensiert würden; ganz im Gegenteil zum Großaktionär[1388]. Im Extremfall kann dies dazu führen, dass der

---

1383 *BGH* v. 14.01.1997 – KZR 30/95 (AG 1997, 414); *Fleischer*, in: K. Schmidt/Lutter, § 53a Rn. 18; *Drygala*, in: KK- AktG, 3. Aufl. 2011, § 53a Rn. 18 ff.

1384 *Cahn/v. Spannenberg*, in: Spindler/Stilz, § 53a Rn. 12 ff.; *Drygala*, in: KK-AktG, 3. Aufl. 2011, § 53a Rn. 24 f.; *Fleischer*, in: K. Schmidt/Lutter, § 53a Rn. 25.

1385 *Hüffer*, § 53a Rn. 10; *Cahn/v. Spannenberg*, in: Spindler/Stilz, § 53a Rn. 18 f.

1386 *Vetter*, AG 2006, 32, 34.

1387 Bejahend *Klühs*, ZIP 2006, S. 107, 109; *Lenz*, NZG 2006, 534, 534 f.

1388 *Lenz*, NZG 2006, 534, 535. *Spindler*, VGR 2005, 31, 55.

Präsenzbonus für die Großaktionäre durch die entsprechend geringere Dividende der Kleinaktionäre finanziert würde[1389].

Dennoch kann bezweifelt werden, ob dies eine Ungleichbehandlung ist, die im mittelbaren Zusammenhang mit der Gewährung eines Präsenzbonus steht. Vielmehr realisiert sich hier die Degression der Transaktionskosten bei Erwerb oder Veräußerung von Aktien und schlägt lediglich auf die Höhe des Präsenzbonus durch. Die Ungleichbehandlung ist gerade nicht in der Aktie angelegt[1390], sondern in der Person des Aktionärs. Denn die Gewährung des Präsenzbonus trifft grundsätzlich zunächst einmal alle Aktionäre gleich, wirkt sich dann aber – abhängig von den Anteilsverhältnissen – unterschiedlich aus. Zudem wird zutreffend ausgeführt, dass viele Gesellschaften kostenlose Stimmrechtsvertretungen anbieten, welche sogar über das Internet bevollmächtigt werden können[1391]. Daher kann eine Ungleichbehandlung der Kleinaktionäre nach § 53a AktG hier nicht bejaht werden.

cc) Ausländische Aktionäre

Ferner wird diskutiert, ob mit der Einführung eines Handgeldes für die Teilnahme an einer Hauptversammlung zugleich eine Ungleichbehandlung ausländischer Aktionäre einhergeht[1392]. Denkbarer Anknüpfungspunkt kann dabei nur ein Vergleich mit einheimischen Aktionären sein. Obwohl sich dann schon die Frage stellt, wo dabei die Grenzen zu ziehen sind: Soll allein darauf abgestellt werden, dass es sich um ausländische Aktionäre handelt? Dies würde allerdings nicht die eigentlich zu problematisierende Entfernung zum Ort der Hauptversammlung berücksichtigen.

Wangemann stellt für die Ungleichbehandlung dagegen auf die Unterschiede zwischen einheimischen und ausländischen Aktionären im Informationsfluss ab[1393]. Durch die jüngsten Änderungen des Aktiengesetzes wurden aber gerade in diesem Bereich gute Fortschritte gemacht durch die Einbindung der elektronischen Medien. Daneben wird von den Aktionären zudem auch immer ein Stück Eigenverantwortung erwartet. Insofern müssen auch ausländische Aktionäre überhaupt ein Interesse an der aktiven Teilnahme haben.

Neben diesen generellen Bedenken gegenüber einem Verstoß gegen § 53a AktG liegen nach hier vertretener Auffassung aber auch in Bezug auf die ausländischen Aktionäre schon die Tatbestandsvoraussetzungen des Gleichbehandlungsverbots nicht vor. Wie bereits bei den Kleinaktionären kann ein (mittelbarer) Verstoß gegen § 53a AktG nicht festgestellt werden, da hier kein Bezug zur Mitgliedschaft vorliegt,

---

1389 *Klühs*, ZIP 2006, 107, 113; *Wangemann*, S. 79.

1390 Dies erfordert aber § 53a AktG *Drygala*, in: KK-AktG, 3. Aufl. 2011, § 53a Rn. 24; *Henze/Notz*, GK-AktG, 4. Aufl. 2000, § 53a Rn. 67.

1391 *Wangemann*, S. 79.

1392 *Klühs*, ZIP 2006, 107, 115; *Wangemann*, S. 80 f.

1393 *Wangemann*, S. 80.

sondern lediglich zur Person des Aktionärs. Ein Verstoß gegen § 53a AktG liegt auch unter diesem Aspekt nicht vor.

dd) Zwischenergebnis

Die Ansiedlung der Zahlung von Präsenzboni auf Unternehmensebene ist *de lege lata* nur sehr eingeschränkt möglich. Die Ausgestaltung als Aufwandsentschädigung oder Vorabdividende scheiden von vornherein aus. Allenfalls eine Ausgestaltung als disquotale Gewinnverteilung nach § 60 Abs. 3 AktG oder als *„andere Verwendung"* nach § 58 Abs. 3 S. 2 AktG ist aktienrechtlich überhaupt denkbar. Um einen Verstoß gegen das Verbot der Einlagenrückgewähr zu vermeiden, dürfen Präsenzboni nicht in Verlustsituationen im Rahmen einer disquotalen Gewinnverteilung gewährt werden; obwohl gerade in diesen Situationen ein Interesse des Managements an einer hohen Hauptversammlungspräsenz besteht. Ein an die Dividende geknüpfter Bonus kann naturgemäß bei gewinnlosen Gesellschaften nicht helfen. Die Ausgestaltung als *„andere Verwendung"* nach § 58 Abs. 3 S. 2 AktG ist aus gesetzessystematischen Gründen nur an Dritte möglich. Insofern entfällt das eigentliche Ziel, die Steigerung der Anwesenheit von Aktionären auf der Hauptversammlung. Die im Schrifttum geäußerten Bedenken eines möglichen Verstoßes gegen das Gleichbehandlungsgebot nach § 53a AktG konnten hier nicht bestätigt werden.

In kapitalerhaltungsrechtlicher Sicht zeigte sich, dass § 57 AktG nicht nur den Erhalt des Grundkapitals zum Schutze der Gläubiger verfolgt, sondern darüber hinaus auch noch einen Schutz der nicht an der Hauptversammlung teilnehmenden Aktionäre vor verdeckten Gewinnausschüttungen sicherstellt. Dies sorgt dafür, dass eine Grenzverschiebung zwischen dem Gesellschaftsvermögen und dem Aktionärsvermögen zugunsten nur einzelner Aktionäre nicht möglich ist[1394]. Konsequenterweise mussten Dividenden, die den Verteilungsschlüssel des § 60 AktG nicht beachten, auch als unzulässig eingestuft werden[1395].

2.4 Ergebnis

Zusammenfassend lässt sich sagen, dass die Gewährung von Präsenzboni auf Unternehmensebene erheblichen Bedenken ausgesetzt und mit der hier vertretenen Auffassung *de lege lata* nicht zulässig ist. Die bisher ergangenen Verbesserungen der Rahmenbedingungen von Hauptversammlungen haben noch nicht den durchschlagenden Erfolg zeigen können. Insofern scheint die Idee eines monetären Anreizes zur Steigerung der Hauptversammlungspräsenz auch sehr charmant. Sollte der Gesetzgeber diese Einschätzung teilen, wäre ein Handeln seinerseits dringend

---

1394 *Bitter*, ZHR 168 (2004), 302, 308; *Hüffer*, § 57 Rn. 1; *Bayer*, in: MüKo-AktG, 3. Aufl. 2008, § 57 Rn. 2.

1395 *Bayer*, in: MüKo-AktG, 3. Aufl. 2008, § 57 Rn. 71; *Henze*, in: GK-AktG, 4. Aufl. 2000, § 57 Rn. 29.

geboten. Die jüngsten Entwicklungen zeigen, dass die bisherigen gesetzlichen Maßnahmen langsam Wirkungen zeitigen und die Privataktionäre das Interesse an Hauptversammlungen langsam wieder gewinnen[1396]

1396 „Die Rückkehr der Privataktionäre" in Handelsblatt v. 07.06.2012 – abrufbar unter http://www.handelsblatt.com/unternehmen/management/strategie/dax-konzerne-die-rueckkehr-der-privataktionaere/6708560.html (abgerufen am 8.6.2012).

Gesamtergebnis in Thesen

1. **DOGMATISCHE GRUNDLAGEN:**

1.1 Die sachliche Reichweite des Verbots der Einlagenrückgewähr nach § 57 AktG kann nicht pauschal für eine Vielzahl von Fällen im Vorfeld festgelegt werden. Vielmehr ist eine Einzelfallprüfung vorzunehmen. Für die hier untersuchte Darlehensgewährung der Aktiengesellschaft an ihre Aktionäre kann für kurzfristige Darlehensverhältnisse von bis zu einem Jahr Laufzeit festgehalten werden, dass keine angemessene Verzinsung erforderlich ist. Die hier weiter untersuchte Dividendenausschüttung zur Refinanzierung einer Transaktion (sog. Superdividende) mag zwar als moralisch verwerflich gelten, kann aber, sofern sie sich im starren Korsett der §§ 174, 178, 58 AktG bewegt, durchaus das unternehmenswohlfördernde Zwecke zeitigen.

1.2 Teleologisch motiviert, wird in der vorliegenden Arbeit ein weiter persönlicher Anwendungsbereich des § 57 AktG vertreten, um so auch ehemalige, zukünftige und faktische Aktionäre erfassen zu können.

1.3 Das früher vertretene Nichtigkeitsdogma im Rahmen des § 57 AktG dürfte nunmehr als abgeschafft gelten. Ein Verstoß gegen das aktienrechtliche Kapitalerhaltungsgebot des § 57 AktG führt nicht mehr zu einer Nichtigkeit der zugrundeliegenden Rechtsgeschäfte. Rechtswidrig vom Aktionär empfangene Leistungen können somit wirksam erworben werden, müssen allerdings ggf. nach § 62 AktG zurückgewährt werden.

1.4 Um eine Ineffektivität der Regelung des § 71a Abs. 1 S. 1 AktG zu verhindern, bedarf es einer möglichst weiten Auslegung. Der Norm ist dabei insbesondere ein mehrdimensionaler Schutzzweck zuzusprechen. Zwar dient die Regelung des § 71a Abs. 1 S. 1 AktG, soweit es lediglich die irreguläre Teilliquidation des Gesellschaftsvermögens betrifft, auch der einfachen Vermögensbindung und gehört somit zum Komplex der Regeln der Kapitalerhaltung. Daneben dient das Verbot aber ebenfalls der Kompetenzabgrenzung zwischen Verwaltung und Hauptversammlung: Als Wurzel gilt freilich der Kapitalschutz, der sich dann aber in den Umgehungsschutz, der Erschwerung von Übernahmefinanzierungen aus Geschäftsmitteln außerhalb der legalen Gewinnausschüttung sowie einer Wahrung der Kompetenzordnung in der Gesellschaft und dem Schutz von Minderheitsaktionären verstärkt.

1.5 Durch den neuen § 71a Abs. 1 S. 3 AktG erfolgte eine Angleichung an die Vorschriften zum Vertragskonzern. Mithin sind dadurch unseriöse Finanzstrukturen nicht mehr *per se* verboten. Der Gesetzgeber verweist den Erwerber vielmehr darauf, mit der zu erwerbenden Aktiengesellschaft einen Unternehmensvertrag zu schließen. Aber auch dadurch kommt wieder der Kapitalschutzgedanke der Norm zum Ausdruck, denn solche tiefgreifenden Strukturänderungen dürfen auch nach der neuen Regelung nur durch einen qualifizierten Gesellschafterbeschluss und eine ausreichende Sicherung der Gesellschaft (§ 302 AktG) und der Gläubiger (§ 303 AktG) finanziert werden. Gravierende praktische Auswirkungen der Einführung des § 71a Abs. 1 S. 3 AktG dürfen zu Recht bezweifelt werden. Denn es ist fraglich, ob in einem bereits bestehenden Vertragskonzern überhaupt noch eine finanzielle Unterstützung – etwa zur Erlangung der noch nicht im Besitz des Erwerbers befindlichen Aktien – erforderlich ist, oder ob dieses Finanzierungsinstrument nicht ausschließlich im Vorfeld des Aktienerwerbs zur Anwendung kommt.

1.6 Die grundsätzliche Liberalisierung der Financial Assistance durch die Kapitaländerungsrichtlinie hat keinen Einfluss auf die Auslegung der deutschen Ausprägung der Financial Assistance in § 71a AktG. Es bleibt beim strikten Verbot, bis der deutsche Gesetzgeber von seiner Liberalisierungsmöglichkeit Gebrauch macht.

1.7 Ein Verstoß gegen § 71a Abs. 1 S. 1 AktG führt ebenso wie ein Verstoß gegen § 57 AktG zu einer Rückgewähr nach § 62 Abs. 1 S. 1 AktG. Nur durch die hier vertretene Anwendung des § 62 AktG auch auf die beim § 71a Abs. 1 S. 1 AktG typischen Fälle (im Zeitpunkt der Unterstützungsleistung ist der Empfänger noch kein Aktionär, jedoch erfolgt bedingt durch die Unterstützung zeitnah der Aufbau einer wesentlichen Beteiligung) kann einer Umgehung der § 71a Abs. 1 S. 1 AktG wirksam begegnet werden. Konsequenterweise erfordert dies dann aber auch, dass in diesem Zusammenhang § 62 AktG erweiternd ausgelegt wird und somit auch auf zukünftige und ehemalige Aktionäre angewendet wird.

1.8 § 71a Abs. 1 S. 1 AktG ist als Ergänzung gegenüber § 57 AktG zu verstehen. Tatbestand und Rechtsfolge beider Normen lassen keinen völligen Gleichlauf zu. Das Verbot der finanziellen Unterstützung des Aktienerwerbs hat insbesondere in personeller Hinsicht (Schutz nicht nur gegen Leistungen an Aktionäre, sondern auch gegen Leistungen an Dritte), als auch in qualitativer Hinsicht (Schutz bei Ausreichung eines bilanziell vollwertigen Darlehens oder einer bilanziell vollwertigen Sicherheit) ein von § 57 AktG emanzipiertes Schutzniveau. Etwaige Überschneidungen sind dabei nicht als überflüssig zu betrachten, sondern vielmehr als Ausfluss eines umfassenden Kapitalschutzregimes, dass bei derart abstrakten Formulierungen eine Mehrfacherfassung eines Sachverhalts durch verschiedene Kapitalschutzvorschriften nach sich zieht.

1.9 § 71a Abs. 1 AktG ist nicht auf den originären Erwerb von Aktien anwendbar. Sinn und Zweck der Vorschrift des § 71a Abs. 1 S. 1 AktG ist es unter anderem auch, das Vermögen außerhalb der legalen Gewinnausschüttung zu schützen. Diese Gefahr besteht aber nicht im Gründungsstadium. Zu diesem Zeitpunkt gibt es keine Gewinne, die zur Finanzierung des Aktienerwerbs genutzt werden könnten. Daher kann nach der hier vertretenen Ansicht § 71a Abs. 1 S. 1 AktG auch nur auf den originären Aktienerwerb in der Variante der Kapitalerhöhung angewendet werden.

2. Einlagenrückgewähr (§ 57 AktG) und finanzielle Unterstützung (§ 71a AktG) im Rahmen von Unternehmensübernahmen durch bei der Upstream- und Downstreamverschmelzung von Erwerbsgesellschaft und Zielgesellschaft nach dem UmwG und dem Anwachsungsmodell

2.1 Durch die Änderung des § 57 Abs. 1 AktG kann die Begebung von Sicherheiten durch die AG zugunsten ihrer Aktionäre nicht mehr *per se* als Einlagenrückgewähr bewertet werden. Dieses Verdikt kann erst nach einer sorgfältigen Einzelfallprüfung gesprochen werden. Die gewonnene Flexibilität verlangt dem Vorstand allerdings die – im Einzelfall schwierige – Prüfung ab, ob ein Rückgriffsanspruch vollwertig im Sinne von § 57 Abs. 1 S. 3 AktG ist. Dies dürfte bei den hier zu problematisierenden Sicherheiten im Rahmen von Unternehmenstransaktionen, aufgrund der Vermögenslosigkeit des Akquisitionsvehikels, regelmäßig doch wieder zu einem Verstoß gegen die Kapitalerhaltungsregel des § 57 Abs. 1 AktG führen. Die Rückkehr zur bilanziellen Betrachtungsweise erleichtert trotz allem die Begebung von Sicherheit zwischen AG und Aktionär erheblich und wird in naher Zukunft zu neuen – abenteuerlichen – Gestaltungen führen, die nach Ansicht der Urheber, in jedem Fall über der Schwelle der Vollwertigkeit anzusiedeln sind.

2.2 Es können grundsätzlich alle gängigen und noch nicht entwickelten Real- und Personalsicherheiten unter die Verbotsnorm des § 71a Abs. 1 AktG fallen. Entscheidend ist, dass sie einen Finanzierungscharakter im Sinne der Verbotsnorm aufweisen. An diesem weiten Anwendungsbereich ändert sich auch nichts, wenn die Sicherheiten von der Zielgesellschaft erst bestellt werden, nachdem das Akquisitionsvehikel die Aktien schon erworben hat.

2.3 Auch kommt grundsätzlich bei der Begebung von Sicherheiten in Transaktionsszenarien ein Verstoß gegen § 53a AktG in Betracht. Die Ungleichbehandlung ist in diesen Fällen in der finanziellen Unterstützung des Erwerbs weiterer Aktien durch die Stellung von Sicherheiten zu sehen. Erst recht kann ein gleichzeitiger Verstoß gegen Kapitalerhaltungsvorschriften eine sachlich rechtfertigungsbedürftige Ungleichbehandlung darstellen. Praktisch steht damit ein Vorgehen nach den hier skizzierten Besicherungsmodellen zugleich auch immer unter dem Damoklesschwert einer Anfechtungsklage der Minderheitsaktionäre nach § 243 Abs. 1 AktG.

2.4 § 57 AktG greift im Vertragskonzern grundsätzlich nicht ein, da dieser durch § 291 Abs. 3 AktG ausdrücklich suspendiert ist. Allerdings sind die §§ 57 ff. AktG nur hinsichtlich solcher Leistungen aufgehoben, die „bei Bestehen eines Beherrschungs- oder Gewinnabführungsvertrags“ erbracht wurden. Als Schranke dieser Suspendierung kommen existenzgefährdende Weisungen und die mangelnde Solvenz des herrschenden Unternehmens in Betracht. Es bleibt bei der bereits unter dem alten Recht vertretenen Auslegung des § 291 Abs. 3 AktG. Daher muss auch § 291 Abs. 3 AktG n.F. einschränkend so ausgelegt werden, dass ein abstraktes Verlustrisiko in die Beurteilung einer rechtmäßigen Weisung hineingelesen wird.

2.5 Auch § 71a Abs. 1 S. 1 AktG ist im Vertragskonzern grundsätzlich nicht anwendbar. Durch die Änderung des MoMiG sind zuvor bestehende Unsicherheiten beseitigt worden. Nach § 71a Abs. 1 S. 3 AktG gilt das Verbot der finanziellen Unterstützung von Rechtsgeschäften nicht mehr bei Bestehen eines Beherrschungs- oder Gewinnabführungsvertrags. Die zu § 57 AktG dargelegten

Grundsätze zur Rechtmäßigkeit einer Weisung gelten seit dem Inkrafttreten des MoMiG auch für das Verbot der finanziellen Unterstützungsleistung nach § 71a Abs. 1 S. 1 AktG. Zwar enthält § 291 Abs. 3 AktG keine Aussage zur Anwendbarkeit des § 71a Abs. 1 S. 1 AktG. Vielmehr ist die Privilegierung direkt in § 71a Abs. 1 S. 3 AktG festgeschrieben worden. Jedoch ist der Wortlaut mit dem in § 57 Abs. 1 S. 3 AktG identisch. Insofern ist nicht ersichtlich, warum im Rahmen des § 291 Abs. 3 AktG kein weitgehender Gleichlauf von § 57 und § 71a Abs. 1 S. 1 AktG erfolgen sollte.

2.6 Für den faktischen Konzern gilt, dass von einer Verdrängung des § 57 AktG durch § 311 bis zum ordnungsgemäßen Nachteilsausgleich auszugehen ist. Konkret heißt dies, dass für die Zielgesellschaft nachteilige Weisungen nicht an § 57 AktG direkt gemessen werden, jedoch eine Prüfung am Maßstab des § 311 AktG indirekt auf Merkmale des § 57 AktG zurückgreift, sofern ein Nachteilsausgleich vorgenommen oder zumindest rechtsverbindlich zugesagt wurde. Dies gilt ebenso für die Begebung von Sicherheiten. Anderenfalls würde eine natürliche Einheit künstlich aufgespalten. Daher ist auch das Stellen von Sicherheiten als eine im faktischen Aktienkonzern privilegierte Handlung zu betrachten.

2.7 Dagegen ist ein entsprechender Vorrang des § 311 AktG im faktischen Konzern für das Verbot des § 71a Abs. 1 S. 1 AktG zu verneinen. Zum einen erfasst der zeitliche Anwendungsbereich des § 71a Abs. 1 S. 1 AktG auch finanzielle Unterstützungen nach dem Erwerb der Aktien. Daher dürfte der Hauptanwendungsfall einer finanziellen Unterstützung wohl auch in der nachträglichen Gewährung von finanziellen Hilfen liegen. Andererseits stellt sich auch regelmäßig eine sachliche und zeitliche Nähe zwischen Aktienerwerb und finanzieller Unterstützung ein und damit auch eine faktische Konzernierung. Ein Vorrang der §§ 311 ff. AktG würde § 71a Abs. 1 S. 1 AktG in dieser wichtigen (und mit Übernahmebezug versehenen) Konstellation nahezu vollkommen suspendieren und in seinem Kernbereich außer Kraft setzen. Folglich läge eine Privilegierung der finanziellen Unterstützung des Aktienerwerbs im faktischen Konzern vor, dessen strukturelle Risiken mitnichten von § 311 AktG aufgefangen werden können.

3. Kapitalschutz bei Gesamtrechtsnachfolge durch Verschmelzung nach dem UmwG und außerhalb des UmwG

3.1 Im Falle von Verschmelzungen gehen ohne Rücksicht auf etwaige Abtretungsbeschränkungen auch Verbindlichkeiten aus Kreditverträgen auf den übernehmenden Rechtsträger über.

3.2 Ein Verschmelzungsverlust ist bei einem Upstream-Merger zwar buchhalterisch möglich, jedoch selten. Dagegen können Downstream-Merger häufiger zu einem Verschmelzungsverlust führen, wenn aufseiten des Akquisitionsvehikels keine oder keine nennenswerten Aktiva außer der Beteiligung an der Zielgesellschaft bestehen. Denn hier gehen wirtschaftlich die Aktiva des übertragenden Rechtsträgers an seine Anteilseigner, die Passiva abzüglich des Eigenkapitals an den übernehmenden Rechtsträger.

3.3 Der Übergang von negativem Vermögen kann in Downstream-Merger Konstellationen in seiner besonderen Ausprägung zur Finanzierung einer Unternehmensübernahme einen Verstoß gegen das Verbot der Einlagenrückgewähr nach § 57 AktG darstellen. In diesem Fall ist der Downstream-Merger daher auch nicht eintragungsfähig. Das Verbot der finanziellen Unterstützungsleistung nach § 71a Abs. 1 S. 1 AktG ist dagegen bei einem Downstream-Merger nicht direkt anwendbar.

3.4 Auch in Upstream-Merger Konstellation ist bei Übergang negativen Vermögens zur Finanzierung einer Unternehmensübernahme § 57 AktG entsprechend heranzuziehen, um so Schutzlücken zu vermeiden, die sonst durch bloße Wahl der Verschmelzungsrichtung entstehen würden. Das Verbot der finanziellen Unterstützungsleistung nach § 71a Abs. 1 S. 1 AktG ist dagegen bei einem Upstream-Merger nicht direkt anwendbar.

3.5 Unter der Prämisse einer grundsätzlich umwandlungsfreundlichen Ausrichtung des Aktienrechts (§ 71 Abs. 1 Nr. 5 AktG) muss zur Vermeidung von gläubigerschädigenden Verschmelzungen eine maßvolle, analoge Anwendung des Verbots finanzieller Unterstützungsleistungen nach § 71a Abs. 1 S. 1 AktG erfolgen. Hierbei kann es keinen Unterschied machen, ob es sich dabei um eine Upstream- oder Downstream-Verschmelzung handelt.

3.6 Im Falle der „anwachsenden" Verschmelzung lässt sich rechtstechnisch eine analoge Anwendung der Gläubigerschutzvorschriften des UmwG nicht begründen. Ebenso wenig kommt in diesen Fällen mangels Ansatzpunkt eine Anwendung des § 57 AktG in Betracht. Dagegen kann in diesen Konstellationen eine entsprechende Anwendung des § 71a Abs. 1 S. 1 AktG in Betracht kommen.

3.7 Entgegen der instanzgerichtlichen Rechtsprechung ist auch bei Verschmelzungen zur Neugründungen im Einzelfall zu prüfen, ob ein Verstoß gegen §§ 57, 71a Abs. 1 S. 1 AktG vorliegt. Ein apodiktischer Hinweis auf das Gläubigerschutzregime des UmwG genügt hier nicht.

4. **Rechtliche Bewertung von Break-Fee Vereinbarungen:**

4.1 Break-Fee Vereinbarungen dienen neben einigen untergeordneten Motiven vor allem entweder der vermögensrechtlichen Interessenwahrung oder der Sicherung des unternehmerischen Erfolgs.

4.2 Abhängig davon, ob Break-Fee Vereinbarungen verbindlich oder unverbindlich ausgestaltet werden, ist die dogmatische Einordnung vorzunehmen.

4.3 Sofern eine verbindliche Vereinbarung über die Kostentragung im Misserfolgsfall vorliegt, handelt es sich nach hier vertretener Ansicht entweder um eine Schadenspauschale oder um ein selbstständiges Strafversprechen. Zur Abgrenzung können die hinter der jeweiligen Vereinbarung stehende Motivation und die Höhe des aus der Vereinbarung zu zahlenden Betrags herangezogen werden. Soll die Vereinbarung lediglich vermögensrechtliche Interessen wahren und ist sie daher auch betragsmäßig beschränkt auf die in etwa anfallenden Kosten für die gescheiterte Transaktion, so liegt in der Regel eine Schadenspauschale vor. Wenn dagegen mit der Abbruchklausel der unternehmerische Erfolg gesichert werden soll, muss die Vereinbarung pönalisierend wirken und trägt daher den

Charakter eines selbstständigen Strafversprechens in sich. Auch fallen selbstständige Strafversprechen betragsmäßig höher aus.

4.4 Sofern eine unverbindliche Vereinbarung über die Kostentragung im Misserfolgsfall vorliegt, geht damit eine Änderung des Haftungsmaßstabs im vorvertraglichen Bereich einher. Auch durch die unverbindliche Vereinbarung einer Break-Fee bekräftigen die Parteien ihre eigene Abschlussbereitschaft und erlegen sich somit selbst Rücksichtspflichten gegenüber der jeweils anderen Partei auf, welche den Pflichtenkatalog nach §§ 311 Abs. 2, 280 Abs. 1, 241 Abs. 2 BGB konkretisieren.

4.5 Eine Formbedürftigkeit von Break-Fee Vereinbarung kann allenfalls im Zusammenschlussszenario bestehen. Bei Übernahmen fehlt es im aktienrechtlichen Kontext bereits an gesetzlichen Anknüpfungspunkten.

4.6 Sofern die Break-Fee im Zusammenschlussszenario in einem engen Zusammenhang mit den regelmäßig formbedürftigen Verträgen des UmwG steht, wird man auch für die Vereinbarung von Break-Fee einen Beurkundungszusammenhang annehmen müssen. In der Konsequenz muss dann auch die Break-Fee Vereinbarung entsprechend formgerecht abgeschlossen werden.

4.7 Der Abschluss von Break-Fee-Vereinbarungen fällt in die Geschäftsführungskompetenz des Vorstandes. Der Vorstand kann Break-Fee Vereinbarungen auch abschließen, wenn diese nicht im Interesse der Aktionäre sind, sofern das Unternehmenswohl durch andere Motive gewahrt ist.

4.8 Die Vereinbarung einer Break-Fee in einer signifikanten Höhe kann einen *ad-hoc* Vorbehalt des Aufsichtsrates auslösen.

4.9 Zwar löst die Vereinbarung von Break-Fees keine ungeschriebenen Hauptversammlungskompetenzen aus. Gleichwohl kann durch eine solche Vereinbarung eine Vorabbindung der Hauptversammlung eintreten, die grundsätzlich mit der aktienrechtlichen Kompetenzordnung nicht vereinbar ist. Daher ist in solchen Fällen § 187 Abs. 2 AktG analog anzuwenden. In der Folge ist die Vereinbarung der Break-Fee schwebend unwirksam, bis die Hauptversammlung darüber beschlossen hat.

4.10 Nach hier vertretener Auffassung ist es nicht zielführend, die Zulässigkeit von Break-Fee Vereinbarungen an absoluten oder relativen Zahlen festzumachen. Allerdings lässt sich festhalten, dass allenfalls ein degressiver Maßstab zwischen Break-Fee und Transaktionswert anzusetzen ist. Um eine Vorabbindung der Hauptversammlung von vornherein auszuschließen, sollte der unter der Break-Fee zu zahlende Betrag nicht einmal in die Nähe des positiven Interesses kommen.

4.11 Break-Fee Vereinbarungen verstoßen gegen § 57 AktG, wenn zwischen Leistung und Gegenleistung ein Missverhältnis besteht. Die jüngste BGH-Rechtsprechung verlangt nunmehr (freilich für einen anderen Fall), dass die Gegenleistung zudem zu konkreten, bilanziell messbaren Vorteilen für die verpflichtete Gesellschaft führt. Sofern man diese zu § 57 AktG ergangene Rechtsprechung auch auf Break-Fee Vereinbarungen anwenden möchte, dürften nahezu alle Abbruchklauseln gegen § 57 AktG verstoßen – die vom BGH geforderten Vorteile werden sich wohl kaum begründen lassen. Dies würde allerdings zu einer unangemessenen und nicht erforderlichen Beschränkung der Transaktionspraxis führen. Daher ist es für die Beurteilung, ob ein Verstoß gegen § 57 AktG vorliegt, durchaus zulässig eine Gesamtbetrachtung der im Rahmen der Transaktion erfolgten Maßnahmen anzustellen und anhand dessen zu beurteilen, ob ein Missverhältnis vorliegt.

4.12 Break-Fee Vereinbarungen müssen sich grundsätzlich auch am Maßstab des § 71a Abs. 1 S. 1 AktG messen lassen. Um auch hier keine unangemessene Beschränkung der Transaktionspraxis zu bewirken, muss zugleich eine teleologische Reduktion vorgenommen. Als Korrektiv wird die Zweckbestimmung vorgeschlagen: Bei Vereinbarungen, die nur die bereits angefallenen Kosten ausgleichen sollen, wird demnach widerleglich vermutet, dass der Zweck der Vereinbarung nicht auf die Finanzierung des Aktienerwerbs gerichtet war. Pönalisierend wirkende Klauseln würden dieses Privileg dagegen nicht erhalten.

4.13 Die Vereinbarung einer Break-Fee kann unter das kapitalmarktrechtliche Verhinderungsverbot nach § 33 WpÜG fallen, wenn den Aktionären der Zielgesellschaft nichts anderes übrig bleibt, als der Transaktion zuzustimmen.

4.14 Die Vereinbarung einer Break-Fee kann für die Zielgesellschaft einen Umstand mit erheblichen Kursbeeinflussungspotenzial darstellen und damit eine *ad-hoc* Publizitätspflicht nach § 15 Abs. 1 S. 1 WpHG auslösen.

5. **Unternehmerisch motivierte Unterstützungsleistungen**

5.1 Das *MoMiG* hat insgesamt zu einer erfreulichen Rechtsicherheit im Hinblick auf Cash Pool Systeme im Vertragskonzern geführt. Bei Bestehen eines Beherrschungsvertrags sind Cash Pool Systeme weitestgehend von den Beschränkungen der allgemeinen Kapitalerhaltung freigestellt. Bei Bestehen eines isolierten Gewinnabführungsvertrages wird zwar auch weitestgehend das aktienrechtliche Kapitalerhaltungsregime suspendiert, gleichwohl bleibt § 311 AktG anwendbar.

5.2 Hingegen sind bei Cash Pool Systemen im faktischen Konzern noch nicht alle Unsicherheiten ausgeräumt. Für die Beurteilung der Zulässigkeit solcher Systeme kommt es nunmehr darauf an, ob eine konkrete Vermögens- und Ertragsgefährdung vorliegt, was zu verneinen ist, wenn den ausgereichten Darlehen ein vollwertiger Rückzahlungsanspruch gegenübersteht. Die Vollwertigkeit des Darlehensrückzahlungsanspruchs bestimmt sich nach einer vernünftigen kaufmännischen Beurteilung, wie sie der bilanziellen Bewertung von Forderungen aus Drittgeschäften nach § 253 HGB zugrunde zu legen ist.

5.3 Die aktienrechtliche Zulässigkeit von Präsenzboni richtet sich nach deren technischer Ausgestaltung, ist aber erheblichen Bedenken ausgesetzt und nach hier vertretener Auffassung *de lege lata* nicht zulässig. Sollte der Gesetzgeber monetäre Anreize zur Steigerung der Hauptversammlungspräsenz grundsätzlich bejahen, ist hier ein Handeln seinerseits angezeigt.

Literaturverzeichnis

Adams, Michael, Höchststimmrechte, Mehrfachstimmrecht und sonstige wundersame Hindernisse auf dem Markt für Unternehmenskontrolle, AG 1990, S. 63–78.

Adler, Hans / Düring, Walther / Schmaltz, Kurt, Rechnungslegung und Prüfung der Aktiengesellschaft, 4. Aufl. 2000, Stuttgart, (zitiert als: *A/D/S*, Rechnungslegung).

Adolff, Johannes u. a.,Public Company Takeovers in Germany, 2002, München, (zitiert als: *Adolff*, Takeovers in Germany).

Adomeit, Klaus, Der Rechtspositivismus im Denken von Hans Kelsen und von Gustav Radbruch, JZ 2003, S. 161 ff.

Aha, Christof, Einzel- und Gesamtrechtsnachfolge bei der Ausgliederung?, AG 1997, S. 345–357.

Altmeppen, Holger, Zur Vermögensbindung in der faktischen AG, ZIP 1996, S. 693–698.

Altmeppen, Holger, Die Grenzen der Zulässigkeit des Cash Pooling, ZIP 2006, S. 1025–1035.

Altmeppen, Holger,„Upstream-loans“, Cash Pooling und Kapitalerhaltung nach neuem Recht, ZIP 2009, S. 49–56.

Altmeppen, Holger, Cash Pooling und Kapitalerhaltung bei bestehendem Beherrschungs- oder Gewinnabführungsvertrag, NZG 2010, S. 361–368.

Ammelung, Ulrich / Kaeser, Christian, Cash-Management-Systeme in Konzernen, DStR 2003, 655–660.

Anzinger, Heribert M. / Schneider, Uwe H.,Rechtspolitische Vorschläge für die Einführung eines Präsenzbonus, AG 2008, S. 116.

Assmann, Heinz Dieter, Die Haftung für die Richtigkeit und Vollständigkeit der Angebotsunterlage nach § 12 WpÜG, AG 2002, S. 153–160.

Assmann, Heinz-Dieter / Pötzsch, Thorsten / Schneider, Uwe H. (Hrsg.), Wertpapiererwerbs- und Übernahmegesetz, 2. Aufl. 2013, Köln (zitiert als: *Bearb.*, in: Assmann/Pötzsch/Schneider).

Assmann, Hein-Dieter / Schütze, Rolf (Hrsg.), Handbuch des Kapitalanlagerechts, 2. Aufl. 1997, München (zitiert als: *Bearb.*, in: Assmann/Schütze).

Aubel, Thomas van, Vorstandspflichten bei Übernahmeangeboten, 1996, München (zitiert als: *van Aubel*).

Austmann, Andreas, Integration der Zielgesellschaft nach Übernahme, ZGR 2009, S. 277–309.

Austmann, Andreas / Frost, Ina Anne, Vorwirkungen von Verschmelzungen, ZHR 169 (2005), S. 431–470.

Autenrieth, Karlheinz, Die Haftung für Darlehen der abhängigen Gesellschaft an die Konzernmutter im faktischen GmbH-Konzern, GmbHR 1984, S. 198–203.

Bachmann, Gregor, Namensaktie und Stimmrechtsvertretung, WM 1999, S. 2100–2107.

Bachmann, Gregor, Verwaltungsvollmacht und „Aktionärsdemokratie“: Selbstregulative Ansätze für die Hauptversammlung, AG 2001, S. 635–644.

Baetge, Jörg / Kirsch, Hans-Jürgen / Thiele, Stefan, Bilanzen, 8. Aufl. 2005, Düsseldorf (zitiert als *Baetge/Kirsch/Thiele).*

Baldamus, Ernst-August, Reform der Kapitalrichtlinie, 2002, Jena (zitiert als: *Baldamus*).

Ballerstedt, Klaus, Kapital, Gewinn und Ausschüttungen bei Kapitalgesellschaften, 1949, Tübingen (zitiert als: *Ballerstedt*).

Banerjea, Nirmal, Der Schutz von Übernahme- und Fusionsplänen, DB 2003, S. 1489–1498.

Bauer, Fritz (Hrsg.), Funktionswandel der Privatrechtsinstitutionen, in: Festschrift für Ludwig Raiser, 1974, Tübingen, S. 287–338.

Baumbach, Adolf / Hueck, Alfred, Kommentar zum GmbHG, 18. Aufl. 2006, München (zitiert als: *Bearb.*, in: Baumbach/Hueck).

Baums, Theodor / Christian Fraune, Institutionelle Anleger und Publikumsgesellschaft: Eine empirische Untersuchung, AG 1995, S. 97–112.

Baums, Theodor / v. Randow, Philipp, Der Markt für Stimmrechtsvertreter, AG 1995, S. 145–163.

Baums, Theodor, Vollmachtstimmrecht der Banken – Ja oder Nein?, AG 1996, S. 11–26.

Baums, Theodor, Rechtstatsachen zu „Institutionelle Investoren und Publikumsgesellschaft“, Feddersen, Dieter/Hommelhoff, Peter/Schneider, Uwe H. (Hrsg.), Corporate Governance, 1996, Köln, S. 324 ff. (zitiert als: *Baums*, in: Corporate Governance).

Baums, Theodor / Thoma, Georg (Hrsg.), Kommentar zum WpÜG, 2004, Köln (zitiert als: *Bearb.*, in: Baums/Thoma).

Bayer, Walter, Zentrale Konzernfinanzierung, Cash Managment und Kapitalerhaltung, in: Festschrift für Marcus Lutter, 2000, Köln, S. 1011–1032 (zitiert als: *Bayer*, in: FS Lutter).

Bayer, Walter, Vorsorge- und präventive Abwehrmaßnahmen gegen feindliche Übernahmen, ZGR 2002, S. 588–622.

Bayer, Walter, Aktuelle Entwicklungen im Europäischen Gesellschaftsrecht, BB 2004, S. 1–11.

Bayer, Walter / Hoffmann, Thomas / Weinmann, Dirk, Kapitalmarktreaktionen bei Ankündigungen des Rückerwerbs eigener Aktien über die Börse, ZGR 2007, S. 457–480.

Bayer, Walter / Lieder, Jan, Darlehen der GmbH an Gesellschafter und Sicherheiten aus dem GmbH-Vermögen für Gesellschafterverbindlichkeiten, ZGR 2005, S. 133–153.

Bayer, Walter / Lieder, Jan, Einbringung von Dienstleistungen in die AG, NZG 2010, S. 86–93.

Bayer, Walter / Schmidt, Jessica, Die Reform der Kapitalaufbringung bei der Aktiengesellschaft durch das ARUG, ZGR 2009, S. 805–846.

Becker, Bernhard von, Parodiefreiheit und Güterabwägung – Das „Gies-Adler“ Urteil des BGH, GRUR 2004, S. 104–109.

Becker, Ralph, Gesellschaftsrechtliche Probleme der Finanzierung von Leveraged-Buy-Outs, DStR 1998, S. 1429–1434.

Bedkowski, Dorothea, Die Geschäftsleiterpflichten, 2006, Berlin (zitiert als: *Bedkowski*).

Behnke, Thorsten, Die Stimmrechtsvertretung in Deutschland, Frankreich und England, NZG 2000, S. 665–674.

Beisel, Wilhelm / Klumpp, Hans-Hermann, Der Unternehmenskauf, 6. Aufl. 2009, München (zitiert als: *Bearb.*, in: Beisel/Klumpp).

Bender, Hans-Udo, Das Ende klassischer Konzernfinanzierungen durch die jüngere BGH-Rechtsprechung?, BB 2005, S. 1492–1496.

Benecke, Martina, Gesetzesumgehungen im Zivilrecht, 2004, Tübingen (zitiert als: *Benecke*).

Bergjan, Ralf, Die Haftung aus culpa in contrahendo beim Letter of Intent nach neuem Schuldrecht, ZIP 2004, S. 395–401.

Bergjan, Carsten / Philipp Schwarz, Scheitern von Vertragsverhandlungen bei M&A-Transaktionen: Die Breakup-Fee-Klausel im Letter of Intent, GWR 2013, S. 4–7.

Berrar, Carsten / Schnorbus, York, Rückerwerb eigener Aktien und Übernahmerecht, ZGR 2003, S. 59–112.

Bezzenberger, Tilmann, Das Kapital der Aktiengesellschaft, 2005, Köln (zitiert als: *Bezzenberger*).

Bitter, Georg, Rechtsperson und Kapitalerhaltung, ZHR 168 (2004), S. 302–351.

Bitter, Georg (Hrsg.), Festschrift für Karsten Schmidt, 2009, Köln (zitiert als: *Bearb.*, in: FS Schmidt).

Blasche, Sebastian, Welcher Zeitpunkt ist für die Beurteilung der Unzulässigkeit eines Downstream Mergers wegen des Übergangs von negativem Vermögen maßgeblich?, GWR 2010, 300412.

Blasche, Sebastian / König, Mirko, Upstream-Darlehen vor dem Hintergrund des neuen § 30 GmbHG, GmbHR 2009, S. 897–901.

Bleckmann, Albert, Probleme der Auslegung europäischer Richtlinien, ZGR 1992, S. 364–375.

Bleckmann, Albert, Europarecht, 6. Aufl. 1997, Köln (zitiert als: *Bleckmann).*

Blumers, Wolfgang / Beinert, Stefanie, Unternehmenskauf und Mitunternehmermodelle, DB 1997, S. 1636–1642.

Blumers, Wolfgang / Beinert, Stefanie / Witt, Sven-Christian, Unternehmenskaufmodelle nach der Steuerreform, DStR 2001, S. 233–240.

Blumers, Wolfgang / Schmidt, Gerhard, Leveraged-Buy-Out/Management-Buy-Out und Buchwertaufstockung, DB 1991, S. 609–613.

Bock, Volker, Institutioneller Gläubigerschutz nach § 30 Abs. 1 GmbHG beim Downstream-merger nach einem Anteilskauf?, GmbHR 2005, S. 1023–1030.

Boruttau, Ernst, Kommentar zum Grunderwerbssteuergesetz, 15. Aufl. 2002 (zitiert als: *Bearb.*, in*: Boruttau,* GrEStG).

Bosse, Christian, Handel in eigenen Aktien durch die Aktiengesellschaft, WM 2000, S. 806–809.

Bosse, Christian, Mitarbeiterbeteiligung und Erwer eigener Aktien, NZG 2001, S. 594–598.

Böttcher, Lars, Die kapitalschutzrechtlichen Aspekte der Aktionärsrichtlinie (ARUG), NZG 2008, S. 481–485.

Böttcher, Lars / Blasche, Sebastian, Die Grenzen der Leitungsmacht des Vorstands, NZG 2006, S. 569–573.

Brandi, Oliver, Gewährleistungen durch die Aktiengesellschaft bei Anteilserwerb durch Kapitalerhöhung, NZG 2004, S. 600–606.

Brosius, Jan, Die finanzielle Unterstützung des Erwerbs eigener Aktien, 2011, Köln (zitiert als: *Brosius*).

Brouwer, Tobias, Zustimmungsvorbehalte des Aufsichtsrats im Aktien- und GmbH-Recht, 2008, Berlin (zitiert als: *Brouwer*).

Brück, Michael / Sinewe, Patrick, Steueroptimierter Unternehmenskauf, 2. Aufl. 2010, Wiesbaden (zitiert als: *Brück/Sinewe*).

Büchel, Helmut / Rechenberg, Wolf-Georg (Hrsg.), Handbuch des Fachanwalts Handels- und Gesellschaftsrechts, 2. Aufl. 2011, Köln (zitiert als: *Bearb.*, in: FA Handels- und GesR).

Buck, Carsten, Über die Auslegungsmethoden des Gerichtshofs der Europäischen Gemeinschaft, 1998, Frankfurt aM (zitiert als: *Buck*, Auslegungsmethoden).

Buck-Heeb, Petra, Kapitalmarktrecht, 7. Aufl. 2014, Heidelberg (zitiert als: *Buck-Heeb*).

Budde, Wolfgang / Förschle, Gerhart / Winkeljohann, Norbert (Hrsg.), Sonderbilanzen, 4. Aufl. 2008, München (zitiert als: *Bearb.,* in: B/F/W, Sonderbilanzen).

Bundesanstalt für Finanzdienstleistungsaufsicht, Emittentenleitfaden der Bundesanstalt für Finanzdienstleistungsaufsicht 2009, abrufbar unter http://www.bafin.de/SharedDocs/Downloads/DE/Leitfaden/WA/dl_090520_emittentenleitfaden_2009.

pdf?__blob=publicationFile&v=14 (zitiert als *Bafin*, Emittentenleitfaden 2009) (abgerufen am 7.3.2010).

Bungert, Hartwin, Ausgliederung durch Einzelrechtsübertragung und analoge Anwendung des Umwandlungsgesetzes, NZG 1998, S. 367–370.

Bungert. Hartwin, Die UMAG-Hauptversammlung aus Sicht des Praktikers, VGR 2004, S. 59–101.

Burgard, Ulrich, Cash Pooling und Existenzgefährdung, in: Gesellschaftsrechtliche Vereinigung (Hrsg.), Gesellschaftsrecht in der Diskussion 2002, 2003, Köln (zitiert als *Burgard*, in: VRG 2003).

Burgard, Ulrich, Rechtsfragen der Konzernfinanzierung – Kreditgewährung, Cash Pooling, Eigenkapitalpyramiden, AG 2006, S. 527–536

Bürgers, Tobias / Körber, Torsten, Heidelberger Kommentar zum Aktiengesetz, 1. Aufl. 2008 und 3. Aufl. 2014, München (zitiert als: *Bearb.*, in: Bürgers/Körber).

Bydlinski, Franz, Juristische Methodenlehre und Rechtsbegriff, 2. Aufl. 1991, Wien (zitiert als: *Bydlinski*, Methodenlehre).

Cahn, Andreas, Kapitalerhaltung im Konzern, 1998, München (zitiert als: *Cahn*, Konzern).

Cahn, Andreas, Kapitalaufbringung im Cash Pool, ZHR 166 (2002), S. 278–306.

Cahn, Andreas, Das richterrechtliche Verbot der Kreditvergabe an Gesellschafter und seine Folgen, Der Konzern 2004, S. 235–245.

Cahn, Andreas, Die Auswirkungen der Richtlinie zur Änderung der Kapitalrichtlinie auf den Erwerb eigener Aktien, Der Konzern 2007, S. 385–395.

Cahn, Andreas, Das Zahlungsverbot nach § 92 Abs. 2 S. 3 AktG – aktien- und konzernrechtliche Aspekte des neuen Liquiditätsschutzes, Der Konzern 2009, S. 7–17.

Cahn, Andreas, Kredite an Gesellschafter, Der Konzern 2009, S. 67–80.

Cahn, Andreas / Simon, Stefan, Isolierte Gewinnabführungsverträge, Der Konzern 2003, S. 1–20.

Canaris, Claus-Wilhelm, Die Rückgewähr von Gesellschaftereinlagen durch Zuwendungen an Dritte, in: Festschrift für Robert Fischer, Lutter, Marcus u. a. (Hrsg.), 1979, Berlin, S. 31–64 (zitiert als: *Bearb.*, in: FS Fischer).

Canaris, Claus-Wilhelm, Die Bedeutung allgemeiner Auslegungs- und Rechtsfortbildungskriterien im Wechselrecht, JZ 1987, S. 543 ff.

Canaris, Claus-Wilhelm / Mathias Habersack / Carsten Schäfer (Hrsg.), Großkommentar zum HGB, Band 5, 5. Aufl. 2013, Berlin (zitiert als *Bearb.*, in: GK-HGB).

Claussen, Carsten P. / Scherrer, Gerhard, Kölner Kommentar zum Rechnungslegungsrecht, §§ 238 bis 342e HGB, 2011, Köln (zitiert als: *Bearb.*, in: KK-RLR).

Clemm, Hermann, Die Grenzen der Weisungsfolgepflicht des Vorstands der beherrschten AG bei bestehendem Beherrschungsvertrag, ZHR 141 (1977), S. 197 ff.

Dampf, Peter, Die Gewährung von upstream-Sicherheiten im Konzern, Der Konzern 2007, S. 157–172.

Daum, Thomas, Die unkoordinierte Übernahme einer Aktiengesellschaft nach deutschem Recht, 1993, Frankfurt aM (zitiert als: *Daum*).

Dauner-Lieb, Barbara, Aktuelle Vorschläge zur Präsenzsteigerung in der Hauptversammlung, WM 2007, S. 9–16.

Dauner-Lieb, Barbara / Simon, Stefan (Hrsg.), Kölner Kommentar zum UmwG, 2009, Neuwied (zitiert als: *Bearb.*, in: KK-UmwG).

Davies, Paul L.,Gower & Davie's Principles of Modern Company Law, 8. Aufl. 2008, London (zitiert als: *Gower & Davie's).*

Decher, Christian E.,Rechtsfragen der grenzüberschreitenden Merger of Equals, in: Festschrift für Marcus Lutter, Schneider, Uwe H. u.a. (Hrsg.), 2000, Köln, S. 1209–1225 (zitiert als: *Bearb.*, in: FS Lutter).

Deutscher Bundestag, Begründung des Regierungsentwurfs des Gesetzes zur Modernisierung des GmbH-Rechts und zur Bekämpfung von Missbräuchen, BT-Drs. 16/6140 (zitiert als: BT-Drs. 16/6140).

Diem, Andreas, Akquisitionsfinanzierungen, 3. Aufl. 2013, München (zitiert als: *Diem*).

Drinkuth, Henrik, Die Kapitalrichtlinie – Mindest- oder Höchstnorm?, 1998, Köln (zitiert als: *Drinkuth*, Kapitalrichtlinie).

Drygala, Tim, Die Vorschläge der SLIM-Initiative für eine Deregulierung des Europäischen Gesellschaftsrechts, AG 2001, S. 291–299.

Drygala, Tim, Deal Protection in Verschmelzungs- und Unternehmenskaufverträgen – eine amerikanische Vertragsgestaltung auf dem Weg ins deutsche Recht, WM 2004, S. 1413–1421; 1457–1467.

Drygala, Tim, Finanzielle Unterstützung des Aktienerwerbs nach der Reform der Kapitalrichtlinie, Der Konzern 2007, S. 396–406.

Drygala, Tim, Finanzielle Unterstützung des Aktienerwerbs nach der Reform der Kapitalmarktrichtlinie, Der Konzern 2007, S. 396–406.

Drygala, Tim / Kremer, Thomas, Alles neu macht der Mai – Zur Neuregelung der Kapitalerhaltungsvorschriften im Regierungsentwurf zum MoMiG, ZIP 2007, S. 1289–1296.

Ebenroth, Carsten / Parche, Ulrich, Konzernrechtliche Beschränkungen der Umstrukturierung des Vertragskonzerns, BB 1989, S. 637–648.

Ebenroth, Carsten / Boujong, Karlheinz / Joost, Detlev / Strohn, Lutz, Handelsgesetzbuch, Band 1,§§ 1–342e, 3. Aufl. 2014, München (zitiert als: *Bearb.*, in: E/B/J/S).

Ege, Reinhard / Klett, Sabine, Aktuelle gesellschaftsrechtliche und steuerrechtliche Aspekte von Anwachsungsmodellen, DStR 2010, S. 2463–2468.

Eger, Alexander, Leveraged Buyout einer Aktiengesellschaft – Die Auswirkungen des MoMig auf das Gestaltungsmittel der Vertragskonzernierung, 2014, Berlin (zitiert als: *Eger*).

Eidenmüller, Horst, Effizienz als Rechtsprinzip, 3. Aufl. 2005, Tübingen (zitiert als: *Eidenmüller*, Effizienz).

Eidenmüller, Horst, Private Equity, Leverage und die Effizienz des Gläubigerschutzrechtes, ZHR 171 (2007), S. 644–683.

Eilers, Stephan / Rödding, Adalbert / Schmalenbach, Dirk / ‚Unternehmensfinanzierung, 2. Aufl., 2014, München (zitiert als: *Bearb.*, in: Eilers/Rödding/Schmalenbach).

Eilers, Stephan / Wienands, Hans-Gerd, Gestaltungsüberlegungen zur Strukturierung von Unternehmenskäufen nach der BFH-Entscheidung vom 27.03.1996 – I R 89/95, GmbHR 1997, S. 577

Einsele, Dorothee, Verdeckte Sacheinlage, Grundsatz der Kapitalaufbringung und Kapitalerhaltung, NJW 1996, S: 2681–2689.

Ekkenga, Jens, Kapitalaufbringung im konzernweiten Cash-Pool: ungelöste Probleme und verbleibende Gestaltungsspielräume, ZIP 2010, S. 2469–2478.

Emmerich, Volker / Habersack, Mathias, Konzernrecht, 10. Aufl. 2013, München (zitiert als *Emmerich/Habersack,*).

Emmerich, Volker / Habersack, Mathias, Kommentar zum Aktien- und GmbH-Konzernrecht, 5. Aufl. 2008 und 7. Aufl. 2013, München (zitiert als: *Bearb.*, in: Emmerich/Habersack, KonzernR, 5. Aufl. 2008 / *Bearb.*, in: Emmerich/Habersack, KonzernR, 7. Aufl. 2013).

Engert, Andreas, Kreditgewährung an GmbH-Gesellschafter und bilanzorientier Kapitalschutz, BB 2005, 1951–1958.

Engl, Richard, Formularbuch Umwandlungen, 2. Aufl. 2008, München (zitiert als: *Bearb.*, in: Engl, UmwR).

Enneking, Felix / Heckschen, Heribert, Gesellschafterhaftung beim down-stream-merger, DB 2006, S. 1099–1101.

Epper, Nina, Die freundliche öffentliche Übernahme – Ein Überblick über die Transaktionsphase, 2008, Bern (zitiert als: *Epper*).

Erlinghagen, Peter, Der Organschaftsvertrag mit Ergebnisausschluss-Klausel im Aktienrecht, 1960, Marburg (zitiert als: *Erlinghagen*).

Erman, Walter (Begr.); Westermann, Harm Peter / Grunewald, Barbara / Maier-Reimer, Georg (Hrsg.), Erman Handkommentar Bürgerliches Gesetzbuch, 13. Aufl. 2011, Köln (zitiert als: *Bearb.*, in: Erman).

Eusani, Guido, Darlehensverzinsung und Kapitalerhaltung beim Cash Pooling nach dem MoMig, GmbHR 2009, S. 795–800.

Everling, Thomas, Zur Auslegung des durch EG-Richtlinien angeglichenen nationalen Rechts, ZGR 1992, S. 376–390.

Feddersen, Dieter / Kiem, Roger, Die Ausgliederung zwischen „Holzmüller" und neuem Umwandlungsrecht, ZIP 1997, S. 1078–1087.

Fleischer, Holger, Finanzielle Unterstützung des Aktienerwerbs und Leveraged Buyout, AG 1996, S. 494–507.

Fleischer, Holger, Konkurrenzangebote und Due Diligence, ZIP 2002, S. 651–656.

Fleischer, Holger, Die „Business Judgment Rule" im Spiegel von Rechtsprechung und Rechtsökonomie, in: Festschrift für Herbert Wiedemann, Wank, Rolf/ Hirte, Heribert/ Frey, Kaspar/ Fleischer, Holger/ Thüsing, Gregor (Hrsg.), 2002, München, S. 827–849 (zitiert als: *Fleischer*, in: FS Wiedemann).

Fleischer, Holger, Zur organschaftlichen Treuepflicht der Geschäftsleiter im Aktien- und GmbH-Recht, WM 2003, S. 1045–1058.

Fleischer, Holger, Das Gesetz zur Unternehmensintegrität und Modernisierung des Anfechtungsrechts, NJW 2005, S. 3525–3530.

Fleischer, Holger (Hrsg.), Handbuch des Vorstandsrechts, 2006, München (zitiert als: *Bearb.*, in: Hdb VorstandsR).

Fleischer, Holger, Zweifelsfragen der verdeckten Gewinnausschüttung im Aktienrecht, WM 2007, S. 909–917.

Fleischer, Holger,„Gegriffene Größen" in der aktienrechtlichen Spruchpraxis, in: Festschrift für Claus-Wilhelm Canaris, Band 2, 2007, S. 71–90 (zitiert als: *Bearb.*, in: FS Canaris).

Fleischer, Holger, Der Zusammenschluss von Unternehmen im Aktienrecht – Aktienrechtliche Problemfelder bei M&A-Transaktionen, ZHR 172 (2008), S. 538–572.

Fleischer, Holger, Finanzinvestoren im ordnungspolitischen Gesamtgefüge von Aktien-, Bankaufsichts- und Kapitalmarktrecht, ZGR 2008, S. 185–224.

Fleischer, Holger, Zulässigkeit und Grenzen von Break-Fee-Vereinbarungen im Aktien- und Kapitalmarktrecht, AG 2009, S. 345–356.

Fleischer, Holger, Einlagenrückgewähr und Übernahme des Prospektrisikos durch die Gesellschaft bei der Platzierung von Altaktien, NZG 2011, 1081–1086.

Flume, Werner, Der Gesellschafter und das Vermögen der Kapitalgesellschaft und die Problematik der verdeckten Gewinnausschüttung, ZHR 144 (1980), S. 18 ff.

Förschle, Gerhart / Grottel, Bernd / Schmidt, Stefan / Schubert, Wolfgang / Winkeljohann, Norbert (Hrsg.), Beck´scher Bilanzrechtskommentar, 7. Aufl. 2010, München (zitiert als: *Bearb.*, in: BilanzKomm).

Forster, Karl-Heinz (Hrsg.), Aktien- und Bilanzrecht, Festschrift für Bruno Kropff, 1997, Düsseldorf (zitiert als: *Bearb.*, in: FS Kropff).

Franck, Jens-Uwe / Möslein, Florian, Fälle zum Europäischen Privat- und Wirtschaftsrecht, 2005, München (zitiert als: *Franck/Möslein*).

Freitag, Robert,„Financial Assistance“ durch die Aktiengesellschaft nach der Reform der Kapitalrichtlinie – (k)ein Freifahrtschein für LBOs?, AG 2007, S. 157–165.

Freitag, Robert, Finanzverfassung und Finanzierung von GmbH und AG nach dem Regierungsentwurf des MoMiG, WM 2007, S. 1681–1685.

Fridrich, Johannes, Der Schutz der Aktiengesellschaft bei fremdfinanzierter Übernahme, 2010, Berlin (zitiert als: *Fridrich*).

Fuhrmann, Lambertus, Kreditgewährung an Gesellschafter: Ende des konzernweiten Cash-Managements?, NZG 2004, S. 552–555.

Ganske, Joachim, Umwandlungsrecht, 2. Aufl. 1995, Düsseldorf (zitiert: *Ganske*, UmwR).

Gärtner, Matthias, Die rechtlichen Grenzen der Zulässigkeit des Cash Pooling, 2011, Baden-Baden.

Gassner, Bruno, Ausgewählte handelsrechtliche und steuerrechtliche Bilanzierungsfragen bei Umwandlungen, in: Festschrift für Siegfried Widmann, Wassermeyer, Franz u.a. (Hrsg.), 2000, Bonn, S. 343–356 (zitiert als: *Bearb.*, in: FS Widmann).

Gehling, Norbert, Anmerkung zum Urteil des LG Paderborn vom 28.04.2000–2 O 132/00, NZG 2000, 899–901.

Gehrlein, Markus, Der aktuelle Stand des neuen GmbH-Rechts, Der Konzern 2007, S. 771–796.

Geibel, Stephan / Süßmann, Rainer, Wertpapier- und Übernahmegesetz (WpÜG), 2. Aufl. 2008, München (zitiert als: *Bearb.*, in: Geibel/Süßmann).

Gesmann-Nuissl, Dagmar, Die neuen Squeeze-Out-Regeln im Aktiengesetz, WM 2002, S. 1205–1252.

Geyrhalter, Volker / Zirngibl, Nikolas / Strehle, Christopher, Haftungsrisiko aus dem Scheitern von Vertragsverhandlungen bei M&A-Transaktionen, DStR 2006, S. 1559–1564.

Goette, Wulf, Leitung, Aufsicht, Haftung – Zur Rolle der Rechtsprechung bei der Sicherung einer modernen Unternehmensführung, in: Festschrift 50 Jahres BGH, 2000, Köln, S. 123–142 (zitiert als: *Goette*, in: FS 50 Jahre BGH).

Goette, Wulf / Habersack, Mathias (Hrsg.), Das MoMiG in Wissenschaft und Praxis, 2009, Köln (zitiert als: *Bearb.*, in: Goette/Habersack).

Goutier, Klaus / Knopf, Otto / Tulloch, Anthony (Hrsg.), Kommentar zum UmwG, 1996, Heidelberg (zitiert als: *Bearb.*, in: G/K/T, UmwG).

Grothaus, Achim, Übernahme von M&A-Beraterkosten durch die Zielgesellschaft, BB 2008, S. 2364–2366.

Grothaus, Achim / Halberkamp, Thomas, Probleme des Cash-Poolings nach der neuen Rechtsprechung des BGH zur Stammkapitalrückgewähr, GmbHR 2005, S. 1317–1323.

Grunewald, Barbara, Rechtsmissbräuchliche Umwandlungen, in: Festschrift für Volker Röhricht, Crezelius, Georg u. a. (Hrsg.), 2005, Köln, S. 129–136.

Grunewald, Barbara, Gesellschaftsrecht, 9. Aufl. 2014, Tübingen (zitiert als: *Grunewald,* GesR).

Guinomet, Pascal, Break-Fee-Vereinbarungen: Eine Untersuchung von Vereinbarungen für den Fall des Scheiterns einer M&A-Transaktion, 2003, Berlin (zitiert als: *Guinomet*).

Habersack, Mathias, Grundfragen der freiwilligen oder erzwungenen Subordination von Gesellschafterkrediten, ZGR 2000, S. 384–419.

Habersack, Mathias, Das Konzernrecht der „deutschen" SE, ZGR 2003, S. 724–742.

Habersack, Mathias, Die finanzielle Unterstützung des Aktienerwerbs – Überlegungen zu Zweck und Anwendungsbereich des § 71a Abs. 1 S. 1 AktG, in: Festschrift für Volker Röhricht, Crezelius, Georg (Hrsg.), 2005, S. 155–179 (zitiert als: *Habersack,* in: FS-Röhricht).

Habersack, Mathias, Die finanzielle Unterstützung des Aktienerwerbs – Überlegungen zu Zweck und Anwendungsbereich des § 71a Abs. 1 S. 1 AktG, in: Festschrift für Volker Röhricht, Crezelius, Georg u. a. (Hrsg.), 2005, Köln, S. 155–179 (zitiert als: *Bearb.*, in: FS Röhricht).

Habersack, Mathias, Die UMTS-Auktion – ein Lehrstück des Aktienkonzernrecht, ZIP 2006, S. 1327–1331.

Habersack, Mathias, Brüssel rüttelt an Finanzverfassung der Unternehmen, FAZ v. 20.11.2007, S. 17.

Habersack, Mathias, Trihotel – Das Ende der Debatte?, ZGR 2008, S. 533–559.

Habersack, Mathis, Aufsteigende Kredite im Lichte des MoMiG und des „Dezember"-Urteils des BGH, ZGR 2009, S. 347–365.

Habersack, Mathias, Verdeckte Sacheinlagen und Hin- und Herzahlen nach dem ARUG – gemeinschaftsrechtlich betrachtet, AG 2009, S. 557 ff.

Habersack, Mathias, Aufsteigende Kredite nach MoMiG, in: Festschrift für Harald Schaumburg, Spindler, Wolfgang u. a. (Hrsg.), 2009, Köln, S. 1291–1305.

Habersack, Mathias / Koch, Ulrich / Winter, Martin (Hrsg.), Die Spaltung im neuen Umwandlungsrecht und ihre Rechtsfolge, 1999, Heidelberg (zitiert als: *Bearb.*, in: Habersack, Spaltung im UmwR).

Habersack, Mathias / Jan Schürnbrand, Cash Management und Sicherheitenbestellung bei AG und GmbH im Lichte des richterrechtlichen Verbots der Kreditvergabe an Gesellschafter, NZG 2004, S. 689–696.

Hahn, Volker, Zum Spannungsverhältnis von Kapitalerhaltung und Cash Pool im Konzern, Der Konzern 2004, S. 641–646.

Hahn, Erik / Reif, Marcus, Erhöhung der Hauptversammlungspräsenz durch Dividendenbonus, Der Gesellschafter (GesRZ), 2007, S. 44–47.

Hamann, Uwe, Die Angebotsunterlage nach dem WpÜG, ZIP 2001, S. 2249–2257.

Hanloser, Stefan, Proxy-Voting, Remote-Voting und Online-HV, NZG 2001, S. 355–358.

Hansen, Søren Friis / Sørensen, Karsten Engsig, Reforming the Financial Assistance Provision in the Second Company Law Directive: A Danish Perspective, EBLR 2003, S. 3–23.

Haritz, Detlef / Benkert, Manfred (Hrsg.), Kommentar zum UmwStG, 2. Aufl. 2001, München (zitiert als: *Bearb.*, in: Haritz/Benkert).

Hartung, Tom, Financial Assistance, 2010, Jena (zitiert als: *Hartung*).

Hasselbach, Kai / Nawroth, Christoph / Rödding, Adalbert (Hrsg.), Beck`sches Holding Handbuch, 2. Aufl. 2015, München (zitiert als: *Bearb.*, in: Holding Hdb).

Heckschen, Heribert, Die Entwicklung des Umwandlungsrechts aus Sicht der Rechtsprechung und Praxis, DB 1998, S. 1385–1399.

Heckschen, Heribert, Kapitalerhöhung und Down-Stream-Merge, GmbHR 2008, S. 802–805.

Heckschen, Heribert / Simon, Stefan, Umwandlungsrecht: Gestaltungsschwerpunkte der Praxis, 2003, Köln (zitiert als: *Heckschen/Simon*).

Heidel, Thomas (Hrsg.), Aktienrecht und Kapitalmarktrecht, 4. Aufl. 2014, Baden-Baden (zitiert als: *Bearb.*, in: Heidel).

Heidenhain, Martin, Sonderrechtsnachfolge bei der Spaltung, ZIP 1995, S. 801–805.

Heidinger, Andreas / Blath, Simon, Die Legitimation zur Teilnahme an der Hauptversammlung nach Inkrafttreten des UMAG, DB 2006, S. 2275–2278.

Heinrich, Marcus, Der weiße Ritter als Maßnahme zur Abwehr eines feindlichen Übernahmeangebots, 2009, Jena (zitiert als: *Heinrich*).

Heinz, Volker, Die englische Limited, 2. Aufl. 2006, Baden-Baden (zitiert als: *Heinz*, Limited).

Hellert, Joos, Der Einfluss des EG-Rechts auf die Anwendung nationalen Rechts, 2001, Frankfurt aM (zitiert als: *Hellert*, Einfluss des EG-Rechts).

Hellwig, Hans-Jürgen, Kapitalerhöhungen im Cash-Pool, in: Festschrift für Martin Peltzer, Lutter, Marcus/Scholz, Manfred/Sigle, Walter (Hrsg.), 2001, Köln, S. 163–180 (zitiert als: *Hellwig*, in: FS Peltzer).

Henssler, Martin / Strohn, Lutz (Hrsg.), Kommentar zum Gesellschaftsrecht, 2. Aufl. 2014, München (zitiert als: *Bearb.*, in: Henssler/Strohn).

Hentzen, Matthias, Konzerninnenfinanzierung nach BGHZ 157, 72, ZGR 2005, S. 480–527.

Henze, Hartwig, Die Treuepflicht im Aktienrecht, BB 1996, S. 489–499.

Henze, Hartwig, Reichweite und Grenzen des aktienrechtlichen Grundsatzes der Vermögensbindung, AG 2004, S. 405–415.

Henze, Hartwig, Konzernfinanzierung und Besicherung – Das Upstreamrisiko aus Gesellschafter- und Bankensicht, WM 2005, S. 717–727.

Henze, Hartwig, Vermögensbindungsprinzip und Anlegerschutz, NZG 2005, S. 115–121.

Hergenröder, Curt, Zivilprozessuale Grundlagen richterlicher Rechtsfortbildung, 1995, Tübingen (zitiert als: *Hergenröder* Rechtsfortbildung).

Herkenroth, Klaus u. a. (Hrsg.), Konzernsteuerrecht, 2007, Wiesbaden (zitiert als: *Herkenroth*).

Herrler, Sebastian / Reymann, Christoph, Die Neuerungen im Aktienrecht durch das ARUG – unter besonderer Berücksichtigung der Neuregelungen zur Hauptversammlung und zur Kapitalaufbringung bei der AG, DNotZ 2009, S. 914–935.

Herzig, Norbert, Steuerorientierte Grundmodelle des Unternehmenskaufs, DB 1990, S. 133–138.

Hettler, Stephan / Stratz, Christian / Hörtnagl, Robert (Hrsg.), Beck´sches Mandatshandbuch Unternehmenskauf, 2004, München (zitiert: *Bearb.*, in: Hdb Unternehmenskauf).

Heußner, Hermann, Die Rechtsprechung des Bundesverfassungsgerichts zum Richterrecht, in: Festschrift für Marie Hilger und Herrmann Stumpf, Dieterich, Thomas u. a. (Hrsg.), 1983, München, S. 317–328 (zitiert als: *Bearb.*, in: FS Hilger/Stumpf).

Hild, Dieter / Schuch, Manfred, Mitunternehmerischer Unternehmenskauf, DB 1993, S. 181–189.

Hilgard, Mark, Break-up Fees beim Unternehmenskauf, BB 2008, S. 286–294.

Hirsch, Hendrik, Der Erwerb eigener Aktien nach dem KonTraG, 2004, Köln (zitiert als: *Hirsch*, Erwerb eigener Aktien).

Hirte, Heribert, Verteidigung gegen Übernahmeangebote und Rechtsschutz des Aktionärs gegen die Verteidigung, ZGR 2002, S. 623–658.

Hirte, Heribert, Neuregelungen mit Bezug zum gesellschaftsrechtlichen Gläubigerschutz und im Insolvenzrecht durch das MoMiG, ZinsO 2008, S. 689–702.

Hirte, Heribert / Christoph von Bülow (Hrsg.), Kölner Kommentar zum Wertpapierübernahmegesetz, 2. Aufl. 2010, Köln (zitiert als: *Bearb.*, in: KK-WpÜG).

Hitschler, Werner, Leveraged (Management-) Buyouts, BB 1990, S. 1877–1883.

Hoffmann-Becking, Michael (Hrsg.), Münchener Handbuch des Gesellschaftsrechts, Band 4: Die Aktiengesellschaft, 4. Aufl. 2015, München (zitiert als: *Bearb.*, in: Münch Hdb AG).

Hölters, Wolfgang, Aktiengesetz – Kommentar, 2. Aufl. 2014, München (zitiert als: *Bearb.*, in: Hölters).

Hölters, Wolfang (Hrsg.), Handbuch Unternehmenskauf, 8. Auflage 2015 und 5. Auflage 2002, Köln (zitiert als: *Bearb.*, in: Hölters, Unternehmenskauf).

Holzapfel, Hans-Joachim / Pöllath, Reinhard, Unternehmenskauf in Recht und Praxis, 14. Aufl. 2010, Köln (zitiert als: *Holzapfel/Pöllath*).

Holzborn, Timo / Bunnemann, Jan, Änderungen im AktG durch den Regierungsentwurf UMAG, BKR 2005, S. 51–58.

Hölzle, Gerrit, Gesellschafterfremdfinanzierung und Kapitalerhaltung im Regierungsentwurf de MoMiG, GmbHR 2007, S. 729–736.

Hommelhoff, Peter, Konzernleitungspflicht: Zentrale Aspekte eines Konzernverfassungsrechts, 1982, Bochum (zitiert als: *Hommelhoff*, Konzernleitungspflicht).

Hommelhoff, Peter, Zivilrecht unter dem Einfluss europäischer Rechtsangleichung, AcP 192 (1992), S. 71–107.

Hommelhoff, Peter, Eigenkapital-Ersatz im Konzern und in Beteiligungsverhältnissen, WM 1994, S. 1105–1118.

Hommelhoff, Peter (Hrsg.), Gesellschafts- und Umwandlungsrecht in der Bewährung, 1998, Berlin (zitiert als: *Bearb.*, in: Hommelhoff, Gesellschafts- und Umwandlungsrecht).

Hopt, Klaus, Aktionärskreis und Vorstandsneutralität, ZGR 1993, S. 534–566.

Hopt, Klaus, Die Aktienrechtsreform 1997: Stellungnahme anlässlich der öffentlichen Anhörung vor dem Rechtsausschuss des Deutschen Bundestags, AG 1996, Sonderheft, S. 42–48.

Hopt, Klaus, ECLR – Übernahmen, Geheimhaltung und Interessenkonflikte: Probleme für Vorstände, Aufsichtsräte und Banken, ZGR 2002, S. 333–376.

Hopt, Klaus J. / Wiedemann, Herbert (Hrsg.), Großkommentar zum Aktiengesetz, Band 2: §§ 53a – 75, 4. Aufl. 2010, Berlin (zitiert als: *Bearb.*, in: GK-AktG).

Horn, Norbert, Aktien- und konzernrechtlicher Vermögensschutz der Aktiengesellschaft und der Gang an die Börse, ZIP 1987, S. 1225–1234.

Hüffer, Uwe, Kommentar zum AktG, 11. Aufl. 2014, München (zitiert als: *Hüffer*).

Hüffer, Uwe, Probleme des Cash Managements im faktischen Konzern, AG 2004, S. 416–422.

Hulle, Karel van, Aktuelle Entwicklungen im europäischen Gesellschaftsrecht, EWS 2000, S. 521–527.

Institut der Wirtschaftsprüfer, Presseinformation 8/06 v. 11. September 2006: Vorschläge des IDW zur Neukonzeption der Kapitalerhaltung und zur Ausschüttungsmessung (zitiert als: *IDW*, Neukonzeption der Kapitalerhaltung).

Ihrig, Hans-Christoph, Verschmelzung und Spaltung ohne Gewährung neuer Anteile, ZHR 160 (1996), S. 317–342.

Ihrig, Hans-Christoph, Optionen auf eigene Aktien, in: Festschrift für Peter Ulmer, Habersack, Mathias/Hommelhoff, Peter/Hüffer, Uwe (Hrsg.), 2003, Berlin, S. 829–345 (zitiert als: *Ihrig*, in: FS Ulmer).

Immenga, Ulrich, Vertragliche Vinkulierung von Aktien?, AG 1992, S. 79–83.

Institut der Wirtschaftsprüfer, WP-Handbuch, Band 2, 13. Aufl. 2008, Düsseldorf (zitiert als: *Bearb.*, in: WP-Hdb).

Instone, Richard, Section 54 and All That, JBL 1980, S. 99–109.

Isler, Peter, Break-up Fee bei Unternehmenszusammenschlüssen, in: Liber Amicorum für Hermann Schulin, Vogt, Nedim Peter/Zobl, Dieter (Hrsg.), 2002, Basel, S. 83–96 (zitiert als: *Isler*, in: FS Schulin).

Jäger, Axel / Briel, Olaf v.,Anwaltshandbuch zur rechtlichen Beratung von Unternehmen, 1996, Kissing (zitiert als: *Bearb.*, in: Jäger/Briel).

Jäger, Axel, Kapitalaufbringung und Haftungsrisiken in Cash-Management-Systemen von GmbH-Konzernen, DStR 2000, S. 1653–1658.

Jarass, Hans, Richtlinienkonforme bzw. EG-rechtskonforme Auslegung nationalen Rechts, EuR 1991, S. 211 ff.

Jauch, Markus, Cash-Pooling als Form der Unternehmensfinanzierung – eine wirtschaftliche Betrachtung unter dem Einfluss rechtlicher Schranken, 2007, Saarbrücken (zitiert als: *Jauch*).

Jauernig, Othmar (Hrsg.), Bürgerliches Gesetzbuch, 15. Aufl. 2014, München (zitiert als: *Bearb.*, in: Jauernig).

Johannsen-Roth, Tim / Goslar, Sebastian, Rechtliche Rahmenbedingungen für Übernahmeprämien bei Misch- oder Tauschangeboten im Lichte von § 255 Abs. 2 S. 1 AktG und § 57 AktG, AG 2007, S. 573–580.

Joost, Heike, Grundlagen und Rechtsfolgen der Kapitalerhaltungsregeln im Aktienrecht, ZHR 149 (1985), S. 419 ff.

Jula, Rocco / Beitbarth, Carmen, Liquiditätsausgleich im Konzern durch konzerninterne Darlehen, AG 1997, S. 256–265.

Just, Clemens, Die englische Limited in der Praxis, 3. Aufl. 2008, München (zitiert als: *Just*, Limited).

Justich, Georg, Kapitalerhaltung und Gläubigerschutz bei Verschmelzungen, 2005, Wien (zitiert als: *Justich*).

Kallmeyer, Harald, Das neue Umwandlungsgesetz, ZIP 1997, S: 1746–1758.

Kallmeyer, Harald, Anwendung von Verfahrensvorschriften des Umwandlungsgesetzes auf Ausgliederungen nach Holzmüller, Zusammenschlüsse nach der Pooling-of-interests-Methode und die sog. übertragende Auflösung, in: Festschrift für Marcus Lutter, Schneider, Uwe u. a. (Hrsg.), 2000, Köln, S. 1245–1260 (zitiert als: *Bearb.*, in: FS Lutter).

Kallmeyer, Harald, Schlankheitskur für das EU-Gesellschaftsrecht, AG 2001, S. 406–409.

Kallmeyer, Harald, Kommentar zum UmwG, 5. Aufl. 2013, Köln (zitiert als: *Bearb.*, in: Kallmeyer, UmwG).

Kalss, Susanne, Gläubigerschutz bei Verschmelzungen von Kapitalgesellschaften, ZGR 2009, S. 74–125.

Kanzleiter, Rainer, Der Umfang der Beurkundungsbedürftigkeit bei verbundenen Rechtsgeschäften, DnotZ 1994, S. 275–284.

Kapp, Thomas, Der geplante Unternehmenskauf: Schadensersatz aus culpa in contrahendo bei formbedürftigen Verträgen (§ 15 Abs. 4 GmbHG)?, DB 1989, S. 1224–1227.

Keller, Christoph / Klett, Sabine, Die sanierende Verschmelzung, DB 2010, S. 1220–1225.

Kerber, Marcus, Die Übernahme von Gesellschaften mit beschränkter Haftung im Buy-Out-Verfahren – Teil 1 – , WM 1989, S. 473–480.

Kerber, Marcus, Die Übernahme von Gesellschaften mit beschränkter Haftung im Buy-Out-Verfahren, – Teil 2 – WM 1989, S. 513–517.

Kerber, Marcus, Die aktienrechtlichen Grenzen der finanziellen Unterstützung des Aktienerwerbs im Buy-out-Verfahren, DB 2004, S. 1027–1032.

Kerber, Marcus, Unternehmenserwerb im Wege der Schuldübernahme und nachfolgender Verschmelzung, NZG 2006, S. 50–53.

Kerber, Marcus, Anmerkung zum Urteil des LG Düsseldorf v. 28.10.2005–39 O 180/04, ZIP 2006, S. 516–525.

Kerber, Marcus, Das Urteil des OLG Düsseldorf vom 28.9.2006 in Sachen „Babcock Borsig/HDW": Die Klärung der tatbestandlichen Reichweite von § 71a AktG wird bewusst vermieden, NZG 2007, S. 254–256.

Kessel, Bernd, Leveraged Buy-Out der Aktiengesellschaft, 1998, Frankfurt aM (zitiert als: *Kessel*).

Kessler, Wolfgang / Kröner, Michael / Köhler, Stefan, Konzernsteuerrecht, 2. Aufl. 2008, München (zitiert als: *Bearb.*, in: Kessler/Kröner/Köhler).

Kessler, Manfred / Suchan, Stefan, Kapitalschutz bei Erwerb eigener Anteile nach BilMoG, in: Festschrift für Peter Hommelhoff, Erle, Bernd u. a. (Hrsg.), 2012, Köln (zitiert als: *Bearbeiter*, in: FS Hommelhoff).

Kiefner, Alexander / Theusinger, Ingo, Aufsteigende Darlehen Sicherheiten im Aktienrecht nach dem MoMiG, NZG 2008, S. 801–806.

Kiethe, Kurt, Haftungs- und Ausfallrisiken beim Cash Pooling, DStR 2005, S. 1573–1578.

Kierulff, Johann, Theorie des Gemeinen Civilrechts, 1889, Altona (zitiert als: *Kierulff*, Theorie).

Kitanoff, Alexander, Der Erwerb eigener Aktien, 2009, Frankfurt am Main (zitiert als: *Kitanoff*)

Klamert, Marcus, Die richtlinienkonforme Auslegung nationalen Rechts, 2001, Wien (zitiert als: *Klamert*, Auslegung).

Klass, Tobias, Der Buyout von Aktiengesellschaften, 2000, Baden-Baden (zitiert als: *Klass*).

Klein, Martin / Stephanblome, Markus, Der Downstream Merger – aktuelle umwandlungs- und gesellschaftsrechtliche Fragestellungen, ZGR 2007, S. 351–400.

Kleindiek, Detlef,„Going Private" und Anlegerschutz, in: Festschrift Gerold Bezzenberger, Westermann, Harm Peter u. a. (Hrsg.), 2000, Berlin, S. 653–671 (zitiert als: *Bearb.*, in: FS Bezzenberger).

Klöhn, Lars, Interessenkonflikte zwischen Aktionären und Gläubigern der Aktiengesellschaft im Spiegel der Vorstandspflichten, ZGR 2008, S. 110–158.

Klühs, Hannes, Präsenzbonus für die Teilnahme an der Hauptversammlung, ZIP 2006, S. 107–118.

Knott, Hermann / Mielke, Werner / Scheffler, Arndt (Hrsg.), Unternehmenskauf, 3. Aufl. 2008, Köln (zitiert als: *Bearb.* in: Knott/Mielke/Scheffler).

Koch, Hans-Joachim / Rüßmann, Helmut, Juristische Begründungslehre, 1982, München (zitiert als: *Koch/Rüßmann*, Begründungslehre).

Kollmar, Jens, Die Ausstrahlungen des Umwandlungsgesetzes auf Spaltungen nach traditionellem Recht, 1999, Frankfurt aM (zitiert als: *Kollmar).*

Kopp, Hans Joachim, Erwerb eigener Aktien, 1996, Wiesbaden (zitiert als: *Kopp*, Erwerb eigener Aktien).

Koppensteiner, Hans-Georg, Zum Gläubigerschutz bei der Verschmelzung von Aktiengesellschaften, in: Festschrift für Harm Peter Westermann, Aderhold, Lutz u. a. (Hrsg.), 2008, Köln, S. 1157–1170.

Kort, Michael, Der Abschluss von Beherrschungs- und Gewinnabführungsverträgen im GmbH-Recht, 1986, Köln (zitiert als: *Kort).*

Kort, Michael, Zur Vertragsfreiheit bei Unternehmensverträgen, BB 1988, S. 79–84.

Kort, Michael, Pflichten von Vorstands- und Aufsichtsratsmitgliedern beim Erwerb eigener Aktien zwecks Vorstandsvergütung, NZG 2008, S. 823–825.

Kort, Michael, Vorstandshandeln im Spannungsfeld zwischen Unternehmensinteresse und Aktionärsinteresse, AG 2012, S. 605–610.

Korte, Heinz W.,Aktienerwerb und Kapitalschutz bei Umwandlungen, WiB 1997, S. 953–965.

Krause, Hartmut, Prophylaxe gegen feindliche Übernahmen, AG 2002, S. 133–144.

Krieger, Gerd, Squeeze-Out nach neuem Recht: Überblick und Zweifelsfrag, BB 2002, S. 53–62.

Kropff, Bruno, Einlagenrückgewähr und Nachteilsausgleich im faktischen Konzern, NJW 2009, S. 814–817.F

Kropff, Bruno, Nettoausweis des Gezeichneten Kapitals und Kapitalschutz, ZIP 2009, S. 1137–1145.

Kümpel, Siegfried / Wittig, Arne, Bank- und Kapitalmarktrecht, 4. Aufl. 2011, Köln (zitiert als: *Bearb.*, in: Kümpel/Wittig).

Kühlbacher, Uli, Darlehen an Konzernunternehmen, 1993, Berlin (zitiert als: *Kühlbacher*).

Kuhn, Anja, Exklusivvereinbarungen bei Unternehmenszusammenschlüssen, 2007, Gottmadingen (zitiert als: *Kuhn*).

Kuhlmann, Jens / Ahnis, Erik, Konzern- und Umwandlungsrecht, 3. Aufl. 2010, Heidelberg (zitiert als: *Kuhlmann/Ahnis*).

Kuhner, Christoph, Unternehmensinteresse vs. Stakeholder Value als Leitmaxime kapitialmarktorientierter Aktiengesellschaften, ZGR 2004, S. 244–279.

Kumpan, Christoph, Private Equity und der Schutz deutscher Unternehmen, AG 2007, S. 461–472.

Kuntz, Thilo, Zur Frage der Verantwortlichkeit der Geschäftsleiter der abhängigen Gesellschaft gegenüber dem herrschenden Unternehmen, Der Konzern 2007, S. 802–810.

Lamp, Jochen / Schluck-Amend, Alexandra, Kapitalaufbringung im Rahmen des Cash Poolings – Anmerkung zu den BGH-Urteilen vom 16.01.2006 – II ZR 75 und 76/04, DB 2006, S. 879–881.

Langenbucher, Katja, Europarechtliche Bezüge des Privatrechts, 2. Aufl. 2008, Baden-Baden (zitiert als: *Langenbucher*, Europarechtliche Bezüge).

Langenbucher, Katja, Aktien- und Kapitalmarktrecht, 2. Aufl. 2011, München (zitiert als: *Langenbucher*).

Larenz, Karl / Canaris, Claus-Wilhelm, Methodenlehre der Rechtswissenschaft, 3. Aufl. 1995, Berlin (zitiert als: *Larenz/Canaris*, Methodenlehre).

Lebherz, Axel, Publizitätspflichten bei der Übernahme börsennotierter Unternehmen, WM 2010, S. 154–163.

Leinekugel, Jens, Die Ausstrahlungswirkung des Umwandlungsgesetzes, 2000, Köln (zitiert als: *Leinekugel*).

Lembeck, Eva-Desiree, UK Company Law Reform – ein Überblick, NZG 2003, S. 956–965.

Lenz, Susanne, Steigerung der Hauptversammlungsteilnahme durch monetäre Anreize, NZG 2006, S. 534–535.

Liebscher, Thomas, Das Übernahmeverfahren nach dem neuen Übernahmegesetz, ZIP 2001, S. 835–869.

Linker, Anja / Zinger, Georg, Rechte und Pflichten der Organe einer Aktiengesellschaft bei der Weitergabe vertraulicher Unternehmensinformationen, NZG 2002, S. 497–502.

Lommatzsch, Jutta, Vorbereitung der HV durch Mitteilungen und Weisungen nach §§ 125, 128 AktG n.F., NZG 2001, S. 1017–1025.

Lorenz, Stephan / Riehm, Thomas, Lehrbuch zum neuen Schuldrecht, 2002, München (zitiert als: *Lorenz/Riehm*).

Louven, Christoph / Wenig, Alexander, Die Ausgliederung von Pensionsverbindlichkeiten – neue Optionen bei Unternehmensverkäufen, BB 2006, S. 619–624.

Ludwig, Rüdiger, Verbotene finanzielle Unterstützung im Sinne des § 71a Abs. 1 S. 1 AktG ohne rechtsgeschäftliche Beteiligung der Zielgesellschaft, in: Liber amicorum Wilhelm Happ, Hoffmann-Becking, Michael/Ludwig, Rüdiger (Hrsg.), 2006, Köln u. a., S. 131–142 (zitiert als: *Ludwig*, in: FS Happ).

Lüken, Christian, Der Erwerb eigener Aktien nach §§ 71 ff. AktG, 2004, Berlin (zitiert als: *Lüken*, Erwerb eigener Aktien).

Lutter, Marcus, Kapital, Sicherung der Kapitalaufbringung und Kapitalerhaltung in den Aktien- und GmbH-Rechten der EWG, 1964, Karlsruhe (zitiert als: *Lutter*, Kapital).

Lutter, Marcus, Zur Wirkung von Zustimmungsvorbehalten nach § 111 Abs. 4 S. 2 AktG auf nahestehende Gesellschaften, in: Festschrift für Robert Fischer, Lutter, Marcus u. a. (Hrsg.), 1979, Berlin (zitiert als: *Bearb.*, in: FS Fischer).

Lutter, Marcus, Zur Vorbereitung und Durchführung von Grundlagenbeschlüssen in Aktiengesellschaften, in: Festschrift für Hans-Joachim Fleck, Goerdeler, Reinhard u. a. (Hrsg.), 1988, Berlin, S. 169–190 (zitiert als: *Bearb.*, in: FS Fleck).

Lutter, Marcus, Zur Reform von Umwandlung und Fusion, ZGR 1990, S. 392–415.

Lutter, Marcus, Vermögensveräußerungen einer abhängigen Aktiengesellschaft – Haftungsrisiken beim „asset-stripping“, in: Festschrift für Ernst Steindorff, Baur, Jürgen u. a. (Hrsg.), 1990, Berlin, S. 125–150 (zitiert als: *Bearb.*, in: FS Steindorff).

Lutter, Marcus, Die Auslegung des angeglichenen Rechts, JZ 1992, S. 593 ff.

Lutter, Marcus, Europäisches Unternehmensrecht, 1996, 4. Aufl. 1996, Berlin (zitiert als: *Lutter*, Europäisches Unternehmensrecht).

Lutter, Marcus, Der Letter of Intent: zur rechtlichen Bedeutung von Absichtserklärungen, 3. Aufl. 1998, Köln (zitiert als: *Lutter*, LoI).

Lutter, Marcus (Hrsg.), Kapital der Aktiengesellschaften in Europa, 2006, Berlin (zitiert als: *Bearb.*, in: Lutter, Kapital der AG).

Lutter, Marcus (Hrsg.), Kommentar zum Umwandlungsgesetz, 5. Aufl. 2014, Köln (zitiert als: *Bearb.*, in: Lutter, UmwG).

Lutter, Marcus / Bayer, Walter, Holding-Handbuch, 5. Aufl. 2015, Köln (zitiert als: *Bearb.*, in: Lutter, Holding).

Lutter, Marcus / Hommelhoff, Peter (Hrsg.), Kommentar zum GmbHG, 18. Aufl. 2012, Köln (zitiert als: *Bearb.* in: Lutter/Hommelhoff, GmbHG).

Lutter, Marcus / Leinekugel, Rolf, Kompetenzen von Hauptversammlung und Gesellschafterversammlung beim Verkauf von Unternehmensteilen, ZIP 1998, S. 225–232.

Lutter, Marcus / Scheffler, Eberhard / Schneider, Uwe H.,Handbuch der Konzernfinanzierung, 1998, Köln (zitiert als: *Bearb.*, in: Hdb Konzernfinanzierung)

Lutter, Marcus / Timm, Wolfram, Zum VEBA/Gelsenberg-Urteil des Bundesgerichtshof, BB 1978, S. 836–841.

Lutter, Marcus / Wahlers, Henning, Der Buyout: Amerikanische Fälle und die Regeln des deutschen Rechts, AG 1989, S. 1–17.

Maier-Reimer, Georg, Kreditsicherung und Kapitalersatz in der GmbH, in: Festschrift für Heinz Rowedder, Pfeiffer, Gerd/ Wiese, Günther/ Zimmermann, Klaus (Hrsg.), 1994, München, S. 245 ff. (zitiert als: *Maier-Reimer*, in: FS Rowedder).

Maltschew, Reni, Der Rückerwerb eigener Aktien in der Weltwirtschaftskrise 1929–1931, 2004, Berlin (zitiert als: *Maltschew*).

Marsch-Barner, Reinhard / Schäfer, Frank, Handbuch börsennotierte AG, 3. Aufl. 2014, Köln (zitiert als: *Bearb.*, in: Marsch-Barner/Schäfer).

Martens, Klaus-Peter, Leitfaden für die Leitung der Hauptversammlung einer Aktiengesellschaft, 3. Aufl. 2003, Köln (zitiert als: *Martens*).

Maulbetsch, Hans-Christoph / Klumpp, Axel / Rose, Klaus-Dieter, Kommentar zum UmwG, 2008, Heidelberg (zitiert als *M/K/R*, UmwG).

Mayer, Dieter, Ein Beitrag zur „Entschleierung“ der verschleierten Sacheinlage im GmbH-Recht, NJW 1990, S. 2593–2600.

Meilicke, Wienand / Heidel, Thomas, Verweigerung des Rechtsschutzes für außenstehende Aktionäre verstößt gegen Europäische Menschenrechtskonvention, BB 2003, S. 1805–1806.

Menke, Thomas / Otte, Sabine, Risiken der Gesellschafter beim Down-Stream Merger, M&A Review 2008, S. 533–538.

Merkt, Hanno, Verhaltenspflichten des Vorstands der Zielgesellschaft bei feindlichen Übernahmen, ZHR 165 (2001), S. 224–257.

Mertens, Kai, Aktuelle Fragen zur Verschmelzung von Mutter- auf Tochtergesellschaften – down stream merger, AG 2005, S. 785–792.

Meyer-Landrut, Andreas / Kiem, Roger, Der Formwechsel einer Publikumsaktiengesellschaft, WM 1997, S. 1361–1373.

Michalski, Lutz, Ungeklärte Fragen bei der Einlagenrückgewähr im Aktienrecht, AG 1980, S. 261–269.

Michalski, Lutz (Hrsg.), Kommentar zum GmbHG, Band 1: §§ 1–34, 2. Aufl. 2010, München (zitiert als: *Bearb.*, in: Michalski, GmbH).

Mimberg, Jörg, Schranken der Vorbereitung und Durchführung der Hauptversammlung im Internet, ZGR 2003, S. 21–58.

Möller, Christian, Änderungen des Aktienrechts durch das MoMiG, Der Konzern 2008, S. 1–9.

Morsch, Stephan, Probleme der Kapitalaufbringung und der Kapitalerhaltung im Cash-Pool, NZG 2003, S. 97–107.

Moßdorf, Björn, Spezielles Gesellschaftsrecht für börsennotierte Aktiengesellschaften in den EG-Mitgliedsstaaten, 2010, Berlin (zitiert als: *Moßdorf*).

Mülbert, Peter O.,Sicherheiten einer Kapitalgesellschaft für die Verbindlichkeiten ihres Gesellschafters, ZGR 1995, S. 578–612.

Mülbert, Peter O.,Unternehmensbegriff und Konzernorganisationsrecht, ZHR 163 (1999), S. 1–53.

Mülbert, Peter O. / Birke, Max, Das übernahmerechtliche Behinderungsverbot, WM 2001, S. 705–718.

Mülbert, Peter O. / Leuschner/Lars, Aufsteigende Darlehen im Kapitalerhaltungs- und Konzernrecht – Gesetzgeber und BGH haben gesprochen, NZG 2009, S. 281–288.

Müller, Friedrich / Christensen, Ralph, Juristische Methodik, 10. Aufl. 2009, Berlin (zitiert als: *Müller/Christensen*, Methodik).

Müller, Klaus, Die Haftung der Muttergesellschaft für die Verbindlichkeiten der Tochtergesellschaft Aktienrecht, ZGR 1977, S. 1–34.

Müller, Welf / Rödder, Thomas (Hrsg.), Beck´sches Handbuch der AG, 2. Aufl. 2009, München (zitiert als: *Bearb.*, in: Beck´sches Hdb AG).

Münchener Kommentar AktG, Münchener Kommentar zum Aktiengesetz, Band 1, §§ 1–75, 3. Aufl. 2008, München (zitiert als: *Bearb.*, in: MüKo-AktG, 3. Aufl. 2008).

Münchener Kommentar AktG, Münchener Kommentar zum Aktiengesetz, Band 2, §§ 76–117, 4. Aufl. 2014, München (zitiert als: *Bearb.*, in: MüKo-AktG, 4. Aufl. 2014).

Münchener Kommentar AktG, Münchener Kommentar zum Aktiengesetz, Band 4, §§ 179–277, 3. Aufl. 2011 (zitiert als *Bearb.*, in: MüKo-AktG, 3. Aufl. 2011).

Münchener Kommentar AktG, Münchener Kommentar zum Aktiengesetz, Band 5, §§ 278–328, 3. Aufl. 2010, München (zitiert als: *Bearb.*, in: MüKo-AktG, 3. Aufl. 2010).

Münchener Kommentar BGB, Münchener Kommentar zum Bürgerlichen Gesetzbuch, Band 1, 6. Aufl. 2012, München (zitiert als: *Bearb.*, in: MüKo-BGB, 6. Aufl. 2012).

Münchener Kommentar BGB, Münchener Kommentar zum Bürgerlichen Gesetzbuch, Band 2, 6. Aufl. 2012, München (zitiert als: *Bearb.*, in: MüKo-BGB, 6. Aufl. 2012).

Münchener Kommentar GmbHG, Münchener Kommentar zum GmbHG, Band 1, 2. Aufl. 2015, München (zitiert als: *Bearb.*, in: MüKo-GmbHG, 2. Aufl. 2015).

Münchener Kommentar HGB, Münchener Kommentar zum Handelsgesetzbuch, Band 2, 3. Aufl. 2011, München (zitiert als: *Bearb.*, in: MüKo-HGB).

Münchener Kommentar HGB, Münchener Kommentar zum Handelsgesetzbuch, Band 5, 3. Aufl. 2013, München (zitiert als: *Bearb.*, in: MüKo-HGB).

Nagl, Ruth, Die Spaltung durch Einzelrechtsnachfolge und nach neuem Umwandlungsrecht, DB 1996, S. 1221–1225.

Naraschewski, Alexander, Gläubigerschutz bei der Verschmelzung von GmbH, GmbHR 1998, S. 356–361.

Naumann, Klaus-Peter, Zur Anwendung von § 24 UmwG in Verschmelzungsfällen, in: Festschrift für Rainer Ludewig, Baetge, Jörg u. a. (Hrsg.), 1996, Düsseldorf, S. 683–717.

Nelißen, Bernd, Augen auf bei konzerninternen Verschmelzungen!, NZG 2010, S. 1291–1293.

Neye, Hans-Werner, SLIM – Schlankheitskurs für EU-Gesellschaftsrecht, ZIP 1999, S. 1944–1948.

Niewiarra, Manfred, Unternehmenskauf, 2. Aufl. 2002, Baden-Baden (zitiert als: *Niewiarra*).

Noack, Ulrich, Die organisierte Stimmrechtsvertretung auf Hauptversammlungen, in: Festschrift für Marcus Lutter, Schneider, Uwe u. a. (Hrsg.), 2000, Köln, S. 1463–1483 (zitiert als: *Bearb.*, in: FS Lutter).

Noack, Ulrich, Stimmrechtsvertreter in der Hauptversammlung nach NaStraG, ZIP 2001, S. 57–63.

Noack, Ulrich, Das neue Recht der Gegenanträge nach § 126 AktG, BB 2003, S. 1393–1401.

Noack, Ulrich, Hauptversammlung und moderne Kommunikationstechnik, NZG 2003, S: 241–249.

Noack, Ulrich, Die Reform der Hauptversammlung – insbesondere durch das UMAG, VGR 2004, S. 37–57.

Noack, Ulrich, Neue Entwicklungen im Aktienrecht und moderne Informationstechnologie, NZG 2004, S. 297–303.

Noack, Ulrich, Handgeld für die Teilnahme an Hauptversammlungen, Editorial im BB Nr. 40/2005.

Noack, Ulrich, Aktionärsrechte im EU-Kapitalbinnenmarkt, ZIP 2005, S. 325–331.

Noack, Ulrich / Zetzsche, Dirk, Die Hauptversammlungslegitimation durch „Hinterlegung" bei girosammelverwahrten Inhaberaktien, WM 2004, S. 1–9.

Nodoushani, Manuel, Die Haftung des faktischen Aktionärs beim Empfang verbotener Leistungen, NZG 2008, S. 291–293.

Nodoushani, Manuel, Financial Assistance und Konzerninnenfinanzierung, Der Konzern 2008, S. 385–392.

Noudoushani, Manuel, Verbotene Einlagenrückgewähr und bilanzielle Betrachtungsweise, ZIP 2012, 97–106.

Nuyken, Alexander, Finanzielle Unterstützung bei Private-Equity-Transaktionen – Fallstudien zu § 71a AktG, ZIP 2004, S. 1893–1900.

Oberbracht, Dirk / Engelstädter, Regina, Managment-Beteiligungen: Gestaltung im Rahmen von LBO-Transaktionen, M&A Review 2006, S. 71–74.

Oechsler, Jürgen, Das Finanzierungsverbot des § 71a Abs. 1 S. 1 AktG bei Erwerb eigener Aktien – Schutzzweck und praktische Anwendung, ZIP 2006, S. 1661–1666.

Oechsler, Jürgen, Die Änderung der Kapitalrichtlinie und der Rückerwerb eigener Aktien, ZHR 170 (2006), 72–89.

Oechsler, Jürgen, Keine Rückverwandlung des Zahlungsanspruchs in einen Befreiungsanspruch – Zur insolvenzbedingten Umwandlung eines Befreiungsanspruchs, NZG 2007, S. 252–253.

Oho, Wolfgang / Eberbach, Christian, Konzernfinanzierung durch Cash Pooling, DB 2001, 825–830.

Orth, Manfred, Umwandlung durch Anwachsung (Teil 1), DStR 1999, S. 1011–1019.

Otto, Hans-Jochen, Fremdfinanzierte Übernahmen – Gesellschafts- und steuerrechtliche Kriterien des Leveraged Buy-Out, DB 1989, S. 1389–1396.

Otto, Hans-Jochen, Buy-Out-Finanzierungen: Neue Akquisitionsstrukturen nach neuem Umwandlungsrecht, DB 1994, S. 2121–2126.

Paefgen, Walter G.,Eigenkapitalderivate bei Aktienrückkäufen und Managementbeteiligungsmodelle, AG 1999, S. 67–74.

Palandt, Otto, Kommentar zum Bürgerlichen Gesetzbuch, 74. Aufl. 2015, München (zitiert als: *Bearb.*, in: Palandt).

Pawlowski, Hans-Martin, Methodenlehre für Juristen, 3. Aufl. 1999, Heidelberg (zitiert als: *Pawlowski*, Methodenlehre).

Peltzer, Martin, Rechtliche Problematik der Finanzierung des Unternehmenskaufs beim MBO, DB 1987, S. 973–978.

Pentz, Andreas, Einzelfragen zu Cash Management und Kapitalerhaltung, ZIP 2006, S. 781–789.

Petersen, Jens, Gläubigerschutz im Umwandlungsrecht, 2001, München (zitiert als: *Petersen*).

Petersen, Jens, Der Gläubigerschutz im System des Umwandlungsrechts, Der Konzern 2004, S. 185–191.

Picot, Gerhard (Hrsg.), Unternehmenskauf und Restrukturierung, 4. Aufl. 2013, München (zitiert als: *Bearb.*, in: Picot)

Polte, Marcel, Aktiengattungen, 2005, Frankfurt aM (zitiert als: *Polte*).

Posner, Dirk, Der Erwerb eigener Aktien in der US-amerikanischen Unternehmenspraxis, AG 1994, S. 312–320.

Priester, Hans-Joachim, Das neue Verschmelzungsrecht, NJW 1983, S. 1459–1467.

Priester, Hans-Joachim, Notwendige Kapitalerhöhung bei Verschmelzung von Schwestergesellschaften?, BB 1985, S. 363–366.

Priester, Hans-Joachim, Die klassische Ausgliederung – ein Opfer des Umwandlungsgesetzes 1994?, ZHR 1999, S. 187–202.

Quack, Karlheinz, Der Unternehmenskauf und seine Probleme, ZGR 1982, S. 350–365.

Quass, Guido, Nichtigkeit von Hauptversammlungsbeschlüssen wegen eines Umschreibestopps im Aktienregister?, AG 2009, S. 432–438.

Raiser, Ludwig, Der Stand der Lehre vom subjektiven Recht im Deutschen Zivilrecht, JZ 1961, S. 465–473.

Raiser, Thomas / Veil, Rüdiger, Recht der Kapitalgesellschaften, 6. Aufl. 2015, München (zitiert als: *Raiser/Veil*).

Raue, Peter, Zum Dogma von der restriktiven Auslegung der Schrankenbestimmungen des Urheberrechtsgesetzes, in Festschrift für Wilhelm Nordemann, Loewenheim, Ulrich (Hrsg.), 2004, München, S. 327–339.

Reidenbach, Dirk, Cash Pooling und Kapitalerhaltung nach neuer höchstrichterlicher Rechtsprechung, WM 2004, S. 1421–1429.

Rickford, Jonathan, Reforming Capital: Report on the Interdisciplinary Group on Capital Maintenance, EBLR 2004, S. 918–1027.

Rieble, Volker, Verschmelzung und Spaltung von Unternehmen und ihre Folgen für Schuldverhältnisse mit Dritten, ZIP 1997, S. 301–314.

Riegger, Bodo, Kapitalgesellschaftsrechtliche Grenzen der Finanzierung von Unternehmensübernahmen durch Finanzinvestoren, ZGR 2008, S. 233–249.

Riesenhuber, Karl (Hrsg.), Europäische Methodenlehre, 2006, Berlin (zitiert als: *Bearb.*, in: Riesenhuber, Methodenlehre).

Riesenhuber, Karl / Domröse, Ronny, Richtlinienkonforme Rechtsfindung und nationale Methodenlehre, RIW 2005, S. 47–53.

Rödder, Thomas / Hötzel, Oliver / Müller-Thuns, Thomas, Unternehmenskauf, Unternehmensverkauf, 2003, München (zitiert als: *Bearb.*, in: Rödder, Unternehmenskauf).

Rodewald, Jörg, Vereinfachte „Kapitalherabsetzung" durch Verschmelzung von GmbH, GmbHR 1997, S. 19–22.

Röhrkasten, Burkhard, Verdeckte Gewinnausschüttung im Gesellschafts- und Steuerrecht, 1976.

Römermann, Volker, Münchener Anwaltshandbuch GmbH-Recht, 3. Aufl. 2014, München (zitiert als: *Bearb.*, in: MAH GmbH-Recht).

Rosen, Rüdiger von / Seifert, Werner (Hrsg.), Die Übernahme börsennotierter Unternehmen, 1999, Frankfurt aM (zitiert als: *Bearb.*, in: v. Rosen/Seifert).

Rosengarten, Joachim, Die Rechtsfolgen eines „verdeckten" Verstoßes gegen § 57 AktG: Endgültiger Abschied von der Nichtigkeit, ZHR 168 (2004), S. 708–739.

Roth, Günter, Die (Ohn-)Macht der Hauptversammlung, ZIP 2003, S. 369–378.

Roth, Günter / Altmeppen, Holger, Kommentar zum GmbHG, 8. Aufl. 2015, München (zitiert als: *Bearb.*, in: Roth/ Altmeppen).

Rotthege, Georg / Wassermann, Bernd, Mandatspraxis Unternehmenskauf, 2002, Köln (zitiert als: *Bearb.*, in: Rotthege/Wassermann).

Rowedder, Heinz / Schmidt-Leithoff, Christian (Hrsg.), Kommentar zum GmbHG, 5. Aufl. 2013, München (zitiert als : *Bearb.*, in: Rowedder, GmbHG).

Rubel, Jörgen, Neues zur Kapitalerhaltung im faktischen Konzern – MPS, NJW-Spezial 2009, S. 47–48.

Rudolph, Bernd, Funktionen und Regulierung der Finanzinvestoren, ZGR 2008, S. 161–184.

Rüthers, Bernd, Rechtstheorie, 3. Aufl. 2007, München (zitiert als: *Rüthers*, Rechtstheorie).

Sagasser, Bernd / Bula, Thomas / Brünger, Thomas (Hrsg.), Umwandlungen, 4. Aufl. 2011, München (zitiert als: *Bearb.* in: S/B/B, UmwR).

Sattler, Andreas / Broll, Joachim / Nüsser, Stefan, Unternehmenskauf und -verkauf, Nachfolgeregelung, 2009, Sternenfels (zitiert als: *Sattler/Broll/Nüsser*).

Seibert, Ulrich, Aktienrechtsnovelle NaStraG tritt in Kraft, ZIP 2001, S. 53–56.

Seibert, Ulrich, Die Stimmrechtsausübung in deutschen Aktiengesellschaften, AG 2004, S. 529–533.

Seibert, Ulrich, UMAG und Hauptversammlung, WM 2005, S. 157–161.

Seibert, Ulrich, BB-Gesetzgebungsreport: Das Gesetz zur Unternehmensintegrität und Modernisierung des Anfechtungsrechts (UMAG) kommt zum 1.11.2005, BB 2005, S. 1457–1458.

Seibert, Ulrich, Aktionärsforum und Aktionärsforumverordnung nach § 127a AktG, AG 2006, S. 16–23.

Seibt, Christoph, Gesamtrechtsnachfolge beim gestalteten Ausscheiden von Gesellschaftern aus Personengesellschaften: Grundfragen des Gesellschafter-, Gläubiger- und Arbeitnehmerschutzes, in: Festschrift für Volker Röhricht, Crezelius, Georg u. a. (Hrsg.), 2005, Köln, S. 603–632.

Seibt, Christoph, Gläubigerschutz bei Änderung der Kapitalstruktur durch Erhöhung des Fremdkapitalanteils, ZHR 171 (2007), S. 282–314.

Seibt, Christoph (Hrsg.), Beck´sches Formularbuch Mergers & Acquisitions, 2. Aufl. 2011, München (zitiert als: *Bearb.*, in: Beck M&A).

Schäfer, Phillip, Rückkehr zur bilanziellen Betrachtungsweise auch für Altfälle, FD-HGR 2009, 273700.

Schaefer, Franz / Eichner, Christian, Abwehrmöglichkeiten des Vorstands von börsennotierten Aktiengesellschaften bei feindlichen Übernahmeversuchen – ein Rechtsvergleich zwischen Deutschland und den USA, NZG 2003, S. 150–155.

Schaefer, Franz / Grützediek, Elke, Haftung der Gesellschaft für „mangelhafte" Gesellschaftsanteile bei Kapitalerhöhungen, NZG 2006, S. 204–208.

Schäffler, Frank, Finanzierung von LBO-Transaktionen: Die Grenzen der Nutzung des Vermögens der Zielgesellschaft, BB-Spezial 9, 2006, S. 1–12.

Schall, Alexander, Haftung auf Einlagenrückgewähr bei faktischem bzw. zukünftigem Aktionär, EWiR 2008, S. 545 ff.

Schander, Albert, Der Rückkauf eigener Aktien nach KonTraG und Einsatzpotenziale bei Übernahmetransaktionen, ZIP 1998, S. 2087–2090.

Schanz, Kay-Michael, Börseneinführung, 3. Aufl. 2007, München (zitiert als: *Schanz*).

Schanz, Kay-Michael, Verteidigungsmechanismen gegen feindliche Übernahmen nach Umsetzung der Übernahmerichtlinie im deutschen Recht, NZG 2007, S. 927–932.

Schickerlin, Falco / Blunk, Andreas, Die Haftung im Zusammenhang mit Upstream Loans – qou vadis?, GmbHR 2009, 1294–1301.

Schiefer, Christina, Die Anwachsung bei der Gesellschaft bürgerlichen Rechts, DStR 1996, S. 788–793.

Schiessl, Max, Auf der Suche nach dem „Ankeraktionär" – „Pipe"-Transaktionsmodelle und Organpflichten, AG 2009, S. 385–392.

Schilmer, Boris, Kapitalschutz beim Cash Management, DStR 2006, S. 568–574.

Schmalz, Dieter, Methodenlehre für das juristische Studium, 4. Aufl. 1998, Baden-Baden (zitiert als: *Schmalz*).

Schmid, Peter / Dietel, Marco, Praxisfragen bei Anwachsung von Personengesellschaften mit faktischer Rückwirkung, DStR 2008, S. 529–533.

Schmidt, Karsten, Gläubigerschutz bei Umstrukturierungen, ZGR 1993, S. 366–395.

Schmidt, Karsten, Zum Analogieverbot des § 1 Abs. 2 UmwG – Denkanstöße gegen ein gesetzliches Denkverbot, in: Festschrift für Bruno Kropff, Forster, Karl-Heinz u. a. (Hrsg.), 1997, Düsseldorf, S. 259–269.

Schmidt, Karsten, Gesellschaftsrecht, 4. Aufl. 2002, Köln (zitiert als: *K. Schmidt, GesR*).

Schmidt, Karsten, Reform der Kapitalsicherung und Haftung in der Krise nach dem Regierungsentwurf des MoMiG, GmbHR 2007, S. 1072–1080.

Schmidt, Karsten, Das Liquidations-Sperrjahr als Liquiditätssicherung vor und nach dem MoMiG, DB 2009, S. 1971–1974.

Schmidt, Karsten / Lutter, Marcus (Hrsg.), Kommentar zum Aktiengesetz, Band 1: §§ 1–149, 3. Aufl. 2015, Köln (zitiert als: *Bearb.*, in: K. Schmidt/Lutter).

Schmidt, Karsten / Lutter, Marcus (Hrsg.), Kommentar zum Aktiengesetz, Band 2: §§ 150–410, 3. Aufl. 2015, Köln (zitiert als: *Bearb.*, in: K. Schmidt/Lutter).

Schmidt, Reinhard / Spindler, Gerald, Finanzinvestoren aus ökonomischer und juristischer Perspektive, 2008, Baden-Baden (zitiert als: *Schmidt/Spindler*, Finanzinvestoren).

Schmitt, Joachim / Hörtnagl, Robert / Stratz, Rolf-Christian, Kommentar zum Umwandlungsgesetz und Umwandlungssteuergesetz, 6. Aufl. 2013, München (zitiert als: *Bearb.*, in: S/H/S, UmwG).

Schmolke, Klaus Ulrich, Finanzielle Unterstützung des derivativen Aktienerwerbs – Gläubiger- und Aktionärsschutz nach der geplanten Änderung der Kapitalrichtlinie, WM 2005, S. 1828–1837.

Schmolke, Klaus Ulrich, Bericht über die Diskussion, ZGR 2008, S. 225–232.

Schneider, Uwe H.,Das Recht der Konzernfinanzierung, ZGR 1984, S. 497–537.

Schneider, Uwe H.,Alternative Geldgeber oder Eigenkapitalräuber?, AG 2006, S. 577–582.

Schneider, Uwe H.,Missbräuchliches Verhalten durch Private Equity, NZG 2007, S. 888–893.

Schneider, Uwe H. / Anzinger, Heribert M.,Institutionelle Stimmrechtsberatung und Stimmrechtsvertretung – „A quite guru's enormous clout", NZG 2007, S. 88–96.

Schneider, Uwe H. / Burgard, Ulrich, Maßnahmen zur Verbesserung der Präsenz auf der Hauptversammlung einer Aktiengesellschaft, in: Festschrift für Karl Beusch, Beisse, Heinrich/ Lutter, Marcus/ Närger, Heribald (Hrsg.),1993, Berlin, S. 783–803 (zitiert als: *Bearb.*, in: FS Beusch).

Schnitker, Elmar / Grau, Timon, Arbeitsrechtliche Aspekte von Unternehmensumstrukturierungen durch Anwachsung von Gesellschaftsanteilen, ZIP 2008, S. 394–401.

Schnorbus, York, Gestaltungsfreiheit im Umwandlungsrecht, 2001, Baden-Baden (zitiert als: *Schnorbus*).

Schnorbus, York, Analogieverbot und Rechtsfortbildung im Umwandlungsrecht, DB 2001, S. 1654–1660.

Scholz, Franz, Kommentar zum GmbHG, Band 1: §§ 1–34, 11. Aufl. 2012, Köln (zitiert als: *Bearb.*, in: Scholz).

Schön, Wolfgang, Kreditbesicherung durch abhängige Kapitalgesellschaften, ZHR 159 (1995), S. 351–374.

Schön, Wolfgang, Vermögensverbindung und Kapitalschutz in der AG – Versuch einer Differenzierung, in: Festschrift für Volker Röhricht, Crezelius, Georg u. a. (Hrsg.), 2005, Köln, S. 559–570 (zitiert als: *Bearb.*, in: FS Röhricht).

Schrell, Thomas / Kirchner, Andreas, Fremdfinanzierte Unternehmenskäufe nach der KBV-Entscheidung des BGH: Sicherheitspakete als existenzvernichtender Eingriff?, BB 2003, S. 1451–1456.

Schroeder, Ulrich, Finanzielle Unterstützung des Aktienerwerbs, 1995, Bonn (zitiert als: *Schroeder)*.

Schröer, Thomas, Sicherheitsleistung für Ansprüche aus Dauerschuldverhältnissen bei Unternehmensumwandlungen, DB 1999, S. 317–324.

Schulz, Thomas / Israel, Alexander, Kein existenzvernichtender Eingriff durch typische Finanzierung bei Leveraged Buy-Out, NZG 2005, S. 329–332.

Schulze-Osterloh, Joachim, Bilanzielle Voraussetzungen und bilanzielle Folgen unzulässiger Darlehensgewährung an GmbH-Gesellschafter, in: für Ulrich Eisenhardt, Wackerbarth, Ulrich/ Vormbaum, Ulrich/ Marutschke, Hans-Peter (Hrsg.), 2007, München, S. 505–514 (zitiert als: *Schulze-Osterloh*, in: FS Eisenhardt).

Schüppen, Matthias / Schaub, Bernhard, Münchener Anwaltshandbuch Aktienrecht, 2. Aufl. 2010, München (zitiert als: *Bearb.*, in: MAH AktR).

Schürnbrand, Jan, Die Grenzen richtlinienkonformer Rechtsfortbildung im Privatrecht, JZ 2007, S. 910 ff.

Schwab, Martin, Grundfälle zu culpa in contrahendo, Sachwalterhaftung und Vertrags mit Schutzwirkung für Dritte nach neuem Schuldrecht, JuS 2002, S. 773–778.

Schwark, Eberhard / Zimmer, Daniel (Hrsg.), Kapitalmarktrechts-Kommentar, 4. Aufl. 2010, München (zitiert als: *Bearb.*, in: Schwark/Zimmer).

Schwerdtfeger, Armin (Hrsg.), Kompaktkommentar Gesellschaftsrecht, 3. Aufl. 2015, Neuwied (zitiert als: *Bearb.*, in: Schwerdtfeger, GesR).

Schwichtenberg, Jörg, Going Private und Squeeze Outs in Deutschland, DStR 2001, S. 2075–2082.

Seidel, Wolfgang, Cash-Pooling nur noch im Vertragskonzern, DStR 2004, S. 1130–1136.

Selzner, Harald, SPAC Transaktionen in Deutschland – Unternehmensübernahme durch Special Purpose Acquisition Companie, ZHR 174 (2010), S. 318–363.

Semler, Johannes, Leitung und Überwachung der Aktiengesellschaft, 2. Aufl. 1996, Köln (zitiert als: *Semler*).

Semler, Johannes / Stengel, Arndt, Kommentar zum UmwG, 3. Aufl. 2012, München (zitiert als: *Bearb.*, in: Semler/Stengel, UmwG).

Semler, Johannes / Volhard, Rüdiger (Hrsg.), Arbeitshandbuch für Unternehmensübernahmen, Band 1: Unternehmensübernahme, Vorbereitung, Durchführung, Folgen, 2001, München (zitiert als: *Bearb.*, in: Semler/Volhard).

Sester, Peter, Gläubiger- und Anlegerschutz bei evidenten Fairnessverstößen über eine deliktsrechtliche Haftung der handelnden Personen, ZGR 2006, S. 1–39.

Sieger, Jürgen J. / Hasselbach, Kai, Konzernfinanzierung durch Cash Pools und Kapitalerhöhung, BB 1999, S. 645–651.

Sieger, Jürgen J. / Hasselbach, Kai, Break Fee-Vereinbarungen bei Unternehmenskäufen, BB 2000, S. 625–631.

Sieger, Jürgen J. / Wirtz, Johannes, Cash-Pool: Fehlgeschlagene Kapitalmaßnahmen und Heilung im Recht der GmbH, ZIP 2005, S. 2277–2284.

Sigle, Axel / Zinger, Georg, Die Übernahme von Transaktionskosten durch die Aktiengesellschaft, NZG 2003, S. 301–306.

Sieker, Susanne, Die Verzinsung eigenkapitalersetzender Darlehen, ZGR 1995, S. 250–285.

Simon, Stefan, Gläubigerschutz im Umwandlungsrecht, Der Konzern 2004, S. 191–195.

Simon, Stefan, Steuerumlagen im Konzern, ZGR 2007, S. 71–111.

Simon, Stefan / Zetzsche, Dirk, Aktionärslegitimation und Satzungsgestaltung, NZG 2005, S. 369–375.

Singhof, Bernd, Die Beauftragung eines Treuhänders durch eine AG zwecks kostenloser Stimmrechtsvertretung für einzelne Aktionäre, NZG 1998, S. 670–674.

Singhof, Bernd, Zur finanziellen Unterstützung des Erwerbs eigener Aktien durch Kreditinstitute, NZG 2002, S. 745–751.

Singhof, Bernd / Weber, Christian, Neue kapitalmarktrechtliche Rahmenbedingungen für den Erwerb eigener Aktien, AG 2005, S. 549–567.

Söhner, Matthias, Leveraged-Buy-outs und Kapitalschutz, ZIP 2011, S. 2085–2090.

Soldierer, Harald, Die Höhe der Sicherheitsleistung im Umwandlungsgesetz, 2004, Aachen (zitiert als: *Soldierer*).

Sonnenhol, Jürgen / Stützle, Nils, Auswirkungen des Verbots der Einlagenrückgewähr auf Nichtgesellschafter, WM 1983, S. 2–6.

Sonnenschein, Jürgen, Der Gewinnabführungsvertrag zugunsten Dritter im Gesellschaftsrecht und im Steuerrecht, AG 1976, S. 146–151.

Sossna, Ralf-Peter, Die Geschichte der Begrenzung von Vertragsstrafen, 1993, Berlin (zitiert als: *Sossna*).

Spiegel Online, Kreditvergabe an Unternehmen schrumpft im Rekordtempo, in: Spiegel Online v. 27.07.2009 abrufbar unter: http://www.spiegel.de/wirtschaft/finanzkrise-kreditvergabe-an-unternehmen-schrumpft-im-rekordtempo-a-638527.html (abgerufen am 10.8.2009).

Spindler, Gerald, Internet und Corporate Governance – neuer virtueller (T)raum?, ZGR 2000, S. 421–445.

Spindler, Gerald, Stimmrecht und Teilnahme an der Hauptversammlung, VGR 2005, S. 31–64.

Spindler, Gerald, Die Reform der Hauptversammlung und der Anfechtungsklage durch das UMAG, NZG 2005, S. 825–831.

Spindler, Gerald, Konzernfinanzierung, ZHR 171 (2007), S. 245–281.

Spindler, Gerald / Stilz, Eberhard, Kommentar zum Aktiengesetz, Band 1,§§ 1–149 , 3. Aufl. 2015, München (zitiert als *Bearb.*, in: Spindler/Stilz, 2. Aufl. 2010)

Spindler, Gerald / Stilz, Eberhard, Kommentar zum Aktiengesetz, Band 1, §§ 150–410, 3. Aufl. 2015, München (zitiert als: *Bearb.*, in: Spindler/Stilz).

Spindler, Wolfgang (Hrsg.), Steuerzentrierte Rechtsberatung, Festschrift für Harald Schaumburg, 2009, Köln (zitiert als: *Bearb.*, in: FS Schaumburg).

Spliedt, Jürgen, MoMiG in der Insolvenz – ein Sanierungsversuch, ZIP 2009, S. 149–161.

Stadler, Rainer / Bindl, Elmar, Das unverzinsliche Darlehen in der Konzernsteuerplanung, DB 2010, S. 862–868.

Stimpel, Walter, Zum Auszahlungsverbot des § 30 Abs. 1 GmbHG, in: Festschrift 100 Jahre GmbHG, Lutter, Marcus u. a. (Hrsg.), 1992, Köln S. 335–361 (zitiert als: *Bearb.*, in: FS GmbHG).

Staudinger, Julius v. (Hrsg.), Kommentar zum Bürgerlichen Gesetzbuch, Buch 2, Recht der Schuldverhältnisse, §§ 328–345, Neubearbeitung 2009, Berlin (zitiert als: *Bearb.*, in: Staudinger, 2009).

Steck, Kai-Uwe„„Going Private" über das UmwG, AG 1998, S. 460–466.

Steindorff, Ernst, EG-Vertrag und Privatrecht, 1996, Baden-Baden (zitiert als *Steindorff*, EG-Vertrag).

Stoll, Hans, Tatbestände und Funktionen der Haftung für Culpa in Contrahendo, in: Festschrift für Ernst von Caemmerer, Ficker, Hans Claudius u. a. (Hrsg.), 1978, Tübingen, S. 435–474 (zitiert als: *Bearb.*, in: FS von Caemmerer).

Stoye-Benk, Christiane / Cutura, Vladimir, Handbuch Umwandlungsrecht, 3. Aufl. 2012, Heidelberg (zitiert als: *Stoye-Benk*).

Ströhmann, Martin, Corporate Lockups nach U.S.-amerikanischem und deutschem Gesellschaftsrecht, 2003, Heidelberg (zitiert als: *Ströhmann*).

Sünner, Eckart, Effizienz von Unternehmensorganen als Grundsatz der Corporate Governance, AG 2000, S. 492–498.

Tasma, Martin, Leveraged Buyout und Gläubigerschutz, 2012, Tübingen (zitiert als: *Tasma*).

Tcherveniachki, Vassil, Kapitalgesellschaften und Private Equity Fonds, 2007, Berlin (zitiert als: *Tcherveniachki*).

Teichmann, Christoph, Die Einführung der Europäischen Aktiengesellschaft, ZGR 2002, S. 383–464.

Theusinger, Ingo / Cernicky, Majka, Kreditgewährung an Gesellschafter. Praktische Hinweise zum Umgang mit MoMiG und neuer Rechtsprechung, CCZ 2009, S. 146–155.

Theusinger, Ingo/ Kapteina, Matthias, Upstream-Sicherheiten und Limitation Language, NZG 2011, S. 881–887.

Tillmann, Tobias, Upstream-Sicherheiten der GmbH im Lichte der Kapitalerhaltung, NZG 2008, S. 401–405.

Timm, Wolfram, Mehrfachvertretung im Konzern, AcP 193 (1993), S. 423–452.

Tröger, Tobias, Diskussionsbericht zu den Referaten von Fleischer und Hüffer, ZHR 172 (2008), S. 592–596.

Ulmer, Peter, Der Gläubigerschutz im faktischen GmbH-Konzern beim Fehlen von Minderheitsgesellschaftern, ZHR 148 (1984), S. 391–427.

Ulmer, Peter, Richterrechtliche Entwicklungen im Gesellschaftsrecht, 1986, Heidelberg (zitiert als: *Ulmer*, Entwicklungen).

Ulmer, Peter, Aktienrecht im Wandel – Entwicklungslinien und Diskussionsschwerpunkte, AcP 202 (2002), S. 143–178.

Ulmer, Peter, Vom Umgang mit rechtfortbildenden BGH-Urteilen, ZHR 169 (2005), 1–5.

Ulmer, Peter, Das Sonderrecht der § 311 f.. AktG und sein Verhältnis zur allgemeinen aktienrechtlichen Haftung für Schädigungen der AG, in: Festschrift für Uwe Hüffer, 2010, München, S. 999–1016.

Vedder, Caroline, Zum Begriff „für Rechnung" im AktG und im WpHG, 1999, Köln u. a. (zitiert als: *Vedder*).

Veil, Rüdiger, Aktuelle Probleme im Ausgliederungsrecht, ZIP 1998, S. 361–369.

Venrooy van, Gerd, Isolierte Unternehmensverträge nach § 291 AktG?, BB 1986, S. 612–616.

Verse, Dirk, Der Gleichbehandlungsgrundsatz im Recht der Kapitalgesellschaften, 2006, Tübingen (zitiert als: *Verse*).

Vetter, Eberhard, Handgeld für in der Hauptversammlung präsente Aktionäre?, AG 2006, S. 32–35.

Vetter, Jochen, Darlehen der GmbH an ihren Gesellschafter und Erhaltung des Stammkapitals, BB 2004, S. 1509–1517.

Vetter, Jochen, Grundlinien der GmbH-Gesellschafterhaftung, ZGR 2005, S. 788–831.

Vetter, Jochen, Die neue dogmatische Grundlage des BGH zur Existenzvernichtungshaftung, BB 2007, S. 1965–1970.

Vetter, Jochen / Schwandtner, Christian, Kapitalerhöhung im Cash Pool, Der Konzern 2006, S. 407–421.

Vetter, Jochen / Stadler, Christoph, Haftungsrisiken beim konzernweiten Cash Pooling, 2003, Köln (zitiert als: *Vetter/Stadler*).

Wachter, Thomas (Hrsg.), Kommentar zum Aktiengesetz, 2. Aufl. 2014, Köln (zitiert als: *Bearb.*, in: Wachter).

Wackerbarth, Ulrich, Der Vorstand der abhängigen Aktiengesellschaft und die §§ 311 ff. AktG in der jüngsten Rechtsprechung des II. Senats, Der Konzern 2007, S. 337–349.

Wagner, Jens, Zur aktienrechtlichen Zulässigkeit von Share Matching-Plänen, BB 2010, S: 1739–1745.

Wagner, Maximilian, Ungeschriebene Kompetenzen der Hauptversammlung, 2007, Baden-Baden (zitiert als: *Wagner*).

Wand, Peter / Tillmann, Tobias / Heckenthaler, Stephan, Aufsteigende Darlehen und Sicherheiten bei Aktiengesellschaften nach dem MoMiG und der MPS-Entscheidung des BGH, AG 2009, S. 148–161.

Wangemann, Michael, Finanzielle Anreize zur Steigerung der Hauptversammlungspräsenz in der Aktiengesellschaft, 2008, Frankfurt aM (zitiert als: *Wangemann*).

Welt Online, Deutsche Firmen kommen schwerer an Kredite, in: Welt Online v. 28.05.2009, abrufbar unter http://www.welt.de/wirtschaft/article3819604/Deutsche-Firmen-kommen-schwerer-an-Kredite.html (abgerufen am 10.8.2009).

Welt Online, Fotodienst Instagram: Facebook kauft Minifirma für eine Milliarde Dollar, in: Welt Online v. 10.04.2012, abrufbar unter http://www.welt.de/wirtschaft/webwelt/article106165835/Facebook-kauft-Minifirma-fuer-eine-Milliarde-Dollar.html (abgerufen am 15.4.2012).

Wessels, Peter, Aufsteigende Finanzierungshilfe in GmbH und AG, ZIP 2004, S. 793–797.

Wessels, Peter / König, Claas-Dietrich, Bestellung aufsteigender Sicherheiten beim Leveraged Buy-out, M&A Review 2005, S. 312–319.

Westermann, Harm Peter, Kapitalschutz als Gestaltungsmöglichkeit, ZHR 172 (2008), S. 144–169.

Wicke, Hartmut, Kommentar zum GmbHG, 2. Aufl. 2011, München (zitiert als: *Wicke*, GmbHG).

Widmann, Siegfried / Mayer, Robert, Kommentar zum Umwandlungsgesetz, Loseblattsammlung, Bonn (zitiert als: *Bearb.*, in: Widmann/Mayer, UmwG).

Wieneke, Laurenz, Aktien- und kapitalmarktrechtlicher Schutz beim Delisting nach dem Frosta-Beschluss des BGH, NZG 2014, S. 22–26.

Wiesner, Peter, Überblick über den Stand des Europäischen Unternehmensrechts, EuZW 1998, S. 619–634.

Wilhelm, Jan, Kapitalgesellschaftsrecht, 3. Aufl. 2009, Berlin (zitiert als: *Wilhelm*).

Wilhelmi, Rüdiger, Upstream-Darlehen nach dem MoMiG, WM 2009, S. 1917–1923.

Willemsen, Heinz-Josef / Hohenstatt, Klaus-Stefan / Schweibert, Ulrike / Seibt, Christoph, Umstrukturierung und Übertragung von Unternehmen, 3. Aufl. 2008, München (zitiert als: *Bearb.*, in: Umstrukturierungen und Übertragung).

Windbichler, Christine, Die Rechte der Hauptversammlung bei Unternehmenszusammenschlüssen durch Vermögensübertragung, AG 1981, S. 169–175.

Winkler, Christoph / Becker, Roman, Die Limitation Language bei Akquisitions- und Konzernfinanzierungen unter Berücksichtigung des MoMiG, ZIP 2009, S. 2361–2368.

Winter, Michael, Upstream-Finanzierung nach dem MoMiG-Regierungsentwurf – Rückkehr zum bilanziellen Denken, DStR 2007, S. 1484–1491.

Wirsch, Stefan, Die Vollwertigkeit des Rückgewähranspruchs – Kapitalaufbringung und Kapitalerhaltung im Cash Pool, Der Konzern 2009, S. 443–450.

Wittkowski, Lutz, Haftung und Haftungsvermeidung beim Management Buy-Out einer GmbH, GmbHR 1990, S. 544–552.

Wollburg, Ralph / Gehling, Christian, Umgestaltung des Konzerns – Wer entscheidet über die Veräußerung von Beteiligungen einer Aktiengesellschaft?, in: Festschrift für Otfried Lieberknecht, Niederleithinger, Ernst u. a. (Hrsg.), 1997, München, S. 133–161 (zitiert als: *Bearb.*, in: FS Lieberknecht).

Wymeersch, Eddy, Article 23of the Second Company Law Directive: The Prohibition on Financial Assistance to Acquire Shares of the Company, in: Festschrift für Ulrich Drobnig, Basedow, Jürgen u. a. (Hrsg.), 1998, Tübingen, S. 725–748 (zitiert als: *Bearb.*, in: FS Drobnig).

Zeidler, Arne, Break Fee-Vereinbarungen bei öffentlichen Übernahmen, M&A Review 2008, S. 364–370.

Ziegler, Andrea / Stancke, Christoph, Kostenersatz beim Abbruch von Vertragsverhandlungen in M&A-Transaktionen?, M&A Review 2008, S. 28–35.

Ziemons, Hildegard, Die Übernahme von Transaktionskosten und Prospektrisiken durch die Aktiengesellschaft nach der BGH-Entscheidung „Dritter Börsengang" der Telekom, GWR 2011, 404–406.

Zöllner, Wolfgang / Noack, Ulrich (Hrsg.), Kölner Kommentar zum Aktiengesetz, Band 1, §§ 1–75 AktG, 3. Aufl. 2011, Köln (zitiert als: *Bearb.*, in: KK-AktG, 3. Aufl. 2011).

dies.,Kölner Kommentar zum Aktiengesetz, Band 2/1, §§ 76–94 AktG, 3. Aufl. 2010, Köln (zitiert als: *Bearb.*, in: KK-AktG, 3. Aufl. 2010)

Zöllner, Wolfgang (Hrsg.), Kölner Kommentar zum Aktiengesetz, Band 5/1, §§ 179–240 AktG, 2. Aufl. 1995, Köln (zitiert als: *Bearb.*, in: KK-AktG, 2. Aufl. 1995).

Zöllner, Wolfgang / Ulrich Noack (Hrsg.), Kölner Kommentar zum Aktiengesetz, Band 6: §§15–22, 291–328, 3. Aufl. 2004, Köln (zitiert als *Bearb.*, in: KK-AktG, 3. Aufl. 2004).

Zuleeg, Manfred, Das Recht der Europäischen Gemeinschaften im innerstaatlichen Bereich, 1969, Köln (zitiert als: *Zuleeg*).

Schriften zum Gesellschafts-, Bilanz- und Unternehmensteuerrecht

Herausgegeben von Barbara Grunewald und Joachim Hennrichs

Band 1 Moritz Pöschke: Eigenkapital mittelständischer Gesellschaften nach IAS/IFRS. 2009.

Band 2 Ulrike Lehmann: Gesellschaftsrechtliche Gestaltungen im Erbschaft- und Schenkungsteuerrecht. Eine Untersuchung der Erbschaft- und Schenkungsteuersubjektivität der Personengesellschaft sowie der mittelbaren Anteilsschenkung. 2009.

Band 3 Christian Graw: Das Konzept der Anteilseignerbesteuerung nach § 22 UmwStG 2006 – insbesondere im Vergleich zu § 21 UmwStG 1995. 2009.

Band 4 Christopher M. Picot: Die Rechte der Aktionäre beim Delisting börsennotierter Gesellschaften. 2009.

Band 5 Pascal Alexander Salomon: Regelungsaufträge in der Societas Privata Europea. Einführung in eine neue Rechtsform unter besonderer Berücksichtigung des Gesetzgebungs-instruments des Regelungsauftrages. 2010.

Band 6 Anna Sabrina Cryns: Gesellschafterfremdfinanzierung in Frankreich und Zinsschranke – ein Rechtsvergleich. 2011.

Band 7 Björn Karst: Das Marktmanipulationsverbot gem. § 20a WpHG. Unter besonderer Berücksichtigung der „Safe-Harbor"-Regelung. 2011.

Band 8 Ulrike Petig: Verdeckte Sacheinlagen im GmbH- und Aktienrecht. Die Veränderungen durch MoMiG und ARUG. 2012.

Band 9 Jochen Möller: Vorteilsanrechnung bei nützlichen Pflichtverletzungen im Kapitalgesellschafts- und Kartellrecht. 2012.

Band 10 Alexander Kersten: Zinsschranke und IFRS. Rechtssystematische Einordnung einer punktuellen Maßgeblichkeit der IFSR im Steuerrecht am Beispiel der Zinsschranke. 2012.

Band 11 Tobias Strohmeier: Special Purpose Acquisition Companies. SPACs im Spannungsfeld von deutschem Aktien- und Kapitalmarktrecht. 2012.

Band 12 Ruth Winter: Die steuerliche Behandlung von Scheinauslandsgesellschaften. Eine Untersuchung zur doppelansässigen Kapitalgesellschaft. 2013.

Band 13 Daniel Krey: IFRS und Ausschüttungsbemessung. 2013.

Band 14 Gabriel Jakob Litzenberger: Sanierungspflichten in der Krise von AG und GmbH. 2014.

Band 15 Franziska Neumann: Rechtliche Probleme von PIPE-Transaktionen. 2014.

Band 16 Jan Winzen: Vorzugsaktie und KGaA. Instrumente zur Kontrollerhaltung bei der Eigenkapitalfinanzierung. Unter besonderer Berücksichtigung der Vereinheitlichung von Aktiengattungen. 2014.

Band 17 Andreas Gerten: Angemessenheit und Steuern. Verdeckte Einkommensverwendung bei Kapitalgesellschaften im internationalen Vergleich. 2014.

Band 18 Isabel Kristin Fischer: Die Partnerschaftsgesellschaft mit beschränkter Berufshaftung. Rechtliche Einordnung und Haftungsverfassung unter Berücksichtigung der englischen LLP. 2015.

Band 19 Leif Klinkert: Probleme der neuen Ansatzrechte im Sinne des § 268 Abs. 8 HGB und der entsprechenden Ausschüttungssperren. Zugleich ein Vergleich zur kalifornischen Ausschüttungsregelung. 2016.

Band 20 Kai Sofia Loth: Die Haftung der Organe einer Aktiengesellschaft bei Entscheidungen unter Rechtsunsicherheit. De lege lata et ferenda. 2016.

Band 21 Nikolaus Moench: Die Societas Unius Personae (SUP). 2016.

Band 22 Moritz Evertz: Unternehmensstrafrecht aus gesellschaftsrechtlicher Sicht. Eine Untersuchung am Beispiel des nordrhein-westfälischen Gesetzesentwurfs zur Einführung eines Verbandsstrafgesetzbuchs. 2016.

Band 23 Gudrun Dorothea von der Laage: Handelsbilanzielle und körperschaftsteuerliche Aspekte der Sitzverlegung einer Europäischen Aktiengesellschaft (SE). Profili contabili e fiscali (dell'IRES) del trasferimento di sede di una Società Europea (SE). 2017.

Band 24 Christina Schröter: Rechtliche Grundlagen und normzweckadäquate Unternehmensbewertung bei Kapitalgesellschaften. 2017.

Band 25 Eric Becker: Unternehmerische Freiheit in deutscher KGaA und britischer PLC. Eignet sich die PLC als Rechtsformalternative für börsenwillige Familienunternehmen in Deutschland? 2017.

Band 26 Benedikt Statz: Die Haftungsverfassung der Partnerschaftsgesellschaft mit beschränkter Berufshaftung. 2017.

Band 27 Moritz Beneke / Barbara Grunewald: Der Besondere Vertreter nach § 147 AktG. 2018.

Band 28 Florian Wirkes: Rechtsfolgen einer nicht nach § 87 Abs. 1 AktG angemessenen Vorstandsvergütung. Unter Berücksichtigung der Änderungen durch das Gesetz zur Angemessenheit der Vorstandsvergütung (VorstAG). 2018.

Band 29 Peter Schaub: Die Kapitalschutzfunktion des Jahresabschlusses nach dem BilMoG. 2018.

Band 30 Benjamin Baisch: Verjährungsbeginn der Ansprüche von AG und GmbH gegen ihre Geschäftsleiter gemäß § 199 Abs. 1 BGB. Eine Sonderkonstellation der Wissenszurechnung. 2018.

Band 31 Oliver Markmann: Finanzielle Unterstützungsleistungen der Aktiengesellschaft zugunsten ihrer Aktionäre. 2019.

www.peterlang.com